U0787927

東平縣工會誌

（1989—2021）

东平县工会志编纂委员会　编

方志出版社
Publishing House of Local Records

图书在版编目（CIP）数据

东平县工会志：1989—2021 / 东平县工会志编纂委员会编 .—北京：方志出版社，2022.3
ISBN 978-7-5144-5007-1

Ⅰ . ①东… Ⅱ . ①东… Ⅲ . ①工会工作—概况—东平县—1989—2021 Ⅳ . ① D412.852.4

中国国家版本馆 CIP 数据核字 (2023) 第 030375 号

责任编辑：陈 菁
责任校对：刘玉霞
责任印制：梅中英
出 版 者：方志出版社
地　　址：北京市朝阳区潘家园东里 9 号（国家方志馆 4 层）
邮　　编：100021
网　　址：http://www.zgfzcb.cn
发　　行：方志出版社图书营销中心（010-67110500）
印　　刷：石家庄宝丽彩色印刷有限公司
开　　本：889 毫米 ×1194 毫米 1/16
印　　张：34.5　插页：1
字　　数：601 千字
版　　次：2022 年 3 月第 1 版
印　　次：2022 年 3 月第 1 次印刷
定　　价：298.00 元

· 版权所有 侵权必究 ·
（如有印装质量问题，请与我社图书营销中心联系）

《东平县工会志（1989—2021）》编纂委员会

名誉主任：刘向军

名誉副主任：李便宁　李广义　肖　娟　仲光亮

主　　任：王成明

副 主 任：范思安　姚来涛　徐广三

成　　员：薛　萍　黄启真　李　伟　张庆英　魏　锴
赵　辉　雷　敏

《东平县工会志（1989—2021）》编审人员

主　　审：王圣运

副 主 审：李姗姗

主　　编：王成明

副 主 编：范思安　姚来涛　徐广三

特邀编辑：邢道彦　王胜斌　赵　潇

编　　务：刘思宁

摄　　影：高玲玲　张志刚

前 言

值此庆祝中国共产党建党百年，举国上下响应习近平总书记和党中央号召，深入开展“四史”学习教育之际，《东平县工会志（1989—2021）》付梓出版，这是新形势下践行学史明理、学史增信、学史崇德、学史力行，与党中央保持高度一致的实际行动。历史是了解过去的教科书，也是走向未来的“营养剂”。《东平县工会志（1989—2021）》的出版发行，是东平县改革开放史的重要内容之一，不仅是东平县总工会发展史上的一件大事、好事，也是推进全县第三轮修志工作的一项重要成果。

工会组织是党联系职工群众的纽带和桥梁。习近平总书记强调，中国工运事业是党的事业的重要组成部分，工会工作是党治国理政的一项经常性、基础性工作。改革开放以来，东平县总工会围绕党中央和各级党委部署，深入贯彻落实全国总工会十一大至十七大精神，在推进企业融入市场经济、转换经营机制，不断进行改革改制中，始终坚信工人阶级是国家的领导阶级没有变，工人阶级是党的阶级基础没有变，工人阶级的主人翁地位没有变的原则，坚持以《中华人民共和国劳动法》和《中华人民共和国工会法》为准绳，加强工会组织建设；大力推进企事业单位厂务公开、民主管理，构建和谐劳动关系，维护职工合法权益；坚持开展生产革新、提质增效、劳动竞赛、“工人先锋号”创建、劳模评选、扶贫攻坚等活动，充分发挥广大职工的主人翁作用，为推动全县经济和社会发展做出重大贡献。

《东平县工会志（1989—2021）》以习近平新时代中国特色社会主义思想为指导，全面、真实地记述东平县总工会工作在改革开放中的奋斗历程与发展现状，实事求是地编写了工会组织、群众生产、民主管理、劳动保护、财务工作、职工生活、女职工工作、职工教育、工会企事业等方面的材料。用翔实的文字和图片资料，展示东平县总工会工作取得的光辉业绩，凝聚了工人运动的宝贵经验。可谓是一部珍贵而生动、质量上乘的地情教科书，对于鉴古知今、继往开来，在实现中华民族伟大复兴的征程上，大力弘扬劳模精神、劳动精神、工匠精神，做好新时代工会工作，团结动员职工建功新时代，具有重要的现实意义和深远的历史意义。

“治天下者以史为鉴，治郡国者以志为鉴。”《东平县工会志（1989—2021）》是泰安市县级工会编修的第一部志书，填补了东平县地方志的一项空白，在坚持文化自信、关注涉“工”热点、传播工会声音、服务职工群众、推进工会工作创新开展等方面具有一定的参考和查阅价值。

美好蓝图催人奋进，真抓实干铸就未来。让我们更加紧密地团结在以习近平同志为核心的党中央周围，在县委和上级总工会的坚强领导下，勠力同心、顽强拼搏，埋头苦干、勇毅前行，全力打造黄河流域生态保护和高质量发展示范区，奋力开创东平更加美好的明天，以优异成绩迎接党的二十大胜利召开！

《东平县工会志》编纂委员会

2022 年 3 月

东平县工会代表大会

1998年4月24日，东平县工会第七次代表大会在县城召开。157名代表参加会议，大会选举产生19名东平县工会第七届委员会委员

2003年4月25日，东平县工会第八次代表大会在瑞星集团召开。80名代表参加会议，大会选举产生16名东平县工会第八届委员会委员

2021年4月29日至30日，东平县工会第九次代表大会在县城召开。261名代表参加会议，大会选举产生35名东平县工会第九届委员会委员

2019 年 7 月 31 日，东平中联美景水泥有限公司第二次职工（会员）代表大会召开。58 名代表参加会议，大会选举产生 7 名东平中联美景水泥有限公司工会委员会委员

2019 年 9 月 24 日，戴庙镇工会委员会成立暨第一次会员代表大会召开。61 名代表参加会议，大会选举产生 4 名戴庙镇工会委员会委员

2019 年 10 月 10 日，东平县交通运输局工会成立暨第一次会员代表大会预备会议召开。60 名代表参加会议，大会选举产生 7 名东平县交通运输局工会委员会委员

工人文化宫改造建设

东平县工人文化宫规划图

2019—2021年，东平县总工会落实全国总工会和省市总工会部署，依据县城总体规划，对原相对封闭的工人文化宫进行改造建设，规划坚持体现原有建筑风貌，历时二年，将县工人文化宫打造成为兼具城市文化、生态自然、休闲娱乐、运动康健等多功能于一体的职工文化广场。

旧貌

新貌

上级领导调研活动

2020年10月29日，山东省总工会党组书记、常务副主席刘贵堂（左）为工人文化宫建设项目颁发奖补资金500万元

2021年1月7日，省总工会党组副书记、副主席魏丽（左二）一行到东平县工人文化宫现场观摩

2021 年 5 月 10 日，省总工会党组成员、副主席李东风（右三）到东平县工人文化宫检查指导工作，市委副书记、县委书记曲锋（右二）陪同活动

2021 年 9 月 7 日，泰安市人大常委会党组副书记、副主任，市总工会主席张书盈（右二），对东平县工人文化宫改造提升工作进行现场指导

工会工作集体荣誉

● 国家级荣誉

2011 年，新东岳集团工会获全国模范职工之家奖牌

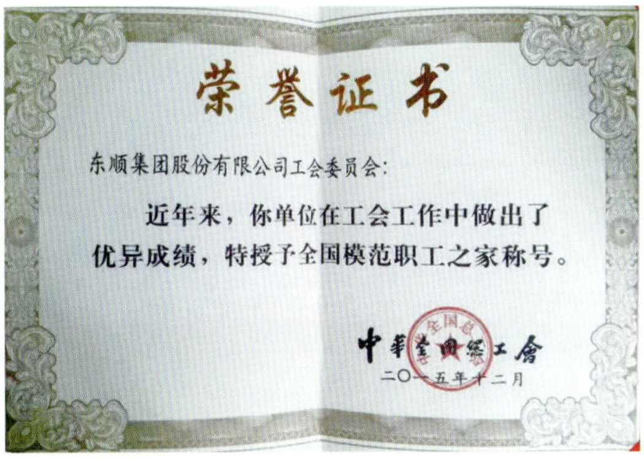

2015 年，东顺集团工会获全国模范职工之家证书、奖牌

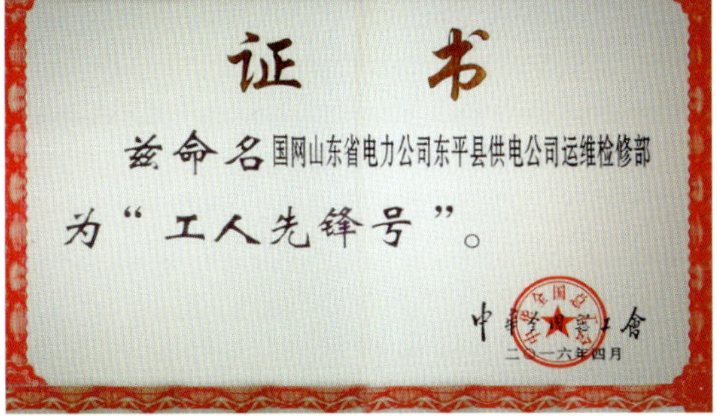

2016 年 4 月，东平县供电公司运维检修部获全国工人先锋号证书奖牌

省级荣誉

全省"安康杯"竞赛
优秀组织单位
山东省总工会 山东省安全生产监督管理局
二〇一四年三月

授予
模范职工小家
山东省总工会
二〇一六年五月

山东省职工创新竞赛
示范企业
山东省劳动竞赛委员会
二〇一八年十二月

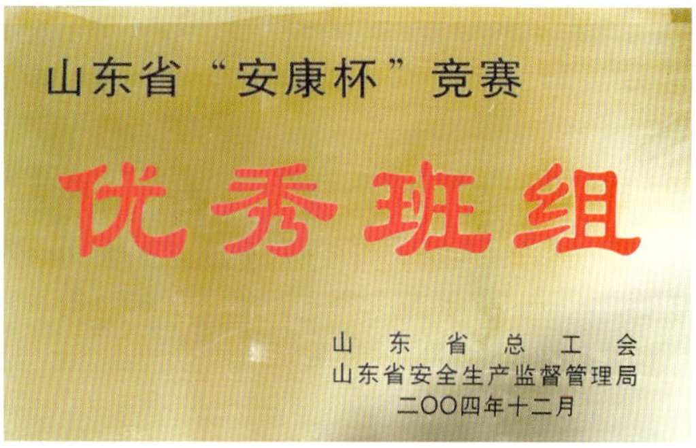
山东省"安康杯"竞赛
优秀班组
山 东 省 总 工 会
山东省安全生产监督管理局
二〇〇四年十二月

市级荣誉

泰安市五一劳动奖状
泰安市总工会

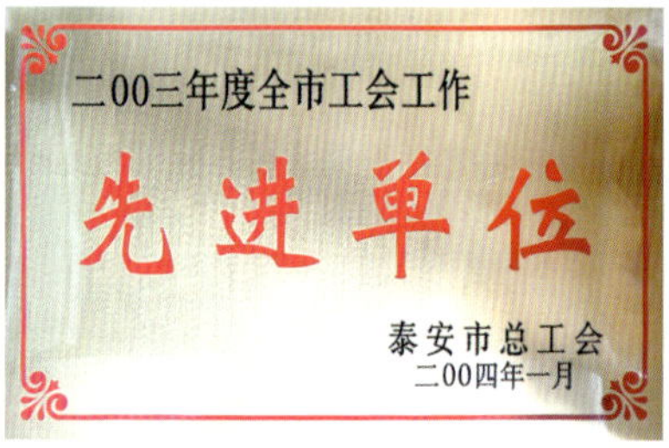
二00三年度全市工会工作
先进单位
泰安市总工会
二00四年一月

2020年度智慧工会建设
标兵单位
泰安市总工会
二〇二一年五月

泰安市企业工资集体协商工作
先进单位
泰安市人力资源和社会保障局
泰 安 市 总 工 会
二〇一一年十二月

实施送温暖工程
先进单位
泰安市总工会
二00二年九月

泰安市女职工建功立业
标兵岗
泰安市总工会
二〇一三年三月

二00五年度全市企业事业单位治安保卫工作
集体三等功
泰安市公安局
二00六年二月

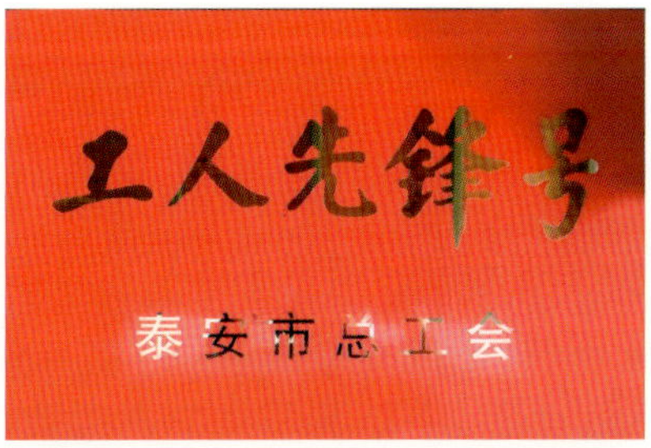
工人先锋号
泰安市总工会

先进职工之家
泰安市总工会
二OO五年一月

泰安市产业工人焊接技能大赛
优秀组织奖
泰安市总工会
泰安市人力资源和社会保障局
中国共产主义青年团泰安市委员会
二〇一七年十二月

全市工友创业行动
就业安置基地
泰安市总工会
二00七年一月

东平县："7.7元"双人观影活动
2020年度全市智慧工会优质活动
泰安市总工会
二〇二一年五月

泰安市
先进职工服务中心
泰安市总工会
二〇一六年三月

一九九五年度
工会财务工作先进集体
泰安市总工会
二000年四月

县级荣誉

文明单位
中共东平县委
东平县人民政府

2010年度工会工作
先进单位
东平县总工会
东平县人力资源和社会保障局
二〇一一年二月

统一战线 情暖环卫
爱心单位
中共东平县委统战部
中共东平县委宣传部
二〇一九年四月

创建国家卫生县城工作
先进单位
东平县创建国家卫生县城领导小组
东平县爱国卫生运动委员会
二〇一九年一月

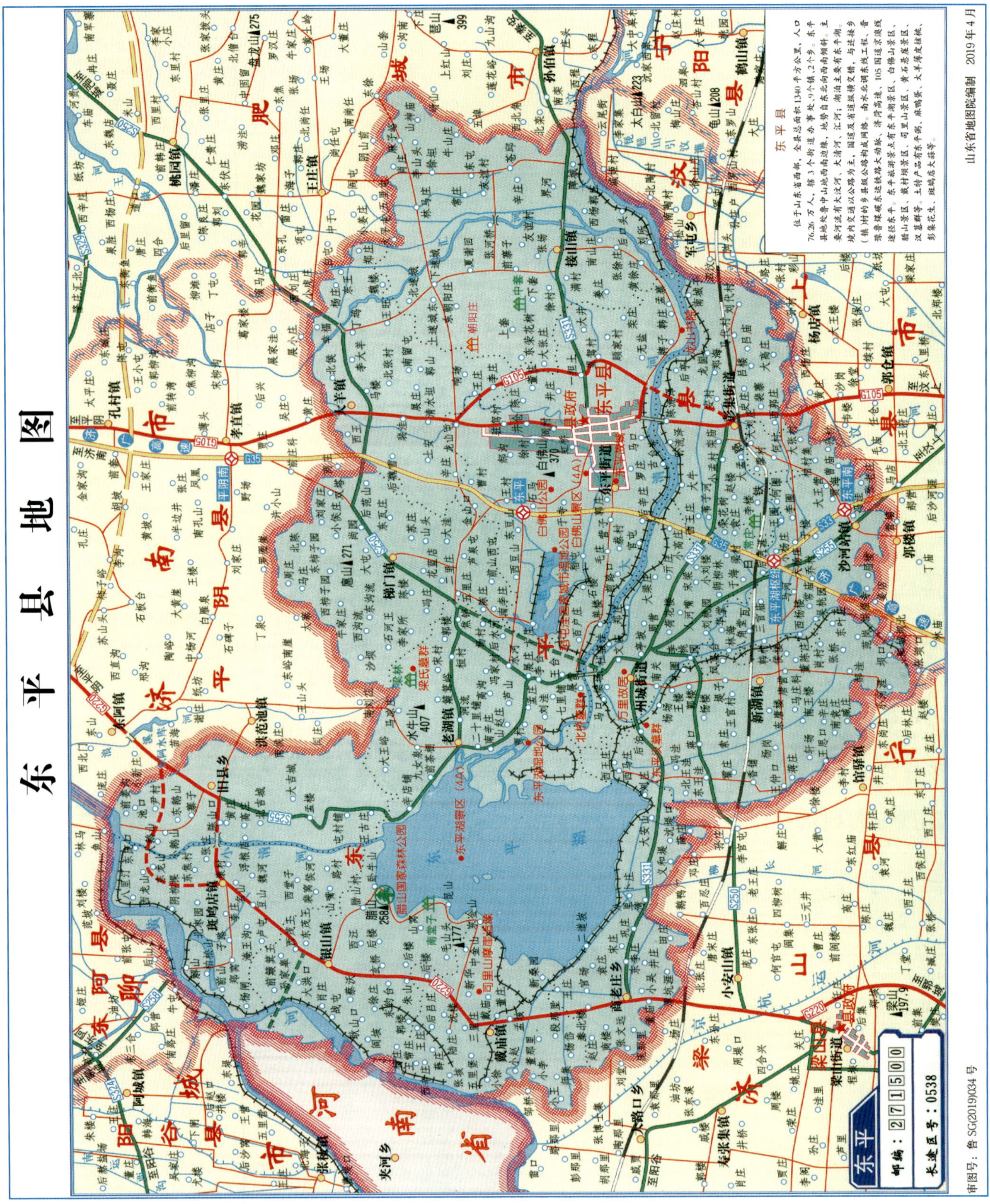
东平县地图
东平
邮编：271500
长途区号：0538
山东省地图院编制 2019年4月
审图号：鲁SG(2019)034号

凡 例

一、《东平县工会志（1989—2021）》以马克思列宁主义、毛泽东思想、邓小平理论、“三个代表”重要思想、科学发展观和习近平新时代中国特色社会主义思想为指导，坚持辩证唯物主义和历史唯物主义的立场、观点和方法，全面、真实地记述1989年以来全县工会工作的发展历程与工作业绩，旨在存史、资政、育人。

二、本志上限为1989年，接续上一部《东平县工运志》，下限为2021年。根据志书体例规范，为保持事物记述的完整性，大事记及部分正文内容适当上溯和下延。

三、本志采用现代语体文表述，寓观点于史实记述中。述、记、志、传、图、表、录诸体裁并用，以志为主。结构分章、节，除概述、大事记和附录外，共设置17章、69节。

四、鉴于全面了解东平工会历史沿革的需要，本志将1988年版《东平县工运志》全部内容附后。

五、人物简介，收录1989年后东平县总工会领导班子成员、副科级以上干部、市级以上部分劳动模范等荣誉称号获得者简介，县级劳动模范及县级以上先进单位、先进工作者用统计表列示，有特殊专长或贡献者以事系人随文记述。

六、本志采用公元纪年。数字用法、标点符号用法分别采用国家标准《出版物上数字用法》（GB/T 15835—2011），《标点符号用法》（GB/T 15835—2011），计量单位采用国家技术监督局1993年12月发布的《量和单位》系列国家标准。

七、机构、社会团体、单位和会议名称，第一次出现时用全称，重复出现用简称。变更名称的单位以现行单位名称记述。

八、本志资料由东平县总工会、县档案馆、县党史史志等部门及单位提供，部分资料来自走访调查。个别口述与史志档案资料相悖的，以史志档案资料为准。资料来源，不注明出处。

目 录

第七章　职工生产革新

第八章　职工民主管理

第九章　职工生活保障

第十章　维护职工权益

第十一章　女职工工作

第十二章　工会财务管理

第十三章　工人文化宫改造利用

第十四章　精准扶贫

第十五章 劳动模范

第十六章 先进集体与先进个人

第十七章 人 物

附 录

概 述

1989—2021年，伴随着东平县经济和各项社会事业的蓬勃发展，东平县总工会作为主管全县工会工作的职能部门，历届领导班子不忘初心、牢记使命，带领基层工会干部队伍，以中共十一届三中全会后历次党的代表大会精神为指导，认真贯彻落实中国工会十一大至十七大精神，适应企业和机关事业单位改革不断深化的需要，紧紧围绕党的中心工作，加强基层工会组织建设，团结、教育、吸引广大职工，努力掌握现代化科学技术，参与企业民主管理，开展劳动竞赛，提高劳动效率；根据企业改制后的新形势，广泛开展劳动关系和谐企业创建、企业工资集体协商、困难职工帮扶救助和“工人先锋号”创建、劳模评选等活动，为“推进富民强县新跨越、建设幸福魅力新东平”做出积极贡献。多年来，各项工作均取得显著成效。东平县总工会多次荣获泰安市工会工作先进单位称号、全市工会经费审查工作先进单位称号。2013年，被山东省总工会授予工会财务会计管理模范单位（有效期3年）、全省经审达标规范化先进单位称号。2014年，被中共泰安市委授予“市级文明单位”称号。至2021年，东平县总工会被山东省总工会、山东省安监局联合行文授予全省“安康杯”竞赛优秀组织单位称号；被山东省总工会、山东省司法厅授予职工法律服务优秀单位等称号。新东岳集团工会、东顺集团工会被中华全国总工会授予全国“模范职工之家”称号。县供电公司运维检修部获得全国“工人先锋号”称号。县人民医院急诊科、县水利建安公司施工科被授予省级“工人先锋号”称号。县供电公司工会等11家单位被评为市级“模范职工之家”，14个乡镇（街道）都达到市总工会提出的“六好”标准，80%基层工会达到“六有”标准。

工会组织和会员队伍不断发展壮大

32年间，全县工会组织和会员队伍逐年壮大。1989年，东平县总工会辖基层工会148个，职工18993人，会员15194人。全县有专职工会干部89人（女性16人）。

2000年，基层工会组织发展到181个，职工26567人，会员21254人。

进入21世纪后，根据企业改制和大力发展民营经济的需要，东平县总工会分析研究新形势下工会工作出现的新问题、新特点，创新工作思路，改进方式方法，大力加强基层工会组织建设。2003年，基层工会达到549个，职工42882人，会员34066人。2006年，开展工会组织“三级联创”活动，切实抓好私营企业组建工会和吸收农民工加入工会工作，通过包保责任制和考核奖惩制等一系列措施，全年新建私营企业工会45个，发展会员6300人；开展创建“工会工作示范乡镇”活动，东平镇、接山乡被泰安市总工会评为“工会工作示范乡镇”。2007年，全县14个乡镇全部建立健全机关工会，建会率100%，规模以上企业建立工会127家，建会率100%，发展会员8700人。接山乡被山东省总工会命名为“工会工作示范乡镇”。2008年，开展“基层组织建设年”活动，以区域性、行业性工会组建，乡镇工会组建和新建规模企业规范化为重点，夯实工会组织基础。在彭集镇召开工会组织工作规范化建设现场会。全年新建规模规范化企业工会63家，新建机关事业单位工会5家，新增会员2200人。2010年，按照“党建带工建、工建促党建”原则，通过“百日建会集中行动”等活动载体，针对乡镇中微小企业分散的特点，创造性提出了“依托支部建工会”的思路，新建工会组织105家，其中，国有企业1家，外资企业1家，区域性和行业性工会103家。县总工会建立“工会组建和会员发展台账”。2021年年底，据“齐鲁工惠”App终端数据统计，全县组建工会组织391家，其中县直部门工会168个，县属企业工会57个，乡镇和乡镇企业工会166个。工会会员发展到4.3万人，其中农民工会员17650人。机构改革、企业改制破产等原因，工会数量减少。

工会代表大会。1989—2021年，东平县总工会先后召开了第七次、第八次、第九次职工代表大会，选举产生三届县总工会委员会和领导班子。1998年4月24日，东平县总工会第七次工会代表大会召开，会议总结了10年间全县工会工作，明确提出了围绕中心、开拓进取、团结带领全县职工在促进两个文明建设中，为实现跨世纪宏伟目标而奋斗的工作思路及规划措施。2003年4月28日，东平县总工会第八次代表大会召开，会议总结了5年间全县工会工作，提出开拓创新、与时俱进，团结带领全县职工为振兴东平经济而努力的总要求。2021年4月29日至30日，东平县工会第九次代表大会召开，会议认真总结了县总工会中共十八大以来的全县工会工作，号召全县工会工作者“践行新思想、建功新时代、展现新作为，团结带领全县职工为谱写东平改革发展新篇章而奋斗”。新一届工会委员会按照县委要求，提出了加强自身建设的“五个提高、五个做到”，即提高政治站位，做到立场坚定，头脑清醒；提高责任意识，做到顾全大局、敢于担当；提高服务本领，做到心系职工，甘当公仆；提高学习效果，做到内强素质、外树形象；提高纪律意识，做到心有敬畏，廉洁自律。三次工会代表大会的召开，强化了全县工人队伍的凝聚力和向心力，激发了广大工会会员在各自工作岗位为建设美丽富饶新东平而不懈奋斗的干劲与动力。

维护职工合法权益

维护职工合法权益，是工会组织的基本职责。1989年，东平县总工会组织检查厂矿企、事业单位职工生活福利设施。各单位共建生活委员会142个，新建、修复小澡堂、小淋浴10个，小食堂47个，小厕所55座，托儿所11所。1995年1月，县总工会、县劳动局联合下发《关于开展平等协商、签订集体合同试点工作的意见》，年底，完成集体合同签订试点。1998年全县有103家企业签订集体合同。县总工会女工委每年都开展女职工健康体检活动，维护女职工的特殊权益。

进入21世纪后，全县企业普遍实行产权明晰的改革改制，股份制、民营、私营企业成为工商企业主体。鉴于企业实行新的运营机制和用工制度，在劳资关系方面出现的一些新问题，东平县总工会与企业工会切实抓好劳动关系和谐企业创建活动。2006年7月，县总工会制定印发《关于开展创建劳动关系和谐企业活动的意见》，推动和谐企业创建工作深入开展。建立工资分配集体协商机制，保障职工收入与企业效益同步增长；提高劳动合同的签订率，提高集体合同建制率和实效率；强化及时交纳养老、失业、医疗、生育、工伤保险费用，落实劳动保护防护措施；定期召开劳动关系分析会，开展创建和谐班组、车间、科室活动。创建活动中注重发现、选树、宣传、推广先进典型，每年开展和谐企业评选，培训劳动争议调解员，做好劳动关系预警，开通“12351”职工维权热线，做好工会信访工作，推动工会维权机制建设。

2010年，县总工会联合人社局，对全县规模以上企业开展工资集体协商情况专项督导检查。瑞星集团、金达木业公司、新东岳集团等企业先后被评为泰安市工资集体协商先进单位。全县建立工资集体协商的企业职工工资平均提高了18%。2011年9月，市总工会在东平召开现场会，总结推广东平工资集体协商的做法和经验。2012年年底，全县开展工资集体协商的企业达到178家，占应签企业总数的90%，覆盖职工3.8万人。至2021年，县供电公司、自来水公司、东平网通公司等19家企业被评为泰安市AAA级劳动关系和谐企业。

东平县总工会努力推进职工法律援助服务工作。与县人民法院、县司法局密切配合，制定下发《关于加强法律援助工作的意见》，与县人社局联合下发《工会劳动法律监督和政府劳动保障监察协作的意见》，努力打造“泰会帮”和“法律服务在您身边”服务品牌，积极开展“法律援助自愿服务”和“送法进企业”活动，自2004年建立法律援助中心后，积极开展法律宣传活动，定期为企业、为职工开展法律咨询。2020年，按照有场所、有人员、有制度、有经费、有案源、有绩效的“六有”要求，法律援助中心设立接待室、诉调对接室、调解室、仲裁室、法律援助工作室、档案室，聘请5名专业律师开展法律服务工作。最大限度实现“有求必应”“应援尽援”，至2021年年底，全县接受法律咨询的职工7800人次，调处案件162件，其中法律援助115件，案件调解47件。东平县总工会推进职工法律援助服务的做法，受到省、市总工会的充分肯定。

推进企业民主管理

东平县总工会通过推行以职工代表大会为基本形式的民主管理制度等形式，落实职工对单位重大决策的知情权、参与权和监督权。1989年，在企业中建立健全三级民主管理体系，加强车间、班组的民主管理。1997年，东平县总工会转发市总工会《关于认真贯彻落实国有企业业务招待费使用情况向职代会报告制度的意见》，工会督促企业认真落实，为企业节约不必要的开支。县委组织部、总工会、经贸委、财办联合下发《关于职工代表大会民主评议企业领导干部工作方案》。在东平橡胶厂召开民主评议领导干部现场会。之后52家企业陆续开展该项工作，共计评议领导干部1300人次。1999年，县纪委、监察局、经贸委、总工会联合制定《关于国有集体企业推行厂务公开民主监督制度的意见》。县里成立全县推行厂务公开领导小组，并召开推行厂务公开工作会议，在国有集体企业中推行厂务公开。2002年，在部分学校、医院等事业单位推行校（院）务公开，集广大职工智慧，科学制定工作规划和发展目标，形成齐心协力、共谋发展的合力。2018年，中国工会第十七次全国代表大会召开，县总工会带领基层工会认真贯彻落实习近平新时代中国特色社会主义思想，牢固树立“四个意识”和社会主义核心价值观。做好《山东省厂务公开条例》和《山东省企业职工代表大会条例》宣传活动。组织召开好各单位的职工代表会，至2020

年，全县共有职代会县级“合格星”127个、市级“先进星”30个、省级“优秀星”2个。县总工会和基层工会发动职工开展合理化建议活动。号召广大职工在各自岗位以主人翁的责任感为企业出谋献策，提出合理化建议。至2021年，累计提出合理化建议10万余条，被采纳7万余条。广泛开展以“纠正职工违章操作行为，纠正职工违反劳动纪律行为，提升职工安全意识和能力”为主要内容的“查保促”活动，累计参加职工8万余人次，查找隐患1000余条，整改率达100%。

持续开展送温暖活动

东平县总工会坚持开展送温暖活动。1996年，县总工会下发《关于建立送温暖工程基金会的意见》，当年建立基金会组织11个，筹集资金近20万元。1997年12月，县委下发《关于设立东平县“送温暖工程基金”的通知》，共募集资金5万元，春节前夕，县总工会开展送温暖活动，至2003年，累计发放困难救助金20万元，救助困难职工家庭1000户；资助升上大学的困难职工家庭子女38人，发放资助金2万元。救助各级劳动模范20人次，发放救助金1.5万元。2012年，东平县总工会向困难职工发放救助金157.79万元，救助困难职工2431人，救助困难大学生146人。2014年，建立起40万元的大病医疗补助基金，对因大病引起家庭生活困难的在职职工最高给予3万元补助。至2021年，全县累计发放扶困救济金730万元，救助困难职工3260人，资助困难职工家庭考入大学子女320人，发放助学金130万元。县总工会坚持每年酷暑季节开展夏送清凉活动。向奋斗在全县重点工程、重点项目建设的一线职工送去西瓜、茶叶、矿泉水等防暑食品，累计支出50余万元，受惠企业单位80余家，涉及职工3000余人。

劳动竞赛激发职工积极性

东平县总工会与基层工会把组织开展劳动竞赛活动作为经常性工作，激发职工爱岗敬业、比学赶帮超的积极性，促进企业转换经营机制，提高劳动生产率和经济社会效益。1989年年初，县总工会向全县职工发出开展“双增双节”活动的倡议书，基层工会积极响应，组织开展多种形式的劳动竞赛。县化工总厂制定增产节约目标，落实到车间班组和个人，完善“指标分解，百分计奖”责任制，仅义务劳动回收废旧物资价值8万余元。全县企业创经济效益500万元。1995年年初，县总工会下发《关于围绕“管理效益年”活动开展劳动竞赛的意见》。基层工会劳动竞赛中开展“夺杯”活动，有39个单位夺得奖杯。1999年，服务行业职工参加行业形象万人评活动，争创文明岗位、争做文明职工。2001年，组织开展女职工权益知识答卷活动，全县8900名女职工参加，占全县女职工总数的85%。2015年，开展创办“工人先锋号”劳动竞赛，举办“彩虹杯”“瑞星杯”职工技术竞赛，全县有45个工种、3680名职工报名参加，县总工会投入16万元，对获得一、二、三等奖的个人和单位分别奖励2000元、1000元、500元。2021年，全县256个机关、企事业单位参加劳动竞赛，涉及工种60余个、班组700余个，参与职工2万多人。

劳动模范评选推荐

1989—2021年，按照国家和省、市关于开展劳动模范评选表彰的部署，东平县总工会坚持开展劳动模范评选推荐活动。每五年（逢5或10年）评选推荐全国劳动模范，其余年份评选全国“五一”劳动奖状、奖章获得者；逢3或8年评选全省劳动模范，其余年份评选“富民兴鲁”劳动奖章获得者；逢“双年份”评选市级劳动模范，“单年份”评选“振兴泰安”劳动奖章。2011年开始，每两年开展一届县级劳动模范评选活动。至2021年，全县有全国“劳动模范”3人，山东省“劳动模范”30人，泰安市“劳动模范”99人，东平县“劳动模范”90人。获得国家部级劳动奖章、积极分子获得者12人。“富民兴鲁”劳动奖章获得者13人。“振兴泰安”劳动奖章获得者69人。“建设新东平”劳动奖章获得者179人。他们在各自不同的岗位，对党的事业无限忠诚，做出不同凡响的突出业绩，受到全社会群众的尊敬和爱戴。县总工会通过报刊电视台、网络平台宣传劳动模范事迹，在全县营造起尊重劳动、尊重创造、尊重知识、尊重人才的氛围。

东平县总工会对各级劳动模范做到政治上关心、生活上体贴、身体上关爱。1989年，为符合条件的10名市级以上劳动模范办理农转非。1999年4月，县总工会把中华人民共和国成立以来获得市级以上荣誉称号的先进模范人物请到县城，参加县总工会举办的“五一”联欢会，县“六大班子”领导与劳动模范座谈。2012年始，每年投入5万元，为省、市、县三级劳动模范在县级医疗机构进行健康查体，对家庭贫困的省、市级31名劳动模范进行救助，累计发放救助金30万元。2020年5月1日，在梯门镇东瓦庄村果蔬康有限公司召开全县劳动模范座谈会。县委、县人大领导出席会议，邀请4位劳动模范介绍先进事迹，会议要求在全县干部群众中弘扬劳模精神、劳动精神和工匠精神，推进东平高质量发展。

职工教育和文体活动

职工教育。1989年，东平县总工会购买法制教育录像带80集，到各企、事业单位放映。县造纸厂、化肥厂、麻纺厂等单位，召开普法教育演讲会，石油公司工会等单位请检察院同志为职工上普法教育课，提高职工遵纪守法的自觉性。1990—1997年，组织开展“学雷锋，学铁人；做主人，做贡献”演讲活动，引导职工增强市场意识、竞争意识和效益意识，以主人翁的姿态参与改革、支持改革。2006年后，县总工会与企业工会强化职工教育，各企业创办起文化墙、宣传栏、图书室、阅览室。瑞星集团、新东岳集团、东顺集团创办企业报，鼓励职工积极供稿，宣传企业各类典型人物、职工读书心得以及文学作品。至2021年，组写各类宣传稿件2万余件，促进职工队伍思想政治和文化素质的不断提高。

文体活动。各级工会坚持开展文体活动，丰富职工文化生活。1989年，县总工会组织企业排练文艺节目60个，参加市职工文艺调演，获总分第一名和精神文明先进集体奖。2001—2010年，组织职工参加“消夏之夜”文艺演出，编演文艺节目420个，演出90多场次，近2000名职工登台演出。2011年后，每年“5·12”护士节，县卫生系统工会都会结合表彰“十佳护士”、优秀护士活动，编演文艺节目，歌颂白衣天使全心全意为病人服务的高尚品德。组织“职工情、中国梦”职工演讲比赛，在企业和县文化场所上台演讲的职工达到1200多人。2014年，县总工会组织“工会杯”职工书法比赛，并参加由泰安市总工会组织的“中国梦·劳动美”职工书画展，各一人获一、二、三等奖。2021年5月，为庆祝中国共产党百年华诞，县总工会与县妇联、县教体局、东平信息港联手，在县工人文化宫篮球馆开展了“童心向党—百名儿童绘画长卷”活动。2021年6月，县总工会举办“庆百年华诞，抒时代心声”书画摄影展，展出各类书法绘画摄影作品100余幅（件）。

工人文化宫改造建设

2019年起，东平县总工会贯彻落实全国总工会下发的《关于深入推进工人文化宫清理整改工作的意见》，根据省、市总工会的部署和安排，狠抓了工人文化宫的整改建设工作。攻坚克难，认真做好原房产租赁合同的清理，将多年对外出租承包的办公楼、影剧院、顺街楼等建筑面积5212平方米资产全部收回，委托上级设计院对文化宫改造提升进行整体规划设计。整个工程坚持高标准规划、高起点设计、高水平打造、高质量建设。县总工会成立专门班子，盯紧靠实，狠抓各项施工进度。期间，省市总工会领导多次到东平检查指导。至2020年年底，文化宫办公楼、职工培训中心、图书阅览室、书画室、会议室、接待室相继装修完毕并投入使用。整治提升后的工人文化宫分为职工体育活动中心，职工文化活动中心和办公区。整个工程总投入 1260 万元，其中，省总工会奖补资金 500 万元，市总工会奖补 500 万元，其余为县财政和县总工会配套资金。打造出属于东平特色的职工文化活动品牌，新时代东平职工共享美好生活的温馨家园。东平整治提升工人文化宫工作的典型做法受到省市总工会领导的充分肯定，《山东工人报》专版予以报道。

大事记

1989 年

1 月 东平县总工会根据省总工会《关于加强县以上工会机关自身建设的意见》，围绕机关“思想作风建设、制度建设、民主建设”，制定《东平县工会机关 1989 年主要任务目标管理实施细则》，设定 66 项指标，拟定《东平县工会自身建设评比标准和评比办法》，定岗到人，责权分明，设立基层联络点，保证东平县总工会机关干部全年 1/3 的时间深入基层调查研究。

4 月 东平县总工会组织开展“忆十年、话改革、做主人、比贡献”活动。要求各单位成立党政工负责人参加的领导小组，开展“四讲、四算、四看”（即：讲国情，算国家经济形势的发展账，看十年改革取得的辉煌成就；讲县情，算财政增收的社会发展账，看十年改革中东平县乡企业的发展；讲厂情，算企业发展和职工集体福利设施的变化账，看十年改革对企业发展的巨大辐射力；算家情，算个人工资、家庭收入的增长账，看十年改革给群众带来的实惠）自我教育。4 月 8 日，县委在造纸厂召开“忆十年、话改革、做主人、比贡献”形势教育现场会。县委副书记李效阗、东平县总工会主席徐延申出席会议。至 6 月底，共计召开座谈会 307 次、演讲会 215 次；共有发表演讲者 1067 人、获奖者 108 人，参加讨论者达到 13695 人；创办宣传栏、黑板报 1867 期，撰写稿件、文章 2684 篇，有奖征文 127 篇，其中，一等奖 12 篇，二等奖 25 篇，三等奖 35 篇，有 3 名职工赴市演讲获得好评。

是月 东平县总工会组织开展评先树优、评选劳动模范活动。全县推荐省级劳动模范 1 人、市级劳动模范 8 人、“振兴泰安劳动奖章”获得者 3 人。

5 月 东平县总工会在全县广泛宣传劳动模范先进事迹和高尚职业道德情操，组织开展学先进、创优等活动。

7 月 8 日 东平县总工会、县建委系统在某建设工地组织技术比武大会，比赛项目有砌垒、盘钢筋等 4 个项目。6 人分获 1 ~ 3 名，12 人获鼓励奖。副县长康绍军、东平县总工会主席徐延申、县建委主任金家祥为优胜者颁发奖状和奖品。

7月30日 县委下发《关于批转县总工会党组〈关于在党政机关组建工会的请示报告〉的通知》，推进机关党政部门开展工会组建工作。

7月 东平县总工会与全县企事业单位工会组织职工开展“技术学习、技术练兵、技术比武活动”，坚持干什么学什么、需要什么学什么，全县出现人人学、岗岗练、行行比竞赛热潮。经委、建委、粮食、供电系统培训职工2144名。开展“三技”活动选拔赛，至7月底，县8640人参加活动。通过比武选出厂级技术能手2394人，各类比赛项目前三名技术能手1415人。东平县总工会向228名拔尖技术能手颁发荣誉证书，其中74人被选拔为市级拔尖人才。县橡胶厂职工孙兆宏在配料比武中获省级第一名，给准备车间郭光记大功一次。东山路城市信用社会计樊明前获全省城市信用社系统“智力竞赛”第四名。东平县总工会为“三技”活动选拔赛拿出2.2万元进行表彰奖励。

是月 全县87个企事业单位（25名以上女职工）全部建立女职工委员会，并根据省总工会〔1988〕100号文件精神，协助各单位党政领导落实女职工委员会主任待遇。年底，全县工会系统形成专、兼、群相结合的女职工委员会委员350名。

8月17日 省总工会女工部部长王华兰、副部长王利华一行4人到东平检查女工工作情况，总结女工劳动保护方面的经验。

8月 东平县总工会与县政府办公室联合签发《关于进一步加强工会在政府工作中的民主参与和社会监督的通知》，就各级工会组织参与涉及职工切身利益的行政工作会议、工作机构、保障工会经费、财产、文化设施不受侵犯等，做出明确规定。

9月 县实验小学校长侯家珍等被评为“全国教育系统劳动模范”，受到教育部、全国总工会表彰。

是月 东平县总工会与县妇幼保健站共同组织34家企业女职工健康查体，共查2350例，发现乳腺癌2例、乳腺肿瘤189例，均得到及时治疗。

10月11日 东平县召开首届女职工代表大会，选举产生东平县首届女职工委员会。14日，公布东平县总工会首届女职工委员会选举结果：县妇联主席赵厚春任名誉主任，东平县总工会副主席李建章任主任，董传芬、潘荣英任副主任，陈允香、徐美蓉等14人为委员。

10月 东平化肥厂厂长徐绚栗被评为“山东省劳动模范”，受到省人民政府表彰。

11月 东平县总工会在全县企业推进完善厂、车间、班组三级民主管理制度。设立“厂长经理意见箱”“民主接待日”“政务公开栏”，定期开展民主咨询和对话活动。就职工工资、奖金、津贴实行“三公开”。

是年 全县有基层工会148个，职工18993人，会员15194人。

是年 东平县总工会贯彻落实中共十三届四中、五中全会精神，围绕培养“四有”职工队伍，深入开展“三教、双学”（坚持四项基本原则教育、工人阶级历史使命和主人翁精神教育、艰苦奋斗教育；学习雷锋、学习共和国卫士）活动，抓好组织、措施、学习材料、学习时间“四个落实”。全县建立学习雷锋小组500多个，举办各种形式的演讲会、报告会145场次，做好事1270件。工具厂职工付红玉拾到3500元现金主动交还失主；实验小学部分师生主动为农村孤寡老人服务；供电局学雷锋小组走上街头修车、理发，向群众提供用电常识咨询服务。

是年 东平县总工会向全县发出“深入开展双增双节运动倡议书”。各级工会在职工中进行“三讲、三看、三明确”教育，即讲形势、看任务、明确自己担负的职责；讲困难，看条件，明确努力方向；讲义务、看贡献，明确企业实现扭亏为盈的任务与目标。造纸厂、水泥厂、橡胶厂、花键轴厂、工具厂等企业提出“争市场、创高产、赛干劲、比贡献、出满勤、干满点”的口号，千方百计完成生产计划，提高产品质量，开展超产、保质、立功竞赛，争创一流竞赛，夺标创优竞赛，解决影响生产的难关、难点，开展技术攻关赛和技术革新、合理化建议活动，解决技术难点37项，创经济效益93.6万元。

是年 东平县总工会报经泰安市人民银行批准，在县城东山路工人文化宫对面设立城市信用社。城市信用社独立核算，自负盈亏。当年募集股金35万元。翌年，吸收储蓄和各种存款100余万元，营业收入23万元，实现利税6.7万元。

是年 东平县总工会组织举办职工书画展2次，展出作品186幅，阅览室接待阅览人员2800人次；国庆节举办职工文艺调演、职工篮球赛。工人文化宫影剧院接待服务县六大班子及有关部门会议8次，受到好评。

1990年

1月 东平县总工会在职工中组织开展“学雷锋，学铁人；做主人，做贡献”演讲活动，活动至3月结束。

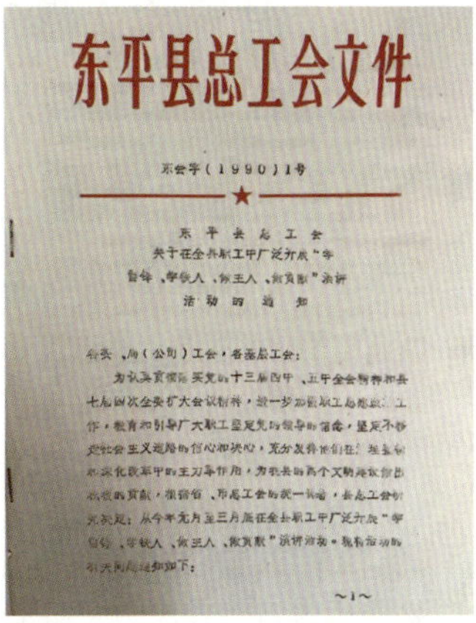
东平县总工会文件

东会字（1990）1号

东平县总工会
关于在全县职工中广泛开展“学雷锋、学铁人、做主人、做贡献”演讲活动的通知

1990年1月，东平县总工会印发文件

2月 东平县总工会根据省、市总工会部署，在全县职工中开展“多读书、读好书、争做四有新人”活动。全县参加读书活动和

知识竞赛的职工共计17000人次，占职工总人数的95%。收到知识竞赛试卷600份，评出优秀答卷158份，对55份特优答卷颁发证书。县社、教育局获优秀组织奖。推荐3人参加市演讲，1人获二等奖，2人获三等奖。县社职工姜欣荣获全省职工读书演讲荣誉证书。

2月 东平县总工会和基层工会发挥工会宣传教育阵地作用，采取多种形式开展爱党爱国爱社会主义教育。化工总厂工会利用职工俱乐部开展传统教育，请老工人讲艰苦创业史，请先模人物讲个人成长史。各部门（单位）工会组织观看革命历史教育片，开展歌咏比赛，陶冶职工情操。

是月 东平县总工会组织开展送温暖活动。将省、市下拨的4万元生活补助款分别送到困难企业职工手中。

3月 成立东平县劳动竞赛委员会，分工县长展延岚任主任，东平县总工会、县经委、县财委主要负责人为副主任。全县14个委局（公司）、35个赛区均成立由行政领导任组长的劳动竞赛领导小组，办公室设在各级工会。

8月 东平县总工会、东平县文化局、东平县老干部局合作，在工人文化宫策划举办“祝贺吴澄航书法创作50周年书法联展”。县委副书记李效阗致辞表示祝贺。2019年是吴澄航百年诞辰，东平县总工会退休干部李守白撰写《翰墨传千古 风范律后生》怀念文章，在《今日东平》和《东平湖》杂志发表，表达全县书法爱好者对吴澄航的缅怀之情。

9月 东平县总工会印发《关于继续深入开展建设职工之家升级活动的意见》，研究制定《三年职工之家升级活动实施细则和验收标准》。根据《实施细则和验收标准》制定的8项条件，分解成32条评分标准，打印成册，下发到基层工会，并抓好职工之家升级活动的督导、检查与落实。

是月 在全县开展劳动竞赛活动，有39个单位夺得奖杯。供电局青年服务社，30名职工组成突击队，战胜酷暑炎热，不到20天赶制35千伏跨湖线路需要的底盘石、卡盘石、拉线石548块，节约资金7100余元。

10月 东平县总工会贯彻落实中华全国总工会关于开展建家升级活动的决定，结合东平实际，研究制定《关于深入开展“建家升级”活动的意见》及《验收实施细则》。全县出现党、政、工共建一个“家”，同唱一台戏的可喜局面。翌年5月20日，泰安市总工会印发《关于公布全市基层工会职工之家验收结果的通知》，确认东平县化工总厂等136个基层工会被评为合格职工之家。

是年 东平县总工会加强职工信访工作，成立专门领导小组，确定专人负责，对苗头性、倾向性信息进行及时疏导，工会机关全年接待到访职工32人。

是年 东平县总工会转发市总工会《关

于搞好加强监督企业内部分配工作暂行规定》，组织开展民主管理达标活动，建立健全三级民主管理体系，制定实施细则，设立“政务公开栏”“民主接待日”，召开座谈会，开展多种形式的民主对话。

是年 县橡胶厂成立“工资、奖金分配监督委员会”，杜绝个别车间克扣、截留工人工资奖金现象发生。

是年 县供电局工会召开两次职代会，促进职工主人翁意识不断提高，主动为企业分忧解难、献计献策。

1991 年

1 月 12 日 山东省总工会印发《关于表彰“培育四有职工队伍先进集体”和“学雷锋、学铁人积极分子”的决定》，东平县邮电局女职工李秀芬、东平县供销合作社职工孟昭元被表彰为全省“学雷锋、学铁人积极分子”。

1 月 22 日 中共东平县委批转东平县总工会《关于开展民主管理达标升级活动的意见》,要求各级党组织和工会组织切实抓好落实。

2 月 6 日 东平县总工会下发《关于召开全心全意依靠工人阶级研讨会的预备通知》，利用文化宫、俱乐部、黑板报、广播电视宣传依靠工人阶级的重要性。2 月 11 日召开研讨会，县经贸委工会主任张作光、职工教师颜世香、工人代表窦国作演讲报告。

2 月 东平县总工会落实上级工会部署，组织基层工会开展“建家升级”活动。县联社工会争取党政领导支持，组成 9 人验家小组，按照职工之家标准，认真检查验收系统企业职工之家 25 个。全县 137 个职工之家达到标准，市总工会为合格“职工之家”单位颁发证照镜框。在全市基层工会工作上，东平县总工会介绍经验与做法。

是月 春节前，东平县总工会组织干部深入县棉织厂、帆布厂等停工停产企业调查研究，就职工生活安排，向县委和上级工会写出专题报告，帮助困难企业安排好节日生活。并将省、市工会拨出的 2 万元救济款送至特困企业职工手中。

3 月初 为迎接“三八”国际妇女节，东平县总工会与县妇联举办女教职工书画展。展出书法作品 120 件、绘画作品 65 件、剪纸作品 38 件。

3 月 8 日 东平县总工会组织开展女职工先模人物事迹巡回报告活动。10 名女职工以厂为家、爱岗敬业、无私奉献的先进事迹受到社会各界的好评。

3 月 东平县总工会组织开展“学、讲、树”活动。县粮油公司坚持数年为烈军属、残废军人、革命荣誉军人、老干部送面送油，规定每月 12 日为送粮日，全年送粮油 12 次、2.5 万公斤。

4 月 23 日 山东省总工会下发《关于表彰工会干部教育工作先进集体和优秀个

人的决定》，东平县总工会组织部部长潘荣英被表彰为全省工会干部教育工作优秀个人。

4月24日 全县劳动竞赛总结表彰大会召开。东平县劳动竞赛委员会主任、副县长展延岚到会讲话。会议总结了1990年劳动竞赛取得的成果及经验，为39个劳动竞赛优胜单位颁发奖杯。

是日 东平县总工会转发市总工会《关于在全市职工中开展技术学习、技术练兵、技术比武活动意见的通知》和《关于在全县女职工中开展“八比八赛、巾帼奉献”活动的意见及实施细则》。参加竞赛赛区由上年的14个增加到16个。当年，全县实现工业产值2.59亿元、销售收入2.19亿元、利税1326万元，分别较上年增长20.6%、35%、44.3%。

4月28日 东平县总工会在“五一”劳动节前夕，组织评选劳动模范并举行劳动模范事迹报告会。评出“富民兴鲁”劳动奖章获得者1名、市劳动模范2名、市劳动竞赛标兵14名。当年，全县企业和机关事业单位组织表彰奖励各类先进模范人物4276人。

5月 东平县总工会配合县安委会组织开展“安全月活动”，要求各企业工会抓好安全制度和措施落实，在职工中加强安全知识宣传教育，坚持持证上岗，严守操作规程，确保安全生产。

6月29日 东平县总工会联合县经委在县电影院举办庆祝中国共产党建立70周年文艺演唱会。节目有大合唱《没有共产党就没有新中国》《谁不说俺家乡好》及小品、戏曲等。县六大班子领导到场观看演出，整个电影院座无虚席，活跃了职工文化生活。

7月 东平县总工会印发《关于举办全县职工想十年、讲十年、干十年知识竞赛的通知》。企业厂长、经理与工会干部带头参与答卷。评选出知识竞赛先进集体6个，优秀组织奖3个，成绩优异奖3个，个人一等奖10名，二等奖30名。

是月 东平县总工会干部李守白倡导成立东平县政协书画联谊会，在工人文化宫举办首届会员作品展。9月，成立东平县老干部书画研究会，李守白被聘为秘书长。至2000年，共举办4届老干部书画展。

8月 东平县总工会召开民主管理经验交流会，购买《民主管理》教科书、录像带，推荐8人参加市总工会教师培训，然后分片包干，培训职工代表1000余人。

9月初 鉴于全国多地发生水灾，东平县总工会发出“为灾区人民捐衣物的通知”，10天时间，共收到捐赠衣物6863件、文具957件。

10月 东平县总工会在工人文化宫举办“东平湖新貌诗书展”，展出诗书作品200余幅。

是年 响应党中央、国务院号召，东平县总工会组织开展“质量、品种、效益年”活动，制作宣传图板和全县名优特新产品展销。县化工总厂、橡胶厂、汽车修配厂、建筑公司等企业优质产品和宣传图板参加全市展览，获优秀组织奖。

是年 东平县总工会与各基层工会组织职工开展为企业发展提合理化建议活动，推进技术革新与技术进步。全年提出合理化建议6156条，采纳2722条，创经济价值2008.71万元，受到奖励的建议117条，获发明创造奖17项，评出技术能手1250人。县化工总厂企管科付建华撰写的《强化信息管理促进企业效益》文章获省化工厅“优秀成果三等奖”。

是年 东平县总工会在县橡胶厂进行企业内部分配公开试点。建立工资分配公开制度，健全监督机构，形成厂、车间、班组三级分配机构网。5月，市委召开全市企业管理会议，县橡胶厂作题为《实行分配公开，促进企业发展》的典型发言。该经验还刊登在《山东体改》《泰安工作》等刊物上。

是年 东平县总工会督促企业落实《女职工劳动保护规定》，制定实施细则，保护女职工合法权益，全年处理相关信访案件24起，做到件件有回音。

1992年

2月 东平县总工会解放思想，更新观念，确定年度实现“四个转变、四个相一致”的新思路：一是转变工会工作指导思想，实现与企业指导思想相一致；二是转变工会工作节奏，实现同生产经营节奏相一致；三是转变维护职能认识，实现企业命运与职工命运相一致；四是转变工会工作方式方法，实现工会工作与生产相一致。强化“中心”意识，加强企业民主管理，完善激励机制，促进企业经济效益和社会效益的提高。

3月7日 国际妇女节前，东平县总工会与县妇联联合举办“巾帼奉献”劳动竞赛表彰和歌曲大奖赛，县六大班子领导为参赛队发奖，县电视台作专题报道。此前东平县总工会组织人员看望女性先进模范人物和一线女性职工。其中，女性副局级干部11名，女性副厂长（经理）6名，女性工会主席、副主席7名。

3月 东平县总工会落实市总工会提出的“四个依靠”部署，解放思想，依靠职工找差距；制定措施，依靠职工提建议；出台政策，依靠职工定方案；实施方案，依靠职工抓落实；深化企业改革，促进企业发展。当年，“四个依靠”在各企业取得明显成效。县室内成套装饰公司建立27项岗位技术（工作）标准；县造纸厂一等品率同比提高20%。

是月 东平县总工会印发《关于表彰工会工作先进单位和个人的决定》，授予县直属机关工会工作委员会等38个单位工会工作先进单位称号，县邮电局载波机务室工会小组等40个车间（班组）获工会工作先进集体称号，县服装厂工会女职工委员会等8个单位获工会女职工工作先进单位称号，县化工总厂工会委员会等10个单位获培育“四有”职工队伍先进集体称号；授予林恩铎等62人先进工作者称号，授予吴绪法等94人优秀工会积极分子称号，授予何振全等16人“学雷锋、学铁人积极分子”称号。

4月2日 东平县酒厂职工陈昭贵被评为“山东省劳动模范”，受到山东省人民政府表彰。

4月11日 东平县召开推进学习宣传贯彻执行《中华人民共和国工会法》大会，县委宣传部、司法局、广播电视局、各委局负责人、企事业单位工会主任120余人参加会议，县委副书记李效圃到会讲话，要求各级党政组织高度重视，原原本本读法用法，并抓好贯彻落实。

4月 东平县总工会部署基层工会开展《工会法》宣传，张贴标语316幅，宣传栏、板报1245期。投资1万元，用于印发购置辅导材料、法律读本，开展宣教评奖等。

5月18日 东平县总工会主席徐延申等出席泰安市工会第十次代表大会。

1992年5月18日，东平县出席泰安市工会第十次代表大会代表合影

5月 中共东平县委批转东平县总工会《关于加强民主管理，完善激励机制的意见》，成立民主管理领导小组，县政府副县长展延岚任组长，东平县总工会主席徐延申任副组长，经委、建委、交通、商业、粮食、供销等部门主要负责人为成员。

是年 东平县总工会在全县开展职工民主管理达标活动。全县大部分企业健全和完善以职代会为基本形式的民主管理制度，民主管理实现网络化、制度化、程序化。98家企业中有92家建立了职代会制度，厂、车间、班组三级管理网络已基本形成，并做到每年召开1—2次职代会。

是年 东平县总工会围绕“质量、品种、效益年”活动开展劳动竞赛。围绕“科技

1992年，东平县总工会表彰的部分先进模范人物

兴县”“科技兴企”，开展“三技”活动。全年共有14000多人参加“三技”活动，4270人参加比武表演，106人参加市总工会组织的比武活动，均取得较好名次。推荐市级夺标单位2个，省劳动模范1名，

振兴泰安劳动奖章2名。是年，东平县总工会开展合理化建议活动，提出合理化建议11136条，被采纳5056条，增加经济效益2460万元；受奖建议423条，发明创造奖13个。评出各级技术能手1236人，引进新技术、新工艺44项，攻克技术难点127个，创造经济价值157万元。

是年 东平县总工会抓好第三产业创收项目，继续东山路城市信用社、新城印刷厂。投资2万元，在文化宫开办工会幼儿园，当年有入园儿童100名，聘请幼儿教师3名，年收入2万多元。投资6万元用于平整场地，筹建花卉展销中心、架设高压线工作等。经委工会、农行、建行等13个单位创办职工技术协会，三产项目实现突破。

是年 根据省、市总工会关于开展“工人阶级队伍状况”和“女职工思想状况调查”的部署，东平县总工会成立调查组，深入化工总厂、橡胶厂、农机厂、工具厂、麻纺厂、水泥厂、棉织厂等企业，对职工自中共十一届三中全会以来的职工思想观念、政治地位和经济生活等方面情况进行细致调查。全年向省、市总工会提供信息并刊用10余篇。

是年 东平县总工会抓好企业职工之家建设，县化工总厂、县公路站、县人民医院职工之家保持“小家”标准，不断充实、完善，发挥职工之家教育作用。县公路站被评为全省职工之家先进单位。

1993年

3月7日 东平县总工会在“三八”妇女节前组织全县女职工书法、工艺、女能手献艺展览活动。召开表彰大会，表彰女能手94名。

5月1日 东平县总工会召开科技兴县先进模范人物座谈会。县供电局女电焊工王敬肃等11名先进模范人物参加座谈会。

1993年5月1日，东平县总工会举办先进模范人物座谈会人员合影

5月 东平县总工会转发市总工会、市劳动局、市科学技术委员会联合下发的《关于在全市职工中开展“一星三手”劳动竞赛活动的意见》，认真制定“一星三手”（科技明星、技术能手、革新能手、销售能手）活动评选方案，各企业基层工会制定实施方案。至月底，收到“一星”材料3份、“三手”材料26份。

6月 东平县总工会继续组织“双增双节”和“三技”劳动竞赛。全县参加“三技”劳动竞赛职工16700人，其中参加比武表演的6286人次，比赛项目286项。

7月 东平县总工会帮助企业兴办第三产业，多举措安排企业富余人员。在运输、加工、旅馆、饭店等服务行业，安置内退和无岗职工就业。经贸委工会兴办老年经济实体25个，安置职工100多人。

8月 东平县总工会落实一年一次女职工身体健康检查工作，共计查体3571人，查出各种疾病1452例，其中宫颈癌1例，乳腺癌6例。

10月 东平县总工会在工人文化宫举办“改革开放兴东平”对联书法展，展出歌颂东平发展变化的作品160余件。

12月2日 县委召开传达贯彻中国工会十二大精神会议，县委书记张圣亮就全心全意依靠工人阶级，保障和落实职工群众主人翁地位，全面正确理解主人翁地位，党政工和职工群众在保障落实主人翁地位中各自的责任作讲话。县委副书记皇甫炳胜就如何学习宣传工会十二大精神作讲话。副县长徐绚栗主持会议。县六大班子负责人代省总工会向受到奖励的先进集体和个人发奖。

12月27日 东平县总工会在瑞星化工集团总公司召开全县转换企业经营机制，加强民主管理现场会。县委副书记皇甫炳胜讲话，要求进一步加强和完善全县企业民主管理激励机制。东平县总工会主席、副主席和县属企业负责人、工会主任100余人参加会议。

12月28日 东平县人民政府下发《关于东平县总工会成立东平县第三建筑安装工程公司的请示的批复》，同意成立东平县第三建筑安装工程公司。翌年1月5日，泰安市总工会批准成立东平县第三建筑安装工程公司。

是年 东平县总工会组织企业开展合理化建议活动，提出合理化建议14508条，提建议职工占职工总数的95%以上，采纳建议6458条，创经济效益864.5万元。

是年 东平县1人获省总工会、省人事厅等五部门表彰的“自学成才先进个人”称号，1人获省总工会第十次代表大会表彰的“模范职工之家先进工会工作者”称号，2人获“优秀工会积极分子”称号，3人获“市职工劳动模范”称号。1人获“全市十佳护士”称号，4名获“优秀护士”称号。

是年 全县企业职工提合理化建议7820件，采纳3212件，创造价值200.7万元。

是年 收工会经费18.19万元。连续六年被评为市级工会工作成绩显著单位。

是年 东平县总工会被市巾帼建功活动领导小组授予“巾帼建功先进集体”称号。

1994年

3月4日 东平县总工会在“三八”妇女节来临之际，召开女职工先进模范人物座谈会、演讲会，6名先进模范人物在会上介绍个人先进事迹，为全县女职工树立了榜样。

1994年3月4日，参加女职工先进模范人物座谈会人员合影

4月28日 县委、县政府召开全县工会工作会议，对上年度28名省、市先进模范人物，9名县科技明星，6名技术能手，10名革新能手，9名销售能手进行表彰奖励。会上县委书记周克峰出席会议并讲话。

5月4日 中共东平县委办公室、东平县人民政府办公室《转发县总工会〈贯彻中国工会十二大精神的实施意见〉的通知》。强调“五个不变”，即社会主义制度没有变、国家的性质没有变、工人阶级是国家的领导阶级没有变、工人阶级是党的阶级基础没有变、工人阶级的主人翁地位没有变，肯定中国工人阶级的历史地位和作用，明确市场经济新形势下仍然需要全心全意依靠工人阶级，要求各级认真抓好落实。

是日 东平县总工会贯彻落实中央办公厅、国务院办公厅《关于加快外商投资企业工会组织步伐，加强工会工作的意见》，确定新时期工会工作7个方面的重点，1994年度凡符合建工会条件的单位均建立工会，建会率达到100%。

5月24日 东平县总工会印发《关于在全县女职工中开展“伸出一双手、奉献一颗爱心”的活动的通知》，确定6月为集中宣传月。要求各级工会组织动员广大女性职工发扬工人阶级团结互助、无私奉献的精神，积极为贫困地区少年儿童捐赠图书与玩具。

是月 东平县总工会争取县残联支持，在工人文化宫举办东平县首届残疾人书画展，展出残疾青年书法爱好者郑直书画作品130幅，市残联负责人董长来参加开幕式。展毕，东平县总工会副研究馆员、东平县书画协会常务副主席李守白推荐郑直书画作品在市、县报刊发表，为全县残疾人树立自信自强的榜样。

6月14日 东平县总工会贯彻落实市委关于《1994年全面完成乡镇、街道办事处建立工会工作委员会》文件要求，向县委、县政府呈报《关于在各乡镇和街道组建工会的报告》。县委办公室批准基层工会组织建设规划。以适应机构改革中原县属部分企、事业单位转归乡镇管理的新变化，维护职工利益，促进全县社会稳定和经济发展。

6月17日 泰安市人大常委会领导到东平县考察检查《中华人民共和国工会法》

贯彻落实情况。先后到东平化工总厂、东平橡胶厂、东平工具厂等企业座谈了解情况，东平县总工会主席金家祥陪同活动，并提报东平县贯彻落实《中华人名共和国工会法》情况报告。

8月3日 东平县总工会贯彻泰安市总工会《关于认真组织学习宣传、贯彻〈劳动法〉的通知》，要求各基层工会认真组织职工广泛开展学习宣传劳动法律法规活动。

8月23日 东平县总工会印发《发挥特色 维护稳定 促进全县经济和社会各项事业的更大发展》的工作报告。总结肯定上半年工会工作，提出下半年基层工会组织建设、维护职工权益、开展劳动竞赛、办好工会第三产业等工作意见。

8月 东平县化工总厂总工程师李广林当选为省总工会第十届委员会委员并赴济南参加山东省工会第十次代表大会。

10月26日 东平县总工会召开第二届女职工委员会，研究部署全县女职工工作。

10月 东平县总工会分成4个调查组，分赴65家企业，进班组、进家庭，了解职工队伍状况，做深入细致的思想政治工作，理顺职工情绪，化解企业行政与职工之间的矛盾和摩擦。协调解决与职工切身利益有关的问题18件，最大限度减少职工来信来访，上访案件同比下降36%。

1994年10月26日，东平县总工会第二届女职工委员合影

11月7日 东平县总工会、共青团东平县委联合下发《关于向侯庆道同志学习的决定》。侯庆道为东平县腊山林场场长，带领职工艰苦奋斗，先后兴建建筑装饰、地毯加工、地板砖加工、化工厂等项目，当年盈利20多万元。修复玉皇庙、泰山行宫、老虎洞等12处景点，维修唐宋以来24幅摩崖石刻、石碑等，为发展东平旅游事业奠定基础。决定要求职工学习侯庆道艰苦奋斗、开拓进取的精神，知难而进、奋发向上的精神，率先垂范、克己奉公的精神，为发展东平做出贡献。

11月14日 东平县总工会印发《关于启用乡（镇）工会工作委员会专用章的通知》。为州城镇等17个乡镇刻制印章17枚。

是年 东平县总工会按照县委八届六次委员（扩大）会议精神，制定“三学”规划和实施方案，各级工会举办培训班22期，培训工会干部568人次。

是年 全县各级工会组织深入开展“学、讲、树”活动，培育壮大“四有”职工队伍。

举办大型劳动模范事迹报告会6场次，劳动模范座谈会12场次。

是年 东平县总工会发挥工人文化宫阵地作用。为职工免费提供服务，参加阅览职工累计达3.2万人次。培养大批书法绘画、手工艺制作的爱好者，涌现出一大批艺术人才。

是年 东平县总工会被省总工会、省委宣传部、省职教办、省经委评为爱国主义教育和开展市场经济与主人翁教育先进单位。组织职工开展“爱岗敬业”活动，以委局为单位，分各系统开展爱国主义教育和“爱厂敬业”演讲会，参加演讲人员48人次，受教面占职工总数的60%；开展“伸出一双手，奉献一片爱心”活动，为山区孩子捐献图书3800多册、玩具568件，为“希望工程”捐资3618元；深入23家推行股份制改革的企业，调查职工思想状况，向县委、县体改委提出推行股份制要根据企业实际，入股要考虑职工承受能力的建议，得到县委领导支持，职工股金由原来职工一次募股5000元下降到一次2000元。

是年 东平县总工会围绕经济建设中心，组织动员职工广泛开展社会主义劳动竞赛。全年共开展各种技术比赛活动65场次，参加比武人员达2158人次。

是年 东平县总工会和企业工会组织职工开展合理化建议活动，提出合理化建议1686条，被采纳968条，创经济价值625万元，“双增双节”创价值424万元。

是年 东平县总工会组织开展“一星三手”活动，制定开展实施意见和评选条件。全年向省市推荐劳动模范3名、科技明星5名、技术能手6名、革新能手8名、销售能手8名。

是年 东平县总工会和基层工会协助企业行政做好职工劳动保护工作，抓好安全生产及劳动保护规定的贯彻落实。全年未发生重大伤亡事故。

是年 贯彻落实《女职工劳动保护规定》《女职工保健工作规定》，各级工会重视女职工特殊利益维护，开展女职工疾病普查普治工作， 支付查体费20余万元，女职工妇科疾病发病率由1990年的78%下降到24.3%。

是年 县委支持乡镇建立工会工作，县委组织部公布17个乡镇工会工作委员会主任、副主任名单，明确乡镇专职副书记兼工委主任，配1名专职副主任，负责处理工会的日常工作，工委副主任兼乡镇机关工会主席。全年建立乡镇机关工会17个、乡镇企业工会54个、会员达到2600人。

是年 东平县总工会理顺乡镇卫生院、教育办公室、供销社、乡镇企业工会隶属关系，明确凡隶属乡镇管理的部门和单位工会组织，一律纳入乡镇总工会工作委员会管理。

是年 东平县总工会强力推进工会工作开展，6个方面试点成效可观。①民主管理试点，在瑞星化工集团召开2次现场会，县委副书记皇甫炳胜到会讲话，理顺劳动关系，保障职工利益。②推行股份制企业试点。推广造纸厂经验，理顺职代会与股东大会、董事会、监事会关系。③劳动竞赛试点。推广职工创100元、班组创1000元、车间创万元活动，推广县工具厂厂长杨吉成依靠职工管理好企业的经验。④全员劳动合同制试点。在县商业大楼、运输公司签订集体劳动合同。⑤扭亏增盈试点。推广县面粉厂、县金刚石厂职工攻坚克难，艰苦创业，献计献策，促进企业起死回生的经验。⑥工会经费收缴试点。表彰工会经费收缴先进单位和工会干部。

1995 年

1月1日 东平县总工会把做好劳动法宣传，督导企业贯彻落实劳动法，作为维护劳动者权益的法律依据，要求各企业工会采取多种形式抓好劳动法宣传、落实工作。

1月16日 东平县总工会印发《关于在全县女职工中开展闯“新三关”演讲比赛的通知》，要求全县女职工勇闯“文化关”，提高自身素质；勇闯“技术关”，增强竞争实力；勇闯“智慧关”，贡献聪明才智。3月6日，在县城影剧院举行演讲比赛，县委副书记、组织部部长皇甫炳胜，东平县总工会主席刘继顺分别讲话，并公布了演

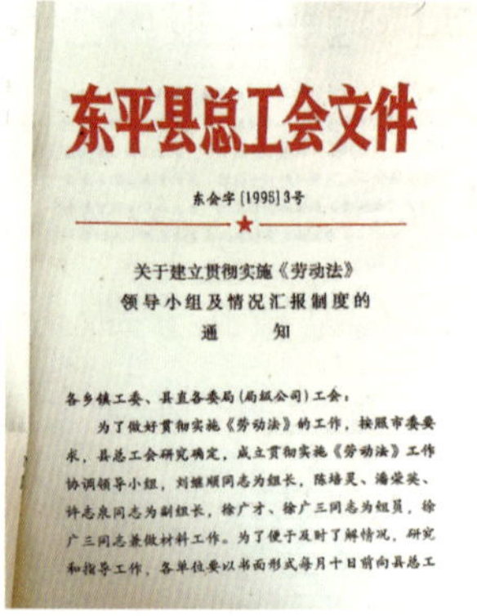
东平县总工会文件

东会字〔1995〕3号

关于建立贯彻实施《劳动法》
领导小组及情况汇报制度的
通　　知

各乡镇工委、县直各委局（局级公司）工会：

为了做好贯彻实施《劳动法》的工作，按照市委要求，县总工会研究确定，成立贯彻实施《劳动法》工作协调领导小组，刘继顺同志为组长，陈培灵、潘荣英、许志泉同志为副组长，徐广才、徐广三同志为组员，徐广三同志兼做材料工作。为了便于及时了解情况，研究和指导工作，各单位要以书面形式每月十日前向县总工

1995年，县总工会印发文件

讲比赛评分标准及办法。全县共有19名女职工参加，县进修学校教师马宏等8名女职工被评为闯“新三关”演讲比赛先进个人。东平县总工会为获奖者颁发荣誉证书。全县参加活动女职工8644人。

1月26日 《山东省职工自学成才奖励条例》正式颁布实施。东平县总工会要求企业工会认真抓好贯彻落实，鼓励职工立足工作岗位，自学成才。

2月 新春佳节前夕，东平县总工会组织开展“送温暖”活动。筹集资金27万元，向34家特困企业、11户特困户、12000名困难职工发放救济金，送上党和政府对困难职工的关怀，促进了社会稳定。

3月9日 东平县总工会下发《关于建立贯彻实施〈劳动法〉领导小组及情况汇报制度的通知》。东平县总工会主席刘继顺任组长，陈培灵、潘荣英、许志泉任副组长。规定每月10日，各单位工会向东平县总工会报送贯彻实施《中华人民共和国劳动法》（以下简称《劳动法》）的主要情况、经验

和遇到的问题。

3月20日 东平县总工会、监察局、财政局、审计局联合下发《关于进一步加强工会经费管理的意见》，要求各企事业单位及时、足额提取工会经费并按时上交。拨交工会经费的工资总额按照国家统计局公布的《关于工资总额组成的规定》计算，各种补贴、津贴和奖金均应计算在内。

3月 东平县总工会下发《关于围绕“管理效益年”活动开展劳动竞赛的意见》。基层工会从实际出发，开展多种形式的劳动竞赛活动。

4月 东平县总工会牵头，与劳动局、经贸委联合举办“东平县职工《劳动法》知识大奖赛”。深化《劳动法》宣传，工会主席、副主席带头跑企业、下基层，调查摸底，全面掌握各企业对实施《劳动法》的态度和想法。针对个别厂长、经理认识不到位的问题，现场进行讲解、说服、宣传和教育。采用黑板报、宣传栏、广播电视宣传、标语口号、举办培训班、组织知识竞赛等方式，广泛宣传《劳动法》。

5月8日 东平县总工会六届八次全委（扩大）会议召开，传达省总工会表彰决定，其中1994年度省级劳动模范2名、省先进女职工1名、市级劳动模范4名、市级先进女职工5名、市级“一星三手”4名，表彰县级“一星三手”35名、工会工作先进集体59个。

5月15日 东平县总工会印发《关于开展工会财务大检查的通知》。5月16日至6月16日分为3个阶段，组成3个检查组开展工作，督促各单位工会经费实现规范化管理。

6月13日 东平县总工会下发《关于围绕“管理效益年”活动开展劳动竞赛的意见》，制定实施细则，明确竞赛内容与竞赛规划，安排落实各种技术学习、技术练兵、技术比武活动。

6月 东平县总工会与经委系统工会组织开展“十个一”活动，同时开展“红旗手”劳动竞赛、“夏季百日安全赛”等活动。

是月 东平县总工会联合县审计局、财政局、监察局等执法部门，抽调工会系统业务熟、责任心强的骨干，分3个检查组，对经贸口、商贸口和行政事业口分别进行工会经费检查，解决经费收解难、上解难、正常工作运转难问题。经过1个月工作，加快了工会经费上解进度，完成上解市总经费任务。

7月11日 东平县总工会根据泰安市人民政府《关于公布企业职工最低工资标准的通知》，对全县各类企业工资发放情况进行调查摸底，要求全县企业职工最低工资标准不得低于150元/月。

8月23日 东平县总工会、东平县劳动局联合向县委、县政府呈报《关于在部分企业进行集体协商签订集体合同试点工作的报告》。

8月25日 县人民商场进行珠算、开票计价、点钞、板放量布、称秤包包、捆扎酒瓶6个单项专业技术比赛。工商银行工会开展“三赛”活动，一赛效益，看谁的增量大，看谁的增幅高；二赛服务，看谁的服务质量高，看谁的服务用语说得好；三赛安全。

是日 中共东平县纪律检查委员会、东平县总工会、东平县监察局、东平县经济贸易委员会根据省对口部门《关于充分发挥职工民主监督作用 促进企业廉洁经营的意见》。专门印发通知，明确职工民主监督的重点是领导干部廉洁自律、遵纪守法和纠正不正之风情况，建立健全有效的群众监督制约机制，并加强指导，严格掌握政策，要求企业工会抓好贯彻落实。

8月29日 东平县总工会、东平县劳动局印发《关于进行集体协商签订集体合同试点工作意见》。拟在山东东平纸业股份有限公司（现代化企业管理单位）、山东东平艾文利大麻纺织集团有限公司（合资企业）、东平县生产资料有限公司（县属集体企业）、东平商业大楼（县属国营零售商业）、东平塑料编织厂（乡镇企业）5家不同类型的单位开展试点工作。年底，全面完成试点任务。至1998年，全县共有103家企业签订集体合同。

是月 东平县总工会与邮电局工会开展8个专业业务技术竞赛活动。一赛发展装机户数和协助储蓄金额，评“业务发展能手”和“揽储状元”；二赛装机、修机和营业降低客户等待时限，评“优质服务明星”；三赛业务基本功，评“通信业务技术能手”，丰富基础知识，提高操作水平，增强职工主人翁责任感和事业心。

9月1日至5日 中华全国总工会和山东省总工会在泰安市工人文化宫举办“首届全国职工消费品展销会”与“产销联网洽谈会”。全国各地150家企业参加展销洽谈。展销五金家电、服装鞋帽、珠宝首饰九大类、1000多种商品。东平县总工会落实市总工会部署，组织多家企业产品参展。

9月12日 中共东平县委、东平县人民政府印发《关于公布签订集体合同试点领导小组名单的通知》。县委副书记皇甫炳胜任组长，县委副书记、副县长卞同德，县委副书记张大山，副县长徐绚栗任副组长，县劳动局局长徐延申、东平县总工会主席刘继顺等七部门主要负责人为成员。办公室设在东平县总工会，陈培灵任办公室主任。

9月20日起 东平县总工会抽调专人，对全县8个系统（经委、商业、粮食、供销、建委、交通、物资、外贸）、87家企业的职工工资发放情况进行调查，至10月20日结束。分为拖欠职工工资半年以上、半年以内和不拖欠3种企业类型。调查涉及职工17118人，女职工5765人，下岗职工234人，下岗女职工101人。为县委、县政府重视职工工资发放问题提供决策依据。

9月 东平县总工会会同县委宣传部等6家单位下发《关于组织开展纪念反法西斯战争和抗日战争胜利50周年庆祝活动的通知》。

是月 东平镇于寺村党支部书记梁绪珍、东平县供电局职工王敬肃被评为“山东省劳动模范”，受到省人民政府表彰。

10月 东平县总工会女职工委员会组织开展创建“美好家庭”活动。针对社会上存在的家庭关系不够稳定问题，引导培养职工积极向上、健康文明、尊老爱幼的品德与情操。通过各级工会推荐评选，共表彰奖励“美好家庭”30户，并为其颁发门牌和荣誉证书。

11月8日 县商业大楼举行集体合同签订仪式。11月16日，彭集镇塑料编织袋厂举行集体合同签订仪式。此后，东平纸业股份公司、大麻纺织总厂、县生资公司陆续圆满完成任务。

11月16日 省总工会与省外商投资企业协会联合转发中华全国总工会、中国外商投资企业协会《关于在外商投资企业开展“双爱双评”活动的通知》，东平县总工会抓好贯彻落实，要求县内外商投资企业艾文利大麻纺织公司和泰安鲁新保健品有限公司开展以“企业爱职工、职工爱企业、评选爱企业”为标题的优秀职工和爱职工的优秀经理（厂长）活动，促进“职工之家”建设。

11月 东平县总工会与东平县劳动局在县劳动技校举办《中华人民共和国劳动法》知识培训班，县直企业工会干部和劳资科科长100余人参加，东平县总工会和劳动局领导讲述《劳动法》有关知识。

12月2日 东平县总工会印发《关于落实〈中共东平县委关于向张政同志学习的决定〉在全县职工中迅速掀起学习张政热潮的意见》，号召基层工会掀起学先进、争先进活动。张政系县委党校副校长，身患癌症，曾3次手术，他生命不息、奋斗不止、勤奋工作的事迹感人至深。多个系统和单位工会邀请张政作报告，对照先进找差距，爱岗敬业的先进人物与事迹大量涌现。

12月 泰安市人大常委会检查组对东平贯彻落实《劳动法》情况进行检查。东平县总工会主席刘继顺就工会促进劳动法落实情况作汇报。其中，县体改委制定《关于企业改革若干问题的规定》，东平县总工会就职工代表大会制度、职工医疗费用支出数额、女职工生育保险等方面，提出修订完善意见，多侧面维护职工权益的例子，受到检查组赞赏，认为是落实《劳动法》的典型做法。

是年 东平县总工会重视职工来信来访，全年接访上访案件7起，接访职工174人，其中女职工28人，结案5起。职工反映的热点、难点问题得到妥善处理，维护了职工的合法权益，促进了企业的稳定。

是年 东平县总工会落实县委、县政府提出的“工业增量增收，商业增额增利”部署，扎实开展管理效益年活动，组织各种技术比赛500多场次，参加比武人员20000多人次。

是年 东平县总工会贯彻落实县委八届八次会议精神，结合工会工作实际，组织开展“学、讲、树”活动。提出“远学楷模孔繁森，近学劳动模范争先进”的口号。工会机关干部制作大型宣传栏，介绍省市劳动模范先进事迹。全年共召开座谈会、演讲会8场次，受教育职工18000多人次。

1996年

4月19日 中共东平县委办公室、东平县人民政府办公室下发《关于做好全县“十大职工劳动模范”评选推荐工作的通知》。明确推荐评选范围和6个方面的评选条件及评选办法与程序。成立评选委员会，在总工会设立办公室。4月26日完成推荐候选人材料综合评审工作，从中选出20人作为“十大职工劳动模范”建议人选。4月28日确定当选名单，报县委、县政府审定表彰。

6月27日 东平县总工会在县委招待所举行“爱岗敬业讲奉献”演讲比赛决赛和颁奖仪式，表彰一、二、三等奖获得者20人。

7月 东平县总工会在党校举办新一轮工会干部培训班，县直机关和企事业单位工会干部120人参加培训。培训班组织学习新形势下工会工作的有关方针政策，帮助参会干部增强依靠工人群众办好企业的自觉性。

8月9日 全县工会干部会议召开，学习传达中央领导讲话和省、市、县委关于全心全意依靠工人阶级推进国有企业改革意见的通知精神。县直机关和企事业单位工会干部100人参加会议。中共东平县委办公室下发《转发县总工会〈关于认真贯彻党的全心全意依靠工人阶级方针推进国有企业改革意见〉的通知》。要求认真学习贯彻落实文件精神，在发展市场经济和企业改革中，全心全意依靠工人阶级。

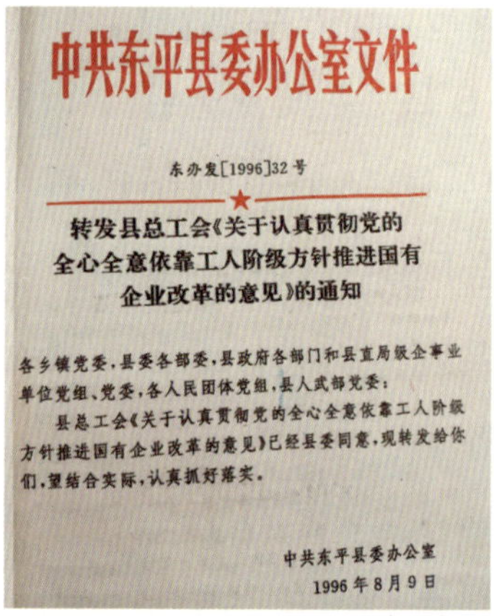
中共东平县委办公室文件

东办发[1996]32号

转发县总工会《关于认真贯彻党的全心全意依靠工人阶级方针推进国有企业改革的意见》的通知

各乡镇党委，县委各部委，县政府各部门和县直局级企事业单位党组、党委，各人民团体党组，县人武部党委：

县总工会《关于认真贯彻党的全心全意依靠工人阶级方针推进国有企业改革的意见》已经县委同意，现转发给你们，望结合实际，认真抓好落实。

中共东平县委办公室

1996年8月9日

1996年，县委办公室转发的县总工会推进国有企业改革的文件

8月 彭集镇林业站站长柴万训被评为“山东省绿化劳动模范”，受到省委、省政府表彰。

9月25日 东平县总工会主席刘继顺被评为全省实施送温暖工程先进工作者，受到山东省总工会表彰。

9月 东平老年书画协会成立，傅茂森

任会长，东平县总工会工人文化宫干部李守白任副会长。东平老年书画协会在县工人文化宫举办“迎澳门回归书法展”“庆祝建党80周年书法展”。

11月9日 东平县总工会从全县劳动竞赛尖子中挑选8名优秀职工，参加全市5个单项技术比武，2人获三等奖，4人获优秀选手奖，1人获泰安市“巾帼岗位明星”奖。

12月26日 东平县粮食局工会主任刘少国被评为山东省优秀工会干部；东平县工具厂工会主任李传亭、东平县花键轴总厂工会主任曾宪汉被评为山东省优秀工会积极分子，受到省总工会表彰。

12月 在全市工会工作会议上，县橡胶厂工会《坚持职代会制度 加强企业民主管理》的典型发言，受到市总工会领导和与会人员充分肯定。

是月 按照市总工会要求，东平县总工会为全县特困职工建立档案，共7卷、197人。建档质量和工作进度受到省、市总工会表彰。

是年 东平县总工会与企业工会坚持抓好平等协商、签订集体合同工作。12月底，全县有56个单位正式签订集体合同。

是年 东平县总工会下发《关于一九九六年深入开展社会主义劳动竞赛意见》和《关于在全县职工中开展技术比武活动的通知》，明确竞赛目标和重点，开展多种形式的社会主义劳动竞赛和各种技术比武活动。瑞星集团工会开展“瑞星杯”质量竞赛、“红旗手”劳动竞赛、“夏季百日安全赛”活动。橡胶厂工会开展创建“文明岗位”达标活动。全年涌现出“文明岗位”44个、“文明职工”77人。

是年 东平县总工会和基层工会总结汲取瑞星集团重大事故教训，组织职工开展安全生产竞赛，切实抓好安全知识教育和培训，全年共计投入安全设施资金300多万元。

是年 加强工会组织建设。县直委局和乡镇的工会组织报请县委组织部批准，全部配齐工委主任。加快新经济组织工会组建。外商投资企业工会组建率达100%，私营企业工会组建率达30%，乡镇企业工会组建率达100%。

是年 东平县总工会下发《关于建立送温暖工程基金会的意见》，当年建立基金会组织11个，筹集资金近20万元。春节前夕，东平县总工会开展送温暖活动，“送温暖”工作实现经常化、制度化。

是年 东平县总工会帮助旧县乡东鹅山村建班子、理路子，争取资金5.5万元，全村家家户户通上自来水。帮助梯门乡东沟流村建设配电室1座，圆满完成县委安排的包村任务。

是年 东平县总工会争取资金18万元，文化宫沿街建设的1200平方米职工活动中心楼竣工。

1997 年

2 月 26 日 泰安市总工会下发《关于表彰推行企业建立平等协商和集体合同制度工作先进单位的决定》，东平县总工会被评为建立平等协商和集体合同制度工作先进单位。

2 月 春节期间，各级工会组织创造条件，坚持为职工办实事、办好事、解难题。筹集慰问款 20 余万元，有 300 多名工会干部深入 27 家企业，慰问困难职工家庭 567 户，将党的温暖送到职工群众手中。

3 月 26 日 东平县总工会组织机关干部认真学习中共泰安市委办公室下发的《关于认真贯彻〈中共山东省委关于进一步加强新时期工会工作的意见〉的通知》，要求努力建立健全工会工作“三个机制”，即：新形势下企业民主管理、民主监督机制，平等协商、签订集体合同机制，职工利益自我保障机制。

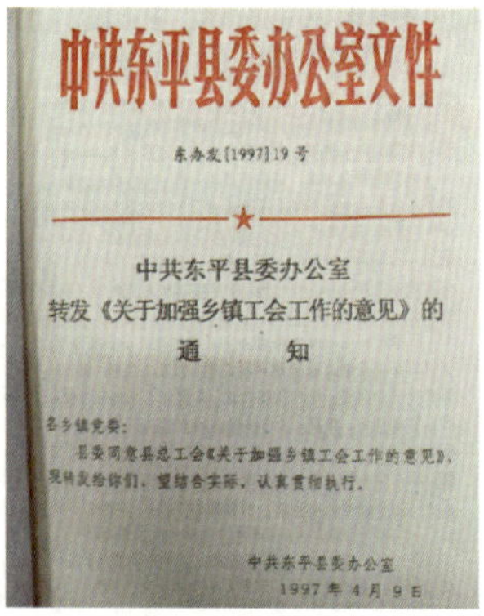
中共东平县委办公室文件

东办发〔1997〕19 号

中共东平县委办公室
转发《关于加强乡镇工会工作的意见》的
通　　知

各乡镇党委：
县委同意县总工会《关于加强乡镇工会工作的意见》，现转发给你们，望结合实际，认真贯彻执行。

中共东平县委办公室
1997 年 4 月 9 日

1997 年 4 月 9 日，东平县委办公室转发县总工会文件

4 月 9 日 中共东平县委办公室转发东平县总工会《关于加强乡镇工会工作的意见》，要求各乡镇结合实际，认真贯彻执行。

4 月下旬 东平县总工会与县体委联合举办“全县职工篮球赛”，瑞星集团、橡胶厂、酒厂、造纸厂等 9 个代表队参加比赛，瑞星集团代表队获得冠军。

5 月 1 日 东平县推行平等协商集体合同制度领导小组印发《关于进一步加强企业平等协商签订集体合同制度工作的意见》。要求实行目标管理，注重工作质量。签订集体合同的企业及时搞好建档工作，建档内容包括：集体合同文本、说明书、劳动行政部门审查意见、平等协商会议记录等。

是日 东平县总工会贯彻落实山东省总工会、山东省人事厅、山东省劳动厅、山东省财政厅《关于改善和提高离退休劳动模范待遇的通知》。按照享受荣誉津贴的 6 个方面范围及发放标准，对已经离退休并保持荣誉称号的劳动模范发放荣誉津贴。

5 月 5 日 中共东平县委组织部、东平县总工会、东平县经济贸易委员会、东平县财贸办公室下发《关于职工代表大会民主评议企业领导干部工作的意见》。5 月 23 日，分别在东平橡胶厂、东平迎宾馆股份有限公司召开职工代表大会民主评议领导干部工作现场会，与会人员观看了橡胶厂职工代表大会民主评议领导干部的整个程序。

县委组织部副部长王成金发言，东平县总工会主席刘继顺主持会议。县直机关部门和企业负责人、工会主任等150人参加会议。52家企业相继开展该项工作，350名副厂级以上企业领导干部接受职代会民主评议，评议结果整理汇总后转送干部管理部门，作为考核奖惩、任免企业干部的依据。

5月26日 东平县总工会下发《关于一九九七年开展职工劳动竞赛活动的通知》，全县掀起“降成本、促销售、增效益”，争做“一星三手”劳动竞赛新高潮。

5月 根据市总工会部署，东平县总工会着力推进职工与企业签订集体合同工作。年底，共有56家企业签订集体合同，其中，市属企业4家，乡镇企业24家。

6月中旬 东平县总工会主办“庆香港回归”书法展览，展出李守白作品60余件。全国老龄委主任王照华亲笔题词祝贺，省、市、县领导和社会书法爱好者1000多人到展观览。

7月4日 县委组织部以便函批复18个乡镇工会主任、副主任名单。各乡镇由一名副书记兼任工会工作委员会主任，另公布一名干部任工会副主任，负责乡镇工会日常工作。

7月5日 东平县总工会印发《关于转发市总工会〈关于认真贯彻落实国有企业业务招待费使用情况向职代会报告制度的意见〉的通知》。要求企业工会认真落实文件精神，坚持企业厂长、经理每半年一次据实将业务招待费使用情况向职代会报告的制度，督促全县企业研究制定依靠职工群众办好企业的具体意见和办法，确保职代会通过的各项规章制度得到落实。

7月 根据市总工会和县委要求，东平县总工会在全县企业中组织开展“文明窗口服务”“创建文明职工、文明岗位”和“女职工双文明建功立业活动”。至年底，全县共有参赛女职工8250人，占女职工总数的88%。在姐妹献爱心活动中，女职工捐款2.94万元、捐物4567件。全县表彰先进女职工1250人，先进女职工工作者32人，先进女工集体21个，先进女职工之友8人，文明家庭75个。

8月 东平县总工会、县工商局等10个部门联合转发市总工会等10个部门《关于印发〈泰安市职工消费合作社（连锁店）实施意见（试行）〉的通知》，拟成立东平县职工消费合作社（连锁店）。9月5日，组织县经贸委等11个系统、20余人到宁阳县职工消费合作社参观考察。此后，东平二中、三中、县麻纺厂、县自来水公司等10个单位先后建立职工消费合作社。至年底，这10家职工消费合作社销售额20余万元，万余名职工从中得到实惠，缓解了职工的生活困难。

9月 东平县总工会投入10万元，在文化宫西南部建设儿童游乐场，聘请幼儿教师

2名，月增收3000余元。

12月10日 县委下发《关于设立东平县“送温暖工程基金”的通知》。县委副书记王笃成主持召开乡镇党委副书记和县直大系统牵头部门主要负责人会议。县委督查科和总工会做好督导，发动全社会关心支持送温暖工程，募集资金5万元，对110名困难职工开展送温暖活动。

是年 东平县总工会建立特困职工档案6卷422人。协助县政府制定城镇居民最低生活保障线标准，每人每月100元。

是年 根据县委、县政府干部包村部署，东平县总工会安排2人进驻张河桥乡上遂城西村，帮助该村建设蔬菜大棚22个，核桃基地100亩。

1998年

2月27日 根据县委《关于东平县总工会女职工委员会换届工作的报告》的批复。东平县总工会向各委局（局级公司）工委、各企业工会下发通知，就东平县总工会女工委换届的指导思想和主要任务、第三届女工委组成原则、委员的基本条件、委员产生的办法、会议时间和范围提出明确要求。

3月6日 东平县总工会女职工委员会三届一次委员（扩大）会议召开。泰安市总工会副主席曹丽华致贺词，东平县总工会副主席、第二届女职工委员会主任李灿荣作题为《团结动员全县广大女职工为全县改革发展稳定再立新功》的工作报告。县委副书记王笃成到会讲话，要求进一步提高对女职工工作重要性的认识；加强女工委员会建设，充分发挥女职工委员会作用；维护女职工合法权益，为女职工排忧解难；围绕经济建设中心开展劳动竞赛，为振兴东平建功立业。东平县总工会主席刘继顺主持会议。

3月13日 中共东平县委员会下发《关于公布东平县总工会第三届女职工委员会名单的通知》。根据《职工工会章程》和全国总《工会女职工委员会条例》及换届程序，东平县总工会第三届女职工委员会产生，报经县委批准，程慧珍、李元玲、许美蓉为顾问，姜景芝、叶近云、王桂香为名誉主任，东平县总工会副主席李灿荣为主任，陈培兰、邹兴桂、潘荣英、张连芬为副主任，姜秀荣等16人为委员。

4月24日 经市总工会和县委批准，东平县总工会第七次工会代表大会召开。参会代表157人。大会选举于庆江、王成华、王秀华、刘少国、刘继顺、许志泉、李广勤、李灿荣、李桂芝、陈培龙、陈培灵、张林、张作光、孟广岩、赵永先、郑淑云、徐广才、高敬兰、鲁兰英19人为该届委员会委员，选举刘继顺为主席，陈培灵、许志泉、李灿荣为副主席。

4月 东平镇刘范村党支部书记刘兆奇、

县计划生育委员会主任张成福、县委党校副校长张政、东平镇民政办公室主任刘曰杰4人被评为“山东省劳动模范”，受到省人民政府表彰。

1998年4月26日，东平县总工会第七次工会代表合影

是月 东平县总工会与各基层工会继续推进企业职工技术学习、技术练兵、技术比武和“双增双节”社会主义劳动竞赛活动，全县职工提出合理化建议863条，创经济效益50万元，“双增双节”创造价值320万元。

5月 瑞星化学工业集团总公司工会委员会被评为山东省模范职工之家，受到省总工会表彰。县造纸总厂党委书记、工会组组长孟宪民被评为山东省优秀工会工作积极分子。

6月 东平县总工会对开展民主评议领导干部工作的10家国有企业进行抽查，并将抽查结果向县委写出报告。

7月 鉴于县直委局工会缺职、兼职多，影响工会工作开展，总工会向县委汇报并写出调查报告，经县委批准，协助组织部考察工会干部人选，一次性配齐缺职的12个委局工会主任。

8月 东平县总工会建立工会干部联系困难职工制度，实行一对一帮扶。为4名考入大学的特困职工子女解决学费4000元，为2名特困小学生解决小学阶段的全部学费。

是月 东平县总工会退休干部李守白协助县老龄委成立东平县老年书画协会，在县新华书店举行首届会员作品展。

9月9日 东平县总工会认真学习贯彻省总工会通知和省委副书记陈建国8月31日对省总工会报送的《企业改制过程中不注意发挥职代会作用的现象应引起重视》信息的批示。

9月 东平县总工会退休干部李守白牵头发起成立东平书法研讨小组，每月16日坚持学习、笔会，坚守“自费活动，服务社会”宗旨，开展春节带领书友走上街头义务写春联，送书法进敬老院、进聋哑学校等惠民活动，受到社会好评。

11月1日 东平县总工会组织开展全县改制企业状况调查，至月底，摸清了全县各类企业变化情况。县属企业原有101家，尚未改制的56家。乡镇企业原有185家，破产10家，卖给个体22家，股份合作22家，租赁116家，尚未改制的15家。“三资”企业原有6家，现有4家。私营企业430家，职工在25人以上的20家。存续县属、乡镇企业均建立工会组织，3家私营企业建立工会组织。除破产、濒临破产、被兼并、名存实亡的企业外，全县共有83家企业签订集体合同。

12月 贯彻落实省总工会决定，从1998年12月至1999年2月，集中3个月时间深入开展对特困、下岗职工的“访、谈、帮”活动。

是年 东平县总工会、东平县精神文明建设委员会联合组织全县服务行业开展“行业现象万人评”活动。年内召开2次现场会，各行业职工争创文明岗位、争当先进服务标兵。东平县总工会女工委配合活动开展，组织了“巾帼建功”“立足岗位做文明女职工”活动。

是年 东平县总工会建立下岗职工档案，协助相关单位建立再就业服务中心32个，有2261名下岗职工进入再就业服务中心，全年向下岗职工发放最低生活费105万元。

是年 巩固发展职工消费合作社，年内发展基层连锁店19个，商品分拨中心进货额17万元。市总工会和东平县总工会领导多次到连锁店指导工作。

是年 东平县总工会响应县委关于开展机关干部轮岗工作的号召，两名副主席主动申请参加轮岗，所办项目取得较好经济和社会效益。

1999年

2月 在市总工会召开的“新形势下工会工作理论研讨会”上，东平县总工会提报的题为《开门办会，我们尝到了甜头》的研讨文章，针对某些单位借改制撤销合并工会组织的现象，严肃指出其错误做法，要求企业改制到哪里，工会就建到哪里，工会建到哪里，作用就发挥到哪里，就改制企业工会组织的巩固与重建提出建设性意见。

3月25日 东平县纪律检查委员会、东平县监察局、东平县经济贸易委员会、东平县总工会联合转发泰安市对口部门《关于国有集体企业推行厂务公开民主监督制度的意见》。要求充分认识实行厂务公开、民主管理的重要性，明确厂务公开民主监督规范的内容及主要途径和形式，切实加强领导并培树典型，总结经验，不断把厂务公开、民主监督工作引向深入。

3月6日 东平县总工会召开七届二次全委扩大会议，表彰工会工作先进单位31个，女工工作先进单位5个，工会工作先进个人30名，女工先进工作者5名。

4月10日 东平县总工会转发泰安市劳动竞赛委员会《关于一九九九年全市劳动竞赛的意见》。要求结合“一星三手”和“五创”活动，扩大劳动竞赛范围，制定好竞赛计划、方案，总结好典型经验，年底开展先进单位和先进个人表彰。

4月30日 东平县总工会把中华人民共和国成立以来获得市级以上荣誉称号并且健在的劳动模范请到县城，参加东平县总工会举办的“五一”联欢会，县六大班子领导与劳动模范座谈，营造尊重劳动模范、关心劳动模范、争做劳动模范的社会风尚。

5月1日 东平县总工会编辑出版《东平职工劳动模范录》，县委书记朱玉合作序，泰安市著名书法家、文化宫干部李守白题写书名。该书收录了2名全国劳动模范（汝少隆、高学雨），1名全国“五一”劳动奖章获得者（姜守智）；23名省劳动模范，5名“富民兴鲁”劳动奖章获得者；28名泰安市劳动模范，18名“振兴泰安”劳动奖章获得者；85名省部级以上表彰的先进工作者。

6月16日 县委召开全县推行厂务公开工作会议，县政府副县长李宗乾主持会议，会前与会代表参观了花键轴总厂厂务公开现场。县委常委、纪委书记薛柱才传达上级文件，宣布领导小组名单；县委副书记张继训代表县委、县政府发言。8月，在全市厂务公开调度会议上，东平花键轴总厂作了经验介绍。至年底，全县共有43家国有集体企业实行厂务公开。

是年 《山东工会年鉴（1999）》“会情概况”栏目，刊登东平县总工会徐广三撰写的“行业形象万人评”“收缴经费有新招”两个条目，介绍东平开展群众性精神文明创建活动的情况和创新工会费收缴的做法。

是年 东平县总工会狠抓企业平等协商、签订集体合同和职工民主管理机制落实，年共有131个单位签订集体合同、28个单位续签集体合同，履行合同较好的单位占75%。

是年 东平县总工会依照《女职工劳动保护规定》，与县妇幼保健院和卫生防疫站对接，组织全县2000多名女职工开展健康查体活动。

是年 各级工会协助党委组织部门做好民主评议企业领导干部工作，对41家企业、1314名企业领导干部进行民主评议，根据评议结果，奖励提拔重用28名，处罚警示11名。

是年 全县职工提合理化建议926条，采纳213条，创效益百万元，“双增双节”创经济效益500万元。

是年 东平县总工会做好下岗职工基本生活保障和再就业工作，协助党政建立再就业服务中心37个，安排500余名下岗职工再就业。协助政府发放下岗职工生活保障金300万元。建立健全特困职工档案65份、下岗职工档案2150份。

是年 报经县委同意，总工会组织100名机关干部联系特困职工，帮助他们解决实际困难。发放救济金2万元，救济困难企业10家，救济困难职工200余名。8月，为4名特困职工子女上大学解决资金4000元。

是年 东平县总工会抓好劳动竞赛总结评比，有10个单位被评为竞赛先进单位，90名职工被评为先进个人。创建文明行业，评选文明岗位31个、文明职工186人。开展“女职工文明岗位建功立业”和以“强素质、多贡献”为主题的“四个一”活动，参加女职工达4275人。

2000年

2月23日 东平县总工会被市总工会评为工会工作先进单位、财务工作先进单位；刘继顺被评为工会工作先进个人，王笃成被评为优秀工会积极分子。

3月22日 东平县总工会印发《关于转发全市劳动竞赛意见的通知》，要求继续开展以“五创”“十个一”为主要内容的劳动竞赛，为完成“九五”计划做出贡献。

4月27日 瑞星集团董事长、党委书记尚家宁，工具厂磨光车间女职工孟凡菊，被省总工会授予“富民兴鲁”劳动奖章。

是日 工具厂厂长孙传亮、大安山乡原副乡长孟昭喜、锦轮有限公司质检办主任马东君、化肥厂维修班班长李元涛被评为全市先进工作者、劳动模范，受到市人民政府表彰；旧县乡北吉城村支部书记任尚泽、宿城镇石马村支部书记李广元、东平镇帘子布厂杨吉宽被泰安市人民政府授予“泰安市劳动模范”称号。

4月 东平镇民政办公室主任刘曰杰被评为“全国劳动模范”，受到国务院表彰。

5月1日 接山镇夏谢四村高慧娟参加全国劳动模范表彰大会，受到国家领导人的亲切接见。

8月1日 东平县劳动和社会保障局、东平县总工会联合下发《关于举办下岗职工再就业培训班的通知》。培训对象为进入再就业服务中心并签订服务协议的下岗职工；培训地点在县技工学校；培训专业为中式烹调、摩托车维修、电工、美发、缝纫；培训时间3个月，8月11日开学，培训人数260人。

8月4日 东平县总工会转发市总工会《关于履行“第一责任人”职责 做好帮扶特困职工工作意见》的通知，要求各级工会干部切实当好特困职工的“第一知情人”“第一报告人”“第一帮助人”，做到知底、知情、知心。

9月20日 东平县总工会下发《关于做好2001年度工人报刊征订工作的通知》，要求各企业切实发挥《工人日报》《中国职工教育》《中国工运》《工会信息》等报刊的宣传作用，认真做好征订工作。

9月26日 东平县经济体制改革委员会、东平县总工会、东平县工商行政管理局联合发出《关于印发东平县企业职工持股会试行办法的通知》。办法根据《中华人民共和国公司法》《中华人民共和国工会法》与东平实际拟定，共7章29条。

12月4日 瑞星集团被省总工会、省经委联合授予“山东省安康杯竞赛优胜企业”称号。

12月28日 县供电局职工、省劳动模范王敬肃赴省城济南参加省总工会举办的“世纪开元群英会”。

是年 全县4275名女职工参加文化技术培训班，935名女职工获得大专以上学历，120名女职工获得高一个层次的学历；全县有8900名女职工参加“德高”女职工权益知识答卷，占女职工总数的85%。

2001年

2月 瑞星集团女职工李思华被东平县总工会推荐为全省先进女职工，受到山东省总工会表彰；县公路局尚福香等8名女职工被评为全市先进女职工；东平县总工会女工委被市总工会评为全市工会工作先进集体；东平县电信局职工吴兴文家庭被评为“全市文明职工家庭”。

3月8日 东平县总工会贯彻落实市委办公室、市政府办公室联合下发的《关于进一步深化厂务公开的意见》。要求健全完善厂务公开制度，狠抓薄弱环节，扩大厂务公开覆盖面。

4月10日 东平县总工会印发《2001年全县工会工作》要点：一要贯彻落实十五届五中全会精神，把职工积极性引导到为实现“十五”计划建功立业上来；二要加强工会组织建设，最大限度把职工组织到工会中来；三要突出和履行维护职能，最大限度维护广大职工合法权益；四要适应形势任务要求，推进搞好自身改革与建设。

4月26日 东平县总工会召开第七届四次全委（扩大）会议。总工会主席刘继顺作题为《坚定信心 知难而进 努力做好新世纪开局之年的工会工作》的工作报告。回顾总结2000年全县工会工作，明确新年度工作要点与目标，要求各级工会干部振奋精神，爱岗敬业，扎扎实实做好工会工作。

5月1日 东平县总工会主席刘继顺、副主席许洪泉出席泰安市总工会先模表彰大会，与市总工会领导和东平县先进模范人物合影。

2001年5月1日，泰安市总工会领导与东平县先进模范人物合影

7月 东平县总工会、东平县文化局组织职工参加“消夏之夜”文艺演出，共编演文艺节目120个，演出30多场次，近千名职工登台演出。

8月28日 东平县总工会党组研究决定，东平县总工会副主席李灿荣兼任县工人文化宫主任。东平县总工会办公室主任徐广三兼任党支部书记，任文化宫干部。陈培龙、李艳萍任副主任。

9月 东平县总工会退休干部李守白协

助县委宣传部、县文联组织成立东平县书法家协会，当选县书协常务副主席，策划、组织、举办书法交流、培训、送书法下乡等活动，推荐发展省书协会员。

10 月 27 日 东平县总工会贯彻落实第九届全国人民代表大会常务委员会第二十四次会议通过的《关于修改〈中华人民共和国工会法〉的决定》。明确以法律的形式规定职工代表大会的作用，把召开好职工代表大会作为工会组织参加民主管理的基本形式和维护职工合法权益的重要手段。

是年 全县共有基层工会 519 个，职工 40582 人，会员 32466 人。

2002 年

1 月 元旦、春节期间，各级工会积极筹措资金开展对困难职工的帮扶救助工作。东平县总工会筹措 10 万元，救助职工困难家庭 400 户、1232 人。

2 月 东平县总工会印发《关于表彰 2001 年度工会工作先进单位、女工工作先进单位、工会工作先进个人和女工工作先进个人的决定》，授予东平县经贸局工会工作委员会等 39 个单位“工会工作先进单位”称号，东平县教育局工会女工委员会等 10 个单位“女工工作先进单位”称号，授予程汉忠等 41 人“工会工作先进个人”称号，授予赵景菊等 10 人“工会女工工作先进个人”称号。

3 月 东平县总工会与县民政局联合在调查摸底的基础上，将 210 户特困职工家庭的 640 名职工纳入最低生活保障范围，年发放救助金 20 万元。

是月 东平县总工会就推进东平厂务公开工作向县委厂务公开协调领导小组提出意见和建议。根据《山东省企业实施厂务公开意见》，从内容、形式、程序等方面对各单位厂务公开工作进行规范，要求 90% 以上的建制单位达到规范化。到年底，全县 110 家国有集体企事业单位均实行厂务公开制度，职工满意率在 95% 以上。

4 月 29 日 东平县供电局（公司）局长（经理）李明双被评为泰安市“全心全意依靠职工办企业的十大杰出领导干部”，在市委召开的全市庆祝“五一”国际劳动节暨先进人物表彰大会上受到表彰。

4 月 东平县总工会组成调查组，深入 14 个乡镇，详细调查新建企业组建工会工作情况，宣传私营企业组建工会的意义。全县建立新建企业工会 360 个，会员 1.8 万人，建立工会女职工委员会 30 个，经费审查委员会 51 个，劳动争议调解委员会 120 个。

6 月 东平县厂务公开领导小组、东平县总工会对全县国有企业、集体企业和部分事业单位进行检查，就厂务公开的工作机构、制度、内容、效果进行评价。县高级中学推行校务公开，职工宿舍楼分配、教职工业务考核、职称评聘等工作一律公开，调动全校教职工积极性。

7 月 东平县总工会与县监察局、审计局联合下发《关于进一步加强工会经费收交管理工作的意见》。经过 20 多天集中攻坚，宣传《中华人民共和国工会法》，纠正违法违规现象，完成工会经费收缴任务。

8 月 30 日 东平县总工会、山东瑞星集团工会被市总工会表彰为“全市实施‘送温暖’工程先进单位”。

9 月 23 日 东平供电局、东平唐龙酒业、东平花键轴总厂、东平工具总厂、东平县人民医院、东平县高级中学 6 个单位被评为“全市厂务公开工作先进单位”，受到中共泰安市纪委、泰安市委组织部、泰安市委宣传部、泰安市经济贸易委员会、泰安市监察局、泰安市中小企业局、泰安市总工会联合行文表彰。

11 月 15 日 东平县总工会组织收听收看全市学习、宣传、贯彻《中华人民共和国工会法》电视电话会议。

11 月 24 日 在县城组织开展集中宣传日活动。县五大班子领导带头，发放宣传材料。共设立宣传点 60 多个、展板 50 块，悬挂标语 72 幅，发放《中华人民共和国工会法》各种宣传材料 5000 余份。

11 月 30 日 东平县总工会工人文化宫干部李守白参加“山东省首届书画摄影优秀作品交流展”，并作书面发言。

2002 年 11 月 30 日，李守白（前）参加山东省首届书画摄影优秀作品交流展

12 月 6 日 东平县总工会在县委党校举办《中华人民共和国工会法》培训班，全县各级党政和工会干部 200 余人参加。培训班邀请山东工会学院教授周玉春作辅导讲课。通过深入浅出的讲解，与会人员加深了对《中华人民共和国工会法》基本精神的理解，明确了新形势下做好工会工作的方向与目标。

是年 东平县总工会结合企业改制宣传《中华人民共和国工会法》。东平酒厂、东平花键轴总厂、东平工具总厂在实施企业改制中，尊重职工代表大会讨论意见，改制方案经职工代表大会多次讨论，形成共识后组织实施。

是年 东平县总工会与企业工会组织开展职代会评议企业领导干部工作，有 23 家企业、600 多名企业领导干部参与评议。党委组织部门对信任票没有过半数的领导干部做出调整。

是年 东平县总工会与东平县安全监督管理局联合，在全县各类企业开展“安康杯”竞赛活动，举办安全知识培训班 4 期，举办消夏安全专场文艺演出，参与消夏安全生产大检查，协助处理5起安全事故。

是年 东平县总工会向省总工会推荐“富民兴鲁”劳动奖章获得者1人，泰安市劳动模范5人。东平县总工会被评为全市工会工作先进单位、财务工作先进单位、送温暖工作先进单位。

泰安市总工会颁发给东平县总工会的奖牌

2003年

1月 东平县总工会被评为全市工会工作先进单位，受到泰安市总工会表彰。

2月 春节前夕，东平县总工会争取资金7万元。其中，县财政拨付2万元，“福利彩票”募集资金4万元，市总工会帮扶1万元，救助困难职工家庭350户。

3月 东平县总工会主席周庆明参加全市新建企业建立工会工作流动现场会，参观学习兄弟县市建会现场和经验。此后，组织一班人分析总结东平县建会工作存在的问题与差距，制定建会工作责任制，划片包干，责任到人，调查摸底，严格奖惩与考核。至年底，全县建立民营企业工会430个，入会会员1.8万人，圆满完成市总工会下达的任务。

4月25日 经市总工会和县委批准，东平县第八次工会会员代表大会在瑞星集团召开。参加会议代表80人，其中，县直机关代表29人，企业代表51人。大会选举产生16名人员组成的东平县总工会第八届委员会和由3名人员组成的东平县总工会第八届经费审查委员会。在八届一次全委会议上，周庆明当选为主席，尚加宁、张庆亭、陈培典当选为副主席，陈培典当选为东平县总工会第八届经费审查委员会主任。

4月 瑞星生物化工有限公司董事长孟广银、旧县乡北吉城村党支部书记任尚泽被推荐为“山东省劳动模范”，受到省人民政府表彰。

7月 东平县总工会、东平县文化局组织文明单位“消夏之夜”文艺演出，基层企业编演文艺节目60余个，演出20场次，400名职工登台献艺，丰富、活跃了职工群众的业余文化生活。

9月 东平县总工会代表市总工会看望全国劳动模范高慧娟，送去慰问金500元。资助10名考上大学的特困职工子女3000元。

12月 东平县总工会在县工人文化宫顺街楼一楼设立职工服务中心，面积65平方米。聘专职工作人员，开展法律服务、法律咨询、职业介绍、困难帮扶等业务。翌年，接待职工780人次，其中职业介绍68人次，法律咨询260人次，法律援助102人次，困难职工帮扶350人次。

是年 东平县总工会坚持为困难职工送温暖活动，与劳动部门联合，对下岗职工进行专业技能培训，参加培训职工70%以上实现再就业。组织部分下岗职工外出打工，增加固定工资收入。鼓励下岗职工转变就业观念，实现自主创业。年底，在县城从事个体经营的下岗职工有120余名。

是年 东平县总工会坚持领导干部联系特困职工户制度，帮助困难职工解决各类实际困难78件（次）。为240人建立困难职工档案，并实现微机化管理。

是年 东平县总工会与各基层工会围绕全县经济工作中心，广泛组织开展多种形式的劳动竞赛、合理化建议、技术革新、技术协作等活动。全县职工共提合理化建议812条，被采用378条，直接创经济效益近100万元。派出2名职工参加全市职工技术大赛，并获得较好名次。

是年 全县各级工会推选山东省劳动模范1名，山东省优秀工会工作者和优秀工会积极分子2名，“振兴泰安”劳动奖章荣誉者5名。

是年 东平县总工会女工委在全县广大女职工中开展“女职工素质自我达标”和“女职工双文明建功立业”活动，培训女职工6000人次，举办文化、业务技术培训班15期。

是年 东平县总工会和基层工会组织开展《中华人民共和国工会法》司法解释和中国工会十四大精神宣传活动。组织200多名职工参加全市工会法司法解释知识答卷活动，获得较好成绩。

是年 东平县总工会工人文化宫举办书画展，展出各类书法绘画作品80余幅，助推东平书画事业发展。

是年 全县建立民营企业工会组织430个，入会会员1.8万人。根据《中华人民共和国工会法》规定，东平县总工会要求“哪里有职工，哪里就必须建立工会组织”“凡投产开业的企业，不论规模大小，职工多少，都要依法建立工会组织”。

是年 东平县总工会对改制为股份制并建立董事会、监事会的企业建立工会组织的情况进行检查。按照工会法规定，督促各股份制企业建立工会，并要求工会主席进入董事会，副主席进入监事会。

2004年

4月 东平县总工会将工人文化宫内的影剧院整体租赁给泰鑫医药公司，租期20年，每年房租2.2万元。9月，又将院内文化宫原2层办公楼和11间平房整体租赁给县药监局，租期20年，每年租金3万元，两处房屋年租金共计5.2万元。

是年 东平县总工会响应省总工会号召，组织开展“基层组织建设年”活动。至12月，全县建立民营企业工会总计456个，会员达到2.1万人。

是年 东平县总工会按照市委组织部、市机构编制委员会办公室、市总工会联合下发的泰组发〔2004〕18号文件精神，与县委组织部，建立健全乡镇工会组织，配齐工会工作人员，确保乡镇工会工作有人管，有人做。

2005年

1月 东平县总工会在全县开展“工会工作示范乡镇”活动。建立健全工会组织网络，加强工会干部队伍建设。

2月 东平县总工会继续开展送温暖、解难题、办实事活动。元旦、春节争取财政资金6万元，救助困难职工家庭300户。

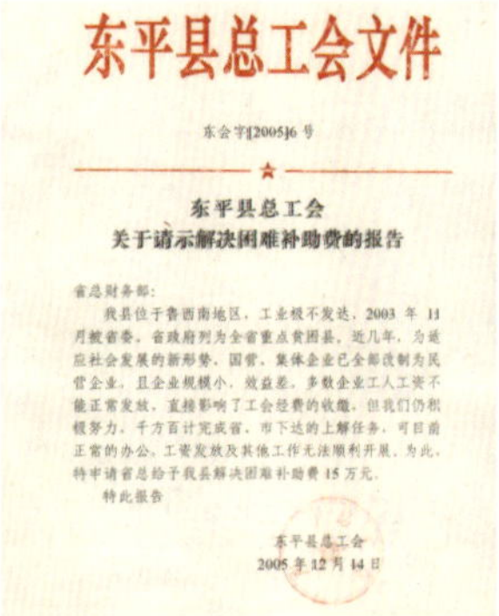

东平县总工会文件

东会字〔2005〕6号

东平县总工会
关于请示解决困难补助费的报告

省总财务部：

我县位于鲁西南地区，工业极不发达，2003年11月被省委、省政府列为全省重点贫困县。近几年，为适应社会发展的新形势，国营、集体企业已全部改制为民营企业，且企业规模小，效益差，多数企业工人工资不能正常发放，直接影响了工会经费的收缴，但我们仍积极努力，千方百计完成省、市下达的上解任务，可目前正常的办公、工资发放及其他工作无法顺利开展，为此，特申请省总给予我县解决困难补助费15万元。

特此报告

东平县总工会
2005年12月14日

2005年2月，东平县总工会请示解决困难补助费的报告

3月 东平县总工会成立困难职工帮扶中心，投资5万元，扩充办公场所。聘请律师1名，健全规章制度。至年底接待咨询530人次，其中法律咨询60人次，生活救助咨询530人次。寻找就业岗位咨询45人次，指导培训下岗职工200人。有36人实现再就业。

4月25日 东平县总工会组织参与第二届泰安市优秀企业家和“贤内助”评选活动。山东瑞星化工有限公司董事长、总经理孟广银被评为全市优秀企业家；东平县环境保护局职工李霞被评为泰安市优秀企业家“贤内助”。受到泰安市总工会、泰山企业联合会表彰。

10月26日 东平县总工会响应市总工会号召，组织开展泰安市第一届学习型组织标兵单位“创争”活动。经推荐，东平县教育局被评为泰安市学习型组织标兵单位；东平县人民医院急救中心被评为泰安市学习型组织先进单位；张继功被评为泰安市知识型职工先进个人。

12月 东平九鑫工具厂在全市工会工作大会上作题为《加强企业民主管理，增加企业经济效益》的典型发言。

是年 东平县总工会组织开展职代会“星级创建”活动，年底有10个基层工会被市总工会评为“先进星”，128个企事业单位工会被东平县总工会评为“合格星”。

是年 东平县总工会在企业机关事业单位开展“为女职工办一件好事活动”。全年累计为女职工办好事2300件。

是年 东平县总工会向上级推荐全国劳动模范1名，“富民兴鲁”劳动奖章获得者1名，“振兴泰安”劳动奖章获得者4名。

是年 东平县总工会报经县政府批准，

为每位市级劳动模范落实津贴60元/月。

2006年

1月 东平县总工会争取财政资金2万元，救助困难职工家庭100户。争取市总工会资金1.6万元，救助困难劳动模范14人。

2月 东平县总工会鼓励开展宣传报道工作，在《今日东平》报发表文章通讯或照片1件，奖励10元；在市级报纸或刊物发表每件奖励40元，在省级报刊发表每件奖励50元。

3月 中共东平县委办公室、东平县人民政府办公室批转东平县总工会《关于在全县企业开展“创建劳动关系和谐企业”活动的通知》，就和谐企业创建工作提出明确要求。东平县总工会制定印发《关于开展创建劳动关系和谐企业活动的实施意见及评选标准》，推动和谐企业创建工作深入开展。

4月5日 东平县总工会印发《关于开展基层工会组织建设推进年活动的实施意见》《建会工作程序手册》《基层工会规章制度》《基层工会建会考核办法》，并将县工业园区和接山乡作为规模企业工会建设试点单位。

5月31日 东平县总工会在接山乡召开乡镇规模企业组建工会现场会。县工业园区、各乡镇分管副书记和工会干部参加，参观接山乡机关和三家规模企业建立工会组织进展情况，听取接山乡工会经验介绍。至8月底，全县14个乡镇全部恢复和健全工会组织，规模以上企业建立工会120家。

8月1日 东平县总工会在工人文化宫举办“东平县老干部书画展”。省委老干部局副局长、老年大学校长李廷良，市委副书记刘渊应邀出席。县领导朱永强、任令基、姜兴春陪同活动。

2006年8月1日，省委老干部局领导到东平县总工会工人文化宫观看“东平县老干部书画展”活动现场

8月8日 东平县东平镇工会、接山镇工会被评为“泰安市示范乡镇(街道)工会”，市总工会奖励每个乡镇工会3000元。

8月 东平县总工会资助14户困难职工子女上大学，发放救助金5400元。

是月 东平县总工会女工委组织38个基层工会女工委换届，调整充实女工会干部16人，其中大专学历以上者占80%。

9月 东平县总工会女工委对化工、建筑、橡胶、供电、通讯五个行业2600名女职工进行检查，为28名“三期”女职工调换工作岗位。

12月4日至10日 东平县总工会组织开展法律宣传一条街活动，重点宣传《中华人民共和国劳动法》《中华人民共和国工会法》等法律法规，在县城东山路、西山路设立4个宣传点，发放材料3000份。

是年 东平县总工会结合社会主义新农村建设，推进民营企业工会组织建设。全年新建民营企业工会45个，发展会员6300人。

是年 东平县总工会与县委组织部协商，利用县乡干部换届调整机会，为县直4个部门配备副科级工会主任。

是年 东平镇、接山乡被市总工会评为“工会工作示范乡镇”。

是年 东平县总工会推进企业“平等协商、签订集体合同”工作，有32家企业续签集体合同，4家规模较大民营企业签订“女职工特殊权益专项集体合同”。

是年 东平县总工会困难职工服务中心接待困难职工136人，其中帮助安置就业116人，法律咨询类8人，生活救助12人，

是年 东平县总工会协调泰鑫医药公司承担“工友创业”安置基地任务，安置下岗职工60人。

是年 东平县总工会选树培养卜令祺、彭爱民等10人为“全县下岗职工创业带头人”。

是年 东平县总工会女工委对单亲困难职工进行调查摸底，帮扶资金和实物折价2万元。

是年 东平县总工会推选“富民兴鲁”劳动奖章获得者1名，泰安市劳动模范6名。

是年 东平县总工会被评为全市工会工作先进单位，全市工会财务工作先进单位；被县委、县政府授予“文明诚信单位”。

是年 东平县总工会组织职工参加全省书画摄影比赛，1人获书法类二等奖；3人获三等奖；1人获摄影一等奖。

是年 东平县总工会参加市总工会举办的“幸福杯”女职工权益保护知识答卷，参加女职工8700名。其中防治艾滋病知识答卷有8人获奖；县女工委获优秀组织奖。

是年 东平县总工会组织女职工参加全市职工技能大赛。县人民医院护士长史凤锦等4人分别获二等奖、三等奖。花键轴总厂、瑞星集团获全市技能大赛优秀单位称号。

是年 东平县总工会组织开展“安康杯”竞赛活动。瑞星集团一班组被评为全省优胜班组。县供电公司、县交通局被评为全市优胜单位。

是年 东平县总工会参与职工伤亡事故调查处理。鑫海建工1名职工因公死亡，经协调获赔偿金20万元。

是年 县供电公司、自来水公司、瑞星集团、新东岳集团、山东九州钢业有限公司、中国农业银行、山东九州公路有限公司、县农村合作银行、邮政局、东顺集团、光大集团、州城镇恒祥服饰有限公司、县网通公司、县烟草公司被评为泰安市AAA级

劳动关系和谐企业。

2007年

2月6日 东平县农业局农技推广研究员闫立梅赴中南海参加《政府工作报告》征求意见座谈会，受到国务院领导人亲切接见。

4月 中共东平县委办公室转发《东平县总工会关于加强基层工会组织建设的意见》。东平县总工会分两个组抓好试点：在工业园区抓好金马帘子布厂、九洲钢业集团工会建设试点，在接山抓好乡镇企业工会建设试点。每个组明确两名同志靠上工作。明确建会要求、原则、方法、步骤，使建会工作扎实推进。

5月31日 东平县总工会在接山乡召开全县规模企业工会建设现场会。与会同志参观该乡机关和三家规模企业工会现场，听取接山乡经验介绍。同时部署各乡镇和县工业园区的建会任务，明确提出建会时间和目标要求。

6月1日至7日 全县法律宣传周，东平县总工会制作牌匾，走上街头，宣传《中华人民共和国工会法》《中华人民共和国劳动法》《中华人民共和国合同法》和《山东省企业工会条例》。

是年 接山乡被山东省总工会命名为“工会工作示范乡镇”；山东新东岳集团被命名为“信得过基层工会”。东平县供电公司、东平县自来水公司被市总工会命名为AAA级企业。县广播局等2个单位被市总工会命名为职代会“星级创建”活动“先进星”单位，12个基层工会被东平县总工会命名为“合格星”单位。

是年 东平县总工会编发“全县基层工会组织建设推进年”简报5期，《今日东平》报刊登建会信息4篇。

是年 东平县总工会在《今日东平》报刊连载《中华人民共和国工会法》。

是年 新建规模企业工会63家，新建机关事业单位工会5家，新增会员2200人。

2008年

4月16日 全县工会工作会议在县城召开。县委副书记张成伟到会讲话。肯定县总工会在维护职工权益发展和谐劳动关系、实施“送温暖”活动关爱困难职工、工友创业行动、工会宣传工作、工会自身建设等方面工作中的成绩，围绕贯彻落实党的十七大精神，服务县委、县政府中心工作，找准工会工作切入点、结合点，加强党对工会工作领导讲意见。各乡镇、各企事业工会干部160余人参加会议。东平县总工会主席周长智主持会议。

4月 中华全国总工会授予山东瑞星集团工会主席孟广岩“全国优秀工会积极分

子”荣誉称号。

5月12日 汶川大地震。东平县总工会响应县委号召，动员全县职工发扬“一方有难，八方支援”的爱国主义精神，踊跃捐款捐物，支援灾区人民战胜困难，重建家园。全县职工共计捐款200余万元。

5月16日 东平县总工会在彭集镇召开工会组织工作规范化建设现场会。各乡镇和县经济开发区工会主席共40人参加会议，察看彭集镇工会和部分企业工会现场，东平县总工会提出要求。

2009年

1月 东平县总工会在认真总结上年度全县工会工作的基础上，研究确定并印发《2009年工作思路》，按照省市总工会和县委工作部署，确定了全县工会工作重点和要办的实事。

5月 东平县总工会联合县安全监察局组织开展安全检查活动，督促企业落实安全措施，切实做好各项安全工作。

2010年

3月 东平县总工会联合人社局专项督导检查全县规模以上企业开展工资集体协商情况。检查组先后到瑞星集团、金达木业公司、新东岳集团、鲜八里有限公司、东平隆腾建筑安装有限公司、山东长宇镀铝有限公司、州城街道鹏远纺织有限公司实地察看，听取相关工作汇报，督促企业做好工资集体协商工作。

4月 东平县供电公司检修工区、东平县人民医院急诊科被省总工会授予“山东省工人先锋号”荣誉称号。

8月 按照市总工会要求，东平县总工会开展“工会工作志愿者”试点工作。参照公务员招考方式，从20多名报名者中，为接山、大羊、旧县、银山4个乡镇各选聘1名工会志愿者。

10月10日 东平县总工会被评为全市工会促进就业工作先进单位，受到泰安市总工会表彰。

2010年10月10日，泰安市总工会授予东平县总工会全市工会促进就业工作先进单位奖牌

12月 东平县总工会被山东省总工会授予全省工会系统“五五”普法工作先进单位。

是年 东平县总工会按照“党建带工建、工建促党建”原则，通过“百日建会集中行动”等活动载体，针对乡镇中小微企业分散特点，创造性提出“依托党支部建工会”工作思路，抓好区域性、行业性工会组建工作，新建工会组织 105 家，其中国有企业 1 家，外资企业 1 家，区域性和行业性工会 16 家，25 人以上的民营企业建立工会 87 家。

2011 年

2 月 12 日 全县工会工作会议在县城召开，县直部门、企事业单位、乡镇工会干部 120 余人参加会议。县委常委、宣传部部长郭冬云出席会议并讲话，回顾总结 2010 年全县工会工作，部署新年度工作任务，就创造性开展工会工作提出要求。

3 月 4 日 全县企业工资集体协商“集中要约行动月”动员会议召开。县属和部分规模以上乡镇工业企业负责人和工会干部 80 多人参加。副县长巩树本出席会议并讲话，东平县总工会主席展长顺主持会议。

4 月 1 日 东平县总工会印发《关于在全县开展首届劳动模范和建设新东平劳动奖章评选活动的通知》。通知要求：评选推荐工作坚持“面向基层、面向经济一线、兼顾各行各业”的原则，采取自下而上，逐级推荐，层层把关的方式进行。候选人通过评审小组初审、复审，最后评出入围候选人 50 名，在东平电视台、《今日东平》报公示。公示后正式确定全县劳动模范和“建设新东平”劳动奖章获得者。

4 月 30 日 县委、县政府在县影剧院召开全县劳动模范、“建设新东平”劳动奖章获得者表彰大会。斑鸠店镇信访、民政办主任卢道章等 10 人被表彰为“东平县劳动模范”，山东光大日月油脂股份有限公司总经理马军等 40 人被表彰为“建设新东平”劳动奖章获得者。会上，县六大班子领导为劳动模范和“建设新东平”奖章获得者颁发奖章和证书。给 10 名劳动模范每人颁发奖金 2000 元。

5 月 12 日 “5·12”护士节，县卫生系统工会表彰“十佳护士”优秀护士活动组织文艺节目演出，来自县人民医院、县第一人民医院、县中医院、部分乡镇卫生院 30 名护士受到表彰。

8 月 15 日至 16 日 东平县人力资源和社会保障局局长李学东，赴京参加全国构建和谐劳动关系先进表彰暨经验交流会。聆听中共中央政治局常委、中央书记处书记、国家副主席习近平重要讲话。并与出席会议的中央领导合影留念。会议由全国总工会、人力资源和社会保障部、全国工商联、中国企业联合会、中央宣传部联合召开，专门研究构建和谐劳动关系。会议表彰全国模范劳动关系和谐企业和工业园区，交流了构建和谐劳动关系的工作经验。东平县人力资源和社会保障局受到表彰。

9 月 27 日 泰安市总工会在东平召开现场会，总结推广东平县开展工资集体协商和谐构建劳动关系的做法和经验。东平县人力资源和社会保障局局长李学东汇报参加全国构建和谐劳动关系先进表彰暨经验交流会情况。泰安市总工会常务副主席巩树本，东平县委副书记张成伟出席会议。

10月 新东岳集团工会被中华全国总工会授予“全国模范职工之家”称号。又被山东省总工会授予“全省企业工会工作红旗单位”称号。

11月 东平县总工会组织“职工情、中国梦”职工演讲比赛，参与职工1200多名，采用企业演讲、选优到县演讲相结合的办法，有20人优秀演讲者参加县里演讲比赛。

12月 东平县总工会组织“工会杯”职工书法绘画比赛活动。来自各行各业的书法爱好者60多人参加书法作品展。东平县总工会从中选送26幅书法作品参加泰安市“中国梦·劳动美”职工书画展，获一、二、三等奖各1人。

2012年

3月21日 东平县总工会召开全县企业工资集体协商“集中要约行动月”活动动员暨工会干部专题培训会议，传达贯彻全市相关会议精神。县人力资源和社会保障局副局长马立常宣读东平县总工会、县人力资源和社会保障局联合印发的《关于进一步加大企业工资集体协商工作推进力度的通知》，县委常委、宣传部部长郭东云到会讲话。会议邀请山东省工会干部学院教授任鲁萍、梁霞，市总工会组宣部部长赵相鑫对企业工资集体协商进行专题辅导，各乡镇（街道）、企业及主管部门负责人、工会主任、劳保所长等220人参加会议，接受培训。

是年 东平县总工会建立工资集体协商电子台账制度和考核办法。坚持每季一通报，半年一检查，一年一考评。至年底，全县开展工资集体协商的企业达到178家，占应签企业总数的90%，覆盖职工3.8万人。

是年 东平县总工会困难职工服务中心共计救助困难职工3271人，发放救助金138万元；举办职工技能培训5期，培训职工560人；介绍安置下岗职工再就业1300余人。

2013年

1月 东平县总工会围绕县委提出的“倍增计划”和“幸福工程”两大战略，拟定出“一二三四”的工作思路：“一”是围绕转变作风这一主题，加强工会干部队伍建设，树立工会干部新形象。“二”是做好劳动模范评选和困难职工帮扶两项重点工作。“三”是搞好模范职工之家、工人先锋号和4A级和谐企业创建三个活动。“四”是夯实工会组织建设、工资集体协商、厂务公开和工会经费地税代收四项基础工作。

是月 东平县总工会制定《东平县工会工作百分考核办法》，考核内容包括领导重视支持工会工作情况、组织工会网络建设情况、工会职责履行情况，分列 14 个小项考核指标，每项赋予一定分值，共计 100 分，明确打分标准，为考核评价基层工会工作提供了依据。

县供电公司召开职工代表大会优秀星创建工作汇报会现场

2 月 东平县总工会集中检查乡镇工会工作。按照《东平县工会工作百分考核办法》对各乡镇进行历时 1 个多月的检查考核，接山镇、彭集镇、东平街道得分 90 分以上，评为优秀；有 8 个乡镇得分 80—89 分，评为良好；3 个乡镇得分 80 分以下，评为不合格。

3 月 东平县总工会组织开展全县第二届劳动模范、“建设新东平”劳动奖章评选活动。成立由县各大班子分工领导、各有关部门负责人组成的 28 人评审委员会。经层层推荐，组织、纪委、信访、计生、安全等部门审核，从 100 多名符合条件的推荐人选中，评选出 20 名劳动模范、30 名“建设新东平”劳动奖章获得者。4 月 30 日，县委、县政府举行隆重表彰大会，为劳动模范每人发奖章和奖金 2000 元，为劳动奖章获得者发证书和奖金 1000 元。评选推荐 4 名山东省劳动模范，8 名“振泰奖章”候选人。

4 月 1 日 东平县总工会贯彻落实省政府关于省工会经费由地税部门统一代收的部署，深入地税、工商、社保、统计等部门，摸清企业底数和企业工资状况，为地税部门代收工会经费奠定基础。

4 月 29 日 东平县总工会慰问 30 名省部级劳动模范，发放慰问金 3 万元。

4 月 东平威海碧陆斯电子有限公司、光大油脂厂 2 家企业被评为泰安市工资集体协商先进单位，东平沪农商村镇银行被评为泰安市 AAA 级劳动关系和谐企业。

5 月 8 日 市政协副主席、总工会主席张书盈到东平调研工会工作，听汇报看企业肯定东平工会工作。县委常委、纪委书记郭冬云陪同活动。

5 月 10 日 东平县总工会召开“广泛开展劳动竞赛、争创工人先锋号”活动动员会。各企事业单位工会主任参加的会议要求，以“工人先锋号”争创为载体，激励全县广大干部职工建功立业。当年年底，有 24 家企事业单位申报县级“工人先锋号”。

5 月 东平县总工会继续推进“安康杯”竞赛活动。设立宣传咨询站 69 处，悬挂条幅 300 余幅，发放宣传材料 17000 份，制作安全图版309块，出动宣传车30辆。组织38家规模较大企业职工开展安全卫生知识学习答卷活动。购买答卷4500份，参与职工1.2万人次。

6月1日 东平县总工会组织开展“工会组织集中建会行动月”活动。督促县工业园区新建工会组织14家，乡镇企业新建工会20家。

东平县工业园区一隅

6月 东平县总工会被山东省总工会授予工会财务会计管理模范单位、全省工会经费审查达标规范化先进单位称号。

7月6日 东平县总工会下发《关于深入开展争创“模范职工之家”活动的通知》，要求各基层工会抓好落实。

8月18日 东平县总工会在全省工会系统信访工作会议上介绍“努力做好职工法律维权服务和困难职工帮扶救助 全面提升全县工会信访工作能力和水平”的经验。

8月29日 全市地税代收工会经费工作经验交流会在东平县召开。总结推广东平县地税局和东平县总工会的做法与经验。

10月 东平县总工会深入贯彻落实中华全国总工会第十六次全国代表大会精神，带领全县工会组织和工会会员，配合党组织和纪检组织落实中央八项规定及反腐倡廉规定。推进厂务公开和职工代表大会制度落实。

11月20日 省总工会、省安委会联合巡检组对东平供电公司争创省级“安康杯”工作进行检查验收，通过察看各工种现场和台账资料，对该公司创活动予以肯定。

11月 东平县总工会开展女职工关爱行动。活动内容有3项：①对特困女职工、大病女职工进行专项救助帮扶。②组织开展女性“两癌”筛查，首批筛查50人并建立女职工健康档案。③邀请县人大常委会副主任陈兰芳为女职工做《女性饮食与健康》专题报告。会上，免费向参加会议女职工赠发心理关怀类书籍。

12月 东平县总工会组织120名县级以上劳动模范到东平县人民医院健康查体。

是月 按照上级工会和县人才办的要求，对43名省部级以上劳动模范生活状况进行调查摸底和分类分项统计，县人社局、财政局共同写出调研报告，逐步建立完善以各级劳动模范为基本内容的实干家人才库。

是月 东平县总工会做好困难职工帮扶救助工作。建立全县困难职工电子档案2079户，翔实掌握困难职工基本情况，对上争取救助资金29.9万元，为14名考上大学的贫困生，每人发放助学金2000元。

是月 东平县总工会推荐李艳慧等6名女职工参加由中华全国总工会女职工委员会举办的《女职工劳动保护特别规定》知识竞赛，获优秀奖。

是年 东平县总工会按照市厂务公开民主管理领导小组部署，扎实开展厂务公开民主管理工作。年底，建工会的公有制企业厂务公开制度建制率达100%，非公有制企业厂务公开制度建制率85%以上。

是年 东平县总工会在全县广大职工中广泛开展安全生产教育，以“纠正职工违章操作行为，纠正职工违反劳动纪律行为，提升职工安全意识和能力”为主要内容，开展“查、保、促”活动，累计参加职工8万余人次，查找隐患1000余条，整改率100%。

是年 东平县总工会与县妇联联合举办女职工心理咨询培训班，加强对女职工的心灵关爱，有4000多名妇女接受培训。

是年 东平县总工会根据职工信访反映的问题，采取三项措施稳定职工情绪：①宣传、培树成功带头创业的下岗职工。将百货大楼原总经理彭爱民、三联家电总经理卜令琪等，推荐为全市“工友创业”先进个人，宣传他们吸纳招用下岗职工就业事迹。②抓好就业技能培训。当年共培训下岗职工4000余人。③拓展下岗职工帮扶救助范围。是年，争取中央财政31万元、省市级帮扶款15.7万元、县财政5.2万元，东平县总工会工会经费投入9.5万元，共发放救助金60余万元，救助困难职工家庭1000户。

是年 东顺集团被评为山东省模范职工之家，中联水泥等3家企业被评为泰安市模范职工之家，县供电公司运维检修部二次检修班等4家企业班组，被评为市级模范职工小家，有3人被评为市级优秀工会工作者。

是年 新东岳集团董事长、总经理李勇，被评为全国优秀工会积极分子，受到中华全国总工会表彰。

是年 对28名全国、省市级困难劳动模范进行救助，发放资金5.1万元。

2014年

1月8日 东平县总工会召开各乡镇（开发区）工会志愿者座谈会，县直各部门及14个乡镇工会工作志愿者20人参加，东平县总工会主席展长顺讲话，对2013年开展工会志愿者活动的情况进行总结，就下一步工作提出要求。会议公布2013年工会志愿者考评情况，州城街道陈可谦、县经济开发区工会志愿者陈玲被评为优秀；旧县乡等10个乡镇工会志愿者为良好。

3月初 东平县总工会印发《关于开展企业工资集体协商的意见》。利用电话抽查、到现场督查等形式，督导全县规模以上企业开展工资集体协商工作。至年底全县签订工资协商专项协议144份，占应签企业数的95%。

3月 东平县总工会扎实推进“安康杯”竞赛活动。以“安康杯”活动为载体，开展安全隐患大排查。组织38家规模企业职工开展安全卫生知识学习答卷活动，购买答卷4500份，参与职工1.2万人次。

是月 东平县总工会投资15万元，购买电脑50台。为每个乡镇分工负责人和工会专兼职干部各配备电脑1台。

4月 东平县总工会对申报市级以上荣誉称号的法人单位进行工会经费审计，共补交工会经费3.6万元。

是月 东平县总工会开展市级劳动模范评选推荐工作。严格评选条件、程序，推荐上报市级劳动模范8人，“富民兴鲁”奖章1人。

5月 “五一”期间，东平县总工会组织慰问30名省部级劳动模范活动，每人发放慰问金1000元。是月初，东平县总工会举办职工书法培训班，50名工会专兼职干部参加培训，去济南参观拓展训练。5月，东平县总工会组织参加市总工会举办的“中国梦·劳动美”职工书画展。彭集街道办事处的陈庆昕获书法一等奖，东顺集团瞿庆福获二等奖，彭集街道王清来、旧县乡陈诚文获优秀奖。县公路局刘思武获绘画三等奖，大羊镇张小雨获绘画优秀奖。

8月6日 东平县总工会下发《2014年度职工权益维护工作考核细则》。8月，东平县总工会检查乡镇和企事业单位工会工作。按照“六有”（有组织机构、有工会标牌、有会员登记、有工会印章、有办公场所、有工作制度）标准，做好工会组织建立等各项工作。

8月29日 全市地税代收工会经费工作经验交流会在东平县召开。各县市区工会负责人、地税局负责人参加会议，东平县总工会主席展长顺、东平县地税局介绍地税代收工会经费工作情况。市总工会主席张书盈讲话，肯定东平做法，提出希望与要求。

8月 东平县总工会开展“金秋助学”活动，对基层申报的25名困难职工家庭的大学生进行救助，发放助学金5万元。

是月 东平县总工会组织开展“工会组织亮牌子、工会主席亮身份”活动，要求职工人数在100人以上的基层工会都要实现“双亮”，增强工会干部的责任感，叫响做实工会工作品牌。

11月4日至7日 东平县总工会在县委党校举办县、乡职工服务中心工作人员培训班。学习信访接待、劳动争议调处、政务礼仪、职工服务中心办事规程、工作制度等方面知识。其间，组织学员到肥城市职工服务中心、王瓜庄镇职工服务中心、阳光社区职工服务中心参观学习，提高服务中心工作人员素质和胜任工作能力。

11月20日 省总工会、省安委会巡检组到东平开展“安康杯”活动检查验收。东平县供电公司争创省级安康杯工作的做法与成效得到充分肯定。由此东平县总工会被山东省总工会、山东省安监局联合行文授予全省“安康杯”竞赛优秀组织单位称号。

12 月 东平县总工会被中共泰安市委授予“市级文明单位”称号。泰安市总工会授予东平县总工会全市工会工作先进单位称号，全市工会财务工作先进单位称号。

是月 东平县总工会组织 120 名省市县三级劳动模范健康查体，送上党和政府对各级劳动模范身心健康的关怀。

是年 东平县总工会组织开展模范职工之家争创评选活动。全县有 38 家基层工会组织申报县级模范“职工之家”。

是年 东平县总工会落实市总工会部署，组织开展厂务公开民主管理培训提升年活动。下发《东平县总工会关于开展厂务公开民主管理培训提升年活动的实施方案》。明确规定培训内容、培训对象，组织专门人员督导检查，全县厂务公开民主管理干部培训率达到 80%，职工代表培训率达到 50% 以上，符合上级要求。

是年 新东岳集团工会、东顺集团工会被中华全国总工会授予全国“模范职工之家”称号；县供电公司运维检修部被授予全国“工人先锋号”称号；县人民医院急诊科、县水利建筑安装公司施工科被授予省级“工人先锋号”称号；县供电公司工会等 11 家单位被评为市级“模范职工之家”。

是年 东平县总工会争取各类扶贫济困资金 61.45 万元，其中中央财政困难职工救助金 25 万元，年底救助困难职工 800 余户。

2014 年 12 月，泰安市总工会领导到东平县企业慰问困难职工

是年 东平县总工会响应县委、县政府号召，积极开展招商引资工作。完成招商引资项目 1 个—山东东平牧远坐垫厂，总投资 600 万元。其中固定资产投资 400 万元，流动资金 200 万元。厂址位于东平街道罗庄村。

是年 东平县总工会在县政务大厅开设职工服务中心窗口，向广大职工提供信访接待、困难职工帮扶、就业创业服务、劳动权益维护、劳动争议调处等方面的咨询、服务。为职工表达诉求提供平台。

是年 东平县戴庙镇泰禾食用菌专业合作社被全国总工会、农业部公布为“2014 年全国农民合作社加工示范单位”。

是年 东平县总工会举办女性健康讲座，请县人大常委会副主任陈兰芳为女职工作《女性饮食与健康》专题报告，免费赠阅心理关怀类书籍。是年，东平县总工会组织开展女性“两癌”筛查，首批筛查50人，并建立女职工健康档案。

是年 东顺集团工会被评为山东省模范职工之家，中联水泥等3家企业工会被评为泰安市模范职工之家，县供电公司运维检修部二次检修班等4家企业班组被评为市级模范职工小家，3名职工被评为市级优秀工会工作者。

2015年

2月 东平县总工会研究制定《东平县基层工会建设落实年活动实施方案》。成立工会主席任组长的基层工会组织建设领导小组。从严从实抓排查摸底。组织工会干部开展法人单位、工会组织、工会会员等数据普遍核查，登记造册，建立档案，详细填写《工会组建和会员发展台账》，扎实做好工会组织建设工作。

3月31日 东平县总工会落实市总工会《泰安市“基层工会建设落实年”活动实施方案》和《关于开展示范乡镇（街道、园区）工会建设分片观摩活动有关事项的通知》，帮助彭集街道做好示范乡镇工会建设观摩活动准备工作。

4月 东平县总工会组织开展东平县第三届劳动模范评选活动。从107名候选人中，评选出20名“东平县第三届劳动模范”和30名“建设新东平”劳动奖章获得者。5月1日，县委、县政府召开东平县第三届劳动模范和建设新东平劳动奖章获得者表彰大会，县五大班子领导出席大会并颁发奖章和证书。

5月5日 东平县总工会贯彻落实习近平总书记重要讲话精神和《中共中央关于加强和改进党的群团工作的意见》《中共中央国务院关于构建和谐劳动关系的意见》，研究讨论全县农民工入会工作，最大限度地把农民工组织到工会中来。

5月21日 东平县总工会安排部署“彩虹杯”全县职工技术创新大赛。制定活动实施方案及奖励办法。大赛从5月下旬开始至10月底结束。在县供电公司、经济开发区管委、交通运输局、住建局设4个集中赛区和瑞星集团、迎宾馆、职教中心3个分赛区。有装表接电工、变电值班员等24个工种、1680名职工报名参加比赛。东平县总工会投入11万元，分别奖励获得一、二、三等奖的个人和集体2000元、1000元、500元。

5月下旬 东平县总工会联合县卫生系统工会在县城平湖广场开展特殊行业女职工关爱活动，为全县环卫女职工义诊和健康查体，发放药品。受到环卫工人好评。

5月 东平县总工会组织“两个条例宣传月”活动，（即《山东省厂务公开条例》和《山东省企业职工代表大会条例》），在县城主要街道、四大园区、各乡镇政府驻地悬挂宣传条幅26幅，发放两个条例“明白纸”3000余份。制作展板在各企业巡回宣传一周，效果良好。

是月 东平县总工会制定下发《2015年度“查身边隐患、保职工安全、促企业发展”活动实施方案》。全县直接参与“查、保、促”活动职工2.7万名，查找隐患1812条，整改率达95%以上。

是月 东平县总工会响应省总工会号召，组织开展“农民工入会集中行动”。到年底全县农民工入会10600人。

是月 东平县总工会落实省总工会印发的《全省基层工会组织普查工作实施方案》。集中人力、集中时间，精心开展好普查。完善法人单位工会数据库。11月，完成普查任务，上报省总工会。

6月1日 全国农民合作社加工示范单位—东平县戴庙乡泰禾食用菌专业合作社，被列入泰安市“农民工入会集中行动”主要行业的企业（单位）名单。

6月 东平县总工会认真总结“六五普法”工作。全县18家企业的10000余名职工直接或间接参与学法、知法、用法活动，共举办各类法律知识培训班47期，知识竞赛180场次。制作法律宣传图板1136块、条幅980幅，印发宣传材料2万余份、各类普法文字材料192篇。

7月3日 东平县总工会在彭集街道召开基层工会组织建设现场观摩会。县委常委、副县长宫庆会出席会议并讲话，要求继续学习推广彭集街道经验做法，抓好基层工会组织建设工作。

7月中旬 东平县总工会投资10万元，组织开展“夏送清凉”活动。向奋斗在全县重点工程、重点项目建设的一线21家企业职工以及从事高温作业、户外作业、建筑业、井下作业的一线职工送去西瓜、茶叶、矿泉水等防暑用品。

7月 东顺集团工会被中华全国总工会授予全国模范职工之家称号。

8月26日 东平县总工会贯彻落实全总基层组织建设部《关于做好“农民工入会集中行动”数据库模块信息填录工作的通知》，认真做好相关农民工入会信息入库工作。迎接全国对该项工作检查。

是日 东平县总工会与县妇联联合举办女职工心理咨询培训班，邀请全省著名心理咨询专家陈琳进行专题辅导，有400余名女职工参加培训。

8月 东平县总工会组织开展“金秋助学”活动，为全县54名考上大学本科的贫困家庭子女，每人发放救助金4000元。

9月9日 东平县总工会贯彻落实市总工会《关于对基层工会组织普查工作和“农民工入会集中行动”进行督查评价的通知》，召开有关乡镇部门工会干部工作会，部署落实工会组织建设任务。

10月1日 国庆节期间，东平县总工会组织工会干部职工在县工委纪念馆、罗贯中纪念馆、水浒古镇中心码头等主要景区景点设置职工服务站，向八方游客提供旅游咨询和宣传服务。

10月28日 东平县总工会被市总工会推荐为全省工会职工维权法律服务示范单位。

是年 东平县总工会将新东岳集团、东顺集团作为非公企业厂务公开、民主管理工作典型，重点培养，总结经验，推进全县非公企业民主管理工作。

是年 东平县总工会投资15万元，建立高标准职工服务中心。配备9名专兼职工作人员，设立信访接待、帮扶救助、权益维护等工作平台。

是年 东平县总工会在文化宫职工服务中心专门设立女职工心理咨询室，聘请三级心理咨询师1名，签订聘用协议，定期到心理咨询室开展心理咨询服务。

是年 东平县总工会组织开展优秀职工之家评选活动，全县有120家企业工会评为“优秀职工之家”。

是年 东平县总工会组织开展“六星级”工会创建工作和“十佳乡镇（街道）园区工会”评比创建活动。

是年 加大农民工入会工作力度。对戴庙食用菌有限公司、百世汇通快递公司、申通快递公司等农民工集中行业建立工会组织，600多名农民工集中加入工会。

是年 全县有187家企业建立工会组织，会员37800人，其中农民工10600人；162个机关事业单位建立工会组织，会员8700人。有90%的基层工会达到“六有”标准，80%的基层工会组织达到“六好”标准。

2016年

2月 东平县总工会组织开展困难职工救助工作。春节期间为全县799名困难职工发放救助金52.6万元。

3月初 东平县总工会转发《泰安市总工会关于开展工资集体协商“集中要约行动月”活动的通知》，并在全县企业抓好落实。至12月，共签订工资专项协议132份，占应签企业数的82%。工资集体协商建制率达到85%。

是月 东平县总工会继续组织职工开展技术创新、技术比武、发明创造等系列竞赛活动。全县共有68家规模以上企业7300名职工参加竞赛活动。

4月 东平县总工会组织评选推荐省市先进模范人物和先进集体。评选对象向“三大工程”（移民避险解困、黄河滩区迁建、山区异地搬迁）建设一线倾斜，有7人被评为市级劳动模范，1人被授予“富民兴鲁”劳动奖章。

5月 东平县总工会部署“安全月”活动，召开“查、保、促”安全动员会，成立“查、保、促”工作领导小组，制定督导手册，明确督查工作基本要求。全县2.7万名职工参与活动，查出隐患1812条，整改率95%以上。

8月 东平县总工会组织困难企业、困难行业的女职工80名，到县疾控中心进行"两癌"筛查，发现27名女职工存在健康隐患，疾控中心有针对性地提供治疗措施和方案。

9月 东平县总工会抓好困难职工精准扶贫工作，建立全县困难职工档案700人。

9月27日 央视投拍的电视剧《水浒少年》片尾曲《水浒的故事》在中央电视台播出，由中华全国总工会文工团副团长兼创编室主任、国家一级作曲赵小也作曲，著名词作家王健作词，东平著名青年歌手、县教育系统工会会员翟明菲演唱，东平教师、教育工会会员、摄影家张越导演。

10月 东顺集团被全国总工会评为全国模范职工之家，瑞星集团化肥车间被评为山东省模范职工小家。

11月14日 东平县总工会下发《关于建立东平县劳动就业办公室工会的批复》。就业办工会由6人组成，崔静任工会主任。

12月 东平县总工会组织参加"山东省十佳文明和谐职工家庭"和泰安市"十佳街道"工会推荐评选活动。县机构编制办公室副主任王晓晨入选"山东省十佳文明和谐职工家庭"。东平街道工会被评为泰安市"十佳街道"工会。

是年 东平县总工会与东平县妇联在县委党校联合举办女职工心理咨询培训班，全县有4000多名妇女接受培训。

是年 东平县总工会聘请东平超然律师事务所律师1名，常驻县职工服务中心，常年为职工提供法律咨询、援助服务。

2017年

2月 东平县总工会下发《关于表彰2016年度全县工会工作先进单位和先进个人的决定》，授予州城街道工会等38个单位"工会工作先进单位"称号，陈琳等27人"工会工作先进个人"称号。

3月16日 东平县总工会贯彻落实省总工会、省安全生产监督管理局《关于2017—2018年度开展全省"安康杯"竞赛活动的通知》和山东省建材行业工会《关于2017—2018年在全省建材行业开展"安康杯"竞赛活动的通知》及《考核细则》。年内分批次组织对参赛企业考核，侧重对省级表彰的参赛企业认真审核，并向上级工会推荐"安康杯"竞赛优胜企业、优秀班组。

3月 东平县总工会深入推进"两学一做"学习教育暨过硬支部建设活动。成立东平县总工会主席、党组书记展长顺任组长的领导小组。制定教育和过硬党支部实施方案，实施"党员素质提升工程"和"党支部凝聚力提升工程"，促进县总工会机关思想作风建设。

是月 根据市总工会要求，东平县总工会按照“一线职工”“一般干部”、科教人员、企业法人等不同类别，向市总工会评选推荐7名泰安市“振泰奖章”候选人，向省总工会推荐1名“富民兴鲁”候选人，同时，向省总工会推荐东平县地税局县直征收局为“省级工人先锋号”。

4月 东平县总工会主席展长顺参加县第二批移民避险解困项目旧县乡陈山口社区建设工作，担任工程领导小组组长。因其工作业绩突出，被评为全省先进工作者，受到省政府表彰。

4月28日 县委、县政府召开第四届东平县劳动模范表彰大会。表彰县级劳动模范20名、“建设新东平”劳动奖章获得者30名。

5月15日 东平县总工会组织开展“百日建会行动”。制定“百日建会集中行动”实施方案，落实总工会干部包保企业责任制。至9月5日，全县非公有制企业新建工会61个。

6月4日至5日 全省第七届职工运动会在淄博市体育局体育场举行。东平县总工会从各企事业单位挑选10名职工参加跳绳比赛，该项赛事全省100多个县（市、区）参赛，东平代表队取得排序第13名的好成绩。

7月 东平县总工会在斑鸠店镇举办全县困难农民工解困脱困食用菌技术培训班，邀请泰安市农科院食用菌研究所所长安秀荣讲授食用菌养殖技术，有80余人参加培训。

是月 东平县总工会响应县委、县政府创建国家卫生县城号召，组织开展创卫拆违专项行动。根据创卫办分配的工人文化宫家属院和护驾村社区环境卫生整治任务，安排2名机关干部靠上工作，组织施工队清除垃圾，拆除违建，平整场地，修建隔断墙、花池、停车场等设施，圆满完成任务。

8月 东平县总工会在州城街道举办“全县困难职工解困脱困缝纫技术培训班”，聘请东平县蓝鹰技校教师授课，就服装裁剪、缝纫和服装加工技术进行培训，参加培训110人。

9月 东平县总工会在东平电子商务产业园举办“全县困难职工解困脱困电子商务培训班”，聘请淘宝大学讲师授课，对电商知识和网店运营进行系统培训，参加培训140人。

10月 东平县总工会组织开展创建劳动关系和谐企业评选活动。县供电公司、瑞星集团、新东岳集团、东顺集团、中国农业银行、自来水公司、东平网通公司等19家企业被评为泰安市AAA级劳动关系和谐企业。

12月2日 东平县总工会组织瑞星集团、中联水泥、水利建筑安装公司等7家企业的59名职工，参加全县第八届全民健身运动会半程马拉松比赛。县总工会为参赛职工购买价值300元运动服，比赛取得较好成绩。

12 月 东平县总工会组织参加泰安市产业工人焊接技能大赛，获优秀组织奖。

2017 年 12 月，东平县总工会组织参加全市产业工人焊接技能大赛获奖牌

是年 东平县总工会投资 15 万元，建立职工服务中心，配备 4 名工作人员，设立信访接待、帮扶救助、权益维护等工作平台，及时解决职工反映的有关问题，深受职工信赖。

是年 东平县总工会救助全县困难职工、农民工 381 名，发放生活救助金 40 万元。救助患病困难在职职工 8 人，发放医疗救助金 12.86 万元。

是年 东平县总工会开展帮扶送教育活动，对全县困难女职工家庭的 20 名子女进行救助，每人发放助学金 1000 元；开展“金秋助学”活动，为 6 名考上大学的困难职工子女，每人发放助学金 2000 元。

2018 年

1 月 东平县总工会确定本年工作指导思想为“一贴近、两突出、三转变”：贴近县中心工作，突出特色、突出特点和转变服务方式、转变服务理念、转变工作作风。要求每位工作人员振奋精神，奋勇争先，努力开创工会工作新局面。

4 月 东平县总工会落实市总工会部署，认真组织开展企业“四分类四升级”活动。全县列入分类范围的 73 家企业，其中，一类企业 12 家，实现上水平；二类企业 16 家，实现上台阶；三类企业 18 家，实现升级；四类企业 27 家，实现转化。在落实市总工会提出的四个类别基础上，设计出机关、事业、企业三个大类别；用四类标准对应，形成三大块、六大类和二十四个小类的区分体系，将全县工会组织情况梳理得清清楚楚，为有针对性地做好基层工会工作奠定基础。

4 月 18 日 东平县首届“工会杯”厨师厨艺烹饪大赛在儒原大酒店举行。市委总工会常务副主席巩华仁、县委常委组织部部长王强参加活动。参赛餐饮企业 70 余家，各类参赛厨师 200 余人。东平县总工会投入 10 万元，比赛设置团体赛和个人赛两大

2018 年 4 月 18 日，东平县“工会杯”厨师厨艺大赛开幕式

类别：团体赛设一、二、三等奖各1名；个人赛设一等奖6名，二等奖10名，三等奖20名，特等奖1名。特邀訾胜军等5名县内餐饮界专家担任评委。通过激烈角逐和严细评审，厨师沈长兰获特等奖，赵景民、张续良、吕修香、吴后民、周生明、李瑞国获得个人一等奖。省、市、县多家新闻媒体报道比赛盛况。

11月28日 东平县总工会贯彻落实全市文化宫清理整改推进会议精神，传达学习全国总工会下发的《关于深入推进工人文化宫、工人疗休养院清理整改工作的意见》和省总工会下发的《关于报送工人文化宫、工人疗养院清理整改工作进展情况的通知》，研究制定推进文化宫清理整顿工作的方案和措施。

12月 根据省、市总工会要求，县委研究决定，县人大常委会副主任王成明兼任东平县总工会主席；范思安任东平县总工会党组书记、常务副主席。

是年 东平县总工会组织参与庆祝改革开放四十年纪念活动，向县委党史办公室呈报《在改革开放中与时俱进 做好工会工作》实录文章，全文14559字，载入《东平改革开放四十年》大型党史资料丛书。

是年 东平县总工会认真抓好职代会星级评选活动。全县评出职代会县级“合格星”127个，市级“先进星”30个，省级“优秀星”2个。

是年 东平县总工会与交通局工会共同推进成立东平县货运司机工会联合会，该行业覆盖企业72家，发展会员450人。

是年 东平县总工会在县工业园区新建工会3个，发展会员1600人；滨河新区新建工会1个，发展会员360人。以东平湖景区管委为平台，建立东平水浒旅游公司工会，发展会员370人，以矿管委为依托，成立矿产业工会联合会，发展会员600人。

2019年

1月21日 东平县工人文化宫清理整改工作会议召开。县委常委、组织部长王强到会讲话，要求按照全总和省市总工会部署，切实做好工会资产管理和文化宫清理整顿工作。成立专门领导小组，王强任组长，王成明、王洪亮、张海鹏任副组长。东平县总工会、发改局、自然资源和规划局、住建局、综合行政执法局、市场监管局、公安局、法院、编办、财政局、税务局11个部门负责人为成员。

2月初 东平县总工会与县人社局劳动就业部门联合，启动“春风行动”，举办招聘会6场，为100多名失业人员提供就业机会。

2月 元旦、春节期间，东平县总工会为45名困难职工发放慰问金10.9万元。为13名患大病的职工发放医疗补助金12.8

万元。

3 月 20 日 东平县总工会争取县编委同意，将县工人文化宫由差额补助公益二类事业单位，变更为财政拨款全额事业单位。工人文化宫与职工服务中心合署办公，一个机构两块牌子，核定全额编制 8 人。

4 月 23 日 第五届东平劳动模范和“振兴东平”劳动奖章评选活动揭晓。尹燕伟等 20 人被评为东平县劳动模范；井绪军等 30 人荣获“建设新东平”劳动奖章。4 月 30 日，县委、县政府在县委东楼 101 大会议室召开表彰大会，向县劳动模范和“建设新东平”劳动奖章获得者发放奖金 7 万元。

5 月 1 日 东平县总工会与县电视台合作，为王兴宝等 10 名县级劳动模范制作专题片，大力宣传他们的感人事迹，在全社会营造重视劳动模范、关心劳动模范、学习劳动模范的浓厚氛围。

5 月 14 日 《今日东平》报“泰山挑山工精神之我谈”专栏，刊登东平县总工会党组书记、常务副主席范思安撰写的《担当作为 真抓实干 努力争做新时代的泰山挑山工》文章。

5 月 15 日 东平县总工会在县博物馆举办“银河情·东原颂”李守白捐赠诗书作品展，共展出 80 幅诗书作品、13 册出版诗书作品、活动剪影及 1 件 30 米诗书长卷。县委副书记、县长刘玉代表县委、县政府接受李守白捐赠的书法作品，并向他颁发收藏证书。李守白汇报从事书法活动的历程与业绩，县委常委、宣传部部长张立国主持捐赠仪式。

2019 年 5 月 15 日，在县博物馆大厅，县委副书记、县长刘玉（左）向李守白（右）颁发捐赠证书

6 月 东平县总工会行文批复，东平县残疾人联合会工会成立，张金华任工会主席，孙建新任经费审查委员会主任，张元元任女职工委员会主任。

6 月起 东平县总工会通过“齐鲁工惠”App，先后举办庆“七一”7.1 元观影、庆“七夕”7.7 元双人观影、庆“十一”10.1 元观影和庆“元旦”免费观影活动；为会员提供审车 vip 一条龙服务、送京博加油站优惠券等，10 余次普惠活动有 2000 余会员受益。

7 月 29 日 东平县总工会行文批复，东平县审计局工会委员会成立，韩桂云任工会主席，张立生任经费审查委员会主任，丁晓媛任女职工委员会主任。

7 月 东平县总工会投资 7 万元，向工作在酷暑一线的 28 个企事业单位职工，开展送清凉慰问活动，惠及职工 3000 余人。

8 月 开展“金秋助学”行动，为 1 名符合条件的特困家庭大学新生发放助学金 5500 元。

9 月 3 日 东平县总工会派人参加县行政审批服务局工会换届选举。叶海军任主席，张汉峰任副主席，孟诗任经费审查委员会主任、姚来丽任女职工委员会主任。

9 月下旬 新中国成立 70 周年前夕，东平县总工会向 9 名困难劳动模范发放慰问金 9000 元。

10 月 1 日 东平县总工会向市总工会推荐的“振兴泰安”“泰山工匠”“市级创新能手”先进个人奖获批准。谢兴庆等 6 人被市总工会授予“振兴泰安”劳动奖章，井立太等 2 人被授予“泰山工匠”称号，张莹等 5 名职工被推荐为“市级创新能手”。县交通运输局职工赵传伟获泰安市第八届职工职业道德建设标兵称号，并被授予“振兴泰安”劳动奖章。

10 月 15 日 市总工会党组成员、女工委主任刘霞一行，到东平县行政审批服务局检查验收“妈妈小屋”建设情况，东平县总工会党组书记、常务副主席范思安，四级主任科员赵辉陪同活动。

11 月 5 日 县委副书记、县长刘玉就东平县总工会《关于落实机关和财政拨款事业单位工会经费的请示》做出批示，要求本着既能解决问题，又能减轻财政负担的原则，机关、财政拨款的事业单位和乡镇（街道），根据各自实际，暂时从人均公用经费中拿出一部分（原则上人均不超过 1000 元）列为工会经费，纳入预算，不再额外增加财政支出。

11 月 27 日 东平县政协工会委员会成立，李勇任工会主席。

11 月 东平县总工会组织财务人员分别参加全市、全省财务知识竞赛。县供电公司徐永刚、中联水泥杨吉龙，参加市总工会组织的财务竞赛，分别获全市第 4 名和第 18 名。徐永刚代表市总工会参加全省第二届财务技能大赛，获全省第 2 名。

12 月 东平县总工会党组成员、副主席徐广三到省档案馆查对县人大常委会原主任赵庆森、县政府办公室原副主任孟广玲省级先进个人表彰文件原始件，复制后报市总工会得到认可。

是年 东平县总工会组织开展工友创业活动。年底，评选出县级工友创业园 33 个、农民工之星 21 个，其中东平果蔬康农业开发有限公司、接山镇后口头村矩祥土地合作社被市总工会评为市级“工友创业园”。郜树强、夏庆先、史正亮被评为市级“农民工之星”。

是年 东平县总工会在梯门镇东瓦庄村打造全县第一个农民工培训基地。在该基地先后举办“农民工瓜果种植技术培训班”“农民工家庭保洁培训班”，培训农民工 100 多人，其中在档困难职工 4 人。

是年 东平县总工会把 2019 年作为“基层工会组织建设年”，以“党建带工建、工建促党建、党工共建”为抓手，推动全县机关、事业、企业工会换届工作。探讨破解货运司机、快递小哥、家庭服务、农民工等特殊群体建会难题。年底，全县各类法人单位建会率、职工入会率达到 90% 以上。

是年 东平县总工会按照县委扶贫工作要求，创新做好“双联四包”帮包工作，坚持每月至少一次到所帮包贫困户家中走访慰问，落实包保责任。夏天为每户贫困户家庭购买电风扇，春节为他们送去油、米、面等过节物品，助力脱贫攻坚。

是年 东平县总工会按照县委开展寻标对标争先进位部署要求，确定新泰市总工会、肥城市总工会为寻标对标单位。组织班子成员赴新泰市、肥城市学习取经，对照先进，查找不足，明确方向和目标，争创一流工作业绩。

是年 东平县总工会配合东平县卫健局，修订完善 2019 年度《东平县职工大病医疗补助实施细则》，进一步规范职工医疗范围、保障期限、补助标准等。

是年 东平县总工会与东平县兴东环卫服务发展有限公司合作，建设户外劳动者驿站 4 处，配置空调、桌椅、饮水机等服务设施，为户外劳动者提供较好休息环境。

是年 东平县总工会在县推进创建“妈妈小屋”。配合二孩生育政策实施，为哺乳期的妈妈们化解难题，高质量建设“妈妈小屋”7 处，为准妈妈、新妈妈和广大女职工提供私密、干净、舒适、安全的休息场所，让她们感受到“家”的温暖和便利。

2020 年

2 月 26 日 东平县总工会向县政府呈报《关于对东平县工人文化宫进行改造提升、尽快恢复其公益属性的情况汇报》，请求组织有关部门对工人文化宫建筑改造与景观规划设计方案进行评审商定；请求县财政将工人文化宫改造提升工程和设施配套建设资金纳入财政预算并专款专用。

2 月 东平县总工会组织工会干部深入县域社区一线开展新冠肺炎防控值班。

是月 东平县总工会给一线防控新冠肺炎工作的医护人员拨付生活补贴 3 万元。

3 月 按照省市总工会部署，东平县总工会将多年对外出租承包的工人文化宫（包括办公楼、影剧院、顺街楼）建筑面积 5000 多平方米资产全部收回。沿街三层楼全部收回。此后，聘请专家完成工人文化宫建筑改造规划与景观规划设计。

3 月 8 日 东平县总工会、东平县卫健局负责人走访慰问东平县驰援湖北黄冈防控新冠肺炎的 3 位医护人员家属。与县人民医院重症医学科主任彭广会、县中医院内科护士长程同贤、县中医院急诊科护士陈辉的家人亲切交谈，感谢他们给予医护人员工作的大力支持，向他们表示敬意和慰问。为3位医护人员每人发放慰问金3000元。

4月2日 东平县总工会根据县委副书记、县长刘玉批示，向县政府呈报《关于落实工会经费和工人文化宫改造配套资金的方案》。

4月 东平县总工会推荐呈报泰安市工人先锋号单位2个、泰安市五一劳动奖状单位2个、泰安市五一劳动奖章授予者7人。获得批准后，市总工会予以表彰。

5月1日 东平县总工会在梯门镇东瓦庄村果蔬康有限公司召开全县劳动模范座谈会。县委副书记李培国出席并讲话，要求与会人员和全县干部群众弘扬劳动模范精神、劳动精神和工匠精神，推进东平高质量发展。王兴宝等4位劳动模范典型在会上发言，东平县人大常委会副主任、县总工会主席王成明，东平县总工会党组书记、常务副主席范思安等参加活动。

2020年5月1日，东平县举办劳动模范代表座谈会会场

5月11日 《山东工人报》工会新闻栏目，发表东平县总工会撰写的《“三心”换“三新” 担当显身手》—记述县“总工会服务中心”（工人文化宫）建设的文章。

5月13日 市总工会副主席陈长举到东平检查法律服务工作，察看县工人文化宫改造提升项目，肯定东平工人文化宫改造项目进展成效。东平县总工会党组书记、常务副主席范思安，党组成员、副主席徐广三陪同活动。

7月1日 东平县总工会与县直机关工委联合举办庆“七一”党的知识竞赛、“我们的新时代”征文比赛和勇做新时代泰山“挑山工”形象展示大赛活动。县委副书记李培国，县人大常委会副主任、东平县总工会主席王成明等参加活动。

是日 东平县总工会与老年大学联合举办“不忘初心跟党走”文艺会演等。同日，东平县总工会组织职工参与省、市总工会举办的书画作品展。程加飞、莫振、魏绪明等书画家作品入选省级展览；田永、陈庆昕等13人作品入选市级展览。

7月 东平县总工会协同商家企业发放电子优惠券，通过“齐鲁工惠”App平台发放到每个职工会员手中激活消费。

是月 东平县总工会助力企业、商户复工复产，为经营困难的小微企业先征后返工会经费3万元。

是月 东平县总工会开展“夏送清凉”

活动。投资10万元，购置防暑用品，到38家企事业单位慰问工作在酷暑一线的职工。

10月1日 东平县总工会举办庆祝中华人民共和国成立70周年“我和我的祖国 百名少年送千面红旗”活动。有300多名少年儿童，在家长陪同下，走上街头商场、企业车间、田间地头，把3000面红旗送给市民，并拍下多幅“我和国旗合个影”，表达对祖国的热爱和祝福。

10月20日 东平县总工会落实省市总工会部署，向市总工会提报全县基层工会组织情况，共有基层工会289个，其中，乡镇街道工会14个，省级工业园区工会1个，企业和部门单位工会274个。有专职工会干部132人，兼职工会干部169人；35岁以下工会干部约占17%，35岁以上占83%。

11月5日 省总工会资产监督管理中心二级调研员李景文、四级调研员吴成江，在泰安市总工会党组成员、副主席欧阳宏飞陪同下，到东平县核验东平县工人文化宫建设项目。东平县人大常委会副主任、县总工会主席王成明，县政府副县长李便宁，东平县总工会党组书记、常务副主席范思安等陪同活动。

11月12日 东平县总工会带领12名职工到泰山国际会展中心参加“决胜小康·奋斗有我”全国职工主题阅读山东专场活动。

11月26日 泰安市总工会党组成员、副主席李宝荣，市总工会保障部部长李广涛，副部长李瑱一行到东平县总工会职工服务中心检查督导工作。依照“县级职工服务中心示范单位考核清单”，察看职工服务中心大厅服务窗口、心理健康服务站、劳动争议协调处等场地，查阅信访接待、帮扶救助、互助保障、权益维护、就业创业、综合服务等各窗口档案资料，提出指导性建议。东平县人大常委会副主任、县总工会主席王成明，县总工会党组书记、常务副主席范思安，二级主任科员魏锴陪同检查。

12月24日 泰安市总工会党组成员、女职工委员会主任刘霞等一行3人到东平检查县职工服务中心建设和女职工专项集体合同签订工作。东平县总工会党组书记、常务副主席范思安，四级主任科员赵辉陪同活动。

是年 东平县总工会开展女职工心灵关爱行动，规范“妈妈小屋”使用管理12个，新建2个，建寒暑假职工子女“托管驿站”14个。

是年 东平县总工会与县人民法院、县人社局联合下发《关于开展劳动争议诉调对接工作的实施意见》《关于进一步加强工会劳动法律监督与政府劳动保障监察协作的意见》，按照有场所、有人员、有制度、有经费、有案源、有绩效的“六有”标准，建立完善工会法律援助中心，制定完善规章制度22项，建立各类台账10册，制作上墙图版17块，办理职工来信来访11件次，为21名职工答疑解惑，为36名职工开展案件调解和法律援助，职工满意率100%。

是年 东平县总工会制定印发《东平县困难职工档案管理办法》和《东平县职工大病医疗补助实施细则》。全年为21名患大病职工发放医疗补助金28万元；为6名在档困难职工发放生活救助金3.16万元，医疗救助金5.15万元；疫情防控期间，为10名困难职工发放生活救助金7500元。

是年 东平县总工会推进户外劳动者驿站建设。联系儒原城市广场、中国邮政银行东平县支行、中国工商银行东平县支行等3家企业单位，高标准建设5个“工会户外劳动者驿站”，为环卫工人、城管执法人员、交通警察、快递员、送餐员等户外劳动者提供“冷可取暖、热可纳凉、渴可喝水、累可歇脚、临时避雨”的暖心服务场所。

是年 全县新建工会组织139个，入会会员37158人，会员认证率85.51%。

是年 东平县总工会选树培育工友创业园5家，其中2家被命名为市级“工友创业园”；培育县级农民工之星11人，其中2人被命名为市级“农民工之星”，1人被推荐申报省级农民工之星，东平蓝鹰技校被评为市级“农民工培训基地”。

是年 东平县总工会与东平县农业银行工会对接，帮助东平果蔬康农业科技开发有限公司贷款200万元，解决了创业发展资金不足问题。

2021年

1月7日 省总工会党组副书记、副主席魏丽带领全省工会阵地建设现场观摩组到东平观摩检查工作，察看东平县工人文化宫改造建设提升项目进展情况，市总工会常务副主席、党组书记郭青，县委副书记李培国，县人大常委会副主任、县总工会主席王成明陪同活动。

1月14日 县委副书记、县长刘玉现场调研县工人文化宫改造提升工作。听取东平县总工会负责人关于文化宫改造项目进展情况的汇报，要求加强质量监管，做好消防设施，管好用好工人文化阵地。县人大常委会副主任、县总工会主席王成明，县总工会党组书记、常务副主席范思安陪同活动。

1月26日 泰安市总工会党组副书记、副主席李宝荣到东平山东县沃普农业科技有限公司了解企业生产经营情况，代表市总工会向企业送上慰问金2.5万元，鼓励企业逆势而上，开拓国际市场。李宝荣还到东平街道职工服务中心等单位调研。东平县总工会党组书记、常务副主席范思安，二级主任科员魏错陪同活动。

2月2日 泰安市委副书记、东平县委书记曲锋到县工人文化宫现场调研改造提升工作。察看工人文化宫职工体育活动中心、职工文化活动中心和办公区，要求树立创新意识，提高运营效率，以公益性为主，积极探索融入市场经济的方法和途径，推动管理创新、服务创新和经营模式创新，实现市场化、专业化发展，不断提升服务职工的能力和水平。县委常委、办公室主任李广义，县人大常委会党组成员、副主任、县总工会主席王成明，县总工会党组书记、常务副主席范思安陪同活动。

4 月 25 日 东平县生态林业发展中心被泰安市总工会授予“五一劳动奖状”先进集体称号。

4 月 29 日至 30 日 东平县总工会第九次代表大会召开。261 名代表参加会议。县委副书记李培国讲话。大会选举王成明为东平县总工会第九届委员会主席，范思安为常务副主席，徐广三、黄启真、李伟（挂职）、张庆英（兼职）四人为副主席；选举赵辉为东平县总工会第九届经费审查委员会主任；选举赵辉为东平县总工会第六届女职工委员会主任。5 月 8 日，泰安市总工会根据东会字〔2021〕31 号报告，批复同意东平县总工会第九届委员会组成人员。

5 月 4 日 东平县总工会与县委党史研究中心（地方史志研究中心）协商确定，启动《东平县工会志（1989—2021）》编修工作。明确总工会副主席徐广三、县委党史研究中心副主任李姗姗具体负责，聘请退休干部邢道彦、王胜斌为特邀编辑，东平县总工会刘思宁负责资料收集与督导。全面系统总结 32 年全县工会工作的发展与业绩，存史留迹，为后续工会工作提供借鉴。

5 月 10 日 省总工会党组成员、副主席李东风到东平观摩县工人文化宫，详细察看职工文化活动中心、体育活动中心、职工法律服务中心、职工心理健康咨询中心等项目，并召开座谈会。对东平县工人文化宫改建提升工作给予充分肯定。市委副书记、县委书记曲锋，县人大常委会副主任、县总工会主席王成明陪同活动。

5 月 19 日 泰安市总工会党组书记、常务副主席郭青到东平县工人文化宫检查指导工作，现场察看篮球场、健身房、法律服务中心、职工服务中心等项目。提出建议和要求，县人大常委会副主任、县总工会主席王成明陪同活动。

2021 年 5 月 19 日，泰安市总工会党组书记、常务副主席郭青（前左三）到东平工人文化宫检查指导工作

5 月 29 日 东平县总工会与县妇联、县教体局、东平信息港合作，在县工人文化宫篮球馆开展“童心向党—百名儿童绘画长卷”活动。孩子们在百米长卷上用画笔尽情涂绘，天安门、五星红旗、红船、牡丹、竹林等一

件件代表祖国美好的画作跃然长卷，展现孩子们对党的热爱，对家乡的赞美，对未来的憧憬和祝福。

5月 东平县总工会贯彻落实泰安市总工会《关于争创十佳职工信赖的职工之家争做职工信赖的娘家人活动实施方案》，结合东平实际，拟定出具体实施方案。

是月 东平县总工会举办“学党史 促安全”知识竞赛。400余名职工参与竞答，100名职工获得精美雨伞奖励。

6月22日 县委副书记、县长徐立勇到工人文化宫检查指导工作。先后到篮球馆、乒乓球馆、健身房、棋牌室、台球室等功能室察看运行情况，听取工作汇报，对文化宫改造提升和高效运营给予充分肯定，要求利用好工人文化宫开展丰富多彩的文化体育活动，不断满足职工群众全方位、多层次的服务需求。县人大常委会副主任、县总工会主席王成明，县总工会党组书记、常务副主席范思安陪同活动。

2021年6月22日，县委副书记、县长徐立勇（前左二）到县工人文化宫调研

6月24日 山东省总工会权益保障部部长李颖、副部长马长征，泰安市总工会党组副书记、副主席李宝荣，市总工会权益保障部部长李广涛一行4人，到东平观摩职工服务中心阵地建设工作。县委副书记李培国，县人大常委会副主任、县总工会主席王成明，县总工会党组书记、常务副主席范思安等陪同活动。

是日 东平县总工会开展“不忘初心、牢记使命”主题党日活动。全体人员共同观看《建党伟业》。党组书记、常务副主席范思安以《深入学习新民主主义革命史做新时代合格共产党员》为题，给工会全体党员上党课。

6月29日 东平县“庆百年华诞，抒时代心声”书画摄影展在县工人文化宫开幕。活动由东平县总工会、县直机关工委共同主办，展出各类书法绘画摄影作品100余幅（件）。县人大常委会副主任、县总工会主席王成明致辞并介绍活动筹备情况，副县长李便宁出席开幕式。

6月30日 东平县总工会与县委组织部、宣传部、县直机关工委、县妇联、团县委联合举办县直机关“百年党史 百年辉煌”党史知识竞赛。国网供电公司东平分公司代表队获一等奖。

6月 东平县总工会与县委组织部、宣传部、县直机关工委、县妇联、团县委、县矿产业发展服务中心联合，举办东平县直机关

“我是一名共产党员”演讲比赛。经预赛角逐，11 名选手进入决赛，县公安局选送的刘海燕、县教体局选送的井光获一等奖，县卫健局等四个单位选手获二等奖。

7 月 1 日 东平县总工会、县职工服务中心（县工人文化宫）全体党员干部、职工，在职工培训中心集中收看庆祝中国共产党成立 100 周年大会实况，共同庆祝党的百年华诞，全体党员集体宣誓，重温入党誓词。

7 月 1 日至 20 日 东平县总工会组织职工参加“山东职工”“四史”线上答题城市对抗赛活动。有 39 名职工跻身全市前 100 名，得分 100 分以上的职工有 60 人。东平县总工会获突出贡献奖。

7 月 6 日 泰山区总工会党组书记、常务副主席张磊一行 5 人，到东平职工服务中心（县工人文化宫）考察，东平县总工会党组书记、常务副主席范思安，副主席徐广三、黄启真，县职工服务中心主任雷敏陪同活动。

7 月 23 日 东平县职工服务中心东山路劳动者驿站被省总工会命名为“2021 年度省级户外劳动者服务示范点”。

8 月 18 日 泰安市总工会党组副书记、副主席李宝荣一行 4 人到东平县检查工友创业园工作。东平县总工会党组书记、常务副主席范思安，二级主任科员魏锴，县职工服务中心主任雷敏陪同活动。

2021 年 8 月 18 日，泰安市总工会副主席李宝荣（左二）在工友创业园项目现场

8 月 24 日 市总工会党组成员、副主席欧阳宏飞，市总工会基层部部长张婷婷、副部长潘龙，先后到东平县水利建筑安装公司、东平县家庭服务行业协会、东平百货大楼有限公司、新东岳集团、瑞星集团、东平街道等相关单位实地考察。东平县总工会党组书记、常务副主席范思安，副主席徐广三陪同活动。

9 月 7 日 泰安市人大常委会副主任、市总工会主席张书盈，市总工会党组书记、常务副主席郭青，市总工会副主席欧阳宏飞等一行 4 人，到东平县观摩工人文化宫整治提升工作。实地参观工人文化宫各功能室、职工服务中心服务大厅及法律援助中心、心理咨询中心等场馆，召开座谈会，县人大常委会副主任、县总工会主席王成明汇报相关工作情况。县委副书记李培国，县总工会党组书记、常务副主席范思安陪同活动。

9 月 13 日 泰安市总工会党组成员、副主席陈长举，市总工会法律部部长王蕾等一行 5 人到东平督导法律援助中心工作。督导组现场察看工作台账、法律援助案卷等相关资料，肯定东平法律援助工作，并提出改进工作的意见和建议。县总工会党组书记、常务副主席范思安，副主席徐广三陪同活动。

是月 经县委批准，东平县工人文化宫为副科级单位。调入雷敏任主任。

10 月 6 日 县人大常委会副主任、县总工会主席王成明，县总工会党组书记、常务副主席范思安等一行 4 人到东平湖防汛值班点，看望慰问奋战在防汛一线的干部职工，为他们送去牛奶、方便面、面包、火腿肠、苹果、矿泉水等价值近 2 万元的慰问品。

2021 年 10 月 6 日，东平县总工会领导慰问防汛一线的干部职工

10 月 28 日 东平县总工会在东顺集团举办网络直播带货电商培训班，邀请东顺集团电商专家授课，通过培训，全县 30 余名“工友创业园”工友提升了创业技能。

11 月 18 日 县政协主席刘祥涛到东平县工人文化宫调研，先后到篮球场、乒乓球馆、羽毛球馆、健身房、棋牌室、台球室等多功能室了解运营情况，听取有关汇报，并为下一步文化宫的可持续、高质量发展提出了建设性的意见和建议。县人大常委会副主任、县总工会主席王成明，县总工会党组书记、常务副主席范思安陪同活动。

2021 年 11 月 18 日，县政协主席刘祥涛（右四）到东平县工人文化宫调研

12 月 11 日 东平县总工会召开工会系统老干部座谈会。退休干部周庆明、林恩铎、尚家宁、徐广才、周长智、张庆亭应邀参加会议，县人大常委会副主任、县总工会主席王成明，党组书记、常务副主席范思安等陪同老干部参观改造提升后的工人文化宫（职工服务中心）。座谈会上，老干部们对近年来文化宫改造提升工程和总工会工作取得的成绩给予高度评价，就下步工作提出意见和建议。

12 月 17 日 东平县总工会女职工委员会在文化宫培训中心举办“巾帼展风采、奋进新时代”为主题的诵读比赛。20 名企事业单位书社选手参赛，诵读篇目有《起航》《中华颂》等。

2021 年 12 月 17 日，东平县总工会女职工委组织的朗诵比赛现场

12 月 13 日至 24 日 东平县总工会组织开展新就业形态企业入会会员“大走访”活动。先后走访环卫、快递、旅游、网络销售等企业 29 家，发放慰问品价值 17400 元。

12 月 21 日 东平县总工会第九届委员会第二次全体会议在县职工服务中心召开。县人大常委会副主任、县总工会主席王成明主持会议，县总工会党组书记、常务副主席范思安作工作报告。35 名委员出席，会议通过决议，增补薛萍、雷敏为东平县总工会第九届委员会常务委员。

是日 东平县人大党委会主任、党组书记陈锋，副主任李元申到工人文化宫视察。县人大常委会副主任、县总工会主席王成明，县总工会党组书记、常务副主席范思安陪同活动。陈锋仔细听取了篮球场、健身房、棋牌室、台球室等各功能室和场馆的改造提升、开放运营情况，对下一步如何更好地发挥文化宫的阵地和窗口作用提出建议。

2021 年 12 月 21 日，东平县人大常委会主任、党组书记陈锋（左）在东平县工人文化宫考察

12 月 31 日 东平县总工会在东平县工人文化宫举办“凝心聚力创辉煌、工会扬帆再起航”职工才艺大赛暨 2022 年元旦迎新联欢会，东平县人大常委会副主任、县总工会主席王成明出席活动并讲话，县总工会党组书记、常务副主席范思安致辞，全体干部职工参加活动。

2022 年

1 月 13 日 泰安市总工会党组成员、副主席陈长举，市职工服务中心主任王永旭等一行 6 人到东平走访慰问困难企业、困难职工。县人大常委会副主任、县总工会主席王成明，二级主任科员魏锴等陪同活动。

是日 市总工会党组成员、调研员何强和权益保障部副部长刘征超到东平检查指导基层工会工作。县人大常委会副主任、县总工会主席王成明，县总工会二级主任科员魏锴陪同。

1月19日 东平县总工会开展“冬送温暖”慰问困难职工活动。二级主任科员魏锴、县职工服务中心主任雷敏等带队深入企业走访慰问，为困难职工送上节日的关怀与温暖。

1月20日 东平县总工会在工人文化宫书画室开展“送万福进万家”公益活动。县总工会党组成员、三级主任科员薛萍，县职工服务中心主任雷敏，县青年书法家协会主席程加飞，协会会员代表参加活动。现场书写春联、“福”字，为广大职工群众送上新年祝福。

1月24日 东平县“美团”工会正式成立。济宁霄蕴商贸有限公司东平分公司工会召开第一次会员代表大会，以无记名投票方式，选举产生了公司首届工会委员会和工会主席。县市场监管局工会主席张宏、县总工会四级主任科员赵辉等参加会议。

2月28日 根据省、市总工会要求，中共东平县委研究决定，县人大常委会党组副书记、副主任李广义兼任东平县总工会主席；姚来涛任东平县总工会党组书记、常务副主席。

3月2日 东平县总工会女职委在职工培训中心举办全县基层工会干部“女职工‘维权月’普法培训班”。学习贯彻习近平新时代中国特色社会主义思想和中共十九大和十九届历次全会精神，贯彻落实《中国妇女发展纲要（2021—2030年）》，提高女职工的法律素质，增强女职工知法、守法、用法的能力。

3月4日 泰安市人大常委会党组成员、副主任，市总工会主席蒋永斌，市总工会党组书记、常务副主席郭青，市总工会党组成员、副主席马海荣一行到东平县开展“点亮一颗星，护佑母亲河”黄河流域生态保护职工志愿服务活动。东平县委副书记刘向军，县人大常委会副主任、党组副书记、县总工会主席李广义，县总工会党组书记、常务副主席姚来涛陪同活动。

3月11日 东平县总工会党组成员、副主席黄启真带领县总工会志愿者服务队20余人，到县城东山参加县直机关“爱绿植绿护绿 共建生态东平”联合党日活动，号召社会各界职工积极参加植树造林，为建设“生态东平”贡献力量。

第一章 组织机构

1989—2021 年，东平县总工会贯彻落实党的全心全意依靠工人阶级的指导方针，围绕党的中心工作，注重加强基层工会组织建设，健全完善县直各部门（单位）、乡镇（街道）、社区、企业工会组织体系，团结带领全县职工同心同德，艰苦奋斗，为推动全县经济发展做出积极贡献。

第一节 东平县总工会机构

一、领导机构

机构沿革

1989 年，东平县总工会沿袭上一届工会组织机构设置，领导班子设置工会党组，党组书记兼主席 1 人，党组成员、副主席 2 人。至 2021 年，东平县总工会先后有 8 人任总工会主席。其中 7 人兼任党组书记。有 1 名党组书记兼任总工会副主席、1 名党组书记任县总工会常务副主席。2018 年 12 月，根据全国总工会、省市总工会要求，经县委研究决定，由副县级领导干部县人大常委会副主任兼任东平县总工会主席，常务副主席任东平县总工会党组书记。

1989—2021 年东平县总工会领导班子成员一览表

表 1

职务	姓名	性别	任职起止时间	备注
主席	徐延申	男	1987.02—1993.11	党组书记
	金甲祥	男	1993.11—1995.02	党组书记
	刘继顺	男	1995.02—2001.06	党组书记
	周庆明	男	2001.06—2006.06	党组书记
	周长智	男	2006.06—2009.06	党组书记
	周长智	男	2009.06—2010.03	副书记

续表 1

职务	姓名	性别	任职起止时间	备注
主席	展长顺	男	2010.03—2018.12	党组书记
	王成明	男	2018.12—2022.02	县人大常委会副主任兼
	李广义	男	2022.02—	县人大常委会副主任兼
常务副主席	范思安	男	2018.12—2022.02	党组书记
	姚来涛	男	2022.02—	党组书记
副主席	瞿　军	男	2009.06—2010.03	党组书记
	高兴海	男	1984.07—1993.04	党组成员
	李建章	男	1986.08—1993.11	党组成员
	潘荣英	女	1991.09—1996.06	党组成员
	陈培灵	男	1993.05—1998.07	党组成员
	许志泉	男	1993.11—2001.06	党组成员　正科级
	李灿荣	女	1996.06—2003.04	党组成员
	王成华	男	1998.07—2002.01	党组成员
	林恩铎	男	1999.10—2002.01	党组成员　正科级
	张庆亭	男	2001.06—2009.06	党组成员
	陈培典	男	2001.12—2012.04	党组成员　正科级
	尚家宁	男	2003.04—2006.10	党组副书记　正科级
	刘　霞	女	2003.08—2008.12	党组成员
	徐广三	男	2009.06—	党组成员
	王晓晨	女	2009.06—2014.10	党组成员
	张吉民	男	2012.11—2019.04	党组成员
	黄启真	女	2019.04—	党组成员
纪检组组长	徐广三	男	2007.12—2009.06	党组成员
巡视员	王允光	男	1988.03—1992.10	—
主任科员	刘继顺	男	2001.06—2007.12	—
	许志泉	男	2001.06—2008.11	—
	林恩铎	男	2002.01—2009.10	—
	周庆明	男	2006.06—2013.12	—
	尚家宁	男	2006.10—2014.09	—
	周长智	男	2016.01—2016.07	享受副处级待遇
	陈培典	男	2015.01—2019.05	享受副处级待遇

续表 1

职务	姓名	性别	任职起止时间	备注
副主任科员	王成华	男	2002.01—2009.10	—
	徐广才	男	2002.10—	—
	李灿荣	女	2003.04—2006.11	—
副主任科员	王广胜	男	2007.12—2019.04	—
	张庆亭	男	2009.06—2015.01	—
	张庆亭	男	2015.01—2017.03	享受正科级待遇
	魏 锴	男	2011.11—2017.01	—
	赵 辉	女	2019.04—	—
四级调研员	陈培典	男	2019.09—	—
二级主任科员	魏 锴	男	2017.01—	—
三级主任科员	薛 萍	女	2021.09—	党组成员
四级主任科员	赵 辉	女	2019.04—	—

二、 内设机构

东平县总工会职能部室

1989 年，东平县总工会内设办公室、组织部、宣教部、财务部。编制定员 8 人。

1993 年机构改革后，东平县总工会内设“一室一部”，即设办公室、财务部，未再任命办公室主任和财务部部长，由县委公布的领导干部和有关工作人员共同推动并做好办公室文秘、财务、组织、宣传、生产等各项工作，至 2021 年，有干部、职工 7 人。

1989—2021 年东平县总工会内设机构人员一览表

表 2

年度	科室名称	负责人姓名	职务	任职起止时间	变动时间	办事员
1989—1993	办公室	林恩铎	主任	1989—1991	—	纪 军
	组织部	徐玉春	部长	1989—1992	1992 年病退	—
	宣教部	徐广才	部长	1989—1993	—	—
	生产部	尹燕华	部长	1989—1992	1992 年调县科协	—
	财务部	纪学祯	部长	1989—1992	1992 年调东平镇	—
1994—2021	1993 年机构改革后，县总工会内设办公室、财务部，未再任命办公室主任和财务部部长					

东平县女职工委员会

1989年10月，东平县召开首届女职工代表大会，选举产生东平县首届女职工委员会。县妇联主席赵厚春任名誉主任，县总工会副主席李建章任主任，董传芬、潘荣英任副主任，陈允香、许美蓉等14人为委员。1994年1月，召开第二届东平县女职工代表大会，选举潘荣英任主任。1998年2月，召开第三届女职工委员会，选举并报经县委批准，任命程慧珍、李元玲、许美蓉为顾问，姜景芝、叶近云、王桂香为名誉主任，县总工会副主席李灿荣为主任，陈培兰、邹兴桂、潘荣英、张连芬为副主任，姜秀荣等16人为委员。2001年3月，召开第四届东平县女职工代表大会，选举并报经县委批准，任命李元玲、侯素玲为顾问，张雪玲、姜景芝、叶近云为名誉主任，县总工会副主席李灿荣为主任，陈培兰、邹兴桂、张连芬、史元焕为副主任，赵景菊等11人为委员。2006年9月，召开第五届女职工委员会，选举并报经县委批准，任命尹晓民、王丽荣、侯素玲为顾问，叶近云、张雪玲、杨彦民、侯丽、王勇、陈兰芳、刘岩英、方震、瞿广丽为名誉主任，县总工会副主席刘霞为主任，李萍、陈兆珍、王艳辉、曹爱莹为副主任，马红等9人为委员。2021年4月29日至30日，东平县职工代表大会召开。会议同意赵辉为东平县总工会第六届女职工委员会主任。

1989—2021年东平县总工会女工委员会一览表

表3

届次	职务	姓名	任职时间	备注
第一届 1989.10—1994.01	名誉主任	赵厚春	1989—1994.01	县妇联主席
	主　任	李建章	1989—1994.01	总工会副主席
	副主任	董传芬	1989—1994.01	妇联副主席
	副主任	潘荣英	1989—1994.01	总工会干部
	委　员	陈允香　许美蓉　滕中卿　解培英　赵彩霞　张连芬　李桂芝 张秀梅　张瑞云　史元焕　张勤香　陈令芹　王　凤　段桂荣		
第二届 1994.01—1998.02	主　任	潘荣英	1994.01—1998.02	县总工会副主席
第三届 1998.02—2001.03	顾　问	程慧珍	1998.02—2001.03	县人大常委会副主任
		李元玲	1998.02—2001.03	县政府副县长
		许美蓉	1998.02—2001.03	县政协副主席
	名誉主任	姜景芝	1998.02—2001.03	东平镇党委书记
		叶近云	1998.02—2001.03	财政局副局长
		王桂香	1998.02—2001.03	卫生局副局长

续表 3

届次	职务	姓名	任职时间	备注
第三届 1998.02—2001.03	主　任	李灿荣	1998.02—2001.03	总工会副主席
	副主任	陈培兰	1998.02—2001.03	县直机关党委副书记
		邹兴桂	1998.02—2001.03	卫生局副书记
		潘荣英	1998.02—2001.03	科技局副局长
		张连芬	1998.02—2001.03	劳动局副局长
	委　员	姜秀荣　陈敬兰　窦敬丽　史元焕　刘秀珍　郑淑云　王秀华　李桂芝　刘桂荣　高敬兰　王敬肃　张勤香　巩曼华　侯桂兰　叶君华　李风芹		
第四届 2001.03—2006.09	顾　问	李元玲	2001.03—2006.09	县人大常委会副主任
		侯素玲	2001.03—2006.09	县政协副主席
	名誉主任	张雪玲	2001.03—2006.09	县妇联主席
		姜景芝	2001.03—2006.09	县环保局局长
		叶近云	2001.03—2006.09	县财政局副局长、国资局局长
	主　任	李灿荣	2001.03—2006.09	总工会副主席
	副主任	陈培兰	2001.03—2006.09	县直机关党委副书记
		邹兴桂	2001.03—2006.09	卫生局副书记
		张连芬	2001.03—2006.09	县劳动和社会保障局副局长
		史元焕	2001.03—2006.09	县妇联副主席
	委　员	赵景菊　郑淑云　王金香　李桂芝　侯桂兰　叶君华　张衍民　李风芹　刘桂荣　巩曼华　何树琴		
第五届 2006.09—2021.04	顾　问	尹晓民	2006.09—2021.04	县委常委、宣传部部长
		王丽荣	2006.09—2021.04	县政府副县长
		侯素玲	2006.09—2021.04	县政协副主席
	名誉主任	叶近云	2006.09—2021.04	县审计局局长
		张雪玲	2006.09—2021.04	县妇联主席
		杨彦民	2006.09—2021.04	县直机关工委书记
		侯　丽	2006.09—2021.04	县科技局局长
		王　勇	2006.09—2021.04	县法院副院长
		陈兰芳	2006.09—2021.04	县卫生局副书记、副局长
		刘岩英	2006.09—2021.04	县民政局副局长
		方　震	2006.09—2021.04	县建设局副局长
		瞿广丽	2006.09—2021.04	县档案局副局长
	主　任	刘　霞	2006.09—2008.11	县总工会副主席

续表 3

届次	职务	姓名	任职时间	备注
第五届 2006.09—2021.04	副主任	李　萍	2006.09—2021.04	县建设局纪委书记、工会主任
		陈兆珍	2006.09—2021.04	县水利局纪委书记、监察室主任
		王艳辉	2006.09—2021.04	县工商局纪检组长
		曹爱莹	2006.09—2021.04	县林业局工会主任
	委　员	马　红　王　华　公衍红　刘桂真　李　晖　李秀云　武　洪　岳建静　解淑华		
第六届 2021.04—	主　任	赵　辉	2021.04—	总工会四级主任科员
	委　员	王　芳　孙茹辛　李　娜　陈兆红　张宏艳　屈　丽　崔海花　董荷花		

第二节　基层工会

1989 年，东平县有基层工会（包括县直机关部门工会、县属企业工会、乡镇机关和乡镇企业工会）148 个，职工 18993 人，会员 15194 人。其中，机关部门工会 28 个，县属企业工会 60 个，乡镇和乡镇企业工会 30 个。

1989—2021 年，东平县基层工会历经 4 次机构改革、部门撤并、企业改制和大力兴办民营及个体私营企业，在东平县总工会的强力推进下，全县基层工会组建范围大幅度拓展，农民工入会成为常态，全县工会会员倍增。2021 年 12 月底，根据“齐鲁工惠”App 终端数据统计，全县共组建工会组织 391 个。其中，县直部门工会 168 个，县属企业工会 57 个，乡镇和乡镇企业工会 166 个。工会会员发展到 4.3 万人，其中农民工会员 17650 人。

一、 机关部门工会

1989 年后，东平县总工会注重发挥县直机关部门工会作用，按照工会组织的职能任务，围绕党的中心工作，结合改革开放和部门实际，认真组织干部职工和所属单位工会开展政治思想教育、劳动竞赛、合理化建议及丰富多彩的文化体育活动，切实维护职工权益和社会稳定，抓好安全生产，确保党的路线方针政策与上级党委和政府的决策在单位的贯彻执行。

1989—2018 年机关部门工会主任、副主任一览表

表 4

单位名称	主任	任职时间	副主任	任职时间
东平县县直机关党（工）委	宋广亮	1990.12—1993.07	—	—
	樊祥文	1996.06—1998.09	—	—
	杨振华	2002.01—2007.12	—	—
	何振建	2007.12—2011.03	—	—
东平县委党校	辛晓明	2002.10—2009.06	—	—
东平县经贸委	张作光	1989.11—1998.07	王广仁	1983.05—1990.10
	程汉忠	1998.09—2006.10	王玉萍	1989.05—1998.09
东平县环境保护局	梁兆贤	1993—1996	张德政	1989—1992（副主任、正股级）
	徐家成	2011—2014	安吉勇	1996—1999
	吴同军	2015—	王　燕	2011—2014
东平县乡企局	戴宗章	1987.05—1998.03	—	—
	李茹君	1998.09—2006.04	—	—
东平县外贸总公司	王心慈	1990.04—1992.05	—	—
东平县外经贸委	张瑛琪	1992.05—1996.06	—	—
东平县商务局	侯　辉	2007.12—2011.05	—	—
东平县教育局	郑耀东	1987.01—1990.04	—	—
	王臣帮	1992.05—1994.11	—	—
	段桂荣	1995.02—1996.01	—	—
	陈守友	1996.08—1997.08	—	—
	赵景菊	1998.07—2003.04	—	—
	张继功	2005.10—2007.08	—	—
	肖兴跃	2007.08—	—	—
东平县民政局	马庆华	2009.06—	孙传龙	2009—
东平县司法局	张绪阔	2007.09—2009.06	—	—
	孟昭兴	2009.06—	—	—
东平县财政局	侯庆凤	2009.06—	—	—
东平县劳动和社会保障局	李渊尧	2005.03—2010.08	—	—
东平县人力资源和社会保障局	李渊尧	2010.08—2021	—	—
东平县社保局	魏国庆	2009.06—2016	—	—
	姜福平	2017—2019.03	—	—
	李颖娜	2019.04—	—	—

续表 4

单位名称	主任	任职时间	副主任	任职时间
东平县劳动就业办	李士民	1999.10—2016.11	—	—
	崔　静	2016.12—	—	—
东平县土地管理局	李廷玺	1989.08—2000.11	—	—
东平县地矿管理局	王志大	1996.11—1998.12	—	—
	谷吉东	1999.10—2002.01	—	—
东平县国土资源局	谷吉东	2002.01—2006.07	—	—
	李传勇	2006.07—2007.12	—	—
	王胜民	2007.12—2017.07	—	—
	吴兴春	2017.08—	—	—
东平县交通局	赵月芳	1992.05—1996.06	谭文凯	1990.12—1996.08
	张　林	1996.06—2006.09	—	—
	赵方厚	2006.10—2009.06	—	—
	李　伟	2009.06—	—	—
东平县公路局	王玉兰	1980—1995	徐衍生	1993—1996.06
	林家振	1995.01—1996.03	李西华	1995.01—1999.03
	孟宪堂	1996.03—1999.03	吕庆水	1999.03—2001.09
	吕树来	1999.03—2001.06	杜延军	2002.07—2006.09
	程传栋	2002.01—2005.04	陈　梅	2007.01—
	于宪彬	2005.03—2007.09	付海英	2010.02—2012.01
	赵广军	2007.09—2009.06	段宜华	2013.12—
	李　强	2009.06—	吴同燕	2013.12—
东平县水利局	靳士范	1989.11—1992.08	—	—
	姜兴顺	1992.08—1993.11	—	—
	杜兆河	1993.11—2000.04	—	—
	赵传宝	2000.04—2004.02	—	—
	董家善	2005.03—2008.07	—	—
	王启志	2009.06—	—	—
东平县河道管理局	崔秀才	2009.06—2010.03	—	—
东平县农业局	张俊山	—1992.05	—	—
	李吉岑	1992.05—2001.05	—	—
	周长胜	2001.06—2015.06	—	—
	董荷花	2017.06—	—	—
东平县畜牧局	孟昭福	1989.05—1991.09	—	—
	张德全	1991.09—1992.05	—	—
	吕　华	1992.06—1995.02	—	—

续表 4

单位名称	主任	任职时间	副主任	任职时间
东平县畜牧局	史元珍	1996.01—1998.07	—	—
	郑为忠	1998.09—2006.10	—	—
	赵广清	2007.09—2011.05	—	—
东平县卫生局	王瑞振	1989.11—1990.04	—	—
	裴保义	1991.09—1993.11	—	—
	张连舜	1993.11—1998.07	—	—
	吴绪晔	1998.07—2006.04	—	—
	于月霞	2007.04—2013.06	—	—
东平县人口和计划生育局	刘彩凤	2009.06—2011.05	—	—
东平县城乡建设局	陈允香	1987.02—1996.06	戴玉刚	1989.03—1993.03
	郑淑云	1996.12—2001.06	吕爱丽	1993.03—2000.03
	李　萍	2001.07—2008.07	张益环	2000.03—2002.05
	李宏力	2009.08—2011.03	徐友平	2003.12—2006.12
	李风华	2019.11—2021.05	王　勇	2005.06—2011.03
	—	—	李风华	2006.05—2014.10
东平县税务局	李渊智	1990.06—	—	—
东平县工商局	张怀富	1995.10—	—	—
东平县粮食局	马化麟	1989.11—1991.03	—	—
	林恩铎	1991.03—1993.04	—	—
	刘少国	1993.04—1999.05	—	—
	王金香	1999.05—2002.01	—	—
	井立忠	2002.10—2010.12	—	—
东平县商业局	孟昭坤	1993.04—1996.06	—	—
	王启学	1998.09—2011.05	—	—
	韩洪泉	2011.05—2012.04	—	—
东平县物资局	李居美	1987.09—1996.06	—	—
	郑兴茂	1996.06—1997.08	—	—
	赵永先	1998.09—2007.04	—	—
东平县行业管理办公室	韩洪泉	2012.04—	—	—
东平县安监局	马　伟	2009.06—2011.03	—	—
东平县广播电视局	李大庆	2001.06—2009.06	—	—
	宁晓云	2009.06—2016.03	—	—
东平县文化体育局	王吉善	2007.09—2009.06	—	—
	郑允振	2009.06—2010.12	—	—
东平县老龄委办公室	于瑞香	2007.12—2011.05	—	—

续表 4

单位名称	主任	任职时间	副主任	任职时间
东平县机关行管局	杜玉亭	2009.06—2012.04	—	—
东平县房管局	郭　诚	2007.09—2011.03	—	—
东平县移民局	赵庆平	2003.08—2012.12	—	—
东平县水产局	苏厚达	1989.11—1990.04	—	—
	张清水	1996.06—1997.12	—	—
	梁久玲	1998.08—2005.10	—	—
	刘桂祥	2006.10—	—	—
东平县林业局	杨洪航	1992.05—1996.07	—	—
	曹爱莹	1998.09—2009.06	—	—
东平县农机局	张兆连	1989.05—1990.04	—	—
	王成华	1990.04—1998.07	—	—
	李渊芬	1998.07—2002.01	—	—
	陈兆喜	2002.10—2005.04	—	—
	于洪才	2006.10—2009.06	—	—
	杨秀运	2009.06—	—	—
东平县旅游局	宋广玲	2007.12—2009.06	—	—
	魏丽华	2009.06—2012.11	—	—
东平县公用事业局	王太平	2006.10—2009.06	—	—
	王学奎	2009.06—2012.11	—	—
	许洪胜	2012.11—	—	—
东平县文化体育局	王吉善	2007.09—2009.06	—	—
	郑允振	2009.06—	—	—
东平县工业园区	陈　伟	2007.12—2009.06	—	—
	姜春霞	2009.06—	—	—
东平县物价局	王耀华	2009.06—	—	—
东平县供销联社	徐自盈	1989.11—1990.04	—	—
	王秀华	1992.05—2000.11	—	—
	赵永先	—2007.04	—	—
东平县技术监督局	张庆甫	1998.09—2001.10	—	—
东平县邮政局	谢德仁	1988.01—1994.05	—	—
	王尚学	1994.05—	—	—
	侯宪军	2001.09—2004.04	—	—
	师　军	2004.04—2005.08	—	—
	刘新功	2005.08—2008.03	—	—

续表 4

单位名称	主任	任职时间	副主任	任职时间
东平县邮政局	翟树泉	2008.03—	—	—
	谢　林	2008.06—	—	—
东平县电信局	任德洪	1999.03—	—	—
	翟树泉	2008.03—2008.06	—	—
	谢　林	2008.06—	—	—
东平县联通公司	刘秀才	—2004.11	—	—
	赵利军	2004.11—2006.01	—	—
	张　波	2006.01—2007.10	—	—
	田　波	2007.01—2008.12	—	—
	孙延琦	2008.12—2010.09	—	—
	陈　文	2010.09—	—	—
东平县农村信用联社	王朝卿	1996.01—1998.03	—	—
	于吉印	1998.03—2002.07	王朝卿	1998.03—2000.07
东平湖管理局东平管理局	赵广福	—1999.05	—	—
	李世源	1999.05—2000.04	—	—
	毕长代	2001.05—2006.06	—	—
	李土才	2006.06—	—	—
东平黄河河务局	马兴印	—1993.04	—	—
	李友方	1994.04—1999.05	—	—
	孙月莲	1999.06—	—	—
	李士沅	—2007.03	—	—
	林英宽	2007.07—2009.04	—	—
	侯庆伟	2009.04—	—	—
东平出湖闸管理局	王立春	1992.04—1995.10	—	—
	史维明	1995.10—1999.10	—	—
	李世沅	2000.04—	—	—
东平县烟草公司	李恒昌	1991.11—1998.09	—	—
东平县供电公司	杜金桓	1984.07—1992.10	孙　明	1987.12—1990.07
	沈坤江	1992.10—1997.08	李尚岱	1993.11—2002.11
	焦德成	1998.09—2003.05	—	—
	王培斌	2003.05—2005.01	—	—
	杨　文	2005.01—2011.02	—	—
	袁荣亮	2011.02—2011.09	—	—
	陈　纲	2011.09—2013.07	—	—
	梁　健	2013.07—2017.08	—	—

续表 4

单位名称	主任	任职时间	副主任	任职时间
东平县供电公司	蔚　洋	2017.08—	—	—
东平县人民法院	李培福	2015.06—	—	—
东平县公安局	孙　锋	2015.12—	苏燕军	2016.03—
东平湖管理执法大队	史风武	2016.09—	—	—
东平县公共行政服务中心	方　强	2015.06—2019.09	段迎莹	2015.06—2019.09
东平县矿产业发展中心	刘　渊	2017.04—	—	—
东平县自来水公司	石广振	1987.06—1990.09	尹作芬	1993.09—2003.11
	赵衍成	1990.10—2000.09	张德岐	1999.03—2000.09
	张德岐	2000.09—2003.11	李庆典	2004.10—2005.05
	路保平	2014.01—2020.02	—	—
	董生滨	2020.02—	—	—
东平县州城街道	赵方玉	1994.05—	郭安芹	1994.05—2002.06
	吴衍勇	2002.06—2013.05	—	—
	韩　伟	2013.05—2021.05	—	—
	焦恩国	2021.05—	—	—
东平县东平街道	卜令伟	1999.04—2018.04	—	—
东平县旧县乡	杨庆森	2006.07—2017.07	—	—
	高令帮	2017.08—2019.08	—	—

2019 年，东平县总工会切实加强基层工会组织建设，把 2019 年作为“基层工会组织建设年”，以“党建带工建、工建促党建、党工共建”为抓手，持续推动全县机关、事业、企业及八大群体的建会和换届工作，健全和完善县直各单位部门、乡镇（街道）、社区、企业、“两新组织”工会组织体系。探讨破解货运司机、快递小哥、家庭服务、农民工等特殊群体建会难题，年底，全县各类法人单位建会率、职工入会率保持在 90% 以上。2019—2021 年，全县共建立机关部门、企事业单位、乡镇工会 415 个，其中，机关部门和事业单位 226 个，企业工会 165 个，乡镇（街道）工会 24 个。各单位均配齐经审委员会和女工委员会。

2019—2021年东平县各单位工会组织统计表

表 5

单位名称	建会日期	工会组织			经审组织		女职委组织	
		主席	副主席	委员	主任	委员	主任	委员
中共东平县纪律检查委员会 东平县监察委员会	2019.11.06	田汝明	李同勤	于　博	李栋华	翟庆东 张晓晗	李同勤	张兴伟 张晓晗
东平县委办公室	2019.08.09	伊　晶	—	续延林 侯　强 李　洋 邱世鑫	张　辉	杨　腾 林立晨	—	—
中共东平县委组织部	2019.12.27	郑　鹏	于　龙	王元志 玄富华 安　磊	于　龙	玄富华 安　磊	—	玄富华
中共东平县委政法委	2019.11.19	林淑清	—	朱　会 徐迎春	刘海霞	李文龙 孟令谦	—	刘海霞
中共东平县委机构编制 委员会办公室	2019.09.03	王晓晨	—	曾军英 王瑞成	侯　军	赵秀君 范小丽	—	曾军英
中共东平县委老干部局机关	2019.12.18	王可水	—	史存青 战东鹏	张庆伟	包　骏 石　强	—	史存青
东平县老干部活动中心	2019.12.24	李飞飞	—	任德馨 颜培元	张　颂	井丽红 颜培元	—	任德馨
中共人民政治协商会议 东平委员会	2019.11.27	李　勇	—	张广波 张格水 侯晓鹏 宋秋亚	张广波	张格水 侯晓鹏	—	宋秋亚
东平县人民政府办公室	2019.08.28	陈兆伟	—	王明星 李秋江 田　浩 张延兴	李秋江	张延兴 张晓莉	—	—
东平县发改局	2019.09.20	侯庆友	—	任淑恒 李　娟 贾晓龙	李　岩	孙　超 郭　星	—	李风华
东平县工业和信息化局	2019.10.10	陈　峰	张宏艳	卜令龙 梁　栋 武雪利	卜令龙	徐　慧 纪鲁泉	梁　栋	徐　慧 武雪利
东平县民政局	2019.07.30	马庆华	孙传龙	杨　梅 陈克强 李　栋	孙传龙	陈克强 尹训银	杨　梅	程丽丽 陈　辉
东平县司法局	2019.09.03	孙承武	苏燕青	孟　超 孟笑笑 马罕卿	刘文丽	张立功 董艳军	张绪芳	肖　慧 马罕卿

续表 5

单位名称	建会日期	工会组织			经审组织		女职委组织	
		主席	副主席	委员	主任	委员	主任	委员
东平县财政局	2019.11.06	陈海涛	—	刘秀丽 万莹莹 陈海涛	刘秀丽	—	冯　宁	孟　颖 肖文文
东平县住房和城乡建设局	2019.11.22	李风华	方　霞	陈　伟 巩鲁义 谭　石	巩鲁义	方　霞 谭　石	李风华	方　霞 陈　伟
东平县交通运输局	2019.10.26	魏烈华	孙茹辛	王庆峰 王笃兵 赵峻峰 赵相辉 梁久明	蒋　惠	张　鲁 刘东平 苏有金 王成征	石秀芹	赵　慧 王志燕
东平县农业农村局	2019.10.22	董荷花	—	王　敏 刘晓黎	刘晓黎	郑允恩 苏玉晓	王　敏	张　红 杨景娟
东平县文化和旅游局	2019.07.02	王秀芳	—	田　军 刘树才 彭晓玉	彭晓玉	宋　鑫 王　帅	—	彭晓玉
东平县卫生健康局	2019.11.20	孙丽萍	刘　伟 侯　勇	王淑花 田晓龙 白林松 张　敏	彭广莉	解亚青 刘秀珍	刘　伟	李金凤 何振然
东平县退役军人事务局	2019.07.30	吴庆先	于　静	杜　川 史忠诚 吴庆先 李　军	杜　川	李传林 姜吉正	—	于　静
东平县审计局	2019.07.29	韩桂云	—	姜爱国 裴海洋 丁晓媛 纪　晶	张立生	郑尊忠 陈秀敏	丁晓媛	卜令霞 张琳琳
东平县行政审批服务局	2019.09.11	叶海军	马汉峰	孟　诗	孟　诗	何树龙 张文建 赵　勇 姜　南	姚来丽	李　铭 赵大林
东平县市场监督管理局	2019.11.11	张　宏	杜　宏 徐丽华	李淑君 张志勇 王　鹤 孟宪鲲	杜　宏	袁丙海 林冬梅 杜　军 郑　伟	徐丽华	李　琳 戚庆菊
东平县医疗保障局	2019.07.10	张树伟	—	李玉梅 宋绪生 孟宪慧 张晓云	张晓云	马　冲 郑　军	李玉梅	刘　倩 张秀娟

续表 5

单位名称	建会日期	工会组织			经审组织		女职委组织	
		主席	副主席	委员	主任	委员	主任	委员
东平县信访局	2019.09.09	李明训	—	谢　磊 井立梅	郑善礼	孟　亮 刘安文	—	井立梅
东平县总工会	2019.08.23	徐广三	—	乔珊珊 赵　辉 赵海梅 张彤彤	赵　辉	韩延美 吴莲莲	—	赵海梅
东平县残疾人联合会	2019.06.25	张金华	—	孙建新 侯庆国 张金华	孙建新	侯庆国 张元元	—	张元元
中国国际贸易促进委员会东平县委员会	2019.08.09	齐广娟	—	徐　倩 张鹏飞		张鹏飞	—	徐　倩
中共东平县委党校	2019.12.24	郭道信	—	马凤峰 刘　娟 李德兴 李启峰	刘　娟	马凤峰 李启峰	—	刘　娟
东平县移民服务中心	2019.09.20	曾　丽	孙其朋	王凤茂 刘后霞 孟　阳	王凤茂	刘后霞 孟　阳	—	刘后霞
东平县公用事业发展中心	2019.11	许洪胜	—	陈　磊 李　娜 徐广杰 樊祥彬	陈　磊	吴春梅 郭艳红 李　莉 郑志荣	李　娜	张　昊 张龙梅
东平县机关事务服务中心	2019.09.20	吕　兵	—	李伟伟 李明明	—	李伟伟	—	李明明
东平县国有资产运营中心	2019.06.18	陈雪梅	—	陈雪梅 史存勇 巩　政 李伟伟 尹燕红	史存勇	巩　政	李伟伟	尹燕红
东平县房产管理服务中心	2019.11.08	尚冬梅	陈传忠	井长林	焦　猛	何锡明 靳维鹏		尚冬梅
东平县公路事业发展中心	2019.09.20	李　强	陈　梅 段宜华 吴同燕	牛加良 刘恒玉 李卫东 李玉宁 张宽东 罗海涛 袁　东 徐　强 续　伟 梁　鹏	牛加良	宫琳琳 于连霞	吴同燕	杨红燕 魏　凤

续表 5

单位名称	建会日期	工会组织			经审组织		女职委组织	
		主席	副主席	委员	主任	委员	主任	委员
东平县检验检测中心	2019.11.08	宫　华	—	陈　军 王颖英	王　举	杜洪文 郑东亮	王颖英	肖　严 刘雪言
东平县水产业发展中心	2019.08.27	张雪雷	—	白静静 卜晓婉	卜晓婉	—	白静静	—
东平县畜牧兽医服务中心	2019.07.29	赵广清	王等国	段梅红	王瑞雪	张丽霞 王晓蕾	—	王　云
东平县扶贫开发领导小组	2019.08.01	许　超	—	刘占俊 陈晓彤	王晓慧	刘占俊 陈晓彤	—	陈晓彤
东平县东平湖开发工程处	2019.10.22	张玉田	赵广坚	陈立伟 段宜伟 万庆军	陈立伟	林　军 岳增烈	—	段宜伟
东平县妇幼保健计划生育服务中心	2019.12.11	董桂花	王洪梅	杨申彬 郑玉娇	吕荣芝	杨申彬 袁　华	陆　媛	王　梅 郑玉娇
东平县文化馆	2019.07.24	李同芳	—	王　丽 程加飞	史燕青	孙　红 张复基	王　丽	孙　红 程加飞
东平县博物馆	2019.08.01	李晓霞	—	赵　平 候　真 徐福智 方园园	赵　平	徐福智 方园园	候　真	赵　平 方园园
东平县图书馆	2019.08.01	李金地	—	张丽平 王艳艳	王艳艳	李振玉 蒋燕彬	李金地	张丽平 王海英
东平县殡仪馆	2019.08.23	陆相东	赵　勇	刘亚琼	赵　勇		刘亚琼	—
东平县公墓管理处	2019.12.17	宋永伟	—	徐庆贵 刘　勇	刘　勇	徐庆贵 孙会学	—	—
东平县民兵训练基地和民兵装备仓库	2019.12.18	马　军	—	井绪磊 王　倩 孙汝河 张龙超	张龙超	井绪磊 王　倩	—	王　倩
东平县自来水公司	2019.08.25	路保平	—	董生滨 石　强 张莉莉 池厚安 王庆利 徐广立	石　强	张莉莉 李德玲	张莉莉	陈　丽 解西梅
中共东平县委宣传部	2020.01.19	陈其冬	王庆海	赵广伟 苏本善 马　婧	李俊卿	赵东海 吕　峰	—	马　婧
中共东平县委县直机关工作委员会	2020.07.13	陈其刚	—	李茂国 李　哲	李茂国		李　哲	—

续表 5

单位名称	建会日期	工会组织			经审组织		女职委组织	
		主席	副主席	委员	主任	委员	主任	委员
东平县人大常委	2020.06.19	宫衍义	—	侯庆泉 巩树斌 陈世兰 武树民	侯庆泉	巩树斌 陈世兰	陈世兰	—
东平县人民法院	2020.10.26	李培福	—	马华玉 董秀珍 李彦勇 李　伟 王　维 叶风玺	马华玉	侯传蒙 陈动动	董秀珍	李　伟 王丰垒
东平县教育和体育局	2020.09.04	陈　琳	刘茂营 郑宗波	王　丽 刘晓燕 苏秀风 冯红梅	张志强	刘　超 赵志宏	史桂玲	刘瑞梅 宫艳春
东平县科学技术局	2020.04.10	王士华	—	郑倩倩 武同振	曲克滨	武同振 刘　豪	—	郑倩倩
东平自然资源和规划局	2020.11.30	陈西强	谢　静 尚胜利 孟现刚 王洪涛	刘　刚 毕国梅 李传伟 王贵勇 林存新 刘祥辉 杨长雨 林　峰 杨　军 孙艳丽	尚胜利	崔　潇 孙艳荣	谢　静	何　慧 孙　麟
东平县商务局	2020.05.13	刘　洋	—	吴海涛 罗亚男	王丽敏	赵　瑞 孙飞燕	—	孟　琳
东平县综合行政执法局	2020.01.07	郑金亮	—	于　跃 史晓利 徐　欢 夏　红	吕大伟	李　磊 赵　娜	吴同云	姜丽丽 顾民欣
东平县统计局	2020.06.23	谢宪霞	—	孙　哲 刘明斌	张　毅	王　磊 孙晓萍	庞　敏	万丽亚 于　燕
东平经济开发区机关工会	2020.10.26	屈　萌	—	刘爱迪 史　蕾 刘　芸 袁淑丽	刘爱迪	陈晓燕 于晓燕	史　蕾	郭翠花 徐广秀

续表 5

单位名称	建会日期	工会组织			经审组织		女职委组织	
		主席	副主席	委员	主任	委员	主任	委员
中国共产主义青年团东平县委员会	2020.07.10	赵冰心	—	解　婷 孔凡高	解　婷	赵冰心	—	—
东平县妇联机关	2020.01.07	陈　伟	—	王　丽 刘冬梅	熊卫华	王　丽 刘冬梅	—	—
东平县生态林业发展中心	2020.02.25	魏丽华	—	王宜民 蔚瑞华 苏胜利 王壮壮	王宜民	苏胜利 王壮壮	—	蔚瑞华
东平湖文化旅游发展（山东）集团有限公司	2020.08.25	于其洪	贺延礼 张国强 于吉莉	赵法群 金　彪 赵洋洋 刘允华 杨　科 任鑫德 王　冠	张立松 （主任） 李　平 （副主任）	彭丽娟 李　鹏 何明志	徐　娟 （主任） 陈春霞 （副主任）	李晓倩 籍文芝 庞　可 李秀平 马新霞
东平县妇幼保健计划生育服务中心	2020.09.09	陈　恩	—	侯袁兰	—	—	—	—
东平县市政园林工程处	2020.01.07	刘含菊	李吉文	刘　芳	李吉文	刘　芳 刘雪梅	—	刘　芳
东平县工程质量监督站	2020.07.28	刘晓华	张　黎	陈　萍 张　伟 陈全玲	陈　萍	张　黎 张　伟	刘晓华	张　黎 陈全玲
山东东平农村商业银行股份有限公司	2020.06.28	刘　岑	—	王良勇 李润凤 阴璐娜 张　磊	王良勇	高静静 董兆敏	李润凤	郑静静 张蕾蕾
东平沪农商村镇银行	2020.07.23	陈爱香	—	—	陈爱香	—	王运丽	—
山东东平农村商业银行股份有限公司	2020.12.30	王聘国	—	—	—	—	—	—
东平县自来水公司	2020.02.25	董生滨	—	路保平	—	—	—	—
东平县人民医院	2020.11.23	李传虎	—	—	—	—	—	—
东平县中医院	2020.01.17	陈兆红	侯　燕 李　栋	陈惠卿 李　玮 陈晓乾 霍德永 栾厚强 张胜利	李　玮	邓　涛 马宏伶	陈惠卿	解　娜 尹丽丽
东平县特教育学校	2020.12.28	王兴建	—	赵延龙 孟　慧	赵延龙	张铭海 吴连香	孟　慧	穆玉洁 赵　晶

续表 5

单位名称	建会日期	工会组织			经审组织		女职委组织	
		主席	副主席	委员	主任	委员	主任	委员
东平县直机关幼儿园	2021.01.21	解西团	—	李云霞 张振凯 薛　军 宫翠平	李云霞	刘　玲 段广霞	刘胜男	刘　静 徐　艳
东平县实验幼儿园	2021.01.21	巩凤英	陈兆勇	吴桂云 邹翠萍 冯翠翠 李　萍 徐庆英	邹翠萍	冯翠翠 李　萍	颜翠明	苏美红 展春花 李芳芳 张恩慧
东平县水利局	2021.01.15	周茂盛	张　建	孟庆祥 吕　杰 齐宝彦	井立兰	陈卫华 孟　虎	王伟伟	齐宝彦 宫晓敏
东平县应急管理局	2021.01.19	韩永勃	徐艳平	侯金良 孙　旭 吴　斌	侯金良	井维卿 李　明	孙　旭	高　扬 侯琳琳
东平县工商联机关	2021.02.08	孙秀芝	—	王广胜 范广昊	王广胜		孙秀芝	—
中共东平县委党史研究中心	2021.02.05	李姗姗	宫以营	杜　梅 牛琳琳 吴守红	刘　勇	吴　菲 程　飞	—	牛琳琳
东平县河道管理保护中心	2021.01.18	刘跃环	—	贾新科 李晓丽	王成举	王　新 孙　飞	—	李晓丽
东平县文化旅游事业发展服务中心	2021.02.03	李福云	—	刘明震 王　震	李福云	刘明震 王　震	—	李福云
东平县腊山林场	2021.05.06	代　伟	—	郭　颖 黄　波 王传芹 薛柱福	郭　颖	黄　波 薛柱福	王传芹	—
东平县工程质量监督站	2021.06.22	—	—	—	—	—	—	—
东平县第二苗圃	2021.01.26	梁彦国	—	王桂苓 郑文苹	王桂苓	—	—	王桂苓

注：此表按工会组建时间先后排序

二、事业、企业工会

县属企业是县域经济发展的支柱。20世纪90年代，为贯彻落实中共十二大关于发展市场经济转换企业经营机制精神，原来的国有集体企业在改革中发生重大变化，有的破产、有的兼并重组、有的改制为股份制，为在新形势下维护职工在企业中的主人翁地位，企业的工会组织以贯彻落实《中华人民共和国企业法》《中华人民共和国工会法》等法律法规为抓手，在教育职工积极参与发展生产、开展“双增双节”劳动竞赛的同时，切实维护职工合法权益。至2021年，东平县各类企业工会组织达到126个，有工会会员2.6万人。

1989—2010年事业、企业单位工会主任一览表

表6

单位名称	姓名	性别	任职时间	备注
东平县高级中学	张桂兰	女	—1997.08	—
	杨秀燕	女	1998.09—2000.06	—
	张久民	男	2000.06—2003.08	—
	王志鹏	男	2009.08—2011.08	—
	孙西河	男	2011.08—2013.09	—
东平县明湖中学	殷复科	男	2007.08—2009.08	—
	孙相卿	男	2009.09—2013.08	—
东平县职业中专	房泽启	男	1993.05—1996.08	—
	李明国	男	1997.09—2008.07	—
	蒋庆山	男	—1991.05	—
	王志环	男	1991.06—1994.08	—
	彭美亭	男	—2002.08	—
	李明国	男	2005.10—2008.07	—
	伊怀柱	男	2009.09—2014.10	—
东平县人民医院	王启昆	男	1986.10—1993.05	—
	孟广元	男	1993.05—1996.06	—
	于庆江	男	1996.06—2008.12	—
东平县第一人民医院	马立和	男	1986.08—1993.06	—
	郭启华	男	1992.05—1999.02	—
	李启岭	男	2004.09—2006.10	—
山东瑞星化工集团	耿进亮	男	1988.12—1990.04	调研员
	侯延文	男	1988.12—1990.04	调研员
	吴绪连	男	1990.04—1992.09	—
	郑淑云	女	1992.09—1997.01	—
	孟广岩	男	1997.01—2003.10	—

续表 6

单位名称	姓名	性别	任职时间	备注
东平县工具总厂	李传亭	男	1988.03—2001	—
	李广银	男	2001—2011	—
东平县造纸厂	解培英	女	1986.03—1993.11	—
	李广勤	男	1994.05—2003.05	—
	王士民	男	1990.04—1992.10	—
	李桂芝	女	1993.06—2002.09	—
东平县大麻纺织总厂	刘桂荣	女	1987.11—2003.06	—
东平县花键轴总厂	魏庆彬	男	1984.11—1993.08	—
	王玉安	男	1994.01—1995.10	兼
	曾宪汉	男	1995.11—1999.06	—
	张延民	女	1999.06—2002.03	兼
东平县橡胶厂	吴兴忠	男	1988.03—1990.04	—
	王世民	男	1990.04—1992.10	—
	李桂芝	女	1993.06—2002.09	—
新东岳集团	李兴云	女	2002.09—	—
东平县唐龙酒业有限公司	陈景珍	女	1978.04—1990.05	—
	郭启星	男	1990.05—2000.10	
	武爱民	男	2000.10—2005.06	兼
泰安鲁新保健品有限公司	吴敬民	男	1998.05—1999.07	—
	陈可凤	女	1999.08—	—
东平县印刷厂	王金雪	男	1990.10—1996.11	兼
东平县装饰公司	孙业泉	男	1987.07—	—
东平县美术公司	周长富	男	1988.05—1995	兼
	李艳萍	女	1996.08—1996.10	—
	陈允连	男	1996.10—1998.04	—
东平县贸易发展公司	司建强	男	1998.04—1999.12	兼
	张修水	男	1999.12—	—
东平县美术厂	王学智	男	1988.01—1991.02	—
	李长义	男	1991.02—1994.10	—
东平县鞋厂	宫传恩	男	1989.07—	—
	徐正民	女	—	—
东平县汽车修配厂	王延华	男	1988.11—1991.06	—
	卜庆銮	男	1994.01—1994.11	—
东平县轻工机械厂	乔云刚	男	1984.11—1992.09	兼
	张型强	男	1992.05—1995.03	兼

续表 6

单位名称	姓名	性别	任职时间	备注
东平县工业供销公司	王义道	男	1984.11—1996.09	—
东平县棉织厂	蒋延忠	男	1982.10—1994.04	—
东平县帆布厂	孟召辉	男	1986.03—1993.08	—
东平县服装厂	司建强	男	1987.03—1990.10	—
	马心奇	男	1992.03—1997.05	—
东平县水泥厂	陈元忠	男	1987.01—1990.12	金利建材公司
	邓玉环	男	1991.01—1993.02	—
	张格报	男	1993.02—1997.04	—
	司庆印	男	1997.04—2006.09	—
东平县建筑公司	李本山	男	1987.11—2000.06	—
东平县自来水公司	赵衍成	男	1988.03—2000.06	—
东平县面粉厂	刘曰茹	女	1984.11—1995	—
东平县粮食局饲料厂	李传义	男	1990—1992.06	—
	刘　勇	男	1993—1999.11	—
东平县淀粉厂	李传义	男	1992.06—1996.10	—
	刘　敏	男	2001.08—2004.07	—
东平县农机公司	郗修华	女	—1994.04	—
	刘建民	女	1994.05—	—
东平县金汇橡胶公司	王爱香	女	1998.05—	—
东平县电器设备厂	安学福	男	—1990.12	—
	高鸿彬	男	1990.12—1993.11	—
	谢桂芝	女	1993.11—	—
东平县石油公司	李玉甫	男	1987.10—1992.02	—
	董宗德	男	1992.02—1997.04	—
东平县医药公司	刘含常	男	1992.07—	兼
东平县客运公司	吴延明	男	—1989.01	—
	赵　勇	男	1989.01—	—
东平县棉麻公司	王尚儒	男	1984.10—1994.02	供销系统
	王瑞冉	男	1994.02—1997.01	—
	郑兴玉	男	1997.01—2004.03	—
东平县一棉厂	卜凡席	男	1994.02—1995.10	—
	李秀芹	女	1995.10—1998.04	—
东平县二棉厂	王玉瑞	男	1994.02—1995.03	—
	赵河东	男	1995.03—2002	—

续表 6

单位名称	姓名	性别	任职时间	备注
东平县三棉厂	李同岭	男	1994.02—2004.10	—
东平县油脂厂	尚昌轴	男	1997.01—1999.01	—
东平县外贸冷藏厂	徐传堂	男	1984—1994	外贸系统
东平县工艺美术厂	王学智	男	1988.01—1991.02	—
	李长义	男	1991.02—1994.10	—
东平县棉织厂	蒋衍忠	男	1982.10—1994.04	—
东平县服装厂	司建强	男	1987.03—1990.10	—
	马新奇	男	1992.03—1997.05	—
东平县砖瓦厂	李本山	男	1989—2000	—

2021 年东平县企业工会基本情况统计表

表 7

单位名称	建会日期	工会组织			经审组织		女职工委员组织	
		主席	副主席	委员	主任	委员	主任	委员
东平县百货大楼有限公司	2012.10.12	彭学杰	—	姜志俊 姜广田 郭业勇 张华东 王允江 李法财	韩会芳	李川平 彭鲁光	焦燕宏	何树利 鲁亭亭 牛燕红 杜金玲 宫以英 徐玉芹 赵会会 樊江敏
东平光源热电有限公司	2019.07.29	方　莉	—	毕泗伦 范宪荣 郑允兰 乔爱国	张建峰	郑海滨 林立红	郑允兰	林立红 赵秀峰
东平中联美景水泥有限公司	2019.08.09	高延金	宋传奇	井庆伟 孔亚州 李岩枫 贾慧若 凌思安	郭志建	王圣明 杨吉龙	贾慧若	孙　兴 褚彦菊
昇鑫儿童用品有限公司	2019.09.17	闫淑会	窦　丽	张广香 万美香 赵　娟	窦　丽	郭秀青 韩士梅	崔心兰	牛相霞 乔美新
东平县国有粮食购销公司	2019.09.20	展希貌	—	张作新 杨　国	张作新	杜延路 马立顺	—	—

续表 7

单位名称	建会日期	工会组织			经审组织		女职工委员组织	
		主席	副主席	委员	主任	委员	主任	委员
山东鲁玻包装有限公司	2019.09.30	米后娥	安晓娜	孙　峰 李明利 王传林 王朝良 张　慧	黄　青	王　旭 国锡李 刘丹丹 李灿红	张盼盼	刘信荣 赵　青 李　辉 刁倩倩
泰安云智企业管理咨询有限公司	2019.10.24	王洪波	李　芳	李　辉	孟繁戌	张格芳 李　辉	张格芳	芦宁宁 李　芳
泰安天阔卫生材料有限公司	2019.10.28	窦忠华	杜玉庆	逯田田 田永顺 宫传柱	刘金霞	杜玉庆 逯田田	王兰香	徐玉栓 于秋苓
山东海工科技有限公司	2019.11.11	苏　建	许昌胜	华　楠 张栋栋 郭永新 王玉霞 武玉环 井风娟 刘盼盼	许昌胜	苏　建 华　楠	王玉霞	武玉环 井风娟
新东岳集团	2019.11.20	张庆英	—	陈　睿 林　锐 唐　芳 王　曾	李庆云	李　杨 冯绍校	陈　睿	林婷婷 齐　伟 蒋士荣 王苓苓
东平县城市建设综合开发公司	2019.11.22	王丽燕	谢学春	王保琴 郑善坤 马　科	刘　伟	侯慧慧 贾秀真	王　艳	赵　妮 孙庆莲
东平县利诚食品有限公司	2019.12.11	李　玲	王承洪	张培孟 颜爱香 田秀芹	王承洪	张培孟 颜爱香	李　玲	颜爱香 田秀芹
东平县家庭服务业协会	2019.12.17	靳淑芝	肖桂娥	井维杰 梁金芝 朱丽娜	梁金芝	井维杰 朱丽娜	肖桂娥	梁金芝 朱丽娜
东平县快递行业工会联合会	2019.12.31	焦德来	李振江	王学峰	李振江（主任） 于　涛（副主任）	刘士法	林　娟（主任） 高春香（副主任）	刘　欢
东平县东原公共交通有限公司	2019.12.31	常　晴	—	付福梅 高　原	李渊甫	李焕利 王　晶	—	张　佳
山东亚归机械科技有限公司	2019.12.31	林　坚	—	肖　鹏 李德东 范思亮 李慧花	肖　鹏	李德东 范思亮	—	李慧花

续表 7

单位名称	建会日期	工会组织			经审组织		女职工委员组织	
		主席	副主席	委员	主任	委员	主任	委员
东平县兴东环卫服务有限公司	2020.03.17	李　敏	—	苏燕兰 李　敏 张晓晨 郑兰波 唐守花	张晓晨	邵　霞 郑兰波	唐守花	苏燕兰 张兆苓
山东水发生态环境产业发展有限公司	2020.03.18	张际东	—	陈　蕾 王成红 张际冬	陈　蕾	尚昌哲 王成红	—	陈　蕾
山东省东平县水浒湖产品有限公司	2020.03.25	程文青	赵　虎	赵广香 张　国 王云清	张　国	徐香芬 王云清	赵广香	赵殿琴 李凤英
东平县金凤凰服饰有限公司	2020.03.30	王晨晓	赵　杰	宋海川 刘　辉 颜　杰	宋海川	陈吉光 刘　辉	—	刘　辉
东平县建业农业科技有限公司	2020.04.03	刘万胜	—	刘万平 刘彦伟 刘传库	刘传增	王厚峰 李　勇	—	李高玲
威图电气（山东）有限公司	2020.04.03	陈其森	刘广峰	田　伟 高兴兴	刘思雨	陈云强 姜　涛	于思敏	刘万云 庞秀英
东顺集团股份有限公司	2020.04.16	马学道	—	薛建福 牛秀元 孙士官 陈晓华 李国栋 张　健	李国栋	刘　伟 李　慧	陈世莲	牛秀元 李　敏
东平县通达车辆综合性能检测站	2020.04.16	张海燕	—	王志芳 王兴旺	牛　林	解　龙 杨翠伟	王　芳	肖　慧 张庆敏
东平县润惠农业服务发展有限公司	2020.04.16	张成祥	—	张　凯 李　静	张　凯	武传路 王慕光	—	邢现杰
东平县蓝鹰职业培训学校	2020.04.22	井维歌	—	吴　清 潘志刚	常　勇	王海霞 郑敏惠	吴　清	张延营 韩　英
泰安派昌帽业有限公司	2020.04.22	崔传梅	—	张　梅 徐玉叶 张　迅 颜春华	张　梅	张　迅 颜春华	徐玉叶	赵　娟 李明珍
东平县塘坊乡村旅游专业合作社	2020.04.22	张　顺	—	张步亮 陈玉芹	张步亮	张晓源 张　涛	陈玉芹	张爱香 王希玲
东平县城区水资源管理节约用水办公室	2020.04.26	赵淑珍	—	肖卫青 梁　军	宁立谦	肖卫青 梁　军	赵淑珍	—

续表 7

单位名称	建会日期	工会组织			经审组织		女职工委员组织	
		主席	副主席	委员	主任	委员	主任	委员
山东沃普农业装备科技有限公司	2020.05.08	刘怀诚	续子薇	张兆全 高文利 赵庆龙	黄桂萍	刘新新 陈其君	续子薇	张来香 孙庆珍 刘新新 黄桂萍
东平县泰兴石料开发有限公司	2020.06.02	周庆金	孙传平	郭广垚	司瑞和	张成伟 耿虎	—	—
东平县水利建筑安装公司	2020.05.06	林凤伟	—	陈强 李广文 张汉军 郭彦平	魏萍	孙静 宫月梅	程伟丽	解西荣 杜延芬
东平县时代新城物业管理有限公司	2020.07.27	张培燕	—	万庆丰 杨文博 杜红旗 巩福锁	万庆丰	王伟 殷绍利	杜红旗	孟凡玉 康安伟
泰安市远凡服饰有限公司	2020.09.02	刘兴旺	陈庆	姜志明 郭其香 张秀香	陈庆	彭敬敬 荣倩倩	陈庆	张秀香 郭其香
东平顺康沙石销售有限公司	2020.09.08	孟岩	邢令学	陈先强	姜辉 （主任） 张浩 （副主任）	田野	—	杨西清
金源矿业（东平）有限责任公司	2020.10.10	张霞	邓祥龙	刘振岭 李璞 郭克平	郭正达	侯召洋 刘子童	周梅	闫洋 郑华
东平县建龙矿业有限公司	2020.10.21	周国林	刘大利	孙启涛	刘大利 （主任） 孙启涛 （副主任）	杨华	李值钱 （主任） 姜美丽 （副主任）	梁萍萍
山东平安昌顺融资性担保有限公司	2020.10.30	马宁宁	—	孙宗青 张振民	康安然	魏书 刘珂	孙宗青	张瑜 马平
东平泰燃天然气有限公司	2020.12.15	朱成法	—	高波 李涛	王大慧	刘含宇 陈汐茹	王燕	邴玉梅 于娟
东平光大环保能源有限公司	2020.12.28	李岩	—	张绍震 李志攀	周雷	李杰民 汪涵	孟令雨	王鑫 兰晓迪
山东金泰恒盛新材料科技有限公司	2021.01.08	程亚军	—	轩伟 轩海涵 王春梅 李小花	轩海涵	王春梅 朱传真	王春梅	李小花 程亚军
东平清润水利工程有限公司	2021.01.25	孙浩	—	吴明 刘丽	李滨	吴明 张敬宇	—	刘丽

续表 7

单位名称	建会日期	工会组织			经审组织		女职工委员组织	
		主席	副主席	委员	主任	委员	主任	委员
中益汇海（泰安）粮油有限公司	2021.04.14	李明光	—	林 峰 刘养养 郭园园 王绪燕	颜 伟	杜 慧 陈 聪	周保华	—
东平新梁楷教育培训学校有限公司	2021.04.16	于 婷	—	李昌敏 庞庆菊 彭丽丽 赵丽丽	庞庆菊	彭丽丽 赵丽丽	王艳萍	梁淑敏 吕先芳
东平县银安爆破有限公司	2021.05.10	王运东	—	康 泉 闫丽华	—	康 泉	—	闫丽华
山东泰达农业服务有限公司	2021.05.16	张金花	—	刘恒雷 纪怀玉 张兆彬	刘恒雷	范保民 梁言龙	张利伟	陈 娜 梁桂芹
润和新能源科技（东平）股份有限公司	2021.05.25	张 松	苏凡昆	郝 政 刘述慧 段 梅 王玉华 冯 红	苏凡昆	郝 政 刘述慧	王玉华	冯 红 段 梅
东平县伟雪林果种植专业合作社	2021.06.11	李深法	付秀贞	白忠海 李深菊 杨明东	张敬雪	杨明东 付崇珍	李深菊	付秀丽 李元英
山东福文化餐饮管理有限公司	2021.06.15	尹 航	—	尹燕忠 王万丽 李红玉 王新华	尹燕忠	张 辉 蒋习莉	贾肖丽	王万丽 庞爱梅
东平渔末民俗文化有限公司	2021.06.25	王晨晓	—	卜祥鑫 李红梅 赵 杰 王可明	李红梅	宋海川 卢广杰	赵 杰	颜 杰 刘婷婷

三、 乡镇（街道）工会

乡镇及乡镇企业建立工会组织，起始于20世纪90年代。

1994年，东平县总工会贯彻落实市委关于“1994年全面完成乡镇、街道办事处建立工会工作委员会”的部署，以适应原县属部分企、事业单位转归乡镇管理的新变化，维护职工利益，促进全县社会稳定和经济发展的要求。6月14日，东平县总工会向县委、县政府呈报《关于在各乡镇和街道组建工会的报告》。6月20日，县委办公室批准基层工会组织建设规划。设立乡镇和城区办事处工会委员会18个，分别为：州城镇工会工作委员会、东平镇工会工作委员会、彭集镇工会工作委员会、沙河站镇工会工作委员会、银山镇工会工作委员会、斑鸠店镇工会工作委员会、宿城镇工会工作委员会、老湖镇工会工作委员会、水河乡工会工作委员会、梯门乡工会工作委员会、戴庙乡工会工作委员会、大安山乡工会工作委员会、商老庄乡工会工作委员会、大羊乡工会工作委员会、接山乡工会工作委员会、张河桥乡工会工作委员会、新湖乡工会工作委员会、东平县城区办事处工会工作委员会。

1997年4月9日，中共东平县委办公室转发东平县总工会《关于加强乡镇工会工作的意见的通知》。同年7月4日，县委组织部以便函批复18个乡镇工会工作委员会主任、副主任人员名单。任命乡镇副书记兼工委主任，并配一名专职副主任，负责处理工会的日常工作，工委副主任兼乡镇机关工会主席。

1997年东平县各乡镇工会主任、副主任一览表

表8

乡镇名称	工会主任	工会副主任	批改文号	乡镇名称	工会主任	工会副主任	批改文号
东平镇	徐金华	周长岱	东组字114号	银山镇	吴忠江	万元起	东组字123号
接山乡	孙宗彦	郭　芮	东组字115号	戴庙乡	房义祥	董大勇	东组字124号
张河桥乡	张雪玲	王保生	东组字116号	商老庄乡	王广铭	王春香	东组字125号
大羊乡	赵华芳	王绪岚	东组字117号	大安山乡	刘景海	唐先民	东组字126号
梯门乡	刘沐瑞	侯家新	东组字118号	新湖乡	徐延东	张宗祥	东组字127号
水河镇	牛家宝	王长之	东组字119号	州城镇	车继安	郭安芹	东组字128号
老湖镇	苏树胜	刘相法	东组字120号	沙河站镇	王　建	何庆金	东组字129号
旧县乡	张同爽	李怀锋	东组字121号	彭集镇	王洪涛	宋来和	东组字130号
斑鸠店镇	黄礼彬	王景常	东组字122号	宿城镇	刘思宏	周长岭	东组字131号

2006年4月5日，东平县总工会召开全县工会工作会议，贯彻落实全总和省、市总工会有关加强基层工会组织建设的部署，印发《关于开展基层工会组织建设推进年活动的实施意见》。5月上旬，县委转发该实施意见。东平县总工会在接山乡创建规模企业工会建设试点。印制《建会工作程序手册》《基层工会规章制度》《基层工会建会考核办法》各100份。5月31日，东平县总工会在接山乡召开乡镇规模企业组建工会现场会，参观该乡机关和3家规模企业工会组织进展情况，听取接山乡经验介绍。编印简报5期，《东平报》刊登建会信息4篇，分4次转载《中华人民共和国工会法》《山东省企业工会条例》。县电台3次播发建会新闻。全县14个乡镇在巩固原工会组织建设的基础上，当年又有90多家企业建立工会组织。

翌年，东平县总工会抓好“两个结合、七个统一”，要求各乡镇把工会组建纳入党建目标考核体系，做到与党建工作同要求、同部署、同督导、同检查、同考核，二者相互借鉴，相互促进，共同提高。结合新农村建设，加快民营企业工会组织建设。“七个统一”是，全县统一印制各项规章制度，统一印发建会程序及各种表格，乡镇统一选举时间，统一定做门牌，统一刻印公章，工会会员统一照相，统一检查时间，建会工作步入良性发展轨道。

2008 年 5 月，东平县总工会在彭集镇召开工会组织工作规范化建设现场会。全县共新建区域性、行业性工会 3 个，乡镇总工会 14 个，工业园区总工会 1 个。

2010 年 4 月，东平县总工会落实泰安市总工会部署，组织开展“百日建会集中行动”，针对乡镇中微小企业分散的特点，按照“党建带工建、工建促党建”原则，创造性提出“依托支部建工会”的思路，在区域性、行业性工会联合会建设方面实现新突破，各乡镇新建工会组织 105 个。

2013年6月，东平县总工会组织开展“工会组织集中建会行动月”活动，对园区未建会企业和乡镇中小非公企业进行攻坚，督促园区新建工会组织 14 个、乡镇 22 个。

2015 年，东平县总工会从严从实抓工会组建。开展“十佳乡镇（街道）园区工会”评比创建活动。7 月 3 日，全市基层工会组织建设现场观摩会在彭集街道召开。年底，全县有 187 家乡镇企业建立工会组织，会员 37800 人，其中农民工 10600 人。加大农民工入会工作力度，戴庙食用菌有限公司组织农民工加入工会工作得到省市总工会肯定。

2017 年 2 月，东平县总工会下发《关于表彰 2016 年度全县工会工作先进单位和先进个人的决定》，授予州城街道工会等 38 个单位“工会工作先进单位”称号。

2019 年，东平县总工会深化强根固基行动，持续推动乡镇（街道）、社区、企业、“两新组织”工会组织体系建设。探讨破解货运司机、快递小哥、家庭服务、农民工等特殊群体建会难题。年底，全县各类法人单位建会率、职工入会率保持在 90% 以上。

2021 年，东平县总工会召开第九届职工代表大会，安排部署抓好乡镇（街道）工会组织建设，健全配齐工会经审组织、女职工委员会组织。利用庆祝建党百年契机，切实发挥基层工会组织的作用，突出抓好党史、国史、社会主义建设史、改革开放史教育，广大工会会员爱党爱国、爱岗敬业的综合素质有了明显提高。

2021年东平县乡镇（街道）工会组织一览表

表9

单位名称	建会日期	工会组织			经审组织		女职工委员组织	
		主席	副主席	委员	主任	委员	主任	委员
东平县东平街道	2019.03.29	郑迎新	高　兰	桑　燕	李永福	崔月萍 高　兰	桑　燕	李灿华 桑　燕 崔海华
东平县滨河新区（彭集街道）	2019.07.18	井维霞	—	何　静 王　芳 邢召同 王赞武 吴　强 展　慧	何　静	郑文贺 郭建国	王　芳	邢淑臻 赵凤华
东平县旧县乡	2019.08.09	徐兴铭	张春红	赵　丽 任秋荣 王　腾	赵　丽	方绪鹏 郭　建	任秋荣	任淑芳 孔庆芹
东平县接山镇	2019.08.09	井绪军	—	郭凤永 陈　红 徐　波 袁　伟 吴俊峰 孔凡云	孟晓农	邱国锋 李剑强	陈　红	赵秀梅 刘海燕
东平县接山镇后口头村	2019.10.28	赵　民	—	赵忠喜 赵庆银 徐瑞芬 赵荣坤	赵忠喜	徐瑞芬 赵海平	徐瑞芬	张化香 徐兴梅
东平县接山镇中心卫生院	2019.11.11	展园华	李培莉	赵婷婷 杨　俊 赵冬梅 虞晓燕 周晓翠 李　静 王　斌	孙久娟	房玉梅 彭希乐	赵婷婷	王会会 张秀桂
东平县梯门镇	2019.08.19	彭　杰	马科峰	王文霞 陈美玲 肖明华	熊泽坤	张旭芬 陈美玲	王文霞	马科峰 王　楠
东平县梯门镇中心卫生院	2019.11.05	王延刚	—	赵桂苓 程光泉	王路彬	程光泉 刘　晓	赵桂苓	刘　晓 刘　琪
东平县沙河站镇	2019.09.24	王广文	孟宪强	翟华松 秦　真 李心阳 于红一 薛　原	翟华松	庞贵民 宋润亭	秦　真	张桂苹 王红霞

续表 9

单位名称	建会日期	工会组织			经审组织		女职工委员组织	
		主席	副主席	委员	主任	委员	主任	委员
东平县沙河站镇中心卫生院	2019.11.05	孙玉删	胡传鑫	于观田 陈　亮 张颂华	李进联	吴丽华 赵玉凤	王疏毓	陈　文 韩雪贤
东平县老湖镇	2019.09.29	孟宪军	—	张周志 赵方彬 侯贵君 黄兴诚	赵方彬	陈　梅 闫仁香	侯贵君	张　平 张爱梅
东平县州城街道	2019.10.10	韩　伟	陈　东	杜　海 刘　英 陈　军	杜　海	陈　雷 孙培静	刘　英	范宝兰 王晓峰 贺爱华 展　笑
东平县戴庙镇	2019.10.22	孙秀敏	—	李西华 陈　涛 郭香莲 李树忠	李西华	王红燕 李淑玲	郭香莲	刘　敏 翟庆会
东平县大羊镇	2019.12.13	李　伟	—	李　军 聂桂芳 谭　平	陈　伟	裴　莹 李雪明	谭　平	焦雪梅 方月平
东平县大羊镇卫生院	2019.11.06	刘　兵	—	李雷国 赵宝顺 侯玉强 赵　森	赵　森	赵方草 李超国	李海燕	马得芬 陈艳苓
东平县银山镇	2019.11.08	徐文浩	—	张　磊 齐贵珍 陆相民 徐文靓	赵　伟	于庆红 陆继臣	齐贵珍	徐文靓 陆相民
东平县银山镇卫生院	2019.11.8	纪玉丽	—	杜言涛 王玉英 陆华玲	杜言涛	张玉坤 刘秀瑞	王玉英	陆华玲 王焕青
东平县新湖镇	2019.11.22	田廷科	—	刘鲁忠 宋润华 张含福 刘　敏 付　霞 梁　晨	刘鲁忠	宋润华 张含福	刘　敏	付　霞 梁　晨
东平县新湖镇卫生院	2019.12.03	张家波	—	解西钊 张丽丽 张春美 刘凯强	刘凯强	解西钊 张春美	张丽丽	张春美 孟　芳
东平县彭集街道社区卫生服务中心	2020.07.30	王　伟	—	刘培斌 李庆华	郭　媛	戚　忠 彭广水	—	吕言菊

续表 9

单位名称	建会日期	工会组织			经审组织		女职工委员组织	
		主席	副主席	委员	主任	委员	主任	委员
东平县大羊镇西王村	2020.04.03	刘　华	李厚忠	刘含运 孟园园 韩圣来 王绪华 魏长青	韩圣来	刘含运 王绪华 魏长青	孟园园	张树兰 白广杰
东平县斑鸠店镇	2020.01.16	卢道章	—	王凤海 卢长玲 刘卫华 侯家太 李召瑜 展　飞	刘卫华	侯家太 焦　玲	卢长玲	侯玉玲 杨　华
东平县斑鸠店镇九顶社区	2020.10.14	刘万文	—	马树民 张立东 栾习峰 张　业 张　霄 李　敏	张　霄	张　业 马树民	李　敏	—
东平县商老庄乡	2021.02.05	廖吉征	—	巩如华 王志祥 宋来梅 许　静	孟宪阔	李　渊 王式浩	翟春华	宋来梅 许　静

第二章 企业发展与职工队伍

企业是职工赖以生存的依托，工会组织的建立与作用，离不开企业的发展。鉴于1988年内部印制的《东平县工运志》，对新中国建立后全县企业发展的轨迹未作详细记述，本志参阅《东平县志（1735—1985）》《东平县工业志（1862—2004）》相关资料，将企业发展变化情况追溯至20世纪50年代初期。

1989—2021年，随着改革开放的不断深入和社会主义市场经济体制的逐步建立，东平县职工队伍在劳动和人事制度改革、企业经营机制转换中发生了重大变化，原来的企业所有制和职工身份界限被打破，全面推行劳动合同制，企业逐步实行自主招收人员，农民工成为工人阶级队伍的组成部分。进入21世纪后，各级统计部门职工统计口径，由原来的全民工、集体工、固定工、合同工等分类，一律改为从业人员。

第一节 企业发展

新中国建立至20世纪90年代初，县属工业企业主要有全民所有制和集体所有制两种形式，其中二轻集体工业企业多数由手工业生产合作社转化而来。随着改革开放和市场经济的不断深入发展，民营经济（含工业企业）成为县域财政和税收的主体，合资（合作）工业企业和外商独资工业企业也得到快速发展。1995年以后，按照国家有关国营和集体工业企业进行产权制度改革的政策，学习外地出让、转让、变卖的经验，至2010年，全县县属工业企业全部改制为民营企业。其发展历程如下：

1952年，东平县设立城关向众铁业社、须城向民铁业社和辛庄席业社。1953年，设立竹业社。1954年，设立梁村胜利铁业社、城内铁业社、建东木业社、城内被服社、沙河站铁业社、木业社、被服社、花篮店群利铁业社、建平木业社、须城修配组。县供销社设立须城棉花加工厂。1955年，设立东平县石灰厂（址一担土村）；老城内设立修配组（自行车）。沙河站铁业社与小辛庄铁条编织组合并为沙河站新华铁业社。城内协成酱园（公有）和民享酱菜（私营）合并设立东平县副食品加工厂。1956年，梁村胜利铁业社并入向众铁业社。设立城内光明印刷社、城内缫丝组、城内银器组、城内印染组、城内皮革组。1957年，粮食局在北桥粮所建面粉厂1个。供销社须城棉花加工厂迁往东平县第一棉厂（址后屯）。

1958年，东平县响应党中央大办工业和“大炼钢铁”的号召，工业企业和项目快速发展。梁村胜利铁业社从向众铁业社分出，更名为东平县轴承厂。组建东平县机械制造厂和东平县制修厂，同年10月，组建县属国营机械工厂、东平县机械厂。城关印染、绳经组、烟草组、银器组、缫丝组、皮革组、被服社合并为东平县七一被服厂。县民政局投资在城关设立东平县福利厂。须城向民铁业社更名为须城人民公社机械厂。沙河站新华铁业社与沙河站木业社合并为沙河站公社机械厂。花篮店群利铁业社与建平木业社合并为花篮店五一农具厂。光明印刷社转为国营工厂，更名为东平县印刷厂。县粮食局在城关建面粉厂1个。东平县在北桥设立炼焦厂，在水河设立冶炼厂。是年，在肥城设立东平县高余煤矿。

1959年11月，区划调整，东平县并入平阴县，东平县印刷厂并入平阴县印刷厂。东平县机械厂迁至平阴县孝直，更名为平阴县孝直机械厂。北桥炼焦厂停产撤销，水河冶炼厂停产改设为水河铁矿；设立水河发电厂。菏泽地区在北桥设立王台钢铁厂和王台发电厂。东平县福利厂更名为县城关福利厂。须城人民公社机械厂更名为县农具制修二厂。设在肥城县的东平高余煤矿划归平阴县。1960年，东平县农具制修二厂更名为须城公社机械厂。花篮店五一农具厂分为铁业社和木业社。1961年，水河铁矿关闭停产，水河发电厂停运；菏泽办的王台钢铁厂、王台发电厂同时关闭停运。

1962年1月，恢复东平县建置。当年设立东平县酒厂、东平县（王台）五金厂、东平县（彭集）砖瓦厂。平阴县孝直机械厂更名为东平县农具厂，迁至王台。须城公社机械厂更名为东平县须城铁木业社。沙河站公社机械厂更名为东平县沙河站铁木业社。东平县印刷厂从平阴县印刷厂分出迁回东平老城原址。粮食局在老城设立东平县面粉厂，同年北桥粮所面粉厂、城关面粉厂并入东平县面粉厂。1963年，设立东平县手工业管理局供销经理部。1965年，设立接山铁木业社，花篮店铁业社和木业社合并为花篮店铁木业社。1966年，东平农具厂更名为东平县农具厂。1967年，东平县七一被服厂和县商业局被服厂合并为东平县被服厂。东平县棉花加工厂（后屯）在三官庙设立棉花加工分厂。

1968年，花篮店铁木业社与砖瓦厂合并，定名为东平县花篮店五七工厂。东平县须城铁木业社下放给公社，更名为须城公社五七农机厂。设立东平县造纸厂、东平县草制品厂、东平县木器厂。1969年，须城公社五七农机厂被收为县属企业，更名为东平县须城农机厂。

20世纪70年代，党中央号召大办“五小”工业（小氮肥、小农机、小水泥、小钢炼、小煤矿）。1970年，设立东平县化肥厂。东平县农具厂更名为东平县农机修造厂。东平县沙河站铁木业社更名为沙河站公社铁木业社。东平县城关公社福利厂更名为东平县城关公社棉织厂。粮食局在后屯新设立东平县面粉厂。东平县竹业社更名为东平县化工厂。东平县草制品厂和木器厂合并为东平县木器草制品厂。1971年，设立东平县织带厂，东平县木器草制品厂更名为东平县木器厂，东平县手工业管理局供销经理部更名为东平县工业供销站。1972年，东平县花篮店五七工厂更名为东平县花篮店农机厂。东平县须城修配组更名为东平县电镀厂。沙河站铁木业社更名为东平县沙河站农机修造厂。1973年，东平县城关公社棉织厂归为县属，更名为东平县棉织厂。

1976年，设立东平县沙庄煤矿，地址在宁阳县东述公社。东平县工业供销站更名为东平县工业局供销站。1977年，设立东平县麻纺织厂，东平须城农机修造厂更名为东平县汽车修配厂，东平县水河农机厂并入东平县五金厂（王台）。东平县化工厂并入东平县木器厂。东平县接山农机厂并入东平县大羊农机厂。东平县五金厂（王台）更名为东平县工具厂和东平县车辆厂。东平县电镀厂更名为东平县五金厂。

1978年，东平县花篮店农机厂更名为东平县第二农机厂。东平县沙河站农机厂更名为东平县轻工机械厂。东平县外贸局设立东平县外贸冷藏厂。1979年，东平县织带厂更名为东平县针织品厂，东平县工具厂和东平县车辆厂合并定名为东平县工具厂。东平县五金厂更名为东平县自行车零件厂，水利局二十里铺电灌站设立东平县电石厂。

1980年，东平县被服厂更名为东平县服装厂。东平县被服厂的皮鞋车间划出，设立东平县鞋厂。1982年，设立东平县工艺美术公司。商业局食品公司设立东平县食品公司肉联厂。供销社设立东平县纸坊棉厂，俗称二棉厂。同时撤销三官庙棉花加工分厂。东平县针织品厂更名为东平县帆布厂。1983年，县供销社组建东平县棉麻公司，管理一棉厂（址后屯）和二棉厂（址纸坊）。东平县汽车修配厂增挂东平县五金厂牌子。东平县鞋厂增挂东平县塑料制品厂牌子。1985年，东平县农机厂与东平县自行车零件厂联合，零件厂成为农机厂的农机分厂。县对外贸易公司设立东平县外贸颗粒饲料厂。

1986年，东平县粮食局设立饲料厂。自行车零件厂与农机厂联合解体，同年自行车零件厂并入东平县麻纺织厂。东平县石灰厂并入东平县麻纺织厂。1987年，设立东平县工艺美术厂。东平橡胶厂由泰安地区化工局管理划归东平县管理。东平县酒厂更名为山东省东平州酒厂。东平县木器厂更名为东平县钢木家具厂。1988年，东平县化肥厂更名为东平化工总厂。东平县沙庄煤矿因地质条件复杂，划定的区域可采资源枯竭，报经省市煤炭管理部门批准停产关闭。当年，东平县第二农机厂并入东平县汽车修配厂。1989年，东平县副食品加工厂更名为东平县食品酿造厂。县政府批准煤矿人员在彭集与汶上县交界处设立东平县红麻浆板厂，后因原材料和市场前景不佳停办，职工分流至全县多家企事业单位就业。

1990年，设立东平县矿泉水开发办公室，东平钢木家具厂更名为东平县室内成套装饰公司，东平县食品酿造厂更名为东平县永泰天然饮料公司。1991年，县矿泉水开发办公室更名为东平县矿泉水开发公司。县供销社棉麻公司设立东平县第三棉厂（址白佛山前），东平县汽车修配厂增挂的东平县五金厂更名为东平县通用机械厂。1992年，东平州酒厂保健酒车间设立合资企业，定名为泰安鲁新保健品有限公司。设立山东泰山神力矿泉水公司。设立东平县贸易发展公司。粮食局饲料厂玉米深加工项目剥离，设立东平县淀粉厂。1993年，东平化工总厂更名为东平化学工业集团总公司。同年，又更名为山东瑞星化学工业集团总公司。东平县农机修造厂更名为山东东平花键轴总厂。东平县麻纺织厂更名为东平大麻纺织总厂。东平县帆布厂并入东平大麻纺织总厂。组建设立合资企业东平艾温利大麻纺织有限公司。东平县砖瓦厂更名为东平县金刚石厂。县供销社设立东平县棉麻集团公司，管理3个棉花加工厂，即一棉（后屯）、二棉（纸坊）、三棉（白佛山）。食品公司肉联厂设立合资企业山东腾达食品有限公司。

1994年，山东瑞星化工集团总公司更名为山东瑞星化工股份有限公司。山东省东平州酒厂更名为山东东平酒厂。东平县造纸厂更名为东平纸业股份有限公司。东平县印刷厂改制设立东平县印刷股份有限公司。东平县轻工机械厂停产。东平县汽修厂、东平县工艺美术厂破产。东平县永泰天然饮料公司破产重组为东平县调味品公司。1995年，山东东平酒厂更名为山东东平唐龙酿酒股份有限公司。东平县棉麻集团公司在第三棉厂设立东平县白佛油脂厂。东平县面粉厂更名为山东东平面粉有限责任公司。1996年，东平印刷股份有限公司更名为东平县印刷厂。同年被东平纸业股份有限公司兼并，成为该公司的印刷分厂。东平县金刚石厂并入东平县水泥厂，组建东平县金利建材工业公司。东平县食品公司肉联厂设立东平美丹食品有限公司。

1997年，山东东平唐龙酿酒有限公司更名为东平唐龙酿酒总厂。东平矿泉水开发公司破产。东平纸业股份有限公司更名为东平造纸总厂。东平县工具厂更名为山东东平工具总厂。东平贸易发展公司兼并东平县工艺美术公司。东平县服装厂破产后重组为“东平县锦缎制衣有限公司”。东平县棉织厂破产后重组为东平县四方有限公司。1998年，组建设立山东锦轮股份有限公司。棉麻集团公司第一棉厂更名为东平县盛达油厂；第二棉厂更名为东平县纸坊油棉厂；东平县白佛油脂厂部分资产租赁，10月改制为股份制民营企业，更名为东平县光大油脂厂。

1999年，山东瑞星化工股份有限公司更名为山东瑞星生物化工股份有限公司。是年组建设立合资企业东哈亚麻纺织有限公司。东平县造纸总厂更名为山东华闻纸业有限公司。

2000年，山东东平唐龙酿酒总厂更名为东平唐龙酒业有限公司。组建设立合资企业东平洲际泰亚麻纺织有限公司。东哈亚麻纺织有限公司撤销。东平县棉麻公司盛达油厂、纸坊油棉厂、白佛油脂厂破产。山东省瑞星化学工业集团总公司更名为山东瑞星化学工业公司。2001年，泰安鲁新保健品有限公司出让，设立外商独资企业泰安达欣食品有限公司。东平印刷厂退出山东东平华闻纸业股份公司，改制为民营企业东平永欣印刷有限公司。东平县调味品公司划归东平县建筑安装总公司，定名为东平县九盛调味品公司。

2002年，山东东平工具总厂改制为民营企业山东九鑫机械工具有限公司。东平大麻纺织总厂宣告破产。山东东平花键轴总厂改制为民营企业东平县弘力机械有限公司。山东东平面粉有限责任公司更名为山东恒洁面粉有限责任公司。东平县光大油脂厂更名为山东光大日月有限责任公司。

2003年，山东瑞星生物化工股份有限公司改制为民营企业山东瑞星化工有限公司。东平弘力机械有限公司撤销重新改制为民营企业东平永鑫机械有限公司。山东东平华闻纸业有限责任公司出让改制为民营企业山东九鑫纸业有限公司。山东锦轮股份有限公司改制为民营企业山东东岳橡胶制品有限公司。是年12月，原县花键轴总厂、东平橡胶厂改制合并，组建新东岳集团。

1949—2003 年东平县全民、集体所有制工业企业统计表

表 10

时间（年）	全民所有制	集体所有制（手工业）
1949—1957	副食品加工厂、油厂、棉厂	向众铁业社、向民铁业社、席业社、竹业社、胜利铁业社、白铁业社、沙河站铁业社、花篮店铁业社、须城修配组、建东木业社、沙河站木业社、花篮店木业社、被服社、沙河站被服社、石灰厂、印刷社、其他手工业生产组
1958—1961	发电厂、炼焦厂、冶炼厂、机械厂、轴承厂、化肥厂、水泥厂、石灰厂、棉厂、被服厂、油厂、副食加工厂	365 家手工业生产单位
1962—1968	农具厂、棉厂、粮油加工厂、酒厂、副食加工厂	五金厂、沙河站铁业社、彭集铁业社、须城铁业社、接山铁业社、大羊铁业社、花篮店铁业社、水河铁业社、须城修配组、城关铁业社、石灰厂、砖瓦厂、“七一”被服社、沙河站被服社、竹业社
1969—1978	橡胶厂、化肥厂、农机厂、造纸厂、印刷厂、酒厂、副食加工厂、面粉厂、棉厂、供电局	五金厂、砖瓦厂、石灰厂、被服厂、竹器厂、木器厂、水泥厂、电镀厂、织带厂、棉织厂、沙河站农机厂、彭集农机厂、须城农机厂、接山农机厂、大羊农机厂、花篮店农机厂、水河农机厂、水泥制件厂、造船厂、船网厂、水泥管厂
1979—1985	橡胶厂、化肥厂、农机厂、造纸厂、酒厂、印刷厂、副食加工厂、面粉厂、肉联厂、棉厂、外贸冷藏厂、供电局	工具厂、砖瓦厂、石灰厂、棉织厂、帆布厂、服装厂、鞋厂、麻纺织厂、木器厂、汽修厂、自行零件厂、轻工机械厂、二农机厂、沙庄煤矿
1986—1993	供电局、化工总厂、橡胶厂、农机厂、酒厂、造纸厂、印刷厂、副食加工厂、肉联厂、面粉厂、粮局饲料厂、外贸冷藏厂、大麻总厂、水泥厂、外贸饲料厂、电器设备厂、外贸工艺品厂、一中印刷厂	工具厂、农机二厂、二轻机厂、汽修厂、钢木家具厂、棉织厂、帆布厂、服装厂、鞋厂、美术公司、美术厂、棉麻公司、砖瓦厂、沙庄煤矿
1994—2003	供电局、电器设备厂、光源热电厂、瑞星集团、橡胶厂、花键轴总厂、酿酒总厂、造纸总厂、印刷厂、大麻总厂、永泰公司、肉联厂、面粉厂、粮局饲料厂、淀粉厂、金利建材公司	工具总厂、棉麻公司、轻工机械厂、鞋厂、贸易发展公司、装饰公司

2002年4月，报经省政府批准，在县城北部、白佛山以东设立东平县经济开发区，规划面积35平方公里，为东平工业集中连片规模发展创造了条件。2004年，基本形成以机械制造、电子电器、生活用纸、日用化工、塑料制品、亚麻纺织、印刷包装、食品饲料等19家工业企业为支柱的工业体系。2006年3月，被批准为省级开发区，改名为山东东平工业园区。至2012年，工业园区企业发展到48家，职工人数达到20661人。全县规模以上民营企业达到253家，职工总人数达到37000多人。

2005年后，全县铁矿和水泥产业快速发展。至2021年，全县有铁矿采选企业7家，有宏达矿业、建龙矿业、金牛矿业、润辰矿业、百成矿业、盛鑫矿业和庆达矿业。2007年设在梯门镇的东平中联美景水泥有限公司，占地面积13.9万平方米（210亩），总投资10亿元，设计年产水泥220万吨，职工230人，成为全县水泥产业的龙头企业。

2021年，全县规模以上企业总计229家，主营业务收入达到140.7亿元。各企业均建立健全工会组织，职工人数4.35万人，其中工会会员4.3万人。全县规模以下企业达到4万多家。

企业地域分布。新中国成立后，全县工业发展围绕县城和乡镇驻地布局工业企业选址。如20世纪50年代建立的副食品加工厂、面粉厂、机械厂、发电厂均在老城内。1958年“大炼钢铁”，在王台至水河兴办了王台冶炼厂、发电厂和水河铁矿，形成了东平县的钢铁基地。进入60年代钢铁关闭停产后，又兴建了农具厂、五金厂等工业企业。其间，各公社在各自驻地也相继兴办了部分工业企业，为明确该企业的确切位置，企业名称前冠以驻地公社名称。70年代，县城逐步搬迁至东平镇，县属工业企业则围绕新县城驻地搬迁或新建。农机厂、面粉厂、服装厂、副食品加工厂、印刷厂、木器厂、汽修厂等企业，有的整体搬迁，有的两地生产。同时，在新县城驻地新建了水泥厂、橡胶厂、造纸厂、鞋厂、美术公司、麻纺织厂、美术厂等企业，在县城以南彭集镇兴建了化肥厂。1982年11月，县委、县政府正式迁至后屯时，县属工业企业基本形成了以新县城—彭集镇—老县城州城—王台整体布局。有宽敞的公路连接，交通方便。个别在乡镇驻地的县属工业企业，采取合并、下放给乡镇的办法进行了调整，解决了因驻地偏远给企业生产经营带来的诸多不便。

企业类型。县属工业企业的生产经营规模参照国家企业划型分类标准，企业净资产1亿元以上的为大型（一）类；5000万元至1亿元的为大型（二）类；2000万元至5000万元的为中型（一）类；1000万元至2000万元为中型（二）类；500万元至1000万元的为小型（一）类；500万元以下的为小型（二）类。参照以上标准，1987年东平县政府首批公布了全县企业规模划型（其中包括流通企业）。东平县有全民所有制工业企业中型（二）类企业1家，小型（一）类企业19家，小型（二）类企业23家。集体企业小型（一）类企业13家，小型（二）类企业8家。明确随着企业的发展变化可随时申请升级划型。至2001年，全县县属工业拥有大型（一）类企业1家（瑞星集团）、大型（二）类企业1家（东平橡胶厂）、中型（一）类企业5家（金利建材公司、花键轴总厂、唐龙酿酒总厂、工具总厂、面粉厂）、中型（二）类企业1家（造纸总厂），其余均为小型企业。

行业类别。县属工业企业，按其生产产品品种进行归口管理，所涉及的行业有：冶金工业、电力工业、化学工业、机械工业、一轻工业、二轻工业、纺织工业、煤炭工业、建材工业，以上9大行业产品均纳入了行业管理。商业、粮食、供销社、外贸、交通、水利、教育、民政、畜牧、水产等系统也相继兴办了部分县属工业企业，其产品隶属系统、部门，未纳入全县行业管理。

1958—2000年东平县县属工业企业行业分类明细表

表11

行业名称	工业企业名称		
冶金工业	东平县水河冶炼厂	东平县水河铁矿	—
电力工业	东平县发电厂	东平县光源热电厂	—
	东平县电器制修厂	东平县热电厂	东平县再生胶厂
化学工业	东平县化工厂	东平化工总厂	东平橡胶厂
机械工业	东平花键轴总厂	东平县第二农机厂	—
一轻工业	东平唐龙酿酒总厂	东平造纸总厂	东平县印刷厂
	东平县自行车零件厂	—	—
二轻工业	东平工具总厂	东平县水河农机厂	东平县鞋厂
	东平县轻工机械厂	东平县汽车修配厂	东平县装饰公司
	东平县工艺美术公司	东平县工艺美术厂	东平县大羊农机厂
	东平县接山农机厂	东平县彭集农机厂	—
纺织工业	东平大麻纺织总厂	东平县帆布厂	东平县棉织厂
	东平县服装厂	—	—
煤炭工业	东平县高余煤矿	东平县沙庄煤矿	—
建材工业	东平县水泥厂	东平县石灰厂	东平县砖瓦厂
商业系统工业	东平县副食品加工厂	东平县食品公司肉联厂	—
粮食系统企业	东平县面粉厂	东平县饲料厂（公司）	东平淀粉厂

续表 11

行业名称	工业企业名称		
供销社系统工业	东平县棉麻公司	东平县光大油脂厂	—
外贸系统工业	东平县外贸冷藏厂	东平县外贸颗粒饲料厂	—
水利系统工业	东平县电石厂	东平县水泥管厂	—
交通系统工业	东平县航运公司造船厂	东平县交通汽车大修厂	—
福利工业	东平县福利厂	东平县福利玻璃厂	东平县福利工厂
	东平县银山福利刺绣厂	东平县福利低压电器厂	东平县通达电子设备厂
校办工业	东平一中印刷厂	东平二中油毡厂	东平二中木器厂
	东平三中电器厂	东平实验中学印刷厂	东平实验中学木工厂
	东平县委党校硅钢片厂	东平职业中专木工厂	—
畜牧系统工业	东平县畜牧冷藏厂	—	—
水产系统工业	东平县水产冷藏厂	—	—

第二节 职工队伍

1989 年全县职工队伍状况

1989 年，全县职工共计 25985 人，占全县总人口 705674 人的 3.7%；其中，女职工 7286 人，占全部职工的 28.04%；固定工 17521 人，占全部职工的 67.43%；合同工 5986 人，占全部职工的 23.04%；其他（计划内临时工）职工 375 人，占全部职工的 0.14%。在全部职工队伍中，全民所有制单位职工 19213 人，占全部职工的 73.9%。其中，女职工 5447 人，占全部全民所有制单位职工人数的 28.4%；固定工 14085 人，占 73.3%；合同工 4775 人，占 24.9%；其他职工（计划内临时工）375 人，占 1.9%。1989 年，全县集体所有制单位职工 6772 人，占全部职工人数的 26.1%。其中，女职工 1839 人，占集体所有制单位全部职工的 27.2%；固定工 3436 人，占 50.7%；合同制工人 1219 人，占 18.2 %；其他职工 2127 人（统计年鉴未显示），占 31.1%。

1989 年东平县全民所有制单位职工队伍统计表

表 12　　单位：人

单位	职工总数	女职工	固定工	合同工	其他
总计	19213	5447	14085	4775	375
农业口	1175	236	919	249	—
工业企业	5715	2255	2401	3023	291
交通、邮电	529	110	381	145	3

续表 12

单位	职工总数	女职工	固定工	合同工	其他
商业物资	2805	926	1878	884	43
公用事业	144	48	103	41	—
卫生、体育	1338	655	1260	76	2
教育、文化	4147	820	4073	72	2
科研部门	46	13	33	13	—
金融	409	80	390	7	12
党政机关	2905	304	2647	245	13

1989 年东平县集体所有制单位职工队伍统计表

表 13　　单位：人

单位	职工总数	女职工	固定工	合同工	其他
总计	6772	1839	3436	1219	2127
农林部门	124	13	51	9	64
工业系统	2614	875	978	691	945
建筑业	487	46	306	46	135
交通运输	496	40	348	80	68
商业系统	2207	633	1179	264	764
居民服务	151	40	102	9	40
卫生系统	235	93	205	8	22
文化广播	142	17	51	8	83
金融业	254	71	146	103	5
机关团体	62	11	60	1	1

2010 年全县职工队伍状况

全县企业单位共 562 家，从业人员总计 42186 人，占全县总人口 790895 人的 5.33%。其中，女职工 14805 人，占从业人员总数的 35.1%。全县国有控股企业 50 家，从业人员 9669 人；集体控股企业 5 家，从业人员 959 人。

按企业、事业、机关分组。全县有企业 282 家，从业人员 24173 人，占从业人员总数的 57.3%。其中，女性 8367 人，占企业从业人员总数的 34.6%。有事业单位 141 个，从业人员 10699 人，占从业人员总数的 25.4%。其中，女性 4620 人，占事业单位从业人员总数的 43.2%。机关单位 139 个，从业人员 7314 人，占从业人员总数的 17.3%。其中，女性 1818 人，占机关从业人员总数的 24.9%。

按国民经济行业分组。

农、林、牧、渔服务业有单位6个，从业人员182人，其中女性63人。

制造业204个，从业人员11872人，其中女性4855人；制造业中包括：农副产品加工业191个，从业人员1682人，女性584人；饮料制造业单位2个，从业人员858人，女性425人；纺织业单位2个，从业人员1016人，女性526人；印刷业单位1个，从业人员280人，女性210人；化学原料及化学制品制造业1个，从业人员2716人，女性1302人；橡胶制品业单位1个，从业人员1810人，女性757人；非金属矿物制品业单位2个，从业人员2016人，女性392人。

电力、燃气及水的生产供应业，有单位2个，从业人员968人，其中女性350人。

建筑业有单位5个，从业人员1872人，其中女性365人。

交通运输、仓储和邮政业有单位1个，从业人员412人，其中女性124人。

信息传输、计算机服务和软件业有单位1个，从业人员77人，其中女性18人。

2010年东平县从业人员基本情况统计表

表14

项目分类	单位数（个、家）	从业人员数（人）		
		总人数	其中女性	在岗人数
从业单位总计	562	42186	14805	41903
机关	139	7314	1818	7091
事业	141	10699	4620	10699
企业	282	24173	8367	24113
制造业	204	11872	4855	11812
其中：农副产品加工业	191	1682	584	1682
饮料制造业	2	858	425	858
纺织业	2	1016	526	1016
印刷业	1	280	210	280
化工制品业	1	2716	1302	2716
橡胶制品业	1	1810	757	1750
非金属矿物制品业	2	2016	392	2016
金属制造业	1	1150	476	1150
交运设备制造业	1	92	34	92
电器器材制造业	2	252	149	252
电力燃气及水供应业	5	1233	438	2333
其中：电力热力生产供应业	2	970	315	970

续表 14

项目分类	单位数（个、家）	从业人员数（人）		
		总人数	其中女性	在岗人数
燃气生产供应业	1	15	7	15
水生产供应业	2	248	116	248
建筑业	13	6804	1076	6804
其中：房屋和土木工程建筑业	12	6787	1069	6787
建筑装饰业	1	17	7	17
交运仓储邮政业	4	768	231	768
信息传输、计算机服务和软件业	1	77	18	77
批发和零售业	33	2166	1111	2166
其中：批发业	11	446	191	446
零售业	22	1720	920	1720
住宿和餐饮业	7	357	234	357
其中：住宿业	3	185	136	185
餐饮业	4	172	98	172
金融业	9	1127	480	1127
其中：银行业	5	858	346	858
保险业	2	269	134	269
房地产业	3	157	48	157
其中：房地产开发经营	2	129	48	129
房地产中介服务	1	28	0	28
商务服务业	15	127	28	127
科研、技术服务	8	131	23	131
水利环境和公共设施管理服务	10	610	317	610
居民服务和修理等服务业	3	34	10	34
教育	50	6235	2569	6235
其中：学前教育	8	389	130	389
初等教育	12	1492	675	1492
中等教育	25	3546	1456	3546
高等教育	2	542	231	542
特殊教育	1	36	14	36
技能培训及其他	2	230	63	230
卫生和社会工作	35	2623	1360	2623
其中：卫生	25	2547	1333	2547
社会福利业	10	76	27	76

续表 14

项目分类	单位数（个、家）	从业人员数（人）		
		总人数	其中女性	在岗人数
文化体育娱乐业	8	110	53	110
其中：新闻出版业	1	11	9	11
广电、影视、录音制作业	2	37	13	37
文化艺术业	5	62	31	62
公共管理、社会保障和社会组织	148	7573	1891	7350
其中：中共机关	16	413	61	413
国家机构	123	7036	1804	6813
人民政协和民主党派	1	20	2	20
群众、社会团体及其他	8	104	24	104

2020 年全县职工队伍状况

2020 年，全县就业人数 33361 人，其中在岗职工 32861 人。按执行会计制度类别分组。企业就业人员年末人数 18459 人，在岗 18007 人，其中，国有控股企业 4575 人，集体控股 177 人；事业单位年末人数 9457 人，在岗 9457 人；机关单位就业人员年末人数 5445 人，在岗 5397 人。按国民经济行业分组。制造业 10612 人（其中建筑业 3860 人）批发和零售业 1413 人，交通运输、仓储和邮政业 750 人，住宿和餐饮业 351 人，金融业 415 人，房地产业 508 人，租赁和商务服务业 304 人，科学研究和技术服务业 88 人，水利、环境和公共设施管理业 224 人，居民服务、修理和其他服务业 132 人，教育系统 6247 人，卫生和社会工作 2123 人，公共管理、社会保障和社会组织 5800 人。

2020 年东平县城镇单位就业人员基本情况统计表

表 15　　　　单位：人

项目分类	从业人员数		
	总人数	其中女性	在岗人数
单位总计	33361	11676	32861
机关	5445	1361	5397
事业	9547	4105	9457
企业	18459	6461	18007
制造业	10612	3714	10607
其中：农副产品加工业	420	147	420

续表 15

项目分类	从业人员数		
	总人数	其中女性	在岗人数
纺织业	969	504	969
服装服饰业	318	165	318
木材加工业	197	49	197
印刷和媒介复制业	238	84	238
化工制品业	5434	2608	5429
医药制造业	18	7	18
橡胶制品业	248	109	248
非金属矿物制品业	671	128	671
金属制造业	1509	619	1509
通用设备制造业	211	62	211
电器器材制造业	51	16	51
仪器仪表制造业	50	15	50
电力燃气及水供应业	400	128	400
其中：电力热力生产供应业	157	51	157
水的生产供应业	243	114	243
建筑业	3860	618	3450
其中：房屋建筑业	1712	274	1315
土木工程建筑业	2148	344	2135
批发和零售业	1413	226	1386
其中：批发业	540	232	513
零售业	873	463	873
交运、仓储、邮政业	750	225	750
道路运输业	745	112	745
住宿和餐饮业	351	232	341
金融业	415	186	415
房地产业	508	158	508
其中：房地产开发经营	457	169	457
物业管理	22	4	22
房地产中介服务	29	6	29
租赁和商务服务业	304	112	304
商务服务业	304	112	304

续表 15

项目分类	从业人员数		
	总人数	其中女性	在岗人数
科学研究和技术服务业	88	16	88
水利、环境和公共设施管理业	224	116	224
居民服务、修理和其他服务业	132	41	132
教育	6247	2561	6247
其中：学前教育	42	14	42
初等教育	1461	658	1461
中等教育	3926	1610	3926
高等教育	552	238	552
特殊教育	36	14	36
技能培训及其他	230	62	230
卫生和社会工作	2123	917	2123
卫生	2048	1065	2048
社会工作	75	27	75
文化、体育、娱乐业	71	34	71
广电、影视、录音制作业	19	9	19
文化艺术业	52	26	52
公共管理、社会保障和社会组织	5800	1450	5752
中共机关	286	43	286
国家机构	5394	1349	5394
群众团体及其他	120	31	120

第三章 工会参与企业改制

20世纪90年代起，东平县贯彻落实中共中央《关于建立社会主义市场经济体制转换国有集体企业经营机制的决定》和中华全国总工会十二次至十五次代表大会精神，东平县总工会配合县体改委、县经贸委、县审计局等有关部门，围绕搞活企业、提高经济效益主题，积极参与企业改制改革，在实施企业股份制改造、资不抵债企业破产、兼并租赁、组建企业集团、民营化管理等改革措施中，根据县委和上级工会要求，参与企业改制工作组织领导，参与改制方案制定，参与重大事项审议，做好相关法规政策宣传，维护职工合法权益，为推进企业改革发展与社会和谐稳定做了大量工作。

第一节 参与企业改制方案制定

根据《中共中央关于建立社会主义市场经济体制若干问题的决定》中要进一步转换国有企业经营机制，建立适应市场经济要求，产权清晰、权责明确、政企分开、管理科学的现代企业制度的要求。东平县总工会配合县工商企业和体制改革主管部门，逐个分析企业现状，根据各类企业的不同情况，参与了企业改革改制方案的制定与落实。

企业股份制改造方案

1994年4月，东平县学习推广诸城市企业出售改制的经验。东平县总工会参与《东平县关于企业实行股份制改造的实施方案》的研究拟定工作。1994年4月，县委下发《关于县六大班子领导分工抓好县属企业股份制改造工作的通知》，公布23家实行股份制改造企业的时间、程序、企业工作组安排表，每个工作组都有工会干部参加。4月下旬，县企业改革领导小组选择县造纸厂为实行公司制改革试点单位。5月25日，县造纸厂召开由全体职工（股东）参加的山东东平纸业股份有限公司创立大会。民主投票选出纸业股份有限公司董事会、监事会成员，监事会主席由厂工会主任担任。此后按公司制形式进行管理制度改革，企业稳步发展。

1994年5月30日，县钢木家具厂改制

为东平县室内成套装饰有限公司。6月6日，县电器设备厂改制为东平县电器设备有限公司；6月30日，县印刷厂改制为东平印刷股份有限公司；同年，县化工集团总公司改制为山东瑞星化工股份有限公司。1995年1月，县面粉厂改制为山东东平面粉有限公司，县鞋厂改制为东平县鞋业股份有限公司。5月，县酒厂改制为东平唐龙酿酒有限公司，同月，花键轴总厂改制为东平花键轴股份有限公司。上述改制企业的监事会主席全部由企业工会干部担任。

1997年之后，县属工业企业实行公司制改造纳入正常化、规范化。1998年8月，东平橡胶厂与瑞星集团、县酒厂、工具总厂、花键轴总厂、橡胶厂共同出资，报省政府批准，改制为山东锦轮股份有限公司；1999年12月，山东瑞星化工股份有限公司采取募集式方式组建山东瑞星生物化工股份有限公司。1999—2002年，先后改制成立山东东平华闻纸业有限责任公司、东平唐龙酒业有限公司、山东恒洁面粉有限公司，上述改制企业的工会干部均进入企业的领导班子，参与企业重大事项的研究与决策。除此之外，县属工业的股份制企业引进外资进行嫁接改造的企业还有，如泰安鲁新保健品有限公司、东平艾温利大麻纺织有限公司、泰安东海华装饰有限公司、泰山神力矿泉水有限公司。引进县外国内资金组建的股份制企业，如麻纺厂与哈尔滨亚麻厂合资组建的东哈亚麻有限公司，与香港昕业集团合资组建的东平洲际泰亚麻纺织有限公司等。东平县总工会根据《中华人民共和国工会法》规定，要求企业及时设立工会组织，并履行工会组织的职责。

企业兼并方案

根据企业产品结构及市场需求，20世纪80年代末至21世纪初，全县先后有22家企业实施兼并。期间，东平县总工会或企业主管部门工会参与了兼并方案的制定。1989年，县农机二厂并入县汽车修配厂。1993年8月，县帆布厂并入县大麻纺织厂，成立东平县大麻纺织总厂。1996年4月，金刚石厂和砖瓦厂并入县水泥厂，成立东平县金利建材工业公司。同月，泰安鲁新保健品有限公司迁址外贸冷藏厂，接受冷藏厂全部职工和厂房设备。1996年9月，东平县工业供销公司并入县人民商场。1996年11月，东平县印刷股份有限公司并入县造纸总厂保留原厂名，实行独立核算。1997年9月，县工具厂兼并航运公司和拖拉机站，扩大厂区和宿舍区面积76004平方米，对航运公司、拖拉机站职工人员进行妥善安置。1998年4月，东平县贸易发展公司兼并东平县工艺美术公司。2001年10月，东平县锦缎制衣公司并入山东锦轮股份有限公司，职工安置锦轮公司岗位。2001年12月，县政府下发《关于东平金属材料有限公司整体兼并东平县印刷厂的意见》，东平金属材料有限公司改制为民营企业东平永欣印刷有限公司。

企业破产方案

20世纪90年代，鉴于部分企业资不抵债、经营困难、难以为继的实际，县里把解决好这些特别困难企业的生存发展列入议事日程。1994年5月8日，县委印发《关于成立东平县企业破产工作领导小组的通知》。领导小组由时任县委副书记、副县长樊玉信任组长，县委常委、副县长张广胜，副县长张庆建、徐绚栗、王化敏任副组长，有县体改委、东平县总工会等19个部门负责人任成员。县人民法院委托县审计师事务所、泰安中正信会计师事务所注册审计师、会计师等专业人员及总工会干部参加清算组，负责破产企业财务审计和资产评估工作。东平县总工会履职尽责，主动协助党政组织做好职工思想教育工作，宣传改革的政策和企业改制的必要性，宣传《中华人民共和国企业破产法》和企业改制的相关知识，最大限度地赢得广大职工群众对改革的理解与支持。

1994年10月初，东平县通用机械厂（汽车修配厂）成为全县第一家破产企业。10月21日进入破产程序。1995年3月30日，破产清算组作出财产处理和分配方案，在广泛征求企业工会与职工代表意见的基础上，根据职工不同年龄及工作年限等情况，对职工的工资、养老保险、安置岗位、退休待遇等方面做出妥善处置。自此开始至2004年，先后有10家县属工业企业实施破产，企业工会和职工代表均参与了破产方案的制定及资产清算等相关工作。1994年12月12日，工艺美术厂进入破产程序，于1995年2月28日破产完毕；1995年8月1日，外贸冷藏厂进入破产程序，于当年12月6日破产完毕；1995年12月25日，县航运公司（造船厂）进入破产程序，于1996年4月26日破产完毕；1996年7月10日，棉织厂进入破产程序，于当年11月17日破产完毕；1996年7月17日，县拖拉机站（事业单位企业化管理）进入破产程序，当年12月15日破产完毕；1996年11月27日县服装厂进入破产程序，于1997年5月14日完毕；1997年8月25日，东平矿泉水开发公司进入破产程序，于当年9月14日破产完毕。2002年3月30日，大麻纺织总厂进入破产程序，于2003年9月1日破产完毕；2003年9月26日，华闻纸业有限责任公司进入破产程序，于当年10月22日破产完毕。

2004—2012年，在企业改制中，东平县总工会配合有关部门多措并举、一企一策、稳步推进。2004年8月，东平艾温利大麻纺织有限公司破产，由香港隆丰集团收购重组，成立洲际泰亚麻纺织有限公司。2005年6月，县酒厂由深圳社汇经贸有限公司重组，成立山东国基酒业有限公司。2006年6月，县金利建材有限公司(水泥厂)破产重组，组建山东鑫海水泥有限公司。2010年12月，县鞋厂、县塑料制品厂破产后，由东平鑫海建工有限公司接受重组。2012年9月，县工艺美术公司、县贸易发展公司破产，由山东国丹食品开发有限公司接收。至2012年年底，完成改制国有（集体）企业13家。2021年，全县工业企业全部实现民营化。东平县总工会切实抓好在民营企业建立工会组织、发展工会会员的工作，为企业发展注入生机和活力。

第二节 参议拟定职工就业择业方案

下岗职工安置

1995年4月，县政府召开由企业主管部门和总工会干部参加的专门会议，将美术厂152名职工分别带资安排到瑞星集团、工具总厂、橡胶厂、棉织厂、交通大修厂等14家县属企业。1996年4月，外贸冷藏厂破产后，91名职工全部转入泰安鲁新保健品有限公司。1996年11月，棉织厂333名职工分配至县酒厂306名、县工具总厂27名。1997年9月，县航运公司、县拖拉机站138名职工分流到瑞星集团20名、工具总厂118名。1997年5月，县服装厂493名职工进入由7家县属骨干企业共同出资成立的东平锦缎制衣有限公司工作。2001年，锦缎制衣公司职工又整体转入县锦轮股份有限公司。1997年年底，县矿泉水开发公司45名大龄职工分别被安置到工具总厂、大麻纺织总厂等6家县属工业。同年，轻工机械厂15名职工分流至瑞星、橡胶、花键轴总厂等企业。

职工身份转换

进入21世纪后，通过企业改制，大部分国有和集体企业成为民营企业，其间，采取给予职工身份置换金补偿、转变身份的方法，职工与原企业解除劳动关系，与新企业重新签订劳动合同。劳动关系变成了合同契约关系。职工身份由全民或集体企业职工转为从业人员。鉴于此变化，东平县总工会抓好《中华人民共和国劳动法》《中华人民共和国工会法》和全国工人代表大会精神的宣传，帮助企业的法人代表和领导班子增强法律意识，明确企业的性质虽然发生了变化，但企业职工的主人地位、职工的合法权益不能因为改制而改变，仍然依法享有民主管理和民主监督企业的权力。

转变就业观念，普及灵活就业

随着企业改革改制的深入推进，全县企业招工用工完全由企业自主决定，企业和择业者双方自主自愿选择，人们的就业观念发生了根本性改变。东平县总工会将工作重点放在督促企业建立健全工会组织、及时吸收就业人员加入工会组织上。至2021年，全县共有工会组织391个，工会会员4.3万人，其中农民工会员17650人。

第三节 工会参与改制企业管理

根据国务院规定，国有企业改制一些重大问题都需要职代会审议，听取职工意见和建议，未经职代会审议的不能实施。东平县在企业改制中，凡涉及职工裁员、分流、安置方案的事项，都向职工公开。瑞星集团、东顺集团等企业改制时，首先选择几个模拟法人，向职工发表竞争演讲，职工最终以投票决定新的法人，充分发挥职代会作用。

2000年，东平县总工会对改制企业提出六项具体要求：即改制方案须经职代会通过；必须依法组建工会；工会主席、副主席分别以职工身份进入董事会、监事会；工会干部待遇不变；原属工会的资产，改制后仍属工会所有；必须足额上缴工会经费。这些做法保证了工会在改制企业中的地位与作用，做到工会有牌子、有人员、有公章、有办公地点、有活动，工会工作得以保持连续性，并在改制中发挥了较好的作用。工会干部经常到困难多、矛盾多、问题多的生产服务一线和基层班组中去，践行坚持“以人为本”的核心观念，做职工的贴心人和“娘家人”。2003年，全县基层工会达到549个，会员34066人。

工会参与改制企业管理。山东东岳橡胶制品公司创造了严把“六关”的旌旗在全市得以推行。一是严把资产评估关，采取公开招标的形式，要求经营者做出诚信承诺；二是严把资产处置关，在职工补偿金、离退休职工养老补偿等方面规范处置和剥离，杜绝偷漏转移行为，避免国有资产的流失；三是严把发起人资格审查关；四是严把平等竞争关，所有改制企业，必须公开举行发起人答辩会，现场答辩，公开定价，民主评议，充分征求广大职工的意见；五是严把检查验收关，从各方面督促改制企业真正建立起科学规范的现代企业制度，完善法人治理结构，防止图形式、走过场，使企业真正转换体制和机制，按照现代企业的运作模式促进企业发展。

第四章 工会会员代表大会

1989—2021 年，东平县总工会先后召开 3 次工会会员代表大会。第七次于 1998 年召开，第八次于 2003 年召开，第九次于 2021 年召开，选举产生三届东平县总工会委员会。32 年间，历届县总工会委员会团结带领基层工会和全县广大职工群众，认真履行工会组织的各项职能，为推动全县改革开放和经济社会发展做出贡献。

第一节 第七次会员代表大会

1998 年 4 月，东平县总工会根据《中国工会章程》有关换届选举的规定，报请县委和市总工会同意，召开东平县工会第七次代表大会。

筹备工作

东平县总工会向各乡镇、委局（局级公司）工委和企业工会下发选举东平县工会七大代表的通知。要求各选举单位根据东平县总工会部署和分配的代表名额，于 1998 年 4 月 15 日前完成代表选举工作。代表名额分配坚持统筹兼顾，既注意代表的先进性，又注意代表的广泛性。经选举产生东平县工会七大代表 157 人。代表中工会工作者 105 人，占 67%；先进模范职工 31 人，占 19.8%；科技管理人员 8 人，占 5%；妇女代表 45 人，占 29%；非党代表 30 人，占 19%；知识分子代表 58 人，占 37%；少数民族代表 3 人，占 2%；中青年干部代表 86 人，占 55%。代表平均年龄 45 岁。具有大专以上文化学历的代表 58 人，占 37%；高中（中专）文化代表 96 人；具有各种专业技术职称的代表 112 人，占 71%，其中，高、中级专业技术职务 48 人。

会议概况

1998 年 4 月 23 日，东平县工会第七次代表大会召开预备会议，通过东平县工会第七次代表大会主席团成员名单。成员包括于庆江、王玉萍、王成华、王秀华、王敬肃、刘秀珍、刘少国、刘继顺、许志泉、李广勤、李灿荣、李桂芝、陈培龙、陈培灵、张林、张作光、孟广岩、赵永先、郑淑云、徐广才、徐延东、高敬兰、鲁兰英 。通过东平县工会第七次代表大会代表资格审查委员会名单，许志泉任主任，刘少国、樊祥文为委员，陈培灵任大会秘书长。

1998年4月24日，东平县工会第七次工会代表大会在县城召开。泰安市总工会主席赵范旺、东平县委副书记王笃成、县人民武装部部长安志强出席会议，共青团东平县委书记王龙到会祝贺。市总工会主席赵范旺讲话，县委副书记王笃成作题为《团结动员广大职工为实现全县跨世纪的宏伟目标而奋斗》的致辞，东平县总工会主席刘继顺作《围绕中心 开拓进取 团结带领全县职工在促进“两个文明”建设中做出新贡献》的工作报告，东平县总工会经审委主任张作光向大会作经费审查工作报告，东平县总工会副主席李灿荣向大会作财务工作报告。

赵范旺讲话和王笃成致辞，充分肯定了东平县工会第六次代表大会以来全县各级工会组织围绕经济建设中心所做工作取得的成就，并提出希望和要求。东平县总工会主席刘继顺在工作报告中回顾总结1989—1997年六次工会代表大会后全县工会工作情况。9年间，全县工会工作认真贯彻落实全总工会工作总体思路，贯彻落实《中华人民共和国劳动法》《中华人民共和国工会法》，突出维护基本职责，积极建立和完善民主管理监督、平等协商签订集体合同和职工利益自我保障“三项机制”，开展以职业道德教育为重点的群众性精神文明创建活动，加强工会自身建设，为建设文明富裕的新东平做出重要贡献。并就第七次工会代表大会的工作任务做出部署。张作光、李灿荣分别就工会经费审查工作和财务管理工作向与会代表作了介绍。

会议召开前，大会主席团召开第一次会议，通过刘继顺、陈培灵、许志泉、李灿荣（女）、张作光担任大会主席团常务主席。

选举情况

会议代表听取市县领导讲话和各项工作报告，通过讨论后，进入投票选举程序，会务人员向代表发放选票157张，收回157张，选举有效。大会主席团召开第二次会议，任命总监票人为樊祥文，监票人为王玉萍、叶君华。

通过唱票计票，大会选举于庆江、王成华、王秀华、刘少国、刘继顺、许志泉、李广勤、李灿荣、李桂芝、陈培龙、陈培灵、张林、张作光、孟广岩、赵永先、郑淑云、徐广才、高敬兰、鲁兰英19人为东平县总工会第七届委员会委员。

1998年4月26日，东平县工会第七届委员会主席、副主席合影

1998年4月24日下午，东平县总工会第七届委员会召开第一次会议，选举刘继顺为主席，陈培灵、许志泉、李灿荣为副主席。选举张作光为东平县总工会第七届经费审查委员会主任，委员4人，为李吉岑、李春友、赵德明、郭启星。

附：东平县工会第七次代表大会代表名单（共157人）

一团：（19人）

团长：徐延东（新湖乡）

副团长：董大勇（戴庙乡）

东平县总工会：刘继顺

东平镇：周长岱

接山乡：吕跃华（女）

彭集镇：宋来和

银山镇：万元启

宿城镇：刘贵进

大安山乡：唐先民

州城镇：郭安芹（女）

梯门乡：侯家新

大羊乡：王绪岚

老湖镇：刘相法

水河镇：朱传廷

张河桥乡：王保生

斑鸠店镇：王景常

沙河站镇：何庆金

旧县乡：李怀峰

商老庄乡：王春香（女）

二团：（21人）

团长：张作光（经贸委）

副团长：孟广岩（瑞星集团）

东平县总工会：陈培灵

经贸委：赵方建　李凤芹（女）

造纸厂：李广勤　刘振库

工具厂：乔允港　王秀芳（女）

工具总厂：郑　娟（女）　张淑忠

鞋厂：徐正民（女）　宫传恩

孙常华（女）　马延海

曹义春　邓光军

麻纺厂：吕修棉（女）　刘利平

苏　智　刘桂荣（女）

三团：（21人）

团长：王玉萍（经贸委）

副团长：李桂芝（女，橡胶厂）

东平县总工会：许志泉

鲁新公司：刘养亭　陈召贵

花键轴总厂：曾宪汉　林淑香（女）

蔡信元　宋长青

酒厂：袁恒珍（女）　刘传华　郭启星

金利建材公司：孙玉玲（女）　司庆印

张广生　毕思东

橡胶厂：王　玲（女）　刘廷芝　马东君

刘恒志

美术公司：陈云连

四团：（23人）

团长：郑淑云（女，建委）

副团长：张　林（交通局）

东平县总工会：李灿荣

城管办：王文生

建筑安装公司：贾传林　李本山
自来水：尹祚芬（女）
公路局：孟宪堂
水运公司：张士宣
汽修厂：李广香（女）
供电局：李春友　王敬肃（女）
电器厂：谢桂芝（女）
环保局：张　静
乡企局：刘贵柱
机关党委：樊祥文
招待所：叶君华（女）
邮电局：王尚学
技术监督局：王传栋
党校：李玉生
矿产局：张　鹏
外经委：王胜斌
装饰公司：孙业泉

五团：（24 人）

团长：刘秀珍（女，教委）
副团长：叶桂军（卫生局）
东平县总工会：徐广才
二实小：鲁兰英（女）
进修学校：郭秀兰（女）
四中：轩文海
二中：马瑞春
三中：颜世芝
职业中专：李明国
实小：尹祚明
一中：王志强
县医院：李　萍（女）　于庆江
一院：赵宝安
中医院：孙洪航
保健院：孙崇芬（女）
三院：谌鸿魁
防疫站：孙永跃
广播局：孙恒德
书店：毕守思
公安局：李渊金
政法委：李玉亭
劳动服务公司：崔联举
技校：赵广礼

六团：（24 人）

团长：刘少国（粮食局）
副团长：王秀华（女，县供销联社）
东平县总工会：徐广三
粮食局：张勤香（女）
淀粉厂：王月玲（女）
接山粮所：李近刚
彭集粮所：李德强
粮贸公司：张秀丽（女）
粮油供应公司：李建英（女）　刘颜国
面粉厂：王贵亭
五交化公司：吕有建
国货公司：梁兆彦
东平宾馆：张培春
商业总公司：高敬兰（女）
商业大楼：吴绪玲（女）
商场：彭兴永

食品公司：高福翠（女）
盐业公司：马俊海
油脂厂：尚昌轴
棉麻公司：郑兴玉
生资公司：崔　静（女）
物资公司：赵永先　王淑琴（女）
七团：（25人）
团长：王成华（农机局）
副团长：李长春（人行）
工人文化宫：陈培龙
农机公司：刘建民
农 行：卜繁家
建 行：李德聚
工商行：张传玲（女）
中 行：刘家朴
信用合作社：王朝卿
财 保：张爱振
石油公司：高玉清
医药公司：刘含常
烟 草：李恒昌
工商局：赵俊敏（女）
农业局：李吉岑
水利局：侯庆银
土管局：李廷玺
林业局：曹爱莹（女）
水产局：张清水
湖管局：赵广福
河务局：李友芳
畜牧局：史元珍
国税局：牛家岩
地税局：王振民
财政局：杨庆华

第二节 第八次会员代表大会

大会筹备

2003年3月20日，东平县总工会向市总工会和县委分别呈报《关于召开东平县工会第八次代表大会的报告》。3月24日，市总工会作出《关于同意召开东平县工会第八次代表大会的批复》。报告明确大会的指导思想和任务是以中共十六大和“三个代表”重要思想为指导，认真贯彻县第十一次党代会和市总工会十一届八次全委(扩大)会议精神，围绕经济建设中心，回顾总结东平县工会第七次代表大会以来的工会工作，讨论确定新时期工会工作任务，团结动员全县广大职工振奋精神，开拓创新，为推进全县“两个文明”建设做出新贡献。会议主要议程为，审议并通过东平县总工会第七届委员会的工作报告、东平县总工会第七届委员会财务工作报告、东平县总工会第七届经费审查委员会工作报告，选举东平县总工会第八届委员会和经费审查委员会。

报告就代表名额的分配原则和产生办法作了说明。全县共有工会会员2.8万人。根据《中国工会章程》规定，拟定大会正式代表名额100人。代表应具备的条件为：①坚持党的领导，热爱社会主义，政治上与党中央保持一致；②密切联系群众，在职工中有较高的威信；③在生产、学习和工作中起模范带头作用。代表组成：工会工作者占60%，工会积极分子占10%，先模人物占10%，知识分子占12%，一线职工占8%。代表中，35岁以下青年代表占20%，妇女代表占25%，非中共党员代表占20%，并安排少数民族代表参加。代表人选经充分酝酿、民主协商，由基层工会会员大会或会员代表大会选举产生，于4月10日完成。

大会成立代表资格审查委员会，负责代表资格审查工作。按照《中国工会章程》规定，确定东平县总工会第八届委员会委员15人，设主席1人、副主席3人。委员实行差额选举，主席、副主席由委员会等额选举产生，报县委和市总工会审批。县总工会第八届经费审查委员会由3人组成，设主任1人，等额选举产生。担任委员和经费审查委员的条件：认真执行党的路线、方针、政策；坚持原则，敢于同各种违法违规现象作斗争；密切联系职工群众，有较高的群众威信；有一定文化知识和参政议政能力。委员和经费审查委员会候选人由各系统按照分配的名额提出预备名单，征求同级党组织同意，在认真考察、广泛听取各方面意见的基础上向东平县总工会推荐。推荐工作于4月15日完成。东平县总工会机关、县直工委工会候选人预备名单，由东平县总工会提名。东平县总工会委员人选，在充分酝酿和民主协商基础上，报经县委审查合格后，提交大会进行选举。

会议概况

2003年4月28日，东平县工会第八次代表大会在瑞星集团大会议室召开。鉴于该年度全国部署开展预防非典型性肺炎活动，会议从简，未邀请市、县领导参加会议，企业工会会员代表以瑞星集团职工代表为主。参加会议代表应到80人，因病请假2人，实到78人。其中，县直机关代表29人，企业代表49人。

会议由东平县总工会主席周庆明主持。主持人宣布代表团划分和正副团长名单，分为县直和企业两个代表团，县直代表团团长井立忠（县粮食局工会主任）、副团长周长胜（县农业局工会主任），企业代表团团长程汉忠（县经贸委工会主任），副团长孟广岩（县瑞星集团工会主席）、武爱民（县酒厂工会主席）。宣布会议程序两项，一是听取东平县总工会第七届委员会工作报告；二是选举产生东平县总工会第八届委员会和经审委员会，选举出席泰安市工会第十二次代表大会代表。

东平县总工会副主席张庆亭受主席周庆明委托，代表东平县总工会第七届委员会向大会作题为《开拓创新 与时俱进 团结带领全县职工为振兴东平经济而努力》的工作报告。5年间，东平县总工会和基层工会狠抓职工民主管理、民主监督、签订集体合同“三项机制”建设，私营企业组建工会工作取得新突破，工会工作的基础更加牢固，全县广大职工积极投身“两个文明”建设，为振兴东平经济做出了重要贡献。就第八届工会工作任务做出部署，要求根据新的形势和任务，深入学习、宣传、贯彻《中华人民共和国工会法》，努力把工会工作纳入到法制化轨道；全面履行工会各项职责，努力提高工会整体工作水平，以保持共产党员先进性教育活动为契机，大力加强工会自身改革和建设，努力把全县工会工作提高到更高水平。代表们认真讨论并一致通过大会工作报告。

投票选举

按会议程序开展选举。会务服务人员将东平县总工会第八届委员会委员候选人、经审委员会委员候选人及出席市工会第十二次代表大会代表候选人名单提交代表投票。选票有3张，分别为第八届委员会委员选票、第八届经审委员会委员选票、出席市工会十二次代表大会代表选票。投票结束后主持人提请代表举手表决通过总监票人、监票人，程汉忠（县经贸委工会主任）任总监票人，程汉忠、张延民（县花键轴总厂工会主席）为监票人。通过于庆江（县人民医院工会主席）、徐广三（东平县总工会干部）为计票人。发出选票各78张，收回选票各78张，选举有效。

通过计票统计，选出东平县总工会第八届委员会委员16人，分别是：于庆江、井立忠、张林、张慧、张庆亭、李萍、孟广岩、吴绪业、陈培典、周长胜、周庆明、尚家宁、徐广才、徐广三、曹爱莹、程汉忠。

2003年4月28日下午，东平县总工会第八届委员会召开第一次会议。选举周庆明为主席，尚家宁、张庆亭、陈培典为副主席。选举陈培典为东平县总工会第八届经费审查委员会主任。

推选出席泰安市工会第十二次代表大会代表18人：于庆江、马延海、井立忠、张林、张延民（女）、李萍（女）、吴绪晔、孟广岩、陈功朋、陈培典、周长胜、周庆明、郑兴敏（女）、武爱民、赵景菊（女）、曹爱莹（女）、程汉忠、蔚洋。

附：出席东平县工会第八次代表大会代表名单（共80人）

县直代表团（29人，按姓氏笔画排序）

团　长：井立忠

副团长：周长胜

成　员：于庆江　王丽军　司庆印

毕守思　刘少国　刘含常　孙永策

李　萍　李大庆　李广银　李慧娜

吴绪业　张　林　张　慧　张延民

张庆亭　张德岐　陈培典　尚福香

赵传保　赵景菊　侯宪军　徐广三
徐广才　曹爱莹　焦德成　解广兴

企业代表团（51人）

团　长：程汉忠
副团长：孟广岩　武爱民
县工会：周庆明
化肥公司：石　磊　李海花　赵庆峰
　赵国栋　梁久峰
化工安装公司：林恩华　郑允骋
塑料厂：王道华　徐建华　樊淑玲
药业公司：王绪春　李运雪　肖　华
　吴绪民　程东文
化工公司：马延海　王志勇　李文新
　张洪全
供销公司支部：刘培成　李金波
安全保卫和环保部：于忠明　王玉亚
王延栋　邓光军　曲兆见　刘长青
李　健　李公成　张延庆　孟广印
高平胜
服务公司：王兴国　韩　军　孙庆常
热电公司：张荣金　尚　伟　孟广云
　赵永林
工　会：杨好居　孟广岩
办公室：张佳宾
酒　厂：唐　霞　井维海　陆家成
　孙明华　王　政

第三节　第九次会员代表大会

2021年4月，根据《中华人民共和国工会法》和《中国工会章程》关于各级地方工会换届有关规定，东平县工会第九次代表大会东平县总工会拟召开第九次工会代表大会。

会议筹备

2021年4月初，东平县总工会向市总工会和县委呈报了《关于召开东平县工会第九次代表大会的报告及会议方案》。报市总工会和县委批准后，东平县总工会党组研究决定按照方案展开各项筹备工作。一是成立会议工作机构，设立组织组、会务组、材料组、宣传组、疫情防控及保卫6个工作组，具体负责大会的筹备工作。二是安排专人起草完成会议需要的各项报告，分别为东平县总工会第八届委员会工作报告、东平县总工会第八届财务工作报告、东平县总工会第八届经费审查委员会工作报告、东平县总工会第五届女职工委员会工作报告。三是切实做好代表构成和名额分配工作。按照《中国工会章程》《关于地方工会召开代表大会及组成工会委员会、经费审查委员会的若干规定》要求，确定该次代表大会正式代表261人。按照工会工作者、工会积极分子、先进模范人物、科技管理人员、女性代表、非党员代表、少数民族代表等，做出相应人数占比安排。而后按照推荐提名、组织考察、确定代表候选人初步人选、确定代表候选人预备人选、会议选举5个步骤，于4月25日产生261名代表。其中，工会工作者164人，占63%；工会积极分子19人，占7%；先进模范人物31人，占12%；科技管理人员26人，占10%；其他10人，占4%。会员代表中，35岁以下的41人，占16%，女性代表114人，占44%；非党员代表48人，占19%；少数民族代表4人，占2%。确认特邀代表10名。四是划分确定代表团。出席会议的代表，共划分为党群政法、农业综合、工建信、宣教卫、财贸、乡镇（街道）6个代表团。各代表团团长、副团长由东平县总工会党组提名。五是大会参会人员除正式代表、特邀代表外，县委、县人大、县政府、县政协领导出席开幕式；邀请曾担任过东平县总工会主要职务的老同志，县委组织部、团县委、县妇联等有关部门的负责人，以及部分乡镇（街道）、县直部门单位分管工会工作的负责人参加开幕式。六是会场、会务工作。大会会场设在县委东楼101会议室，与会人员在东平迎宾馆食宿。为做好防疫，要求所有参会人员均于大会开幕前两天集中进行咽拭子核酸检测。

大会组织领导

会议在县委领导下进行。由主席团主持会议。主席团设常务主席，主持每次全体会议，主席团设临时党委，各代表团设临时党支部。大会主席团建议由代表中的下列人员组成，东平县总工会主席、常务副主席、专职副主席、兼挂职副主席、东平县总工会机关科室负责人和各代表团团长。大会设立临时党委，由主席团中的县人大常委会副主任、东平县总工会主席任书记，东平县总工会党组书记、常务副主席任副书记。各代表团临时党支部书记、副书记，由团长、副团长担任。大会秘书长由一名主席团常务主席担任。

会议概况

2021年4月29日至30日，东平县工会第九次代表大会召开。县委副书记李培国，县人大常委会副主任、县总工会主席王成明出席大会并讲话，县总工会党组书记、常务副主席范思安作题为《践行新思想 建功新时代展现新作为 团结动员全县职工为谱写东平改革发展新篇章而奋斗》的工作报告。魏锴受东平县总工会第八届委员会的委托，向大会作财务工作报告。赵辉先后作经费审查、女工委工作报告。会议审议并通过东平县总工会第八届委员会工作报告、东平县总工会第八届委员会财务工作报告、东平县总工会第八届经费审查委员会工作报告、东平县总工会第五届女职工委员会工作报告。（以上报告详见附录）

李培国肯定了全县各级工会组织在中共

十八大以来，坚持以习近平新时代中国特色社会主义思想为指导，在加强职工思想政治引领、组织职工建功立业、维护职工合法权益等方面所做的大量富有成效的工作，工会在全县工作大局中的作用进一步彰显。全县广大职工以高度的使命感和责任感踊跃投身发展，在各自岗位拼搏奉献，在各个领域施展才华，在各条战线建功立业，为全县各项事业发展做出了突出贡献，充分彰显了新时代工人阶级的担当作为和主力军风采。

东平县总工会党组书记、常务副主席范思安在工作报告中全面、系统地总结了五年间全县各级工会各项工作取得的成就。一是加强职工思想政治引领。认真学习贯彻习近平新时代中国特色社会主义思想和中共十九大，十九届二中、三中、四中、五中全会精神，扎实开展“不忘初心、牢记使命”主题教育，大力弘扬劳动模范精神、劳动精神、工匠精神。二是有效维护职工权益，进一步促进了劳动关系和谐稳定。三是努力提升服务实效，进一步保障职工共享发展成果。四是推进基层组织建设工作，实施八大群体建会、农民工入会集中行动等。五是工人文化宫清理整治提升，投资1260万元，把工人文化宫打造成新时代职工共享美好生活的温馨家园。

讨论审议各项报告

东平县总工会第八届委员会工作报告及经审、女职工工作报告结束后，大会主席团组织各代表团进行分组讨论。大会认为，报告以习近平新时代中国特色社会主义思想为指导，主题鲜明、目标明确、措施具体，是指导全县各级工会组织和广大工会工作者深入贯彻落实中共十九大和中国工会十七大，省、市工会十五大精神，不断开创全县工会工作新局面的行动纲领，是工会组织团结带领全县广大职工解放思想、开拓进取、扎实工作，不断谱写东平高质量发展新篇章的行动指南。东平县工会第八次代表大会以来，东平县总工会团结带领全县各级工会，在县委和市总工会的坚强领导下，忠诚履职尽责，锐意改革创新，工会工作的影响力进一步提升。大会同意报告提出今后五年全县工会工作的指导思想和主要任务。在县委和市总工会坚强领导下，不忘初心、牢记使命，以永不懈怠的精神状态和一往无前的奋斗姿态，团结职工建功立业，为打造黄河流域生态保护和高质量发展示范区而努力奋斗，以优异成绩庆祝中国共产党成立100周年。代表们举手表决，一致同意东平县会第九次代表大会关于第八届委员会工作报告和两个专题报告的决议。

投票选举

主席团认真拟定大会选举办法：（一）东平县总工会第九届委员会采取先以代表团为单位进行差额预选，差额率不低于

10%，再提交大会等额选举产生；东平县总工会第九届经费审查委员会和第六届女职工委员会均采取等额选举产生东平县总工会第九届委员会成员。（二）东平县总工会第九届委员会主席、常务副主席、副主席、常委和东平县总工会第九届经费审查委员会主任、东平县总工会第六届女职工委员会主任均采取等额选举产生。选举均采取无记名投票方式。

4月29日下午，大会进行投票选举东平县总工会第九届委员会组成委员，拟定委员35人。委员中，工会工作者不少于委员总数的60%，基层和一线职工不少于委员总数的40%，并有一定数量的先进模范人物、妇女委员。会务人员向各代表团发放选票261张，收回261张，选举有效。大会执行主席提议，举手表决通过了总监票人和监票人，总监票人叶海军、王广文，监票人马庆华、马学道、张金华、张立松、陈传忠、侯庆友。

东平县总工会第九届委员会组成人员

经唱票计票，选举产生东平县总工会第九届委员会委员35人，分别为：王成明、王风智（女）、马科峰（女）、井绪军、井维霞（女）、白玉娥（女）、田廷科、卢道章、孙丽萍（女）、刘殿维、孙秀敏（女）、李培福、李德强、李伟（女）、李伟、陈琳、陈峰、张庆英（女）、范思安、郑鹏、屈萌、孟宪强、孟宪军、杨修运、赵辉（女）、徐广三、徐文浩、徐兴铭、高兰（女）、黄启真（女）、韩桂云（女）、焦恩岭（女）、韩伟、廖吉征、魏锴。

此后，东平县总工会第九届委员会召开第一次全委会议，选举王成明为主席，范思安为常务副主席，徐广三、黄启真、李伟（挂职）、张庆英（兼职）为副主席。

选举产生东平县总工会第九届经费审查委员会委员7人：孔凡玉、陈正伟、赵辉（女）、赵景花（女）、禹政、徐永刚、郭迎亚（女）。赵辉为主任。

选举产生东平县总工会第六届女职工委员会委员9人：王芳、孙茹辛、李娜、陈兆红、张宏艳、屈丽、赵辉、崔海花、董荷花。赵辉为主任。

当选总工会主席表态发言。2021年4月30日，在东平县总工会第九届委员会第一次全体会议上，东平县总工会主席王成明代表新一届领导班子成员讲话（详见附录）。进一步肯定东平县总工会过去五年的工作和业绩，就落实大会确立的“全市争一流、全省创影响”目标定位，要求领导班子成员和广大工会干部倍加珍惜组织提供的机会和舞台，倍加珍惜职工寄予的期望与重托，倍加珍惜时代赋予的机遇和环境，切实做好五个方面工作。第一，提高政治站位，做到立场坚定、头脑清醒。第二，提高责任意识，做到顾全大局、敢于担当。第三，提高服务本领，做到心系职工，甘当公仆。第四，提高学习效果，做到内强素质、外树形象。第五，提高纪律意识，做到心有敬畏、廉洁自律。以人一我十的努力、只争朝夕的精神和务实创新的作风，励精图治、勇于作为，努力创造无愧于时代要求、无愧于职工愿望、无愧于岗位职责的新业绩，努力向县委和全县职工交一份满意的答卷。

附：东平县第九次工会代表大会代表名单

党群、政法代表团

代表：26 名

马庆华　马学河　王成明　王冠军
孔凡高　伊　晶（女）　孙秀芝（女）
孙承武　苏燕军　李　勇　李茂国
李建华（女）　李姗姗（女）　李栋华
李骁鸣　李培福　张建华　陈　伟
郑　鹏　郑金亮　战东鹏　宫衍义
袁　静（女）　曾军英（女）　谢　磊
潘高峰

特邀代表：2 名

周长智　韩道平

召集人：郑　鹏
副召集人：袁　静
联系人：孔凡高（组织组）
　　　　张建华（会务组）

综合、农业代表团

代表：27 名

王　敏（女）　王明星　叶海军
付炳恒　吕　兵　刘　洋（女）
刘晓黎（女）　孙丽萍（女）　苏胜利
李培秋　李渊尧　杨修运　张　红（女）
张晓莉（女）　陈晓彤（女）　范思安
周茂盛　郑倩倩（女）　赵景花（女）
侯庆友　姚来丽（女）　徐　倩（女）
徐艳平（女）　董荷花（女）　韩桂云（女）
雷　敏（女）　颜海荣（女）

特邀代表：1 名

赵冰心

工建信代表团

代表：50 名

于田田（女）　王　源　王绪春
王颖英（女）　井绪波　白玉娥（女）
吕　华　吕玉建　刘　渊　刘同宇
许洪胜　孙宝岩（女）　孙茹辛（女）
纪鲁泉　李　立　李　伟　李　伟（女）
李　娜（女）　李　锋　李风华（女）
李培培（女）　李淑君（女）　李德强
杨军生　杨红燕（女）　吴同军
张　宏　张　昊（女）　张龙梅（女）
张宏艳（女）　张海胜　张瑞泉

陈　峰　陈　梅（女）　陈传忠
尚冬梅（女）　罗海涛　郑玉田
孟宪琨　宫　华　徐广三　徐永刚
徐丽华（女）　郭晋锋　唐先奎
崔　宏　彭　新　焦恩岭（女）
路保平（女）　谭　石
特邀代表：1 名
熊卫华
召集人：陈　峰
副召集人：许洪胜
联系人：刘同宇（组织组）
　　　　张龙梅（会务组）

宣教卫系统代表团

代表：39 名
于连启　马　冲（女）　王风智（女）
王兴建　王秀芳（女）　王洪梅（女）
王继彬　牛大朋　冯兆民　司鲁南
巩凤英（女）　乔允国　刘　伟（女）
刘秀婷（女）　刘明真（女）　孙庆顺
孙丽萍（女）　李　栋　李　清（女）
李春玲（女）　李培峰　张立松
张金华（女）　张宗昌　陈　琳
陈兆红（女）　屈　丽（女）　赵传生
赵研博　赵殿成　侯　燕（女）
侯冬梅（女）　姚来伟　袁恒娟（女）
郭迎亚（女）　展大海　黄启真（女）
彭兴顺　解西团
召集人：孙丽萍
副召集人：陈　琳
联系人：展大海（组织组）
　　　　乔允国（会务组）

经济开发区、财贸代表团

代表：37 名
马学道　尹成雷　宁兆娟（女）
刘　辰　刘　鑫（女）　安晓娜（女）
杜彦文（女）　李　志　李　娜（女）
李恩宝　张庆英（女）　张守强
张鲁燕（女）　陈　伟　陈　贤（女）
陈正伟　陈海涛　陈雪梅（女）
武士国　郑　昊（女）　郑东升
屈　萌　赵　霞（女）　修景奎
侯　静（女）　姜洪玲（女）　姚良勇
袁淑丽（女）　高　翔　高玉珍（女）
唐先洋　蔡祥霞　颜　栋　颜玉霞(女）
颜翠玲（女）　薛均广　魏　锴
特邀代表：1 名
陈　伟
召集人：屈　萌
副召集人：马学道
联系人：安晓娜（组织组）
　　　　袁淑丽（会务组）

乡镇（街道）代表团

代表：82 名
于成林　万忠华　马科峰（女）
王　锋　王　芳（女）　王广文
王文霞（女）　王兴宝　王浩东
王瑞青　井绪军　井维霞（女）
孔凡玉　卢长玲（女）　卢道章

田廷科　史正亮　邢召同　乔珊珊（女）
任秋荣（女）　刘　丽（女）　刘万平
刘子童　刘建梅（女）　刘殿维
齐贵珍（女）　许昌胜　孙　亮
孙志军　孙秀敏（女）　孙培静（女）
孙善猛　纪茂军　杜　海
李　伟（女）　李学历　李树忠
杨建华　肖明华　吴　强　吴　涛
吴俊峰　宋传奇　张　磊　张彤彤（女）
张桂苹（女）　陆相民（女）　陈志明（女）
孟园园（女）　孟宪军　孟宪强
赵　虎　赵　辉（女）　赵凤华（女）
赵冬梅（女）　郝雪雪（女）　胡兰君
胡志颖（女）　徐　勇　徐文浩
徐文靓（女）　徐兴铭　栾文娟（女）
高　兰（女）　高慧娟（女）　郭凤永
郭香莲（女）　展　笑（女）　展　慧（女）
展长安　桑　燕（女）　崔海花（女）
商成龙　商延燕（女）　梁兆玲（女）
韩　伟　程文青（女）　程亚军（女）
廖吉征　谭　平（女）　樊兆振
颜　兵

特邀代表：5名

王长东　苏翠玉　李家宁　唐先辉
展黎明

召集人：徐兴铭

副召集人：井绪军

联系人：胡志颖（组织组）
　　　　许昌胜（会务组）

第五章 工会组织建设

1989年后，东平县总工会把加强自身建设和基层工会组织建设作为做好全县工会工作的重要保证，根据改革开放不同时期形势任务和基层工会组织的变化，紧紧依靠上级工会和县委及单位党政领导支持，开展工会组织建设年活动，采取走访、调查、督导、检查验收、抓好工会工作积极分子培树、召开职工代表大会、整顿建设“职工之家”等多种形式，抓好基层工会组织建立与巩固，落实职工对生产经营活动的知情权、参与权、表达权和监督权，充分发挥广大职工的主人翁作用。

第一节 基层工会组织建设

1989年，东平县总工会认真贯彻落实县第六次工会代表大会精神，继续抓好基层工会组织建设。是年，全县共有基层工会148个，职工18993人，会员15194人。

1990年7月30日，中共东平县委印发县总工会《关于在党政机关组建工会的请示报告》的通知。在党政机关组建工会，是进一步加强机关建设，拓宽党与机关工作人员联系的需要，对于提高机关工作人员的积极性、更好地参政议政、为领导决策服务有着特殊的重要意义。通知要求各级党组织引起重视，把筹建机关工会的工作做好。

1992年年初，邓小平南巡谈话后，东平改革开放逐步深入，县委、县政府把招商引资、扩大开放作为加快发展经济的重要战略举措，制定出台一系列优惠政策，下达招商引资目标任务，各企业、各部门纷纷“走出去”，通过多种渠道，多种形式引进外资。部分国外、境外企业、客商相继投资东平兴办企业。东平县总工会高度重视“三资”企业工会建设工作，深入外商投资企业宣传《中华人民共和国工会法》，至2000年，全县共有6家外资企业，均设立工会组织。

1994年，鉴于加快发展乡镇企业工会组织需要，东平县总工会注重抓好调查研究。经统计，全县共有乡镇企业147家，职工10941人。其中，200人以上的企业

26家，100~200人的18家，25~100人的70家。乡镇企业职工，多数系农村户口，亦工亦农。开始对加入工会组织认识不足，认为入会不入会无所谓。东平县总工会通过深入细致的思想政治工作，使他们认识到，乡镇企业职工也是工人阶级的一部分，是支撑乡镇企业发展的主人，通过加入工会可以更好地发挥主人翁作用，维护职工参与企业管理的合法权益等。与此同时，东平县总工会争得县委支持，专门下发乡镇建立工会工作委员会的文件，县委组织部大力协助，在17个乡镇建立工会工作委员会，由乡镇专职副书记兼工委主任，并配1名专职副主任，负责处理工会的日常工作，工委副主任兼任乡镇机关工会主席。建立乡镇机关工会17个，乡镇企业工会发展到54个。当年发展会员2600人。

1994年，县乡财政体制改革，实行分灶吃饭后，东平县总工会发现，乡镇卫生、教育、供销、乡镇企业的工会工作，仍由县主管部门管理存在诸多不利因素。故建议在建立乡镇工会工作委员会的基础上，理顺教育、卫生、供销、乡镇企业工会组织的隶属关系，规定凡隶属乡镇管理的部门和单位工会组织，一律纳入乡镇工会工作委员会管理。

1994年，为贯彻落实中共中央办公厅、国务院办公厅〔1994〕3号文件精神和全总《关于加快外商投资企业工会组织步伐，加强工会工作的意见》，县总工会向县委常委会汇报1994年工会组织建设思路，建议在外商投资企业建立工会组织。县委办公室、县政府办公室下发《东平县关于贯彻中国工会十二大精神的意见》，就新时期的工会工作提出七个方面的工作重点，特别在工会组织建设上，提出1994年凡符合建工会条件的单位，要达到100%的建会目标。东平县总工会一班人齐抓共管、分类指导、对现有基层工会组织健全三级民主管理网络，当年工会工作委员会由原来的28个发展到40个，基层工会发展到178个，发展会员2300多人。其中外商投资企业艾温利大麻纺织有限公司、泰安鲁新保健品有限公司等均建立工会组织。

1995年，东平县总工会做好工会协管干部工作，协助各级党组织配好工会领导班子，有19个委局（局级公司）工会主任进同级党组织领导班子。9个单位向县委递交新组建工会工作委员会的报告。按照县委八届六次委员（扩大）会议精神，制定“三学”规划和实施方案（即学习中国特色社会主义理论、学习市场经济知识、学习科学技术知识），认真贯彻党的十四届四中全会精神，坚持和健全民主集中制，领导干部带头廉洁自律，加强班子全面建设。抓好工会干部的培训，提高工会干部素质。当年，各级工会共举办培训班22期，培训工会干部568人次。

1996年，进一步完善县直委局工会组织，工会干部因工作调整的及时配备。鉴于乡镇工会工作委员会主任兼职人员变动大，报请县委组织部批准，全部配齐工会主任。加快新经济组织工会组建。外商投资企业工会组建率达到100%，私营企业工会组建率30%，乡镇企业工会组建率100%。

1997年6月，县委办公室转发东平县总工会《关于加强乡镇工会工作的意见》。7月，县委组织部发文重新公布18个乡镇工会主任、副主任名单，解决过去因乡镇工会干部兼职且调动频繁影响工会工作正常开展的问题。

1998年7月，鉴于县直委局工会缺职、兼职多，影响工会工作开展，东平县总工会向县委作了专题汇报。经县委批准，协助组织部考察工会干部人选，一次性配齐缺职的12个委局工会主任。11月1日，东平县总工会组织开展全县改制企业状况调查，月底，摸清了全县各类企业变化情况。县属企业原有101家，破产、兼并、出租等改制后还剩56家。乡镇企业原有185家，破产10家，卖给个体22家，股份合作22家，租赁116家，真正的乡镇企业只剩15家。“三资”企业原有6家，现有4家。私营企业430家，25人以上的20家。以上除私营企业建立工会组织3家外，其他应该建立工会组织的企业全部建立了工会。

2002年4月，东平县总工会组成调查组，深入14个乡镇，详细调查新建企业组建工会工作情况，宣传私营企业组建工会的意义。全县新建企业建立工会360个，会员1.8万人，建立工会女职工委员会30个，经费审查委员会51个，劳动争议调解委员会120个。

2003年8月，全市新建企业建立工会工作流动现场会召开，东平县总工会主席周庆明参加会议，参观学习兄弟县市企业建会现场和经验后，分析总结东平县建会工作存在的差距和问题，实行民营企业建会工作责任制，划片包干，责任到人，调查摸底，严格奖惩与考核。根据《中华人民共和国工会法》规定，东平县总工会要求“哪里有职工，哪里就必须建立工会组织”“凡投产开业的企业，不论规模大小，职工多少，都要依法建立工会组织”。至年底，全县建立私营企业工会430个，入会会员1.8万人，全县基层工会组织达到549个，职工42882人，会员达到34066人。

2004年，响应省总工会号召，组织开展“基层组织建设年”活动。按照《中华人民共和国工会法》要求，工会干部队伍建设始终坚持凡新建立的机关、事业、企业单位都必须同时建立工会组织，凡建立工会组织的都必须配备工会干部的原则，形成了一支兼职为主、专职为辅，股级为主、副科级为辅的比较健全和完备的工会干部队伍，有力地促进了工会各项工作的开展。按照县委统一部署，扎实开展“建设职工之家、争创一流业绩”工会党建品牌创建活动，形成了以“工建促党建、党建带工建”互促互融、同频共振的良好工会组建工作格局。强调用工单位广泛建立工会组织，是维护职工合法权益、建立稳定协调劳动关系机制、更好发挥桥梁纽带作用的需要，是增强党的阶级基础和扩大党的群众基础的根本要求，必须最大限度把职工组织到工会中来。

按照市委组织部、市机构编制委员会办公室、市总工会联合下发文件，与县委组织部协调协商，2004 年，全县建立健全了乡镇工会组织，配齐了工会工作人员，乡镇工会工作实现了有人管、有人做。

2005 年，在全县开展“创建工会工作示范乡镇”活动。东平县总工会决定把接山镇、东平镇作为示范乡镇，建立健全工会组织网络，加强工会干部队伍建设，维护职工合法权益。年底，全市组织此项工作检查，接山镇、东平镇创建活动受到市总工会肯定。

2006 年 4 月 5 日，东平县总工会拟定《关于开展基层工会组织建设推进年活动的实施意见》。5 月上旬，县委发文转发实施意见。东平县总工会召开全县工会工作会议，在工业园区工会和接山乡创设规模企业工会建设试点。印制《建会工作程序手册》《基层工会规章制度》《坚持工会建会考核办法》各 100 份。

5 月 31 日，东平县总工会在接山乡召开乡镇规模企业组建工会现场会，与会人员参观该乡机关和 3 家规模企业建立工会组织进展情况，听取接山乡经验介绍。是年，编印《工会工作》简报 5 期，《东平报》刊登建会信息 4 篇，分 4 次转载《中华人民共和国工会法》《山东省企业工会条例》。县电视台 3 次播发建会新闻。年底，全县 14 个乡镇全部建立健全工会组织，规模以上企业建立工会 120 家。东平镇、接山乡被市总工会评为“工会工作示范乡镇”；大羊、梯门 2 个乡镇做到“八有”，走在全县创建工作前头。

当年，按照上级“三级联创”部署，加强基层工会组织建设，把私营企业组建工会作为重中之重，强化领导，落实责任，通过深入基层、排查摸底、加强宣传、广泛发动、实行包保责任制和考核奖惩制等措施，全年新建私营企业工会 45 个，发展会员 6300 人。与此同时，对改制企业工会组织进行重建，做到组织、人员、制度三落实。东平县总工会多次向县委组织部争取，利用县乡换届干部调整机会，为 4 个县直单位配备了工会主任。抽调专人靠在县工业园区，督促新建工会 4 家。

2007 年 3 月，东平县总工会在县统计局配合下，对全县所有规模以上企业基本情况进行地毯式排查，对企业建会、存续等情况逐个调查落实，为推进建会工作掌握第一手资料。5月上旬，县委转发《东平县总工会关于加强基层工会组织建设的意见》。县总工会分2个组，分别在工业园区创建金马帘子布厂、九洲钢业集团工会建设试点，在接山乡创建乡镇企业工会建设试点。人手少、任务重，每个组明确2人具体负责。为便于操作，编印《建会工作程序册》《基层工会规章制度》《基层工会建会考核办法》等资料200余份，对建会要求、原则、方法、步骤进行说明，使乡镇建会工作有据可依，有章可循。同时详细部署各乡镇和县工业园区的建会任务，明确提出建会时间和目标要求。在全县法律宣传周，制作牌匾，大力宣传《中华人民共和国工会法》和《山东省企业工会条例》，在乡镇企业和工业园区召开调度会5次。通过一系列扎实有效的措施，全县14个乡镇全部建立健全机关工会，建会率达到100%。规模以上企业工会127家，建会率100%，发展会员8700人。在狠抓规模企业建会的同时，与组织部协调，为应建工会的23个行政事业单位，配备工会主任。12月中旬，对全县14个乡镇及工业园区的工会建设进行集中考核，排定3个名次，2008年初，根据检查结果进行了奖惩。接山乡被省总工会命名为2017年度“工会工作示范乡镇”，山东新东岳集团被命名为“信得过基层工会”。

2013年4月，东平县总工会组织开展“工会组织集中建会行动月”活动，对园区未建会企业和乡镇中小非公企业进行攻坚，督促园区新建工会组织14家、乡镇20多家。当年，县总工会努力夯实工会基层基础。制定百分考核办法，既考核工会专职干部，也考核工会工作，为抓管理提供量化依据。考核内容包括领导重视支持情况、组织网络建设情况、职责履行情况等3个方面、14个小项考核指标，每项赋予一定分值，共计100分，明确打分标准，为基层工会开展工作提供翔实依据。县总工会年底组织一次集中检查，根据考核情况及打分情况分为3类，得分90分以上的为优秀，80~89分为良好，80分及以下为不合格，分类情况发文通报。检查结果作为对乡镇工会干部表彰奖励的重要依据，并与工会志愿者补贴挂钩。当年，14个乡镇（街道）都达到市总工会提出的“六好”标准，80%基层工会达到“六有”标准。

2014年3月，东平县总工会根据制定的百分考核办法，对全县14个乡镇（街道）工会基层建设进行验收。投资近15万元，为每个乡镇工作人员和工会专兼职干部各配备计算机1台。8月6日，县总工会下发《2014年度职工权益维护工作考核细则》。要求按照“六有”（有组织机构、有工会标牌、有会员登记、有工会印章、有办公场所、有工作制度）标准，积极推动中小企业建立工会组织，强力推进行业性、区域性工会组建工作。开展“工会组织亮牌子、工会主席亮身份”活动，职工人数在100人以上的基层工会都要实现“双亮”，增强工会干部的责任感，叫响做实工会工作品牌。

2015年2月，东平县总工会研究制定《东平县基层工会建设落实年活动实施方案》，成立县总工会主席任组长的基层工会组织建设领导小组。一是从严从实抓排查摸底。3月初，组织工会干部开展法人单位、工会组织、工会会员等数据普遍核查工作，登记造册，建立档案，填写《工会组建和会员发展台账》，做到不漏查、不漏核、不漏管，不走过场、不走形式，不推不诿，求实求效。二是从严从实抓工会组建。在企业和基层工会组织中大力开展“六星级”工会创建工作 和“十佳乡镇（街道）园区工会”评比创建活动。7月3日，在东平县彭集街道召开基层工会组织建设现场观摩会。全县企业已有187家建立了工会组织，有会员37800人，其中农民工10600人；162个机关事业单位建立了工会组织，有会员8700人。全县已有90%的基层工会组织达到“六有”标准，80%的基层工会组织达到“六好”标准。三是加大对农民工入会的工作力度。对泰禾食用菌有限公司、百世汇通快递公司、申通快递公司等农民工集中的行业建立工会组织，近600名农民工集中加入工会。

3月31日，东平县总工会落实市总工会《泰安市“基层工会建设落实年”活动实施方案》和《关于开展示范乡镇（街道、园区）工会建设分片观摩活动有关事项的通知》，做好示范乡镇（彭集街道）工会建设观摩活动准备工作。

5月5日，县总工会贯彻落实习近平总书记重要讲话精神和《关于加强和改进党的群团工作的意见》《关于构建和谐劳动关系的意见》，以提高农民工组织化程度为着力点，集中时间，突出重点，强力推进，最大限度地把农民工组织到工会中来，凝聚在党的周围，不断增强工会组织的吸引力和凝聚力。讨论研究全县农民工入会工作。

5月，县总工会响应省总工会号召，组织开展“农民工入会集中行动”。把“农民工入会集中行动”作为工会组织建设重点工作。6月1日，全国农民合作社加工示范单位泰禾食用菌专业合作社，被列入泰安市“农民工入会集中行动”主要行业的企业（单位）名单。5月，县总工会落实省总工会印发的《全省基层工会组织普查工作实施方案》，组织开展建会数据集中普查工作。集中人力、集中时间，精心开展好普查。通过普查，进一步完善法人单位建会数据库。单位已建会的，根据普查结果在数据库中重新录入准确信息，并明确其上级工会；单位未建会的，督促尽快依法规范成立工会组织，及时录入数据信息；

对已经不存在的单位，在数据库中标注清楚；数据库中没有的法人单位，及时录入相关信息。普查要真正做起来。普查后的数据，将作为今后市总工会评先树优的重要参考依据。（普查的数据少，分配先进名额时，要按照少的数据进行分配。）完善会员登记工作，健全会员档案，积极推行会员实名制，逐步提高会员会籍管理工作的制度化、规范化、信息化。省总工会明确要求，建会数量和工会会员要有适当增长。因此，普查后组建率和入会率较低的地方，加大工作力度，确保建会数量和工会会员有适当增长，至 11 月，全县各类法人单位建会率、职工入会率均动态保持在 87% 以上。

2017 年 6 月 25 日，根据市总工会《关于建立“基层工会建设落实年”活动市总领导包保推进机制的通知》，东平县总工会坚持将每月工会组建和会员发展台账登记情况，农民工入会集中行动进展情况，乡镇（街道、园区）工会建设情况，产业工会组建情况，工作中遇到的困难、问题及意见建议等向市总工会汇报。8 月 26 日，县总工会贯彻落实全总工会基层组织建设部下发《关于做好“农民工入会集中行动”数据库模块信息填录工作的通知》，认真做好相关农民工入会信息入库工作。9 月 9 日，县总工会根据市总工会《关于对基层工会组织普查工作和“农民工入会集中行动”进行督查评价的通知》，召开有关乡镇部门工会干部工作会议，部署落实工会组织建设任务。当年底，县总工会以全总工会建会数据库确定的法人单位数为基础，“地毯式”清查核实本地法人单位数和职工数，基层工会组织数和会员数，基层工会的隶属关系，独立基层工会和联合基层工会以及乡镇（街道）、开发区（工业园区）工会状况等基础性数据，并准确填报了普查表。县总工会根据省总工会提出的“2015 年全省农民工入会率以 2014 年底农民工会员数量为基数至少增长 15%”的工作目标。结合东平实际，扎实做好农民工入会工作。2015 年本地农民工入会率增长 15.5%，率先完成了农民工入会工作。此外，县总工会认真做好数据库内涉及两项工作相关数据的填写录入工作。对于已建会的法人单位，根据排查情况核实数据库中的内容，修正不准确的信息；对于排查中发现已经不存在的法人单位，在数据库中注明不存在的原因；对于数据库中没有的法人单位，及时补充录入数据库中。对于数据库中各企业工会一般会员中为农民工会员的，在库中相关栏目内标注说明；对于数据库中原有属于农民工入会五大领域的企业，进行检索、认定、转移至库中新建目录下，并完成转移工作；数据库中整个会员总数比上年总数有所增长。

2017 年，县总工会加强工会组织建设、不断增强工会活力，主动争取党委领导，坚持党建带工建，把工会组织建设纳入基层党建目标考核体系。加强与工商、税务、统计、人社、工商联、企业协会等单位的协作，争取他们更多支持。有效传导压力、激发动力，让乡镇（街道、园区）工会真正动起来、干起来，很大程度形成工作合力。加大对乡镇（街道、园区）工会和基层工会的资金投入力度。同时，扩大工会经费来源渠道，争取政府财政支持，采取有效措施，确保基层留用经费足额到位，把更多的资金用在基层。加强宣传引导，对于可复制可推广的典型创新成果，运用现场会、观摩会、学习交流会等宣传平台和报刊、网站、客户端等新旧传媒手段，及时宣传推广，精心培育示范典型。

2017年4月，县总工会落实市总工会部署，认真组织开展“四分类四升级”活动。首先在工会组织现状分类上下功夫，按照四类标准条件细化分类。全县73家企业，有一类企业12家，实现上水平；二类企业16家，实现上台阶；三类企业18家，实现升级；四类企业27家，实现转化。在落实市总工会提出的四个类别基础上，县总工会又设计出机关、事业、企业三个大类别；三个大类别中又细化出县直机关和乡镇机关，县属企业和乡镇企业六个小类别，然后再在每一个小类别的范围内，用四类标准一一对应，形成三大块、六大类和二十四个小类的区分体系，使全县的工会组织情况变得一目了然。

2017年5月15日，县总工会组织开展“百日建会行动”。制定了“百日建会集中行动”实施方案，落实了东平县总工会干部包保企业责任制，确保百日建会取得成效。至9月5日，利用3个多月以“强基层、补短板、增活力”行动为载体，集中时间，全力以赴，强力推进非公有制企业工会组建，扩大工会组织有效覆盖，最大限度地把广大职工吸纳到工会组织中来，为职工搭建维护权益平台，保护职工合法权益。

2017年，新建工会147个，其中，新建机关工会38个，事业单位工会22个，企业工会87个。

2018年，按照市总工会部署和要求，东平县总工会把八大领域建会、八大群体入会工作当成头等大事，集中精力人力物力，推进工作进展。一是借势借力，做好摸底调查。县总工会联合县交通局、邮政公司、卫计局、民政局、商务局、房管局、公安局等相关部门，多次召开座谈会、讨论会、碰头会，反复学习省市总工会关于八大领域建立工会的部署要求，深刻理解这项工作对于巩固党的执政基础的重要性，统一思想，形成共识，凝聚合力。以主管业务部门为主，县总工会主动配合，经过一个月的摸底，基本掌握八大领域基本情况：全县有两新组织19个，各类园区3个，创业平台2个，较大专业市场4个，较大规模货运物流企业12家，房产中介组织2家，家政服务企业4家，快递企业16家。二是以点带面，重点突破。根据统计情况，八大群体中，货运司机群体较大，人数较多。故选择货运司机群体作为八大群体的重点，进行集中攻坚。与县交通局工会一起，召开会议，进行责任分工。由东平县总工会给予业务指导，县交通局工会负责职工登记，会员造册，办公地点选址，三个委员会人选确定以及工会成立大会的各项报告的筹备等。经过两个部门、两个多月的准备，东平县货运司机工会联合会于8月16日正式成立，覆盖企业72家，发展会员450人。同时，在两新组织中新建工会2个，发展会员150人；在县工业园区新建工会3个，发展会员1600人；滨河新区新建工会1个，发展会员360人；东平湖景区新建工会1个，发展会员60人。建立农机市场工会联合会1个，发展会员80人，洗车市场工会联合会1个，发展会员40人，四海城专业批发市场工会联合会1个，发展会员150人。除此以外，以东平湖景区管委为平台和依托，建立东平水浒旅游公司工会，发展会员370人；以矿管委为依托，成立了矿产业工会联合会，发展会员600人。

2019年1月，在机构改革工作中，东平县总工会，争取县编委同意，将县工人文化宫由差额补助公益二类事业单位，变更为全额事业单位，工人文化宫与职工服务中心合署办公，一个机构、两块牌子，核定编制10人。县总工会深化强根固基行动，把2019年作为“基层工会组织建设年”，以“党建带工建、工建促党建、党工共建”为抓手，持续推动全县机关、事业、企业及八大群体建会和换届工作，健全和完善县直各部门单位、乡镇（街道）、社区、企业、“两新组织”工会组织体系。探讨破解货运司机、快递小哥、家庭服务、农民工等特殊群体建会难题。年底，全县各类法人单位建会率、职工入会率保持在90%以上。当年，县总工会按照县委开展寻标对标争先进位部署要求，确定新泰市总工会、肥城市总工会为寻标对标单位。县总工会班子成员赴新泰市、肥城市学习取经，对照先进剖析自身优势特点和劣势不足，明确发展方向和发展目标，谋求更高标准、更高质量发展。当年，县总工会深化工会改革创新。对接市总工会领受产改任务，研究制定《东平县产业工人队伍建设与改革实施方案》，专门召开会议进行动员部署，明确了县人社局、东顺集团、瑞星集团、接山镇等六个部门单位和乡镇参与改革试点，形成《关于加强基层工会干部队伍建设的调查研究》等一批改革成果。

2019年7月31日，东平中联美景水泥有限公司第二次职工（会员）代表大会召开。东平县总工会党组书记、常务副主席范思安，副主席徐广三，梯门镇党委书记牛东出席会议。9 月 24 日，戴庙镇工会委员会成立暨第一次会员大会召开，党委书记王建军出席会议，镇机关全体工作人员参加会议。大会选举孙秀敏为工会主席，郭香莲为女职工委员会主任，李西华为经费审查委员会主任。

当年，县总工会持续推动全县机关、事业、企业及八大群体建会和换届工作，夯实工会基层基础。全县新建工会组织 139 个，换届 16 个、规范 24 个，拓展两新组织建会 10 个。推进智慧工会建设，至 12 月，全县入会会员 37158 人，会员认证率 85.51%。

2020 年，东平县总工会认真落实省市总工会和县委关于工会改革精神，部署东平县总工会换届任务。夯实基层组织建设基础。对已建会的工会组织，按照“六有标准”，进一步规范管理。对没有建会的单位，跟进督促，完成工会组建工作。继续深化农民工入会工作，在条件成熟的社区、八大领域和“两新组织”实现新的突破。

2021 年 4 月 29 日至 30 日，东平县职工代表大会召开。县委副书记李培国在开幕式上讲话，大会选举王成明为东平县总工会第九届委员会主席，范思安为常务副主席，徐广三、黄启真、李伟（挂职）、张庆英（兼职）4 人为副主席，选举赵辉为东平县总工会第九届经费审查委员会主任，选举赵辉为东平县总工会第六届女职工委员会主任。

第二节 建立健全职代会制度

1998 年 3 月，东平县总工会印发《关于进一步加强职代会建设的指导意见》，要求各级工会认真贯彻落实中共十七大精神，有效发挥职代会制度在推进基层民主政治建设，协调劳动关系、维护职工合法权益，促进东平和谐社会建设中的积极作用。

2002 年，县酒厂、花键轴总厂、工具总厂在企业改制中，尊重职工代表大会讨论意见，改制方案经职工代表大会多次讨论，形成共识后组织实施。

2004 年，全县尚没有改制的部分国有、集体企业能够较好坚持职工代表大会制度，定期召开职工代表大会，发挥职代会作用，做到集体合同草案、业务招待费使用情况、职工下岗分流方案、改革改制方案等涉及职工切身利益的重大问题，都提交职代会审议通过。切实落实职工的知情权、审议权、决定权和监督权。改制为股份制建立董事会、监事会的企业，工会主席进入董事会，副主席进入监事会。以职代会为基本形式的厂务公开合格率达到 100%，职工满意率在 85% 以上。

2005—2012 年，东平县总工会按照市总工会的部署和要求，在企事业单位中积极开展职代会“星级创建”活动。企业的重大决策、职工下岗分流方案、集体合同草案、业务招待费情况及其他涉及职工切身利益的问题，85%以上的企业都能做到通过职代会审议，充分听取职工代表的意见，在民主基础上形成科学决策、正确决策。凡是职代会没有通过的方案一律不得实施。县供电公司制定并落实联席会议制度，凡涉及公司管理的内容，都必须有工会组织参与研究决定；凡涉及职工切身利益的事情，如评先树优、年度考核、干部推选等都吸收工会干部参加，并征求意见。新东岳集团始终坚持以人为本的原则，充分发挥职工的主人翁精神，建立职工代表大会和股东代表大会制度，对于2008年新厂区搬迁、旧厂区改造以及新上密炼胶项目等重大决策，都是经职代会表决同意后实施的。截至2012年年底，全县共有127家企事业单位获得“合格星”职代会称号；30个单位获得市总工会评选的“先进星”职代会称号；3个单位获得省总工会评选的“优秀星”职代会称号，职代会的各项职权得到落实。

2015—2021年，东平县总工会坚持和完善以职代会为基本形式的企业民主管理制度，落实职工对生产经营活动的知情权、参与权、表达权和监督权，增强职工的主人翁意识，维护职工的合法权益。

第三节 整顿建设“职工之家”

1990年，根据中华全国总工会下达关于开展建家升级活动的决定和省、市总工会制定的活动意见，东平县总工会结合实际，研究制定《关于深入开展“建家升级”活动的意见》及《验收实施细则》，把增强基层工会活力和“建家升级”活动统一起来，体现“职工之家”职工建、“职工之家”职工验的原则，确定了“听、看、查、访、评、总”六字验收方法。全县出现党、政、工共建一个“家”，同唱一台戏的局面。翌年5月20日，确认东平县化工总厂等136个基层工会为合格职工之家。

1991年年初，东平县总工会落实上级工会部署，组织基层工会开展“建家升级”活动，职工之家建设出现新局面。县联社工会工作委员会争取党政领导支持，组成9人验家小组，按照职工之家标准，认真检查验收本系统企业职工之家25个，就存在问题督促完善整改。9月，县总工会按照“建家升级”总体规划，集中人员，集中时间，采取“听、看、查、访、评、总”的方法，本着缺什么补什么的原则，进行检查验收，并将验收情况上报市总工会批复，全县137个职工之家达到标准，被市总工会命名为合格“职工之家”。在全市基层工会工作会议上，东平县总工会介绍经验与做法。

1992年，东平县总工会注重抓好企业职工之家建设，县化工总厂、县公路站、县人民医院职工之家，保持“小家”标准，不断充实完善，发挥职工之家教育作用。县公路站被评为全省职工之家先进单位。

2011年10月，新东岳集团工会被中华全国总工会授予“全国模范职工之家”，同时被山东省总工会授予全省企业工会工作红旗单位称号。

2013年，东平县总工会下发《关于深入开展争创“模范职工之家”活动的通知》，明确提出工作原则、具体争创要求，年底统一考核、奖励。

2014年，东平县总工会组织开展模范职工之家评选争创活动，全县有38家基层工会组织申报县级模范“职工之家”。东顺集团工会被中华全国总工会授予全国“模范职工之家”称号。县供电公司工会等11家单位被评为市级“模范职工之家”。县供电公司运维检修部二次检修班等4家企业班组被评为市级模范职工小家，3人被评为市级优秀工会工作者，新东岳集团李勇被评为全国优秀工会积极分子。

2019年10月15日，市总工会党组成员、女工委主任刘霞一行到东平县行政审批服务局检查验收“妈妈小屋”建设情况，东平县总工会党组书记、常务副主席范思安陪同检查。

2020年，规范“妈妈小屋”使用管理12处，新建3处；采取单位工会自办、与社会组织协办以及购买部分服务的方式，共建寒暑假职工子女“托管驿站”15个。开展职工疗休养、“妈妈小屋”建设、户外劳动者驿站建设、职工心理健康讲座，体现党和政府关怀。

2021年年底，全县共建“妈妈小屋”18处。其中，市级“妈妈小屋示范点”2处，省级“妈妈小屋示范点”1处。共建寒暑假职工子女“托管驿站”14处。

第六章 职工教育

1989—1992 年，县总工会围绕培养“四有”职工队伍，深入开展“忆十年、话改革，做主人、比贡献”“三教、双学”活动，引导职工增强市场意识、竞争意识，以主人翁的姿态参与改革、支持改革。1993 年，组织引导职工开展“解放思想 更新观念”大讨论，充分调动职工的积极性、创造性。1995—2000 年，组织职工开展“学、讲、树”活动，做到爱岗敬业。2006 年，在职工中广泛开展“八荣八耻”宣传教育，树立社会主义荣辱观。2013—2018 年，学习贯彻《山东省厂务公开条例》《山东省企业职工代表大会条例》，发放宣传材料 1500 余册。2021 年，县总工会举办“学党史”知识竞赛，教育职工不忘初心、牢记使命，做新时代的泰山“挑山工”。

第一节 思想政治工作

1989 年 4 月，东平县总工会组织开展“忆十年、话改革，做主人、比贡献”活动。要求各单位成立党政工负责人参加的领导小组，开展“四讲、四算、四看”自我教育，即讲国情，算国家经济形势的发展账，看十年改革取得的辉煌成就；讲县情，算财政增收的社会发展账，看十年改革中东平县乡企业的发展；讲厂情，算企业发展和职工集体福利设施的变化账，看十年改革对企业发展的巨大辐射力；讲家情，算个人工资、家庭收入的增长账，看十年改革给职工群众带来的实惠。

4 月 8 日，县委在造纸厂召开“忆十年、话改革，做主人、比贡献”形势教育现场会。县委副书记皇甫炳胜、县总工会主席徐延申出席会议。是年，县总工会结合贯彻落实中共十三届四中、五中全会精神，围绕培养“四有”职工队伍，深入开展“三教、双学”活动，狠抓“四个落实”：一是组织落实；二是措施落实，制定活动计划召开经验交流会定期检查评比；三是学习材料落实，以省总工会印发的《向雷锋同志学习、向共和国卫士学习》为内容，发放到班组；四是时间落实，统筹安排，解决好工作与学习的矛盾。同时，组织观看《百色起义》

《开国大典》等历史片，开展大唱《社会主义好》《没有共产党就没有新中国》等革命歌曲活动，县经委、建委、商业、邮电系统举行报告会、诗歌朗诵会，开展颂党、爱国、拥军知识竞赛。10月，县化工总厂组织全厂“学雷锋、讲道德、树新风”演讲会。与学习铁人王进喜敬业爱岗精神结合起来。全县建立学习雷锋小组500多个，举办各种形式演讲会、报告会145场次，做好事1270件。县工具厂职工付红玉拾到3500元现金主动交还失主，实验小学部分师生主动为农村孤寡老人服务。县供电局学雷锋小组走上街头修车、理发、提供用电常识咨询服务。

1990年2月，东平县总工会根据省、市总工会部署，在全县职工中开展“多读书、读好书、争做四有新人活动”。全县参加读书活动和知识竞赛的职工17000多人次，占职工总数的95%。收到知识竞赛答卷600份，评出优秀答卷158份，对55份特优答卷颁发证书。供销社县社、县教育局获优秀组织奖。推荐3人参加市演讲，获二等奖1人，三等奖2人。县供销联社职工姜欣荣获全省职工读书演讲荣誉证书。2月，各级工会发挥工会宣传教育阵地作用，采取多种形式开展爱党爱社会主义教育。县化工总厂工会利用职工俱乐部开展传统教育，请老工人讲艰苦创业史，请先模人物讲个人成长史，励志育人，效果良好。各部门单位工会组织观看革命历史教育片，开展歌咏比赛，陶冶职工情操。鉴于提高企业经济效益、遏制经济滑坡需要，县总工会向全县发出“深入开展双增双节运动倡议书”，发动各级工会在职工中进行“三讲、三看、三明确”教育，即讲形势、看任务、明确自己担负的职责；讲困难、看条件，明确努力方向；讲义务、看贡献，明确企业实现扭亏为盈的任务与目标。在职工中开展“学雷锋，学铁人；做主人，做贡献”演讲活动。举办知识竞赛活动，引导职工增强市场意识、竞争意识和效益意识，以主人翁的姿态参与改革，支持改革。

1991年2月，东平县总工会下发《关于召开全心全意依靠工人阶级研讨会的预备通知》，利用文化宫、俱乐部、黑板报、广播电视宣传依靠工人阶级的重要性。3月，研讨会召开，县经贸委工会主任张作光、职工教师颜世香、工人代表窦国作演讲报告，效果良好。

1992年2月，东平县总工会解放思想，更新观念，确定本年度实现“四个转变、四个相一致”的新思路：一是转变工会工作指导思想，实现与企业指导思想相一致，破除群众组织不承担经济任务的观念，主动介入生产经营领域。密切结合企业目标、年度计划，团结带领职工抓安全生产，抓劳动竞赛，抓“双增双节”，搞好革新挖潜等工作，为实现县委提出的“三上、三创、一提高”目标任务而奋斗。二是转变工会工作节奏，实现同生产经营节奏相一致，结合企业转换经营机制，实行“三项制度”改革，正确引导职工，积极参与改革，拥护、支持改革。在改革中发展、搞活生产经营，根据生产经营周期和节奏安排工会工作。三是转变对维护职能认识方式，实现企业命运与职工命运相一致，结合《中华人民共和国工会法》《中华人民共和国企业法》普法教育，引导职工群众正确处理三者利益，正确认识发展生产与维护职工利益的辩证关系，树立维护职工利益，必须首先提高企业经济效益的观念。四是转变工会工作方式方法，实现工会工作与生产相一致，强化“中心”意识，才能做好工会工作，才能把加强企业民主管理，完善激励机制的意见落到实处。

1993年10月24日至30日，中国工会第十二次代表大会召开，明确提出今后一个时期工会工作的方针，即“一个中心、两个基本点”。全县开展解放思想，更新观念大讨论，工会工作适应放开搞活的新形势，就如何维护职工的合法权益，更好地表达职工诉求，维护职工群众的切身利益，履行各项社会职能，支持职工创收，兴办个体私营企业，在私营企业建立工会组织做了大量工作。

1993年12月2日，县委召开传达贯彻中国工会十二大精神会议，县委书记张圣亮就全心全意依靠工人阶级，保障和落实职工群众主人翁地位；全面正确理解主人翁地位；党政工和职工群众在保障落实主人翁地位中各自的责任讲意见。县委副书记皇甫炳胜就如何学习宣传工会十二大精神讲意见。副县长徐绚栗主持会议。县六大班子负责人代省总工会向受到奖励的先进集体和个人发奖。当年，东平县总工会和基层工会组织开展爱国主义教育和市场经济与主人翁教育。多次召开演讲会、座谈会，寓教于活动，增强了职工社会责任感。东平县总工会被省总工会、省委宣传部、省职教办、省经委评为职工思想政治工作先进单位。

1993年，全县广大工会干部和女职工开展“伸出一双手，奉献一片爱心”活动，为山区孩子捐献图书3800多册，玩具568件，为“希望工程”捐资3618元，资助大安山渔民小学维修门窗，改善孩子们学习环境。东平县总工会适应市场经济需要，结合企业改制，在推行股份制改革中，深入23家企业调查职工思想状况，向县委、县体改委提出推行股份制，要根据企业实际，条件不成熟不宜搞，入股要根据职工承受能力，量力而行，此建议得到县委领导支持。职工股金由原来职工一次募股5000元下降到一次2000元，并把前几年职工集资款和拖欠的工资一律算交股金，其余3000元，分期交付。这一规定极大地减轻了职工的承受能力，深受广大职工群众的欢迎。

1994年，东平县总工会与各基层工会组织职工开展“爱岗敬业”活动，以委局为单位，分系统开展爱国主义教育和“爱厂敬业”演讲会，参加演讲人员达48人次，受教面占职工总数的60%。振奋职工精神。广大职工关心企业、爱护企业，为企业发展尽心尽力。在工作中，注重引导职工认清改革中的困难是暂时的，是前进中的困难。

是年，县总工会成立4个调查组，分赴65家企业进班组、进家庭，了解全县企业职工队伍状况，做深入细致的思想政治工作，及时解决问题，理顺职工情绪，化解企业行政与职工之间的矛盾。对于社会上反映的一些问题及不安定的苗头，工会干部主动靠上去做工作，协调解决与职工切身利益有关的问题18件，最大限度减少职工来信来访，上访案件同比下降36%。

1995年，东平县总工会按照县委八届八次会议要求，结合工会工作实际，组织开展“学、讲、树”活动。在干部职工中开展“远学楷模孔繁森，近学劳模争先进”活动。工会机关干部自己动手制作大型宣传栏，介绍评选出的省市劳动模范先进事迹。召开座谈会、演讲会8场次，参赛人员132人，受教育职工18000多人次。

7月，县委发出《向张政同志学习的决定》后，县总工会号召基层工会掀起学先进、争先进活动，多个系统和单位邀请张政做报告，促进职工爱岗敬业。

9月，县总工会会同县委宣传部等6家单位下发《关于组织开展纪念反法西斯战争和抗日战争胜利50周年庆祝活动的通知》。确定开展多项大型活动方案，组织知识问卷和知识竞赛，全方位进行爱国主义教育。

1996年6月27日，东平县总工会在县委招待所举行“爱岗敬业讲奉献”演讲比赛活动决赛和颁奖仪式。为搞好演讲活动，县总工会精心设计比赛方案，下发文件，提出要求，各行业结合实际，认真组织竞赛活动。活动期间，各级工会组织举办演讲会近100场，参赛人员1000余人，受教育职工20000多名。

10月，县总工会派出2名人员参加泰安市第六届“我在岗位上”职工职业道德演讲比赛，获得好名次。

1998年，东平县总工会与县文明委联合，在全县服务行业开展“行业形象万人评”群众性精神文明创建活动。年内召开2次现场会，争创文明岗位、争当先进服务标兵。

2003年，以中共十六大、十六届三中全会精神为指导，动员引导广大职工积极投身东平县“两个文明”建设，较好地发挥了工人阶级主力军作用，为加快东平经济快速发展做出了重要贡献。

2003年，全县各级总工会组织开展《中

华人民共和国工会法》司法解释和中国工会十四大精神宣传活动。坚持用科学的思想和先进的文化武装和引导广大职工，倡导科学、反对迷信，利用知识竞赛、演讲比赛和文艺演出等多种形式，开展思想文化教育活动，提高广大职工群众的思想文化素质。参加全市《中华人民共和国工会法》司法解释知识答卷活动，获得较好成绩。

2006年，东平县总工会要求全县基层工会在职工中广泛开展荣耻教育，通过宣传栏、墙报、演讲等多种形式，开展“八荣八耻”宣传和“创建学习型组织，争做知识型职工”活动，树立社会主义荣辱观。

2008年5月，汶川大地震发生后，东平县总工会号召全县职工发扬“一方有难，八方支援”的爱国主义精神，踊跃捐款捐物，支援灾区人民战胜困难，重建家园。全县职工捐款200余万元。

2012年12月，中共十八大召开后，全县各级工会配合党组织，认真抓好中共十八大精神的学习宣传与贯彻落实。

东平县总工会组织“职工情、中国梦”职工演讲比赛，采用企业演讲、选优到县演讲相结合，参与职工达到1200多名。

2013年10月，中国工会第十六次全国代表大会召开。东平县总工会带领全县工会组织和工会会员，深入贯彻落实习近平系列讲话精神，配合党组织和纪检组织落实中央八项规定和反腐倡廉规定。加强《山东省厂务公开条例》和《山东省企业职工代表大会条例》宣传推进活动。

2014年11月4日至7日，东平县总工会在县委党校举办县、乡职工服务中心工作人员培训班，学习信访接待、劳动争议调处、政务礼仪、职工服务中心办事规程、工作制度等方面知识。到肥城市职工服务中心、王瓜店镇职工服务中心、阳光社区职工服务中心参观学习，提高服务中心工作人员素质和胜任工作能力。此后，各单位健全信访接待、办事流程、救助办法、资金管理、监督检查等工作制度，服务承诺公开。

2015年1月，东平县总工会制定年度工作计划，围绕县委、县政府中心工作，坚持“两个贴近”（贴近基层、贴近群众），“两个倾斜”（向一线倾斜、向弱势群体倾斜）的工作思路，切实加强干部职工队伍建设，提高干部队伍服务能力水平，创新服务内容和方式，扎扎实实为职工办实事、解难题，树立工会良好形象，为东平经济社会发展做贡献。

2015年5月，东平县总工会组织“两条例”（《山东省厂务公开条例》《山东省企业职工代表大会条例》）宣传月活动，在县城主要街道、四大园区、各乡镇政府驻地悬挂宣传条幅26幅，发放“两个条例”明白纸3000余份。制作展板在各企业巡回宣传一周，印制500余册宣传材料，发放给各单位，效果良好。县总工会组织开展“四双”

活动。不断深化“工会组织亮牌子、工会干部亮身份”活动，进一步拓展“亮”的内容，丰富“亮”的形式，力求“亮”的实效。广泛开展争创模范职工之家、争做职工贴心“娘家人”活动，不断深化“职工之家”建设。既要重视活动场所、工作环境等硬件建设，更要注重维权、服务等软件建设。扎实开展“双述双评”活动，积极探索“双述双评”的载体，建立健全“双述双评”活动报告制度、记录制度、检查制度和激励约束制度，增强“述评”实效。年内，在市总开展的市级模范职工之家和优秀工会工作者评选活动中，东平有2个企业工会评为先进“职工之家”。2人被评为优秀工会工作者。

2017年，东平县总工会深入推进“两学一做”学习教育暨过硬支部建设活动，制定了《关于推进两学一做学习教育常态化制度化的实施方案》和《关于建设过硬党支部的实施方案》，建立党组书记为组长的活动领导小组，明确创建工作责任人，制定推进“两学一做”常态化、制度化暨创建过硬支部的推进措施，把党员学习教育和过硬支部建设作为工会工作的核心，作为工会党建工作的重点，抓紧抓实。党组书记实施“党员素质提升工程”，支部书记实施“党支部凝聚力提升工程”，为建设过硬工会党支部奠定基础。

是年，县总工会扎实开展“重效率、勇担当、作表率”活动，工会干部勤奋工作、敢于担当，开展“春送岗位、夏送清凉、金秋助学、冬送温暖”活动，把职工脱贫和包村贫困户脱贫作为工会工作的重点，增强责任感，帮助想办法、谋出路，破解职工群众脱困难题。

2018年1月，东平县总工会确定当年工作指导思想：以中共十九大精神和习近平新时代中国特色社会主义思想为指导，按照贴近中心，突出特色、突出特点和转变服务方式、转变服务理念、转变工作作风的“一贴近、两突出、三转变”的基本定位，围绕大局谋划思路，突出特色组织活动，转变理念推进工作，克服人手少、事务多的矛盾，振奋精神，提高标准，奋勇争先，不甘落后，努力创造亮点特色齐备，精品精彩频出工作新局面。

是年10月，县总工会组织开展纪念改革开放四十周年职工演讲活动，县交通局作为试点，发动全体职工结合交通运输发生的巨大变化，话改革，讲发展，增强职

县交通局职工方雷在参加演讲比赛

2018年10月，县总工会组织的纪念改革开放四十周年演讲会会场

工爱岗敬业责任心。

2019年，东平县总工会确定全年工作指导思想：第一，提高政治站位，突出工会政治引领。按照县委和市总工会的部署要求，坚持以上率下、学用结合，深入基层、下沉一线开展勇做新时代泰山“挑山工”和“不忘初心、牢记使命”主题教育。认真学习宣传中共十九大和十九届二中、三中、四中全会精神，深入学习贯彻习近平总书记关于工人阶级和工会工作的重要论述，按照“学懂、弄通、做实”总要求，通过举办学习报告会、专题辅导、知识竞赛等方式，引导工会系统广大党员干部学深悟透习近平新时代中国特色社会主义思想，牢牢把握工会工作正确政治方向，切实担负起引导职工听党话跟党走的政治责任。第二，坚持思想引导，打造工会舆论主阵地。努力做好新形势下工会意识形态工作。创新宣传方式和载体，充分利用报刊、网络、微信、“齐鲁工惠”App等平台，及时、有效、适时地宣传好工会工作和劳动模范等感人事迹，培育和践行社会主义核心价值观。

2020年年初，东平县各级工会响应党中央号召，组织开展防控新冠肺炎和支援武汉抗疫工作，宣传好赴武汉救援队先进事迹。

2021年5月，东平县总工会举办“学党史 促安全”知识竞赛。以赛促学，400余名职工参与竞答，100名职工获得精美雨伞奖励。6月24日，县总工会开展“不忘初心、牢记使命”主题党日暨党组书记讲党课活动。全体人员共同观看《建党伟业》，县总工会党组书记、常务副主席范思安做“深入学习新民主主义革命史做新时代合格共产党员”的主题党课。

第二节 主题教育

1990年2月，东平县各级工会发挥宣传教育阵地作用，采取多种形式开展爱党爱社会主义教育。县化工总厂工会利用职工俱乐部开展传统教育，请老工人讲艰苦创业史，请先模人物讲个人成长史。各部门单位工会组织观看革命历史教育片，开展歌咏比赛，陶冶职工情操。

1991年4月25日，东平县总工会印发《关于举办全县职工想十年、干十年知识竞赛活动的通知》，使十年规划和八五规划家喻户晓，深入人心。动员全县职工振奋革命精神，鼓舞革命斗志，扎扎实实、埋头苦干，为推进全县两个文明建设做贡献。

1994年3月4日，“三八”妇女节来临之际，东平县总工会召开女职工先模人物座谈会、演讲会，6名先模人物介绍个人先进事迹，为全县女职工树立了榜样。结合评先树优活动，典型引路，激励职工学先进、赶先进、争创工作一流。1994年5月，县委、县政府召开全县工会工作会议，对上年度28名省、市先模人物、9名县科技明星，6名技术能手、10名革新能手，9名销售能手受到表彰奖励。会上，县委书记周克峰、县委副书记皇甫炳胜讲话。要求广泛宣传先进模范人物事迹，县教委工会组织先模人物巡回报告团，在全县教育系统形成学先进、赶先进、争创一流工作成绩的良好氛围。县总工会结合东平经济欠发达实际，以改革为动力，引导职工以主人翁的姿态从事劳动和工作。开展“厂兴我荣，厂衰我耻”的利益共享、风险共担的利益共同体教育活动，推进企业实行全员劳动合同制，维护职工合法权益。

1994年，东平县总工会按照县委八届六次全委（扩大）会议精神，制定“三学”规划和实施方案（“三学”即：学习中国特色社会主义理论、学习市场经济知识、学习科学技术知识），认真贯彻党的十四届四中全会精神，坚持和健全民主集中制，领导干部带头廉洁自律，加强班子全面建设。抓好工会干部的培训，提高工会干部素质，全年举办各类培训班22期，培训工会干部568人次。

2004年4月，东平县总工会组织企业工会干部参加在县委党校举办的“树立和落实科学发展观”专题研讨班，听取著名金融学家、中国社会科学院金融研究所所长李扬教授作的题为《当前经济与金融形势分析》的报告，听取著名经济学家、北京师范大学学术委员会副主任、经济与资源管理所所长李晓西教授作的题为《区域经济发展与对外开放》的报告。研讨班结束后，组织工会干部结合工会工作实际，认真进行了讨论。

2017年，东平县总工会深入推进“两学一做”学习教育暨过硬支部建设活动，制定了“关于推进两学一做学习教育常态化制度化的实施方案”和“关于建设过硬党支部的实施方案”，建立党组书记为组长的活动领导小组，明确创建工作责任人，制定推进“两学一做”常态化制度化暨创建过硬支部的推进措施，把党员学习教育和过硬支部建设作为工会工作的核心，作为工会党建工作的重点，抓紧抓实。

2018年，根据县委部署，东平县总工会成立大学习、大调研、大改进活动领导小组，每个党员干部都列出自己的学习计划，按照“3+2”学习内容要求，每天坚持自学一个小时以上，每一名干部职工都撰写1~2篇心得体会。4月20日，县总工会机关支部组织召开“不忘初心、牢记使命，我该怎么办”专题组织生活会，加深对习近平新时代中国特色社会主义思想的认识，增强“四个意识”，坚定“四个自信”，做到“两个维护”，更加坚定干事创业的信心。

2019年，东平县总工会坚持以上率下、学用结合、深入基层、下沉一线，开展勇做新时代泰山“挑山工”和“不忘初心、牢记使命”主题教育。

2021年，东平县总工会成立由党组书记、常务副主席范思安任组长、其他有关人员为成员的党史学习教育领导小组，领导小组下设办公室，具体负责党史学习教育日常工作。通过集中学、个人自学与讨论学相结合的方式，认真学习《中国共产党简史》《习近平论中国共产党历史》《毛泽东 邓小平 江泽民 胡锦涛关于中国共产党历史论述摘编》《习近平新时代中国特色社会主义思想学习问答》等资料，全面了解党的百年奋斗历史，深刻感悟党的初心使命。4月12日，县总工会组织党员干部职工观看红色影片《红旗漫卷西风》。5月19日，组织23名党员职工赴昆山党性教育基地、县工委纪念馆和万里故居参观学习，为党员干部上了一堂生动的思想政治教育课。

第三节 普法宣传

1991年4月11日，全县推进学习宣传贯彻执行《中华人民共和国工会法》大会召开，县委宣传部、县司法局、县广播电视局、各委局负责人、企事业单位工会主任120余人参加会议，县委副书记李效阒到会讲话，要求各级党政组织高度重视，原原本本读法用法，并抓好贯彻落实。与此同时，与学习《中华人民共和国妇女权益保障法》和纪念《中华人民共和国宪法》颁布10周年相结合，切实增强法律观念，坚持依法行政，依法治企。

4月，县总工会部署基层工会抓好《中华人民共和国工会法》宣传，张贴标语316幅，宣传栏、板报1245期。县总工会投资1万元，用于印发购置辅导材料、法律读本，开展宣教评奖等。县化工总厂以实际行动落实工会法，在资金困难的情况下，投资127.5万元，建设职工宿舍楼1栋，为全厂职工购买人身安全保险，给符合条件的职工增加一级工资。

1994年7月5日，《中华人民共和国劳动法》颁布，1995年1月1日实施。东平县总工会把做好劳动法宣传，督导企业贯彻落实劳动法，作为维护劳动者权益的法律政策依据，在全县职工中广泛开展学习宣传劳动法律法规活动。要求各企业工会采取多种形式搞好劳动法宣传落实工作。与劳动部门一起，举办劳动法学习班。

1995 年，东平县总工会继续抓好劳动法宣传。县总工会一班人跑企业、下基层，座谈了解，调查摸底，全面掌握企业党政和职工对实施劳动法的态度和想法。针对个别厂长、经理认识上的偏差，现场进行讲解、说服、宣传和教育；采用黑板报、宣传栏、广播电视、标语口号、举办培训班、组织知识竞赛等多种形式，广泛宣传实施劳动法的意义。4 月下旬，由县总工会牵头，与县劳动局、县经贸委联合举办“东平县职工劳动法知识大奖赛”。在全县广大职工中层层进行比赛、层层进行选拔，是一次较大规模的集中宣传活动。

1995 年 9 月 20 日起，县总工会利用 1 个月时间，抽调专人，对经委、商业、粮食、供销、建委、交通、物资、外贸 8 个系统 87 家企业的职工工资发放情况实施调查，至 10 月 20 日结束。分为拖欠职工工资半年以上、半年以内和不拖欠三种企业类型。涉及职工 17118 人，占职工总数的 43.1%，其中女职工 5765 人，下岗职工 234 人，下岗女职工 101 人。为县委、县政府提供可靠决策依据。

1995 年 11 月，县总工会与县劳动局联合，在县劳动技校举办劳动法知识培训班，县直部门乡镇企业工会干部和劳资科长 100 余人参加，结业率 100%。12 月，市人大常委会对东平贯彻落实《中华人民共和国劳动法》情况进行检查，县总工会向市人大常委会检查组汇报工作。县体改委制定《关于企业改革若干问题的规定》中，县总工会就职工代表大会制度、职工医疗费用支出数额、女职工生育保险等方面，提出修订意见，多方面维护职工权益。

2001 年 10 月 27 日，第九届全国人民代表大会常务委员会第二十四次会议通过《关于修改〈中华人民共和国工会法〉的决定》（修正）。以法律的形式，明确职工代表大会是工会组织职工参加民主管理的基本形式和维护职工合法权益的重要手段。

2002 年，东平县总工会派员参加市总工会举办的《工会法》知识比赛和计算机技术比赛。

2005 年，东平县总工会开展工会系统“四五”普法情况调查。就工会法、劳动法、企业法、合同法等法律宣传落实情况，深入全县有关企业和部门走访了解，提出深化普法教育工作的建议。

2010 年 12 月，东平县总工会在全省工会系统“五五”普法工作中，被山东省总工会授予先进单位称号。

2019 年 3 月 19 日，按照省总工会要求，将近两年来在借助社会力量开展的工会法律宣传、法律援助、法律调解、法律监督等方面的主要做法进行系统的总结，主要包括有哪些好的工作模式、推进的工作机制、取得的主要成效等内容。东平县总工会结合实际，于3月20日及时做了汇报。法律服务机构建设和法律服务队伍情况，县总工会聘用东平法雅律师事务所5名律师，组建律师服务团队，建立法律服务联动机制。

2018—2019年，工会律师服务团队办理案件4起，涉案金额80万元，咨询25件，涉及人数120人。成立“遵法守法·携手筑梦”志愿服务分队，开展活动12次，服务人数1245人。

2020年，东平县总工会完善建立县级工会法律援助中心，设立接待室、法律援助工作室、诉调对接室、调解室、仲裁室、档案室等功能科室。与县人民法院联合下发《关于开展劳动争议诉调对接工作的实施意见》，与县人社局联合下发《关于进一步加强工会劳动法律监督与政府劳动保障监察协作的意见》，与县司法局、县人社局联合下发《关于加强职工法律援助工作的意见》。此外，研究制定了工作人员绩效考核办法，建立健全调解台账、援助台账、法律宣传台账、法律服务工作情况和工会法律服务人员台账，为做好职工法律援助工作奠定坚实基础。当年，利用工会工作者、工会公职律师、法律顾问等专业人才力量，在援助中心值班服务。按照有场所、有人员、有制度、有经费、有案源、有绩效的“六有”标准，制定完善规章制度22项，建立各类台账10册，制作上墙图版17块，办理职工来信来访11件次，为21名职工答疑解惑，为140名职工开展案件调解和法律援助，职工满意率达到100%。其中，法律援助109件，案件调解31件。集中开展《中华人民共和国宪法》《中华人民共和国民法典》宣讲活动7次。在省、市总工会现场观摩中得到充分肯定。

2021年2月，东平县总工会向市总工会提报“2020年度法律援助工作综述”，介绍东平扎扎实实开展职工法律援助服务的工作情况。

第四节 职工文化活动

1989年，东平县总工会在工人文化宫举办职工书画展2次，展出作品186幅，阅览室接待阅览人员2800人次；国庆节举办职工文艺调演。工人文化宫影剧院接待服务县六大班子及有关部门会议8次，受到好评。

1991年3月初，为迎接“三八”妇女节，东平县总工会与县妇联举办女教职工书画展。展出书法作品75件、绘画68件、剪纸46件。

1991年6月29日，县总工会配合“三热爱”教育，联合县经委在县电影院举办庆祝中国共产党成立70周年文艺演唱会。县六大班子领导到场观看演出。

1993年3月7日，东平县总工会围绕科技兴县，“三八”妇女节前组织全县女职工书法、工艺、女能手展览活动。召开表彰会，表彰女能手94名。

1995年秋，东平老年书画协会成立，傅茂森任会长，东平县总工会干部李守白等任副会长。当年协会在县工人文化宫举办书画展3次。

1997年6月中旬，东平县总工会主办“庆香港回归·李守白书法汇报展”。县六大班子领导和社会书法爱好者1000多人先后观览。

1998年9月，东平县总工会干部李守白、县档案局副局长张烈贤自发组成20余人的“书法研讨小组”，自费开展书法活动，至2003年·举办了“迎澳门回归书法展”“庆祝建党80周年书法展”“迎春书画展”“喜迎十六大笔会”等。参加省文联主办的“山东省首届县市书画、摄影优秀作品交流展”，李守白书法作品获一等奖。

1998年10月，“东平县女教工首届书画展”在县工人文化宫举办

1999年，李守白自作自书的《回归颂》在“全国庆祝中华人民共和国成立五十周年，迎澳门回归祖国大展”中获三等奖，行书作品获“中华世纪之光”全国书画大展优秀奖。2000年8月，省书协主编、黄河出版社出版了《李守白书展作品集》。2003年12月，李守白行草在“世界和平艺术展览”中获银奖。

2000年6月起，东平县总工会组织“消夏之夜”文艺会演活动。活动从6月开始至9月结束，共有56个部门、2000多名职工参与。

翌年7月，东平县总工会再次组织职工参加“消夏之夜”文艺演出，编演文艺节目120个，演出30多场次，近1000名职工登台演出。至2010年，全县各级工会组织职工参加“消夏之夜”文艺演出11次，累计编演文艺节目420个，演出90多场次，近6000余名职工参与活动。

2011年，东平县总工会组织“工会杯”职工书法比赛等活动。获得市总工会组织的“中国梦·劳动美”职工书画展一、二、三等奖各1名。

2014年，“五一”劳动节期间，县总工会举办“工会杯”职工书法比赛，组织50名工会专兼职干部参加培训班，去济南拓展训练。参加市总工会组织的“中国梦·劳动美”职工书画展。彭集街道办事处的陈庆昕《故书》获书法一等奖，东顺集团瞿庆福书法《苏轼》获二等奖，彭集街道王清来、旧县乡陈诚文获优秀奖。县公路局刘思武的《马到成功》获绘画三等奖，大羊镇张小雨获绘画优秀奖。

2017年，东平县总工会开展全县基层工会10年文化宣传活动。成果统计，2006—2016年，企业组织各类宣传稿件近万件，企业均办起文化墙、宣传栏、图书室、阅览室。瑞星集团、新东岳集团均办企业报，鼓励职工积极供稿，宣传企业各类典型人物、读书心得以及文学作品。丰富了职工业余文化生活，促进职工队伍思想政治和文化素质不断提高。

2019年9月，东平县总工会策划举办庆祝新中国成立70周年“我和我的祖国—百名少年送千面红旗”活动。国庆节当天，有300多名少年儿童在家长陪同下，走上街头商场、企业车间、田间地头，把3000面红旗送给广大市民，通过“我和国庆合个影”，表达对祖国的热爱和祝福。

2020年7月1日，东平县总工会与县直机关工委联合举办庆“七一”党的知识竞赛、“我们的新时代”征文比赛，“七赛七比”勇做新时代泰山“挑山工”形象展示大赛等活动。与老年大学联合举办“不忘初心跟党走”文艺会演。

2021年6月29日，东平县“庆百年华诞，抒时代心声”书画摄影展在县工人文化宫开幕。活动由县总工会、县直机关工委共同主办，展出各类书法绘画摄影作品100余幅（件）。县人大常委会副主任、县总工会主席王成明，副县长李便宁出席开幕式。参加活动人员集中收看庆祝中国共产党成立100周年大会直播，认真听取习近平总书记重要讲话，全体中共党员重温入党誓词。

第五节 职工体育

1989年，国庆节期间，东平县总工会组织职工篮球赛。有县化工总厂、酒厂、造纸厂、橡胶厂等单位参赛，经激烈角逐，县化工总厂篮球队获得冠军。

1991年4月下旬，“五一”劳动节之前，东平县总工会与县体委联合举办职工体育运动会，项目有篮球赛、乒乓球赛。32家企业派出代表队参赛。运动会上乒乓球项目选拔6人参加市总工会乒乓球比赛，取得好成绩。

1997年4月，东平县总工会与县体委联合举办“全县职工篮球赛”。瑞星集团、橡胶厂、酒厂、造纸厂等9个代表队参加比赛。通过淘汰赛，酒厂代表队获得冠军。

东平县职工体育运动会开幕式

1998年，“五一”国际劳动节期间，东平县总工会与县体委联合举办职工运动会，参赛项目10个，队员86人。国庆节期间组织全县23个单位参加的篮球赛，县化工总厂篮球队获得冠军。

2003年9月27日，东平县总工会与县体委联合举办全民健身活动，在县城举行开幕式，全县机关企事业单位、学校2000多人参加。

2005年12月2日，东平县总工会与县高级中学工会组织开展多种形式的体育锻炼活动，增强学生体质。

2017年，“五一”国际劳动节期间，东平县总工会与县体委联合举办职工运动会，参赛项目共计26个，队员156人。国庆节期间组织25个单位参加的篮球赛，瑞星化工集团篮球队获得冠军。

职工拔河比赛现场

6月4日至5日，全省第七届职工运动会在淄博市体育局体育场举行，根据市总工会安排，县总工会组织职工参加跳绳比赛。从各企事业单位报名的40名运动员中，挑选10名跳绳技术比较好的职工，进行赛前训练。在100多个县市区参与的比赛中东平取得单人排名13名的好成绩。

12月2日，东平县总工会组织瑞星集团、中联水泥、水利建筑安装公司等7家企业、59名职工参加全县第八届全民健身运动会半程马拉松比赛。县总工会为每名参赛职工购买价值300元的运动服，比赛取得较好成绩。

2018年8月，东平县总工会与县直机关工委、县体育局联合举办首届“工会杯”全县职工游泳比赛，县总工会投入3万元，对获奖职工给予表彰奖励。

2021年，东平县总工会在改造提升后的工人文化宫，先后举办篮球、乒乓球、羽毛球比赛30场次，开设了瑜伽、形体、古琴、箫等公益课，提高了职工的健康审美意识。7月27日至30日，县总工会与县直机关工委在工人文化宫举办“供水杯”县直机关职工篮球赛，有9个代表队参赛，历时4天。县公安局、县应急管理局代表队分别获得冠、亚军。

第六节　网络平台

“东平县职工服务中心”网上平台

2020年11月，东平县总工会根据省总工会、市委和县委网上工作的有关要求，加快推进“智慧工会”建设，开发建设“东平县职工服务中心”网上平台。县总工会宣教部具体负责网络宣传事宜，安排有一定专业知识、文字功底深厚、熟悉网络业务的展笑、刘丁一专做网络平台工作。

网上平台以为职工会员提供更直接、更精准、更普惠、更便捷、更温馨的服务为宗旨，发动机关和基层工会干部关注支持网络平台开展工作，第一时间发布各类工会资讯，解读与职工生产生活密切相关的重要政策信息，提供职工在线入会、困难帮扶、职工维权、互动交流等服务，定期开展各类职工普惠福利活动。每逢上级工会领导到东平检查指导工作、县总工会组织的文化宣传等重要活动、基层工会创新工作的典型经验做法，涌现出的先进人物，工作人员及时撰写稿件，并将拍摄的图片和视频传递给网络平台。

2020 年 11 月以来，东平县职工服务中心网上平台发布各类信息稿件 32 篇，图片 18 幅，部分稿件和图片被上级新闻单位采用。成为广大职工群众了解工会工作、参与工会互动的重要窗口、丰富职工生活的重要阵地，增强了工会工作的凝聚力和向心力。

“东平总工会”微信公众号

2019 年 5 月，开设“东平县总工会”微信公众号。设置“官宣系统”“便民服务”“职工福利”3 个主栏目和“专题学习栏”“重要通知”“依法维权”“会员福利活动”等 10 个子栏目。

“东平总工会”微信公众号坚持每周发布一篇重要信息，截至 2021 年年底，共推送专题信息 57 条，累计点赞量超过 10012 人次，总用户数 4391 人。微信公众号强化正面宣传引领、积极主动发声，从维护职工权益、畅通诉求渠道等方面入手，及时发布和解读职工保障、帮扶救助、工会经费使用等方面的法律法规、相关政策，大力弘扬劳模精神、劳动精神、工匠精神，让职工们遇事有主张，诉求有依据，合理合法地维护好自身权益。

“东平总工会”微信公众号还注重给职工送温馨、送温暖。开设发布“职工生日蛋糕领取”“电影票免费领”“东平县工人文化宫形体培训课”等多篇资讯，让职工通过关注公众号，即可充分享受职工福利、免费观影、公益形体培训等一系列服务。通过营造和谐美好的企业文化、职工文化，发挥了工会“娘家人”的作用，深受广大职工欢迎。

第七章　职工生产革新

东平县总工会根据县委、县政府确定的“科技兴县、科技兴企”发展战略，围绕县内重大项目、重点工作、重要领域，组织引导广大职工积极投身工业发展主战场、科技创新最前沿、重点项目第一线，深入开展技术革新、劳动竞赛、技术比武、节能减排、发明创造、合理化建议等群众性经济技术创新活动，提升职工队伍素质，在全面建成小康社会中充分发挥主力军作用。

第一节　劳动竞赛

1989 年 7 月，东平县总工会与企事业单位工会，组织职工开展“技术学习、技术练兵、技术比武活动”，坚持干什么学什么，全县出现人人学，岗岗练、行行比的竞赛热潮。经委、建委、粮食、供电系统培训职工 2144 名。开展“三技”活动比武选拔赛，至 7 月底参加活动 8640 人，通过比武选出厂级技术能手 2394 人，各类技术岗位前三名技术能手 1415 人，东平县总工会向 228 名拔尖技术能手颁发荣誉证书。有 74 人被选拔为市级拔尖人才。县橡胶厂职工孙兆宏，在配料比武中获省级第 1 名，厂给他晋升一级工资，又向上浮动一级工资。准备车间郭光记大功 1 次。东山路城市信用社会计樊明前获全省城市信用社系统“智力竞赛”第 4 名。7 月 8 日，东平县总工会、县建委系统在某建设工地组织技术比武大会，参加比赛项目有砌垒、盘钢筋等项目，通过比赛，评选出一、二、三名各 1 人。副县长康绍军、东平县总工会主席徐延申、县建委主任金甲祥为优胜者颁发奖状和奖品。

1990 年 3 月，成立东平县劳动竞赛委员会，分工副县长展延岚任主任，东平县总工会、县经委、县财委主要负责人为副主任。全县 14 个委局（公司）、35 个赛区均成立由行政负责人任组长的劳动竞赛领导小组，办公室设在各级工会。党政工团齐心协力，形成争先恐后竞赛氛围。东平县总工会下发《深入开展双增双节劳动竞赛倡议书》。指出：劳动竞赛是充分调动广大职工生产积极性、最大限度发挥职工群众聪明才智的有效方法。要求全县职工人均节约100元，完成效益200万元的目标。团县委向广大青年提出“增节资金3000万元，为渡难关做贡献”口号。东平县总工会组织到肥城市参观学习。在县化工总厂召开全县“双增双节”现场会，各委局、县经委系统厂长经理、工会主任100余人参加会议。会后财贸系统在商业大楼召开现场会。全县参加竞赛职工达1万余人。当年，全县开展劳动竞赛活动，有39个单位夺得奖杯。供电局青年服务社30名职工组成突击队，战胜酷暑炎热，不到20天赶制35千伏跨湖线路需要的底盘石、卡盘石、拉线石548块，节约资金7100余元。

1991年4月，东平县总工会转发市总工会《关于在全市职工中开展技术学习、技术练兵、技术比武活动意见的通知》，印发《关于在全县女职工中开展“八比八赛、巾帼奉献”活动的意见及实施细则》。参加竞赛赛区由上年的14个增加到16个。县农机厂开展“比产量、赛干劲；比质量、赛水平；比安全、赛无事故；比降耗、赛节俭”“四比四赛”活动，将指标层层分解、落实到人。6月，该厂主导产品花键轴被评为“部优产品”。县服装厂工会配合厂行政在品种上做文章，在质量上下功夫，打开市场销路，使濒临倒闭的企业起死回生，职工平均工资由50元提高到107元。县鞋厂工会组织职工开展技术攻关，开发生产的“皮安全鞋”被省劳动局定为定点生产厂家，“塑料改性颗粒”新产品投入批量生产，效益可观。全县实现工业产值2.59亿元、销售收入2.19亿元、利税1326万元，分别增长20.6%、35%、44.3%。

当年，各级工会围绕“质量、品种、效益年”活动，把推进技术进步和提高职工素质摆在首位，坚持科学技术是第一生产力，围绕“科技兴县”“科技兴企”，开展“三技”活动，抓好拜师学艺，岗位培训，鼓励能工巧匠献实招，结对子，传帮带，把技术素质与职称评定、工资奖金挂钩，激励青年职工学习文化，钻研技术，立足岗位，成才成长。全年参加“三技”活动14000多人，有4270人参加比武表演，106人参加市总工会组织的比武活动，取得较好名次。推荐市级夺标单位2个。评出各级技术能手1236人，引进新技术、新工艺44项，攻克技术难点127个，创造经济价值157万元。县化工总厂靠艰苦奋斗和劳动竞赛，全年组织义务劳动5000多个工日，搬动废铁400余吨，自制、自修电机、水箱、水泵等设备，节约资金100多万元。劳动竞赛推动了技术进步，推动了合理化建议活动开展，助推了东平经济和各项社会事业的发展。

1991年4月16日，全县劳动竞赛总结表彰大会召开。东平县劳动竞赛委员会主任、副县长展延岚到会讲话，回顾总结1990年劳动竞赛取得的成果及经验，为39

个劳动竞赛优胜单位颁发奖杯。

1993 年 3 月，东平县总工会和基层工会组织职工开展“优质降耗、促销增效”为主要内容劳动竞赛和合理化建议活动，推动企业走向市场，引导职工增强市场意识、竞争意识和效益意识，以主人翁的姿态参与改革，支持改革。

5 月，东平县总工会转发市总工会、市劳动局、市科学技术委员会联合下发的《关于在全市职工中开展“一星三手”劳动竞赛活动的意见》，认真制定“一星三手”（科技明星、技术能手、革新能手、销售能手）活动评选方案，各企业基层工会制定实施方案。至 11 月，收到“一星”材料 3 份、“三手”材料 26 份。

6 月，东平县总工会继续组织“双增双节”和“三技”劳动竞赛。全县参加“三技”活动职工 16700 人，其中，参加比武表演的 6286 人次，比赛项目 286 项。组织职工继续开展提合理化建议活动，共计提出合理化建议 14508 条，被采纳建议 6458 条，创经济效益 864.5 万元。

1994 年，东平县总工会围绕经济建设中心，组织动员职工广泛开展社会主义劳动竞赛活动。一是加强职工岗位培训，开展技术学习、技术练兵、技术比武活动，全年开展各种技术比赛活动 65 场次，参加比武人员 2158 人次。其中，东平县总工会女职工委员会开展“八赛八比，巾帼奉献”活动：一赛岗位练兵，比技术素质；二赛工作效率，比先进水平；三赛优质产品（服务），比经济效益；四赛双增双节，比勤俭节约；五赛献计献策，比合理化建议的价值；六赛技术进步，比发明创造；七赛计划生育，比优生优育；八赛群体素质，比目标管理。提高岗位技能，强化服务意识，培养职业道德。全年提合理化建议 1686 条，被采纳 968 条，创经济价值 625 万元，“双增”双节创价值 424 万元。当年，东平县总工会继续围绕科技年活动，广泛开展“一星三手”活动，制定开展“一星三手”活动的实施意见和评选条件，各系统、各单位都制定实施细则。瑞星化学工业集团总公司孟广银被泰安市总工会、市劳动局、市科学技术委员会授予“职工科技明星”称号；县淀粉厂张观金、县职业中专郭振胜被授予“革新能手”称号；县商业大楼冯方远被授予“销售能手”称号。

1995 年 5 月，东平县总工会下发《关于围绕“管理效益年”活动开展劳动竞赛的意见》，确定劳动竞赛的目标和重点。各系统工会和各企业工会制定实施细则，确定竞赛内容，制定竞赛规划，安排落实各种技术学习、技术练兵、技术比武活动。经委系统瑞星化工集团工会，制定“管理效益年”劳动竞赛全年规划，“双增双节”实施办法；组织职工连续开展“十个一”活动；10 天一考核，赛程 1 个月，月底兑现：第一名 1000 元，第二名 800 元，第三名 500 元；

"瑞星杯"质量竞赛，实行一月一考核，冠军500元。夏天气温高、农活忙、气体燃点高、人员易疲劳等，组织开展"夏季百日安全赛"活动。8月25日，人民商场进行珠算、开票计价、点钞、板放量布、称秤包包、捆扎酒瓶六个单项专业技术比赛。经理、书记亲自到场动员，讲意义、提要求。工商银行工会在10月1日至12月31日，全行开展"三赛"活动。一赛效益，看谁的增量大，看谁的增幅高；二赛服务，看谁的服务质量高，看谁的服务用语说得好；三赛安全，邮电局工会以经营为中心，以发展为主线，开展8个专业业务技术竞赛活动。一赛发展装机和揽储数额，评"业务发展能手"和"揽储状元"；二赛装机、修机和营业降低客户等待时限，评"优质服务明星"；三赛业务基本功，评"通信业务技术能手"的"三赛"活动，丰富基础知识，提高操作水平，增强了职工主人翁责任感和事业心。

1996年，东平县总工会下发《关于深入开展社会主义劳动竞赛意见》和《关于在全县职工中开展技术比武活动的通知》，围绕开创全县大改革、大开放、大开发、大投入、大发展新局面，明确竞赛目标和重点，开展多种形式的社会主义劳动竞赛和各种技术比武活动。瑞星集团工会继续开展"瑞星杯"质量竞赛、"红旗手"劳动竞赛、"夏季百日安全赛"活动。工商银行工会组织全行职工开展"四讲一服务"和"双百"劳动竞赛，有5个专业18个项目、82名职工参加比赛，考核中有68人次、107项技术项目操作达到县级以上技术水平。橡胶厂工会组织全厂职工开展创建"文明岗位"达标活动。涌现出"文明岗位"44个、"文明职工"77人。

1998年4月，东平县总工会与各基层工会继续组织开展社会主义劳动竞赛活动，推进企业职工技术学习、技术练兵、技术比武和"双增双节"活动。全县职工提出合理化建议863条，创经济效益50万元，双增双节创造价值320万元。1人被评为省级劳动模范。评出"一星三手"先进个人15名。

1999年，发动职工提合理化建议，大搞技术革新和技术协作，服务行业职工参加行业形象万人评活动，争创文明岗位、争做文明职工。是年，全县职工提合理化建议926条，采纳213条，创效益近100万元，"双增双节"创经济效益500万元。

1999年，东平县总工会组织企业职工开展劳动竞赛，有10个单位被评为劳动竞赛先进单位，90名职工被评为先进个人。创建文明行业，评选文明岗位31个、文明职工186人。开展"女职工文明岗位建功立业"和以"强素质、多贡献"为主题的"四个一"活动，参加女职工4275人。有935名女职工获大专以上学历，思想道德、科学知识和职工技能普遍提高，竞争力和社会适应性明显增强。

2002 年，东平县总工会与县安监局联合，在全县各类企业开展“安康杯”竞赛活动，举办安全知识培训班 4 期，举办消夏安全专场文艺演出，参与消夏安全生产大检查，协助处理 5 起安全事故。

2003 年，全县工会系统广泛开展“安康杯”竞赛活动，加强劳动保护工作，参加群众性安全生产监督检查，全县安全生产大检查，妥善处理职工伤亡事故 4 起，维护职工利益。

2006 年，组织开展“安康杯”竞赛活动，瑞星集团一班组被评为全省优胜班组。县供电公司、交通局被评为全市优胜单位。

2010 年 4 月，东平县供电公司检修工区、东平县人民医院急诊科被评为“省级工人先锋号”。

2012 年 4 月 23 日，东平县总工会响应市总工会号召，在县纪委会议室召开基层工会主任会议，动员各企事业单位继续深入开展“当好推进富民强县、建设幸福东平主力军”劳动竞赛活动，以争创“工人先锋号”为载体，深入开展各种形式的劳动竞赛活动。全县各级工会围绕全县经济社会发展大局，结合行业、单位工作实际，组织多家单位广大职工开展多种形式的劳动竞赛，参评省、市“工人先锋号”。其中，供电公司检修工区获省级“工人先锋号”荣誉称号，公路局大羊乡公路站、路政大队、自来水公司州城分公司、农村合作银行银山支行、县人民医院急诊科、农行东山路营业部、旧县乡计生服务站等单位获市级“工人先锋号”称号；上述站所科室负责人被授予“富民兴鲁”劳动奖章和“振兴泰安”劳动奖章，激发了干部职工干事创业的热情。

2013 年 4 月，东平县总工会召开各企事业单位工会主任参加的“广泛开展劳动竞赛、争创工人先锋号”活动动员会，以“工人先锋号”争创为载体，在全县各企事业单位，深入开展“当好推进富民强县、建设幸福东平主力军”劳动竞赛活动，做大做强工会工作品牌，激励全县广大干部职工建功立业。东顺集团锅炉车间开展“人人当标兵”活动，坚持每月开展 2 次技术培训；中国银行东平支行、农合行新城支行倡导“全员学习”，大力开展岗位练兵，提升员工业务技能；邮政局银山支局喊响创建“工人先锋号”团队口号，积极开展星级窗口、文明职工评比活动。全县有 24 家企事业单位申报县级“工人先锋号”。

2013 年，东平县总工会扎实推进“安康杯”竞赛活动。设立宣传咨询站 69 处，悬挂条幅 300 余幅，发放宣传材料 17000 份，制作安全图版 309 块，组织宣传车 30 辆。全县 85% 以上规模企业的工会组织、近 200 名工会干部参加了宣传活动。组织 38 家规模较大企业职工开展安全卫生知识学习答卷活动。发放答卷 4500 份，参与职工 1.2 万人次。11 月 20 日，省巡检组对供电公司争创省级安康杯工作进行了检查。

2014年3月，东平县总工会以“安康杯”活动为载体，组织全县广大一线职工开展隐患大排查活动，促进职工牢固树立安全生产意识，确保安全生产。东平县总工会被山东省总工会、山东省安监局授予全省“安康杯”竞赛优秀组织单位称号。

2014年，东平县总工会组织开展“当好推进富民强县、建设幸福东平主力军”劳动竞赛活动，以“工人先锋号”争创为载体，引导广大职工爱岗敬业，积极作为，扎实进行节能减排、技术革新等生产实践活动。县供电公司运维检修部获得全国“工人先锋号”称号。县人民医院急诊科、县水利建安公司施工科被评为省级“工人先锋号”，受到省总工会、省有关部门表彰。

2018年4月18日，东平县总工会举办东平县首届“工会杯”厨师厨艺烹饪大赛，参赛餐饮企业70余家，各类参赛厨师200余人。东平县总工会投入10万元，比赛设置团体赛和个人赛两大类别：团体赛设一、二、三等奖各1名，个人赛设一等奖6名、二等奖10名、三等奖20名、特等奖1名。为保证该次大赛的专业性，东平县总工会特邀訾胜军等5名餐饮界专家担任评委。通过激烈角逐和严格评审，沈长兰获特等奖，厨师赵景民、张续良、吕修香、吴后民、周生明、李瑞国获得个人一等奖。市总工会常务副主席巩华仁、县领导王强、陈兰芳、孟光出席比赛活动，县工商联、旅游局、商务局等部门主要负责人，各乡镇街道、县直有关部门工会负责人参加活动。县委常委、组织部部长王强讲话，肯定了东平县总工会组织该次活动的重要性，对于新时代调动广大职工创新热情，弘扬东平地方特色饮食文化，吸引更多游客关注东平，宣传东平，促进东平文化旅游产业健康发展，将产生重要推动作用。省、市、县多家新闻媒体报道比赛盛况。

2020年9月，东平县总工会和县卫生健康局联合举办“2020年危重症孕产妇救治技能培训和竞赛”活动。全县所有助产医疗机构均组建队伍参赛，每个参赛队由6名队员组成。通过培训，采取笔试和技能操作比赛，分别进行打分计分。综合各队及每名队员最后得分，确定团体一等奖1名、二等奖2名、三等奖2名。个人特等奖1名、一等奖1名、二等奖3名、三等奖7名、优秀奖18名。比赛结束后，颁奖仪式在县人民医院六楼会议室举行，县总工会副主席徐广三宣布比赛成绩并进行颁奖。

2020年，县总工会组织开展以“当好主人翁、建功新时代”为主题的劳动竞赛活动。围绕东平湖综合整治展开，按照湖面干净、水质清澈、岸线优美的标准，组织各参赛单位干部职工，弘扬劳模精神、劳动精神、工匠精神。以“迎着困难上、坚决打胜仗”的信心和决心，争当新时代泰山“挑山工”，在绿化、净化等项目建设和违规现象整治中，开展劳动竞赛，促进形成“水清、岸绿、景美”的生态环境，使东平湖成为全省生态保护、高质量发展库区滩区的典型样板和成为东平人民的“幸福湖”，期间涌现出一批劳动竞赛先进单位和先进个人。

2021年年初，鉴于严防严控新冠病毒传播，保护全县人民生命健康的需要，东平县总工会联合县卫生健康局组织开展“东平县核酸检测技能竞赛”，有1000余名疾控和医务人员参加。通过竞赛评比，提高了核酸检测的效率与质量。东平县疾病预防控制中心等5个单位获核酸检测团体奖，大羊卫生院等6个核酸样本获采集团体奖，有1人获核酸检测岗位技能竞赛特等奖，16人获个人优秀奖，18人获核酸样本采集岗位技能优胜奖，11人获岗位优秀奖。当年9月，还组织开展“全县慢性病防控岗位技能竞赛”，通过计分评比，评出一等奖2名、二等奖4名、三等奖4名、优秀奖31名。

是年，县总工会还组织开展“东平县环湖防护林带及山体绿化提升工程”劳动竞赛。清除湖内网箱网围12.6万亩，清理环湖违法建筑447处，修复各类湿地2.4万亩，新增湿地2000亩，推进沿湖生态隔离带建设74公里，修复因采石被破损的山体100多处，新增森林面积2000余亩，绿化总面积170万平方米，提高了沿湖植被覆盖率，东平湖周边大气改善和水质保护得到明显提升，为黄河流域生态保护和高质量发展做出贡献。

第二节 技术革新

1989年，东平县总工会鉴于提高企业经济效益、遏制经济滑坡需要，在企业广泛开展创新创造和技术革新活动。造纸厂、水泥厂、橡胶厂、花键轴厂、工具厂等企业提出“争市场、创高产、赛干劲、比贡献、出满勤、干满点”的口号，千方百计完成生产计划，提高产品质量，开展超产保质立功竞赛、争创一流竞赛、夺标创优竞赛，解决影响生产的难关难点，开展技术攻关和技术革新、合理化建议活动，解决技术难点37项，创经济效益93.6万元。县化肥厂开展节约煤炭竞赛，吨氨消耗煤炭由上年的243公斤降为174公斤，共计节约1644吨，价值29万元。造气车间，实行降耗目标责任制，成立QC小组，由原来三炉供四机改为三炉供五机，产值增加115万元，增长9%。机修车间制造静止设备58台，完成产值194万元，比依靠外单位加工节约资金48万元；仓库管理实行ABC管理法，储备由年初的277万元压缩至128万元，流动资金周转天数由年初的47天降为36天，加速周转11天，节约资金108万元。县造纸厂职工加班加点，修复待废电器和特种水泵，冒着高温修理锅炉炉排，节约资金2400多元，每天节约用煤30多公斤。梯门、水河供销社发动群众，消化各种增支因素，进货自装自卸，自搬自运，节约开支4000余元。接山乡粮所修旧利废，缝补麻袋6000余条，节约资金1000多元。

1992年，东平县总工会确定劳动竞赛围绕鼓励能工巧匠献实招，结对子，搞好传帮带，把技术素质与职称评定、工资奖金挂钩，激励青年职工学习文化，钻研技术，立足岗位，成才成长。全年参加“三技”活动14000多人，4270人参加比武表演，106人参加市总工会组织的比武活动，取得较好名次。推荐市级夺标单位2个，省劳动模范1名，“振兴泰安”劳动奖章2名。开展合理化建议活动，提出合理化建议11136条，被采纳5056条，增加经济效益2460万元；受奖建议423条，发明创造奖13条。评出各级技术能手1236人，引进新技术、新工艺44项，攻克技术难点127个，创造经济价值157万元。县化工总厂靠艰苦奋斗和劳动竞赛，全年组织义务劳动5000多个工日，搬动废铁400余吨，自制、自修电机、水箱、水泵等设备，节约资金100多万元。劳动竞赛推动了技术进步，推动合理化建议活动开展，助推东平经济和各项社会事业发展。

1993年5月1日，东平县总工会结合推进劳动模范评选，召开科技兴县先模人物座谈会，县供电局女电焊工王敬肃等11名先模人物事迹突出感人。省总工会、省人事厅等5个部门表彰“自学成才先进个人”1名，省总工会第十次代表大会表彰“模范职工之家先进工会工作者”1名，优秀工会积极分子2名；表彰市职工劳动模范3名。全市十佳护士1名，优秀护士4名。收到各类先进典型材料48份。5月，县总工会转发市总工会、市劳动局、市科学技术委员会联合下发的《关于在全市职工中开展“一星三手”劳动竞赛活动的意见》，认真制定“一星三手”（科技明星、技术能手、革新能手、销售能手）活动评选方案，各企业基层工会制定实施方案。至10月，收到科技明星材料3份、“三手”材料26份。

2001年12月，东平县总工会响应山东省总工会、教育厅、科学技术厅、人事厅、劳动和社会保障厅联合下发的“关于鼓励职工自学成才，推进科学技术进步”的号召，在全县开展职工自学成才竞赛活动。县文化宫干部李守白被评为“山东省职工自学成才

2001年12月，李守白获山东省总工会等五部门颁发的奖牌

者”，获得奖励与证书。

2015 年 5 月 21 日，东平县总工会安排部署“彩虹杯”全县职工技术创新大赛。制定活动实施意见和实施方案及奖励办法。大赛从 5 月下旬开始至 10 月底结束。设县供电公司、经济开发区管委、交通运输局、住建局 4 个集中赛区和瑞星集团、迎宾馆、职教中心 3 个分赛区。设装表接电工、变电值班员等 24 个工种，有 1680 名职工报名参加。县总工会总计投入 11 万元，分别奖励获得一、二、三等奖的个人和集体 2000 元、1000 元、500 元。大赛旨在激发广大职工科技创新意识，提高职工技能水平。

2016 年 4 月，东平县总工会贯彻落实省、市总工会提出的“四实一抓、精准推进”工作思路（即“工作定位实、任务目标实、办法措施实、取得成效实，着力抓好落实，通过坚持问题导向和需求导向确保精准推进”），围绕加强管理、提高质量、降低成本、增进效益、节能减排、安全生产等内容和领域，继续组织职工开展技术创新、技术比武、发明创造等系列竞赛活动。4 月初，在新东岳集团组织召开全县民营企业职工技术创新竞赛活动启动仪式。5 月底，全县供电系统职工技术创新竞赛活动正式启动。全县共有 68 家规模以上企业 7300 名职工直接参加竞赛活动。

2017 年 3 月 16 日，东平县总工会贯彻落实省总工会、省安全生产监督管理局《关于 2017—2018 年度开展全省“安康杯”竞赛活动的通知》和山东省建材行业工会《关于 2017—2018 年在全省建材行业开展“安康杯”竞赛活动的通知》及《考核细则》，对企业的参赛情况进行考核，特别是对省级表彰的参赛企业和个人，将认真审核，确保“安康杯”竞赛活动的实效性和表彰工作的公正性、严肃性。总结推广好经验好做法，并向上级工会推荐“安康杯”竞赛优胜企业、优胜班组。各单位总结竞赛工作中的经验。

2018 年，瑞星集团润银化工公司组建的省级技术创新中心通过市局审核，推荐到省厅；组织润银生物化工公司等 7 个项目申报 2019 年度山东省重点研发计划重大科技创新工程项目；征集 3 项重点产业“卡脖子”关键核心技术，经市科技局实地审查，推荐到省厅纳入省重大科技创新项目储备库；鲁玻包装公司等 4 家企业组建的创新平台通过“泰安市产业技术研究院”认定；润银生物化工的 2 项科技成果获泰安市科技进步一、二等奖；润声印务公司、宝岛农业公司等企业通过省科技成果转化风险贷款 1700 万元，用于企业科技项目研发。公司 1 项科技成果申报省科技进步奖，推荐博达光电、润银生物化工各 1 项科技成果申报市科技进步奖；推荐 2020 年度省科学技术奖备选项目博达光电、润银生物、新东岳各 1 项。组织企业进行技术合同登记，技术合同交易登记额达到 1.53 亿元。

2019年，东平县总工会顺应新媒体时代发展，提升工会网上服务职工的能力和水平，普惠全县广大职工。举办线下相亲会。分别于双11、双12、21、28日，与东平相亲网联合举办4场职工线下相亲会，每场都有20~30名单身青年参加，为忙于工作的单身青年提供相互交流的平台，受到全县单身青年拥护支持。

2020年，智慧工会建设取得新成效，东平县总工会利用“五一”、“六一”、“七一”、七夕、中秋、国庆、“双11”、“双12”、元旦等节日，借助“齐鲁工惠”App平台举办送优惠券、免费观影、“安全生产知识”有奖竞答、免费送生日蛋糕券、加油券、“十九届五中全会有奖竞答”等普惠活动60余场次，受益会员达6000余人次，为职工提供了实实在在的实惠。2020年，在全市六个县市区智慧工会工作考核中取得第一名。

2021年，东平县总工会与企业工会把推进技术创新、技术进步作为激励职工建功立业的重要举措，深入开展“工人先锋号”和“泰山工匠”评选活动。县人民医院感染性疾病科被授予“山东省工人先锋号”称号；县人民医院医生彭广会被评为泰安市最美职工，同时被授予泰安市“五一”劳动奖章；瑞星集团股份有限公司技师李长伟被评为第四届泰山工匠；新东岳集团有限公司外胎二车间被评为泰安市创新型班组；县供电公司张莹被评为泰安市创新能手。

第三节 合理化建议活动

1990年，东平县总工会组织职工开展为企业发展提合理化建议活动，献计献策，推进技术革新与技术进步，全年提出合理化建议5240条，采纳2450条，攻克技术难关750项，创经济价值2008.71万元，受到奖励的建议117条，获发明创造奖17项，评出技术能手1250人。其中，县化工总厂工会组织职工提出合理化建议250条，采纳120条，创造经济价值260万元。

1991年，在“品种、质量、效益年”活动中，发动职工开展合理化建议活动，各级工会鼓励能工巧匠献实招，提出合理化建议11136条，被采纳5056条，增加经济效益2460万元；受奖建议423条，发明创造奖13条，促进了企业效益的提高。

1992年，东平县总工会组织开展合理化建议活动，全县职工群众提出合理化建议7836条，被采纳4620条，增加经济效益1850万元，受奖建议324条，发明创造奖20条。

1993年3月，东平县总工会组织职工开展“优质、降耗、促销增效”为主要内容劳动竞赛和合理化建议活动，推动企业走向市场，引导职工增强市场意识、竞争意识和效益意识，以主人翁的姿态参与改革，支持改革。

1994年，东平县总工会组织职工开展献计献策，比合理化建议活动。全年提合理化建议 1686 条，被采纳 968 条，创经济价值 625 万元，“双增双节”创价值 424 万元。

1995 年，开展管理效益年活动，东平县总工会组织各种技术比赛 500 多场次，参加比武人员 20000 多人次，提合理化建议 10000 条，被采纳 3142 条，创造经济价值 400 万元，“双增双节”创造经济价值 1000 万元，实现了县委、县政府提出的“工业增量增收，商业增额增利”的目标。

1999 年，发动职工提合理化建议，大搞技术革新和技术协作，服务行业职工参加行业形象万人评活动，争创文明岗位、争做文明职工。是年，全县职工提合理化建议 926 条，采纳 213 条，创效益近百万元，“双增双节”创经济效益 500 万元。

2002 年，东平县总工会围绕全县经济工作中心，广泛组织开展多种形式的劳动竞赛、合理化建议、技术革新、技术协作等活动。全县职工共提合理化建议 812 条，被采用 378 条，直接创经济效益近 100 万元。派出 2 名职工参加全市职工技术大赛，并获得较好名次。

2003 年，全县各级工会组织实施“经济技术创新工程”，开展管理创新，技术创新、服务创新活动，提高职工业务技术素质。年内，推选山东省劳动模范 1 名，山东省优秀工会工作者和优秀工会积极分子 2 名，“振兴泰安”劳动奖章获得者 5 名。

2004 年，全县职工提出合理化建议 812 条，采用 378 条，直接创造经济效益近 100 万元。

2005—2010 年，东平县总工会注重发挥工会在企业和员工之间的纽带作用，在基层工会设立专门的合理化建议工作办公室，作为合理化建议的交流与协调中心，负责对职工提出的建议予以指导，接受职工建议，对各种建议进行初审，筛选出合理可行的建议 1360 条，被采纳 895 条。

2013—2015 年，东平县总工会深入学习贯彻中共十八大精神和习近平总书记的系列重要讲话，围绕全县经济工作中心，结合单位、企业的实际，就如何加快全县经济发展、加强企业管理、提高产品质量、降低生产成本等方面，组织职工提出合理化建议，并及时办理和落实，使员工的好建议以最快的速度转化为企业的经济效益。

2018 年，全县各级工会根据职工提出的实施人才发展战略的建议，加强内部职工技能培训，对本企业急需的高级技术人才和高级管理人才，调动一切关系，进行挖掘引进，做到人尽其才，为加快企业发展做出积极贡献。至 2020 年，全县职工提出合理化建议 654 条，被采纳 478 条，招聘、引进各类人才 1238 人。

2021 年，全县各级工会建立有效的利益导向机制，对员工参与合理化建议活动的行为给予积极肯定和物质奖励，激发员工广泛参与这项活动的热情。

第八章 职工民主管理

1989年后，东平县各级工会通过多种形式，落实职工对企事业单位重要事项、重大决策的知情权、参与权和监督权。通过职代会、厂务公开、民主评议干部等，组织职工参与单位的民主决策、民主管理和民主监督，发挥职工主人翁作用。各单位坚持厂务公开，对新年度要办的大事和工作计划，广泛征求职工意见，年底向职工代表大会报告全年工作；协助党组织和人事部门，开展民主评议企业领导干部活动，把单位干部的思想作风、品德素养、领导能力等置于职工群众的监督保护之下，确保干部职工在干事创业中同心、同德、同向，“企业发展我发展，我与企业共兴衰”的主人翁意识不断增强。

第一节 发挥职代会作用

东平县总工会是全省推行职工代表大会工作的先进典型。早在20世纪80年代初，省总工会干校举办县、市工会主席民主管理培训班，聘请东平县总工会主席邹和亭到省介绍推行职代会的经验，省总工会七届三次执委（扩大）会议印发东平县推行职代会的经验。中共泰安地委将东平县委推行职代会的经验转发全区。中共山东省委召开全省企业民主管理经验交流会，东平县委副书记陈铭玺在会上作经验介绍。1989年起，东平县总工会把传承和发扬好职工民主管理的经验，在第六次全县工会会员代表大会上专门予以强调，要求作为今后五年的重要任务，继续认真学习贯彻省总工会拟定的《职工代表大会工作条例》，强化企业民主管理工作。

1990年，全县县属工商企业工会全部召开职工代表大会，企业行政主要负责人向职工代表大会报告全年各项经济指标完成情况及措施。县供电局工会每年召开2次职代会，局行政做到该提交职代会审议的重大问题，必须经职代会审议，职代会否决的事项，行政绝不强制推行，职代会权限内讨论决定的问题，行政不随意变更，促进职工主动为企业分忧解难，献计献策。

1991年1月，县属企业在第一轮实行厂长经理承包经营责任制的基础上，全部进入第二轮承包期，厂长经理均与县政府企业主管部门签订承包合同。东平县总工会与企业工会积极参与讨论企业承包合同的制定，就企业当年实现的产值、利润、交税、固定资产投入、职工工资增长幅度，根据企业综合实力，实事求是提出建议，确保各项承包合同能够得以实现。

1994 年，东平县开始落实《中华人民共和国企业破产法》，把汽车大修厂作为第一个破产企业，对全县资不抵债、长期经营困难的企业实施破产。鉴于企业破产直接影响到职工赖以生存的工作岗位，东平县总工会主动配合相关部门，参与破产企业实施方案的制定，要求企业工会在支持企业改革的同时，参与到资产评估、债务清算、职工工资及养老保险等各项程序，并配合做好职工思想政治工作。至 2001 年，东平县总工会按照县委、县政府部署与要求，与工业主管部门配合，对 8 家破产、停产企业的 1542 名职工进行妥善安置。其中，通用机械厂 256 名、工艺美术厂 152 名职工分别带资安排到瑞星集团、工具总厂、橡胶厂、棉织厂、交通大修厂等 14 家县属企业。1996 年 4 月，外贸冷藏厂破产后，91 名职工全部转入泰安鲁新保健品有限公司。1996 年 11 月，棉织厂 333 名职工分配至县酒厂 306 名、县工具总厂 27 名。1997 年 9 月，县航运公司、县拖拉机站 157 名职工分流到瑞星集团 20 名，工具总厂 118 名。1997 年 5 月，县服装厂 493 名职工，进入由 7 家县属骨干企业共同出资成立的东平锦缎制衣有限公司。1997 年年底，县矿泉水开发公司 45 名大龄职工，分别安置到工具总厂、大麻纺织总厂等 6 家县属工业企业。同年，轻工机械厂 91 名职工分流至瑞星、橡胶、花键轴总厂等企业。其间各厂工会在维护职工切身利益方面，发挥了重要作用。

1996 年，东平县总工会争取县委、县政府支持，在各类企业中强化民主管理、民主监督机制建设。在现代企业制度试点单位和国有产权占主导地位的股份制企业中，普遍实行职代会、股东会并存，各自行使相应的职权。并适应企业改制后的变化，充实调整职代会职权内容。全县确定的现代企业制度试点单位和 21 家股份制企业，职工依法参加董事会、监事会，参与企业决策。多数企业成立职工民主监督委员会，对企业是否依法经营、遵守劳动纪律、业务招待费使用、领导干部廉洁自律等情况实施全方位群众监督。12 月，在全市工会工作会议上，县橡胶厂工会《坚持职代会制度加强企业民主管理》的典型发言，受到市总工会的充分肯定。

2001 年 10 月 27 日，第九届全国人民代表大会常务委员会第二十四次会议通过《关于修改〈中华人民共和国工会法〉的决定》。以法律的形式，明确职工代表大会是工会组织职工参加民主管理的基本形式和维护职工合法权益的重要手段。

2004年，全县尚没有改制的部分国有、集体企业能够较好坚持职工代表大会制度，定期召开职工代表大会，发挥职代会作用，做到集体合同草案、业务招待费使用情况、职工下岗分流方案、改革改制方案等涉及职工切身利益的重大问题，都提交职代会审议通过。切实落实职工的知情权、审议权、决定权和监督权。改制为股份制建立董事会、监事会的企业，工会主席进入董事会，副主席进入监事会。以职代会为基本形式的厂务公开合格率达到100%，职工满意率85%以上。

2005年，东平县总工会督导深化以职代会为基本形式的厂务（校、院）公开。经考核，合格率100%，职工满意率95%以上。在全市工会工作会议上，九鑫工具厂代表全市私营企业作“加强企业民主管理，增加企业经济效益”的典型发言。

2006年，东平县总工会组织开展职代会“星级创建”活动，借鉴ISO9000标准，建立厂务公开民主管理质量体系。年底有10个基层工会被市总工会评为“先进星”，128个单位被县总工会评为“合格星”。

2010—2015年，东平县总工会在深入调研的基础上，从健全完善职代会制度，强化过程执行，创新代表竞选机制、优化代表结构，提升代表素质和能力，发挥代表主体作用等多方面入手，积极推进职代会工作规范化建设，职工代表大会民主决策、民主管理、民主监督的作用日益显现。

2018—2021年，东平县总工会在职代会换届时打破传统的推荐选举模式，引入职工代表竞选制，激发了职工参政议事的热情，一批素质高、能力强、有参与意愿的职工通过竞选脱颖而出，职工代表由过去的被动参与转变为主动参与，由以前的“要我当代表”转变为“我要当代表”，积极参加民主管理有关活动，主动思考提出意见和建议，建言献策的水平和质量明显提高。职工普遍反映，实行竞选制后，职工代表整体素质大为提高，确实能为职工群众说话办事，职工代表大会民主决策、民主管理、民主监督的作用日益显现。

第二节 厂务公开

1989年11月，东平县总工会在全县企业推进完善厂、车间、班组三级民主管理。设立“厂长经理意见箱”“民主接待日”“政务公开栏”，定期开展民主咨询和对话活动。就职工工资、奖金、津贴实行“三公开”。县造纸厂实行厂务公开和民主治厂，增强职工民主意识和主人翁责任感，在原材料价格上涨情况下，实现利润53.4万元。

1990年，东平县总工会高度重视民主管理达标活动，根据市总工会达标意见标准，建立健全三级民主管理体系，制定实施细则，设立“政务公开栏”“民主接待日”，召开座谈会，开展多种形式的民主对话。

针对企业分配不公热点，转发省、市总工会《关于加强企业内部分配监督工作的暂行规定》，县橡胶厂成立“工资、奖金分配监督委员会”，杜绝个别车间克扣、截留工人工资奖金现象发生。

1991年3月，中共东平县委批转东平县总工会《关于开展民主管理达标升级活动的意见》，要求党组织和工会组织切实抓好落实。县邮电局工会积极争取党政支持，推行三级民主管理，并搞好班组建设，增强职工群众主人翁意识，其经验在全县推广。抓好民主管理骨干培训，县农行、县信用联社、县建委工会举办民主管理骨干培训班。县汽车大修厂连年亏损，几年没有召开过职代会，职工情绪低落。在市总工会工作组指导帮助下，召开职工代表大会，公开厂内各种管理情况，请职工评议，献计献策，恢复了正常生产。8月，东平县总工会召开民主管理经验交流会，购买《民主管理》教科书，录像带，推荐8人参加市总工会教师培训，然后分片包干，培训职工代表1000余人，推进民主管理广泛开展。

1992年10月，县委办公室批转东平县总工会《关于加强民主管理，完善激励机制的意见》，成立民主管理领导小组，县政府副县长展延岚任组长，县总工会主席徐延申任副组长，经委、建委、交通、商业、粮食、供销等部门主要负责人为成员，要求各单位抓好贯彻落实。县总工会在全县开展职工民主管理达标活动。大部分企业健全和完善了以职代会为基本形式的民主管理制度，民主管理实现网络化、制度化、程序化。全县98个企业中，建立职代会制度的92个，厂、车间、班组三级管理网络基本形成，并做到每年召开一次或二次职代会。

1994年，东平县总工会适应市场经济需要，结合企业改制，在推行股份制改革中，深入23家企业调查职工思想状况，向县委、县体改委提出推行股份制，要根据企业实际，条件不成熟不宜搞，入股要考虑职工承受能力，量力而行，该建议得到县委领导支持。职工股金由原来一次募股5000元下调到一次2000元，并把前几年职工集资款和拖欠的工资一律算交股金，其余3000元，分期交付。该规定减轻了职工的承受负担，深受广大职工群众的欢迎。

1994年，东平县总工会强力推进基层工会6个方面的试点工作。民主管理试点。在瑞星化工集团召开2次现场会，县领导展延岚到会讲话，理顺劳动关系，保障职工利益；推行股份制企业试点。在县纸业股份有限公司进行，理顺职代会与股东大会、董事会、监事会关系；劳动竞赛试点。推广职工创100元、班组创1000元、车间创万元活动，推广了县工具厂厂长杨吉成依靠职工管理好企业的经验；全员劳动合同制试点。在县商业大楼、运输公司签订集体劳动合同；扭亏增盈试点。推广县面粉厂、县金刚石厂职工攻坚克难，艰苦创业，献计献策，促进企业起死回生的经验。工会经费收缴试点。表彰为工会经费收缴先进单位和努力工作的工会干部。

1997年4月，县委组织部、总工会、经贸委、财办联合下发《关于职工代表大会民主评议企业领导干部的工作方案》。5月23日，在东平橡胶厂召开民主评议领导干部现场会。之后，有52家企业开展该项工作，评议领导干部1300人次。以此为契机，督促全县企业研究制定依靠职工群众办好企业的具体意见和办法，80%的国有企业建立职工民主监督委员会，制定了职代会民主评议监督企业领导干部的实施细则，落实了职代会通过的各项规章制度。

6月，东平县总工会传达学习市总工会《关于认真贯彻落实国有企业业务招待费使用情况向职代会报告制度的意见》，督促企业结合实际制定具体实施细则，落实职代会五项职权，保障职工主人翁地位。由于该项制度的实施，为企业节约许多不必要开支，对反腐倡廉、保护企业干部起到保驾护航作用。

1999年6月16日，县委、县政府召开全县推行厂务公开工作会议，贯彻落实中央和省市关于推行厂务公开会议精神，安排部署全县国有集体企业推行厂务公开工作任务。成立全县推行厂务公开工作领导小组，由县委常委、纪委书记薛柱才任组长，县纪委、县委组织部、县人事局、县经贸委、县总工会等有关部门负责人任副组长，领导小组下设办公室，办公室设在县总工会，具体负责推行厂务公开的日常工作。在搞好调查的基础上，把东平花键轴总厂作为推行厂务公开运作的试点，总结工作经验。帮助国有集体企业制定完善《职工代表大会制度》《党政工联席会议制度》《厂务发布制度》《工资资金分配公开制度》等重点企业管理制度，让职工监督企业生产经营的全过程。对企业推行厂务公开的情况，采取一月一调度、一季一检查、半年一考核、年终一总评的监督考核措施，及时了解掌握各企业推行厂务公开、民主监督工作情况，有的放矢地加强指导，使厂务公开、民主监督工作逐步实现规范化、制度化，取得良好的社会效益和经济效益。瑞星集团定期对厂务公开情况进行抽查评议，将抽查结果纳入企业经济责任制，同生产经营指标一道考核，兑现奖惩。成立专门招标委员会，对5万元以上的工程项目、大额物资设备的购进一律实行公开招标，节约资金1000多万元；拒收不合格白煤2324吨、烟煤506吨、玉米973吨、不合格商品备件36批次，为企业避免经济损失80多万元。花键轴总厂推行厂务公开与加强内部管理相结合，与加强干部职工队伍思想政治建设相结合，与职工参与重大决策相结合，增强职工的主人翁意识，建功立业、争创一流的多了，工作平庸、不思进取的少了；提合理化建议、以厂为家的多了，牢骚满腹、乱加议论的少了；爱岗敬业、遵纪守法的多了，迟到早退、作风散漫的少了；全厂形成想主人事、干主人活、尽主人责的良好风气。至1999年12月底，县属国有集体企业72家中实行厂务公开的有66家，占国有集体企业总数的91.6%。

2002年3月，东平县总工会学习贯彻市委、市政府办公室联合下发的《关于进一步深化厂务公开的意见》，就推进东平厂务公开工作向县委厂务公开协调领导小组提出意见和建议。多次召开会议，研究具体推进措施和验收考核办法。各企事业单位工会组织，把厂务公开作为贯彻党中央部署的具体实践，一是从内容上深化。在坚持公开职工群众最关心的切身利益问题和企业领导干部廉洁自律情况的同时，向企业的投资决策、财务管理、物资采购、产品营销、人事管理、劳动安全卫生等企业经营管理领域延伸。二是从领域上拓展。在国有、集体及其控股企业普遍实行厂务公开的基础上，进一步向事业单位、亏困企业和非国有企业延伸，扩大厂务公开的推行面。三是从运作上规范。根据《山东省企业实施厂务公开意见》要求，从内容、形式，程序等方面对各单位厂务公开工作进行规范，使90%以上的建制单位达到了规范化要求。四是从机制上完善。各企事业单位努力把厂务公开的要求融入依靠职工办企业的体制、机制和制度之中，保证厂务公开的连续性、真实性、有效性、合法性。五是从效果上检验。采取听取汇报、查看资料、民意测评、检查现场、评定成绩、意见反馈的方式，对全县国有企业、集体企业和部分事业单位进行检查，就厂务公开的工作机构、制度、内容、效果进行评价。县高级中学推行校务公开，从职工宿舍楼分配、教职工业务考核、职称评聘等工作一律公开，调动全校教职工积极性，办学水平一年一个新台阶。全县有6个单位受到市总工会表彰。到年底，全县70家国有集体企事业单位均实行厂务公开制度，职工满意率95%以上。

2003年，东平县总工会贯彻中办、国办《关于在国有企业、集体企业及控股企业深入实行厂务公开制度的通知》精神，把厂务公开作为职工民主管理、民主监督的有效途径和形式。加大推进力度，建立健全工作机构和各项规章制度，形成党委统一领导、党政工齐抓共管、职工群众积极参与的有效工作机制。一是扩大厂务公开范围，在国有集体企业普遍推行基础上，确保事业单位建立并规范厂务公开制度；二是厂务公开内容日益贴近职工关心的热点、难点问题，如领导干部的工资收入、领导班子成员的廉洁自律、职工的工资分配方案、单位的人事安排方案都逐一列入公开的内容，得到职工群众的拥护与欢迎。

2004年，根据省纪委等7个部门联合下发的《非公有制企业民主管理指导意见》，县总工会组织人员深入企业调查摸底，并在县供电公司、人民医院进行试点，在此基础上逐步推开。把以人为本的管理理念融入企业管理体制、机制和制度之中，强化厂（校、院）务公开民主管理，更好地为企业发展服务。全市开展职代会“星级创建”活动，东平高级中学、人民医院等6个单位被市总工会评为合格星，2个单位被评为先进星。

2005年3月28日，中共中央纪委、中共中央组织部、国务院国有资产监督管理委员会、中华全国总工会等部门联合下发《关于做好2005年厂务公开民主管理工作的意见》。东平县总工会紧密联系实际，正确处理企业改制和建立厂务公开民主管理制度的关系，采取行之有效的措施，不断深化厂务公开的内容，提高针对性和实效性，使厂务公开民主管理不断向企业管理的广度和深度延伸。大力推进非公有制企业建立厂务公开民主管理制度，在改革发展稳定的大局中更好地发挥作用。

2012年12月，中共十八大召开后，中国工会第十六次全国代表大会于2013年10月召开，东平县总工会带领全县工会组织和工会会员，深入贯彻落实习近平总书记系列讲话精神，配合党组织和纪检组织落实中央八项规定和反腐倡廉规定。不断加强《山东省厂务公开条例》和《山东省企业职工代表大会条例》宣传推进活动。

2013年，东平县总工会继续开展职代会“建制规范年”活动，扎实开展厂务公开民主管理工作。按照市厂务公开民主管理领导小组通知精神，立足东平实际，扎实开展厂务公开民主管理工作。以县厂务公开民主管理领导小组名义下发实施意见。采取现场会、经验交流会、职代会资料展评等形式，推动各单位互相交流、互相推进。继续开展厂务公开民主管理工作示范单位创建活动，完善创建活动组织程序和标准条件。通过评先树优，进一步调动各单位在深、实、细上下功夫。市、县两级示范单位真正成为厂务公开民主管理工作的标兵。年底，建立工会的公有制企业职代会和厂务公开制度建制率达100%，已建工会的非公有制企业职代会和厂务公开制度建制率达85%以上。

2014年，东平县总工会落实市总工会部署，组织开展厂务公开民主管理培训提升年活动。下发《东平县总工会并于开展厂务公开民主管理培训提升年活动的实施方案》。明确规定培训内容、培训对象，组织专门人员督导检查，全县厂务公开民主管理干部培训率达到80%，职工代表培训率达到50%以上，符合上级要求。

2015年5月，东平县总工会开展《山东省厂务公开条例》和《山东省职工代表大会条例 》宣传月活动，在县城主要街道、工业园区、各乡镇政府驻地悬挂宣传条幅

26幅，发放两个条例明白纸3000余份。制定展板在各企业巡回宣传一周，印发宣传材料5000余册。按照全面推进、典型引路的方法，推进非公企业的厂务公开民主管理工作，培养新东岳集团和东顺集团2个非公典型企业，推动全县非公企业厂务公开民主管理工作再上新台阶。

中共十九大召开后，各级工会认真贯彻落实习近平新时代中国特色社会主义思想，牢固树立“四个意识”和社会主义核心价值观，广大职工在各自岗位为企业提出合理化建议。广泛开展以“纠正职工违章操作行为，纠正职工违反劳动纪律行为，提升职工安全意识和能力”为主要内容的“查保促”活动，累计参加职工8万余人次，查找隐患1000余条，整改率100%。

2018年，东平县总工会在全县企事业单位持续开展厂务公开与民主管理工作。至年底，全县建工会的22家公有制企业，全部实行厂务公开、职代会制度，建制率100%；已建工会非公有制企业302家，有272家实行厂务公开、职代会制度，建制率90%，其中，规模以上非公有制企业192家，实行厂务公开、职代会制度的185家，建制率96%；已建工会的区域（行业）工会16家，实行职代会制度15家，建制率94%；事业单位56个，全部实行厂务公开、职代会制度，建制率100%。推行职工董事、职工监事制度的公司制企业数量实现较大幅度的增加，全面完成市总工会下达的目标任务。

2019—2021年，全县各级工会以职代会为载体，公开企业（单位）的重要、重大事项。内容上，企业抓住重大决策、生产经营方面的重要问题以及涉及职工切身利益方面的事项进行公开，行政、事业单位抓住人事财务方面的事项进行公开。职代会主要强化标准化建设，重点是形成职工代表大会的召开和工作情况的报告制度，突出了审议、审查和评议，依法行使职工知情、参与、监督等三项民主管理的基本权利，大多数企业都按要求至少召开一次职代会，职代会成为厂务公开的主要载体；建立健全制度。设立专栏，定期公告，程序上按照厂务公开内容提出、审定、正式公开、整改等基本程序进行，建立职工评议评判制度，以职工申诉反馈意见作为评判标准，促进企业厂务公开走上制度化、规模化轨道；强化职工的民主监督意识。通过职工写议题、提意见建议，扩大了职工的知情权、参与权、决策权，厂务（院务、校务）的透明度大为增加。企业、职工、工会的关系进一步和谐，职工的凝聚力进一步增强；全县厂务公开民主管理工作呈现由点及面整体发展，从量到质全面提升的可喜局面。

第三节　民主测评

1989年，东平县总工会与各基层工会

利用年终总结，开展民主评议企业领导干部工作。推进完善厂、车间、班组三级民主管理。定期开展民主咨询和对话活动。

1996年，建立健全三级民主管理网络，坚持实行职工代表民主评议干部制度，落实职代会制度和职权，职工民主管理工作实现规范化、制度化。

1997年4月7日，市委召开民主评议领导干部工作会议后，东平县总工会认真抓好会议精神的贯彻落实，重点抓好三个环节：一是层层召开会议，广泛思想发动。二是层层建立领导小组，制定明确工作方案；三是召开民主评议现场会。评议结束，认真整理汇总，转送干部管理部门，作为考核奖惩、任免依据。

1997年上半年，县属工业国有企业普遍开展民主评议领导干部工作。评议结果及时提供组织、人事部门。下半年，东平县总工会与县委组织部一起，对10家企业民主评议领导干部进行抽查，将抽查结果向县委写出报告。

2003年，东平县总工会抓好职代会评议企业领导干部工作，218名领导干部受到评议，对评议为不称职的23名干部进行了调整。增强了企业领导干部的事业心责任感，提高了工会组织的地位和作用。

2005—2011年，东平县总工会组织对企事业单位中层以上干部的思想品德、领导能力、开拓创新、业务水平、敬业精神、团结协作、廉洁自律和工作实绩8个方面进行综合评议。被评议的干部，首先进行自我总结，然后分别向职工代表或职工大会进行述职，然后由职工代表对公司、部门的领导进行评议。要求被评议的干部虚心接受职工代表和群众提出的意见和批评，召开民主生活会，对照检查，实事求是地提出解决问题的办法和整改意见。东平县总工会根据民主评议的情况，分别向党委和总经理提出重用、提升、免职和处分的建议意见。

2012年，中共十八大召开后，东平县总工会深入贯彻落实习近平总书记系列重要讲话精神，配合县委组织部和县纪检监察部门，与各单位工会组织一起，积极参与对单位领导班子成员的考察考评工作，实事求是、客观公正地给予每位领导干部正确评价，并提出需要改进和强化方面的建议。

2021年，东平县总工会利用庆祝建党百年活动，深入开展中共党史、新中国建设史、社会主义发展史、改革开放史“四史”教育，要求各基层工会组织履职尽责，以习近平新时代中国特色社会主义思想为指导，坚持民生为本，维护职工权益，积极参与民主评议领导干部工作。4月29日，在东平县总工会第九次职工代表大会上，县总工会常务副主席范思安在《东平县总工会第八届委员会工作报告》中，就五年来工会和职工参与民主评议领导干部等项工作认真进行了总结，并做出下一步工作安排。

第九章　职工生活保障

1989—2021年，东平县总工会把关爱、关怀职工生活列入重要议程，建立完善困难职工台账制度，成立困难职工帮扶中心，每年坚持开展“送温暖”活动，抓好职工养老保险制度落实，发挥基层工会作用，督促企业增加职工福利，做到生产生活统筹安排，同步发展。

第一节　困难职工救助

建立困难职工台账制度

1989年2月，东平县总工会顺应改革的需要，根据省、市总工会关于加强困难补助基础管理工作的要求，印发《关于进一步做好困难职工统一建档立卡的通知》，各基层工会对困难职工家庭进行一次摸底调查，并认真做好建档立卡工作，使工会主管的困难补助工作实现制度化、规范化管理。1996年，按照市总工会要求，为全县特困职工建立档案7卷、197人，建档质量和工作进度位于全市前列，受到省、市总工会表彰。

1999年，东平县总工会加大困难职工调查统计工作力度，由原来的每年一次统计变为两次，建立健全特困职工档案65户，下岗职工档案2150份，为政府和社会各界开展帮扶救助提供翔实的第一手资料。

2002年，东平县总工会与县民政局联合进行困难职工调查、摸底，将210户特困职工家庭的640名职工全部纳入最低生活保障范围，仅此一项每年增加支出20万元。

2003年，为认真履行帮扶特困职工的职责，及时掌握特困职工的困难情况，东平县总工会加强对困难职工的统计、调查和摸底，在严格审查的基础上，为240人建立困难职工档案，并实现微机化管理。

2020年，东平县总工会制定《东平县困难职工档案管理办法》，修订完善《东平县职工大病医疗补助实施细则》。为21名患大病职工发放医疗补助金28万元；为6名在档困难职工发放生活救助金31640元，医疗救助金51508元。疫情防控期间，为10名困难职工发放生活救助金7500元。积极配合省总工会聘请的第三方认证，两次对全县2017年以来困难职工解困脱困工作进行了评估，解困脱困工作得到第三方肯定。

建立困难职工帮扶中心

1999年，经县委同意，东平县总工会组织100名机关干部，开展联系100名特困职工活动，帮助他们解决实际困难200余件。

2004年，为更好地履行工会维护职工权益的基本职能，努力为职工群众特别是困难职工群众办实事、办好事，根据市总工会的有关文件精神，东平县总工会建立困难职工帮扶中心。通过建档立卡、信访接待、政策咨询、就业援助、帮困救助、互助保障等多种形式，积极与政府有关部门沟通、协调，帮助解决部分职工在就业、医疗、生活、子女上学等方面遇到的困难和问题，为困难职工提供直接、快捷、方便的帮助和服务。县政府拨付资金5万元，东平县总工会在办公经费十分紧张的情况下，努力节约开支，投入资金2万元，组织社会各界捐助2.3万元，使帮扶中心的正常运作有了可靠保证。帮扶中心全年接待各方面咨询530人次，其中法律咨询60人次，生活救助咨询425人次，寻找就业岗位咨询45人次，指导培训下岗职工200人，其中82人实现再就业。

2005年3月，从办公经费中挤出3000多元，对帮扶中心办公室进行装修、粉刷，购置桌椅和沙发，安装电话等必要的通信设备，配备微机。由东平县总工会1名原副主席具体负责，聘用司法局的1名律师，使帮扶中心的正常工作有人管，小事大事有人办。帮扶对象主要包括被列入工会特困职工档案的特困职工；低保职工家庭及人均收入接近城镇居民最低生活保障标准的困难职工家庭；因遭受意外灾害、本人或家庭成员患大（重）病等原因造成的困难职工；年龄偏大、技能单一、就业困难的下岗职工和失业人员；合法权益受到严重侵害的困难职工；外来务工人员以及因履行工会职责受到非法侵害的工会工作者等。本年，帮扶中心接待各方面咨询560人次，其中，法律咨询83人次，生活救助咨询305人次，寻找就业岗位咨询64人次，指导培训下岗职工210人，其中76人实现再就业。

2007年，帮扶中心接待各方面咨询360人次，其中法律咨询8人，生活救助咨询12人，寻找就业岗位咨询116人次，帮助46人实现再就业。发挥泰鑫医药公司“工友创业”安置基地的作用，培养卜令祺、彭爱民等10名下岗职工创业带头人，带动和促进全县下岗职工再就业工作。

2012年，东平县总工会多举措关爱困难职工，通过春节走访慰问、金秋助学、结对帮扶等方式，共救助困难职工3271人，发放救助金138万元；举办职工技能培训5

期，培训职工 560 人，介绍下岗职工再就业 1300 余人。

2018 年，东平县总工会采取切实措施，帮扶困难职工解困脱困。成立主要领导任组长的困难职工解困脱困工作领导小组，定期研究分析全县企业困难职工帮扶工作进展情况。制定《关于开展困难职工解困脱困工作的意见》，确立目标任务、政策措施和考核问责办法。搞好调查摸底，精准识别，动态管理。4 月，对纳入困难职工档案管理职工，挨家挨户摸底，历时两个月，搞清楚全县 381 户在档困难职工解困脱困情况，因人因地施策，完善档案资料，制定精准脱困方案。通过工会就业网、春季用工招聘会、用工企业工会直接招聘、创业培训等多种形式，帮助 182 名困难职工、农民工实现就业、创业。

2020 年疫情防控期间，东平县总工会组织干部职工深入社区一线进行防控值班；有针对性地摸排 30 余户困难职工家庭；为全县 3 名援鄂医护人员家庭每天定时派送“菜篮子”，并给一线工作的医护人员拨付生活补贴 3 万元，为他们的身心健康助力。

实施送温暖工程

东平县总工会按照市总工会的部署和要求，对生活特别困难的职工开展“送温暖”活动。坚持“照顾重点、兼顾一般”的原则，“送温暖”活动的慰问救济对象主要包括：在职职工长期享受定期困难补助的，人均生活费接近定期困难补助标准、本人或家属患严重疾病等造成生活特别困难的；在职职工致残且生活特别困难的；下岗、失业职工患有严重疾病或配偶同时失业、待工在家等原因造成生活特别困难的；退休职工本人或家属患有严重疾病的困难家庭、生活不能自理的孤寡老人；其他确有特殊困难的家庭。通过开展“送温暖”活动，走访困难职工和部分企业，摸清困难职工和企业的类型、数量，检查职工最低工资、下岗人员最低生活费、职工的定期生活补助标准等保障待遇的落实情况。

全县各级工会在党政所望、职工所需、工会所能的结合点上下功夫，把元旦、春节期间“送温暖”活动与落实城镇居民最低生活保障、促进再就业和发展职工互助补充保障事业有机地结合起来，着力办好两件事：一是努力帮助特困职工家庭落实最低生活保障。各级工会积极主动地协助配合民政部门，按照“应保尽保”的要求，把落实特困职工家庭最低生活保障待遇作为“送温暖”活动的重要内容，对那些长期未领到或未能足额领到工资的困难企业职工，准确核定其他实际收入状况，并按有关政策的要求纳入低保范围，推动工会对特困职工的帮扶救助工作与东平县低保制度的有机结合。同时，东平县总工会积极宣传讲解有关法规政策，帮助“应保尽保”的困难职工联系、落实低保，努力保障每一个符合救助条件的特困职工家庭都能得到救助。二是努力帮助生活困难的下岗职工再就业。全县各级工会按照全国再就业工作会议精神和县委、县政府关于做好就业促进工作的要求，积极配合有关部门开展职业培训，充分发挥工会系统的职业介绍和劳动中介组织的作用。开展针对性较强的职业咨询和劳务中介等活动，满腔热情地为生活困难的下岗、失业人员排忧解难。同时，鼓励、引导下岗、失业人员自主创业、自谋职业，帮助他们克服生产经营中遇到的困难，形成以培训促就业、以创业促就业的良好机制。

1990年春节前夕，东平县总工会将省市拨给东平的4万元生活补助款送到特困企业职工手里，使这些职工感受到党和政府及工会组织的温暖。县服装厂一位老工人收到80元生活补助款，感动地泣不成声。一再表示尽心尽力办好企业，不再给党和政府添麻烦。

1995年春节前夕，东平县总工会筹集资金27万元，向34家特困企业和11户特困户，12000多名困难职工发放救济金，送去党的关怀、社会主义大家庭的温暖，使特困职工过一个安定祥和的春节。

1996年，东平县总工会对东平县国营及集体所有制企业的职工下岗情况、思想动态、生活状况进行一次调查。由于这些职工下岗、失业，没有工资收入，生活特别困难。随着企业转换机制和劳动用工制度的改革，下岗、待业职工必将日益增多，各种矛盾也将日趋突出。为此，东平县总工会下发《关于建立送温暖工程基金会的意见》，当年建立基金会组织11个，筹集资金37万元。东平县总工会为全县特困职工全部建立档案，送温暖活动由“阵热”变“温热”。春节期间，各级工会组织筹集资金20万元，有300多名工会干部先后深入27家企业，慰问困难职工家庭567户。由于全县实施送温暖工程成绩突出，东平县总工会主席刘继顺被山东省总工会表彰为全省实施“送温暖”工程先进个人。

1997年12月10日，县委办公室下发《关于设立东平县“送温暖工程基金”的通知》。全县各级工会积极筹措资金5万元，开展对困难职工的帮扶和救助工作。

1999年，春节期间，东平县总工会发放救济金2万元，救济困难企业10家，救济困难职工200多人。

2002年元旦春节期间，东平县总工会争取资金10万元，其中，省总工会补助4万元，县财政补助2万元，民政部门福利彩票收入4万元。救助困难职工家庭400户、1232人。

2003年元旦、春节期间，东平县总工会争取资金7万元，其中，市总工会补助1万元，县财政拨付2万元，福利彩票募集资金4万元，救助困难职工家庭350户。

2004年元旦春节期间，东平县总工会争取财政资金2万元，救助困难职工家庭100户。“五一”期间，走访困难劳动模范6人（省劳动模范2人、市劳动模范4人），发放慰问金2200元。

2004年，全县各级工会发挥工会组织的优势，千方百计筹措资金17万元，救助困难职工2000余人，帮助他们解除后顾之忧。

2005年，为确保春节后外出务工人员及时返回工作岗位，东平县总工会与交通部门联系，投入40多部公交车辆，先后开通直达天津、北京、青岛、威海等城市的13条线路，使外出务工人员一票直达目的地。春节期间，东平县总工会积极争取财政资金6万元，帮助困难职工家庭300户。

2007年，东平县总工会争取财政资金2万元，帮助困难职工家庭100户。争取市总工会资金1.6万元，救助困难劳动模范14人。

2012—2013年，东平县总工会累计向困难职工发放救助金157.79万元，救助困难职工2431户，救助困难大学生146人。

2014年，建立起40万元的大病医疗补助基金，对因大病引起家庭生活困难的在职职工给予1万~2万元的补助。积极开展夏送清凉活动。东平县总工会向奋斗在全县重点工程、重点项目建设的一线职工送去西瓜、茶叶、矿泉水等防暑食品。

2016年元旦、春节期间，为全县799名困难职工发放救助金75.97万元。8月，救助考上大学的困难职工子女31人，发放助学金6.2万元。开展大病医疗救助工作，发放大病医疗救助金8.3万元。同时，困难职工救助工作向农民工进行延伸。东平县总工会“双联四包”的5名干部，分别深入所包村、户进行调研，了解掌握困难农民工致贫原因，签订扶贫承诺书，制定扶贫脱贫计划。

2017年，东平县总工会4名局级干部分别包保接山镇3户贫困户，坚持每周到村与贫困户见面，及时了解掌握贫困户脱贫进展情况。春节前，包保干部慰问12户困难群众。每户群众发放1袋面粉、1桶油，每村5000元现金。国庆节，为每1户贫困户送上慰问金1000元。年底，12户贫困户收入超过省定贫困线标准，实现全部脱贫。

2018年，东平县总工会与医保、民政部门协商，修订《东平县职工大病医疗补助实施细则》，对在档大病困难职工，将补助比例由20%提高到40%，最高补助6万元。救助困难职工473人次，发放救助金33万元。

2020年，东平县总工会与儒原城市广场、中国邮政银行东平县支行、中国工商银行东平县支行等3家企业单位联合，高标准建设5个“工会户外劳动者驿站”，为环卫工人、城管执法人员、交通警察、快递员、送餐员等户外劳动者提供“冷可取暖、热可纳凉、渴可喝水、累可歇脚、临时避雨”的暖心服务。为职工办的实事，得到广大职工的认可。

2021年元旦、春节期间，东平县总工会深入困难职工家庭，对申报救助的困难职工的家庭情况进行全面摸底核实，并会同有关部门进行数据比对，准确确定救助对象，及时进行救助；对困难企业困难职工和因受疫情影响的小微企业困难职工进行慰问，救助慰问困难职工102户，发放救助慰问金30.84万元。走访慰问春节期间坚守岗位职工2710人，其中就地过年职工143人，送去苹果、花生、葵花籽、茶叶等慰问品。价值9.7万元。

1月22日，市委副书记、市长张涛在县委副书记、县长刘玉陪同下到东平走访慰问困难职工，在职工于连达家中亲切交谈。

2021年1月22日，市委副书记、市长张涛（左）到东平走访慰问困难职工

第二节 劳动保险

企业养老保险

根据《国务院关于深化企业职工养老保险制度改革的通知》和《山东省人民政府贯彻国务院关于深化企业职工养老保险制度改革的通知》规定，逐步对城镇各类企业职工和个体劳动者的基本养老保险实行统一制度、统一标准、统一管理和统一调剂使用基金，从1995年10月1日起，实行基本养老保险社会统筹与个人账户相结合，养老金统筹比例：统筹单位以上年度职工工资总额的2%缴纳，以后一般每两年提高一个百分点，最终达到8%。实行个人缴费制度前，职工的连续工龄视为缴费年限。2012年，全县企业职工参保人数达到51018人，征缴养老保险金17575.9万元；享受养老金待遇人数6166人，发放养老金11924万元。

离退休职工基本养老金计发办法：凡1996年以后参加工作的职工，个人缴费年限累计满15年的，退休后每年发给基本养老金。基本养老金由基础养老金和个人账户养老金2个部分组成。退休时的基础养老金月标准为全县上年度职工平均工资的20%。个人缴费年限不满15年的，退休后不享受基础养老金待遇，其个人账户储存额一次支付给本人。全县离退休职工养老金自1998年9月起至2021年，全部实行社会化发放。

县直机关、事业单位养老保险

1998年10月，县直机关行政单位的固定工作人员纳入统筹范围，参保4749人，收缴养老金238万元，离退休职工818人，发放养老金139万元。2000年1月，全县县直差额拨款、企业化管理事业单位所有人员纳入养老保险范围。到2003年年底，全县共有机关、事业单位参保7698人，离退休职工1470人。2003年，发放养老金1492万元。2008年起，完善全县机关事业单位社会保险体系，规范基本养老保险工作运行机制，将县乡养老保险缴纳比例统一调整为32%，其中，单位占比29%，个人占比3%。2011年9月，经县政府批准，将全县机关事业单位基本养老保险缴费率调整为36%，其中，单位部分32%，个人部分4%。至2012年年底，参保人数16366人，累计收缴养老金10.33亿元；发放10.54亿元。

据2021年年鉴数据，全县机关事业养老保险参保单位270家，参保人数15100人，征缴养老保险基金2.31亿元。全县机关事业单位退休（退职）人员8567人，共发放养老金5.11亿元。

失业保险

1993年1月，根据山东省人民政府令，东平县启动失业保险。首先在全县企业实行。1995年全县企业参保人数18979人。2000年以前基本没有登记失业人员。到2012年年底，全县企业参保人数26235人，享受失业保险待遇的职工1188人，发放失业保险金2506.89万元。

2019年，东平县总工会与县社会保险事业中心协调，积极推动落实失业保险援企稳岗政策，对符合申领条件的瑞星、东顺、九鑫、新东岳、供电公司、润声印务、中联水泥等105家企业发放稳岗返还补贴474.09万元；支持技能提升“展翅行动”，对符合条件的295名企业职工发放职业技能提升补贴53.50万元。

2020年，为积极应对新冠病毒肺炎疫情，东平县总工会配合县人社局积极落实援企稳岗政策，将失业保险稳岗返还政策裁员率标准由不高于城镇登记失业率放宽到5.5%，对不裁员或少裁员的参保企业，返还其上年度实际缴纳失业保险费的60%。共为全县101家符合条件的企业发放稳岗补贴248.02万元，惠及企业职工7865人。

据2021年年鉴数据，共有全县企业参加失业保险人数37410人，全年征缴失业保险基金1541万元，为435人发放失业保险金485.59万元。

工伤保险

2004年11月，县政府印发《东平县工伤保险暂行办法》，当年参加工伤保险人数1351人，收缴保险金15万元。2012年，参加工伤保险人数59659人，收缴保险金804万元，享受工伤保险待遇249人次，发放工伤保险金841万元。

2020年初，由于受新型冠状病毒肺炎疫情的影响，全县大多数企业停工停产。为减轻全县各类企业的社会保险费缴纳负担，根据国务院关于疫情防控决策部署，自2020年2月起，为全县723家中小微企业免征5个月的企业养老、失业、工伤三项社会保险单位缴费部分（个人缴费不免）6691万元，不影响参保人员个人权益，惠及企业职工20106人；并于2月27日全部返还73家中小微企业2月缴纳的企业养老、失业、工伤3项社会保险单位缴费部分127.85万元。3月上旬，通过社保信息数据筛查对比，向首批符合惠企政策条件的101家企业，发放稳岗返还补贴248.02万元，惠及职工7865人。

第三节 职工福利

1989年，东平县总工会组织对各厂矿企、事业单位的职工生活福利设施进行检查评比。共建生活委员会142个，新建、修复小澡堂、小淋浴10个，小食堂47个，小厕所55个，托儿所11个，为符合条件的10名市以上劳动模范办理农转非。县建筑工程公司在提高职工工资的同时，不断加大职工福利，先后投资42万元对后勤设施实施修缮、添置，切实达到东平县总工会“关于厂、矿企业单位职工生活后勤达标条件”的要求。同时，公司将职工工作服的发放周期由原来的两年改为一年半，并相应地提高档次；职工之家、电视室、娱乐室、阅览室，坚持正常开放服务；组织干部职工进行健康查体；为年老体弱申请退休人员及时办理退休手续，并安排好生活。

1990年，全县各级党政和工会组织把职工生活福利作为增强企业活力、促进生产发展的重要环节来抓，做到生产生活统筹安排，同步发展。各单位食堂卫生、机械化水平等都有不同程度的提高，职工宿舍紧张的状况进一步缓解，离退休职工的管理服务越来越好。县建筑工程公司印发《关于对临时职工的试行规定》，在公司工作的临时职工，由本人申请，经公司批准，均可与公司签订录用合同，并享受下列优惠待遇：照顾其年满18周岁、身体健康的子弟招收到公司当工人，尽量安排在同一施工处、厂、队、班工作，并根据其表现和实际操作能力，执行固定工2级或2.5级工资待遇，3年转正定级，执行固定工资待遇。对招收的技工，经考核给予实际定级；凡属农业户口的临时工，其本人可办理临时户口，供应议价粮，粮食差价由公司负担；麦秋大忙季节，因工作需要不放假的工人，可发给特别出勤费；公司实行临时工与固定工“六个一样”的规定，即入党入团一个样、入校进修学习一个样、提拔重用一个样、劳保福利一个样、升级晋级一个样、退休退职一个样；凡路程在30华里以外者，可在公司招待所住宿；凡在公司连续工作满20年、年满55周岁，工资5级以上，对公司发展做出较大贡献者，可享受退休待遇。不满55岁，连续工龄在5年以上者，经县医院证明完全丧失劳动能力的临时工，经公司批准，一次性给予每年一个月的基本工资作为退职生活补助费；允许有技术的工人“以师带徒”。凡四级以上的技工，每人可带1~2名徒弟，两年出徒，并达到三级以上技术水平，又能独立操作的，单位发给带徒技工奖金100元；对特殊岗位有特殊贡献的技术骨干与劳动部门协商，退休条件放宽到年龄55岁、连续工龄15年、工资5级。

1991年，各级工会从维护职工利益出发，集中精力抓好职工生活方面的工作，制定搞好职工生活的规划和措施，开展职工生活后勤达标活动，积极协助行政兴办一大批“五小”集体福利设施。全县建起职工食堂530个，托幼儿园所16处，小浴室81个。

1993年，全县经济不太景气，亏损企业和停产半停产企业增多，困难职工增加。东平县总工会对全县亏损企业的职工生活情况进行调查，积极向上级领导反映，对生活困难职工给予资金补助，体现党和工会组织的温暖。县建筑安装工程公司根据上级《关于调整国有企业因公与非因公死亡职工供养直系亲属生活困难补助标准的通知》，对现有领补助人员清理核实后，按“非农业户口每人每月65元，农村户口每人每月50元，孤寡老人再加10元的标准发放”。

1994年，东平县总工会集中力量对全县亏损企业的职工生活困难情况进行全面调查，并将调查情况及时向县委、县政府汇报，引起县领导的高度重视。联合有关部门在县直机关、企事业单位中广泛开展“为特困职工募捐资金送温暖”活动，受到职工群众的欢迎。

新东岳集团

2011年，坚持“服务东平经济，真诚回报员工，发展报效社会”的理念，千方百计采取措施增加企业福利待遇。公司在为每名员工缴纳五险的基础上，每月给予员工120~150元的餐补，为职工建立星级标准免费公寓，在厂区设立两处免费洗浴中心，上下班免费通勤车，为部分员工提供免费夫妻房，对升入高校的职工子女及社会贫困生进行奖励救助。9月27日，市总工会在东平召开现场会，总结推广新东岳集团、东顺集团、光大集团、八里香食品有限公司工资集体协商的做法和经验。

瑞星集团

2012年，瑞星集团坚持让每一位员工都能享受到企业的发展成果，制定基于数学模型的动态绩效考核体系。公司实施工资管理创新的机制获“全国企业管理现代化创新成果奖”。随着公司产能的扩大，经济效益的提高，员工的收入逐年递增，从生产公司到管理部室，从一般员工到各级管理人员，全部实行以工作绩效论薪酬待遇，并且向技术含量高、劳动强度大、安全责任重、贡献率高的岗位倾斜。公司制定多元化的福利发放制度。2012年起，公司董事长为每位新婚员工送上1000元礼金；为每位过生日的员工发放200元生活补贴，为在岗职工子女结婚送600元贺礼。公司每年用于职工福利发放的资金3000万元。车间生产现场新上装置全部实行DCS集散控制，所有操作岗位安装隔离操作室和空调，劳动环境明显优化。每年为在瑞星小区居住的住户提供水、电、暖、气等价值3000多元的福利待遇，孩子上学车接车送，后勤服务一应俱全。

至2017年，通过测评评选，县供电公司、瑞星集团、新东岳集团、东顺集团、中国农业银行、自来水公司、东平网通公司等19家企业被评为泰安市AAA级劳动关系和谐企业。东平县总工会在老干部活动中心投资15万元建立职工服务中心，配备4名专兼职工作人员，设立信访接待，帮扶救助，权益维护等工作平台，及时解决职工反映的有关问题，深受职工信赖。

2020年，东平县总工会利用“五一”、“六一”、“七一”、七夕、中秋、国庆、“双11”、“双12”、元旦等节日，借助“齐鲁工惠”App平台举办送优惠券，免费观影，“安全生产知识”有奖竞答，免费送生日蛋糕券，加油券，“十九届五中全会有奖竞答”等普惠活动60余场次，受益会员达6000余人次。智慧工会工作在全市6个县市区考核中取得第一名的好成绩。

第四节　关爱劳动模范

1999年4月，东平县总工会把中华人民共和国成立以来获得市级以上荣誉称号并且健在的劳动模范请到县城，参加东平县总工会举办的“五一”联欢会，县“六大班子”领导与劳动模范座谈，共进午餐。营造尊重劳模、关心劳模、争做劳模的社会风尚。5月1日，东平县总工会编辑出版《东平职工劳模录》，县委书记朱玉合作序，全市著名书法家、文化宫干部李守白题写书名。收录全国劳动模范3名（汝少隆、高学雨、李胜荣），全国“五一”劳动奖章获得者1名（姜守智），省劳动模范23名，“富民兴鲁”劳动奖章5名，泰安市劳动模范28名，“振兴泰安”劳动奖章18名。省部级以上表彰的先进工作者85名。

2004年，东平县总工会争取市总工会资金1.6万元，救助因企业经营困难和家庭特殊原因致生活拮据劳动模范14人。

2011年，斑鸠店镇信访、民政办主任卢道章等10人，被县政府授予“东平县劳动模范”荣誉称号，并颁发劳动模范奖章、证书，给予每人一次性奖金2000元。山东光大日月油脂股份有限公司总经理马军等40人，由县政府颁发“建设新东平”劳动奖章和荣誉证书。

2012年始，每年投入5万元，为省、市、县三级劳动模范在县级医疗机构进行健康查体。2013年“五一”劳动节前，县委、县政府举行隆重表彰大会，为评选出的东平劳动模范每人奖励2000元，劳动奖章获得者奖励1000元。8名“振泰奖章”获奖者和4名山东省劳动模范分别受到市政府和省政府的表彰奖励。“五一”期间对30名省部级劳模进行慰问，发放慰问金3万元。

2014年5月，东平县总工会组织慰问30名省部级劳动模范活动，每人发放慰问金1000元。

2015年“五一”期间，县委、县政府表彰新评选出的劳动模范和奖章获得者。50人先进事迹，在东平电视台、《今日东平》报广泛宣传，弘扬劳动光荣、爱岗敬业风尚。

2019年，按照上级工会制定的标准，重新确定全国困难劳动模范2人、省级7人、市级8人。按照市总工会要求，向9名劳动模范发放慰问金9000元。

2020年5月1日，县委在梯门镇东瓦庄村果蔬康有限公司召开全县劳动模范座谈会。县委副书记李培国出席并讲话，要求与会人员和全县干部群众弘扬劳模精神、劳动精神和工匠精神，推进东平高质量发展。王兴宝等4位劳动模范作典型发言。他们在社区建设、脱贫攻坚、生态立县、乡村振兴中攻坚克难、拼搏奉献的感人事迹，受到与会者赞誉。县总工会领导王成明、范思安等参加活动。

2021年4月，东平县总工会对享受2020年度省级困难劳模专项资金的7人进行个人调查问卷。为省级困难劳动模范屈昌民、任尚泽、刘隆树、高霞、王吉河、唐家庭、焦恩岭7人发放专项补助资金13万元。

第十章 维护职工权益

维护职工权益是工会组织的基本职能。1989—2021 年，东平县总工会与基层工会充分发挥职能作用，依法行使权力和履行义务，为广大职工维权。在研究和制定涉及职工切身利益政策、规定和实施改革措施时，充分代表和表达职工意愿和要求，通过平等协商、签订集体合同和协调劳动关系，维护好职工切身利益，充分发挥职工主人翁作用。

第一节 健全维权机制

建立东平县法律援助中心

2004 年 5 月，东平县总工会建立法律援助中心，发挥法律服务职能优势，定期为企业、职工开展免费法律咨询，根据企业需要，通过举办《中华人民共和国工会法》《中华人民共和国劳动法》《中华人民共和国劳动合同法》等法制讲座，提供法律援助，协助办理法律事务等方式，积极开展法律宣传活动，认真做好法律咨询工作，为职工无偿提供服务。对职工与企业发生的劳动争议，通过法律途径，解决劳动争议纠纷，维护职工的合法权益。

2020 年，按照有场所、有人员、有制度、有经费、有案源、有绩效的“六有”要求，精心选址，高标准打造东平县职工法律援助中心。在人员活动密集，地理位置优越，交通条件便利的文化宫顺街二楼建成了东平县总工会职工法律援助中心。中心成立后，设立接待室、法律援助工作室、诉调对接室、调解室、仲裁室、档案室。聘请山东法雅律师事务所王鲁平等 5 名专业律师，签订合作合同。除此以外，充分利用工会工作者、工会公职律师、法律顾问等专业人才的力量，在援助中心值班服务。先后制定规章制度 18 项，在醒目位置悬挂相关规章制度 11 项，研究制定工作人员绩效考核办法，建立健全调解台账、援助台账、法律宣传台账、法律服务工作情况和工会法律服务人员台账。

为推动职工法律援助服务工作不断向纵深发展。东平县总工会与县人民法院联合制定下发《关于建立诉调对接工作室的意见》，在县人民法院立案庭设立诉调对接室1个，并将县人民法院法律援助站的3名工作人员，聘请为东平县总工会的法律调解员。与县司法局联合制定《关于加强法律援助工作的意见》，四次和东平县法律援助中心对接工作，在东平第一法律事务所等建立职工法律服务站点两处。与司法、律师协会共同组织开展“遵法守法携手筑梦”服务农民工公益法律服务行动，举办法律宣讲12场次，发放宣传资料3200份，为860名农民工提供法律服务和法律咨询，解答疑难问题67件次。与县人社局联合制作“两书”26份，促进劳动法律法规的有效执行。按照市总工会的要求，认真践行“忠诚党的事业，竭诚服务职工”崇高工作理念，以打造“泰会帮”和“法律服务在您身边”服务品牌为主旨，以让职工共享公平正义的阳光为目标，充分利用“齐鲁工惠”App、东平县总工会微信公众号等新媒体，在全县大力宣传普及职工维权知识，宣传法律援助工作的意义，积极开展“法律援助志愿服务”“送法进企业”等活动。通过走上街头、走进机关、走进社区、深入企业等现场宣讲咨询活动，为广大职工群众提供近距离的法律服务，最大限度实现“有求必应”“应援尽援”。至2020年年底，共接收职工法律咨询6800人次，调处案件140件，其中，法律援助109件，案件调解31件。集中开展《中华人民共和国宪法》《中华人民共和国民法典》宣传宣讲活动7次。山东省总工会副主席魏丽等省、市总工会多位领导到东平检查指导，对职工法律宣传、法律援助和服务工作给予充分肯定。

建立东平县人事争议仲裁委员会

2004年4月，东平县人事争议仲裁委员会成立，委员会由人事、工会、教育、卫生等有关部门组成，主要职责是负责东平县聘用合同争议的仲裁，研究处理重大、疑难人事争议案件。东平县人事争议仲裁委员会成立后，处理大量民事纠纷和经济纠纷，依法保障职工的合法权益。

全面建立劳动关系三方协调机制。2003年，东平县14个乡镇和县经济开发区全部建立劳动关系三方协调机制。东平县总工会加强领导，积极争取乡镇党委、政府的重视和支持，民主产生代表，明晰代表的身份，做到既充分体现代表产生的民主性、广泛性，又严格法律规范程序；以《中华人民共和国劳动法》《中华人民共和国工会法》为依据，起草包括总则、协调机制构成、协商内容、协调会议、附则等内容的《劳动关系三方协调机制试行办法》，本着依法协商、平等自愿、公平公正、友好合作的原则，严格履行程序，分别由三方的首席代表签字；建立议事、联系、通报等形式的相关制度，不断完善三方协调机制，维护职工的合法权益，促进企业发展。

2009 年，全县成立劳动争议基层调解组织 229 个，聘任调解员 229 名。其中企业劳动争议调解委员会 189 个，调解员 189 名；基层人民调解组织 26 个，调解员 26 名；乡镇（街道）劳动争议调解组织 14 个，调解员 14 名。

2004—2012 年，县劳动争议仲裁委员会推行“阳光仲裁”，以“快立、快审、快调、快结”为原则，处理劳动争议 456 件，按期结案率 100%，挽回经济损失 800 多万元。依法严格审查鉴证劳动合同 8560 份，集体合同 34 份，纠正违法无效合同 106 份，有效地规范用工单位劳动管理，避免劳动争议的发生。

2020 年，东平县总工会与县人民法院联合下发了《关于开展劳动争议诉调对接工作的实施意见》，与县人社局联合下发《关于进一步加强工会劳动法律监督与政府劳动保障监察协作的意见》。制定完善规章制度 22 项，建立各类台账 10 册，制作上墙图版 17 块，办理职工来信来访 11 件次，为 21 名职工答疑解惑，为 36 名职工开展了案件调解和法律援助，职工满意率达到 100%。

设立“民管热线”发挥维权作用

为进一步维护职工权益，东平县总工会设立“民管热线”。1995 年，接待上访案件 7 件（起），接待职工 174 人，其中女职工 28 人。东平县总工会一方面向上访职工宣传党的政策，做深入细致的思想疏导工作，一方面积极向有关部门反映职工的要求。经过大量的工作，上访职工所反映的问题都得到妥善解决，切实维护职工的合法权益。

2010—2021 年，共接到职工咨询、投诉电话 865 件。从来电内容看，大致可分为五类：1. 反映企业改革、改制搞暗箱操作，涉及职工切身利益的减员、分流等方案不经职工代表大会审议通过就实施，侵犯职工民主参与、民主管理、民主监督法定权利；2. 反映职代会、工会选举不正常，工会干部受压制、遭打击报复，工会组织、职代会被操纵或被架空，无法正常活动；3. 反映企业违反《中华人民共和国劳动法》，用不公正手段胁迫或强制职工解除劳动关系，职工劳动、报酬、休息等合法权益遭到侵犯；4. 就职代会、工会、职工持股会等方面的政策、法规、业务知识问题和工作实践中遇到的新情况、新问题，要求释疑解惑，给予咨询指导；5. 遇到特殊困难或面临厄运，职工个人无法承受和解决，要求东平县总工会给予援助。至 2021 年，通过咨询、指导及会同有关部门、基层工会进行敦促、协调，妥善解决 847 件，结案率为 98%。

开展劳动关系和谐企业创建活动

2006 年 7 月，东平县总工会根据上级部署，结合东平企业实际，制定印发《关于开展创建劳动关系和谐企业活动的意见》，并采取有效措施，推动和谐企业创建工作深入开展。贯彻《企业工会工作条例》，发挥企业工会作用，推行以职工（代表）大会为基本形式的企事业单位民主管理制度；建立工资分配集体协商机制，保障职工收入与企业效益同步增长；提高劳动合同建制率和实效率；强化及时缴纳养老、失业、医疗、生育、工伤保险费用，落实劳动保护防护措施；定期召开劳动关系分析会，创建和谐班组、车间、科室活动。创建活动中，注重发现、选树、宣传、推广劳动关系和谐企业创建活动的先进典型，每年开展和谐企业评选，培训劳动争议调解员，做好劳动关系预警，开通“12351”职工维权热线，做好工会信访工作，推动工会维护机制建设，在全县形成“尊重劳动、尊重知识、尊重人才、尊重创造”的氛围，建立起规范有序、公正合理、互利共赢、和谐稳定的社会主义新型劳动关系。2006—2021年，通过测评评选，全县企业、职工的覆盖面、达标率、满意率达到标准，县供电公司、瑞星化工集团、新东岳集团、中国农业银行等14家企业被评为泰安市AAA级劳动关系和谐企业。

第二节　集体合同签订

1993年，东平县总工会贯彻落实国务院颁布的《全民所有制工业企业转换经营机制条例》，配合有关部门在县供电局、瑞星化工集团、面粉厂等企业进行全员劳动合同制试点工作。打破企业内部“干部与工人、固定工与合同工”的身份界限，使劳动关系的确定走上法制化的轨道。

1994年，县属工业企业全部实行全员劳动合同制，各企业在搞好定员定酬的前提下，编制《全员劳动合同制实施方案》《企业劳动合同书》《聘任合同书》，从完善岗位责任制入手，明确劳动合同签订、变更、续订、终止和解除劳动合同的期限等条款。为使广大职工更好地履行劳动合同，各企业都制定考核标准、全额浮动工资考核办法，实现日常工作有记录，小组管理有表格，月末评比有材料。工资奖金发放实行按岗定资，系数计奖，向苦、脏、累、险一线倾斜，向贡献突出的人员倾斜，充分调动广大职工的积极性和创造性。

1995年8月8日至12日，泰安市总工会召开“《中华人民共和国劳动法》贯彻理论研讨会暨签订集体合同情况交流会议”，会上，市总工会、市劳动局下发《关于进行集体协商签订集体合同试点工作的意见》。会后，东平县总工会主席刘继顺向县委副书记皇甫炳胜汇报会议精神与要求。8月23日，东平县总工会、东平县劳动局联合向县委、县政府呈报《关于在部分企业进行集体协商签订集体合同试点工作的报告》。8月29日，县总工会、县劳动局联合印发《东平县关于进行集体协商签订集体合同试点工作意见》，拟在山东东平纸业股份有限公司（现代化企业管理单位）、山东东平艾温利大麻纺织集团有限公司（合资企业），东平县生产资料有限公司（县属集体企业），东平商业大楼（县属国营零售商业），东平塑料编织厂（乡镇企业）5个不同类型单位开展试点。9月12日，中共东平县委、东平县人民政府印发《关于公布签订集体合同试点领导小组名单的通知》，县委副书记皇甫炳胜任签订集体合同试点领导小组组长，县委副书记、副县长卞同德，县委副书记张大山、县政府副县长徐绚栗任副组长，县劳动局局长徐延申、县总工会主席刘继顺等七部门主要负责人为成员。办公室设在东平县总工会，陈培灵任办公室主任。10月9日，办公室排出《签订集体合同日程安排表》，即日起分为五个阶段推进试点工作，第一阶段，9日至13日，学习文件，明确思路，建立班子；企业党政工负责人学习《中华人民共和国劳动法》和国家制定的《集体合同规定》，全国总工会制定的《工会参加平等协商和签订集体合同试行办法》等有关法规文件。由企业书记、厂长、工会主席、职工代表及行政有关部门组成平等协商委员会，书记任主任，厂长、工会主席任副主任，其他为成员。由企业工会、行政、职工代表及有关人员组成“集体合同文本起草小组”。第二阶段，16日至20日，广泛发动，调查摸底，搜集情况。起草小组依照合同基本范畴，到职工群众中座谈走访，搜集职工对劳动报酬、工作时间、休息休假、劳动安全卫生、保险福利等方面的意见和要求，做好起草文本准备工作。第三阶段，23日至27日，体现特点，拟定草案，平等协商。依照《中华人民共和国劳动法》有关规定，结合职工意愿及企业生产经营实际，拟出合同草案，由企业代表和职工代表进行人数对等的协商，提出修改补充意见。第四阶段，10月30日至11月3日，召开会议，充分讨论，集体表决。在对合同草案基本达成共识基础上，召开职代会，工会主席向大会汇报合同起草过程，对有关事项做出说明。然后宣读合同全文，分组讨论，举手表决通过。第五阶段，11月6日至10日，举行仪式，双方签字，上报审查。合同文本由职代会通过后，举行签字仪式，经营者作为企业法定代表人，工会主席作为职工代表，双方签字，一式五份，分别报送上级劳动行政部门和上级工会审查备案，企业行政和工会各保存一份，存档一份。集体合同签订后，由党、政、工会、职工代表组建检查监督小组，定期对合同履行情况进行检查。企业行政和工会双方首席代表每半年向职工代表大会汇报履约情况。11月8日，彭集编织袋厂第一个完成集体协商和集体合同签订工作。接着商业大楼展开工作。为保证集体合同签订的平等合法，坚持四个原则，即平等合作和协商一致的原则；权利义务相结合的原则；兼顾各方利益的原则；维护正常生产、工作秩序的原则。至12月底，5个单位圆满完成试点任务。

1996年，根据市总工会部署，东平县总工会着力推进职工与企业签订集体合同工作。鉴于多数企业经营效益差，签订集体合同难度大，多次召开部门单位工会主任调度会，制定严格时间进度表，与劳动部门协商，同意困难企业的集体合同条款放宽政策，加快集体合同签订进度。年底签订企业达到56家，其中，市属企业4家，县属企业28家、乡镇企业24家。

1996年签订集体合同企业统计表

表16　　单位：人

单　位	职工人数	企业法人	工会主席	签字时间	有效年限
工业企业					
瑞星化工集团	2305	尚家宁	郑淑云	1996.10.05	3年
橡胶厂	1450	杨吉成	李桂芝	1996.11.13	3年
纸业有限公司	980	杨秀申	李广勤	1996.04.05	3年
麻纺厂	1942	赵长江	刘桂荣	1996.08.10	3年
东平酒厂	895	陈可军	郭启星	1996.11.01	3年
花键轴总厂	765	谌志强	曾宪汉	1996.10.15	2年
金利建材公司	1400	陈　雷	陈　强	1996.12.01	3年
建筑公司	1200	刘振海	李本山	1996.05.06	3年
供电公司	321	李明双	沈坤江	1996.08.08	3年
电器制修厂	250	李明月	谢桂芝	1996.11.25	1年
工具厂	450	孙传亮	李传亭	1996.08.08	3年
鞋厂	314	孙永久	宫传恩	1996.08.10	3年
工业供销公司	102	徐　民	王义道	1996.07.29	1年
美术公司	65	张守田	陈允连	1996.07.07	3年
运输公司	250	谢学增	张晓东	1996.07.25	1年
交通汽修厂	385	陈　东	时昌荣	1996.10.26	1年
农机公司	262	马新平	刘建民	1996.08.10	2年
事业单位					
新华书店	53	郑允海	刘永平	1996.05.04	3年

续表 16

单 位	职工人数	企业法人	工会主席	签字时间	有效年限
邮电局	256	刘秀才	王尚学	1996.10.01	3 年
商业系统					
商业大楼	265	徐玉国	朱成芬	1995.11.08	3 年
人民商场	762	李仰荣	彭广义	1996.08.05	3 年
五交化公司	215	井维军	吕友建	1996.08.05	3 年
国货公司	245	张荣朴	梁兆彦	1996.08.12	3 年
宾馆	142	王　峡	颜秀芹	1996.09.10	3 年
食品公司	159	李景堂	高福军	1996.06.06	3 年
糖茶公司	142	吴玉君	胡吉芳	1996.04.01	3 年
粮食系统					
淀粉厂	241	张观金	王月玲	1996.09.14	2 年
梯门粮所	60	孟宪忠	徐志生	1996.09.14	1 年
州城粮所	75	程绍庚	王启玲	1996.09.16	3 年
县粮油供应公司	105	王占义	李建英	1996.09.15	3 年
接山粮所	55	蒿庆河	李进刚	1996.09.16	2 年
新湖粮所	56	李玉山	赵义龙	1996.09.14	1 年
大羊粮所	45	田廷元	靳兆良	1996.09.15	2 年
彭集粮所	80	田锡臣	陈　明	1996.09.14	3 年
张河桥粮所	98	吕修刚	贾传东	1996.10.10	2 年
物资系统					
金属公司	80	郭　峰	翟桂兰	1996.07.22	3 年
机电公司	85	孟晓光	王明华	1996.05.06	3 年
贸易发展公司	65	徐自栋	沙保芳	1996.06.05	3 年
燃料公司	91	李培军	邴延常	1996.07.04	3 年
化轻公司	47	孙长芝	魏同英	1996.07.05	3 年
建材公司	57	吴传宾	赵凡玉	1996.08.04	3 年
再生资源公司	67	王心路	张　慧	1996.10.01	3 年
金属材料公司	84	张长之	屈新兰	1996.09.01	3 年
供销系统					
生资公司	120	郭玉琴	崔　静	1996.07.02	3 年
棉麻公司	420	宋超勇	王瑞冉	1996.06.02	3 年

续表 16

单 位	职工人数	企业法人	工会主席	签字时间	有效年限
土产公司	72	张　明	王元之	1996.06.02	3 年
乡镇企业系统					
宏达公司	133	井维本	张德刚	1996.09.02	3 年
机械设备公司	33	李振银	郑其中	1996.09.03	3 年
建材公司	52	王文德	朱世芬	1996.09.03	3 年
彭集塑料厂	130	袁恒华	彭兴厂	1995.11.14	3 年
彭集油厂	412	金庆明	王兴秋	1996.05.04	3 年
彭集木螺钉厂	320	彭可正	刘广三	1996.08.02	3 年
州城建筑公司	823	赵振海	吴守钊	1996.09.05	3 年
老湖松花蛋厂	50	蒿守明	张恒华	1996.09.08	3 年
水河地毯厂	321	朱传平	张本福	1996.04.04	3 年
宿城建筑公司	841	林怀春	杨立先	1996.09.05	3 年

说明：1996 年分配任务 55 家，实际签订 56 家

1997 年 7 月 16 日，县建筑安装股份有限公司（甲方）与县建筑安装股份有限公司工会（乙方）签订集体合同。集体合同对职工劳动保护方面作出具体规定，公司依法实行每日工作不超过 8 小时，平均每周不超过 44 小时的工时制度。对于需要实行特殊工时制度的工种和岗位，须在依法履行报批手续后实行。公司因生产经营所需，征得工会同意并办理严格的审批手续后安排的加班加点，均依法向职工支付加班加点的工资报酬。公司印发文件保障职工的各类休息和休假，并根据职工的工作年限，实行职工带薪年休假制度。公司还就劳动安全卫生方面做出承诺，公司工作场所和施工现场须符合国家有关工厂安全生产的规定和国家建筑安全技术的规定；建立健全预防粉尘、毒物、物理等有害因素的劳动卫生设施，确保有关指标不超过医学规定的标准；按规定向从事有害有毒工作的职工提供劳动保护用品、医疗器具及相关费用，每年定期进行专项体检；女职工在经期、孕期、产期、哺乳期进行特殊保护，对女职工每两年安排一次体检，特殊工作每年体检一次；按不同工种的实际需要，发放劳动防护用品，落实每年盛夏季节防暑降温措施等。

1988 年 12 月建立的县人民商场，随着市场经济的快速发展，个体工商业户强势崛起，国有商业在市场竞争中优势逐渐丧失。由此人民商场债台高筑，经营亏损，职工全

部下岗，生活没有保障。1997年12月，100余名下岗职工到县政府上访。东平县总工会遵照县委、县政府的指示，在深入调查、广泛征求干部职工意见的基础上，与县商业总公司、人民商场负责人共同研究，制定《职工进入市场的实施意见》，率先引入竞争机制，实行个体经营。对要求上岗继续从事经营者，商场提供场地、租赁柜台，实行自主进货、自主定价、自主经营、自负盈亏；同时，鼓励职工停薪留职，自谋职业。先后有280名下岗职工，与人民商场签订柜台租赁协议，分别经营日用百货、五金交电、木器家具、服装鞋帽、文化用品等，以其优质价廉的商品、热情周到的服务，赢得顾客欢迎。1998年，职工月均工资1230元，同比增长2.5倍；上缴租金80万元。

至1999年12月，全县有131家企业签订集体合同，28家企业续签集体合同。在企业中建立、规范集体合同机制，对于稳定劳动关系，保护职工的合法权益，促进企业健康发展发挥重要作用。

进入21世纪后，全县企业普遍实行产权明晰的改革改制，股份制、民营、私营企业成为工商企业主体。鉴于企业新的运营机制和用工制度，最大限度追求生产发展和经济社会效益，在劳资关系方面出现的一些新问题，县总工会与企业工会组织开展劳动关系和谐企业创建活动，尊重维护职工合法权益。

2003年，县总工会继续督促在私营企业开展平等协商和签订集体合同工作。工作中，根据企业的不同情况，提出不同要求，不搞一刀切。企业只要把职工工资、劳动保险、工作时间、保险福利等涉及职工切身利益的问题写入合同，其他条款不作硬性规定，大大提高了合同签订率，当年全县私营民营企业集体合同签订率达到37%。

2004年5月1日，劳动和社会保障部颁布新的《集体合同规定》。县总工会通过举办培训班、召开座谈会、印发宣传材料等形式进行广泛宣传，使广大工会干部充分认识和了解《集体合同规定》的内容和意义，明确工会的各项权利和义务，提高广大工会干部贯彻执行《集体合同规定》的自觉性，促进工会维权机制建设，推动集体合同签订工作深入开展。

2005年5月27日，省总工会副主席齐太生、市总工会副主席李克智到东平调研。在听取东平县总工会关于企业平等协商、签订集体合同工作情况汇报后，省、市工会领导给予高度评价，认为东平县总工会的工作扎实有效，发挥了维护企业职工合法权益的作用。

2010年，县总工会联合县人社局，开展全县规模以上企业工资集体协商情况专项检查，督导企业建立工资集体协商工作制度。当年开展工资集体协商的企业职工工资平均提高了18%。瑞星集团、金达木业公司、新东岳集团、鲜八里有限公司、东平隆腾建筑安装有限公司、山东长宇镀铝有限公司、州城街道鹏远纺织有限公司先后被评为泰安市工资集体协商先进单位。

2011年9月27日，市总工会在东平召开现场会，总结推广东平县总工会抓好工资集体协商的做法和经验。

2012年3月21日，县总工会邀请山东省工会干部学院教授任鲁萍、梁霞，对企业工资集体协商进行专题辅导，各乡镇（街道）、企业及主管部门负责人、工会主任、劳保所长等220人参加培训学习。县总工会建立工资协商电子台账制度和工资集体协商工作考核办法，每季一通报，半年一检查，一年一考评。2012年年底，全县开展工资集体协商的企业达到178家，占应签企业总数的90%，覆盖职工3.8万人。至2017年，通过评选，县供电公司、瑞星集团、新东岳集团、东顺集团、中国农业银行、自来水公司、东平网通公司等19家企业被评为泰安市AAA级劳动关系和谐企业。

2018年，县总工会制定《关于在企业中建立工会与行政沟通协商机制的实施意见》，确定8个单位为试点单位。试点企业有民营企业、国有企业、规模较大的企业和中小型企业，专门制定了工作流程和工作时限，根据工作进度，组织有关人员及时进行跟踪督导，确保工作有条不紊地进行。水利建筑安装公司工会通过与行政沟通，新建职工食堂和健身活动室，方便职工就餐和体育锻炼，职工对企业的满意度得到提升。新东岳集团坚持每月召开一次民主恳谈会，党、政、工、团、职工代表、普通职工参加民主座谈会，征求职工意见，对职工提出的问题在现场解决，不能解决的明确时限，跟踪督导，调动了职工参加企业管理的积极性。

2019年年初，山东省总工会、山东省人力资源和社会保障厅、山东省企业联合会、山东省工商业联合会联合下发《关于实施集体协商“稳就业促发展构和谐”行动计划的通知》，制定山东省集体协商工作2019—2021年3年行动规划。要求进一步发挥集体协商集体合同制度协调劳动关系的基础性作用，稳定就业岗位，促进企业发展，构建和谐劳动关系，实现企业和职工共商共建共创共享。是年，全县78家企业签订“1+3”集体合同。

2020年，县总工会认真落实省总工会等四部门通知，围绕提升集体协商质量、维护职工合法权益，建立了三方四家协商工作机制，把集体协商工作列入议事日程，制定出台《东平县开展集体协商集中要约的实施方案》，召开集体协商工作推进会，对推进集体协商工作做出具体部署和安排。是年，全县82家企业签订“1+3”集体合同。

2021年，县总工会组织干部深入企业宣传《中华人民共和国劳动法》《中华人民共和国工会法》等法律法规知识，广泛收集职工诉求，帮助职工解决实际困难，增强职工维护自身合法权益意识。树立典型示范企业，推进全县集体协商工作有序开展。是年，全县共有 84 家企业签订“1+3”集体合同，签约率达到 87%。3 年间，全县集体协商集体合同签约工作扎实推进，质效评估得分 80 分以上企业达到 88%，职工参与率 82%，职工知晓率 95%。

第三节 安全生产

1989 年，县总工会配合有关部门，在全县开展“百日安全赛”活动，出动宣传车 60 台次，张贴宣传标语 980 条。培训安全管理干部 147 人，特种作业人员 226 人，企业新职工 8000 余人。交通管理部门检查各种车辆 1.46 万台次，纠正违章 4.38 万次。消防部门对商业、棉花加工业、林业等重点防火单位进行检查；县劳动部门检验 151 台压力容器，检查 50 台锅炉，年检率 90%。县化工总厂、橡胶厂、麻纺厂被评为安全生产先进单位。

1990 年 7 月，县总工会联合有关部门开展防治职业危害工作检查，促进劳动保护工作制度落实。各基层工会认真贯彻全国总工会关于劳动保护的“三个条例”，落实劳动保护工作措施，动员职工做好安全生产监督工作。

1991 年 5 月，县总工会配合县安委会利用“安全月活动”，要求各企业工会抓好安全制度和措施落实，在职工中加强安全知识宣传教育，坚持持证上岗，严守操作规程，确保安全生产。县供电局工会争取行政支持，投资 500 元购置电工安全操作录像带，组织职工观看学习，增强安全意识。

1994 年，县总工会和基层工会协助企业行政做好职工劳动保护工作，抓好安全生产及劳动保护规定的贯彻落实。早计划、早动员、早安排，抓好群众性安全生产，帮助和促进企业搞好专业管理。县经贸委、供电局、瑞星化工集团、建筑公司突出行业特点，开展抓安全、促效益知识竞赛达标活动。县纸业股份有限公司实行安全生产一天一检查、一周一调度，防患于未然。全年未发生重大伤亡事故。

2001 年，县总工会配合有关部门组织全县安全生产大检查 4 次，共查出各类隐患 916 处，整改 910 处，限期整改 6 处，整改率 99%。县安监局对瑞星集团氨库和甲醇储罐、煤气公司液化气站和煤气柜、光大油脂厂浸出车间等 5 处重大危险源进行重点监控。将流泽大桥超载车辆违规通行、大清河武漫险工段非法采砂、液化气罐装混乱、民营企业用电混乱等方面的问题列为全县重点四大隐患。县总工会与安监、交通、公安、湖管、质检、供电等部门联合行动，开展集中检查整治，消除隐患。

2002 年，县总工会配合有关部门开展道路交通安全秩序、水上交通运输安全、公众聚集场所消防安全、民用爆破器材和烟花爆竹安全、非煤矿山安全生产、土锅炉和气瓶安全等 7 项专项整治活动。县公安交警部门投资 11.3 万元，在 5 处事故易发路段安装太阳能黄闪灯，新设交通警示牌 12 面，查处违章 1.3 万人次，查纠违章车辆 6000 余台次。事故起数、死亡人数和经济损失分别比上年下降 18%、7.7% 和 28%。县公安局治安大队检查涉爆单位 379 家，发现存有安全隐患的单位 39 家，限期整改 34 家，停业整顿 5 家，收缴非法炸药 17.5 公斤，雷管 48 枚，导火索 51 米，鞭炮 15 万头，治安拘留 21 人。

2003 年，县总工会配合有关部门在全县开展危险化学品、道路交通和水上安全、公众聚集场所消防安全、民用爆破器材和烟花爆竹安全、非煤矿山、建筑施工安全和城市燃气等 7 项专项整治活动。对危险化学品，重点检查瑞星集团，查处各种事故隐患 16 种，当场下发整改通知书。检查加油站 49 处，关闭不符合安全条件的加油站 9 处，拆除 3 处。查处道路交通各类违章 1750 余起，违章车辆 300 余台次。对旅游船舶、黄河浮桥开展安全检查 7 次，查处各类隐患 75 项，当场下发整改通知书，要求限期整改。县公安局治安大队举办民爆物品管理员培训班，对各采石厂进行拉网式大检查，对存在安全隐患、证照不全的业户，收回“爆炸物品使用许可证”。

2004—2011 年，县总工会配合县安全技术服务中心，举办各类安全管理培训班 318 期，培训企业主要负责人和安全管理人员 16500 人次。其中，危化品培训 16 期，2433 人次；非煤矿山培训 35 期，2223 人次；烟花爆竹培训 37 期，2287 人次；特种作业（包括工商贸企业）安全培训 230 期，9557 人次。

2012 年 1 月，县总工会与有关部门积极配合，以危险化学品生产、储存、运输、使用、废弃等环节隐患的排查治理为重点，开展专项整治行动。查处隐患 48 处，下达整改指令书 15 份。

2013—2015 年，在全县广大职工中广泛开展以“纠正职工违章操作行为，纠正职工违反劳动纪律行为，提升职工安全意识和能力”为主要内容的“查保促”活动，累计参加职工 8 万人次，查找隐患 1000 余项，整改率 100%。

2016 年，县政府印发《关于深化“查身边隐患、保职工安全、促企业发展”群众性安全生产活动的意见》，将“查保促”活动工作纳入全县安全生产监督体系。全县各级工会组织成立“查保促”活动领导小组，对高危行业尤其是危险化学品行业和重点领域（民营中小企业），进行拉网式检查，发现安全隐患 1812 项，整改率 95% 以上。年内，组织举办非煤矿山、危险化学品、一般工商贸、烟花爆竹等企业安全管理人员培训班10期，培训各类安全管理人员910人次。其中，危化品培训班2期，109人次；非煤矿山培训班1期，61人次；一般工商贸企业培训班5期，330人次；烟花爆竹培训班4期，410人次。举办特种作业人员培训班16期，870人次。通过开展安全教育培训，进一步提高职工安全防范意识。

2017年，按照省市总工会的部署，县总工会制定下发《2017年危化企业“查身边隐患、保职工安全、促企业发展”活动实施方案》，与危化行业主管部门一起，以化工行业转型升级改造为契机，层层发动广大职工，深入查找身边隐患，并建立有奖举报制度。4500余名危化企业职工直接参与“查保促”活动。查处隐患1000余条，发放奖励资金10万余元，职工生命安全和健康得到保障。

2019年，县总工会配合有关部门，深刻吸取江苏响水天嘉宜化工“3·21”特别重大爆炸事故和济南齐鲁制药“4·15”火灾事故教训，先后开展7次联合执法检查和专家诊断式隐患排查，发现并整治问题隐患100余项。政府购买服务专家查隐患，对71家加油站双重预防体系运行和现场安全管理进行全覆盖评估检查，发现并责令整改问题591项，立案7起，罚款6.7万元。暂时停产停业1家。检查矿山企业5家，发现并责令整改问题隐患113项。东平县连续三年被省政府表彰为“安全生产月”活动优秀组织单位。

2020年5月，县总工会以消除事故隐患，筑牢安全防范线为主题，组织开展全县“安全生产月”活动。瑞星集团祥瑞（总）公司采用现场学习加授课的方式，开展新学员安全教育培训“第一课”。培训内容重点对本单位安全生产情况及安全生产基本知识、安全事故原因分析、安全文化传承、安全生产定律和法则、消防急救常识、职业卫生健康等方面进行详细讲解，并结合典型事故案例进行分析，让新入职员工对公司的安全生产规章制度及个人的安全职责、权利和义务有初步的认识，提高安全防范意识。润银（总）公司气体一公司组织全员对界区内的消防设施进行维护检查，对消防栓及时抹油防护，检查消防水带卡扣是否脱落、水带是否有损坏、阀门开关是否灵活，保障消防设施在使用时不出现任何问题。气体二公司在开展现场安全隐患排查治理的同时，对员工加强安全思想教育，利用班下时间观看《重大事故案例解析—罪与罚》视频，消除工作中存在的隐患，避免安全事故发生。

2021年5月，在全国第20个安全生产月活动期间，县总工会制定安全生产月活动方案，组织职工观看山东广播电视台播发的安全生产“五进”主题宣传片，增强干部职工安全防范意识，促进安全生产月活动深入开展。

第十一章　女职工工作

东平县总工会认真贯彻落实《中华人民共和国妇女权益保障法》和全国总工会《工会女职工委员会条例》，加强女工组织建设，积极组织女工学政治、学文化、学业务，树立“自强、自爱、自重、自尊”精神。定期开展技能培训，进一步提升广大妇女群众就业、创业能力，在经济建设和社会发展中发挥“半边天”作用和巾帼先锋模范作用。

第一节　女职工组织建设

1989年10月14日，经县委批准成立东平县总工会女职工委员会，赵厚春任名誉主任，李建章任主任，董传芬、潘荣英任副主任，陈允香、许美蓉等14人任委员。女职工委员会办公室设在东平县总工会，潘荣英任办公室主任。同时，要求在有25名以上女职工的基层工会建立女工委员会。至1990年，全县共有65个基层工会建立女工委员会。

1991年，各级女工组织进一步建立健全。多数女工组织能够关心女职工的思想、工作和生活，积极组织女工学政治、学文化、学业务。在职工中广泛开展“自强、自爱、自重、自尊”教育，充分发挥女工在各项工作中的重要作用。

1992年，在加强女工组织机构建设的基础上，全县各级工会以学习宣传《中华人民共和国妇女权益保障法》为契机，注重抓好制度建设和活动的开展。5月，组织举办女工干部培训班，提高女工干部的业务素质，增强参与改革的积极性。

1993年，各级工会认真贯彻《妇女权益保障法》和全国总工会《工会女职工委员会条例》，根据上级工会的部署，开展女职工学先模事迹，树“四自”精神，为“八五”计划做贡献活动。各系统、各单位制定女工“五期”保护措施，为女工建立健康卡片，联合妇联、保健站，对全县女职工进行以防癌为主的疾病检查，使110名女职工的疾病得到及时发现和治疗。

1995年，加强女职工组织建设。新组建工会的乡镇企业、外资企业、股份合作企业，按规定成立女职工委员会，配备女工委主任，并正常开展各项活动。

3月13日，中共东平县委员会下发《关于公布东平县总工会第三届女职工委员会名单的通知》。根据《职工工会章程》和全总《工会女职工委员会条例》及换届程序，东平县总工会第三届女职工委员会产生。报经县委批准，任命程慧珍、李元玲、许美蓉为顾问，姜景芝、叶近云、王桂香为名誉主任，东平县总工会副主席李灿荣为主任，陈培兰、邹兴桂、潘荣英、张连芬为副主任，姜秀荣等16人为委员。

1998年9月，东平县总工会女职工委员会组织参加全省女职工劳动保护知识竞赛，发放并回收试卷600份，促进全县女职工劳动保护工作的开展。

1999—2012年，由于工会内设机构合并，女工部合并到生产部。

2013年，按照“工会工作开展到哪里，女职工工作就开展到哪里”的原则，做到女职工组织与工会组建工作“三同时”，健全女职工组织网络，扩大女职工组织覆盖面。全县在签订集体合同的企业中，女职工专项集体合同签订率达97.5%，覆盖女职工4.6万人。

2015年，组织女干部参加学习培训；开展女职工劳动保护工作检查评比活动，进一步活跃东平县总工会女职工工作，维护女职工的特殊利益。全县在签订集体合同的企业中，女职工专项集体合同签订率达98%，覆盖女职工4.63万人。

2018年3月，组织开展“女职工维权行动月”宣传活动，通过悬挂条幅、发放宣传资料等形式向女职工及农民工宣传《女职工劳动保护特别规定》《中华人民共和国工会法》《中华人民共和国妇女权益保障法》等法律法规。

2019年，东平县总工会组织开展“基层工会组织建设年”活动，坚持“党建带工建、工建促党建、党工共建”。推动全县机关、事业、企业及八大群体建会和换届工作，健全和完善县直各部门、乡镇（街道）、社区、企业、“两新组织”工会组织体系，各基层工会均设立女职工委员会。

2020年，东平县总工会进一步健全女职工组织网络，维护女职工的特殊利益。全县签订集体合同的企业，女职工专项集体合同签订率达98.3%，覆盖女职工5.7万人（含农民工）。

2021年，在东平县总工会第九次职工代表大会上，选举产生新一届女职工委员会。县女职工委员会围绕建党百年，组织全县各行各业女职工响应上级号召，开展学党史、悟思想、办实事、开新局，还读书演讲、文艺演出、女职工书画展等，推进女职工政治文化和业务素质的提高。

第二节　女职工队伍建设

90年代末，东平县总工会把做好培养选拔年轻女干部和发展女党员工作，作为实现新世纪东平发展目标的基本保证，将加强干部队伍建设，增强党的基础组织活力，推进社会文明进步的重要措施。贯彻执行干部队伍“四化”方针，坚持德才兼备、群众公认原则，明确工作重点，把推荐和宣传优秀女性职工的重点放在“基层、一线、新人”，着力推荐那些年轻、知识层次较高、发展潜力较大的女干部。坚持把思想政治素质放在首位，切实把那些全面、正确、积极地贯彻执行党的路线方针，坚持走中国特色社会主义道路，在重大原则问题上分得清是非，在重要关头经得起考验，具有较强政治鉴别力和政治敏锐性的优秀女干部推荐上去。被推荐的优秀职业女性应具备的基本条件是政治素质好、专业水平高、工作能力强、政绩突出、得到群众公认。

东平县总工会采取动态管理、跟踪培养、分层推荐的方法培养推荐女干部，抓住关键环节，健全工作制度，通过多种形式与女干部加强沟通和联系，为女干部脱颖而出创造条件。1992年，东平县总工会女职工委员会推荐德才兼备的女干部24名，其中，副局级干部11名，副厂长（经理）6名，女工会主席、副主席7名，形成一支强有力的女职工干部队伍。

2001年2月，省、市总工会开展先进女职工评选活动，经东平县总工会推荐，瑞星集团女职工李思华被评为全省先进女职工，受到山东省总工会表彰；县公路局尚福香、县教育局赵景菊、县工具总厂王秀芳、东平华闻纸业有限公司李桂芳、县自来水公司公艳敏、县供电局徐瑞芝、县人民医院齐太英等8名女职工被评为全市先进女职工；东平县总工会女工委被市总工会评为全市工会工作先进集体；东平县电信局职工吴兴文家庭被评为“全市文明职工家庭”，受到泰安市总工会表彰。

东平县总工会女职工委员会明确工作目标，建立工作机制，把进一步做好培养推荐优秀女性干部作为工会女职工委员会责无旁贷的任务，主动关心和热情服务，组织开展“自尊、自爱、自强”活动，激发广大女职工学习、工作的积极性和创造性；鼓励女性干部积极参与公开选拔和竞争上岗；鼓励年轻女性干部参加竞聘，并加大宣传力度，为女性干部和女性先进人物成长搭建展示才华的舞台。1992—2003年，全县涌现出全省先进女职工3名，全市先进女职工18名，全市先进女职工工作者11名。

2005年后，东平县总工会女工委在全县女职工中深入贯彻落实中共十六大、十七大精神，深入开展科学发展观、社会主义核心价值观和“八荣八耻”思想品德教育，围绕县委中心工作，立足本职工作岗位，尽职尽责。2008年，汶川大地震发生后，全县女职工向灾区同胞献爱心，捐款捐物总计300万元。

2012年后，东平县总工会女工委深入贯彻落实中共十八大精神，以习近平新时代中国特色社会主义思想为指导，与企业工会一道组织女职工积极参与扶贫攻坚三大工程，一大批女职工在实施东平湖移民避险解困、黄河滩区迁建、山区群众异地搬迁工程中受到锻炼，思想素质和工作能力得到提高，受到县委、县政府表彰奖励。2021年，全县女职工围绕庆祝建党百年活动，学习党的历史和改革开放史，不忘初心、牢记使命，在各自工作岗位开拓创新，奋力拼搏，为推进东平生态文明发展做出贡献。

第三节 女职工技能培训

1993年，举办西瓜栽培、葡萄栽培、食用菌、花生种植、高产高效水产品等长短期培训班300期，培训1.7万人次。

1996年，东平县总工会配合农函大开展“万名农村妇女科普培训工程”，其中6500名妇女成为学科技、用科技的示范带头人。

2000年，全县4275名女职工参加文化技术培训班，935名女职工获得大专以上学历。2001年，120名女职工获得高一个层次的学历，2000多名女职工的技术上了一个档次。在女职工权益知识答卷活动中，全县8900名女职工参加，占女职工总数的85%。

2002年，东平县总工会女工委组织3752名女职工参加文化技术培训班，有325名女职工获得大专以上学历。

2003年，按照上级工会要求，东平县总工会女工委在全县开展“女职工素质自我达标”和“女职工双文明建功立业”活动，培训女职工6000人次，举办文化、业务技术培训班15期。县职业中专李娟等3人撰写的优秀论文《特大子孙蒜的选育及生产开发试验》获山东省第十八届青少年科技创新大赛一等奖。是年，组织女职工参加全市《中华人民共和国工会法》司法解释知识答卷活动，获得较好成绩。

2005年，东平县总工会与县妇联开展“巾帼科技致富工程”，根据妇女群众意愿，在全县14个乡镇举办科普讲座14次，赠送科技书籍4000余册，发放科普资料5000余份、光盘10套，并在科技意识较强的乡镇建立图书室，直接受益1.5万人。依托县农村妇女培训学校、乡教学班、专业村教学点，围绕产业结构调整，设置教学课程。各乡镇以农村妇代会主任、“双学双比”女能手、科技致富带头人和具有初、高中文化程度的女青年为重点，大力开展“绿色证书”农民技术职称等正规化、系统化培训，组织她们学习农业高新技术、市场营销、经营管理等有关知识，提高妇女致富本领和技术管理水平。通过组织专家、技术人员送科技下乡等形式，深入集镇、村户和田间地头，面对面地讲，手把手地教，主动为她们解疑释惑，提供技术、信息、项目服务，形成上联专家、下联农户的科技“互联网”。同时，建起“三八科技示范基地”10个，为广大妇女在经济发展中一展身手奠定良好的基础。

2011年，全县各级工会和妇联组织围绕农村一乡一品、一村一业搞调研，发挥部门职能优势，把加强妇女群众技能培训作为促进农民增收的重要工作来抓。坚持贴近农民、贴近实际、贴近市场的原则，直接把培训点设在田间地头，把培训班办在农村劳动力较为集中的地方，开展食用菌、核桃、有机蔬菜种植和农家乐、渔家乐等多领域、多层次的创业技能培训，进一步提升广大妇女群众就业创业的能力。

2012年4月上旬，东平县总工会会同县劳动就业办公室、技工学校为儒原大酒店组织为期7周的酒店业务系统培训，首批学员82人。培训以加强新员工的自身素质提升和员工管理为主要内容，使其尽快熟悉酒店的各项规章制度、工作流程和工作职责。通过培训，新员工业务素质和工作能力明显提高。

2017年，成立东平县巾帼编织协会，组织妇女培训学习，构建起县、乡、村三级编织服务网络，辐射到全县14个乡镇街道、70多个行政村、1000多名贫困妇女。通过培训，掌握“中国结”、手链等编织技术。老湖镇编织点巧手会员320人，编织中国结12000套，编织手链9000余条，编织门前脚垫9吨，平安果6000余个。在中共十九大召开前夕，协会会员编织“巾帼心向党·喜迎十九大”、党旗等图案，深受市场欢迎。

2018年6月，东平家庭服务业协会工会主席靳淑芝创办“阳光大姐”家政服务公司。她根据每一名妇女的特点和需求，结合家政服务业的市场情况，制定实施技能培训方案与精准帮扶计划，每周开展1次免费技能培训。至2020年，已经培训40多期，培训下岗和无职业妇女2500余人次，为2000多名妇女提供就业岗位。东平街道刘范村李天红，家中2个孩子上学，婆婆常年有病，日子过得非常拮据。她当了家政服务员后，实现在家门口就业，每月收入2600多元，日子越过越红火。彭集街道前郑海的郑玉莲，家庭贫困。自从在“阳光大姐”免费培训当了母婴护理员后，每月收入4000多元，日子越过越好。

2020年，东平县构建和完善技能上“高、中、初”，时间上“长、中、短”，年龄上“老、中、青”，形式上“短、平、快”的培训格局，增强广大妇女群众增收的“造血”机能，逐步实现“培训一人、就业一人、脱贫一人、带动一片”的目标。

2021年，东平县总工会女工委与县妇联配合，在县职工培训教育中心，开展互联网电商女职工技能就业培训，有1600多名女职工从中受益。

第四节 开展巾帼建功活动

1994年，东平县总工会女职工委员会组织广大女职工广泛开展合理化建议活动，全年提出合理化建议1686条，被采纳968条，创经济价值625万元，“双增双节”创价值424万元。东平县总工会被市巾帼建功领导小组授予“巾帼建功先进集体”称号。

1995年1月16日，东平县总工会印发《关于在全县女职工中开展闯“新三关”演讲比赛的通知》，要求全县女职工勇闯“文化关”，提高自身素质；勇闯“技术关”，增强竞争实力；勇闯“智慧关”，贡献聪明才智。旨在展示全县广大女职工在发展社会主义市场经济中的主人翁风采，树立自强、自立、自尊、自爱的精神，为现代化建设立新功、做贡献。演讲设一等奖3个、二等奖5个、三等奖若干个。3月6日，举行演讲比赛，县委副书记、组织部部长皇甫炳胜，县总工会主席刘继顺分别讲话。通过层层筛选，参加全县比赛女职工19名，按照评委打分，县进修学校教师马宏等8名女职工被评为闯“新三关”演讲比赛先进个人。县总工会下发表彰决定，为获奖者颁发荣誉证书。

1996年，东平县总工会开展女职工“四个一”为主要内容的立功竞赛活动，“四个一”即主动为企业改革献一计；为再就业工程出一力；在生产管理、技术改革、创造发明、本职岗位立一功；为窗口单位提供优质服务，树立一个好形象。

1997年，东平县总工会女职工委员会组织开展“创建文明职工、文明岗位”竞赛活动，全县参赛女职工8250人，约占女职工总数的88%。女职工捐款2.94万元，捐物4567件。表彰先进女职工1250名、先进工作者32名、先进集体21个、先进女职工之家8个、文明家庭75个。

1999年，东平县总工会组织动员女职工深入开展以岗位立功和学习成才为重点的“女职工双文明建功立业竞赛”活动，涌现出一大批先进女职工集体、个人和文明家庭。县总工会女职工委员会被市总工会授予“先进女职工集体”称号；赵景菊、张延民、王金香被评为全市先进女职工工作者；李思华、肖爱辉、徐瑞芝、巩曼华、孙英被授予“全市先进女职工”称号；孙传亮被评为全市“文明职工家庭”。

2002年，东平县总工会女职工委员会围绕经济建设中心工作，坚持把提高女职工素质作为工会女职工工作的第一要务，以提升信息技术能力为主题，提高全县女职工的“双素质”和“双能力”（“双素质”是指女职工的科学素质和适应信息化的素质；“双能力”是指女职工适应市场经济的能力和创造、运用新技术能力），代表好、维护好、实现好女职工的经济权益、受教育权和发展权。

2002年，东平县总工会女职工委员会贯彻落实《公民道德建设实施纲要》，教育女职工树立“爱国守法、明礼诚信、团结友善、勤俭自强，敬业奉献”的基本道德规范，组织开展“好职工、好家长、好市民”为主题的演讲比赛，引导女职工积极参与社会公德、职业道德和家庭美德建设。工作中，东平县各级工会女职工委员会努力做好宣传动员、教育引导工作，组织广大女职工踊跃参加上级工会或有关方面开展的各类培训、竞赛和评选活动。力求做到：有目标，将可量化的目标分解、细化，落实到基层；有计划，有实施办法、进度安排、责任落实和激励措施等；有特点，结合单位实际、女职工需求，打造活动品牌，形成工作制度，使竞赛富有创意，切实可行；有成效，根据东平县总工会布置的各项工作、各项活动，各级工会女职工委员会选择性地开展，不求面面俱到，但求保质保量，一抓到底，抓出特点，抓出成效。

2004年，东平县总工会女工委在全县开展“岗位建功”活动，广大女职工立足本职工作岗位，刻苦学习业务知识，争当“创新能手”和“创新示范岗”标兵。全县431名女职工直接参与该项活动，举行技术比武28场。在“素质提升”活动中，全县有2171名女职工参加，取得高层次学历237人，其中，本科以上学历23人，大专学历65人，216名职工的技术等级上一个档次，57人的技术等级上2个档次；17名女职工加入中国共产党，368名女职工加入共青团。

2005年3月22日，县国税局城区分局获得全省“巾帼文明岗”荣誉称号。

2016年，在全县开展“民间设奖奖百姓”活动中，评选出泰禾好媳妇10名，仓园好媳妇10名，李培培获山东省第十届“十佳好军嫂”提名奖，4户家庭被评为全市“最美书香家庭”，2户家庭被评为省“文明家庭”。

2020年2月13日，县中医院内一科护士长程同贤、急诊重症监护室护士陈辉，随山东医疗队逆行出征湖北黄冈，在医院日夜奋战37天，圆满完成援鄂医疗救治任务。

2021年，东平县总工会落实上级工会部署，组织开展市、县级劳动模范和五一劳动奖章评选活动，李艳艳、彭倩倩、孙凤英3人获“泰安市劳动模范”称号，曹亚芹、蒋士伟、窦敏敏3人获“振兴东平”劳动奖章。

第五节 女职工节日活动

1990年，东平县总工会组织召开“三八”节妇女座谈会、文艺演出等一系列庆祝活动；走访、帮扶单亲女职工50余人。

1993年，“三八”节前夕，东平县总工会女职工委员会围绕科教兴县主题，组织全县女职工书法、工艺女能手展览活动，对94名女能手进行表彰。“五一”前夕，结合推荐“职工劳模”工作，召开科教兴县先模人物座谈会，11名先模人物先后发言，县供电局女焊工王敬肃的事迹感人至深。

1999年“三八”妇女节前夕，东平县总工会女职工委员会组织女职工开展“三讲”（讲学习、讲政治、讲正气）教育活动，查摆问题，制定整改措施。通过学习教育，广大女职工思想有大的变化、境界有大的提高。在东平县总工会七届二次全委扩大会议上，表彰5个女职工工作先进单位与5名女职工工作先进个人。

2003年，东平县总工会代表市总工会看望全国劳动模范高慧娟，并送去慰问金500元。

2012年3月，东平县总工会开展“文化下乡进百村”活动，遍布14个乡镇。小品、快板、萨克斯独奏、男女声独唱等形式多样的演出，内容均是从群众的真实生活中提炼，以其和谐、幽默的语言、俏皮逗乐的对话寓教于乐，深受群众好评。至4月上旬，成功演出28场。

2016年，组织全县女职工参加全市庆“三八”书画展活动，有40余幅优秀作品参赛，18幅作品获奖，其中一等奖3幅、二等奖1幅、三等奖5幅、纪念奖9幅。州城街道南门社区古城新韵广场舞队在山东省“四德歌”（爱德、诚德、孝德、仁德）健身广场舞大赛获得三等奖。

2019年，通过“齐鲁工惠”App，先后举办庆“七一”7.1元观影、庆七夕7.7元双人观影、庆“十一”10.1元观影和庆元旦免费观影活动，为会员提供车辆年审“一条龙”服务，送京博加油站优惠等，10余次普惠活动有2000余人次受益。东平县总工会女工委与东平相亲网平台联合举办线下相亲会。分别于双11和12月28日，举办4场职工线下相亲会，每场都有20～30人单身青年参加，为忙于工作的单身青年提供相互交流的平台，受到单身青年拥护支持。

2021年，东平县总工会女工委与县妇联合作，利用“三八”妇女节、“五一”劳动节、“七一”建党节，组织机关企业事业单位女职工开展迎建党百年，话女英雄、女先烈、女先模活动，激励广大女职工不忘初心、牢记使命，永跟党走，建功立业。

第六节　女职工特殊权益保护

1989年，东平县总工会认真贯彻执行国家有关法律法规，制定女职工“五期”保护措施，为女职工建立健康卡片。

1993年，在企业生产经营特别困难的情况下，落实一年一次的女职工体检工作。查体3571人，检出各种疾病1452例，其中宫颈癌1人、乳腺癌6人，各种发病率由上年的57%下降到40%。

1994年，贯彻落实《女职工劳动保护规定》《女职工保健工作规定》等政策性法规，县总工会会同县卫生局、县劳动局下发贯彻规定的通知，要求各级工会重视女职工特殊利益的维护，为女职工疾病开展普查普治工作，行政支付查体费20万元，女职工发病率由1990年的78%下降到24.3%，各种癌症由24例下降到2例，有效遏制了女职工疾病的发生，全县广大女职工身心健康地投入社会主义现代化建设。

1995年，根据市总工会女工部要求，东平县总工会女职工委员会对全县女职工情况进行调查。企业职工13134人，其中女职工5765人；下岗职工234人，其中女职工101人，占下岗职工总数的43.1%。对因四期（经期、孕期、产期、哺乳期）保护工作不到位而下岗的女职工，依照有关法律法规，向有关企业提出纠改意见，有效维护女职工的特殊利益。

1998年，东平县总工会针对有的企业女职工生育待遇难以落实、女职工劳动权益受到侵犯，劳动保护设施不健全等问题，与有关部门配合，督促企业认真解决，维护女职工的合法权益和特殊利益。坚持妇科、乳腺病的普查普治制度。年内，为800多名女职工进行查体，查出乳腺病336人，妇科病325人，并及时进行治疗，保障女职工身体健康。

2016年7月，在县疾控中心为80名困难企业、困难行业的女职工进行“两癌”筛查，其中27名女职工存在健康隐患，疾控中心有针对性地为其提供治疗措施和方案。为18名女职工发放救助金3万元。是年，东平县总工会组织广大职工参加“山东省十佳文明和谐职工家庭”推荐评选活动，县编办的王晓晨入选“山东省十佳文明和谐职工家庭”。

2017年3月，东平县总工会组织开展“维权行动月”活动。印发《中华人民共和国劳动法》《女职工劳动保护特别规定》等宣传材料2000份，女职工专项集体合同签订率95%以上，女职工合法权益得到保障。全县建成“妈妈小屋”55个。5月，邀请县人民医院医务人员，到县职工服务中心为职工义务查体。6月，聘请专家举办女职工心理健康咨询讲座，300余名女职工参加学习，认识到心理健康的重要性。组织女职工参加全市“弘扬优秀家风，助力文明创建”演讲比赛活动。东平湖风景名胜区管理委员会选手张月臣，荣获二等奖。认真开展“法律护我行—女职工维权知识答卷”活动，印发《女职工劳动保护特别规定》《中华人民共和国社会保险法》《女职工保健工作规定》《山东省人口与计划生育条例》等宣传资料，提升女职工依法维权的意识和能力，全县有72个单位、8160人参加活动，成效显著。

2019年，东平县总工会组织开展关爱女职工行动，推广建设“妈妈小屋”项目，高质量建设“妈妈小屋”4个，为准妈妈、新妈妈和广大女职工提供私密、干净、舒适、安全的休息场所，让她们感受到“家”的温暖和便利。

2020年，东平县总工会女工委与各企事业单位工会女工组织认真总结本单位女职工特殊权益保护工作，广泛征求广大女职工的意见，推广先进单位开展女职工权益保护的经验做法，增强了女职工爱岗敬业，做好本职工作的责任心。

2021年，东平县总工会分别于3月和5月初，在县工人文化宫职工培训中心开展“关爱职工心理健康知识讲座”活动，邀请知名专家进行心理健康辅导，引导女职工正确地进行心理调节，缓解心理压力，使广大女职工健康生活、快乐工作。

第十二章　工会财务管理

1989—2021年，东平县总工会根据《中华人民共和国工会法》和《基层工会财务工作委员会暂行工作条例》规定，本着经费独立的原则，加强工会的财务管理，建立预算、决算和经费审查监督制度，坚持“为整个工会建设服务、为生产服务、为职工群众服务”的方针，保证工会事业持续健康发展。东平县总工会多次被省市总工会授予工会财务会计管理模范单位称号，经审达标规范化先进单位称号。

第一节　经费来源

《中华人民共和国工会法》第四十二条，对工会经费的来源明确规定应为工会会员缴纳的会费；建立工会组织的企业、事业单位、机关按每月全部职工工资总额的2%向工会拨缴经费；工会所属的企业、事业单位上缴的收入；人民政府的补助；其他收入。主要是为工会办公和开展活动提供必要的设施及活动场所等物质条件。自2005年8月开始，工会经费收缴工作由原来的企业计提改为税务代收，大大提高了工会经费收缴力度，为工会工作、工运事业活动及职工素质培训等提供了可靠的物质基础，保证了各项工作的顺利进行。

第二节　经费收缴

中共十一届三中全会后，随着市场新经济体制的逐步建立，工会经费收缴工作遇到许多新的困难和问题。客观原因：一是随着国有企业产权制度改革的发展，绝大多数中小国有企业转为民营企业，工会组织解体或名存实亡，缴费收缴的基数减少；二是新建企业发展较快，即使建起工会的大多数单位还未能依法拨交上解工会经费；三是东平是全省经济欠发达县，各级财政都比较紧张，行政事业单位的工会经费拨交不足，甚至不拨。主观原因：有些领导和财务干部畏难情绪较大，创新意识不够强，工作不到位；有的有法不依，执法不严的问题仍然存在。

东平县总工会始终把企业、事业和行政机关的财务人员和各级工会的专兼职干部进行宣传教育，作为收好经费的一项重要措施，教育广大财会人员把按月、按时、按数向工会拨交经费的认识水平提高到执行不执行政府法令的高度，以提高其拨交经费的自觉性。

1995年6月，东平县总工会针对经费收缴难、上解难、正常工作运转难的现实，联合县审计局、财政局、监察局等执法部门，抽调工会系统业务熟、责任心强的骨干，对经贸口、商贸口和行政事业单位分别进行工会经费检查。向被查单位宣传《中华人民共和国工会法》知识，宣传工会经费收取的合法性和作用；托清1994年前各单位所欠上解经费数额；规范工会经费的管理和使用，帮助基层工会组织建立健全财务制度，保证基层工会组织收好、管好、用好工会经费；报经县政府同意，注销“三建公司”，避免更大损失。

2002年7月，东平县总工会、县监察局和审计局联合下发《关于进一步加强工会经费收交管理的意见》，分2组对全县被查单位工会财务账目和拨交上解经费情况进行检查。广泛宣传《中华人民共和国工会法》，运用多种方法，多管齐下，集中攻坚，及时纠正各种违法违纪现象，消除“空白”点，工会经费收缴工作取得明显成效。当年，东平县总工会被市总工会评为财务工作先进单位。

2003年，全县各级工会组织和广大工会干部认真贯彻执行《中华人民共和国工会法》中有关工会经费收缴上解的规定，加大工会经费收缴上解力度，联合执法部门继续开展工会财务大检查。通过不懈努力，完成市总工会下达的目标任务。

2005年，东平县总工会提请县委、县政府同意印发《关于工会经费委托地税局代收的意见》，下发《关于收缴工会经费的通知》，详细规定代收的范围、代收的比例、代收的程序等。同时，通过政策文件宣传，会议宣传、征收大厅宣传、登门宣传等多种形式，向社会各界宣传《中华人民共和国工会法》及山东省总工会、山东省财政厅、山东省审计厅联合下发的《关于进一步加强工会经费收支管理工作的通知》等文件，加强对企事业单位工会经费代收工作的深入宣传，进一步提高社会各界对工会经费收缴新体制的思想认识。

2010年，东平县总工会抽调1名副主席专门负责地税代收工作，经常带领工会财务人员到地税征收分局，及时协调解决工会经费收缴中出现的各种问题，共同做好工会经费收缴工作，保证全县总工会工作的深入开展。2014年，全市总工会经费地税代收工作经验交流会在东平县召开。

2016—2020年，东平县总工会本级总收入2193.63万元，其中：拨缴经费收入742.52万元，占总收入的33.85%；上级补助收入1006.46万元，占总收入的45.88%；事业收入27.96万元，占总收入1.27%；政府补助收入315.40万元，占总收入的14.38%；行政补助收入34.05万元，占总收入的1.55%；其他收入67.24万元，占总收入的3.07%。

2021年，东平县总工会本级经费预算收入1060.96万元，比上年增长68.49%；预算支出970.35万元，比上年增长54.38%。

第三节 经费使用

1989年，在经费使用上，东平县总工会认真贯彻执行“为职工群众服务，为工会建设服务，为社会主义物质文明和精神文明服务”的方针，把大部分经费用在直接为职工群众服务的项目和活动，为提高职工队伍素质，调动职工积极性，充分发挥工会的各项职能作用，促进职工队伍“两个文明”建设做出积极贡献。

1991—1997年，东平县总工会本级经费总收入271万元，其中，委局、企业工会上解东平县总工会40%的经费收入192万元，上级补助收入15.02万元，其他收入22.6万元，政府补助17.4万元，离退补助24.5万元。本级经费总支出261万元。其中，用于事业活动支出33万元，占总支出的12.6%；会议费支出5.8万元，占总支出的2.2%；用于工会行政费支出77.1万元（1991—1993年离退人员的一切费用由工会行政支付），占总支出的29.5%；用于离退费用29.4万元，占总支出的11.3%；用于补助下级工会15.2万元，占总支出的5.8%；用于其他支出45.1万元，占总支出的17.3%。收支相抵，东平县总工会本级经费至1997年底结余22.8万元。

1998—2002年，东平县总工会围绕中心工作，按照“量入为出、收支平衡、略有节余”的原则，严格遵守中央八项规定及财务制度规定，建立健全预算管理、经费审批等制度，逐步形成“以制度管人、用制度管事”的管理模式。制定、修订《东平县总工会机关财务管理规定》等制度，严把支出关口，严控经费开支，提高经费使用效率。大力压缩“三公”经费和一般性支出。2002年，东平县总工会本级支出21.11万元，比1999年减少11.65万元。

2006年，东平县总工会经费支出77.16万元。2008年，本着“量入为出、紧缩开支”的原则，大力压缩“三公”经费和会议费支出，有效控制机关行政经费支出，坚决制止奢侈浪费，确保工会经费用于直接服务职工群众的普惠化服务项目。当年经费支出57.90万元，比2006年减少开支19.26万元。

2010—2017年，根据省市总工会的要求，东平县总工会每年召开一次财务工作会议，总结上年的财务工作，部署当年的财务工作任务。对经费收支预算执行情况，各项开支是否合理，每年组织2次检查，发现问题，及时研究解决。

2018年，东平县总工会本级收入总额430.36万元，完成预算的158.51%，其中，拨缴经费收入245.50万元，上级补助收入97.23万元，政府补助收入18.46万元。支出总额285.01万元，完成预算的105.76%，其中，补助下级支出23.2万元，占支出总额的8.41%。当年经费节余111.93万元。

2019年，东平县总工会决算总收入410.78万元，完成预算的158.41%，其中，拨缴经费收入142.85万元，上级补助收入215.65万元，政府补助收入28.79万元，行政补助收入20.25万元，其他收入3.24万元。支出总额278.11万元，完成预算的107.40%，其中，职工活动支出13.22万元，维权支出94.75万元，业务支出9.02万元，行政支出57.15万元，资本性支出41.32万元，补助下级支出25.41万元，事业支出30.10万元，其他支出7.15万元。当年经费节余126.96万元，其中结转资金91.18万元。

2020年，东平县总工会本级经费收入867.65万元，完成预算的259.56%。其中，拨缴经费收入152.01万元，上级补助收入471.16万元，上解市总工会经费144万元。支出总计843.65万元，完成预算的190.61%。其中，职工活动支出2.83万元，维权支出94.04万元，业务支出1.20万元，行政支出61.14万元，资本性支出582.34万元，补助下级支出48.30万元，事业支出51.43万元，其他支出2.38万元。当年经费节余24.00万元，其中结转资金6.53万元。期末滚存节余为345.15万元。

2021年本级经费收入1236.68万元，比上年增长29.84%，其中，拨缴经费收入183.04万元，上级补助收入995.1万元，上解市总200.23万元，比上年增长28.08%；2021年支出1222.28万元，其中，职工活动支出15.33万元，维权支出178.33万元，业务支出30.49万元，行政支出81.33万元，资本性支出763.66万元，补助下级支出97.83万元，事业支出54.05万元，其他支出1.27万元。当年经费结余14.40万元。期末滚存结余283.97万元。

1989—2021年东平县总工会经费收支情况统计表

表17　　　　单位：元

年度	收入			支出		
	合计	经费收入	其他收入	合计	上解支出	本级支出
1989	229093.37	179821.57	49271.8	210424.74	59213.5	151211.24
1990	239855.56	185234.26	54621.3	207615.32	65082.05	142533.27
1991	248740.96	191926.14	56814.82	207850.55	62109.04	145741.51

续表 17

年度	收入			支出		
	合计	经费收入	其他收入	合计	上解支出	本级支出
1992	242861.04	185281.93	57579.11	271703.65	40886.18	230817.47
1993	224903.02	181923.36	42979.66	246540.01	21328.33	225211.68
1994	336089.67	220593.11	115496.56	92113.54	50000	42113.54
1995	695378.94	321484.31	373894.63	345300.74	101600	243700.74
1996	528432.94	423324.27	105108.67	409181.6	203361.61	205819.99
1997	798143.54	398408.39	399735.15	686963.98	189000	497963.98
1998	952921.05	474362.26	478558.79	1016829.07	146496.92	870332.15
1999	697844.81	557118.58	140726.23	504553.74	177000	327553.74
2000	708152.8	438191.32	269961.48	524172.13	202000	322172.13
2001	706636.67	448254.59	258382.08	725453.62	213000	512453.62
2002	700753.28	518515.06	182238.22	435747.59	224600	211147.59
2003	702053.45	495887.96	206165.49	847393.1	281000	566393.1
2004	712292.45	511146.05	201146.4	816947.74	255000	561947.74
2005	728530.77	508034	220496.77	807976.25	275000	532976.25
2006	1134004.65	819666.77	314337.88	1082267.46	310652.3	771615.16
2007	947991.26	609587.73	338403.53	1028542.84	341000	687542.84
2008	991281.24	710300.65	280980.59	981029.79	402000	579029.79
2009	1216030.44	897555.39	318475.05	1107017.62	425000	682017.62
2010	995078.18	491164.46	503913.72	1286980.78	490570	796410.78
2011	1414748.65	498407.43	916341.22	1727352.2	575000	1152352.2
2012	1557742.11	738850	818892.11	2222349.47	671000	1551349.47
2013	1676168.84	744256.66	931912.18	3007024.98	1172877.41	1834147.57
2014	2140273.69	1083998.31	1056275.38	4401144.51	2299252.7	2101891.81
2015	2389675.26	893894.02	1495781.24	2628955.65	80000	2548955.65
2016	2213079.15	867326.88	1345752.27	2966431.36	754573.47	2211857.89
2017	2635378.75	1154298.21	1481080.54	3227484.26	835725	2391759.26
2018	4303616.86	2455047.92	1848568.94	4078649.43	1228500	2850149.43
2019	4107770.72	1428469.28	2679301.44	4046077.64	1265000	2781077.64
2020	8676490.16	1520107.63	7156382.53	9876451.47	1440000	8436451.47
2021	12366830.61	1830415.55	10536415.06	14225170.79	2002329.36	12222841.43

第四节 工会经审

1989年，东平县总工会经费审查委员会（以下简称县总工会经审会）依据《山东省县级工会经费审查工作规范化建设标准》，按照《泰安市县级工会经费审查工作规范化建设考核办法》的具体要求，制定《推进规范化建设实施方案》，量化、细化考核细则，做到审计程序严格规范，审计过程认真细致，查找问题事实准确，定性分析依法恰当，审计文书规范严谨，审计意见客观可行，审计整改落实到位，审计档案标准完整，全县经审工作规范化建设整体水平明显提升。截至2021年，全县工会组织共有专兼职经审干部415人，其中，有从业资格的305人。全县各基层工会成立经审组织268个。东平县总工会连续三年被山东省总工会授予工会财务会计管理模范单位、全省经审达标规范化先进单位称号。

对本级工会经费收支预算的审查

2019年初，东平县总工会经审会第七次全委会审查通过2018年度工会经费收支决算，并对2019年度工会经费收支预算草案进行审议。通过审查认为，2018年工会经费收入平稳，经费结构比较合理，尤其在经费使用上坚持向宣传教育、维权服务、阵地建设等重点工作倾斜，严格按照年初的预算方案执行。2019年7月，东平县总工会八届全委会审查2019年上半年预算执行情况，认为上半年预算执行情况总体较好，收支总体平衡。

2020年，东平县总工会经审会八届全委会审查通过东平县总工会本级2019年度工会经费收支决算，并对2020年度工会经费收支预算草案进行审议。通过审查认为，2019年工会经费收入平稳，经费结构比较合理。2020年7月，八届全委会审查东平县总工会本级2020年上半年预算执行情况，认为东平县总工会本级2020年上半年预算执行情况总体较好，收支总体平衡。

对下级基层工会经费使用情况的审计

2019年，东平县总工会经审委员会先后对东平沪农商村镇银行股份有限公司、县人民医院、县中医院、东平百货大楼有限公司等7个单位的工会经费使用情况进行年度审计。从审计结果看，被审计单位提供的会计资料都能较好地反映出经费使用情况。通过梳理，发现审计问题12个，提出审计建议15条。

2020年，东平县总工会经审委员会先后对东平县住房和城乡建设局、县公路事业发展中心、接山镇、东平金石矿业科技有限公司、旧县乡、滨河新区（彭集街道）、山东鲁玻有限公司、梯门镇、县卫生健康局、县民政局10个单位（机关）的工会经费使用情况进行年度审计，发现审计问题16个，提出审计建议17条。被审单位高度重视，并在规定的时限内整改到位。

第十三章　工人文化宫改造利用

东平县总工会所属东平县工人文化宫，坐落于县城东山路420号（希望桥南100米路东），占地面积18270.61平方米（35亩），建筑面积（包括办公楼，影剧院、顺街楼等）5211.78平方米。1983年建成投入使用，为县财政拨款全额事业单位。1989年后，随着改革开放的深入和市场经济的推进，县工人文化宫经历了由财政拨款到自收自支，再恢复财政全额拨款事业单位体制和机制的转换。期间，县总工会强化对工人文化宫的领导，努力克服企业化管理带来的经费困难，坚持为职工服务的宗旨，充分发挥文化骨干人才作用，尤其是2018年落实全总部署，省市县投资1500万元，进行改造提升建设后，组织开展了多种形式的职工文化娱乐、体育训练和法律咨询服务活动，成为东平县总工会组织对外宣传的重要阵地与窗口。

第一节　机构沿革

1989年，东平县工人文化宫为财政全额拨款事业单位，编制人员5人，设主任1人、副主任1人。1994年9月，在机构改革中，县工人文化宫转为自收自支事业单位。2014年，成立东平县职工服务中心，在县老年大学租用场地开展工作，2018年迁址工人文化宫。2019年年初机构改革中，县总工会积极争取工人文化宫与职工服务中心合署办公，一个机构、两块牌子，经费形式调整恢复为副科级财政拨款全额事业单位，核定编制8人，后增加到10人。2021年，有在职职工7人，退休职工7人。

1989—2021年东平县工人文化宫配置人员一览表

表18

列表	负责人姓名	职务	任职时间	变动情况	编制人员
1989—1993	张忠昂	主任	1989—1993	1993.09 退休	李守白　王凤玲　李　敏　李圣华
	高令训	副主任	1987.12—1993	1993.09 退休	
	陈培龙	副主任	1987.12—1993	—	

续表 18

<table>
<tr><th>列表</th><th>负责人姓名</th><th>职务</th><th>任职时间</th><th>变动情况</th><th>编制人员</th></tr>
<tr><td rowspan="2">1994—1996</td><td>—</td><td>主 任（缺）</td><td>—</td><td>—</td><td rowspan="2">王凤玲 李 敏 李圣华
徐广三
王笃芬（1994 年调入）
董玉芬（1994 年调入）
陈 新（1995 年分配）
李守白（1995 年退休）</td></tr>
<tr><td>陈培龙</td><td>副主任</td><td>1994.01—1996</td><td>—</td></tr>
<tr><td rowspan="2">1996—2001</td><td>周长富</td><td>主 任</td><td>1996—2001.07</td><td>2001.12 退休</td><td rowspan="2">王凤玲 李 敏 李圣华
徐广三 王笃芬 董玉芬
陈 新
李艳萍（1996 年调入）
展宝凤（1996 年分配）
乔桂芳（2000 年调入）</td></tr>
<tr><td>陈培龙</td><td>副主任</td><td>1994.01—2001</td><td></td></tr>
<tr><td rowspan="5">2001—
2007.12</td><td>李灿荣（兼）</td><td>主 任</td><td>2001.08—2005.07</td><td>总工会副主席兼</td><td rowspan="5">李 敏 李圣华 展宝凤
王 波 李加学 高玲玲
张新民
董玉芬（2001 年退休）
陈 新（2004 年调离）
王凤玲（2005 年退休）
王笃芬（2005 年退休）
乔桂芳（2006 年退休）
陈 聪（2001.11—2006.11）</td></tr>
<tr><td>陈培典</td><td>主 任</td><td>2005.07—2007.12</td><td>总工会副主席兼</td></tr>
<tr><td>徐广三</td><td>党支部书记</td><td>2001.08—2007.12</td><td>—</td></tr>
<tr><td>陈培龙</td><td>副主任
（正股级）</td><td>2001.08—2007.12</td><td>—</td></tr>
<tr><td>李艳萍
（1996 年调入）</td><td>副主任</td><td>2001.08—2007.12</td><td>—</td></tr>
<tr><td rowspan="4">2008—2020</td><td>徐广三</td><td>党支部书记</td><td>2008.01—2019</td><td>纪检组组长兼</td><td rowspan="4">李 敏 李圣华 王 波
李加学 高玲玲 张新民
展宝凤（2008 年调离）</td></tr>
<tr><td>陈培典</td><td>主 任</td><td>2008—2012</td><td>—</td></tr>
<tr><td>陈培龙</td><td>副主任
（正股级）</td><td>2008—2012.08</td><td>—</td></tr>
<tr><td>李艳萍</td><td>副主任</td><td>2008—2014.07</td><td>—</td></tr>
<tr><td>2021</td><td>雷 敏</td><td>主 任</td><td>2021.06—</td><td>—</td><td>李圣华 王 波 李加学
高玲玲 张新民 刘思宁</td></tr>
</table>

第二节 文化宫租赁

1994 年初，中共东平县委、东平县人民政府出台《关于实行事业单位分类管理的试行意见》，将东平县工人文化宫列为自收自支的事业单位。自此，县工人文化宫职工工资、养老保险等完全依靠房产租赁收入支付。1996 年，东平县总工会争取无偿资金 18 万元，在文化宫沿街建设职工活动中心楼，面积 1200 平方米。1997 年，建设文化宫综合楼。是年 9 月，投入 10 万元，建设文化宫儿童游乐园。分别实行了对外租赁经营。

2004年4月，东平县总工会将工人文化宫内的影剧院整体租赁给泰鑫医药公司，租期20年，每年房租2.2万元。是年9月，又将院内文化宫原2层办公楼和11间平房整体租赁给县药监局，租期20年，每年租金3万元，两处房屋租金共计每年5.2万元，扣除房屋租赁税1万元，实际每年房租收入4.2万元。

随着职工工资的不断增长，至2007年年底，职工欠发工资达到21个月。2008年7月10日和12月10日，县工人文化宫职工，要求解决工资、医疗保险和房改补贴。在与两个租用单位协商租金上调未果的情况下，2009年5月转入司法程序。至2010年6月，欠发职工工资33个月。时有12人的工资及各类保险、房改补贴，按现行工资标准计算至每人退休，约需资金320万元。

由于东平县工业基础差、底子薄，大型企业少，工会经费收缴面临严重困难，加之上解市总工会经费按照每年17%速度递增必须完成，东平县总工会除每年为文化宫在职人员缴足养老保险金外，没有能力解决其工资及其他费用。此种情况一直持续到2019年年底。期间，职工的反映从未停止。

第三节　文化宫改造

按照全国总工会部署，在省、市总工会扶持支持和直接督办下，东平县工人文化宫开展改造提升工程。2018年10月，全国总工会下发《关于深入推进工人文化宫、工人疗休养院清理整改工作的意见》。11月6日，山东省总工会下发《关于报送工人文化宫、工人疗养院清理整改工作进展情况的通知》。11月28日，市总工会召开全市文化宫清理整改推进会，对各县市区文化宫清理整改工作进行动员和部署，并建立了副县级以上领导干部包保县市区制度，实行一月一调度。2019年年初，省总工会出台县级工人文化宫建设标准和奖励政策，对于改造面积4000平方米以上且具有政府立项文件和政府常务会议纪要等有关手续的，一次性补助500万元。市总工会每年也将安排一定的专项资金，用于各县市区文化宫建设工程。对工作主动、进展速度快、作用发挥好的，予以重点倾斜。

2019年，东平县总工会抢抓机遇，按照省、市总工会要求，重点做了两项工作：一是攻坚克难、想方设法，大力度对房产租赁合同进行清理。至年底，除泰鑫医药公司外，其他合同全部清理完毕。原办公楼、图书室、阅览室装修完毕并投入使用，租赁的顺街楼清理工作评审完毕，根据功能要求进行改造装修和提升。二是抓好整体规划和设计，委托泰安同辉设计院初步设计完成文化宫改造提升规划。

2020年2月26日，东平县总工会向县政府呈报《关于对我县工人文化宫进行改造提升、尽快恢复其公益属性的情况汇报》，请求组织建设、规划、房产、文化等业务主管部门召开规划审议会，对工人文化宫建筑改造与景观规划设计方案进行评审商定；县财政局将工人文化宫的改造提升工程和设施配套建设资金纳入财政预算，实行专款专用。4月2日，根据东平县总工会向县政府提交的《关于对县工人文化宫进行改造提升所需配套资金的申请报告》，东平县财政局依据县长刘玉批示，向县政府呈报《关于落实工会经费和工人文化宫改造配套资金的方案》。

此后，东平县总工会把工人文化宫改造提升工程作为全年工作的重中之重，成立主要领导挂帅的专门领导小组，全力做好工人文化宫清理整改工作。将多年对外出租承包的建筑面积4009平方米的工人文化宫（包括办公楼，影剧院、顺街楼）全部收回。在完成工人文化宫建筑改造与景观规划设计并通过评审的基础上，分工到人，争日争时，狠抓各项施工进度。办公楼、职工培训中心、图书阅览室、书画室、会议室、接待室相继装修完毕并投入使用。租出的影剧院收回工作加快推进。期间，坚持做好深入细致动员工作，实现“零赔偿，零上访”。

2020年6月16日，省总工会资产监督管理中心二级调研员李景文、省总工会资产监督管理中心四级调研员吴成江，在泰安市总工会党组书记、常务副主席郭青，党组成员、副主席欧阳宏飞等人的陪同下到东平县核验工人文化宫的建设项目。县委副书记李培国，县总工会党组书记、常务副主席范思安等人陪同。核验组一行深入县工人文化宫施工建设现场，详细了解了工人文化宫的项目施工进度、建设规划、功能布局等情况。通过现场督导、询问了解等形式，对县工人文化宫建设提出可行性的意见和建议。要求东平县总工会在确保工程建设质量的基础上，加快建设进度，争取早日完成改造提升任务。随后，在办公楼二楼会议室召开座谈会，听取东平县总工会党组书记范思安对工人文化宫建设情况的汇报，详细了解该项目公益性服务设施、资产运营管理情况、人员编制状况、经费保障以及遇到的困难等。省、市总工会领导充分肯定东平县清理整治县工人文化宫的做法及工作进度。强调按照一类县级工人文化宫标准，提供完备资料，按照“3+X”要求，高标准定位各功能室，扩大品牌影响力。坚持政治思想引领，加强对工作人员的培训，把握好“公益性和服务性”方向，在借鉴外地经验的基础上，打造出属于自己的“职工品牌”，擦亮文化宫的“金字招牌”。县委副书记李培国感谢省、市总工会领导对东平县工人文化宫建设的大力支持和指导，要求县总工会按照省、市总工会的要求，统筹推进工人文化宫改造提升，全力打造成县级一流职工活动阵地。

东平县工人文化宫改造提升工程，总投入达 1500 万元，其中，争取省总工会奖补资金 500 万元，市总工会奖补资金 500 万元，县财政和县总工会配套资金 500 万元及时到位。整个工程坚持高标准规划、高起点设计、高水平打造、高质量建设。整治提升后的工人文化宫分 3 个部分，分别是职工体育活动中心、职工文化活动中心和办公区。职工体育活动中心，一楼设有室内灯光球场、有氧器材室、力量健身室、休闲室。其中室内篮球、排球场馆面积 960 平方米，铺设篮球专业木地板，排球、羽毛球、乒乓球运动地胶等。周边设有休闲椅凳，环境舒适、整洁。有氧器材室配备了单车 2 台、跑步机 4 台。力量健身室配备坐式胸肌推举训练器 1 台、肱二头肌训练器 1 台、单双杠训练器 1 台、大腿内外侧肌训练器 1 台、坐式蹬腿训练器 1 台、史密斯训练架 1 台、双滑轮多功能训练器 1 台，铺设了防震地垫。二楼设有棋盘室、台球室、桌上足球室、按摩室、快速投篮室、体测室，三楼设有电子飞镖、拳击训练室等。职工文化活动中心设有职工培训中心、图书阅览室、书法绘画创作室、摄影室、就业培训基地实操间、劳动者驿站、妈妈小屋、国学教育课堂、瑜伽室（舞蹈室）、趣味高尔夫、戏曲交流等。截至 2020 年 12 月底，县工人文化宫整治提升工程基本竣工，各功能室投入使用，成为新时代职工共享美好生活的温馨家园。县工人文化宫整治提升工作典型做法，得到省市总工会领导的充分肯定。2020 年 5 月 11 日，《山东工人报》第 2 版工会新闻以《“三心”换“三新” 担当显身手》文章，介绍东平县工人文化宫改造提升的经验，高密、新泰等市区县总工会到东平参观学习。

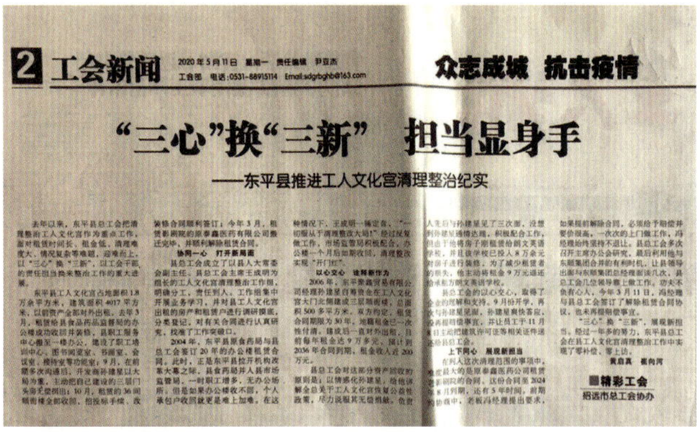
2 工会新闻 2020年5月11日 星期一 责任编辑 尹亚杰
工会部 电话:0531-88915114 Email:sdgrbghb@163.com
众志成城 抗击疫情

“三心”换“三新” 担当显身手

——东平县推进工人文化宫清理整治纪实

2020 年 5 月 11 日，《山东工人报》刊发的介绍东平推进工人文化宫整治纪实文章

第四节 书画文化活动

东平县总工会注重发挥县工人文化宫阵地和人才作用，丰富职工和县城居民文化生活。为推进全县书画文化活动发展和精神文明建设做出贡献。

1990 年 8 月，东平县总工会在工人文化宫举办“祝贺吴澄航书法创作 50 周年书法联展”。县委副书记李效阗到会致开幕词，将 40 余幅展品拍成照片，赠予吴澄航长子吴绪伦（中国书法家协会会员）留作纪念。期间，文化宫干部李守白四处拜访，争取县文化局、老干部局领导支持，发动全县书友提供作品，联展活动取得圆满成功。

1991年，东平县总工会在工人文化宫举办“东平湖新貌诗书展”，展出省书法家协会会员、泰安市书法协会理事、东平县著名书法家李守白自作自书作品100余幅。争取县政协领导支持，成立东平县政协书画联谊会，在文化宫举行首届会员作品展。县老干部局成立东平县老干部书画研究会，聘请文化宫干部李守白担任秘书长。当年，县老干部召开书画交流会，在文化宫举办四届老干部书画展。1993年，县总工会组织开展“改革开放兴东平·对联书法展”，展出作品100余幅。

1994年年初，县直机关事业单位机构改革，工人文化宫由财政拨款全额事业单位改为自收自支事业单位。自此文化宫部分职工融入市场经济大潮，走出去开办经营项目。当年5月，县总工会争取县残疾人联合会支持，举办东平县首届残疾人书画展，请市残联主席参加开幕式，肯定东平此展为泰安市残疾人联合会首次书画展活动。展览活动后推荐残疾青年书法爱好者郑直书画作品若干幅，在市、县报纸上发表。

1997年，东平县总工会在工人文化宫举办“迎香港回归·书法汇报展”。发动全县30多名书画爱好者挥毫泼墨，以楹联、诗作书法、绘画等形式提供作品，共计展出各类书画120余幅。全国老龄委主任王照华，省、市、县有关领导亲笔题词祝贺。1998年8月，协助县老龄委成立东平县老年书画协会，李守白被选为副主席兼秘书长，在县新华书店举行首届会员作品展。是年9月，县总工会支持在工人文化宫成立东平书法研讨小组，该组织奉行“自费活动，服务社会”宗旨，每月16日坚持开展学习、笔会，带动全县书法活动交流与普及。

2001年9月，东平县总工会与县委宣传部文学艺术家联合会协商，成立东平县书法家协会。李守白当选为常务副主席。自此，利用工人文化宫阵地，举办多次书法交流展览活动。组织会员撰写楼训、送书法下乡，推进城乡精神文明建设，还向省书协推荐会员30余名。

设在县工人文化宫的东平书法研讨小组，坚持20多年开展活动不间断，被誉为“常青小组”。先后举办“迎澳门回归书展”“庆祝建党80周年书展”“庆祝建党90周年书展”。每年春节期间，在县工人文化宫聚起书友，走上街头，义务写春联，还组织开展送书法进敬老院、进聋哑学校等惠民活动，受到社会广泛好评，被载入《东平县志（1986—2003）》和《东平年鉴（2004—2012）》。

2019年3月18日，是东平县书法界前辈吴澄航百年诞辰。东平县总工会在文化宫组织开展纪念活动。发动全县书法爱好者参加研讨。李守白专门写了《翰墨传千古风范律后生》怀念文章，发表在《今日东平》和《东平湖》杂志。全县书法爱好者研讨发言，充分展示对吴澄航的缅怀之情。

2019 年 7 月 15 日，东平县总工会呈报县领导批准，专门为李守白举办向县博物馆捐赠墨宝活动。李守白将 30 米诗书长卷和往年展出的 80 幅诗书作品无偿捐赠县博物馆。捐赠仪式上，县委副书记、县长刘玉出席活动并讲话，肯定了李守白几十年间为东平文化活动做出的贡献，号召全县书法爱好者和干部职工学习他爱岗敬业、孜孜以求、奉献东平文化事业发展的崇高精神。李守白的诗书墨宝精品成为东平宝贵的文化财富。

2019 年 7 月 15 日，东平县人民政府颁发给李守白的荣誉证书

2020 年 7 月，东平县总工会发动全县职工积极参与省、市总工会举办的书画作品展，程加飞、莫振、魏绪明等书画家作品入展省级展览；田永、陈庆昕等 13 人作品入展市级展览。

2020 年 10 月 1 日，国庆节期间，东平县总工会策划举办庆祝中华人民共和国成立 71 周年“我和我的祖国、百名少年送千面红旗”活动，有 300 多名少年儿童在家长陪同下走上街头、进入商场、企业车间、田间地头，把 3000 面红旗送给市民，表达对祖国的热爱和祝福。

2021 年 5 月 29 日，东平县总工会与县妇联、县教体局、东平信息港在县工人文化宫篮球馆开展“童心向党百名儿童绘长卷”活动。孩子们在百米长卷上用画笔尽情涂抹，天安门、五星红旗、红船、牡丹、竹林等画作，展现他们对党的热爱、对家乡的赞美、对未来的憧憬和祝福。

2021 年 6 月 29 日，东平县总工会在工人文化宫举办“庆百年华诞，抒时代心声”书画摄影展，展出各类书法绘画摄影作品 100 余幅（件）。

2021 年 6 月 29 日，县领导与书法家协会成员在工人文化宫观看书法展览

东平县工人文化宫（东平县职工服务中心）办有图书阅览室，存有图书 3700 多册、报刊 10 多种，为职工免费提供服务。1989—2021 年，参加阅览职工累计达 32000 多人次。

第五节 职工服务中心

2014年，东平县总工会设立职工服务中心，租赁县老年大学办公楼部分房间作为服务中心工作地点，招聘大中专毕业生3名作为工作人员，经业务培训，正式开门为全县职工服务办公。服务中心在此工作至2018年。

随着工会改革的不断深入和全县事业单位改革的推进，东平县总工会贯彻落实全国总工会和省市总工会工作部署，积极争取县编办和领导支持，为职工服务中心争取编制和人员。2019年3月，东平县机构编制委员会办公室正式批复成立东平县职工服务中心，加挂东平县工人文化宫牌子，编制8人，定为股级单位。

2021年3月，职工服务中心升格为副科级全额事业单位，编制增加到10人。内设综合科、职工服务科、文体服务科3个科室。至年底，职工服务中心开设6个服务窗口，有服务人员7人。

东平县职工服务中心办公楼一层是服务大厅，二层是法律援助中心，三层是心理健康咨询室。服务大厅内设职工帮扶救助、医疗救助、就业创业、综合服务、信访接待、权益维护6个窗口。同时，县职工服务中心还设立劳动争议调解室、户外劳动者驿站、妈妈小屋、实操间等功能室，为广大户外劳动者、育婴妈妈提供服务，并担负农民工就业技能培训。

该中心坚持“职工为本、服务至上”理念，按照“党政所谋、职工所需、工会所能”的要求，遵循“救急济难、直面职工、快捷服务”原则，想职工之所想、帮职工之所需，通过扎扎实实的工作，为职工排忧解难，办实事、办成事，成为联系职工群众的桥梁、维护职工合法权益的阵地、帮扶困难职工的平台、展示工会形象的窗口。

职工服务中心与东平县心理健康协会达成合作协议，派驻心理咨询专家团队对干部职工心理问题进行疏导与调适，缓解职工精神压力与职业倦怠感，增强职工积极向上的心理动力，提升职工的幸福感。2021年，开展心理健康讲座15场次，按照预约，为心理压力比较大的职工开展一对一心理辅导56人次。

打造省级户外劳动者服务示范点。根据省总工会《关于进一步规范和推进户外劳动者服务站点建设的通知》和《工会户外劳动者驿站管理办法（试行）》有关规定，县总工会积极组织参与开展全省2021年度工会户外劳动者服务示范点培育打造活动，加强工会户外劳动者服务站点规范化建设，提高站点服务职工精准化水平。2021年7月，县职工服务中心东山路劳动者驿站被省总工会命名为“省级户外劳动者服务示范点”，成为全省96家户外劳动者服务示范点之一。

第六节 创办经济实体

东平县城市信用社

1988 年 6 月，东平县总工会报经县人民政府和中国人民银行东平支行批准，成立东平县城市信用社。办公地点设在县工人文化宫对过。职能和服务范围是：满足城市中小企业金融服务需要，开展中小企业和城乡居民存款、放款、结算业务，安置部分职工就业，促进地方经济和各项社会事业发展。

东平县城市信用社开业初期，配置 5 名工作人员，其中聘请农行退休人员张云辉为主任，王养军为副主任，樊名前负责行政管理，纪学祥、曹兴兰负责信用社财务工作。在东平县总工会、县人民银行领导的关怀、支持下，大家解放思想，更新观念，苦练内功，强化服务，注重效益，经过几年努力拼搏，存放款规模有较大提高，成为东平金融系统一支重要组成部分。

1993 年 8 月，东平城市信用社在县工人文化宫对面，自建办公营业楼 3 层、27 间，1000 多平方米。鉴于原聘任的几名老同志年龄和身体需要照顾，东平县总工会党组研究决定，调整了城市信用社领导班子，从相关部门、企业选调年富力强、懂金融业务、有管理经验的优秀干部充实到城市信用社工作。任命樊名前为主任，彭延青、彭兴梅为副主任。根据业务需要，增加科室设置，分别为主任办公室、会计科、信贷科、营业室、4 个服务部、东平金店，人员增加到 46 人。

1988—2000 年东平县城市信用社人员配置基本情况表

表 19

机构名称	姓名	性别	职务	任职时间
东平县城市信用社	张云辉	男	主 任	1988—1992
	王养军	男	副主任	1988—1992
	樊名前	男	主 任	1993—1997
	彭延青	男	副主任	1993—1997
	彭兴梅	男	副主任	1993—1997
	闫月萍	女	主 任	1998—2000
东平县城市信用社	纪学祥	男	副主任	1998—2000
	谢 梅	女	副主任	1998—2000
办公室	纪学祥	男	主 任	1993—2000
会计科	谢 梅	女	科 长	1993—2000
信贷科	李 健	男	科 长	1993—2000
营业室	刘广锋	男	主 任	1993—2000

续表 19

机构名称	姓名	性别	职务	任职时间
韩山街服务部	高　波	男	经 理	1993—2000
四海城服务部	商西华	男	经 理	1993—2000
汶河街服务部	王　勇	男	经 理	1993—2000
香山街服务部	赵庆秋	男	经 理	1993—2000
东平金店	郑月兰	女	经 理	1993—2000

1993 年起，东平县城市信用社新的领导班子和全体工作人员，加强政治和金融业务知识学习，深入企业和住户，广泛宣传党和政府的金融政策，宣传城市信用社的职能职责和诚信周到的服务理念，根据用户需求，热情为储户做好服务，在县城企业和居民中树立起良好信誉和形象。1993 年年底，取得较好经济效益和社会效益，存款余额达到 3700 万元，贷款余额 3000 万元，年创利税 100 多万元，为支持发展东平经济做出了贡献。东平县城市信用社成为一家机构健全，人员、资金初具规模的县级金融机构。至 2000 年 11 月，存款余额达到 6000 万元，贷款余额近 5000 万元，累计创利税 1590 万元。

2000 年 12 月，顺应国家金融体制改革需要，东平县东山路城市信用社账务和部分人员并入东平县农村信用社联合社，更

1988—2000 年东平县城市信用社存、贷款统计表

表 20

年度	存款额（万元）	贷款额（万元）	利税（万元）	备注
1988	800	500	20	—
1989	1200	800	30	—
1990	1600	900	50	—
1991	2000	1200	60	—
1992	2800	2000	80	—
1993	3700	3000	100	自建办公楼 1000 平方米
1994	4000	3200	120	—
1995	4610	3500	150	—
1996	4890	3700	160	—
1997	5380	4000	180	—
1998	5700	4500	190	—
1999	6200	5000	210	—
2000	6800	5600	240	—

名为东平县城区农村信用合作社。同时将所辖原城市信用社韩山街、四海城2个服务部更名为城区农村信用合作社韩山街分社、城区农村社信用合作社四海城分社。

2001年年初，东平农村信用合作社联合社将东平县城市信用社办理注销后，重新在人民银行办理了金融许可证、在工商局办理了工商营业执照。

东平县第三建筑安装工程公司

1993年12月22日，根据《中华人民共和国工会法》中关于工会系统可以直接申请主办经济实体的规定，东平县总工会向县政府呈报“关于申请成立东平县第三建筑安装工程公司的报告”。12月28日，东平县人民政府作出“关于县总工会成立东平县第三建筑安装工程公司的请示的批复”，同意成立东平县第三建筑安装工程公司。为便于公司开办运营，1993年12月29日，县总工会填制开办登记需要的“国有资产产权登记表”，经县财政局审验固定资产（楼房）账面净值115万元。1994年1月5日，泰安市总工会经过审查东平县总工会报告，认为该公司符合《中华人民共和国工会法》社团法人资格，经营范围符合相关文件规定，遂批准成立东平县第三建筑安装工程公司（以下简称三建公司）。1994年1月20日，东平县总工会任命陈培龙（工人文化宫副主任）为东平县第三建筑安装工程公司经理，唐家华任副经理。公司成立后，向东平县城乡建设委员会提报建设部制发的“施工企业资质等级申请表”。在“企业基本情况”中显示，公司地址为东平县工人文化宫（东平镇东山路23号），经济性质为全民企业，注册资金186.70万元，主营业务为土建、安装。公司有技术经济职称人员34人，其中，企业工程技术负责人系工程师职称，财务负责人为会计师职称。有机械设备74台套，主要有塔式起重机2台、砂浆搅拌机10台、井字架10台、钢筋切割机8台、混凝土振动机12台等。此后，在济南市承揽工程1项，造价600万元，安置东平劳务输出职工123人。

1995年，东平县第三建筑安装工程公司由于市场竞争激烈、原材料价格上涨、公司资金周转困难等因素制约，难以为继。县总工会报经县政府同意，将东平三建公司予以注销，避免更大损失。

文化宫幼儿园

1994年3月，县总工会批准成立东平县工人文化宫幼儿园。利用文化宫场地，建设幼儿教室6间，聘请10名幼儿教师。当年招收幼儿84人。幼儿园根据儿童特点，抓好文化、娱乐、体育、心理等各方面教学，让孩子们在积极向上、欢快愉悦中增长知识，发育身体，深受家长们欢迎。当年为文化宫创收3000元。后因文化宫建设改造需要，幼儿园停办。

第十四章　精准扶贫

东平县域包括东平湖库区、黄河滩区和山区，是山东第一、全国第二移民大县，也是全省20个扶贫工作重点县之一。自中共十八大以来，县委、县政府贯彻落实习近平总书记和党中央关于脱贫攻坚重大决策部署，以贫困群众脱贫致富为出发点和落脚点，凝聚全力、精准发力，走出一条众志成城、砥砺奋进的脱贫攻坚之路。东平县总工会充分发挥职能作用，采取技能扶贫、就业扶贫、教育扶贫、健康扶贫等措施，助力高质量打赢脱贫攻坚战。至2020年，全县实现减贫5.6万人，178个省市贫困村全部摘帽出列，80个省市扶贫工作重点村全部完成脱贫攻坚任务。

第一节　扶贫迁建

社区建设

2016年，东平县总工会根据县委县政府部署，认真贯彻县三大工程建设指挥部意见，作为旧县乡陈山口社区建设领导小组组长单位，积极谋划社区建设规划，确定了“吃透政策、摸清情况、理清思路、狠抓落实”的工作思路，坚持把群众利益放在首位，以建设可以抵御十级地震的百年工程为目标，按照法定质量标准，严格工程监理。坚持项目建设、产业发展、群众工作同步推进、统筹谋划。按照工作进程和时间节点，实施宣传发动、征求意见、走访动员、评估确认、选房摸底、规划设计、签订协议、建设施工、搬迁入住、总结收官“十步工作法”，成立工作队，包组到户，一包到底。社区签订拆迁安置协议548户，群众政策知晓率、入户丈量率、公示确认率、协议签订率均达到100%。23幢住宅楼顺利交付使用，群众按时搬迁到楼房居住。抓好产业培植工作，依托浮粮店村“崖居部落”，发展精品民宿、湿地旅游、赏荷垂钓等旅游项目，带动就业300余人。引进济南康洁集团无纺布加工项目，安置劳动力200余人，带动其他就业500人，年创利税200万元。做到搬得进、稳得住、拆得顺、复得耕，向群众交出一份合格、圆满的答卷。

滩区迁建

黄河滩区脱贫迁建工程，是从根本上解决黄河滩区下游群众常年遭受洪水威胁的重要举措，是国务院172个重大水利工程之一，东平县涉及戴庙镇等4个乡镇、66个行政村、6.82万人，总面积92平方公里。该工程既是一项重大的民生工程，也是一项重要的政治任务。

水泊社区涉及前梁、后梁、前楼、刘庄、窦庄、陈庄、桥口、老庄、马庄、董庄、黄花园、赵庄、烟墩、段庄14个村，安置3349户、11814人。在建设过程中，县交通运输局工会负责人孙茹辛、石秀芹，把贫困户、同步搬迁户建档工作作为攻坚克难的重点内容。历时100多天，共整理完成段庄、赵庄、烟墩3个易地扶贫搬迁村369户、1217人的建档工作，确保各项工作有序进行。

第二节　技能扶贫

东平县总工会送科技下乡、送服务下乡，扎实开展“接地气、转观念、重实效、暖民心”的技能扶贫，努力实现“培训一人、提升一人、脱贫一户、带动一片”的目标。

2018年，东平县总工会围绕扶贫项目需求和群众意愿，配合有关部门深入村户开展州城烧饼、东平粥、柳编藤编等特色技能培训，服装加工、手工编织、电工焊工等实用技术培训和月嫂、育婴员、美容、美发、家政服务等新兴服务业技能培训。

2020年，东平县总工会配合有关部门按照“条件公开、自愿申请、择优认定、社会公示”的原则，委托第三方评估认定职业技能培训机构14家。针对部分劳动者延迟返岗，既有培训意愿、也有培训时间的情况，组织培训机构实施“互联网＋职业技能培训”，采用“先期线上理论培训＋后期线下实操训练”的分阶段培训模式，鼓励引导劳动者积极参加线上培训。对参加培训且考核合格的农民工、离校两年未就业大学生、建档立卡贫困劳动力及贫困家庭子女重点群体，按照5元1学时标准给予生活费补贴，做到“停业不停学、不停训”，切实提高劳动者的就业能力。全县有2425名学员参加中式面点、育婴员、保育员、美容师、电工、焊工等专业培训，其中，农民工1246名，建档立卡贫困劳动力及贫困家庭子女58名，离校两年未就业大学生22名。

2021年，东平县总工会依托东平县蓝鹰职业培训学校，对农民工进行家政和糕点等技能培训4期，培训职工127人。通过直播将工作岗位、惠民政策送到群众身边。全年举办招聘会3场，直播送岗1场。通过招聘服务、政策宣传，为有就业创业意愿的农民工、就业困难人员等各类求职者提供岗位推荐、职业指导、政策咨询等服务，为10余家企业提供一线操作工、电焊工、销售员、会计等20个工种、300个就业岗位。

第三节 就业扶贫

1998 年，东平县总工会协助党政建立再就业服务中心 32 个，吸纳下岗职工 2261 人。开设职工消费合作社连锁店 19 个，坚持货真价廉，服务职工，让利职工。商品分拨中心进货额达 17 万元。市总工会和县委领导多次到现场检查指导，并对该项工作给予充分肯定。

1999 年，实施“个十百”工程（帮助一个企业扭亏为盈，帮助十个困难户脱贫，帮助百名下岗职工再就业）。为拓宽再就业渠道，切实帮助企业下岗分流人员再就业，促进经济发展，保持社会稳定，东平县总工会结合东平县实际，与县劳动局、工商局等有关部门协调，取得政府同意，按照“政府领导、统一规划、工商管理”的原则，凡下岗失业人员从事个体经营的，免征营业税、城市维护建设税、教育费附加和所得税，并免收属于管理类、登记类和证照的所有各项行政事业单位性收费。同时，配合劳动部门，为 300 多名下岗职工发放“再就业优惠证”，持证的下岗失业人员从事个体经营或被用人单位招聘，均可享受、小额担保贷款、社会保险补贴等就业援助。

2003 年，东平县总工会与劳动部门联合，对下岗职工进行专业技能培训，提高其专业技能和竞争能力，参加培训职工 70% 以上实现再就业。主动与劳动服务部门加强联系，组织部分下岗职工转变就业观念，实现自主创业。在县城内从事各种经营的个体业户 1200 余人，多数为下岗职工。

2004 年，东平县总工会把劳务输出作为就业和再就业工作的重点，先后与 100 多家外地大中型企业建立长期劳务合作关系，开辟北京、天津、上海、青岛等劳务输出基地，在北京、广州、江苏等地建立 30 多个稳固的劳务窗口和 50 多个劳务输出点。利用与诸城市结对帮扶的大好机遇，成功举办诸城企业大型劳务推介会，先后往诸城输送劳动力 1300 多人。根据劳动力市场的需求，积极开展以“订单式”“定向式”和“储备式”为主的职前和在职培训，打响劳动力市场的“东平品牌”。至 2004 年年底，全县在外务工总人数达 15 万人，劳务收入近 8.2 亿元。

2005 年，东平县总工会配合有关部门，按照专业化、社会化、规范化的要求，投资 60 万元，建立占地面积 2000 平方米的县劳动力中心市场，设立职业介绍区和信息发布区，执行持证上岗制度，推行职业介绍、文明诚信等级制，严格考核奖惩。该市场为 3000 余人提供就业岗位，没有发生一起侵害求职者权益的事件。

2006 年，东平县总工会会同县劳动就业办公室积极引导下岗失业人员树立“有行就有业，有业就有为，有为就有位”的观念，鼓励、扶持就业困难人员通过自谋职业、自主创业实现再就业。定期组织自主创业成功人员现身说法。发布各类就业信息 1500 余条，提供就业岗位 1200 个。就业形式有企业做工、外地劳务、家政服务等。

2009 年，东平县总工会会同县劳动就业办公室开展“再就业援助月”“零就业家庭”就业援助、“下岗失业人员进民企”、创建“充分就业和谐社区”等活动，全县新增城镇就业再就业 6.9 万人，其中下岗失业人员再就业 3.5 万人，就业困难人员再就业 4587 人。“东平港务”被评为“山东省驰名劳务品牌”。2010 年 7 月，东平县被授予“全省农村劳动力转移就业工作”示范县称号。

2017 年，东平县总工会实现“就业一人，脱贫一家”方式，积极寻求就业扶贫公益岗位开发与全县脱贫攻坚“三大工程”、美丽乡村建设等工作的契合点，大力开发乡村保洁公益性岗位，做到因事定岗、以岗定人、按需定员，实现从“输血”到“造血”的转变。同时，针对移民避险解困、黄河滩区迁建、易地扶贫搬迁“三大工程”新建社区积极开发公益岗位，使社区群众入住即可享受良好的物业服务和整洁舒适的居住环境。另外，创新就业扶贫车间帮扶模式，将就业扶贫车间帮扶链条拉伸，采取“就业扶贫车间 + 合作社 + 工坊 + 农户”“就业扶贫车间 + 基地 + 农户”的方式，使更多的贫困人员通过到车间上岗或居家带料加工等形式实现就业脱贫。至 2019 年，全县建设“就业扶贫车间”14 家，就业扶贫基地 13 个，安置贫困人口 483 名，发放一次性补助资金 48.3 万元。鸿泰工艺品公司和泰禾农业科技公司被评为全国就业扶贫基地。

2019 年，东平县总工会配合县人力资源和社会保障局，坚持“按需设岗、以岗定员、就近安置”的原则，找准就业扶贫公益性岗位与乡村振兴、社区建设、生态保护等重点工作的契合点，拓宽“公益性岗位 + 三大工程”“公益性岗位 + 美丽乡村”“公益性岗位 + 基层发展需求”等渠道，多方位、多层次开发就业扶贫、村级扶贫专干、生态保护、社区服务等公益性岗位，对上岗人员按照“谁用人、谁管理”的原则，由用人单位与其签订劳动合同，托底安置贫困劳动力。全县开发扶贫公益性岗位 1834 个。其中，针对有就业愿望但无法离乡、无业可扶、无力脱贫的建档立卡贫困户脱贫问题，开发社区保洁、保绿等就业扶贫公益性岗位 871 个；为加强村级扶贫基础，从促进脱贫攻坚质效提升大局出发，在省市级贫困村开发村级扶贫专干公益性岗位 603 个，从事扶贫档案管理、贫困户服务、脱贫监测等工作，实现脱贫与服务双赢。针对建档立卡贫困人员、零就业家庭、残疾家庭、低保户、离校未就业高校毕业生等重点群体，新开发生态林木护理员岗位 200 个、林业技术指导员岗位 30 个，日间生活照料员岗位 100 个，城市社区服务员岗位 30 个。

东平县公益岗位开发规模位居全省前列，被作为全省人社扶贫典型案例进行推广。

2020年1月20日，东平县总工会积极参与县政府组织开展的“春风行动”暨就业援助月活动。为城乡劳动者和全县各类企业单位搭建实现就业供求高效对接的平台，为就业供求双方提供规范、高效、便捷的政策咨询、岗位招聘等专项服务，让用人单位与求职者实现零距离交流、双向选择，使每一家企业、每一位劳动者都能够深入了解稳定扩大就业的各项政策措施，充分享受到各项优惠政策的福利。积极落实疫情防控重点物资生产企业一次性用工补贴政策，为泰安恒源林包装科技有限公司、泰安天阔卫生材料有限公司、九鑫集团等5家防疫物资生产企业，发放一次性用工补贴137.96万元；为东平永欣印刷有限公司、山东洁昕纸业股份有限公司、山东鲁玻包装有限公司等10家企业发放一次性吸纳就业补贴10.8万元；对受疫情影响的小微企业优先给予创业担保贷款支持，疫情防控期间为泰美医药包装、盛世长青电缆、三强智能设备、保盈建设工程、浩业服饰有限公司等7家小微企业和从事种植、养殖、餐饮服务、个体经贸等行业的111名创业者发放创业担保贷款3580万元。为企业稳定岗位、复工复产提供有力支持。

2021年年初，东平县总工会继续组织开展“春风行动”等就业扶贫活动，在职工服务中心网站，为28家企业发布招聘信息11次。为10余家企业发布招工简章，介绍50余名求职者到民营企业就业。

第四节 教育扶贫

自1989年以来，东平县总工会围绕企业改革发展稳定大局，本着全心全意为人民服务的宗旨和一切为了职工的理念，时刻把职工的冷暖挂在心上，积极落实“不让一名职工家庭生活在贫困线以下，不让一名职工子女上不起学、不让一名职工看不起病”的承诺，不断完善职工互助合作保障体系，加大帮困助学力度。

开展“金秋助学活动”是工会帮助困难职工工作的延伸，是落实“组织起来、一帮一扶、奉献爱心、切实维权”的一项重要工作，是发挥工会组织桥梁和纽带作用的有效载体，是构建和谐东平的重要内容。为切实落实好该项惠及困难职工家庭的工作，县总工会按照市总工会的统一部署，把开展助学活动纳入议事日程，充分利用工会组织健全、密切联系职工群众、社会接触面广泛的优势，积极动员政府、社会、集体和个人等各方面的力量，采用单位或个人与贫困学生结对帮扶、对口资助、劳模爱心帮扶等形式，进行助学帮扶，在全县形成“接受爱心、传递爱心、共享爱心、奉献爱心”的浓厚氛围。在助学资金的筹集方式上县总工会在加大自身经费投入的同时，一方面积极向当地党委、政府汇报，争取政府在助学方面给予工会必要的资金支持；另一方面，广泛吸收社会资源，积极动员党政干部、民营企业家、大中型企业及事业单位开展爱心捐助。同时，县总工会还注重推动助学长效机制的建立和完善，将帮扶困难职工子女和帮扶困难职工家庭相结合，资金帮扶和智力帮扶相结合，对贫困学生除提供直接的资金帮助外，还积极开展为其捐赠书籍及学习用具等活动。

1999 年 8 月，东平县总工会为 4 名特困职工家庭子女就读大学发放助学金 4000 元。

2003 年，东平县总工会出资 3000 元，对 10 名考上大学的家庭进行资助。

2004 年 8 月下旬，东平县总工会在经费十分紧张的情况下，为 12 名特困职工家庭子女就读大学进行资助，发放助学金 4100 元。

2005 年 9 月，东平县总工会资助 3300 元，帮助 11 名困难职工子女上大学。

2007 年 9 月，东平县总工会资助 14 名特困职工家庭子女上大学，发放助学金 5400 元。

2010 年，东平县总工会资助特困职工家庭子女 14 人，发放助学金 1 万元。

2016 年，山东儒原实业有限公司建立专项助学金，由公司工会落实资助贫困学子完成学业。累计捐资 150 万元。

2017 年，东平县总工会开展帮扶送教活动，对全县困难女职工家庭的 20 名子女进行救助，每人发放助学金 1000 元；在“金秋助学”活动中，为 6 名特困职工家庭的大学生每人发放助学金 2000 元。

2018—2021 年，东平县总工会配合有关部门，坚持以控辍保学为底线，以困难学生资助、关爱留守儿童、职业教育支持为重点，全面落实各项扶贫政策，巩固覆盖学龄前儿童至中高等职业教育全方位资助体系。县教体局通过筛查，拉出需要落实资助政策的贫困家庭学生名单，与各学校补助发放情况逐一比对，确保教育资助政策落实到位。

第五节 健康扶贫

2018 年，东平县总工会把健康扶贫作为一项重大政治任务，配合县卫生健康局建立以贫困患者居民基本医保、大病保险、医疗机构减免、医疗救助、医疗商业补充保险为主要内容的“五重保障”体系，严格落实“八个一”工程、“三个一批”分类救治、门诊“两免两减半”、住院“先诊疗，后付费”“一站式结算”等政策。全县各医疗机构为 32770 人次贫困患者垫付减免医疗费 2949.21 万元，减轻了贫困人口的就医负担。按照自愿和应签尽签原则，全县各医疗机构优先为贫困人口提供家庭医生签约服务，做到签约一人、履约一人、做实一人。

重点加强签约贫困人口中高血压、糖尿病、结核病、严重精神障碍等慢性病患者的规范化管理与服务，优化服务流程，按病情分类分层提供有针对性的医疗卫生服务，努力提高签约贫困人口感受度。开展“专家到基层、服务在身边”大病专项救治活动，即对全县所有建档立卡的患25种大病的贫困患者，根据驻地距离，分别指定县人民医院、中医院、县一院、县三院作为定点救助医院，由定点救助医院指定一名专科医师对大病患者进行包保。4家县级定点医院分别组成专家服务队，到负责包保的乡镇（街道）开展“专家到基层、服务在身边”义诊活动。2018年12月，在市委、市政府召开全市脱贫攻坚工作大会上，东平县做了健康扶贫工作典型发言。

2019年，东平县总工会与县人民医院协调建立健康扶贫患者门诊，当年，接诊贫困患者461人次，为贫困病人减免费用34.6万元；为住院贫困患者减免费用180.5万元。在该院享受扶贫优惠政策的门诊慢性病患者达1108人次，共计优惠3.83万元。另外，县人民医院充分发挥人才、技术、资源和管理优势，对全县7个乡镇（街道）的卫生院进行帮扶援助。派出5名业务骨干分别到接山、彭集等5个乡镇（街道）的卫生院担任业务院长。让人才向基层流动，实现优质医疗资源的下沉，为群众打造家门口的健康生活。县总工会与县中医院工会深入贯彻党中央、国务院关于健康扶贫工作的决策，积极落实精准扶贫“两免两减半”政策，实施“先诊疗后结算”及“一站式结算”。与5家卫生院签订服务协议，组织7个“专家会诊小组”，走村入户查体，开展扶贫义诊20次，走访大病患者394人，并与4个乡镇、402名贫困患者签订包保责任书。

2019年9月26日，东平保法医院在老湖镇西二村举行“助力脱贫攻坚，送健康”活动，医院工会协助抽调技术骨干力量11人，携带超声、心电图等检查设备，为群众进行免费查体。除开展义诊外，还向西二村贫困群众捐赠现金10000元，赢得社会广泛赞誉。

2020年，东平县总工会配合有关部门修订完善《东平县职工大病医疗补助实施细则》，为21名患大病职工发放医疗补助资金28万元；为6名在档困难职工发放生活救助金31640元、医疗救助金51508元；疫情防控期间，为10名困难职工发放生活救助金7500元；积极配合省总工会聘请的第三方验收评估机构对东平县2017年以来困难职工解困脱困工作进行评估，深入困难职工家庭走访，查验相关档案资料，该项工作得到省总工会肯定。

2021年，东平县总工会在县工人文化宫为建档立卡贫困职工举办心理讲座3次，教育引导他们面对现实，坚定信心，创新思路，脱贫致富。

第十五章　劳动模范

1989—2021年，东平县总工会根据中华全国总工会和省市总工会的部署，坚持开展劳动模范和劳动奖章获得者评选推荐活动。评选出的各级劳动模范成为全县各行各业爱岗敬业、拼搏进取、无私奉献的标杆，受到全县人民的尊敬和爱戴。

第一节　劳动模范评选活动

1989年4月下旬，东平县总工会组织开展评先树优、评选劳动模范活动，经职工、职代会、基层工会民主推荐，主管部门申报、县政府同意批准，全县推荐省级劳动模范1人、市级8人，市“振兴泰安”劳动奖章获得者3人。10月，东平化肥厂厂长徐绚栗被评为“山东省劳动模范”，受到省人民政府表彰。

1991年4月，全县评出“富民兴鲁”劳动奖章获得者1名、市劳动模范2名。市劳动竞赛标兵14名。全县涌现出各类先进模范人物4276人。东平县总工会在“五一”劳动节前夕，组织了劳动模范事迹报告会。

1993年，省总工会、省人事厅等五部门表彰劳动模范3名。

1994年4月，东平镇于寺村党支部书记梁绪珍、县供电局职工王敬肃被评为“山东省劳动模范”，受到省人民政府表彰。

1995年4月26日，东平县总工会六届八次全委（扩大）会议召开，传达省市表彰决定表彰1994年度省级劳动模范1名、省级先进女职工1名、市级劳动模范4名、市级先进女职工5名、市级“一星三手”4名、县级“一星三手”35名、工会工作先进集体59个。

1996年4月3日，东平县总工会向县委、县政府呈报《关于评选表彰1995年度十大职工劳动模范的报告》。经研究，决定成立东平县“十大职工劳动模范”评选委员会，县委副书记卞同德任主任，副县长徐绚栗任副主任，各经济主管部门主要负责人为成员。在县总工会设办公室，副主席陈培灵任办公室主任。4月19日，县委办公室、县人民政府办公室下发《关于做好全县“十大职工劳动模范”评选推荐工作的通知》。明确“十大职工劳动模范”必须具备的六个方面评选条件，即热爱祖国，坚持党的基本路线，有较为广泛的群众基础和无私奉献精神，在企业发展生产、提高经济效益和社会效益方面做出较大贡献；在科技、教育、卫生、文化、体育等事业中做出较大贡献；在保卫祖国和人民利益，维护社会稳定方面做出较大贡献；在勤政廉政和社会主义精神文明建设方面做出较大贡献；在深化改革、对外开放方面做出较大贡献；在其他方面为党和人民做出较大贡献。评选办法与程序是，4月23日前，各乡镇、县直各部门、企事业单位各推荐出1~2名候选人，填报候选人推荐表，报“十大职工劳动模范”评选办公室。4月26日前，办公室对推荐的候选人事迹材料进行综合评审，并分别征求有关部门意见，从中选出20名作为“十大劳动模范”建议人选，上报评选委员会作为正式候选人。5月1日前，召开县“十大职工劳动模范”评选委员会会议，确定“十大职工劳动模范”当选名单，报县委、县政府审定后表彰（后因特殊原因未表彰）。

1998年4月，接山镇夏谢四村高慧娟被评为“全国劳动模范”，受到国务院表彰。东平镇刘范村党支部书记刘兆奇、县计划生育委员会主任张成福、县委党校副校长张政、东平镇民政办公室主任刘曰杰4人被评为“山东省劳动模范”，受到省人民政府表彰。

1999年4月，东平县总工会在深入调查摸底的基础上，把中华人民共和国成立以来全县荣获全国劳动模范、全国“五一”劳动奖章、山东省劳动模范、振兴泰安劳动奖章、省部级以上系统表彰的先进工作者，编辑成《东平职工劳模录》，该书由县委书记朱玉合作序，著名书法家、文化宫干部李守白题写书名。该书收录了全国劳动模范2名（汝少隆、高学雨），全国“五一”劳动奖章获得者1名（姜守智）；省级劳动模范23名，“富民兴鲁”劳动奖章获得者5名；泰安市劳动模范28名，“振兴泰安”劳动奖章获得者18名；省部级以上表彰的先进工作者85名；泰安市“一星三手”（科技明星、技术能手、革新能手、销售能手）称号获得者31名，其中，科技明星3名（李广林、孟广银、张观金），技术能手5名，革新能手13名，销售能手10名。出版发行300余册。该项工作极大地鼓舞了各级先模人物，调动了广大职工的积极性、创造性，使全县再次形成尊重爱护劳动模范，关心支持劳动模范的良好风气。“五一”前夕，县委、县政府把中华人民共和国成立以来获得市级以上荣誉称号、健在的先进模范人物请到县城，参加“五一”联欢会。

2000年4月，东平镇民政办公室主任刘曰杰被评为“全国劳动模范”，受到国务院表彰。接山镇夏谢四村高慧娟被评为“山东省劳动模范”，受到省人民政府表彰。瑞星集团董事长、党委副书记尚家宁，工具厂磨光车间女职工孟凡菊，被省总工会授予“富民兴鲁”劳动奖章。工具厂厂长孙传亮、大安山乡原副乡长孟昭喜、锦轮有限公司质检办主任马东君、化肥厂维修班班长李元涛被评为全市劳动模范和先进工作者，受到市人民政府表彰；旧县乡北吉城村党支部书记任尚泽、宿城镇石马村党支部书记李广元被泰安市人民政府授予“市劳动模范”称号。

2003年4月，旧县乡北吉城村党支部书记任尚泽、瑞星生物化工有限公司董事长孟广银被评为“山东省劳动模范”，受到省人民政府表彰。

2005年，东平县总工会推选“全国劳动模范”1名、“富民兴鲁”劳动奖章获得者1名、“振兴泰安”劳动奖章获得者4名。与县人事局协调，为每位市劳动模范落实津贴每月60元。

2006年，东平县总工会推选“富民兴鲁”劳动奖章获得者1名、泰安市劳动模范6名，县供电公司获“双十佳”先进集体称号，教育系统1名教师获先进标兵称号。

2007年，按照市总工会的要求，严格标准、严格条件，不走形式、不送人情，真正把职工队伍中的优秀代表评选推荐出来。推荐1人获“富民兴鲁”劳动奖章，6人获得“振兴泰安”劳动奖章。评选推荐过程中，东平县总工会协调县政府有关部门，利用报纸、电台、电视台等，宣传先进模范人物的好思想、好品德，大力弘扬劳动模范精神，在全社会形成尊重关心劳动模范的良好风气。

2011年，启动东平县劳动模范评选活动，每两年一次。劳动模范评选推荐工作坚持“面向基层、面向经济一线、兼顾各行各业”的原则，采取自下而上、逐级推荐、层层把关的方式进行。首届评选中，各单位推荐上来的候选人，通过评审小组的初审、复审，最终评出进入范围的50名候选人，在东平电视台、《今日东平》报进行公示。公示后再分别评审出劳动模范和劳动奖章获得者。通过评审，斑鸠店镇信访、民政办主任卢道章等10人被县政府授予“东平县劳动模范”荣誉称号，并颁发劳动模范奖章、证书，给予每人一次性奖金2000元。山东光大日月油脂股份有限公司总经理马军等40人，由县政府颁发“建设新东平”

东平县首届“劳动模范”“建设新东平”劳动奖章颁奖晚会

劳动奖章和荣誉证书。

2012年，按照市总工会要求，坚持面向基层、面向一线的原则，严格把关，在以往市级振泰奖章、县级劳动模范和建设新东平劳动奖章获得者中，优先推荐2012年度泰安市劳动模范，入选的7名劳动模范候选人中，农民、一线职工有4人，并于4月26日参加全市的表彰大会。

2013年3月，东平县总工会组织开展东平县第二届劳动模范、“建设新东平”劳动奖章评选活动。成立由县各大班子分工领导、各有关部门领导组成的28人评审委员会。经过各基层单位层层推荐，组织、纪委、信访、计生、安全等各部门审核、层层把关，从100多名符合条件的推荐人选中，通过《今日东平》报接受公众投票和评审委员会无记名投票相结合的方式评选出20名劳动模范、30名“建设新东平”劳动奖章获得者。“五一” 劳动节前举行表彰大会，劳动模范每人奖励2000元，劳动奖章获得者每人奖励1000元。评选推荐8名“振泰奖章”获得者和4名山东省劳动模范，分别受到市政府和省政府的表彰奖励。“五一”期间对30名省部级劳动模范进行慰问，发放慰问金3万元。

2014年12月，为120名省市县三级劳动模范在东平县人民医院进行健康体检。按照上级工会和县人才办的要求，对43名省部级以上劳动模范生活状况进行调查摸底和分类分项统计，逐步建立完善以各级劳动模范为基本内容的实干家人才库，并与县人社局、财政局共同写出调研报告。对28名全国、省级、市级困难劳动模范进行救助，发放救助金5.1万元。

2015年3月，东平县总工会组织开展东平县第三届劳动模范评选活动。以劳动光荣、爱岗敬业为导向，利用2个月时间，广泛宣传，积极发动，严格标准，认真把关，经过评委会两次严格评审，从各单位推荐的107名合格候选人中评选出20名“东平县第三届劳动模范”和30名“建设新东平”劳动奖章获得者。县委、县政府于“五一”期间进行表彰。同时，将50名获奖者的先进事迹在东平电视台、《今日东平》报上进行广泛宣传，在全县弘扬劳动光荣、爱岗敬业风尚。

2016年，东平县总工会组织评选推荐省市先进模范人物和集体。向移民社区建设一线倾斜，有7人被评为市级劳动模范和先进工作者，1人被授予“富民兴鲁”劳动奖章。县供电公司运维检修部被全国总工会授予“全国工人先锋号”称号，县水利建安公司施工科被山东省总工会授予“山东省工人先锋号”称号。

2017年4月，开展第四届东平县劳动模范评选表彰工作。坚持公开、公平，向“三大工程”、一线职工倾斜，评选出20名劳动模范、30名建设新东平劳动奖章。4月28日，召开表彰大会，县委、县政府对获奖者进行表彰。

2018年12月，在庆祝改革开放四十年活动中，通过回顾整理工会工作的发展历程，明确相关劳动模范评选规定：逢5或10年评选推荐全国劳动模范，其余年份评选全国“五一”劳动奖状、奖章；逢3或8年评选全省劳动模范，其余年份评选“富民兴鲁”劳动奖章；逢“双年份”评选市劳动模范，“单年份”评“振兴泰安”劳动奖章。2011年开始，每两年开展一届县级劳动模范评选活动，至2017年，共开展4届。第一届评出劳动模范10名，第二、三、四届，每届各评选20名。此外，还评出“建设新东平”劳动奖章获得者100人；省级劳动模范4名、“富民兴鲁”奖章获奖者5名；市级劳动模范23名、“振兴泰安”奖章获得者15名。

2018年4月，按照公平公正、自下而上、民主推荐原则，推荐省劳动模范和先进工作者候选人10名。经严格筛选，县总工会主席、县移民避险解困工程旧县指挥部指挥展长顺、邮政局投递员武辉、银山镇耿山口村党支部书记耿进平、新东岳集团董事长李勇、环卫工人焦恩岭被省委、省政府授予劳动模范和先进工作者荣誉称号。瑞星集团副总经理孟凡成、农业银行东平支行阴玉洪、东平中联水泥有限公司孔亚州、县教育科学研究中心杜兆迁、县地方税务局直属征收局李平、县中医院张斌被市总工会授予“振兴泰安”劳动奖章。

2019年，“五一”节前夕，东平县总工会组织开展先进模范人物评选推荐，按照公开、公平，向“三大工程”、一线职工倾斜的原则，评选出20名第五届劳动模范、30名“建设新东平”劳动奖章。4月28日，县委、县政府召开表彰大会，发放各级劳动模范奖金7万元。中华人民共和国成立70周年前夕，按照市总工会的要求，对全国、省、市三级劳动模范生活状况进行摸底调查。重新确定全国困难劳动模范2人、省级7人、市级8人。向9名劳动模范发放慰问金9000元。同时，根据市总工会要求，评选推荐7名泰安市“振泰奖章”候选人，向省总工会评选推荐1名“富民兴鲁”奖章候选人，向省总工会推荐省级工人先锋号—县地税局县直征收局，均获得表彰。县总工会联合县电视台，制作王兴宝等10人专题片，大力宣传他们的感人事迹，在全社会营造尊重劳动模范、关心劳动模范、学习劳动模范浓厚氛围。按照一线职工、一般干部、科教人员、企业法人等不同类别，向省市总工会推荐劳动模范人员名单，谢兴庆等6人被市总工会授予“振兴泰安”劳动奖章，井立太等2人被授予“泰山工匠”称号，张莹等3人被授予“泰山工匠”提名奖。张莹等5名职工被推荐为市级创新能手，县交通运输局职工赵传伟被评选为泰安市第八届职工职业道德建设标兵，同时被授予“振兴泰安”劳动奖章。

2020年4月，推荐泰安市工人先锋号2个、“五一”劳动奖状2个、“五一”劳动奖章7人。5月1日，东平县总工会在梯门镇东瓦庄村果蔬康有限公司举行庆祝“五一”劳动节暨劳动模范代表座谈会。县委副书记李培国，县人大常委会副主任、县总工会主席王成明出席座谈会。李培国代表县委、县政府，向奋战在全县各行各业、各条战线上的广大干部职工、劳动群众以及各级各类劳动模范、先进生产工作者致以节日的问候和崇高的敬意。李培国强调，劳动创造一切，劳动高于一切，要人人学习劳动模范精神，扎实工作，乐于奉献。要认真履行维护职工合法权益的基本职责，维护好劳动模范的合法权益，使他们更有安全感、归属感、幸福感，自觉、乐意地为社会各项事业发展尽心尽力。座谈会上，受邀劳动模范代表王兴宝、张士华、张东晟、李曙光、杨周勇、武辉等相继发言。他们在社区建设、脱贫攻坚、生态立县、乡村振兴中攻坚克难、拼搏奉献的感人事迹，在与会者中引起强烈共鸣。

2021年4月，东平县总工会严格按照“两审三公示”程序，经过层层选拔，14人被评为泰安市劳动模范，4人被评为泰安市先进工作者。东平中联水泥有限公司党委书记、总经理李宝友被山东省总工会授予山东省五一劳动奖章；东平县人民医院感染性疾病科被授予“山东省工人先锋号”称号；瑞星集团股份有限公司技师李长伟被泰安市总工会授予第四届泰山工匠称号；新东岳集团有限公司外胎二车间被评为泰安市创新型班组；东平县供电公司张莹被评为泰安市创新能手。

2021年12月，东平百货大楼有限公司工会委员会获得泰安市“十佳职工信赖的职工之家”荣誉称号；新东岳集团有限公司工会主席张庆英、东平县水利建筑安装公司工会主席林凤伟获得泰安市“十佳职工信赖的娘家人”荣誉称号；东平百货大楼有限公司工会委员会、东平街道机关工会委员会获得泰安市“模范职工之家”荣誉称号；山东润银生物化工股份有限公司工会、山东润声印务有限公司装订车间工会委员会、新东岳集团工会委员会外二车间分会获得泰安市“模范职工小家”荣誉称号；县总工会党组书记、常务副主席范思安，梯门镇机关工会副主席马科峰，接山镇工会主席井绪军，东平街道机关工会主席高兰分别获得泰安市“优秀工会工作者”荣誉称号。东平县总工会经审办荣获泰安市总工会经审工作规范化建设二等奖。

第二节　部分劳动模范名录

1989—2021年，全县222人获得各级劳动模范称号，其中全国“劳动模范”3人，省部级“劳动模范”29人，泰安市“劳动模范”99人（次），东平县“劳动模范”90人（次）。

1989—2021年东平县受国务院和部委表彰的全国劳动模范统计表

表21

授予时间	姓名	荣誉称号	授予单位	所在单位	职务
2000	高慧娟（女）	全国劳动模范	国务院	东平县接山镇夏谢四村	村民
	刘曰杰	全国劳动模范	国务院	东平县民政局	宿城民政助理员
2005	梁绪珍	全国劳动模范	国务院	东平街道于寺村	党支部书记
1989	侯家珍	全国教育系统劳动模范	教育部全国总工会	东平县实验小学	校长
1991	刘方印（女）	全国教育系统劳动模范	教育部全国总工会	东平县实验小学	副校长
1999	刘振海	全国建设系统劳动模范	城乡建设部	东平县建筑安装总公司	总经理
2012	李　立	全国住建系统劳动模范	城乡建设部	东平县建设局	财务科长

1989—2021年东平县受山东省委、省人民政府表彰的劳动模范统计表

表22

授予时间	姓名	荣誉称号	所在单位	职务	授予单位
1989	徐徇栗	山东省劳动模范	东平县化肥厂	厂长	中共山东省委、山东省人民政府
1990	王吉河	山东省劳动模范	大羊乡南留屯村	党支部书记	
	高　霞（女）	山东省劳动模范	接山乡花园村	农民	
	蔡绍柱	山东省劳动模范	大安山乡新光村	党支部书记	
	于崇福	山东省劳动模范	梯门乡双塔村	党支部书记	
1992	陈召贵	山东省劳动模范	东平县酒厂车间	主任	
1995	王敬肃（女）	山东省劳动模范	县供电局安装班	班长	
	梁绪珍	山东省劳动模范	东平镇于寺村	党支部书记	
1996	柴万训	山东省劳动模范	东平县林业局	副局长	
1998	张　政	山东省劳动模范	县委党校	副校长	
	张成福	山东省劳动模范	县计生委	主任	
	高慧娟（女）	山东省劳动模范	接山乡夏谢村	村民	
	刘兆奇	山东省劳动模范	东平镇刘范村	党支部书记	
2003	孟广银	山东省劳动模范	山东瑞星集团总公司	董事长、总经理	
	任尚泽	山东省劳动模范	旧县乡北吉城村	支部书记	

续表 22

授予时间	姓名	荣誉称号	所在单位	职务	授予单位
2008	郑金元	山东省劳动模范	彭集镇前郑海村	党支部书记	中共山东省委、山东省人民政府
2013	李　飞	山东省劳动模范	东平县供电公司	经理	
	解淑华（女）	山东省劳动模范	东平县中医院	院长助理、副主任医师	
	刘隆树	山东省劳动模范	接山镇林源速生杨种植专业合作社	理事长（刘所村党支部书记）	
2018	武　辉	山东省劳动模范	东平县邮政局	投递员	
	耿进平	山东省劳动模范	银山镇耿山口村	党支部书记	
	李　勇	山东省劳动模范	新东岳集团	董事长	
	焦恩岭（女）	山东省劳动模范	东平县市容环境卫生管理处	环卫工人	
2008	解庆常	山东省先进工作者	东平县公用事业局	局长、党委书记	山东省人民政府
2018	展长顺	山东省先进工作者	东平县总工会	主席、党组书记	

注：山东省先进工作者与山东省劳动模范由省政府同文表彰

1989—2021 年东平县泰安市劳动模范称号获得者一览表

表 23

授予时间	姓名	所在单位	职务	授予单位
1989	辛德华	东平县引湖电灌站	书记	中共泰安市委、泰安市人民政府
	张作光	东平县经贸委	工会主任	
	谭文凯	东平县帆布厂	厂长	
	杜金桓	东平县供电局	工会主任	
	宫庆祥	东平县粮食局工业科	科长	
	李兴诚	东平县水泥厂	厂长	
	王启昆	东平县第二人民医院放射科	主任	
	彭英厚	东平县第四中学	教师	
	杨明奎	大羊乡计生办	主任	
1990	梁绪珍	东平镇于寺村	党支部书记	
1991	高兆凤（女）	东平县商业大楼	职工	
	井立涛	东平县化工总厂	厂长	
	侯庆俊	东平县林业局	党委书记	
1993	徐传军	东平县造纸厂	厂长	

续表 23

授予时间	姓名	所在单位	职务	授予单位
1993	张惠善	东平县人民医院	书记	中共泰安市委、泰安市人民政府
	王敬肃	东平县供电局技师	焊接技师	
1995	杨吉成	东平县橡胶厂	厂长	
	吴绪连	山东瑞星集团	董事长	
	侯庆道	东平县林业局	副局长、腊山林场场长	
	肖兴云	大安山渔民小学	校长	
	王家合	银山镇后银山村	党支部书记	
	刘兆奇	东平镇刘范村	党支部书记	
	张振法	沙河站镇小杨庄村	党支部书记	
1997	张　政	东平县委党校	副校长	
	李玉国	东平县花键轴总厂	技术员	
2000	孙传亮	东平县工具总厂	厂长	
	孟昭喜	东平县大安山乡	副乡长	
	李元涛	瑞星集团维修车间	班长	
	任尚泽	旧县北吉城村	党支部书记（农业）	
	马东君	东平县橡胶厂	车间主任	
	李广元	宿城镇石马村	党支部书记	
2002	孟广银	山东瑞星集团	董事长总经理	
	陈可军	东平县酒厂	厂长	
	郑允海	东平县新华书店	经理	
	焦德成	东平县供电局	工会主任	
	王吉章	大羊乡南留屯	党支部书记	
2004	解庆常	东平县公用事业局	局长	
	侯宪平	东平县公路局	局长	
	孙庆平	沙河站镇前河崖村	党支部书记（农业）	
2006	王延国	东平县高级中学	副校长	
	李德玲（女）	东平县自来水公司	科长	
	于宪彬	东平县公路局	处长	
	张成胜	瑞星集团化肥厂	副厂长	
	郑金元	彭集镇郑海村	党支部书记（农业）	

续表 23

授予时间	姓名	所在单位	职务	授予单位
2008	李渊新	彭集中学	教师	中共泰安市委、泰安市人民政府
	谢　兵	东平县人民医院	主任医师	
	陈其林	东平县乡公路管理处	副主任、工程师	
	马启金	东平县财政局	副局长、会计师	
	李　勇	新东岳集团	董事长	
	李玉春	接山乡接山村	党支部书记（农业）	
2010	孟广金	瑞星集团保全组	组长	
	周长安	银山镇狗山小学	高级教师	
	解淑华（女）	东平县中医院	副主任医师，内科专家	
	陈培典	东平县总工会	副主席	
	陈宗勇	东平县人民医院	院长、主任医师	
	王长元	东平县供电公司	经理、高级政工师	
	刘隆树	接山镇刘所村	党支部书记	
2012	王　丽（女）	供电公司营销部电费结算班	班长	
	孙太山	瑞星集团汽车班	驾驶员	
	李曙光	东平县高级中学	高级教师	
	李　强	东平县公路局	工会主任	
	田汝会	东平县农村合作银行	董事长、党委书记、高级经济师	
	陈立栋	山东东顺集团	总经理	
2014	武树东	东平县地税局法规科	科长	
	贺延礼	东平水浒旅游开发公司	检票维护员	
	巩建栋	新东岳集团生产部	经理	
	张东晟	东平县人民医院	主任医师	
	刘景倩	东平县国土资源局	局长	
	杨周勇	东平县水利建筑安装公司	经理	
	孙庆元	彭集街道安村	党支部书记	
	史正亮	旧县乡屯村铺	党支部书记	
2016	董绪友	老湖镇农业服务中心	主任	
	张　伟	东顺集团卫生用品公司	工程师	
	轩召民	新东岳集团	工程师	

续表 23

授予时间	姓名	所在单位	职务	授予单位
2016	魏述玲（女）	东平县明湖中学	一级教师	中共泰安市委、泰安市人民政府
	纪茂香（女）	东平县迎宾馆	总经理	
	耿进平	银山镇耿山口村	党支部书记	
	赵同厂	接山镇后口头村	党支部书记	
2021	付兆刚	新东岳集团有限公司	设备动力部电力工程师	
	侯　刚	瑞星集团股份有限公司	车间副主任	
	胡正峰	山东润声印务有限公司	印刷车间主任	
	李艳艳	东顺集团股份有限公司	东顺超市中心店店长	
	梁吉强	州城街道大梁庄村	党支部书记、村民委员会主任	
	刘广格	彭集街道后亭村	党支部书记	
	彭倩倩	山东儒原实业有限公司	董事长	
	宋朝元	老湖镇前埠子村	党支部书记、村民委员会主任	
	孙凤英	中国邮政集团有限公司山东省东平县分公司	投递员	
	王兴宝	梯门镇东瓦庄村	党支部书记、村民委员会主任	
	王修常	东平中联水泥有限公司	财务负责人	
	杨周伟	县水利建筑安装公司	总工程师	
	赵　峰	中国农业银行股份有限公司东平县支行	党委书记、行长	
	周脉华	新湖镇侯河村	党支部书记	
	陈士民	东平县高级中学	教师	
	侯绪东	县扶贫开发领导小组办公室	政策调研组组长	
	刘富刚	东平县人民医院	内镜中心、呼吸、消化内科主任	
	王凤茂	东平县移民服务中心	人秘科科长	

1989—2021 年东平县劳动模范称号获得者一览表

表 24

届别	授予时间	姓名	所在单位	职务	授予单位
第一届	2011	卢道章	斑鸠店镇信访、民政办	主任	中共东平县委、东平县人民政府
		刘　刚	东平县公路局工程处	副处长	
		孙永举	东平县公用事业局	副书记、副局长	
		张广月	东平县第一淡水养殖试验场	场长	
		张茂节	东平县旅游局、东平湖风景名胜区管委会	副局长、副主任	
		杨周勇	东平县水利建筑安装公司	经理	
		武　辉	东平县邮政局	投递员	
		孟　波	瑞星集团有限公司销售公司	经理	
		穆玉喆	新东岳集团有限公司技术科	科长	
第二届	2013	万忠华	东平街道无盐村	党支部书记、村主任	
		王　新	东平县河道管理局稽查大队	队长	
		王庆爱（女）	梯门镇经济发展办公室	主任	
		王桂林	东平泰然天然气有限公司	总经理	
		田汝生	彭集街道后围村	党支部书记	
		吕修乐	东平县地方税务局直属征收分局	局长	
		张东晟	东平县人民医院	副院长、主任医师	
		张汉玺	东平县东平湖移民管理局	党总支委员、副局长	
		李　贞（女）	东平县公安局户籍科	科长	
		李培金	东平县林业局	林改办主任	
		陈树法	东顺集团股份有限公司	常务副总裁	
		周　涛	东平县高级中学	教师	
		屈克志	东平县物流园区管委会	党委委员、副主任	
		林　涛	东平县公路局中和屋业开发公司	党支部书记	
		姜兴民	山东光大日月集团光大肥业科技有限公司	总经理	
		赵大林（女）	东平县工商局企业注册局	副局长	
		赵同厂	接山镇后口头村	党支部书记、村主任	

续表 24

届别	授予时间	姓名	所在单位	职务	授予单位
第二届	2013	郭　玲（女）	老湖镇王台管区	书记	中共东平县委、东平县人民政府
		彭文峰	新东岳集团设备	总工	
		路兴通	斑鸠店镇卫生院	书记、院长	
第三届	2015	李　平（女）	东平县地税局新城中心税务所	所长	
		刘　虎	东平县鑫海建工	总经理	
		刘中华	东平县财政局经济建设科	科长	
		梁永久	东平县实验小学	校长	
		李淑君（女）	东平县工商局宣传科	科长	
		田　涛	东平县公路局工程处	主任、党支部书记	
		王文义	东平县国税局办公室	主任	
		孟广伦	彭集街道小孟村	党支部书记	
		林　迥	东平县瑞星集团润银生物化工股份有限公司	总经理	
		侯　功	州城街道南门街	党支部书记、村主任	
		张之强	东平街道塘坊村	党支部书记	
		纪茂香（女）	东平县迎宾馆	总经理	
		李　苗（女）	东平县第二实验小学	教师	
		轩召民	新东岳集团有限公司	总工程师	
		庞建华	东平县道路运输管理处	副主任	
		张乐宽	东平县东原实验学校	校长	
		崔延龙	东平县公安局银山派出所	所长	
		董　锋	新湖镇唐营村	党支部书记、村委会主任	
		徐国文	东平县经济开发区物业公司	副总经理	
		宋朝元	老湖镇前埠子村	党支部书记、村主任	
第四届	2017	于家伟	东平县公安局治安管理大队	大队长	
		亓明国	东平县实验小学教科室	副主任	
		王　鲁	东平县污水处理厂机电设备	科长	
		王绪征	东平县特殊教育学校	校长	
		王瑞华	东平县人民医院妇产科	主任	

续表 24

届别	授予时间	姓名	所在单位	职务	授予单位
第四届	2017	纪茂军	戴庙镇农技站	站长、管区书记	中共东平县委、东平县人民政府
		宋广东	东平县山东泰禾农业开发有限公司	董事长	
		张士华	东顺集团股份有限公司	副总裁	
		张立华	东平县人民法院执行局	局长	
		李　强	接山镇朝阳庄村	党支部书记	
		李广伟	东平县经济开发区管理委员会经济运行局	局长	
		李建华	东平县东原实验学校	副校长	
		杨周伟	东平县水利建筑安装公司	总工程师	
		辛　诚	东平县第四实验小学	校长	
		赵井锋	东平县殡仪馆	支部书记、馆长	
		徐玉平	接山镇夏谢五村	党支部书记、村主任	
		殷复科	东平县实验中学	校长	
		秦　宏	东平县人民检察院	监察委员会委员公诉科科长	
		郭　颖	东平县委党校公务员教育科	副科长	
		董广锋	东平县疾病控制中心	科主任	
第五届	2019	尹燕伟	东平县工程质量监督站	党支部书记	
		王兴宝	梯门镇东瓦庄村	党支部书记	
		王庆柱	戴庙镇移民办公室	主任	
		王建伟	东平中联美景水泥有限公司	窑、煤磨中控操作员	
		刘广格	彭集街道后亭村	党支部书记	
		刘国宾	威图电气（北京）有限公司 山东三强智能设备有限公司	董事长	
		安　龙	东平县公安局刑侦大队	大队长	
		张立生	东平县审计局	党组成员、副局长、主任科员	
		张秀杰	东平县人民医院科教科	主任	
		张晓丽	东平县广播电视台播音主持部	副主任	
		李建业	东平县第一中学	校长	
		李明旭	国网东平县供电公司综合服务班	班长	

续表 24

届别	授予时间	姓名	所在单位	职务	授予单位
第五届	2019	李栋梁	东平县高级中学	教师	中共东平县委、东平县人民政府
		陈　萍	东平县实验小学	教科室副主任	
		屈　丽	东平县东原实验学校	副校长	
		胡正峰	山东润声印务有限公司	印刷车间主任	
		郭明山	东平街道	人大副主任	
		续　伟	东平县公路事业发展中心	工程处处长	
		蒋忠海	斑鸠店镇卫生院 老湖镇中心卫生院	院长	

第三节　部分劳动奖章获得者

1989—2021 年，全县各级劳动奖章获得者共计260人，其中，国家（部级）“五一”劳动奖章获得者、优秀工作者 12 人，“富民兴鲁”劳动奖章获得者 13 人，“振兴泰安”劳动奖章获得者 69 人，“建设新东平”劳动奖章获得者 179 人。

1989—2021 年东平县“富民兴鲁”劳动奖章获得者一览表

表 25

年度	姓名	性别	工作单位、职务	授予单位
1989	李培笃	男	东平县公路局	山东省总工会
1991	孙兆红	男	东平橡胶厂	
1993	李广林	男	瑞星化工集团 总工程师、省总工会第十届委员会委员	
1994	张爱娥	女	东平县人民商场营业员	
1996	杨吉成	男	东平橡胶厂厂长	
1999	孟宪民	男	东平县造纸总厂党委书记	
2000	尚家宁	男	瑞星化工集团董事长、党委副书记	
	孟凡菊	女	东平县工具总厂职工	
2001	解庆常	男	东平县自来水公司经理	
2014	武　辉	男	东平县邮政局投递员	
2015	刘　莉	女	东平县东平街道社区卫生服务中心公共卫生科主任	
2017	张明臣	男	瑞星集团股份有限公司化肥车间副主任	
2021	李宝友	男	东平中联水泥有限公司党委书记、总经理	

1989-2021 年东平县“振兴泰安”劳动奖章获得者一览表

表 26

年度	姓名	性别	工作单位	授予单位
1989	井延茂	男	东平县棉花加工厂	泰安市总工会
	刘方印	女	东平县实验小学	
1992	王荣胜	男	东平县水泥厂	
	王敬肃	女	东平县供电局	
1994	郑淑云	女	瑞星化工集团	
	牛云献	男	东平县工具总厂	
	张　政	男	东平县委党校	
	李恒义	男	东平大麻纺织有限公司	
1999	李元涛	男	瑞星化工集团	
	孙传亮	男	东平县工具总厂	
	马东军	男	东平橡胶厂	
2001	陈可军	男	东平唐龙酒业有限公司	
	孟广岩	男	瑞星化工集团总公司	
	焦德成	男	东平县供电局	
	齐太英	女	东平县人民医院	
2009	刘丙春	男	东平县供电局党委书记	
	李子武	男	东平县交通局党委副书记、公路局总支书记	
	陈宗勇	男	东平县人民医院院长、书记	
	陈培典	男	东平县总工会副主席	
	孟广金	男	瑞星集团有限公司	
2011	李　征	男	东平县中医院院长	
	尚　强	男	东平县高级中学教师	
	陈士英	女	东平农村合作银行城区支行副行长	
	赵　杰	男	东平县第一人民医院内二科主任	
	王海凌	男	东平县供电公司经理助理	
2013	李吉庆	男	山东光大日月集团有限公司总经理	
	杨周勇	男	东平县水利建筑安装公司经理	
	孟昭金	男	东顺集团造纸车间班长	
	武　辉	男	东平县邮政局投递员	
	黄永峰	男	东平湖风景名胜区管委会规划局局长	
	唐家勇	男	东平县第一人民医院副院长	

续表 26

年度	姓名	性别	工作单位	授予单位
2013	王　晖	女	东平县高级中学教师	泰安市总工会
	刘　刚	男	东平县公路局工程处副处长	
2015	孟志广	男	瑞星集团有限公司审计部经理	
	张继宾	男	东平县水利建筑安装公司工会主任	
	侯　磊	男	国网山东东平县供电公司	
	张　伟	男	东顺集团股份有限公司车间主管	
	范思杰	男	东平县明湖中学副校长	
	张海英	女	县疾病预防控制查体中心主任	
	亚　军	男	中国农业银行东平县支行行长	
2017	孙凤英	女	中国邮政集团东平县分公司	
	赵景海	男	东平县水利建筑安装公司	
	郑志刚	男	东平县人民医院	
	李玉根	男	东平县艺术中学	
	李西平	男	东平县供电公司旧县供电所	
	王志鹏	男	东平县高级中学	
	程　伟	男	东平县自来水公司	
2018	孟凡成	男	瑞星集团有限公司技术中心主任	
	阴玉洪	男	中国农业银行东平支行党委书记、行长	
	孔亚州	男	东平中联美景水泥有限公司电气运行班长	
	杜兆迁	男	东平县教育科学研究中心教研员	
	张　斌	男	东平县中医院骨科主任	
	李　平	女	东平县地方税务局直属征收局局长	
2019	谢兴庆	男	县河道管理保护中心	
	赵　峰	男	中国农业银行东平支行	
	杨建华	男	东平县高级中学	
	石明玉	男	东平县特殊教育学校	
	史峻峰	男	东平县第二苗圃	
	侯泰生	男	东平县垃圾处理厂	
	马泽群	男	东平县供电公司	
2020	李栋梁	男	东平县高级中学教师	
	刘玉峰	男	国网山东省电力公司东平县供电公司党委书记、副总经理	

续表 26

年度	姓名	性别	工作单位	授予单位
2020	赵　勇	男	东平县市政园林工程处处长	泰安市总工会
	郑志磊	男	东顺集团股份有限公司资金部经理	
	郑志强	男	东平县人民医院医务科主任	
	周自强	男	国家税务总局东平县税务局党委委员、副局长	
2021	张志臣	男	旧县乡吉城办事处党总支书记	
	王弥坚	男	东平县自然资源和规划局地质环境科副科长	

2011—2021 年“建设新东平”劳动奖章获得者一览表

表 27

届别(年度)	姓名	性别	工作单位	授予单位
第一届（2011 年）	马　军	男	山东光大日月油脂股份有限公司总经理	中共东平县委、东平县人民政府
	井绪高	男	东平街道井仓村党支部书记	
	王　丽	女	东平县供电公司电费结算班班长	
	王　刚	男	东平县政府采购管理办公室主任	
	王桂林	男	东平泰燃天然气有限公司总经理	
	牛升安	男	东平县审计局经责办副主任	
	方　颖	女	东平县国土局土地资源综合开发利用站站长	
	尹燕飞	男	东平县地方税务局旧县分局局长	
	田汝明	男	东平县纪委监察局副局长、案件审理室主任、正局级监察员	
	包　东	男	东平县农经办、减负办副主任	
	刘恒志	男	新东岳集团有限公司副总经理	
	刘善昌	男	瑞星集团化肥公司经理	
	曲福贞	男	东平黄河河务局副局长、东平湖防汛专家组成员	
	齐道功	男	银山镇村镇建设办公室主任	
	安　龙	男	东平县公安局刑事侦查大队大队长	
	孙和民	男	彭集镇后亭办事处书记	
	孙培智	男	东平县文化馆馆长	
	苏庆国	男	沙河站镇水利站站长	
	李广余	男	东平街道赤脸店社区党支部书记	
	李宏力	男	东平县住房和城乡建设局副局长	
	李培芹	女	山东光大科技发展有限公司总经理	

续表 27

届别（年度）	姓名	性别	工作单位	授予单位
第一届（2011 年）	何振波	男	东顺集团有限公司复卷操作工	中共东平县委、东平县人民政府
	张　华	男	接山镇苍邱管区书记	
	张　彦	女	东平县高级中学教师	
	张志云	女	戴庙乡敬老院副院长	
	张传庆	男	东平县公安局治安管理大队大队长	
	张荣芳	女	东平县人口和计生局宣传教育科科长	
	陈　军	男	东平县人民法院执行一庭庭长	
	陈　兵	男	东平县劳动就业办公室就业指导科科长	
	邵　峰	男	东平县广播电视台工程部主任	
	陈树莲	女	彭集镇陈流泽村党支部书记	
	孟昭金	男	东顺集团有限公司生产经理	
	赵自强	男	东平县安监局党组副书记、副局长	
	段思华	男	州城街道小东门街党支部书记	
	姜兴民	男	山东光大肥业科技有限公司总经理	
	徐敬东	男	东平县国有资产管理局副局长	
	梁久明	男	东平县交通运输局工程处处长	
	路兴通	男	斑鸠店镇卫生院院长、书记	
	解西雷	男	山东姜仔鸭农业产业集团有限公司蛋制品厂厂长	
	蔚大青	男	东平县农业技术推广站站长	
第二届（2013 年）	马　超	男	彭集街道马代村村民、泰安市麦锐可农业种植有限公司经理	
	井长生	男	东平县人民法院刑事审判庭庭长	
	方绪全	男	老湖镇西三村党支部书记	
	刘　洋	男	东平县农业局发展计划科科长	
	刘玉胜	男	东平县开元机械制造有限公司职工	
	邢召强	男	东平县经济开发区规划发展局局长	
	齐道功	男	银山镇村镇建设办公室主任	
	何振建	女	东平县直机关工委副书记	
	张培齐	男	东平县第一中学党支部书记、校长	
	李　清	女	东平县第二实验小学教师	
	李传伟	男	东平县食品药品监督管理局药品科长	
	李福云	女	东平水浒旅游开发公司导游部经理	

续表 27

届别（年度）	姓名	性别	工作单位	授予单位
第二届（2013 年）	苏庆国	男	沙河站镇水利站站长	中共东平县委、东平县人民政府
	辛　诚	男	东平县第四实验小学党支部书记、校长	
	陆家军	男	戴庙镇司里山村党支部书记、棘梁山生态园有限公司董事长	
	陈可见	男	东平县广播电视台《东平民生》频道主任	
	陈全奎	男	东平县国家税务局城区税务分局局长	
	陈淑锋	男	东平县委宣传部新闻中心副主任	
	屈克学	男	东平县中医院急诊科主任	
	林　迥	男	瑞星集团润银生物化工股份有限公司副总经理	
	林　鹏	男	东平县景区管委水浒古镇景区管理区副主任	
	侯　功	男	州城街道南门街党支部书记	
	赵大伟	男	东平县人民检察院反渎局副局长	
	赵国富	男	东平县财政局投资评审中心主任	
	郜宗星	男	东平县交通局副局长、农村公路管理办公室主任	
	栗文华	男	东平县纪律检查委员会干部室主任	
	崔延龙	男	东平县公安局银山派出所所长	
	梁永久	男	东平县实验小学校长	
	蒋庆礼	男	新湖镇堤子村党支部书记、东平县亚东食用菌种植合作社理事长	
	蔚　霞	女	东平街道教育办公室政工员	
第三届（2015 年）	王　伟	男	梯门镇教育办公室主任	
	于　栋	男	山东光大日月油脂股份有限公司带班长	
	丁庆民	男	旧县乡王古店三村党支部书记	
	孙久东	男	沃尔丰新能源工业有限公司光伏电站国际工程部负责人	
	李　波	男	东顺集团济南办事处经理	
	秦　宏	女	东平县人民检察院公诉科科长	
	张立华	男	东平县人民法院执行局局长	
	修　建	男	东平县安全生产监察大队副队长	
	王少勇	男	东平县泰燃天然气有限公司副总经理	
	李本军	男	老湖镇黄花园管区党总支书记	
	刘　超	男	东平法律援助中心副主任、“148 协调指挥中心”主任	
	梁久平	男	大羊镇水利站站长	

续表 27

届别（年度）	姓名	性别	工作单位	授予单位
第三届（2015年）	王　鹤	男	东平县城区食品药品监督管理所所长	中共东平县委、东平县人民政府
	何树文	男	瑞星集团润银公司副总经理	
	王俊岭	男	东平县明湖中学教师	
	崔兆民	男	新东岳集团有限公司技术科科长	
	梁洪久	男	润声印务有限公司生产经理	
	齐道功	男	银山镇村镇建设办公室主任、行政执法分局局长	
	王绪征	男	东平县特殊教育学校校长、党支部书记	
	赵庆旺	男	东平县高级中学教师	
	徐延朋	男	州城街道财政管理中心主任	
	刘衍荣	女	接山镇人力资源和社会保障所所长	
	刘传普	男	东顺集团副总裁	
	李秀梅	女	东平县第一中学副校长	
	徐敬东	男	东平县国有资产管理局党委副书记、副局长	
	杨延雷	男	九鑫机械工具有限公司车间主任	
	柳绪栋	男	东平县供电公司纪委书记	
	袁恒娟	女	东平县广播电视台新闻中心记者	
	侯绪彬	男	东平县园林局副局长	
	舒高敏	男	东平县百成矿业有限公司生产矿长	
第四届（2017年）	马文广	男	鑫海建工副经理	
	方　雷	男	东平县《今日东平》报记者	
	王凤茂	男	东平县移民局规划设计科科长	
	王庆红	男	新湖镇侯楼村党支部书记	
	付兆刚	男	新东岳集团设动科电力主管	
	司　晋	男	东平县安监局矿山科科长	
	田西玉	男	大羊镇管区书记	
	刘兆军	男	东平县社保局财务科科长	
	安　龙	男	东平县公安局刑侦大队大队长	
	许昌华	男	大羊镇土安村党支部书记	
	许腾飞	男	东平县移民局移民管理科科长	
	吴衍涛	男	老湖镇党委副书记	
	张　兵	男	东平县矿业管理委员会规划发展局局长	
	张　鹏	男	东平县交通运输局规划基建科科长	

续表 27

届别（年度）	姓名	性别	工作单位	授予单位
第四届（2017 年）	张延华	男	商老庄乡八里湾村党支部书记	中共东平县委、东平县人民政府
	李　文	男	沙河站镇扶贫办主任	
	李传玲	女	东平县城市管理综合执法局宣教科科长	
	李保全	男	梯门镇西沟流村党支部书记	
	李瑞华	男	斑鸠店镇北枣园村党支部书记	
	杨　超	男	东平县广播电视台发射台台长	
	杨宏伟	男	东平县财政局农业科科长	
	邹　丰	男	东平县综合执法局执法二中队中队长	
	郑　欣	男	东平县第三实验小学教师	
	郑恒滨	男	州城街道移民办主任	
	姜爱忠	男	东平县国有粮食购销公司储运科科长	
	梁广勤	男	中联美景水泥有限公司副总经理	
	续　伟	男	东平县公路局工程二处处长	
	谢婷婷	女	东平县安康精神病医院精神科护士长	
	翟元利	男	东平县水浒旅游公司财务总监	
	臧　健	男	东平县第一中学教师	
第五届（2019 年）	井绪军	男	接山镇总工会主席	
	王淑华	女	东平县市场监管局大羊所所长	
	王寒冰	男	新东岳集团压延中心主操	
	卢道敏	男	东平金泰恒盛纸业有限公司公司总经理	
	刘政卿	男	东平县人民检察院副科级检察员	
	刘培训	男	山东鲁玻包装有限公司总经理	
	刘德军	男	东平县实验中学副校长	
	孙志军	男	州城街道亓庄村党支部书记	
	孙海林	男	东平县金融发展服务中心副主任	
	何树龙	男	东平县行政审批服务局农业事务科科长	
	宋有峰	男	山东沃普农业装备科技有限公司董事长、中国供销外贸对外有限公司农机事业部总经理	
	张　健	男	东顺集团销售部经理	
	张传军	男	瑞星集团润银生物化工股份有限公司高级技师	
	李笃勇	男	东平县经济开发区管委安全生产管理办公室主任	
	李家余	男	东平街道高范村社区党支部书记	
	杜　川	男	东平县烈士陵园管理所所长	

续表 27

届别（年度）	姓名	性别	工作单位	授予单位
第五届（2019 年）	辛成涛	男	东平县兴东环卫服务有限公司总经理	中共东平县委、东平县人民政府
	陈　军	男	东平县人民法院立案庭庭长、副局级审判员	
	陈大国	男	银山镇中心医院内科主任	
	屈传强	男	东平县自然资源和规划局旧县所所长	
	范学臣	男	东平县人力资源和社会保障局职业能力建设科科长	
	侯庆友	男	东平县改革和发展局农经科科长	
	赵方彬	男	老湖镇财政所所长	
	高兴磊	男	东平县清河实验学校教师	
	曹亚芹	女	东平县嘉和小学教研室主任	
	梁久平	男	大羊镇水利站站长	
	萧志刚	男	东平县公安局梯门派出所所长	
	蒋士伟	女	东平县第一人民医院急诊科护士长	
	窦敏敏	女	东平县税务局机关党委副书记	
	薛卫国	男	东平县公安局新湖派出所所长	
2021 年	王柏涛	男	山东省泰安市邦德电器设备有限公司技术负责人	东平县总工会
	王长波	男	东平县公安局东平派出所民警	
	毛洪星	男	国网山东省电力公司东平县供电公司总经理、党委副书记	
	刘　梅	女	商老庄乡中心小学教师	
	刘静雅	女	东平临港经济区发展服务中心电商产业园管理服务办公室科长	
	孙宝萍	女	东平县疾病预防控制中心学校卫生科主任	
	闫仁香	女	老湖镇王台管区党总支书记	
	乔明春	男	大羊镇林业站站长	
	李建军	男	州城街道张柳林村党支部书记	
	李传峰	男	东平县建业农业科技有限公司经理	
	邱延平	女	山东海工科技有限公司经理	
	孟昭君	男	东平县佛山小学校长	
	武传柱	男	梯门镇东沟流村党支部书记、村主任	
	赵方栋	男	老湖镇桥口村党支部书记	

续表 27

届别(年度)	姓名	性别	工作单位	授予单位
2021 年	赵传伟	男	山东东原通达公路工程有限公司党支部副书记、总经理	东平县总工会
	徐精卫	男	东平县人民医院急诊科副主任	
	高　峰	男	东平街道佛山社区党委书记	
	程同贤	女	东平县中医院内一科护士长	
	潘　雷	男	东平泰燃天然气有限公司党支部书记、总经理	

第四节　部分奖牌证书

1989—2021 年，东平县总工会推荐上报并获得上级表彰的先进模范人物，均有各级颁发的奖章和证书。这些奖章和证书凝聚着各类先模人物在各自工作岗位不懈付出的心血汗水和奉献，既是获得者人生价值的荣耀，也是东平人民不忘初心、积极向上、追求卓越的精神标志，在励志育人引领社会风尚中将发挥重要作用。

全国劳动模范（先进工作者）

高慧娟

梁绪珍

刘曰杰

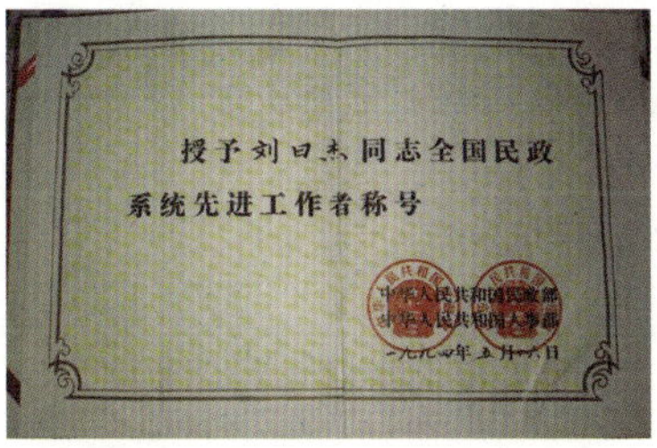

孟广岩

李　勇

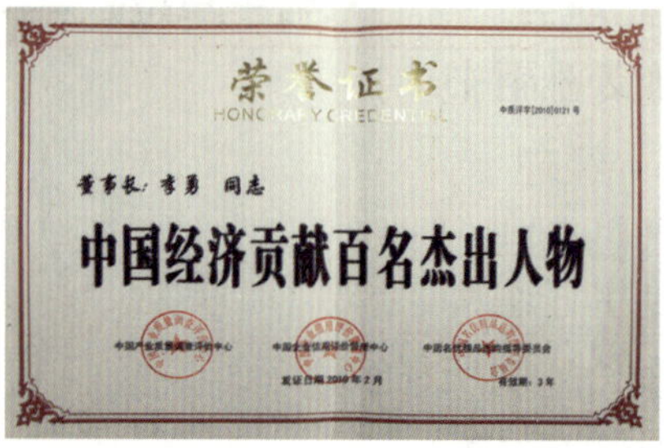

张　政

侯家珍

刘方印

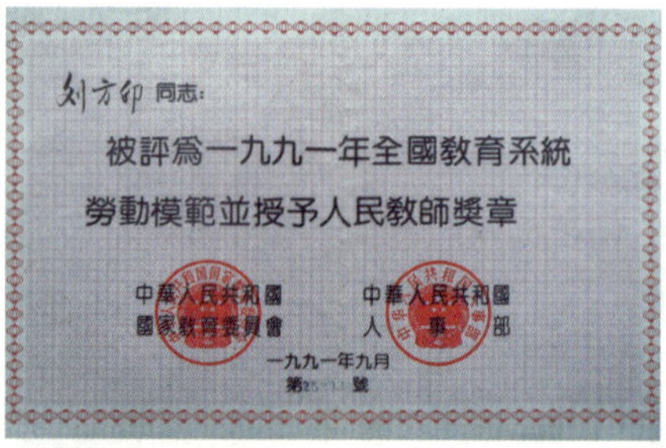

刘振海

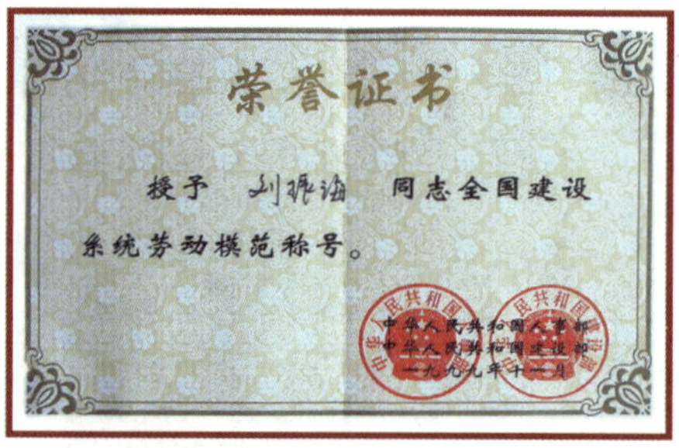

李　勇

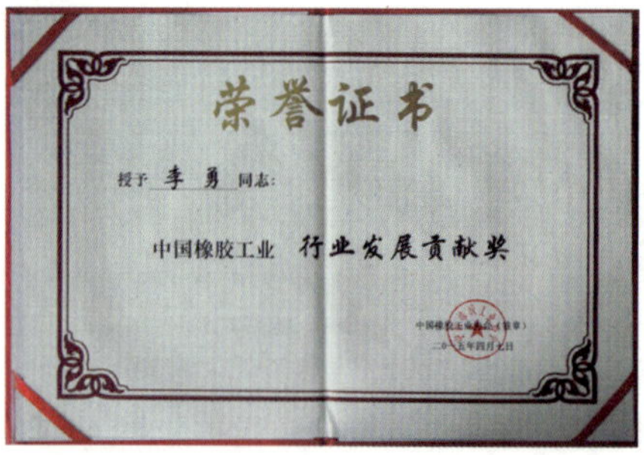

李　立

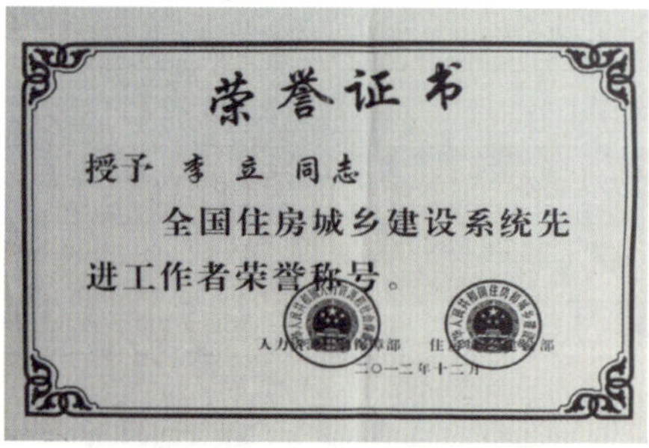

山东省劳动模范

高慧娟

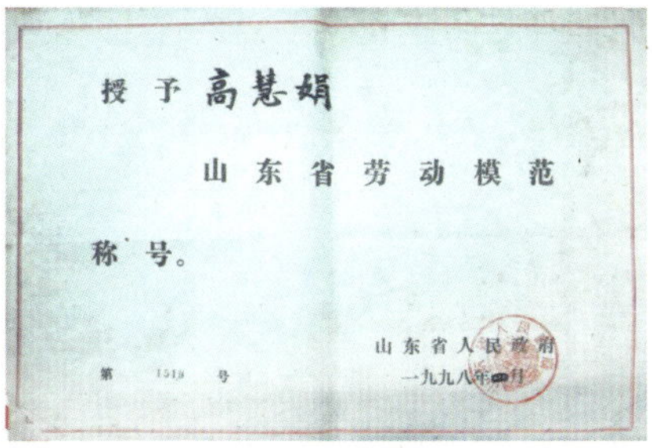

梁绪珍

高 霞

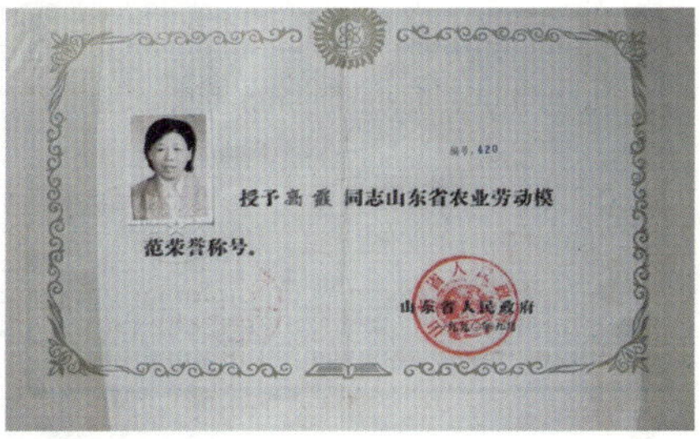

王吉河

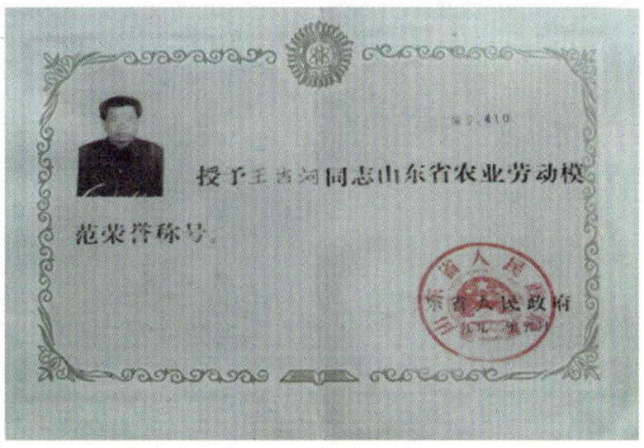

蔡绍柱

于崇福

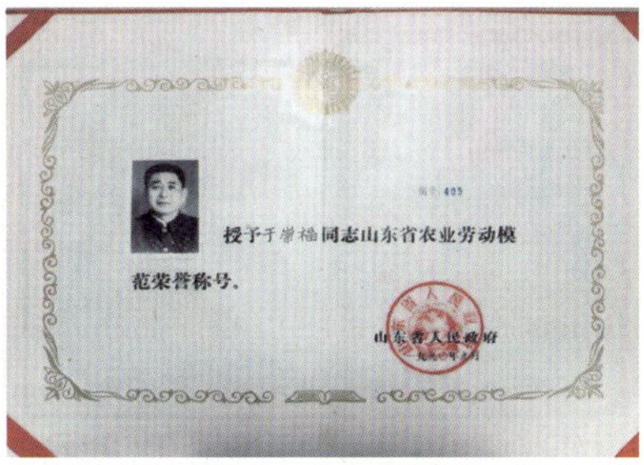

郑金元

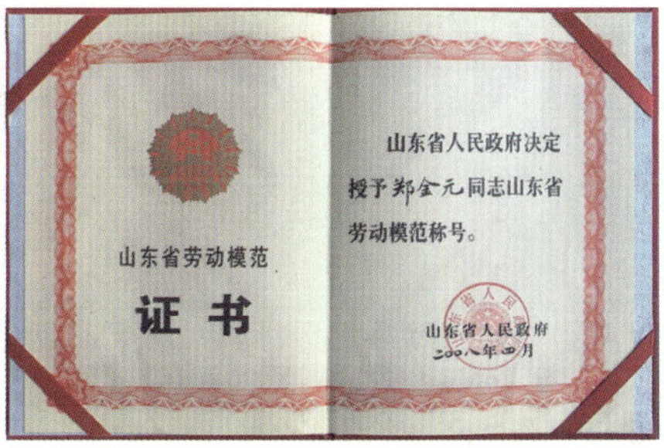

王敬肃（女）

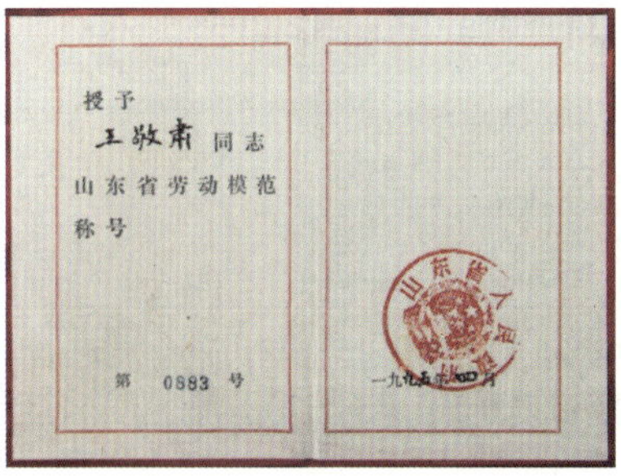

陈昭贵

李　勇

李　飞

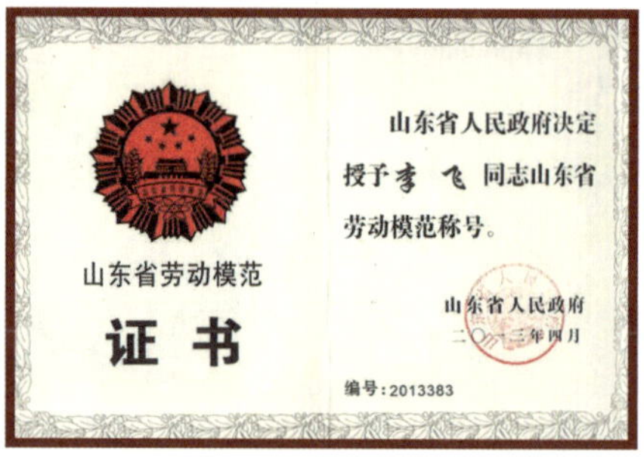

耿进平

焦恩岭（女）

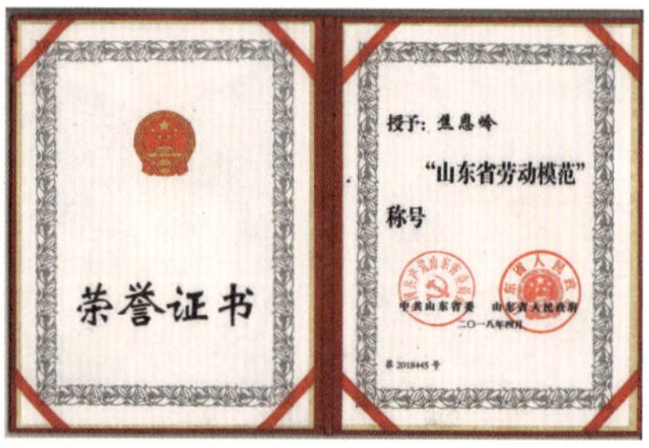

孟广银

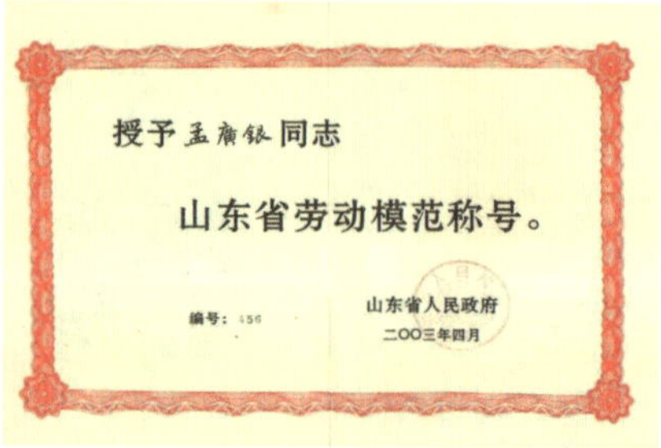

刘隆树

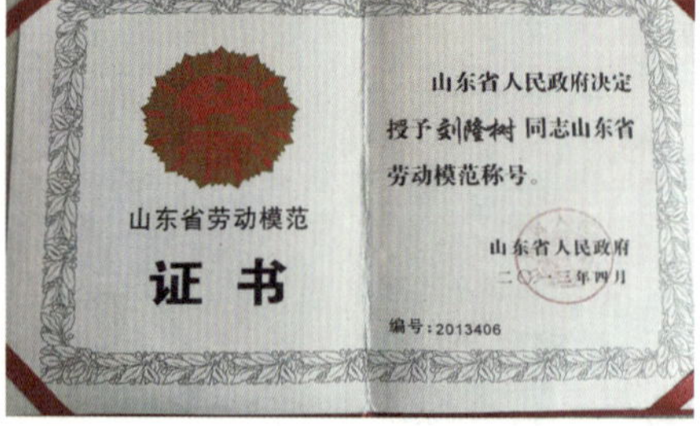

刘兆奇

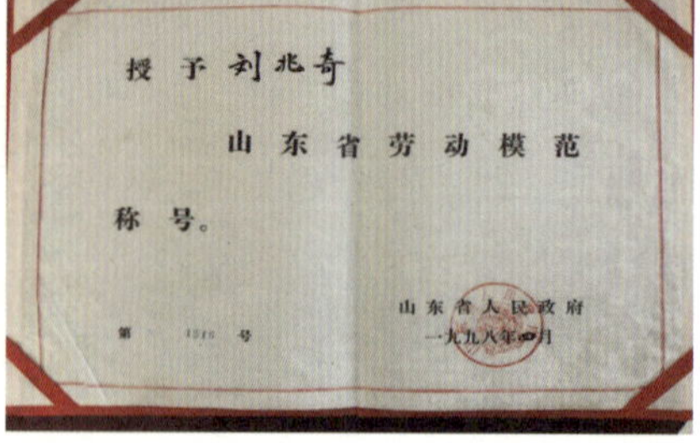

任尚泽

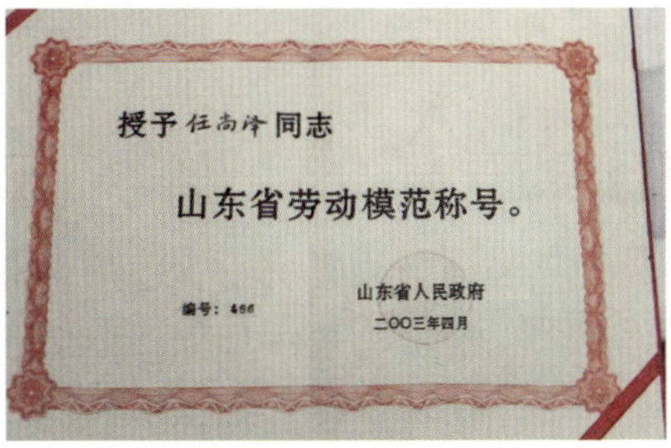

武 辉

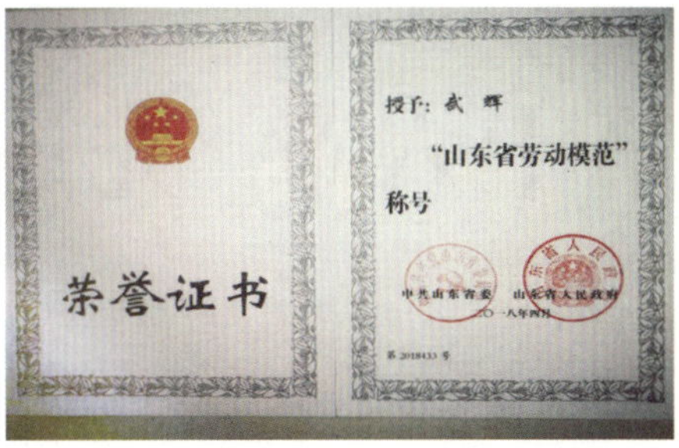

山东省先进工作者

李 勇

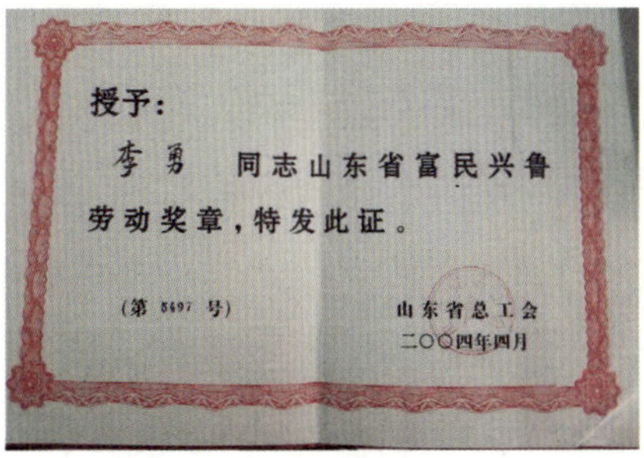

张成福

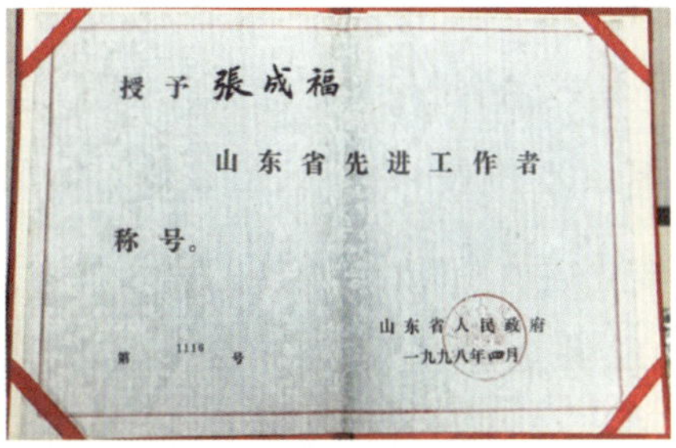

张 政

解庆常

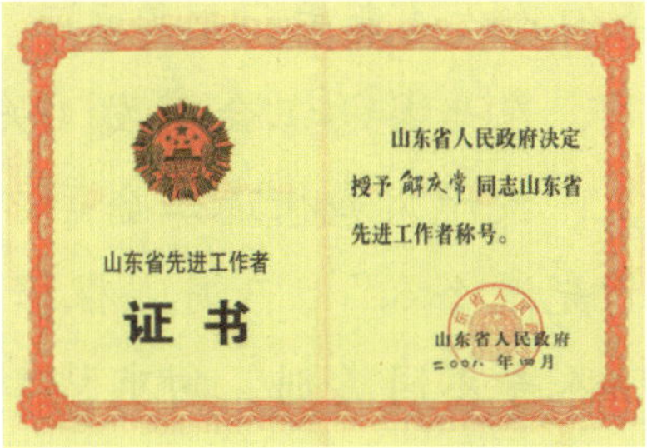

展长顺

武 辉

解淑华

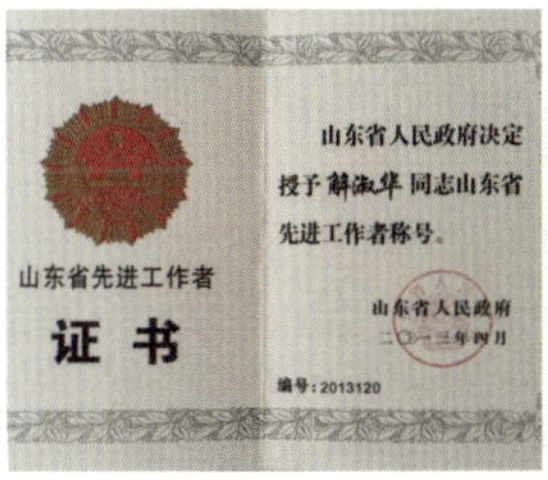

第十六章 先进集体与先进个人

1990 年 2 月，东平县总工会印发《关于表彰 1989 年度工会工作先进集体和先进个人的决定》，对评选出的全县 24 个先进集体和 120 名先进个人进行表彰，颁发锦旗、奖牌、证书和奖状。1993 年，东平县化工总厂工会被省总工会授予全省“模范职工之家”称号。1995 年 5 月 16 日，东平县总工会六届八次全委（扩大）会议召开，表彰 1994 年度市级工会工作先进集体 59 个；先进女职工 5 名、市级“一星三手” 4 名、县级“一星三手” 35 名，1999 年 3 月，召开东平县总工会七届二次全委扩大会议，表彰工会工作先进单位 31 个、女工工作先进单位 5 个、工会工作先进个人 30 名、女工先进工作者 5 名。

2008—2012 年，根据省总工会部署，东平县总工会组织开展“工人先锋号”评选活动。评选出省级“工人先锋号” 1 家、市级 10 家、县级 4 家。为加强对工会志愿者的管理，东平县总工会出台《东平县“工会工作志愿者”管理办法（试行）》，从指导思想、工作职责、选聘条件、待遇管理、组织领导 5 个方面进行规范。通过培训、上挂锻炼等多种方式，着力提高他们的政治素质和业务水平，有效推动基层工会工作的顺利开展。

2017 年 2 月，东平县总工会下发《关于表彰 2016 年度全县工会工作先进单位和先进个人的决定》，授予州城街道工会等 38 个单位为“工会工作先进单位”，陈琳等 27 人为“工会工作先进个人”。3 月，根据市总工会要求，按照一线职工、一般干部、科教人员、企业法人等不同类别，向市总工会评选推荐 7 名“振兴泰安”奖章候选人，向省总工会推荐 1 名“富民兴鲁”奖章候选人，同时，向省总工会推荐省级工人先锋号～东平县地税局县直征收局，均获得表彰。

第一节 先进集体

1989—2021 年，东平县总工会评选推荐表彰各级先进集体 777 个（次）。其中，获全国总工会授予荣誉称号 3 家，新东岳集团和东顺集团分别获“全国模范职工之家”称号，东平县供电公司运维检修部获“全国工人先锋号”称号；获省总工会表彰先进集体 15 家，其中，东平县总工会先后荣获全省企业工会工作红旗单位、全省工会系统“五五普法”先进单位、工会财务会计管理模范单位、全省经审达标规范化先进单位、全省“安康杯”竞赛组织优秀单位、全省“幸福进家”活动先进单位称号。接山乡、东平镇荣获全省工会工作示范乡镇称号；东平县公路养护中心、东平供电局检修工区、东平县地税局直属征收局、东平县水利建安公司施工科被省总工会授予“山东省工人先锋号”称号。受到市总工会表彰的先进集体累计达到110个（次），东平县总工会表彰820个（次）。

2011—2021年东平县获得全国总工会表彰先进集体情况表

表28

表彰时间	获奖单位	荣誉称号
2011.10	新东岳集团工会	全国模范职工之家
2015.07	东顺集团工会	全国模范职工之家
2016.04	东平县供电公司运维检修部	全国工人先锋号

1998—2021年东平县获得山东省总工会表彰先进单位情况表

表29

表彰时间	获奖单位	荣誉称号
1998	山东省瑞星化学工业集团总公司	山东省模范职工之家
2001	山东省瑞星化学工业集团总公司	山东省模范职工之家
2001.10	东平县总工会	全省企业工会工作红旗单位
2002	山东省瑞星化学工业集团总公司	山东省模范职工之家
2006	东平县接山乡	全省工会工作示范乡镇
2006	新东岳集团	全省信得过基层工会
2007	东平县人民医院妇产科	山东省女职工建功立业标兵岗
2007	接山乡	全省工会工作示范乡镇
2010.04	供电公司检修工区	山东省工人先锋号
2010.12	东平县总工会	全省工会系统“五五”普法先进单位
2013.06	东平县总工会	工会财务会计管理模范单位（有效期三年）、全省经审达标规范化先进单位
2013.06	东顺集团股份有限公司工会委员会	山东省模范职工之家
2014.03	东平县总工会	全省“安康杯”竞赛优秀组织单位
2014.04	东平县人民医院急诊科	山东省工人先锋号
2014.06	东平县总工会	财务会计工作先进单位
2015.04	东平县公路养护中心	山东省工人先锋号
2015	东平县总工会	山东省“幸福进家”活动先进单位

续表 29

表彰时间	获奖单位	荣誉称号
2016	东平县总工会	2015 年度山东省工会职工维权法律服务示范单位
	东平县水利建安公司施工科	省级工人先锋号
2017	东平县供电公司	山东省“富民兴鲁”劳动奖状
	东平县地税局直属征收局	山东省工人先锋号
2021	东平县人民医院感染性疾病科	山东省工人先锋号
	东平县职工服务中心东山路驿站	省级工会户外劳动者服务示范点

1991—2021 年东平县获得泰安市总工会表彰先进单位情况表

表 30

获奖单位	荣誉称号	表彰时间
东平县总工会	泰安市工会干部教育工作者先进集体	1991
东平县总工会	泰安市工会工作成绩显著单位	
东平县化工总厂工会	泰安市模范职工之家	
东平县酒厂工会	泰安市模范职工之家	
东平县农机厂工会	泰安市模范职工之家	
东平县工具厂工会	泰安市模范职工之家	
东平县棉纺织工会	泰安市模范职工之家	
东平县造纸厂工会	泰安市模范职工之家	
东平县麻纺厂工会	泰安市模范职工之家	
东平县帆布厂工会	泰安市模范职工之家	
东平县汽修厂工会	泰安市模范职工之家	
东平县木器厂工会	泰安市模范职工之家	
东平县鞋厂工会	泰安市模范职工之家	
东平县服装厂工会	泰安市模范职工之家	
东平县工业供销公司工会	泰安市模范职工之家	
东平县工艺美术公司工会	泰安市模范职工之家	
东平县橡胶厂工会	泰安市模范职工之家	
东平县印刷厂工会	泰安市模范职工之家	
东平县轻工机械厂工会	泰安市模范职工之家	
东平县建筑公司工会	泰安市模范职工之家	
东平县自来水公司工会	泰安市模范职工之家	
东平县水泥厂工会	泰安市模范职工之家	
东平县砖瓦厂工会	泰安市模范职工之家	

续表 30

获奖单位	荣誉称号	表彰时间
东平县第一中学	泰安市模范职工之家	1991
东平县第二中学	泰安市模范职工之家	
东平县第三中学	泰安市模范职工之家	
东平县第四中学	泰安市模范职工之家	
东平县职业高中工会	泰安市模范职工之家	
东平县职业中专工会	泰安市模范职工之家	
东平县实验中学工会	泰安市模范职工之家	
东平县实验小学工会	泰安市模范职工之家	
东平县进修学校工会	泰安市模范职工之家	
东平县东平镇教委工会	泰安市模范职工之家	
东平县斑店镇教委工会	泰安市模范职工之家	
东平县银山镇教委工会	泰安市模范职工之家	
东平县新湖乡教委工会	泰安市模范职工之家	
东平县水河乡教委工会	泰安市模范职工之家	
东平县大羊乡教委工会	泰安市模范职工之家	
东平县商老庄乡教委工会	泰安市模范职工之家	
东平县张河桥乡教委工会	泰安市模范职工之家	
东平县州城镇教委工会	泰安市模范职工之家	
东平县彭集镇教委工会	泰安市模范职工之家	
东平县宿城乡教委工会	泰安市模范职工之家	
东平县接山乡教委工会	泰安市模范职工之家	
东平县梯门乡教委工会	泰安市模范职工之家	
东平县大安山乡教委工会	泰安市模范职工之家	
东平县沙河站镇教委工会	泰安市模范职工之家	
东平县教育局机关工会	泰安市模范职工之家	
东平县第一人民医院工会	泰安市模范职工之家	
东平县第二人民医院工会	泰安市模范职工之家	
东平县第三人民医院工会	泰安市模范职工之家	
东平县妇幼保健站工会	泰安市模范职工之家	
东平县药检所工会	泰安市模范职工之家	
东平县皮防所工会	泰安市模范职工之家	
东平县防疫站工会	泰安市模范职工之家	
东平县宿城卫生院工会	泰安市模范职工之家	
东平县大羊卫生院工会	泰安市模范职工之家	

续表 30

获奖单位	荣誉称号	表彰时间
东平县彭集卫生院工会	泰安市模范职工之家	1991
东平县银山中心卫生院工会	泰安市模范职工之家	
东平县斑店卫生院工会	泰安市模范职工之家	
东平县接山卫生院工会	泰安市模范职工之家	
东平县商老庄卫生院工会	泰安市模范职工之家	
东平县梯门卫生院工会	泰安市模范职工之家	
东平县沙河站中心卫生院	泰安市模范职工之家	
东平县州城镇卫生院工会	泰安市模范职工之家	
东平县水河中心卫生院工会	泰安市模范职工之家	
东平县新湖乡卫生院工会	泰安市模范职工之家	
东平县银山供销社工会	泰安市模范职工之家	
东平县州城供销社工会	泰安市模范职工之家	
东平县戴庙供销社工会	泰安市模范职工之家	
东平县新湖乡供销社工会	泰安市模范职工之家	
东平县接山供销社工会	泰安市模范职工之家	
东平县棉麻公司工会	泰安市模范职工之家	
东平县贸易公司工会	泰安市模范职工之家	
东平县生资公司工会	泰安市模范职工之家	
东平县土产杂品公司工会	泰安市模范职工之家	
东平县彭集供销社工会	泰安市模范职工之家	
东平县宿城供销社工会	泰安市模范职工之家	
东平县斑店供销社工会	泰安市模范职工之家	
东平县梯门供销社工会	泰安市模范职工之家	
东平县大安山供销社工会	泰安市模范职工之家	
东平县大羊供销社工会	泰安市模范职工之家	
东平县沙河站供销社工会	泰安市模范职工之家	
东平县商老庄供销社工会	泰安市模范职工之家	
东平县水河供销社工会	泰安市模范职工之家	
东平县五金公司工会	泰安市模范职工之家	
东平县副食品公司工会	泰安市模范职工之家	
东平县食品酿造厂工会	泰安市模范职工之家	
东平县百货公司工会	泰安市模范职工之家	
东平县服务公司工会	泰安市模范职工之家	
东平县食品公司工会	泰安市模范职工之家	
东平县面粉厂工会	泰安市模范职工之家	

续表 30

获奖单位	荣誉称号	表彰时间
东平县彭集粮所工会	泰安市模范职工之家	1991
东平县粮食局机关工会	泰安市模范职工之家	
东平县粮油供应公司工会	泰安市模范职工之家	
东平县州城粮所工会	泰安市模范职工之家	
东平县新湖乡粮所工会	泰安市模范职工之家	
东平县沙河站粮所工会	泰安市模范职工之家	
东平县宿城粮所工会	泰安市模范职工之家	
东平县接山粮所工会	泰安市模范职工之家	
东平县大羊粮所工会	泰安市模范职工之家	
东平县梯门粮所工会	泰安市模范职工之家	
东平县水河粮所工会	泰安市模范职工之家	
东平县公路站工会	泰安市模范职工之家	
东平县运输公司工会	泰安市模范职工之家	
东平县航运公司工会	泰安市模范职工之家	
东平县燃料公司工会	泰安市模范职工之家	
东平县木材公司工会	泰安市模范职工之家	
东平县机电公司工会	泰安市模范职工之家	
东平县化轻公司工会	泰安市模范职工之家	
东平县外贸局机关工会	泰安市模范职工之家	
东平县外贸冷藏厂工会	泰安市模范职工之家	
东平县粮所场工会	泰安市模范职工之家	
东平县农料所工会	泰安市模范职工之家	
东平县引湖电灌站工会	泰安市模范职工之家	
东平县无盐电灌站工会	泰安市模范职工之家	
东平县打井队工会	泰安市模范职工之家	
东平县供电局机关工会	泰安市模范职工之家	
东平县电器制修厂工会	泰安市模范职工之家	
东平县水产公司工会	泰安市模范职工之家	
东平县水产局机关工会	泰安市模范职工之家	
东平县鱼种厂工会	泰安市模范职工之家	
东平县二苗圃工会	泰安市模范职工之家	
东平县腊山林场工会	泰安市模范职工之家	
东平县乡镇企业局供销公司工会	泰安市模范职工之家	
东平县乡镇企业局建材公司工会	泰安市模范职工之家	
东平县乡镇企业局机关工会	泰安市模范职工之家	

续表 30

获奖单位	荣誉称号	表彰时间
东平县乡镇企业局农贸公司工会	泰安市模范职工之家	1991
东平县邮电局工会	泰安市模范职工之家	
东平县石油支公司工会	泰安市模范职工之家	
东平县畜牧局机关工会	泰安市模范职工之家	
东平县医药公司工会	泰安市模范职工之家	
东平县新华书店工会	泰安市模范职工之家	
东平县工商银行工会	泰安市模范职工之家	
东平县农业银行工会	泰安市模范职工之家	
东平县人民银行工会	泰安市模范职工之家	
东平县建设银行工会	泰安市模范职工之家	
东平县农机公司工会	泰安市模范职工之家	
东平化工总厂女职工委员会	全市先进女职工委员会	1993
东平县总工会女工委	泰安市巾帼建功先进集体	
东平县总工会	泰安市工会工作成绩优良单位	1995
东平县教育工会女职工委员会	泰安市先进女职工集体	
东平橡胶厂工会委员会	泰安市工会工作先进单位	1996
东平县花键轴总厂工会委员会	泰安市工会工作先进单位	
东平县金利建材工业总公司工会委员会	泰安市工会工作先进单位	
东平县工具厂工会委员会	泰安市工会工作先进单位	
东平县供电局工会委员会	泰安市工会工作先进单位	
东平县第一人民医院工会委员会	泰安市工会工作先进单位	
东平县粮油供应公司工会委员会	泰安市工会工作先进单位	
东平县商业大楼工会委员会	泰安市工会工作先进单位	
东平县总工会女职工委员会	泰安市先进女职工集体	
东平县总工会女职工委员会	泰安市先进女职工集体	1997
东平县工具厂工会委员会	泰安市工会工作先进单位	
东平金利建材工业公司工会委员会	泰安市工会工作先进单位	
东平县橡胶厂工会委员会	泰安市工会工作先进单位	
东平花键轴总厂工会委员会	泰安市工会工作先进单位	
东平县供电局工会委员会	泰安市工会工作先进单位	
东平县第一人民医院工会委员会	泰安市工会工作先进单位	
东平县粮油供应公司工会委员会	泰安市工会工作先进单位	
东平县商业大楼工会	泰安市工会工作先进单位	
东平县总工会	泰安市工会信息调研工作先进单位	2000
东平县总工会	泰安市工会统计工作先进单位	

续表 30

获奖单位	荣誉称号	表彰时间
东平县总工会	泰安市工会工作先进单位	2000
东平高级中学工会委员会	泰安市先进职工之家	
东平供电局工会委员会	泰安市先进职工之家	
东平县人民医院工会委员会	泰安市先进职工之家	
山东省瑞星化学工业集团总公司工会委员会	泰安市先进职工之家	
中国工商银行东平县支行工会委员会	泰安市先进职工之家	
中国邮电工会东平县邮政局委员会	泰安市先进职工之家	
山东东平面粉有限责任公司工会委员会	泰安市先进职工之家	
东平县彭集粮油管理所工会委员会	泰安市先进职工之家	
山东东平花键轴总厂工会委员会	泰安市先进职工之家	
东平县自来水公司工会委员会	泰安市先进职工之家	
山东东平酒厂工会委员会	泰安市先进职工之家	
山东东平工具总厂工会委员会	泰安市先进职工之家	
山东锦轮股份有限公司工会委员会	泰安市先进职工之家	
东平县总工会女职工委员会	泰安市先进女职工集体	
东平县总工会	泰安市工会财务工作先进集体	
东平县总工会	泰安市工会工作先进单位	2001
东平县总工会	全市工会财务工作先进集体	2001.04
东平县总工会女工委	泰安市工会工作先进集体	2001.02
山东省瑞星化学工业集团总公司	泰安市“安康杯”竞赛活动先进单位	2002.01.09
东平县总工会	全市工会工作先进单位	2002.01.21
东平县东平镇工会	度全市工会工作先进单位	2002.01.21
东平县银山镇工会	度全市工会工作先进单位	2002.01.21
山东省瑞星化学工业集团总公司工会女职工委员会	泰安市先进女职工集体	2002
东平县总工会	全市实施送温暖工程先进单位	2002.08.30
山东省瑞星化学工业集团总公司工会	全市实施送温暖工程先进单位	2002.08.30
东平县供电局	全市厂务公开工作先进单位	2002.09.23
东平唐龙酒业有限公司	全市厂务公开工作先进单位	2002.09.23
东平高级中学	全市厂务公开工作先进单位	2002.09.23
东平县光大油脂厂	全市厂务公开工作先进单位	2002.09.23
东平县第一人民医院	全市厂务公开工作先进单位	2002.09.23
东平县人民医院	全市厂务公开工作先进单位	2002.09.23
东平县总工会	泰安市工会工作先进单位	2003.01.23
东平县东平镇工会	泰安市工会工作先进单位	2003.01.23

续表 30

获奖单位	荣誉称号	表彰时间
东平县州城镇工会	泰安市工会工作先进单位	2003.01.23
东平县地税局女工委	泰安市先进女职工集体	2003.03
东平县人民医院	全市职工学习党的十六大知识竞赛活动先进单位	2003.03
东平县新华书店工会委员会	泰安市先进职工之家	2005.01.07
山东黄河东平湖管理局东平管理局工会委员会	泰安市先进职工之家	2005.01.07
东平县邮政局工会委员会	泰安市先进职工之家	2005.01.07
东平县中医院工会委员会	泰安市先进职工之家	2005.01.07
山东瑞星化工化肥公司一期工程尿素岗位	泰安市职工创新示范岗	2005.01.10
东平唐龙酒业有限公司	“安康杯”竞赛优胜企业	2005.01.10
东平县总工会	泰安市工会统计工作先进单位	2005.01.10
东平县东平镇工会	泰安市示范乡镇（街道）工会	2005.08.08
东平县接山乡工会	泰安市示范乡镇（街道）工会	2005.08.08
东平县教育局	泰安市第一届“创争”活动先进单位（泰安市学习型组织标兵单位）	2005.10.26
东平县人民医院急救中心	泰安市第一届“创争”活动先进单位（泰安市学习型组织先进单位）	2005.10.26
接山乡	全市工会工作示范乡镇	2006
东平县总工会	泰安市工会工作先进单位	2007
东平县梯门乡工会工作委员会	泰安市“工会工作示范乡镇（街道）”	
东平县供电公司工会	泰安市信得过基层工会（先进职工之家）	
东平县自来水公司工会	泰安市信得过基层工会（先进职工之家）	
东平县人民医院工会	泰安市信得过基层工会（先进职工之家）	
东平县总工会	泰安市工会财务工作先进单位	
东平县总工会	泰安市工会信息工作先进单位	
东平县总工会	泰安市工会统计工作先进单位	
东平湖管理局东平管理局	泰安市厂务公开民主管理工作先进单位	
东平县公路局	泰安市厂务公开民主管理工作先进单位	
东平县供电局工会女职工委员会	泰安市先进女职工集体	
东平县中医院妇产科	泰安市女职工建功立业标兵岗	
东平宏远职业技术培训中心	全市工会“工友创业行动”职业培训先进单位	
东平县劳动就业办公室	全市工会“工友创业行动”职业介绍先进单位	
泰安市泰鑫医药有限公司	全市工会“工友创业行动”就业安置先进单位	
东平县总工会	全市工会理论政策研究先进单位名单	2008.01.08
东平县总工会	泰安市工会工作先进单位	2008.01.15

续表 30

获奖单位	荣誉称号	表彰时间
沙河站镇工会工作委员会	泰安市示范乡镇（街道）工会	2008.01.15
老湖镇工会工作委员会	泰安市示范乡镇（街道）工会	2008.01.15
山东九州钢业有限公司工会	泰安市信得过基层工会	2008.01.15
山东恒祥服饰有限公司工会	泰安市信得过基层工会	2008.01.15
东平县银山镇宏达纺织厂工会	泰安市信得过基层工会	2008.01.15
东平县人民医院工会女职工委员会	泰安市先进女职工工作集体	2008.03.15
山东九州钢业有限公司行车班	泰安市女职工建功立业标兵岗	2008.03.15
东平县公路局大羊公路站	泰安市女职工建功立业标兵岗	2008.03.15
网通公司东平县分公司中心营业室	泰安市女职工建功立业标兵岗	2008.03.15
东平县新华书店图书音像销售中心	泰安市女职工建功立业标兵岗	2008.03.15
东平县迎宾馆客房部	泰安市女职工建功立业标兵岗	2008.03.15
东平县公路局工会	泰安市工会信访工作先进单位	2008.05.06
东平县自来水公司工会	泰安市工会信访工作先进单位	2008.05.06
山东新东岳集团	泰安市劳动争议调解工作先进单位	2008.05.06
九州钢业有限公司	泰安市劳动争议调解工作先进单位	2008.05.06
东平县市政公用事业局	泰安市劳动争议调解工作先进单位	2008.05.06
东平县总工会	泰安市工会财务工作先进单位	2008.05.14
东平县总工会	全市工会帮扶工作先进单位	2008
泰安东平县供电公司工会	全市工会帮扶工作先进单位	
东平县公路局大羊乡公路站	泰安市工人先锋号	
东平县农村合作银行银山支行	泰安市工人先锋号	
东平县供电公司检修工区	泰安市工人先锋号	2009
东平县公路局路政大队	泰安市工人先锋号	
东平县自来水公司州城分公司	泰安市工人先锋号	
东平县人民医院急诊科	泰安市工人先锋号	2010
中国农业银行东平县支行东山路营业厅	泰安市工人先锋号	
东平县总工会	全市工会工作先进单位、全市经审工作先进单位	2011—2014
东平县供电公司工会委员会	泰安市模范职工之家	2011
东平县人民医院工会委员会	泰安市模范职工之家	
旧县乡计划生育服务站	泰安市工人先锋号	
东平县水浒旅游开发公司导游部	泰安市工人先锋号	2012
东顺集团软抽生产线	泰安市工人先锋号	
东平县公路养护中心	泰安市工人先锋号	2013
东平县地税局直属征收分局	泰安市工人先锋号	

续表 30

获奖单位	荣誉称号	表彰时间
东平县水利安装公司	泰安市工人先锋号	2013
王丽“亮丽彩虹”劳模创新工作室	泰安市劳模创新工作室	2014
中联美景水泥有限责任公司工会委员会	泰安市模范职工之家	2014.01.16
光大日月集团有限公司工会委员会	泰安市模范职工之家	2014.01.16
东平沪农商村镇银行股份有限公司工会委员会	泰安市模范职工之家	2014.01.16
山东新东岳集团工会委员会技术部分会	泰安市模范职工小家	2014.01.16
山东润银生物化工股份有限公司工会合成氨二公司分会	泰安市模范职工小家	2014.01.16
东平县供电公司运维检修部二次检修班工会小组	泰安市模范职工小家	2014.01.16
中国建设银行东平支行营业室工会小组	泰安市模范职工小家	2014.01.16
东平县东平街道总工会	泰安市十佳乡镇（街道）	2016
东平县水利建筑安装公司工会委员会	泰安市模范职工之家	
山东润声印务有限公司工会委员会	泰安市模范职工之家	
东平县自来水公司	泰安市“齐鲁文化大道”建设先进单位	2016.11
山东鲁玻包装有限公司	泰安市模范职工之家	2016
东平县自来水公司	泰安市模范职工之家	
杨周勇劳模创新工作室	泰安市劳模创新工作室	
轩召民劳模创新工作室	泰安市劳模创新工作室	2017
东平县水利建筑安装公司	泰安市职工职业道德建设标兵单位	
泰安交运集团东平公司东平汽车总站站务班	泰安市工人先锋号	2017.12
东平安康精神病医院精神科	泰安市工人先锋号	2018.02
国网山东省电力公司东平县供电公司	泰安市职工技术创新竞赛示范企业	2018.02
东平县自来水公司水质检测中心	泰安市女职工建功立业标兵岗	2018
东平县水利建筑安装公司工会办公室	泰安市女职工建功立业标兵岗	
东平县市容环境卫生管理处环卫飞虎队	泰安市女职工建功立业标兵岗	
山东润声印务有限公司装订车间	泰安市女职工建功立业标兵岗	
东平县人民医院重症医学科	泰安市女职工建功立业标兵岗	
东平街道机关工会委员会	泰安市女职工建功立业标兵岗	2019
东平县中医院儿科	泰安市女职工建功立业标兵岗	
东平县人民医院服务中心	泰安市女职工建功立业标兵岗	
东平县公安局特巡警大队	泰安市工人先锋号	2020
东平县人民医院感染性疾病科	泰安市工人先锋号	
东平县交通运输局	泰安市五一劳动奖状	
东平县水利建筑安装公司	泰安市五一劳动奖状	
东平县人民医院服务中心	泰安市女职工建功立业标兵岗	

续表 30

获奖单位	荣誉称号	表彰时间
东平县疾病预防控制中心临床检验科	泰安市女职工建功立业标兵岗	2020
东平县百货大楼有限公司中心店	泰安市女职工建功立业标兵岗	
东平县兴东环卫服务有限公司环卫女子飞虎队	泰安市女职工建功立业标兵岗	
新东岳集团企业管理部	泰安市女职工建功立业标兵岗	
东平县斑鸠店镇堂子管理区	泰安市工人先锋号	2021
东平县老湖镇政府村镇建设管理办公室	泰安市工人先锋号	
东平县银山镇政府水产站	泰安市工人先锋号	
东平县东平湖管理委员会	泰安市五一劳动奖状	
东平县林业发展中心	泰安市五一劳动奖状	

2018 年推荐泰安市女职工先进集体、先进个人汇总表

表 31

泰安市女职工建功立业标兵岗	上报单位	单位名称	
1	东平县总工会	东平县自来水公司水质检测中心	
2	东平县总工会	东平县水利建筑安装公司工会办公室	
3	东平县总工会	东平县市容环境卫生管理处环卫飞虎队	
4	东平县总工会	山东润声印务有限公司装订车间	
5	东平县总工会	东平县人民医院重症医学科	
泰安市女职工建功立业标兵	**上报单位**	**姓名**	**工作单位及职务**
1	东平县总工会	尚丽丽	东平县人民医院重症医学科护士长
2	东平县总工会	刘冬莉	东顺集团股份有限公司副总裁
3	东平县总工会	陈　玲	东平经济开发区工会副主席
4	东平县总工会	姚　秀	国家税务总局东平县税务局第一税务分局科员
5	东平县总工会	董晓伟	国邮政集团公司山东省东平县分公司旧县支局经理

2019年推荐泰安市女职工先进集体、先进个人汇总表

表32

泰安市女职工建功立业标兵岗	上报单位	单位名称	
1	东平县总工会	东平街道机关工会委员会	
2	东平县总工会	东平县中医院儿科	
3	东平县总工会	东平县人民医院服务中心	
泰安市女职工建功立业标兵	**上报单位**	**姓名**	**工作单位及职务**
1	东平县总工会	高彩霞	山东润声印务有限公司办公室副主任兼女职工委员会主任
2	东平县总工会	井维霞	东平县彭集街道机关工会主席

2020年推荐泰安市女职工先进集体、先进个人汇总表

表33

泰安市女职工建功立业标兵岗	上报单位	单位名称	
1	东平县总工会	东平县人民医院服务中心	
2	东平县总工会	东平县疾病预防控制中心临床检验科	
3	东平县总工会	东平百货大楼有限公司中心店	
4	东平县总工会	东平县兴东环卫服务有限公司环卫女子飞虎队	
5	东平县总工会	新东岳集团企管部	
泰安市女职工建功立业标兵	**上报单位**	**姓名**	**工作单位及职务**
1	东平县总工会	陈　红	东平县接山镇妇联主席
2	东平县总工会	高　兰	东平街道办事处工会主席、人才办主任
3	东平县总工会	闫秋玲	山东金泰恒盛新材料科技有限公司董事长
4	东平县总工会	孙　兴	东平中联水泥有限公司党工团综合管理员

1991—2017年东平县总工会表彰先进单位情况表

表34

年度	获奖单位				
1991	县邮电局	县百货公司	县商业大楼	县供电局	县斑鸠店供销社
	县棉麻公司	县生资公司	县建筑安装公司	县砖瓦厂	县粮油供应公司
	县农机公司	县水产局	县第一人民医院	县斑鸠店卫生院	县粮食局饲料加工厂
	县外贸局	县防疫站	县水河卫生院	县第二人民医院	县农业银行
	县宿城乡教委	县职业高中	县州城镇教委	县第二中学	县彭集镇教委
	县工商银行	县公路站	县农机厂	县酒厂	县鞋厂
	县工具厂	县橡胶厂	县化工总厂	县棉织厂	县乡镇企业供销公司
	县第三中学	县引湖电灌管理总站	—	—	—
1992	经贸委	供电局	邮电局	工商银行	县直属机关工会工作委员会
	农业银行	教育局	水产局	化工总厂	橡胶厂
	造纸厂	农机厂	酒厂	鞋厂	汽车大修厂
	砖瓦厂	建筑工程公司	粮油供应公司	面粉厂	公路站
	百货公司	商业大楼	彭集供销社	棉麻公司	斑鸠店供销社
	水利局打井队	第一人民医院	卫生防疫站	人民医院	水河中心卫生院
	斑鸠店卫生院	河沙管理站	农机公司	东平二中	东平三中
	州城镇教育工会	宿城乡教育工会	梯门乡教育工会	—	—
1995	县经贸委	县供销联社	县粮食局	县农业服务中心	县教育局
	州城镇	县供电局	县工商银行	县邮电局	县花键轴总厂
	县印刷股份有限公司	县纸业股份有限公司	县工具厂	县鞋厂	县瑞星化学工业集团总公司
	县大麻纺织总厂	县橡胶厂	县酒厂	县水泥厂	县电器设备股份有限公司
	县化工轻工公司	接山粮所	县淀粉厂	县农业机械股份有限公司	县第二中学
	宿城镇教育工会	县公路局	县棉麻集团公司	县建筑安装股份有限公司	县农业生产资料股份有限责任公司
	县商业大楼	县宾馆	县卫生防疫站	—	—

续表 34

年度	获奖单位				
1996	县粮食局	县教育局	县供电局	中国工商银行东平县支行	县医药公司
	县烟草公司	泰山石化集团东平总公司	瑞星化学工业集团总公司	县橡胶厂	县工具厂
	县酒厂	东平纸业股份有限公司	县公路局	县第一人民医院	县自来水公司
	县农机公司	县棉麻集团公司	县商业大楼	县彭集镇塑料编织厂	—
1997	县经贸委	县粮食局	县供销集团总公司	县商业总公司	县城乡建设委员会
	中国教育工会东平县委员会	县交通局	县物资总公司	县供电局	县农业局
	县农机局	东平湖管理局	县畜牧局	东平纸业股份有限公司	中国邮电工会东平县邮电局委员会
	县花键轴总厂	县橡胶厂	县鞋厂	县工具厂	县金利建材总公司
	县商业大楼	县金属公司	县国货公司	县五金公司	东平人民商场股份有限公司
	县农机公司	县公路局	县淀粉厂	县人民医院	县第一人民医院
	县卫生学校	县第二中学	县第三中学	县劳动技校	县粮油供应公司
	县自来水公司	中国人民银行东平县支行	中国工商银行东平县支行	全国银行工会东平县农业银行	中国建设银行东平县支行
	县交通汽车大修厂	—	—	—	—
1998	县经贸委	县粮食局	县交通局	县供电局	中国教育工会东平县委员会
	县农机局	县造纸总厂	县橡胶厂	县花键轴总厂	山东东平瑞星化学工业集团总公司
	县酒厂	县工具总厂	县建筑公司	县淀粉厂	县生资公司
	县自来水公司	县烟草公司	县农机公司	县电器制修厂	中国邮电工会东平县委员会
	县交通局	县公路局	县农业局	县劳动技校	东平二中
	东平三中	县职业中专	县石油公司	县工商银行	县建行
	东平迎宾馆	—	—	—	—
1999	县经贸委	县供电局	县卫生局	县粮食局	中国教育工会东平县委员会
	县农业局	县第二中学	县橡胶厂	县造纸总厂	山东瑞星化学工业集团总公司

续表 34

年度	获奖单位				
1999	县花键轴总厂	县工具总厂	县自来水公司	县第一人民医院	县人民医院
	县酒厂	县中医院	县防疫站	县农机公司	县劳动技校
	县新华书店	县烟草公司	县石油公司	县邮政局	县药材公司
	县电信局	县人民银行	县建设银行	县工商银行	县农业银行
2000	县经贸委	县粮食局	县教委	县供电局	县农业局
	县公路局	县邮政局	县电信局	县迎宾馆	山东瑞星化工业集团总公司
	县花键轴总厂	县工具总厂	县酒厂	县人民银行	山东锦轮股份有限公司
	县自来水公司	县高级中学	县中医院	县人民医院	县第一人民医院
	县妇幼保健院	县劳动技校	县电器制修厂	县新华书店	山东东平面粉有限责任公司
	县工商银行	县农业银行	县建设银行	县农村信用社	山东泰山石化（集团）东平总公司
	县医药公司	县烟草公司	县东平湖管理局	—	—
2001	县经贸委	县粮食局	县教委	县供电局	县农业局
	县建委	县地矿局	县公路局	县邮政局	县电信局
	县人民银行	县工商银行	县农业银行	县农村信用社	泰山石化集团东平总公司
	县医药公司	县烟草公司	东平湖管理局	县新华书店	县高级中学
	县人民医院	县中医院	县劳动技校	县迎宾馆	山东瑞星化学工业集团总公司
	县自来水公司	县工具总厂	县唐龙酒业有限公司	山东锦轮股份有限公司	东平面粉有限责任公司
	县电器制修厂	—	—	—	—
2002	东平镇	接山镇	县经贸局	县教育局	县供电局
	县建设局	县卫生局	县农业局	县交通局	县粮食局
	县电信局	县邮政局	县公路局	县农业银行	县农村信用社
	县医药公司	县烟草公司	县新华书店	泰山石化集团东平总公司	县国税局
	县地税局	县工具总厂	山东锦轮股份有限公司	县花键轴总厂	山东瑞星化学工业集团总公司
	东平迎宾馆	县自来水公司	县光大油脂厂	县盐务局	县金利建材工业有限公司
	县市政工程管理处	县城建综合开发公司	县面粉有限责任公司	县电器制修厂	东平唐龙酒业有限公司

续表 34

年度	获奖单位				
2002	县人民医院	县第一人民医院	县中医院	县卫生防疫站	县卫生局
	县教育局	县建设局	县经贸局	县粮食局	县供电局
	县交通局	县农业局	县林业局	县国土资源局	县水产局
	县广播电视局	县环保局	县盐业局	县技术监督局	县电信局
	县邮政局	县公路局	县国家税务局	县地方税务局	县腊山管理局
	东平湖管理局	县公用事业局	县湖管委	山东瑞星化学工业集团总公司	县金利建材工业公司
	东平弘力机械有限公司	山东九鑫机械工具有限公司	东平唐龙酒业有限公司	东平县锦轮股份有限公司	县人民医院
	县第一人民医院	县中医院	县防疫站	县妇幼保健院	县光大油脂厂
	县电器制修厂	县城市开发公司	县自来水公司	县建筑设计院	县医药公司
	县烟草公司	县石油公司	县新华书店	县迎宾馆	县人民银行
	县工商银行	县农业银行	县建设银行	县中国银行	县农村信用社
	县农业发展银行	县质监站	县劳动服务公司	县蚕桑站	—
2003	县卫生局	县教育局	县建设局	县经贸局	县粮食局
	县供电局	县交通局	县农业局	县国土资源局	县广播电视局
	县技术监督局	县国税局	县地税局	县盐务局	县网通公司
	县邮政局	县公路局	县公用事业局	山东瑞星化学工业集团总公司	山东锦轮股份有限公司
	山东九鑫机械工具有限公司	东平唐龙酒业有限公司	县金利建材工业公司	县人民医院	县第一人民医院
	县中医院	县防疫站	县妇幼保健院	县自来水公司	县城市开发公司
	县建筑设计院	县质监站	县医药公司	县石油公司	县烟草公司
	县新华书店	县迎宾馆	县农业银行	县建设银行	县农村信用社
	县劳动服务公司	县光大油脂厂	—	—	—
2005	县教育局	县卫生局	县建设局	县经贸局	县粮食局
	县供电局	县交通局	县农业局	县国土资源局	县广播电视局
	县技术监督局	县国税局	县地税局	县盐务局	县网通公司
	县邮政局	县公路局	县公用事业局	山东东岳橡胶制品有限公司	山东瑞星化学工业集团总公司
	山东九鑫机械工具有限公司	东平唐龙酒业有限公司	县金利建材工业公司	县人民医院	县第一人民医院

续表 34

年度	获奖单位				
2005	县中医院	县防疫站	县妇幼保健院	县城市开发公司	县自来水公司
	县建筑设计院	县质监站	县石油公司	县烟草公司	县新华书店
	县迎宾馆	县农业银行	县建设银行	县农村信用社	县劳动就业办公室
	县计划生育指导站	—	—	—	—
2006	县教育局	县建设局	县经贸局	县粮食局	县供电公司
	县交通局	县农业局	县国土资源局	县广播电视局	县技术监督局
	县盐务局	县网通公司	县邮政局	县公路局	县公用事业局
	县东平湖管理局	县人民医院	县第一人民医院	县中医院	山东瑞星化学工业集团总公司
	县防疫站	县妇幼保健院	县城市开发公司	县自来水公司	县煤气公司
	县烟草公司	县新华书店	县迎宾馆	县农业银行	县农村信用社
	县劳动就业办公室	县电器设备厂	—	—	—
2007	县教育局	县建设局	县交通局	县公路局	山东东岳橡胶工业有限公司
	县烟草公司	县公用事业局	县中医院	县供电公司	山东瑞星化学工业集团公司
	县自来水公司	县网通公司	县新华书店	县卫生防疫站	县第一人民医院
	东平镇	接山乡	梯门乡	大羊乡	—
2008	县交通局	县公路局	县供电公司	县邮政局	县网通公司
	县烟草公司	县自来水公司	县人民医院	县第一人民医院	县中医院
	县卫生防疫站	山东瑞星化学工业集团公司	山东新东岳集团	县公用事业局	县新华书店
	县教育局	县建设局	县人民银行	—	—
2009	县交通局	县公路局	县供电公司	县邮政局	县联通公司
	县烟草公司	县自来水公司	县人民医院	县第一人民医院	县中医院
	县卫生防疫站	山东瑞星化学工业集团公司	山东新东岳集团	县市政公用事业局	县新华书店
	县教育局	县建设局	县人民银行	县农业银行	山东九州钢业有限公司
	县农村合作银行	县国土资源局	—	—	—
2011	东平街道	接山镇	彭集镇	州城街道	银山镇
	斑鸠店镇	县工业园区管委	县教育局	县交通运输局	县供电公司
	县水利局	县住建局	县环保局	县公路局	县河道管理局

续表 34

年度	获奖单位				
2011	县人民医院	县第一人民医院	县中医院	县第三人民医院	县卫生防疫站
	县自来水公司	县邮政局	县联通公司	县新华书店	县人民银行
	县农业银行	县农村合作银行	县烟草公司	山东新东岳集团	山东瑞星化学工业集团公司
2012	东平街道	彭集街道	州城街道	银山镇	旧县乡
	县工业园区管委	县教育局	县交通运输局	县供电公司	县水利局
	县住建局	县环保局	县公路局	县人民医院	县第一人民医院
	县第三人民医院	县疾控中心	县自来水公司	县邮政局	县中医院
	县新华书店	县人民银行	县农业银行	县农村合作银行	县联通公司
	县烟草公司	山东瑞星化学工业集团公司	新东岳集团有限公司	山东东顺集团有限公司	县邮政储蓄银行
	山东光大日月集团有限公司	—	—	—	—
2013	县人民医院	县中医院	县供电公司	县联通公司	县新华书店
	县农业银行	县农村合作银行	县烟草公司	东平旅游开发有限公司	山东瑞星化学工业集团公司
	山东新东岳集团有限公司	山东东顺集团有限公司	山东光大日月集团有限公司	山东长宇镀铝材料有限公司	山东八里香食品有限公司
2014	州城街道	彭集街道	东平街道	银山镇	新湖镇
	梯门镇	旧县乡	县地税局	县人民医院	县供电公司
	中联美景水泥有限责任公司	县联通公司	县新华书店	水浒旅游开发有限责任公司	瑞星集团
	东顺集团	光大集团	宏达矿业	—	—
2016	州城街道	东平街道	彭集街道	大羊镇	梯门镇
	老湖镇	新湖镇	商老庄镇	旧县乡	县经济开发区
	县地税局	县教育局	县交通局	县公路局	县供销社
	县就业办	县人民医院	县供电公司	中联美景水泥有限责任公司	县联通公司
	县新华书店	县水浒旅游开发有限责任公司	瑞星集团	新东岳集团	东顺集团
	润声印务公司	博大光电公司	天舜机械公司	—	—
2017	州城街道	东平街道	彭集街道	大羊镇	戴庙镇
	老湖镇	新湖镇	旧县乡	县委党校	县人社局

续表 34

年度	获奖单位				
2017	县科技局	县滨河新区	县经信局	县城市管理综合执法局	县经济开发区
	县地税局	县国税局	县教育局	县交通局	县公路局
	县供销社	县就业办	县人民医院	县供电公司	中国农业银行东平县支行
	中联美景水泥有限责任公司	县联通公司	县新华书店	县水浒旅游开发有限责任公司	县水利建筑安装公司
	县迎宾馆	瑞星集团	新东岳集团	润声印务公司	九鑫日化
	碧陆斯电子	鲁波包装公司	—	—	—

第二节 先进个人

1989—2021 年，东平县工会系统受到各级工会表彰的先进个人累计达到 1410 人。其中，受到全国总工会表彰的先进个人 12 人，受到省总工会表彰的先进个人 27 人，受到市总工会表彰的先进个人 91 人（次），受东平县总工会表彰的先进个人 1280 人（次）。

1989—2021 年东平县受到中华全国总工会等部门表彰的先进个人情况表

表 35

姓名	单位及职务	荣誉称号及奖章	表彰时间	授予机关
侯家珍	东平县实验小学校长	全国优秀教师、优秀教师奖章	1989	国家教委人事部教育工会
赵方生	东平县老湖镇第二中学附小	全国优秀教师、优秀教师奖章		
李淑娟	东平县实验小学高级教师省特级教师	全国优秀教师、优秀教师奖章		
肖兴学	东平县新湖二中校长	全国优秀教师、优秀教师奖章		
李东升	东平县职业中专讲师	全国优秀教师、优秀教师奖章		
李怀武	彭集镇后围中学校长	全国优秀教师、优秀教师奖章		
刘振敏	老湖镇中学一级教师	全国优秀教师、优秀教师奖章		
房义祥	戴庙乡党委副书记	全国优秀教育工作者		
刘曰杰	宿城民政助理员	全国民政工作先进个人	1993	民政部
孟广岩	瑞星化工集团	全国能源化工系统优秀工会干部	2002	化工部
孟广岩	瑞星化工集团	全国优秀工会积极分子	2008	中华全国总工会
李　勇	新东岳集团人力资源部经理	全国优秀工会积极分子	2013	

1989—2021年东平县受到山东省总工会表彰的先进个人情况表

表36

姓名	单位及职务	荣誉称号	表彰时间
郑淑云	瑞星化工集团	山东省优秀工会积极分子	1993
孙启明	东平县石油公司	山东省优秀工会积极分子	
郑昌月	东平县工商银行	山东省优秀工会积极分子	
潘荣英	东平县总工会	山东省优秀工会干部教育工作者	
段桂荣	东平县水河镇	山东省模范职工之友	
赵德明	东平县工商银行	山东省优秀工会干部	
李传江	东平县酒厂	山东省优秀产品一等奖	
李万民	东平县鞋厂	山东省二轻系统工业设计大奖赛优良设计奖	
李晓燕	东平县文化馆	山东省业务技能比赛优秀表演奖	
宋广东	东平县戴庙乡	山东省科研项目“冷硬铸铁磨棍”研制先进工作者	
许昌静	东平县彭集镇	山东省农村邮电职工业务多面手知识竞赛纪念奖	
李秀芬（女）	东平县邮电局	学雷锋、学铁人积极分子	1991
孟昭元	东平县供销合作社	学雷锋、学铁人积极分子	
潘荣英	东平县总工会组织部部长	优秀工会干部教育工作者	
潘荣英	东平县总工会副主席兼女工委主任	先进女职工工作者	1995
梁　军	东平县工商银行	先进女职工	
刘继顺	东平县总工会主任	全省实施“送温暖工程”先进工作者	1996
刘少国	东平县粮食局工委主任	山东省优秀工会干部	
李传亭	东平县工具厂车间主任兼工会主任	山东省优秀工会干部	
曾宪汉	东平县花键轴总厂工会主席兼厂办主任	山东省优秀工会干部	
孟广岩	瑞星化工集团	省石油化工系统优秀工会工作者	1997—2013
张　政	东平县委党校	全省先进工会工作者	1998
张成福	东平县计生委	全省先进工会工作者	
孟宪民	东平县造纸总厂	山东省优秀工会积极分子	
尹作芬	东平县自来水公司	山东省先进女职工	
尚家宁	山东省瑞星化学工业集团总公司	文明职工家庭	2000
李思华	山东省瑞星化学工业集团总公司	全省先进女职工	2001
李明双	东平县供电局（公司）局长	全心全意依靠职工办企业的十大杰出领导干部	2002

续表 36

姓名	单位及职务	荣誉称号	表彰时间
金　梅	山东锦纶股份有限公司车间副主任	全省先进女职工	2002
武爱民	东平县唐龙酒业有限公司工会主席	山东省优秀工会工作者	2003
于庆江	东平县人民医院党总支副书记、工会主席	山东省优秀工会积极分子	
李　勇	新东岳集团	山东省“十大好当家人”（省总工会）	2005
徐广三	东平县总工会	山东省“四五”普法工作先进个人	
张庆亭	东平县总工会副主席	山东省优秀工会劳动保护监督检查员	2006
解庆常	东平县公用事业局局长、党委书记	山东省先进工作者	2008
王　志	东平县东平湖风景名胜区管理委员会水浒古镇景区管理区主任	全省优秀工会积极分子	2013
王晓晨	东平县总工会副主席	山东省优秀工会工作者	
徐广三	东平县总工会副主席	山东省安康杯竞赛组织工作先进个人	2015
展长顺	东平县总工会	山东省优秀工会工作者	
李淑君	东平县市场监管局工会主任	山东省幸福进家先进个人	2017
展长顺	东平县总工会主席	山东省先进工作者	2018
吴文慧	瑞星集团股份有限公司党委副书记、党群工作部经理	山东省优秀工会积极分子	

1989—2021 年东平县受泰安市总工会表彰的先进个人情况表

表 37

姓名	单位及职务	称号 / 奖项	表彰时间
徐广才	东平县总工会宣传部部长	泰安市优秀工会干部教育工作者	1991
王玉萍	东平县经贸工会副主任	泰安市优秀工会干部教育工作者	
李广林	瑞星化工集团	泰安市科技明星	1993
许昌玉	东平县卫生防疫站	泰安市技术能手	
陈其福	东平县邮电局	泰安市技术能手	
井绪亮	瑞星化工集团	泰安市革新能手	
金庆明	东平县粮油食品开发公司	泰安市革新能手	
张培春	山东永泰天然饮料公司	泰安市销售能手	
裴爱萍	东平县东平交管所	全市先进女职工	
陈　华	东平县三中教师	全市先进女职工工作者	
高福翠	东平县食品公司工会副主任	全市先进女职工工作者	
李建英	东平县粮油供应公司	全市先进女职工	
王瑞华	东平县供销联社	全市先进女职工	

续表 37

姓名	单位及职务	称号 / 奖项	表彰时间
田锡润	东平县农业银行工会主席	泰安市职工技术协作活动先进个人	1994
谢德仁	东平县邮电局工会主席	泰安市职工技术协作活动先进个人	
王秀华	东平县供销合作社联合社	泰安市先进女职工	
徐正民	东平县鞋厂女工委主任	泰安市先进女职工	
张瑞云	东平县人民医院	泰安市先进女职工	
王月玲	东平县饲料加工厂副厂长	泰安市先进女职工	
许淑云	东平县麻纺厂工会女职工委员会主任	泰安市先进女职工工作者	
邱士桂	东平县自来水公司工会女职工委员会主任	泰安市先进女职工工作者	
冯方远	东平县商业大楼	泰安市销售能手	
孟广银	瑞星化工集团	泰安市职业科技明星	1995
赵月芳	东平县交通局工委主任	泰安市先进女职工	
徐瑞芝	东平县供电局	泰安市先进女职工	
郑翠萍	东平县土产公司人秘科科长	泰安市先进女职工	
刘玉萍	东平县粮油供应公司副经理	泰安市先进女职工	
赵淑军	东平县纸业股份有限公司工会副主席	泰安市先进女职工	
陈培兰	东平县经贸委副主任兼女工委员	泰安市先进女职工工作者	
陈允香	东平县建委工委主任	泰安市先进女职工工作者	
颜秀芹	东平县宾馆工会主席	泰安市先进女职工工作者	
张瑞云	东平县人民医院护理部副主任兼女工委员	泰安市先进女职工工作者	
刘桂荣	东平县大麻总厂工会主席兼女工委主任	泰安市先进女职工工作者	
徐学清	东平县邮电局话务室主任兼女工委员	泰安市先进女职工工作者	
冯方远	东平县商业大楼	泰安市销售能手	
王占义	东平县粮油供应公司	泰安市销售能手	
张观金	东平县淀粉厂	泰安市革新能手	
郭振胜	东平县职业中专	泰安市革新能手	
张观金	东平县淀粉厂	泰安市科技明星	1996
瞿广东	东平县棉麻公司	泰安市销售能手	
王占义	东平县粮油供应公司经理、经济师	泰安市销售能手	
冯方远	东平县商业大楼五金部副主任	泰安市销售能手	
史厚华	东平县建筑安装总公司管道工	泰安市技术能手	
宋国宝	东平县邮电局	泰安市革新能手	
孙兆红	东平县橡胶厂	泰安市革新能手	

续表 37

姓名	单位及职务	称号 / 奖项	表彰时间
薛振民	东平县果品盐业公司助理工程师、机房管理科科长	泰安市革新能手	1996
张孝印	东平县交通汽车大修厂技师	泰安市革新能手	
徐广才	东平县总工会	泰安市优秀工会干部	
张作光	东平县经贸委	泰安市优秀工会干部	
王秀华	东平县供销合作社联合社	泰安市优秀工会干部	
李吉岑	东平县农业局	泰安市优秀工会干部	
于庆江	东平县人民医院	泰安市优秀工会干部	
郑淑云	山东省瑞星化学工业集团总公司	泰安市优秀工会干部	
刘桂荣	东平县大麻纺织总厂	泰安市优秀工会干部	
李桂芝	东平县橡胶厂	泰安市优秀工会干部	
李广勤	东平县纸业股份有限公司	泰安市优秀工会干部	
郭启星	东平县酒厂	泰安市优秀工会干部	
王成华	东平县农机局	泰安市优秀工会干部	
赵德明	中国工商银行东平县支行	泰安市优秀工会干部	
彭兴永	东平县人民商场	泰安市优秀工会干部	
时昌荣	东平县交通汽车大修厂	泰安市优秀工会干部	
李　敏	东平县工人文化宫	泰安市优秀工会干部	
王玉萍	东平县经贸委	泰安市优秀工会积极分子	
梁吉民	东平县商业总公司	泰安市优秀工会积极分子	
刘含常	东平县医药公司	泰安市优秀工会积极分子	
张坤和	东平县直机关招待所	泰安市优秀工会积极分子	
李春友	东平县供电局	泰安市优秀工会积极分子	
李廷玺	东平县土管局	泰安市优秀工会积极分子	
陈守友	东平县教育委员会	泰安市优秀工会积极分子	
郭启华	东平县第一人民医院	泰安市优秀工会积极分子	
周长富	东平县工人文化宫	泰安市优秀工会积极分子	
张　林	东平县交通局	泰安市优秀工会积极分子	
史元珍	东平县畜牧局	泰安市优秀工会积极分子	
张清水	东平县水产局	泰安市优秀工会积极分子	
郑兴茂	东平县物资局	泰安市优秀工会积极分子	
高敬兰	东平县商业总公司	泰安市优秀工会积极分子	

续表 37

姓名	单位及职务	称号 / 奖项	表彰时间
郭秀清	东平县粮食局	泰安市优秀工会积极分子	1996
王瑞冉	东平县棉麻公司	泰安市优秀工会积极分子	
李长春	中国人民银行东平县支行	泰安市优秀工会积极分子	
林恩全	中国农业银行东平县支行	泰安市优秀工会积极分子	
李德聚	中国建设银行东平县支行	泰安市优秀工会积极分子	
王尚学	东平县邮电局	泰安市优秀工会积极分子	
李丙春	东平县烟草公司	泰安市优秀工会积极分子	
李万宝	山东省瑞星化学工业集团总公司	泰安市优秀工会积极分子	
高福翠	东平县食品公司	泰安市优秀工会积极分子	
徐广三	东平县工人文化宫	泰安市优秀工会积极分子	
高兆凤	东平县商业大楼	泰安市先进女职工标兵	
解淑丽	东平县实验中学教师	泰安市先进女职工标兵	
魏国英	东平县化工轻工公司工会主任	泰安市先进女职工标兵	
路保平	东平县自来水公司	泰安市先进女职工标兵	
赵同芳	东平县交通局工会主任	泰安市先进女职工标兵	
付建华	东平县经贸委	泰安市先进女职工标兵	
陈兰芳	东平县第一人民医院副院长	泰安市先进女职工标兵	
郭秀清	东平县粮食局	泰安市先进女职工标兵	
丁福英	东平县供销社副科长	泰安市先进女职工标兵	
张连芬	东平县劳动局监察室主任	泰安市先进女职工工作者	
侯桂兰	东平县妇幼保健院副站长	泰安市先进女职工工作者	
陈敬兰	东平县人民检察院纪检组长	泰安市先进女职工工作者	
张　政	东平县委党校教师	“振兴泰安”劳动奖章获得者	
李恒义	东平县大麻纺织总厂厂长	“振兴泰安”劳动奖章获得者	
刘振芳	东平县棉麻集团公司第一棉厂工人	泰安市女职工标兵	1997
宫传粉	瑞星化学工业集团总公司职工	泰安市先进女职工	
王月玲	东平县淀粉厂副厂长	泰安市先进女职工	
赵　晶	东平县公安局交警	泰安市先进女职工	
巩曼华	东平县人民医院主管护师	泰安市先进女职工	
马　宏	东平县教师进修学校教导处主任	泰安市先进女职工	
尚福香	东平县公路局女工会女工主任	泰安市先进女职工工作者	
高福翠	东平县食品公司工会主任	泰安市先进女职工工作者	

续表 37

姓名	单位及职务	称号 / 奖项	表彰时间
宫风兰	东平县五交化公司工会副主任	泰安市先进女职工工作者	1997
张瑞云	东平县人民医院	泰安市文明家庭	
刘继顺	东平县总工会主席、党组书记	泰安市优秀工会工作者	
徐广才	东平县总工会宣传部部长	泰安市优秀工会工作者	
张作光	东平县经贸委工会主任	泰安市优秀工会工作者	
王秀华	东平县供销社工会主任	泰安市优秀工会工作者	
李吉岑	东平县农业局工会主任	泰安市优秀工会工作者	
于庆江	东平县人民医院工会主任	泰安市优秀工会工作者	
郑淑云	瑞星化学工业集体总公司工会主任	泰安市优秀工会工作者	
刘桂荣	东平县大麻纺织总厂工会主席	泰安市优秀工会工作者	
李桂芝	东平县橡胶厂工会主席	泰安市优秀工会工作者	
李广勤	东平县纸业股份有限公司工会主席	泰安市优秀工会工作者	
郭启星	东平县酒厂工会主任	泰安市优秀工会工作者	
王成华	东平县农机局工会主任	泰安市优秀工会工作者	
赵德明	中国工商银行东平县支行工会主席	泰安市优秀工会工作者	
彭兴永	东平县人民商场工会主任	泰安市优秀工会工作者	
时昌荣	东平县交通汽车大修厂工会主任	泰安市优秀工会工作者	
李　敏	东平县工人文化宫管理员	泰安市优秀工会工作者	
徐广三	东平县工人文化宫	泰安市优秀工会积极分子	
王玉萍	东平县经济贸易委员会工会副主任	泰安市优秀工会积极分子	
梁吉民	东平县商业总公司党委副书记、纪委书记	泰安市优秀工会积极分子	
刘含常	东平县医药公司副经理、工会主席	泰安市优秀工会积极分子	
张坤和	东平县迎宾馆副经理、工会主席	泰安市优秀工会积极分子	
张春友	东平县供电局工会副主任	泰安市优秀工会积极分子	
李延玺	东平县土地管理局工会主任	泰安市优秀工会积极分子	
陈守友	中国教育工会东平县委员会、主任	泰安市优秀工会积极分子	
郭启华	东平县第一人民医院工会主任	泰安市优秀工会积极分子	
周长富	东平县工人文化宫主任	泰安市优秀工会积极分子	
张　林	东平县交通局工会主任	泰安市优秀工会积极分子	
史元珍	东平县畜牧局工会主任	泰安市优秀工会积极分子	
张清水	东平县水产局工会主任	泰安市优秀工会积极分子	
郑兴茂	东平县物资总公司工会主任	泰安市优秀工会积极分子	

续表 37

姓名	单位及职务	称号 / 奖项	表彰时间
高敬兰	东平县商业总公司工会办事员	泰安市优秀工会积极分子	1997
郭秀清	东平县粮食局会计	泰安市优秀工会积极分子	
王瑞冉	东平县棉麻集团公司副经理兼工会主任	泰安市优秀工会积极分子	
李长春	中国人民银行东平县支行金融工会副主任	泰安市优秀工会积极分子	
林恩全	东平县农业银行工会政工办主任	泰安市优秀工会积极分子	
李聚德	建设银行东平县支行工会主任	泰安市优秀工会积极分子	
王尚学	东平县邮电局工会主席	泰安市优秀工会积极分子	
李炳春	山东将军烟草（集团）有限公司东平分公司工会副主席	泰安市优秀工会积极分子	
李万宝	山东瑞星化学工业集团总公司工会干事	泰安市优秀工会积极分子	
高福翠	东平县食品公司工会主任	泰安市优秀工会积极分子	
于保荣	东平县糖茶公司	泰安市女职工再就业明星	1998
井维兰	东平县造纸总厂	全市文明家庭	
李圣龙	东平县供电局	泰安市革新能手	
郑云才	瑞星化工集团总公司	泰安市革新能手	
武树云	东平县供电局	泰安市革新能手	
郝明同	瑞星化工集团	泰安市革新能手	
吴兴锋	东平县酒厂	泰安市销售能手	
王利民	东平县橡胶厂	泰安市销售能手	
徐　勇	东平县物资局	泰安市销售标兵	
穆玉恕	东平县人民医院	泰安市技术能手	
宋长青	东平县花键轴总厂	泰安市技术能手	
绳　军	东平县橡胶厂	泰安市销售能手	
井维志	东平县面粉有限责任公司	泰安市销售能手	
陈　雷	东平县金利建材公司	全市优秀企业思想政治工作者（市委组织部宣传部经贸委总工会）	
尹祚芬	东平县自来水公司	全市优秀工会工作者	
刘继顺	东平县总工会主席	泰安市优秀工会工作者	2000
王笃成	东平县委副书记	泰安市优秀工会积极分子	
李思华	瑞星化学工业集团总公司技术员	全市先进女职工	
肖爱辉	东平县华闻纸业公司党政办副主任	全市先进女职工	
徐瑞芝	东平县供电局技术员	全市先进女职工	

续表 37

姓名	单位及职务	称号 / 奖项	表彰时间
巩曼华	东平县人民医院护理部主任	全市先进女职工	2000
孙　英	山东锦轮股份有限公司车间副主任	全市先进女职工	
赵景菊	东平县教育工会主任	全市先进女职工工作者	
张延民	东平县花键轴总厂党委副书记	全市先进女职工工作者	
王金香	东平县粮食局工会主任	全市先进女职工工作者	
孙传亮	东平县工具总厂	泰安市文明职工家庭	
徐广才	东平县总工会财务部部长	泰安市工会财务先进工作者	
程汉忠	原东平县经贸局工会主任	泰安市工会财务先进工作者	
王笃成	原东平县县委副书记	泰安市工会财务工作积极分子	
万英林	原东平县财政局局长	泰安市工会财务工作积极分子	
刘继顺	东平县总工会主席	泰安市优秀工会工作者	2001
吕怀玉	东平县委副书记	泰安市优秀工会积极分子	
徐广才	东平县总工会	泰安市工会财务先进工作者	
李思华	瑞星集团	泰安市先进女职工	
尚福香	东平县公路局	泰安市先进女职工	
赵景菊	东平县教育局	泰安市先进女职工	
王秀芳	东平县工具总厂	泰安市先进女职工	
李桂芳	东平华闻纸业有限公司	泰安市先进女职工	
公艳敏	东平县自来水公司	泰安市先进女职工	
徐瑞芝	东平县供电局	泰安市先进女职工	
齐太英	东平县人民医院	泰安市先进女职工	
吴兴文	东平县电信局	全市文明职工家庭	
周庆明	东平县总工会主席	泰安市优秀工会工作者	2002
卜令伟	东平县东平镇工委副主任	泰安市优秀工会工作者	
周庆金	东平县接山镇工委副主任	泰安市优秀工会工作者	
吕怀玉	东平县委副书记	泰安市优秀工会积极分子	
张新燕	东平县东平镇党委副书记	泰安市优秀工会积极分子	
王传亮	东平县银山镇党委副书记	泰安市优秀工会积极分子	
李明双	东平县供电局（公司）局长	泰安市全心全意依靠职工办企业的十大杰出领导干部	
金　梅	山东锦纶股份有限公司车间副主任	全市先进女职工	
陈立谦	瑞星集团技术员	全市先进女职工	
巩曼华	东平县人民医院女工委主任	全市先进女职工	

续表 37

姓名	单位及职务	称号 / 奖项	表彰时间
刘　敏	东平县淀粉厂工会主任	全市先进女职工	2002
亓秀梅	东平县实验中学教师	全市先进女职工	
徐瑞芝	东平县供电局职工	全市先进女职工	
张延民	东平县花键轴总厂副书记工会主任	全市先进女职工	
赵景菊	东平县教育局工会主任	全市先进女职工工作者	
尚福香	东平县公路局工会女工委主任	全市先进女职工工作者	
李　萍	东平县建设局女工委主任	全市先进女职工工作者	
杨　亭	东平县人民医院	全市文明职工家庭	
孟广银	瑞星化工集团董事长	泰安市实施送温暖工程先进个人	
李桂芝	锦纶股份有限公司工会主席	泰安市实施送温暖工程先进个人	
周庆明	东平县总工会主席	泰安市优秀工会工作者	2003
卜令伟	东平县东平镇工委主任	泰安市优秀工会工作者	
郭安芹	东平县州城镇工委主任	泰安市优秀工会工作者	
吕怀玉	东平县委副书记	泰安市优秀工会积极分子	
张新燕	东平县东平镇党委副书记	泰安市优秀工会积极分子	
吴绪月	东平县州城镇党委副书记	泰安市优秀工会积极分子	
王丽军	东平县烟草公司工会主席	全市先进女职工工作者	
郑兴敏	东平县人民医院女工委副主任	全市先进女职工工作者	
张淑英	东平县农行副行长兼工会主席	全市先进女职工工作者	
路保平	东平县自来水公司	全市文明职工家庭	
李　霞	瑞星化工集团质量验收员	全市先进女职工	
王志云	东平县人民医院护士	全市先进女职工	
段　宁	东平县公路局征收科长	全市先进女职工	
赵　静	东平县国税局税收主任	全市先进女职工	
李慧娜	东平县通信公司工会干事	全市先进女职工	
王　虹	东平县城市建设综合开发公司工会干事	全市先进女职工	
于庆江	东平县人民医院工会主任	全市职工学习党的十六大知识竞赛活动先进个人	
李　静	东平县人民医院职工	全市职工学习党的十六大知识竞赛活动先进个人	
徐广三	东平县总工会	全市职工学习党的十六大知识竞赛活动先进个人	
马元英	东平县人民医院职工	全市职工学习党的十六大知识竞赛活动先进个人	

续表 37

姓名	单位及职务	称号 / 奖项	表彰时间
孟广岩	瑞星化工集团	全市职工学习党的十六大知识竞赛活动先进个人	2003
周国伟	东平县交警执法大队	全市职工学习党的十六大知识竞赛活动先进个人	
林成军	—	全市职工学习党的十六大知识竞赛活动先进个人	
纪　军	东平县总工会	全市职工学习党的十六大知识竞赛活动先进个人	
邢怀勇	东平县统计局	全市职工学习党的十六大知识竞赛活动先进个人	
郭秀清	东平县粮食局会计	全市职工学习党的十六大知识竞赛活动先进个人	
武爱民	东平县唐龙酒业有限公司	泰安市“安康杯”竞赛先进个人	2005
徐广三	东平县总工会	泰安市工会统计工作先进个人	
张继功	东平县教育局安全监督办公室副主任	泰安市第一届“创争”活动先进个人（泰安市知识型职工先进个人）	
陈万青	瑞星化工安装公司	泰安市职工创新能手	
张成胜	瑞星化工安装公司	泰安市职工创新能手	
李渊彬	东平县供电公司	泰安市职工创新能手	
周长智	东平县总工会主席	泰安市优秀工会工作者	2007
石云峰	中共东平县委副书记	泰安市荣誉工会积极分子	
陈培典	东平县总工会	泰安市工会财务先进工作者	
徐广才	东平县总工会	泰安市工会财务先进工作者	
王传沾	东平县总工会	泰安市工会财务先进工作者	
王文忠	东平县财政局	泰安市工会财务工作积极分子	
徐广三	东平县总工会	泰安市工会信息工作先进个人	
徐广三	东平县总工会	泰安市工会统计工作先进个人	
李子武	东平县公路局局长	泰安市厂务公开民主管理工作先进个人	
任　华	东平湖管理局东平管理局女工主任	泰安市厂务公开民主管理工作先进个人	
魏荣华	东平县人民医院妇产科主任	泰安市女职工建功立业标兵	
程　霞	东平县人民医院护师、副护士长	泰安市女职工建功立业标兵	
李润玲	东平县明湖中学教师	泰安市女职工建功立业标兵	
云玉芹	东平县人民医院会计	泰安市女职工建功立业标兵	
火　红	东平县第四中学工会女工委员	泰安市先进女职工工作者	
杨昌勇	东平县公路局	泰安市文明职工家庭	

续表 37

姓名	单位及职务	称号 / 奖项	表彰时间
王志花	瑞星集团	泰安市文明职工家庭	2007
陈吉勇	东平县劳动就业办公室工会委员	全市工会“工友创业行动”先进工作者	
卜令琪	东平县先锋商贸有限公司总经理	全市工会“工友创业带头人”	
赵　波	东平县新天地广告装饰装潢有限责任公司总经理	全市工会“工友创业带头人”	
耿进行	泰安三源家电东平连锁店总经理	全市工会“工友创业带头人”	
陈光银	东平县粥粉厂厂长	全市工会“工友创业带头人”	
孙爱华	瑞星集团有限公司	第五届泰安市优秀企业家“贤内助”	2008
孙传顺	瑞星集团有限公司董事、副总	第五届泰安市优秀企业家“贤内助”	
韩　红	东平县环保局环境监测站	第五届泰安市优秀企业家“贤内助”	
解淑华	东平县中医院工会主席	泰安市先进女职工工作者	
蒋士红	东平县人民医院护士长	泰安市女职工建功立业标兵	
孟　琳	东平县彭集中学教师	泰安市女职工建功立业标兵	
李远英	人民银行东平县支行科员	泰安市女职工建功立业标兵	
王桂菊	东平县人民医院护士长	泰安市女职工建功立业标兵	
李　琴	东平县实验小学教师	泰安市女职工建功立业标兵	
何振莲	东平县实验中学教师	泰安市女职工建功立业标兵	
陈兆根	东平县中医院	泰安市文明和谐职工家庭	
邢召同	东平县彭集镇工会	泰安市工会信访工作先进个人	
张恒勋	东平县自来水公司	泰安市工会信访工作先进个人	
陈其宽	山东新东岳集团	泰安市劳动争议调解工作先进个人	
王太平	东平县市政公用事业局	泰安市劳动争议调解工作先进个人	
彭玉兰	山东九州钢业有限公司	泰安市劳动争议调解工作先进个人	
王得朋	山东九鑫国际贸易有限公司	泰安市劳动争议调解工作先进个人	
刘　军	中国网通（集团）东平分公司	泰安市劳动争议调解工作先进个人	
陈培典	东平县总工会	泰安市工会财务先进工作者	
徐广才	东平县总工会	泰安市工会财务先进工作者	
杨　文	东平县总工会	泰安市工会财务先进工作者	
王文忠	东平县财政局	泰安市工会财务工作积极分子	
于庆江	东平县人民医院工会主任	泰安市工会财务工作积极分子	
彭爱民	东平县百货大楼有限公司	全市工会工友创业行动先进个人	

续表 37

姓名	单位及职务	称号 / 奖项	表彰时间
魏庆新	东平县海银棉花有限公司	全市工会工友创业行动先进个人	2008
耿进行	东平县三源家电大楼	全市工会工友创业行动先进个人	
杨　文	东平县供电公司工会主席	全市工会帮扶工作先进个人	
陈其宽	山东新东岳集团工会主席	全市工会帮扶工作先进个人	
姜春霞	东平县工业园区管委会工委主任	泰安市优秀工会工作者	2011
邢召同	东平县彭集镇总工会主席	泰安市优秀工会工作者	
李　强	东平县公路局工委主任	泰安市优秀工会工作者	
彭学杰	东平百货大楼有限公司副总经理	泰安市优秀工会积极分子	2014
李义河	东平县矿产业管理委员会人力资源局副局长	泰安市优秀工会积极分子	
田　丰	东平街道办事处教办干部	泰安市优秀工会积极分子	
马学道	山东东顺集团工会主席	泰安市优秀工会积极分子	
肖兴跃	东平县教育局工会主席	泰安市优秀工会积极分子	
翟元利	东平县水浒旅游开发公司工会主席	泰安市优秀工会积极分子	
姜春霞	东平县工业园区管委工会主任	全市优秀工会工作者标兵	
武树东	东平县地税局科长	泰安市先进工作者	
张东晟	东平县人民医院主任医师	泰安市先进工作者	
刘景倩	东平县国土资源局局长	泰安市先进工作者	
陈　玲	东平县工业园区工会志愿者	全市工会工作先进个人	2015
董新峰	东平县疾控中心工会副主任	全市工会工作先进个人	
董新峰	东平县疾病预防控制中心工会委员会副主任	泰安市优秀工会工作者	2016
陈　玲	山东东平经济开发区管理委员会工会委员会副主任	泰安市优秀工会工作者	
李广伟	新东岳集团 工会委员会委员女工委员会主任	泰安市优秀工会工作者	
乔珊珊	东平县大羊镇政府	泰安市优秀工会工作者	
陈立栋	东顺集团股份有限公司总经理	泰安市“齐鲁文化大道”建设先进个人	
刘广涵	中国农业发展银行东平县支行行长、党支部书记	泰安市“齐鲁文化大道”建设先进个人	
卢学谦	山东省泰安第一中学高级教师	泰安市职工职业道德建设标兵	2017
赵　峰	东平县市政园林工程管理处安全科科长	泰安市职工职业道德建设先进个人	
徐金峰	东平县迎宾馆	泰安市首席技师	
王浩东	东平县安康精神病医院	泰安市优秀工会工作者	2018

续表 37

姓名	单位及职务	称号 / 奖项	表彰时间
孙　兴	东平中联水泥有限公司党工委综合管理员	泰安市女职工建功立业标兵岗	2018
路保平	东平县自来水公司	泰安市优秀工会工作者	
毕建华	山东东平经济开发区管理委员会	泰安市优秀工会工作者	
邱国牛	东平县教育局督导室副主任	泰安市优秀工会积极分子	
魏烈华	东平县交通运输局副局长	泰安市优秀工会积极分子	
颜　栋	新东岳集团有限公司	泰安市创新能手	
杨周伟	东平县水利建筑安装公司技术总工	“泰山工匠”提名奖	
尚丽丽	东平县人民医院重症医学科护士长	泰安市女职工建功立业标兵	
刘冬莉	东顺集团股份有限公司副总裁	泰安市女职工建功立业标兵	
陈　玲	东平县经济开发区工会副主席	泰安市女职工建功立业标兵	
姚香秀	山东润声印务有限公司装订车间职工	泰安市女职工建功立业标兵	
董晓伟	东平县人民医院重症医学科护士	泰安市女职工建功立业标兵	
李俊峰	新东岳集团有限公司	泰安市创新能手	2019
高彩霞	山东润声印务有限公司办公室主任、女工委主任	泰安市女职工建功立业标兵	
井维霞	东平街道机关工会主席	泰安市女职工建功立业标兵	
陈　红	东平县接山镇妇联主席	泰安市女职工建功立业标兵	2020
高　兰	东平街道办事处工会主席、人才办主任	泰安市女职工建功立业标兵	
闫秋玲	山东金泰恒盛新材料科技有限公司董事长	泰安市女职工建功立业标兵	

1991—2019 年受东平县总工会表彰的先进个人一览表

表 38

年度	称号	受表彰人员
1991	全县先进工会工作者	谢德仁　吕秀莲　张俊山　张衍冷　代玉兰　李居美　杜金桓　王占荣　王瑞冉　孟昭元　沈坤江　张元勤　张勤香　刘振兰　李本山　贾成师　马化麟　郗修华　赵广礼　刘曰茹　李传义　赵衍成　赵宝安　刘志钦　林怀胜　张梅君　王启昆　段桂荣　李梦瑚　崔畅治　王瑞振　冯玉金　彭才诗　王臣邦　井庆营　轩祚荣　赵德明　张桂兰　王广顺　王玉兰　彭兴岳　周茂印　刘桂荣　王玉萍　王世民　解培英　吴绪连　张　军　蒋衍忠　宫传恩　魏庆彬　戴宗章　李春成　李渊芳　林恩铎　潘荣英　陈培龙

续表 38

年度	称号	受表彰人员
1991	全县优秀工会积极分子	侯庆平　赵庆河　高福翠　王太平　展　翔　吴绪玲　翟新兰　徐家廷　丁连章　万长江　尚红辉　张庆喜　王元芝　何作品　王殿金　代淑华　刘树平　尹承先　刘德福　尹承昌　陈兆勇　李德聚　王金香　张宜明　解　峰　董德友　解西仲　国锡礼　刘玉平　刘成刚　李吉营　张同爽　王笃祥　杜恒俭　岳彩亭　张振玺　马树全　彭兴怀　颜廷福　刘顺祥　杨松林　孙运杰　安学福　刘　瑞　展东文　王旭才　李红霞　孙良军　梅建华　司建秀　陈升立　冯先兰　薛继良　刘成运　刘广梦　侯家平　丁继路　赵贵喜　万吉涛　邴延荣　王杰环　杨同样　闫殿臣　陈吉顺　朱正平　韩宝剑　孟宪安　修景平　亓业伟　马振厚　程传文　刘秉宏　徐正民　林　铎　刘曰亮　李桂芝　张守田　马心奇　吕修棉　李风霞　王延华　何振泉　乔允刚　李长义　宋　彪　孙业泉　张伦峨　郑灿芝　赵方来
1991	全县学雷锋、学铁人积极分子	陈福选　陈来香　王敬肃　姜　欣　刘庆山　胡传福　刘文国　任志田　王长杰　桑圣运　徐存社　王尚坤　郑长军　张秀水　何树芬　张之宜
1992	全县先进工会工作者	林恩铎　张祚光　杜金桓　赵德明　谢德仁　贾承奎　宋广亮　李春成　戴宗章　周茂明　张俊山　王臣帮　孟昭元　王玉萍　沈坤江　段桂荣　赵月芳　张勤香　陈庆福　李渊芳　张元勤　张　军　吴绪连　王世民　马心奇　魏庆斌　解培英　郭启星　蒋衍忠　宫传恩　孙业泉　刘曰亮　李本山　刘曰茹　王玉兰　代玉兰　王占荣　高洪彬　徐传堂　林环胜　王启昆　刘振兰　赵衍成　黄汉青　李传义　尚家瑞　张庆喜　薛继良　徐永章　王金义　彭才诗　彭兴岳　冯玉金　赵宝安　刘志钦　王　玮　曹爱莹　郗修华　吕秀莲　林荣田　赵灿东　张桂琴
1992	全县优秀工会积极分子	吴绪法　熊德川　宫开臣　窦桂欣　李玉生　杨延芝　孙玉河　亓安绍　刘桂荣　侯圣阁　乔允刚　路　静　王金雪　林　铎　孟召辉　张守田　袁恒珍　王延华　李凤霞　姜美芹　王　芸　赵庆岳　李万宝　刘德福　邢召真　王　力　郭秀清　刘桂芬　陈培刚　国西礼　焦历国　贾传东　李玉山　代清水　孟宪安　时昌荣　尚福香　张　静　宫延敏　吴绪玲　吴玉君　高福翠　王瑞冉　郑文亭　王瑞华　赵乐义　王元芝　王成福　尚红辉　杨恩玉　陈兆杰　刘兆成　王笃廷　赵军国　商存来　祝玉国　吕树锦　闫殿臣　朱正平　陈吉顺　侯庆彬　周茂印　张型桥　王士琏　袁庆运　董生娥　张桂兰　窦清道　彭广龙　栾思振　杜恒俭　毕德光　孙崇芬　王成杰　丁吉山　秦法畦　王心路　井华群　张伦峨　孙启明　陈其华　赵建和　陈兆勇　汤广民　赵庆河　孟献芝　司建秀　王瑞民　韩宝剑　张同爽　袁恒新　董德印　郑灿芝　展东文
1992	全县学雷锋、学铁人积极分子	何振泉　李桂芝　张兆松　陈学策　李庆顺　陈吉香　万长江　王静肃　董德泉　解广兴　高平海　王长杰　张昭义　陈　斌　肖振彦　孙艳华

续表 38

年度	称号	受表彰人员
1995	东平县革新能手	樊昌云　谢全德　李宗臣　刘延堂　张作合　张新海　王厚彬　张新燕
1995	东平县销售能手	李树亭　谢德法　董吉银　王志秋　李允增　王瑞冉　李云国　李长青　夏善岭　井维生　郭　峰　徐家和
1995	东平县“美好”家庭	段桂荣　李淑娟　郑淑云　王学军　陈晓陵　李廷友　刘义功　杨洪航　张锦生　乔金旭　韩庆和　王乐海　李龙舟　何传才　陈培兰　李兴诚　郭坤平　杜兆莲　贾冬梅　屈克安　梁　军　刘玉平　屈兰芳　张　政　窦桂欣　蒋　华　唐先福　张丽军　徐玉国
1996	东平县工会工作先进个人	李吉岑　戴宗章　赵月芳　王成华　李居美　刘少国　孟昭元　沈坤江　李本山　郑文亭　赵德明　李廷玺　张　静　郭启华　任广苓　林恩全　王秀珍　刘桂荣　李万宝　王庆秀　刘永平　李秀芬　杜召灿　宫风兰　梁兆彦　刘元生　周长福　张格报　李广勤　郭启星　赵广福　宫传恩　王志环　郭兆成
1996	东平县职工科技明星	侯典祥　蒿守明　冯国强　孙相顺　金庆明　李渊宾　吴绪鹏　林华召　王贵元　陈兰芳
1996	东平县技术能手	刘曰军　杨传兴　刘培成　李震涛　赵　峰　陈曰颖　王恒新　陈士霞　王长建　张雅琴　田　红　赵俊敏　侯庆卫　李　玉　陈其福　郑昌会　孙培训　苏保军　李树元
1996	东平县革新能手	安保砚　李云柱　孙晓光　张孝印　徐家祯　李渊柱　李生刚　段宜芝　王志民　王　文　王延涛　尚衍美　杨启华　周传平　孟广伦　曹景柱　杜延廷　李景云　王桂山　侯伟民
1996	东平县销售能手	张启祯　彭爱民　李长青　李　杰　陈学策　张存志　王瑞冉　杨培印　谭淑荣　郭　峰　林　彬　杨晓东　李广玉　王治明　井维生　夏乐田　商成佳　郑龙月　廖吉华　于吉祥
1997	东平县职工科技明星	邢家彬　杨士杰　苏臣章　朱厚民　滑本田
1997	东平县技术能手	谢　林　姜合廷　郑善清　穆玉恕　宋长青　赵海芹　陈敏庆　梁　国　王化昌　李国栋　沙　静　刘智峰　崔应勇　张召国　杨复华　窦式靖
1997	东平县革新能手	刘道明　岳良新　刘广存　孙振华　张崇华　张宽岱　王延涛　傅　刚　陈云范　郑云坦　李　民　彭可正　蒋　伟　孟凡华　段庆江　吕玉涛
1997	东平县销售能手	窦式启　袁昌芬　孙建洲　孙永久　杨晓东　程红亮　李树亭　刘劲松　王永利　孙秀玲　王治明　夏乐田　黄修平　商允修　侯家顺　刘含勤
1998	东平县先进工会工作者	张作光　刘少国　张　林　王成华　李春友　陈守友　李吉岑　孟广岩　李桂芝　曾宪汉　李广勤　郭启星　李广银　李本山　王月玲　崔　静　王尚学　李恒昌　刘建民　谢桂芝　尹祚芬　孟宪堂　赵广礼　马瑞春　颜世芝　李明国　高玉青　赵德明　李德聚　叶君华

续表 38

年度	称号	受表彰人员
1998	东平县先进女职工工作者	李桂芝　李凤芹　王瑞华　叶君华　时昌荣　张桂兰　李爱荣　刘瑞香　李慧娜　孙玉玲
1998	东平县职工科技明星	黄修峰　鲍树超　苏臣章　姜少杰　李　晔
1998	东平县职工技术能手	刘振库　岳良新　马成杰　陈敏庆　张桂兰　王海凌　奚宽建　崔建军　杨成林　王化昌
1998	东平县职工革新能手	冯永杰　李万民　王建伟　孙晓光　张宽岱　陈兆鹏　解淑丽　傅　刚　修京奎　井庆常
1998	东平县职工销售能手	王运东　杨庆民　王兆平　冯方远　刘　涛　刘含勤　张洪臣　徐庆银　王治明　王　琳
1999	东平县先进工会工作者	程汉忠　赵景菊　吴绪业　刘少国　李春友　李吉岑　马瑞春　孟广岩　李桂芝　李广勤　曾宪汉　郭启星　李广银　叶军华　尹祚芬　于庆江　孙洪航　孙永跃　刘建民　王善芳　张　军　范绍臣　高玉青　刘含常　任德洪　侯宪军　李长春　赵德明　侯庆华　卜繁家
1999	东平县先进女工工作者	李桂芝　李凤芹　巩曼华　张传玲　叶军华
2000	东平县工会工作先进个人	程汉忠　王金香　赵景菊　焦德成　李吉岑　张　林　李渊芬　吕庆水　侯宪军　任德洪　叶君华　孟广岩　李桂芝　张延民　李广银　郭启星　李广勤　司庆印　王贵亭　赵衍成　杨修燕　陈兰芳　于庆江　孙洪航　李福玲　王善芳　谢桂芝　张　军　李长春　赵德明　卜繁家　刘恒楚　于吉印　李辽峰　刘含常　范绍臣　李士源
2000	东平县女工工作先进个人	马　宏　李慧娜　张传玲　叶君华　李桂芝　张延民　袁恒珍　巩曼华　尚福香　尹祚芬
2001	东平县工会工作先进个人	程汉忠　赵景菊　郑淑云　焦德成　王金香　李吉岑　谷吉东　张　林　曹爱莹　侯宪军　任德洪　吕庆水　李致远　修京逵　王玉振　于吉印　李辽峰　刘含常　王丽军　毕长代　张　军　叶君华　孟广岩　李桂芝　张延民　李广银　武爱民　李广勤　王贵亭　张九民　于庆江　孙洪航　侯家秀　张德岐　王　莉
2001	东平县女工工作先进个人	赵景菊　尚福香　巩曼华　叶君华　何树芹　李桂芝　张延民　尹祚芬
2002	东平县工会工作先进个人	张新燕　王传亮　程汉忠　赵景菊　焦德成　李　萍　吴绪业　周长胜　张　林　蒋士清　梁久玲　田　波　侯宪军　尚福香　张淑英　于吉印　刘含常　王丽军　张　军　毕长代　颜淑芹　孙良旭　袁秀英　孟广岩　李桂芝　张延民　李广银　武爱民　司庆印　赵　勇　栗显功　张德岐　焦恩祥　王　虹　胡才华　王　莉　于庆江　解广兴　孙洪航　叶君华　孙永跃

续表 38

年度	称号	受表彰人员
2002	东平县女工工作先进个人	赵景菊 张益环 袁秀英 李慧娜 尚福香 何树芹 李桂芝 巩曼华 胡才华 叶君华
2002	东平县工会工作先进个人	吴绪业 赵景菊 李　萍 程汉忠 井立忠 焦德成 张　林 周长胜 曹爱莹 谷吉东 梁久玲 李大庆 安吉勇 梁兆涛 刘曰英 田　波 侯宪军 陈兆民 孙良旭 赵　丽 侯庆玲 毕长岱 李明柱 赵庆平 孟广岩 张　慧 张延民 李广银 武爱民 司庆印 于庆江 解广兴 吕　利 吴守常 孙永跃 赵　勇 王　丽 王　虹 张德岐 颜景香 刘含常 王丽军 杨　军 张　军 叶军华 陈克泉 刘传芹 张淑英 刘恒楚 郑乐华 张　伟 张效会 王建珍 李士敏 马学道
2003	东平县工会工作先进个人	吴绪业 李灿路 李　萍 程汉忠 井立忠 王培斌 张　林 周长胜 谷吉东 李大庆 王庆泉 赵　静 赵　丽 栗显功 李慧娜 张荣顺 程传栋 李明柱 孟广岩 张　慧 张延民 李广银 武爱民 司庆印 于庆江 解广兴 解淑华 孙永跃 吴守常 王　虹 张德岐 颜景香 王建珍 刘含常 杨　军 王丽军 张　军 叶君华 张淑英 陈兆运 张　伟 李士民 孙永策
2003	东平县保持共产党员先进性教育活动先进个人	张庆亭
2005	东平县工会工作先进个人	吴绪业 李灿路 李　萍 程汉忠 井立忠 杨　文 孙茹辛 周长胜 谷吉东 李大庆 贾传芳 赵　静 赵　丽 栗显功 刘　军 师　军 程传栋 叶桂东 孟广岩 张延民 李广银 武爱民 司庆印 于庆江 李启岭 解淑华 孙永跃 吴守常 王　虹 张恒勋 颜景香 王建珍 杨　军 王丽军 张　军 叶君华 张淑英 陈兆运 张　伟 李士民 孙庆英
2007	东平县工会工作先进个人	张继功 王　勇 赵方厚 程传栋 杨　文 王丽军 杨春香 孟广岩 杨　峰 于庆江 解淑华 张恒勋 刘　军 赵宝安 杨　平 张　军 董圣金 李明山 颜景香 李大庆 李少华 刘曰海 谢　梅 李士民 吴守常 王　虹 王建珍 刘秀萍 李成军 庞运友 于学勤 周长胜 曹爱莹 陈希春 崔　菊 程汉忠 卜令伟 刘衍荣 傅茂玉 杜　梅
2008	东平县工会工作先进个人	吴守常 王秀珍 林英宽 刘再民 李少华 谢　梅 王圣民 陈希春 魏国英 郭　玮 颜景香 王　虹 李大庆 解　峰 李　鹏 曹爱莹 崔　菊 于洪才 程汉忠 姜春霞
2009	东平县工会工作先进个人	赵传芳 毛连生 刘再民 李士民 郭　玮 颜景香 李大庆 解　峰 贾思川 曹爱莹 叶军利 于洪才 程汉忠 陈　伟 张绪阔 赵保常 王得朋 于月霞 陆继平 陈　勇 吴衍勇 卜令伟 张范运 杜　梅 付茂玉 王　健 杨庆森 庞庆涛 史　蕾 陈延魁 张荣光 张庆涛 王成平 邢召同

续表 38

年度	称号	受表彰人员
2011	东平县工会工作先进个人	徐文水　程汉忠　王成民　侯庆凤　王启志　郭光喜　于月霞　解　峰　宁晓云　孟宪雪　杨修运　姜春霞　崔　静　张　苹　张　燕　叶军利　颜景香　郭　玮　杨玉桂　侯庆伟　于学勤　刘再民　王　钰　陈兆芹　许洪达　王得朋　王成平　邢召同　吴衍勇　张春华　史　蕾　庞庆涛　付茂玉　张范运　张周志　张庆涛　董玉春　徐德良
2012	东平县工会工作先进个人	徐文水　薛　萍　高　庆　侯庆凤　陈　杰　梁　锋　于月霞　解　峰　宁晓云　徐家成　杨修运　姜春霞　陈　玲　孙培来　赵庆詹　张　燕　叶军利　颜景香　郭　玮　王桂香　侯庆伟　许洪达　张凌云　于学勤　刘再民　李少华　王　钰　徐洪珍　卜令伟　张　莹　周文广　邢召同　吴衍勇　陈可谦　张春华　韩　新　王凤海　张范运　张周志　张庆涛　董玉春　刘瑞华　李　雷　杨庆森　张春红　惠金立　李星云　马学道　孙永策　杨绍灶　石启威　王秀珍
2013	东平县工会工作先进个人	徐文水　于月霞　李　伟　李风华　王启志　解　峰　宁晓云　陈　梅　杨修运　陈　玲　翟元利　孙培来　叶军利　张恒勋　刘天野　侯庆伟　许洪达　白玉娥　于学勤　刘再民　李少华　徐洪珍　王　钰　刘　军　郑善国　卜令伟　吴衍勇　邢召同　周文广　董玉春　史　蕾　王凤海　王庆爱　张春红　张范运　孟繁胜　王玉玲　马学道　李艳慧　吴立金
2014	东平县工会工作先进个人	陈　琳　李　伟　陈兆成　王启志　李渊尧　宁晓云　陈　梅　杨修运　陈　玲　王亚光　郑云真　韩　涛　叶军利　张恒勋　刘天野　解淑华　侯东陵　李建国　武树东　安　强　宋传奇　王　钰　张金栋　王　新　郑善国　卜令伟　陈可谦　井维霞　孟宪军　董玉春　齐　杰　王庆爱　张春红　藏　堃　乔珊珊　孟繁胜　王玉玲　马学道　李艳慧　郑　皓　孙文涛　秦　浩　杨传舵
2015	东平县工会工作先进个人	陈　琳　孙相文　李　伟　陈兆成　李渊尧　张祚新　陈　梅　杨修运　姜春霞　陈　玲　李晓阳　孙培来　侯东陵　李风华　许洪胜　曾令金　陈　涛　白玉娥　路保平　韩　涛　宋传奇　张继宾　王　钰　李少华　刘　军　韩　伟　张　强　惠金立　董玉春　王风海　臧　堃　乔珊珊　李星云　马学道　武士国　李景超　侯道喜　王　勇
2016	东平县工会工作先进个人	陈　琳　郭道信　徐美娟　曹景英　陈　梅　段宜华　陈兆成　李渊尧　张祚新　杨修运　姜春霞　陈　玲　侯东陵　李风华　许洪胜　白玉娥　路保平　韩　涛　宋传奇　李少华　范国栋　侯晶晶　孙秀敏　王凤海　臧　堃　齐宝林　刘建立　马学道　赵　霞　刘恒楚　于　飞
2017	东平县工会工作先进个人	陈　琳　李德兴　石秀芹　吴同燕　陈兆成　张祚新　杨修运　姜春霞　陈　玲　侯东陵　李风华　许洪胜　白玉娥　路保平　韩　涛　宋传奇　侯晶晶　王凤海　臧　堃　徐文浩　惠金立　刘　华　徐　萍　马学道　赵　霞　马蕾蕾　陈兆荣

第三节 全国工会工作先进单位简介

全国模范职工之家——新东岳集团

新东岳集团位于东平县经济开发区。是2003年在原东平县橡胶厂、东平县花键轴总厂基础上改制成立的大型橡胶制品企业。集团公司有职工2200人、工会会员1980人，集团工会下设分会9个、工会小组10个。有工会主席1人，工会委员4人；职工福利委员会主任1人，委员10人；女工委员会主任1人，委员10人；经费审查委员会，主任1人，委员2人。各子公司都建立工会组织，有工会积极分子402人。集团公司党委认真贯彻落实《中华人民共和国工会法》，高度重视工会工作，围绕发挥工会职能作用，保障职工合法权益，做了大量实事、好事。2009年，被省总工会授予山东省工会先进单位称号。2010年，获评山东省巾帼示范基地、全国大学生创业实践基地、全省巾帼创业见习基地荣誉称号。2011年5月，新东岳集团获全国总工会授予的“全国模范职工之家”荣誉称号。

坚持职工代表大会制度。职工代表大会是工会组织职工参加民主管理的基本形式和维护职工合法权益的重要手段。集团公司坚持每年两次召开职工代表大会。董事长向职工代表大会报告年度公司生产经营管理方面的重要决策、生产经营计划安排及完成情况，通报公司治厂方针、任务和措施，动员全体职工齐心协力完成公司各项经济指标。

坚持签订集体合同和工资协商制度。集团公司认真贯彻落实全国总工会制定的《工会参加平等协商和签订集体合同试行办法》，签订集体合同坚持“四个原则”，即平等合作和协商一致的原则、权利义务相结合的原则、兼顾各方利益的原则、维护正常生产、工作秩序的原则。由董事长、总经理、工会主席、职工代表及行政有关部门组成平等协商委员会。合同文本起草前，走访收集职工对劳动报酬、工作时间、休息休假、劳动安全卫生、保险福利等方面的意见和要求。合同文本由职代会通过后，举行签字仪式，经营者作为企业法定代表人，工会主席作为职工代表，双方签字，一式五份。自2003年起，每年坚持工资协商制度，签订集体合同，较好地调动了干部、职工的积极性。

坚持以人为本，做好“三留人”。集团公司提出“用感情留人、用事业留人、用适当的待遇留人”理念，突出人本管理。每月23日为“职工座谈日”，公司党委、工会、团委组织一线员工座谈，倾听员工的意见、建议和要求。车间建起更衣室、茶水炉，安装中央空调。职工食堂、男女澡堂、理发室、卫生室、篮球场、羽毛球场等设施一应俱全。职工上下班有班车接送。为全体员工提供免费工作餐、免费住宿，对考入大专院校的职工子女予以2000~3000元的激励。每月评定一次星级员工，给予精神、物质奖励。推行职工结婚礼品、职工生日礼品等惠民政策，为职工办理5项保险。2008年始，公司为职工父母发放“敬老金”100元/月。勇于承担社会责任，资助贫困学生、助贫助残、捐助灾区计200余万元。

建设和谐平安企业，维护职工合法权益。公司党委委派工会、团委深入生产一线了解党员干部和工会会员的思想状况，掌握职工的所思、所想、所求、所愿，把准思想脉搏，由责任单位解决管理制度、职工生活、环境保护等问题，公司领导和职工之间就广大职工关心的热点、难点问题进行面对面交流，能立即解决的立即解决；不能立即解决的，积极创造条件以单项承诺的形式限期解决。每年解决职工提出的问题平均200余件。公司提倡“提案改善激励制度”，鼓励职工提合理化建议，被采纳的建议，给予50~1000元的奖励。2003—2021年，累计提合理化建议5000余件，公司采纳3000多件。

坚持实行厂务公开。集团公司推行以公开党务、财务、重大事务和建立宣传栏、光荣栏为主要内容的“三务两栏”。由“三务两栏”工作领导小组定期收集整理职工不明白、有疑问、想知道的问题，及时在“回音栏”内公开。建立质询整改机制，对于公开后职工提出的质询及时予以答复、整改，并建立台账，做好记录。聘请威望高、责任心强的职工对公开的内容、形式、时限等进行监督，及时提出合理化意见和建议，职工的知情权、参与权和监督权得到尊重，厂务公开成为凝聚民心的“阳光工程”。

全国模范职工之家——东顺集团

东顺集团股份有限公司位于东平县经济开发区，是在原东平镇村办企业基础上发展壮大起来的大型造纸企业。2021年，有职工3120人，全部为工会会员。集团工会下设6个分会，有专职工会干部6人，兼职工会干部36人。多年来，东顺集团工会围绕公司奋斗目标，以强烈的责任感，担当起企业与员工之间的桥梁纽带作用。用“进了东顺门，就是东顺人”的家人亲情观、用“诚恳做人，用心做事”的伦理观、用“做名牌产品，铸金牌人生，创品牌企业”的远大理想观，教育引导干部职工增强主人翁意识，为推动企业发展做出积极的贡献。2012年6月，被山东省委命名为“齐鲁先锋基层党组织”；2010年，获得“山东省生活用纸生产基地”称号；2011年，获得“山东省民营企业100强”称号；2012年，获得“山东省诚信企业”称号；连年被评为山东省造纸行业先进单位；2013年6月，东顺集团工会被山东省总工会授予“模范职工之家”称号；2014年，被国家工商总局授予“全国守合同重信用企业”称号；

2015年5月，被全国总工会授予“全国模范职工之家”荣誉称号。

坚持民主管理，完善落实规章制度。集团劳动合同签订率100%，参保率100%。修订完善《走访慰问员工制度》《困难员工救助制度》《食堂管理制度》《员工工伤期间工资福利方面的规定》《女工产假休假制度》等。坚持完善工会例会制度，增设“金点子”信箱，拓宽民主管理的渠道。编发《东顺风》《工会简报》。坚持每年召开职工代表大会，集团董事长报告企业生产经营及完成任务情况，企业基础设施建设、重大投资项目等均通过职工代表大会征求职工意见后实施。

开展争先创优活动，设立示范岗，不断提升员工素质。公司工会积极响应党委号召，印发“开展劳动竞赛实施方案”“巾帼文明岗”及“师带徒”管理办法。2012年度，生产部“深加工软抽生产线”被授予泰安市“工人先锋号班组”称号；财务部被授予“泰安市建功立业标兵岗”称号。16名职工列入入党积极分子，有8名积极分子被党组织吸收为预备党员。4名部门带头人被授予“振兴泰安”劳动奖章。2家企业负责人分别获得县、市劳动模范称号。

关爱职工活动，促进企业和谐稳定。关心爱护员工，做细做实“东顺一家亲”。坚持开展食堂管理评议活动，食堂卫生状况、饭菜质量不断提高，职工福利不断增加，走访慰问员工形成制度化。每年为办喜事的员工送去祝福，为失去亲人的员工在精神上给予慰问，在生活上给予帮助。扶贫帮困、金秋助学形成长效机制。2014年，救助贫困母亲20名，救助困难家庭职工26名，扶助36名职工子女上学，共计发放救助金50万元。开展丰富的文体活动活跃职工业余生活。利用厂庆活动、春节联欢及“五一”劳动节，大力开展职工文体活动，通过举办“迎新春联欢会”“同担风雨 共创辉煌”厂庆联欢会、庆“五一”体育比赛活动，展示东顺集团员工积极向上，健康快乐的精神风貌。

全国工人先锋号
——东平县供电公司运维检修部

国网山东省电力公司东平县供电公司运维检修部，是一支特别能吃苦、特别能创新、特别能战斗的先进集体。他们认真贯彻上级精神，始终坚持以安全生产为基础，以生产管理为重点，以创新管理为依托，以争先创优为目标，大胆创新、积极进取，不断增强服务大局能力，有效发挥职能作用，为公司发展做出了积极贡献。

精益管理，开拓提升，电网设备健康运行。以指标管理为主线，做到强基础、抓短板、促提升，各专业均衡发展，齐头并进，规范两票管理，加强现场标准化作业，实现了安全“四全”目标，其中一个班组被评为“山东省安全生产优秀班组”。树立精品意识，加强电网建设工程全过程管理，实施三级验收，严把设备入网关，做到运行准备充分，一项工程入选国家电网公司“优质工程”；创新实施“四动”施工法，农网改造工程高质、快速进行，2019—2021年，累计完成3.82亿元农网改造任务，新建改造台区350个，新建改造10千伏线路479.75公里，0.4千伏线路863.51公里，新增配电容量204.7兆伏安，5项项目入选省公司“农网优质工程”；2019—2021年，大修技改项目完成投资16648万元，电压合格率全市处于第三位段；设备故障治理方面，先后组织开展专项治理和排查行动，下达安全隐患告知书26份，排查线路交叉跨越数据1000余条。统筹安排业扩、检修、施工需求，完成10千伏及以上检修计划98项，消除各类隐患86处，设备故障率同比大幅下降。多措并举，压茬管理，进行电力设施保护宣传，通过发送提示短信1.6万条、安装防撞警示帖、处理线下树株等举措，增强全民护线意识，35千伏及以上输电线路实现零外力破坏。输变配设备跳闸率同比下降61.7%、80%和38.6%。公司被国家电网公司命名为“2014年同业对标设备运维标杆企业”。

聚能提效，奋发有为，出色完成各项任务。运维检修部承担着公司电网核心业务。党支部突出做好政治思想工作，引导员工坚持正确的价值取向。通过“立德树人”专题培训、实施“一线工作法”、组织班组大讲堂、春检课堂，两个QC小组被省命名为“山东省优质质量管理小组”，累计有9项创新成果获奖，5项劳动竞赛科目排名第一，获得专利证书11份，占公司1/2，1个班组荣获“泰安市创新型班组”称号，1名员工获得省创新能手称号；夯实管理基础，班组建设全员参与，被泰安市总工会命名为“模范职工小家”、东平县“巾帼示范岗”；运维检修部积极带领青年员工成长，荣获山东省集团公司“五四红旗团支部”称号。

以人为本、创新举措，优质服务再上水平。发挥部室人才和智力优势，对大客户实施生产性服务426次，实现共赢；整合资源，坚持“一停多用”，实行输变配检修同步，大修与技改配合，在有条件的地段实施带电作业，在人口密集地区实施“零点作业”。自2013年起，共办理变电站第一种工作票413份、变电站第二种工作票544份、电力线路第一种工作票189张、电力线路第二种工作票73张、操作票1758份，倒闸操作36180次，工作票、操作票合格率100%。

2010年，县供电公司运维检修部被省、市总工会授予工人先锋号称号；2012年，被省电力集团公司授予先进党支部称号；2013年，被国家电网公司命名为同业对标设备运维标杆；2014年，被山东省总工会授予山东省优秀质量管理小组称号，被国网山东省电力公司授予工人先锋号称号，被泰安市总工会授予模范职工小家称号；2015年，被山东省质量管理协会授予山东省优秀质量信得过班组称号，被泰安市总工会授予创新型班组称号，被省电力公司授予运检专业先进集体称号，被市电力公司授予质量管理小组一等奖，被市公司授予技术革新成果二等奖。2016年5月，被全国总工会授予“全国工人先锋号”荣誉称号。

第四节 优秀工会干部选介

全国优秀工会积极分子——孟广岩

1997年2月起，孟广岩担任瑞星集团总公司工会主任，至2014年5月连续从事工会工作18年，是全县工业系统任职工会工作时间最长的工会干部。其间，瑞星集团工会工作在党委、行政的支持下，开拓创新，多次被省、市、县总工会评为先进单位，他本人2001年获“振兴泰安”劳动奖章；2002年获“全国能源化工系统优秀工会干部称号”；2003—2013年连续10年被评为山东省石油化工系统优秀工会工作者。

瑞星集团是全国知名的化工企业，职工人数和工会会员3000多人。作为身兼数职的工会主任，如何依靠和争取集团公司党委、行政对工会工作的支持，既要切实维护好职工权益，又要组织好职工为企业发展奉献才智与实干，孟广岩没少动脑筋。一是做好职工思想政治工作，引导职工爱岗敬业。企业改制后，职工由原来的“固定工”转为签约的“合同工”，有不少老职工思想上转不过弯子来。工会与企业党组织密切配合，通过组织职工学习《中华人民共和国劳动法》和《中华人民共和国工会法》等，使广大工会会员认识到企业虽然改制，但是职工的主人翁地位没有变，办好企业，离不开职工的齐心协力。工会通过宣传栏、《瑞星集团报》、企业公众号等形式大张旗鼓地宣传优秀员工的先进事迹，培树爱岗敬业的典型，使职工学有榜样，赶有目标。二是做好集体合同签订工作。根据县总工会的部署，瑞星集团率先与职工签订包括工资发放、各项保险、职工福利等内容的集体合同，工会与党组织一起，做好集体合同落实情况的检查和总结工作，受到上级主管部门的肯定。三是组织职工开展好各项劳动竞赛。“安全生产竞赛”，化工行业由于生产工艺、压力设备和管道管网的特殊性，首先保障安全是企业管理的重中之重，工会配合企业行政切实做好安全措施的落实与监督，要求每个职工当好安全员。其次是经常组织开展增产节约竞赛，要求职工立足本岗，从节约一度电、一滴油、一两煤等做起，为企业节省了大量开支。最后是丰富职工的业余文化生活。工会办起图书阅览室、文化广场成立了篮球队等，组织职工开展读书演讲会、篮球比赛等，文化活动丰富多彩。职工子女考上大学、参军、婚嫁，工会都要送贺礼，让职工深切体会企业大家庭的温暖。由于瑞星集团工会工作扎实，业绩突出，2008年，孟广岩被中华全国总工会授予

“全国优秀工会积极分子”荣誉称号。

职工的“娘家人”——马学道

2015年5月，东顺集团股份有限公司工会，继荣获“全省模范职工之家”称号之后，又被中华全国总工会授予“全国模范职工之家”称号。获此荣誉，除集团公司党委对工会工作的高度重视外，与公司工会主席马学道爱岗敬业、兢兢业业的工作分不开。大家都说他是职工的“娘家人”。

2010年，马学道受聘至东顺集团有限公司，凭借自己的聪智与勤奋，高票当选为集团公司工会主席。上任伊始，他扑下身子、放下架子，把工会工作融入企业经济管理的主战场，深入车间调查研究，积极查找制约公司发展的瓶颈。他结合公司的营销实际，历经无数个不眠之夜，向董事会撰写近万字调查报告。他认为，作为生活用纸的生产企业，涉及千家万户，首要抓好的就是产品品质，要始终如一地把好质量关。其次是突出抓好节能降耗，杜绝跑冒滴漏现象的发生。只有一流的产品才能占有一定的市场份额，只有一流的管理才能创造最大化的效益。他针对生产管理中发现的能耗大、劳动效率低等方面的问题，多次召开工会组长、技术骨干座谈会，收集员工金点子186件，被公司采纳124件，为公司增收、节支400余万元。从而使公司在蒸汽、水、助剂、排污费、电、人工上都有了较大的节省，产品一等品率达到99.9%以上，经济和社会效益明显提升。为强化企业精神文明建设，马学道以构建和谐企业为主线，坚持以人为本，为职工说实话、办实事，切实维护员工的合法权益。为最大限度地调动职工生产积极性，他每月坚持召开多层次员工座谈会，倾听员工意见和建议，让员工及时了解厂情，积极参与到企业的民主管理当中。自2010年起至2021年，在企业管理方面，他共收到合理化建议569条，被公司采用326条，有效地推进了企业管理向纵深发展。同时，为确保职工的合法权益，公司工会建立健全协调机构，在企业内部专门聘请15位不同层次的管理骨干为调解员和信息员，及时化解职工内部矛盾。为关爱一线职工生产生活，多年来，公司工会积极开展走访 慰问活动，在每年的7、8、9三个月高温期间，每天坚持给生产一线员工送绿豆汤、藿香正气水等防暑降温物品，保证职工身心健康，无一例员工因高温而中暑。每年的重大节日，及时为员工发放相关福利等节日物品。公司职工仲为顺患病住院，家里父母年老多病，马学道代表公司工会多次到场探望，并安排专门人员帮助照料，让员工真正感受到东顺集团大家庭的温暖。为活跃员工生活，公司投资投力，建起篮球场、网球场、足球场等职工健身场所。新建两幢女职工公寓；建设中顺花园和明馨园两个职工住宅小区。每年举办一次体育运动会，两次文艺演出，进一步丰富职工业余文化生活，解决职工住房难，生活单调等方面的问题，增强企业凝聚力。在东顺集团，职工们无论谁遇到什么困难，只要找到他，他都热心相助。在他的建议下，公司建立“帮扶互助基金”，每年拿出100万元，帮扶困难职工就医、子女上学及生活救助。每年春节前，公司拿出20万元为生活困难员工发放慰问金，为他们送去节日的祝福。就这样，马学道在平凡的工作岗位上，数年如一日，默默无闻，任劳任怨，履职尽责，无怨无悔，为企业的发展做出积极的贡献。先后荣获“泰安市优秀工会工作者”“东平县工会工作先进个人”“东平县爱岗敬业先进个人”“东顺集团优秀员工”等荣誉称号。

黄河滩区脱贫迁建工地上的工会主席——展长顺

2017年12月，县委决定成立黄河滩区脱贫迁建工程建设指挥部，抽调县总工会党组书记、主席展长顺担任指挥部常务副指挥长。当时，他刚大病初愈，家属担心他身体吃不消，他用党的信任是自己的荣耀说服家属，靠在旧县乡，毅然挑起移民避险解困和黄河滩区脱贫迁建的重担。

在县领导的支持下，他和同志们一道，不到一周时间，筹建起了黄河滩区脱贫迁建指挥部。对全县四个滩区乡镇脱贫迁建情况逐一摸底调查，分类统计，建好台账。工作中，他创造性制定出旧县乡社区建设遵循的原则，将社区建设总过程分解为宣传发动、征求意见、走访动员、评估确认、选房摸底、规划设计、签订协议、建设施工、搬迁入住、总结收官等10个阶段的“十步工作法”，为扎实推进脱贫迁建工作奠定基础。工作中，展长顺充分发挥党员先锋模范作用，带领指挥部党员进村入户，深入滩区村、社区实地了解迁建工作中存在的问题和困难，帮助镇、村理思路、想办法。不顾刺骨寒风，走进田间地头了解实情，听取建议，调查民意。向一些不了解政策、不配合迁建工作的群众，不厌其烦地讲解迁建政策，解决群众合理诉求，用真情实感调和矛盾纠纷，打消群众搬迁的后顾之忧。连续高强度工作，让展长顺做过支架的心脏负担更重，只能通过服用药物来缓解，即便如此，他没有向指挥部请过一天假。为防止病情持续加重，指挥部领导和同事都劝他到医院治疗，但他每次都婉言谢绝，自始至终坚守在滩区迁建第一线。

迁建工程距离全面竣工仅剩39天。他在办公室里挂上“倒计时牌”，每天把剩余的天数发到滩区工作群里面，警醒全体人员始终保持冲锋会战的姿态，推进各项任务加快进度。脱贫迁建工程实现了搬得进、稳得住、拆得顺、复得耕，圆满完成县委交办的任务，向群众交上一份合格的答卷。2018年4月，他被山东省委、省政府授予“全省先进工作者”称号。

第十七章 人 物

第一节 历届主席、党组书记

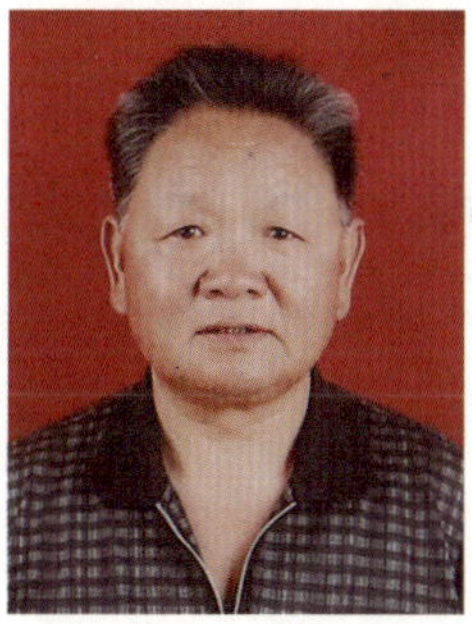

徐延申 男，汉族，1942年12月出生，东平县接山镇鄣城村人。高中文化、中共党员。1957年7月至1963年7月在家务农；1963年7月至1971年12月，在鄣城信用社工作；1971年12月至1973年12月，任县委派驻水河公社涧流村、大羊公社东海子村宣传队队员；1973年12月至1979年9月，任大羊公社尚庄管理区书记；1979年9月至1980年7月，任大羊公社党委副书记；1980年7月至1984年3月，任沙河站公社党委副书记、管委会主任；1984年3月至1987年2月，任大羊区党委书记；1987年2月至1993年10月，任东平县总工会主席；1993年10月至1998年2月，任东平县劳动局局长。东平县第二届县政协常委。2002年12月退休。

金甲祥 男，汉族，1945年6月出生，

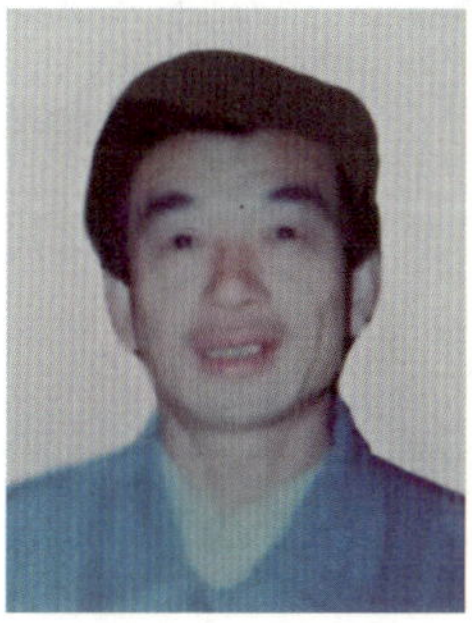

东平县梯门镇芦泉村人。大专文化，1963年11月参军，1967年7月加入中国共产党。1963年11月至1978年12月，在中国人民解放军某部服役，历任警卫员、副连长、连长、参谋，其间在大连工学院工民建专业就读3年；1978年12月至1993年9月，在东平县城乡建设委员会历任科长、主任，1993年10月至1995年2月，任东平县总工会主席、党组书记、县人大常委会常务委员；1995年3月至1996年6月，任东平县外经贸委主任、党组书记；1996年6月至1998年7月，历任东平县矿产资源管理局、地质矿产局局长；1998年7月至2000年4月，任东平县建委副书记、房管局局长；2000年4月，任东平县建委主任科员。2000年9月病逝。

刘继顺 男，汉族，1947年12月出生，济宁市梁山县郓陈乡尹那里村人。高中文化，中共党员。1971年12月参加工作，1971年至1977年，任梁山县商老庄公社

文书；1977年至1985年12月，任梁山县戴庙公社秘书；1986年，任东平县戴庙乡党委副书记。1987年至1992年，任东平县大安山乡党委书记；1992年9月至1995年3月，任东平县纪律检查委员会副书记。1995年3月至2001年6月，任东平县总工会主席、党组书记。2001年6月至2007年12月，任东平县总工会主任科员。2007年12月退休。

周庆明 男，汉族，1953年12月出生，东平县梯门镇大洼村人。大学学历，1975年5月加入中国共产党，1978年12月参加工作。1978年12月至1980年8月，任湖区公社赵村管区文书、副主任；1980年8月至1984年4月，任水河公社水河管区副书记、书记；1984年4月至1985年12月，任桓村乡党委书记；1985年12月至1987年2月，任水河乡党委副书记；1987年2月至1988年3月，任新湖乡党委副书记；1988年3月至1990年5月，任梯门乡党委副书记、乡长；1990年5月至1996年6月，任东平县供销社副主任、主任、党委书记；1996年6月至2001年6月，任东平县财办主任、党组书记；2001年6月至2006年6月，任东平县总工会主席、党组书记；2006年6月至2013年12月，任东平县总工会主任科员。2013年12月退休。

周长智 男，汉族，1956年7月出生，东平县老湖镇西四村人。中专学历，1977年7月参加工作，1984年11月加入中国共产党。1977年7月至1985年1月，任水河乡教师、教育组扫盲干部；1985年1月至1995年2月，历任水河乡组织干事、组织委员、副乡长、副书记；1995年2月至1996年1月，任商老庄乡党委副书记、乡长；1996年1月至2000年4月，历任新湖乡党委副书记、乡长、党委书记；2000年4月至2001年6月，任县农委副主任、党组成员（正局级）；2001年6月至2006年6月，任县农业机械管理局党委书记、局长；2006年6月至2009年6月，任东平总工会党组书记、主席；2009年6月至2010年3月，任东平县总工会党组副书记、主席；2010年3月至2016年7月，任东平县总工会主任科员。2016年7月退休。

瞿　军 男，汉族，1968年8月出生，东平县东平街道古台寺人。大学学历，1990年7月参加工作，1992年12月加入中国共产党。1988年

9月至1990年7月，泰安师范专科学校政治专业学习；1990年7月至1993年8月，任东平县委党校教师；1993年8月至2001年6月，任东平县委办公室科员、副科长、科长（其间：1992年9月至1995年7月，就读于曲阜师范大学政治专业）；2001年6月至2002年1月，任东平县委政研室副主任科员；2002年1月至2003年8月，任东平县委办公室副主任科员；2003年8月至2005年3月，任彭集镇党委副书记（其间：2004年5月至2004年7月，在诸城市挂职锻炼）；2005年3月至2006年9月，任新湖乡党委副书记、乡长；2006年9月至2009年6月，任新湖乡党委书记、人大主席；2009年6月至2010年3月，任东平县总工会党组书记、副主席；2010年3月至2014年1月，任东平县委县直机关工委书记（其间：2012年2月至2012年7月为泰安市委党校第二十三期中青年干部培训班学员）；2014年1月至2014年8月，任东平县委办公室副主任、农工办主任；2014年8月至2016年12月，任东平县农村工作办公室主任；2016年12月至2018年3月，任东平县人大农业与农村委员会主任委员；2018年3月至2019年6月，任东平县人大农业与农村委员会主任委员（副处级）；2019年6月起任东平县人大农业与农村委员会主任委员、四级调研员。

展长顺 男，回族，1962年8月出生，东平县州城街道牌坊村人。大专学历，1985年2月参加工作，1988年8月加入中国共产党。1985年2月至1987年5月，任州城镇武装干事、团委干事、西门管区文书；1987年5月至1992年10月，任州城镇梁村管区主任、后莲花湾管区书记；1992年10月至1995年2月，任州城镇党委委员、宣传委员；1995年2月至1996年1月，任州城镇党委委员、组织委员（其间：1993年10月至1995年6月，就读于山东农业大学经济管理专业）；1996年1月至1999年10月，任水河镇副镇长；1999年10月至2001年6月，任老湖镇党委副书记；2001年6月至2001年12月，任旧县乡党委副书记；2001年12月至2003年3月，任旧县乡党委副书记、纪委书记；2003年3月至2005年2月，任旧县乡党委副书记、乡长（其间：2004年3月至2004年5月，在江苏苏州挂职锻炼）；2005年2月至2006年10月，任斑鸠店镇党委书记；2006年10月至2007年4月，任东平县外经贸局局长、党组书记；2007年4月至2010年3月，任东平县林业局党委书记、局长；2010年3月至2018年12月，任东平县总工会主席、党组书记；2018年12月起任东平县东平湖管理委员会党委书记。荣誉：2002年9月，被泰安市政府授予尊老敬老模范称号；2001年、2003年5月，获泰安市政府嘉奖两次；2009年10月，被省人力资源和社会保障厅、省林业局联合记三等功一次；2018年4月，省委、省政府授予山东省先进工作者称号。

王成明 男，汉族，1963年10月出生，东平县银山镇西茂王村人。大学学历，1985年7月参加工作，1988年3月加入中国共产党。1982年9月至1985年7月，为山东省林业学校林业专业学生；1985年7月至1985年12月，任梁山县豆山乡林业站技术员；1985年12月至1992年12月，任东平县银山镇林业站技术员、团委干事、团委书记（其间：1988年9月至1990年7月，就读于泰安市委党校党政管理专业）；1992年12月至1994年11月，任银山镇副镇长；1994年11月至1996年1月，任银山镇党委委员、副镇长；1996年1月至1997年1月，任斑鸠店镇党委副书记（其间：1994年9月至1996年12月，就读于山东省委党校涉外经济管理专业）；1997年1月至1998年7月，任斑鸠店镇党委副书记、镇长；1998年7月至2003年3月任东平县戴庙乡党委书记（其间：2000年9月至2001年1月为市委党校第十一期中青班学员）；2003年3月至2005年1月任东平县委县直机关工委书记。2005年1月至2007年9月，任东平县旅游经济管委党委副书记、主任、旅游局局长、党组书记（其间：2005年8月至2005年11月，挂职云南丽江古城管委会主任助理）；2007年9月至2008年6月，任东平县农业局党委书记、局长；2008年6月至2009年6月，任东平县水利局党委书记、局长；2009年6月至2010年1月，任东平县水利局党委副书记、局长；2010年1月至2010年3月，任东平县湖管委党委副书记、主任、县水利局党委副书记、局长；2010年3月至2011年1月，任东平县湖管委党委副书记、主任；2011年1月至2016年12月，任东平县政府党组成员，湖管委党委副书记、主任；2016年12月至2017年1月，任东平县人大常委会副主任候选人，湖管委主任、党委副书记；2017年1月至2018年12月，任东平县人大常委会副主任、党组成员、湖管委主任、党委副书记；2018年12月起，任东平县人大常委会副主任、党组成员，东平县总工会主席。泰安市第八次党代会代表，东平县第十一次、第十二次党代会代表，东平县第十四届、第十五届、第十六届、第十七届、第十八届人民代表大会代表。荣誉：2001年2月，荣获“东平县十大优秀人民公仆”称号；2001年8月，被泰安市委、市政府给予记二等功奖励；2016年4月、2019年4月，分别受到泰安市委组织部嘉奖。

李广义 男，汉族，1966年7月出生，东平县沙河站镇吴桃园村人。研究生学历，1987年7月参加工作，1991年11月加入中国共产党。1984年9月至1987年7月在山东省宁阳师范学校中师专业学习；1987年7月至1988年11月为东平县东平镇孟村小学教师；1988年11月至1996年6月任东平县委办公室干事、秘书科秘书、副科长、科长（其间：1988年7月至1991年6月泰安师范专科学校函授中文专业学习）；1996年6月至1998年7月任东平县委办公室副主任（其间：1994年9月至1996年12月在山东省委党校涉外经济管理、山东省委党校研究生经济管理专业学习）；1998年7月至2001年2月任东平县水河镇党委副书记、镇长；2001年2月至2003年8月任东平县老湖镇党委副书记、镇长（其间：2002年10月至2003年1月在广东省肇庆市挂职）；2003年8月至2006年9月任东平县老湖镇党委书记（其间：2005年9月至2006年1月市委党校第十六期中青年干部培训班学习）；2006年9月至2007年4月任山东省东平工业园区管委党委副书记、主任；2007年4月至2007年11月任山东省东平工业园区党工委书记；2007年11月至2009年6月任山东省东平工业园区党工委书记（副县级）（其间：2006年9月至2009年6月山东省委党校在职干部研究生班经济管理专业学习）；2009年6月至2011年12月任东平县政府党组成员、工业园区党工委书记（副县级），县委、县政府农工办主任；2011年12月至2016年12月任东平县政府党组成员、工业园区党工委书记（副县级）；2016年12月至2017年1月为东平县政府副县长候选人、党组成员；2017年1月至2018年12月任东平县政府副县长、党组成员；2018年12月至2022年1月任东平县委常委，县委办公室（东平县档案局、东平县国家保密局）主任、改革办主任；2022年1月至2022年2月任东平县人大常委会副主任；2022年2月起任东平县人大常委会党组副书记、副主任，县总工会主席。

范思安 男，汉族，1970年11月出生，东平县新湖镇范岗村人。研究生学历，1996年7月参加工作，1999年12月加入中国共产党。1992年9月至1996年7月，在山东农业大学土壤与植物营养学专业学习；1996年7月至2003年9月，任东平县农业局土肥站工作人员、副站长；2003年9月至2005年3月，任东平县纪委办公室副主任；2005年3月至2006年10月，任梯门乡党委委员、组织委员；2006年10月至2009年6月，任东平县戴庙镇党委副书记；2009 年 6 月至 2013 年 9 月，任戴庙镇党委副书记、镇长；2013 年 9 月至 2016 年 12 月，任接山镇党委副书记、镇长；2016 年 12 月至 2018 年 12 月，任斑鸠店镇党委书记；2018 年 12 月至 2021 年 12 月，任东平县总工会党组书记、常务副主席；2021 年 12 月任东平县政协委员会常委、秘书长。荣誉：2007 年 3 月，被东平县委、县政府授予 2006 年度信访工作先进个人称号；2008 年 7 月，被东平县委、县政府授予“东平县 2007 年度十大文明诚信标兵”称号；2008 年 10 月，被东平县委、县政府授予党史史志工作先进个人称号；2009 年 2 月，被东平县委、县政府授予 2008 年度全县信访工作先进个人称号；2014 年，被东平县委、县政府授予 2013 年度全县安全生产工作先进个人称号；2015 年，被东平县政府授予 2014 年度全县安全生产工作先进个人称号。

姚来涛 男，汉族，1975 年 3 月出生，东平县州城街道东门村人。大学学历，1998 年 11 月参加工作，1999 年 10 月加入中国共产党。1994 年 9 月至 1998 年 7 月为山东农业大学农产品贮运与加工专业学生；1998 年 11 月至 2000 年 11 月任东平县大羊乡科员；2000 年 11 月至 2002 年 4 月任东平县大羊乡团委副书记、纪委干事（其间：2000 年 12 月至 2002 年 4 月任东平县唐龙酒业有限公司挂职党委委员、副总经理）；2002 年 4 月至 2005 年 10 月任东平县外贸局科员（其间：2004 年 3 月至 2005 年 3 月在泰安市发改委挂职锻炼）；2005 年 10 月至 2006 年 10 月任东平县外贸局外资科科长；2006 年 10 月至 2011 年 1 月任东平县沙河站镇党委组织委员；2011 年 1 月至 2011 年 11 月任东平县沙河站镇党委委员、纪委书记；2011 年 11 月至 2012 年 11 月任东平县沙河站镇党委副书记；2012 年 11 月至 2013 年 9 月任东平县沙河站镇党委副书记、政协联络室副主任；2013 年 9 月至 2015 年 7 月任东平县银山镇党委副书记、政协联络室副主任；2015 年 7 月至 2020 年 6 月任东平县银山镇党委副书记、镇长；2020 年 6 月至 2021 年 8 月任东平县银山镇党委书记；2021 年 8 月至 2022 年 2 月为东平县审计局主要负责人；2022 年 2 月至今任县总工会党组书记、常务副主席。荣誉：2020 年 3 月，市委市政府授予全市疫情基层防控标兵先进个人称号。

第二节　历届副主席、党组成员

高兴海 男，汉族，1949 年 12 月出生，东平县接山镇下谢四村人。大专学历，1972 年 1 月参加工作，1972 年 7 月加入中国共产党。1972 年 1 月至 1973 年 10 月，在彭

集公社陈流泽、大羊公社东海子工作（县委工作组成员）；1973年10月至1975年11月，在大羊公社丁坞管区工作；1975年11月至1978年3月，任大羊公社团委书记；1978年3月至1981年8月，任团县委办公室主任；1981年8月至1984年6月，任东平县总工会秘书；1984年7月至1993年4月，任东平县总工会副主席、党组成员；1993年4月至1996年5月，任县司法局党组成员、副局长；1996年5月至2002年12月，任县林业局党委副书记、纪委书记；2002年12月至2009年12月，任县林业局副主任科员。2009年12月退休。东平县政协第三、第四届常委。

李建章 男，汉族，1948年7月出生，东平街道营子村人。1970年12月至1984年8月，在东平县化肥厂工作；1984年9月至1986年7月，泰安市行政干校学习；1986年8月至1993年11月，任东平县总工会副主席、党组成员；1993年11月至2002年1月，任东平县城乡建设委员会副主任；2002年1月至2010年7月，任东平县建设局副主任科员。2010年7月退休。东平县第十一届、十三届人大代表，泰安市人大代表，山东省人大代表，东平县十三届人大常委，中共东平县委委员。荣誉：1982年10月，被山东省人民政府授予山东省劳动模范称号。

潘荣英 女，汉族，1954年11月出生，东平街道赵桥村人。大学学历，1973年8月参加工作，1981年5月加入中国共产党。1973年8月至1974年8月，任赵桥村“赤脚医生”（试用期）；1974年8月至1977年8月，任赵桥村“赤脚医生”；1977年8月至1978年4月，任大羊公社尚庄完小教师；1978年4月至1988年9月，任大羊乡教育组团总支书记、乡妇联主任；1988年9月至1991年4月，任东平县总工会女工委副主任；1991年4月至1991年9月，任东平县总工会办公室主任；1991年9月至1996年6月，任东平县总工会党组成员、副主席（其间：被省总工会授予全省优秀工会干部教育工作者称号）；1996年6月至2006年，任东平县科技局副局长；2006年至2009年11月，任东平县科技局副主任科员。2009年11月退休。

陈培灵 男，汉族，1951年3月出生，东平街道东官屯村人。中专文化，1971年12月参加工作，1972年6月加入中国共产党，1972年12月至1973年10月，在县整

党工作队工作；1973年10月至1977年12月，任东平县州城镇团委干事、团委副书记；1978年1月至1984年4月，共青团东平县委组织部部长；1984年5月至1993年4月，任东平县纪律检查委员会常委、检查室主任；1993年5月至1998年7月，任东平县总工会党组成员、副主席；1998年8月至1999年1月，任东平县人大常委会法制工作委员会主任（正局级）；1999年2月至2004年3月，任中共东平县委办公室副主任、信访局局长；2004年3月至2011年3月，任东平县委县政府信访局主任科员。2011年4月退休。2003年，当选第十五届东平县人民代表大会代表，至2006年，在第十五届一次至四次代表大会召开期间，一直任党群、政法、综合口代表团副团长。2011年4月退休后，任县委、县政府机关家属院居委会主任。

许志泉 男，汉族，1948年10月出生，东平县大羊镇辛庄村人。专科学历，1969年2月参加工作，1978年8月加入中国共产党。1969年2月至1986年12月，在部队服役；1986年12月至1989年5月，任东平县人民武装部后勤科干事；1989年5月至1992年5月，任县人民武装部后勤科科长。1992年5月至1993年11月，任县政协三胞联谊委员会主任；1993年11月至2001年6月，任东平县总工会副主席、党组成员；2001年6月至2008年10月，任东平县总工会主任科员。2008年10月退休。

李灿荣 女，汉族，1951年11月出生，东平县东平街道护驾村人。大学文化，1970年12月参加工作，1973年10月加入中国共产党。1970年12月至1973年9月东平县东平镇护驾村小学教师；1973年9月至1976年8月在山东农业大学学习；1976年8月至1984年7月任东平县林业局干事、机关党支部书记；1984年7月至1990年2月任东平县林业局人秘股股长、局党总支委员、机关党支部书记；1990年2月至1992年4月任东平县林业局人秘科科长、机关党支部书记；1992年4月至1993年11月任东平县林业局党委副书记、纪委书记、机关党支部书记；1993年11月至1995年1月任东平县林业服务中心党总支书记兼机关党支部书记；1995年1月至1995年8月任东平县林业服务中心党委副书记、纪委书记、机关党支部书记；1995年8月至1996年6月任东平县林业局党委副书记、纪委书记、机关党支部书记；

1996年6月至2003年4月任东平县总工会副主席、党组成员；2003年4月至2006年11月任东平县总工会副主任科员。2006年11月退休。2012年11月13日病逝。

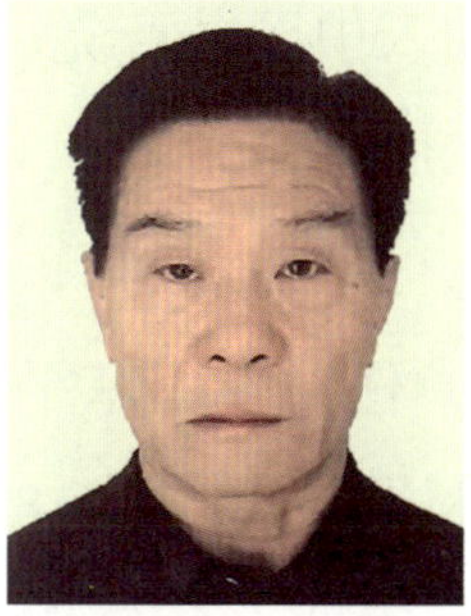

王成华 男，汉族，1949年8月出生，东平县梯门镇吴村人。专科学历，1970年1月参加工作，1983年7月加入中国共产党。1970年1月至1982年6月，任山东光明机器厂技术员；1982年6月至1987年9月，任县农机局新湖管理站站长；1987年9月至1993年11月，任东平县农机公司党支部书记；1993年11月至1998年8月，任县农机局工会主任；1998年8月至2002年1月，任东平县总工会党组成员、副主席；2002年1月至2009年10月，任东平县总工会副主任科员。2009年10月退休。

林恩铎 男，汉族，1949年10月出生，东平街道宿城村人。大学学历，1966年3月参加工作，1974年4月加入中国共产党。1966年3月至1969年4月，任东平花篮店公社干事；1969年4月至1982年8月，在部队服役；1982年8月至1991年3月，任东平县总工会办公室主任；1991年3月至1992年5月，任东平县粮食局工会主任；1992年5月至1996年6月，任县粮食局副局长；1996年6月至1999年10月，任东平县供销社党委书记；1999年10月至2002年1月，任东平县总工会党组成员、副主席；2002年1月至2009年10月，任东平县总工会主任科员。2009年10月退休。

张庆亭 男，汉族，1957年3月出生，东平县彭集街道西史庄村人。大专学历，1977年6月参加工作，1984年12月加入中国共产党。1977年6月至1979年12月，县砖瓦厂工人；1979年12月至1981年5月，任东平县副食品加工厂统计员；1981年5月至1982年3月，任东平县商业综合公司会计；1982年3月至1992年10月，任东平县统计局统计员；1992年10月至2001年6月，历任大羊乡政府副乡长、纪委书记、党委副书记；2001年6月至2009年6月，任东平县总工会党组成员、副主席；2009年6月至2015年1月，任东平县总工会副主任科员；2015年1月至2017年3月，任东平县总工会副主任科员（享受正科级待遇）。2017年3月退休。

陈培典 男，汉族，1960年1月出生，东平县州城街道陈堤村人。大学学历，1981年12月参加工作，中共党员。1982年1月

至1993年9月，任东平县农业局技术员；1993年9月至1994年4月，任东平县戴庙乡副乡长；1994年4月至1999年6月，任东平镇副镇长；1999年6月至2000年6月，任东平镇党委副书记；2000年6月至2001年12月，任东平镇党委副书记兼计生办主任；2001年12月至2012年4月，任东平县总工会党组成员、副主席（正科级）；2012年4月至2019年5月，任东平县总工会主任科员（其间：2015年1月始，享受副处级待遇）；2019年9月任四级调研员。2020年1月退休。

尚家宁 男，汉族，1954年9月出生，东平县彭集街道尚流泽村人。大专文化，1972年1月参加工作，1978年10月加入中国共产党。1972年1月至1993年8月，任东平县化肥厂车间工段长；1993年8月至1997年1月，任山东瑞星集团副总经理；1997年1月至2002年3月，任山东瑞星集团总经理、党委书记；2002年3月至2003年4月，任东平县经贸局副局长（正科级）；2003年4月至2006年10月，任东平县总工会党组副书记、副主席；2006年10月至2014年9月，任东平县总工会主任科员。2014年9月退休。

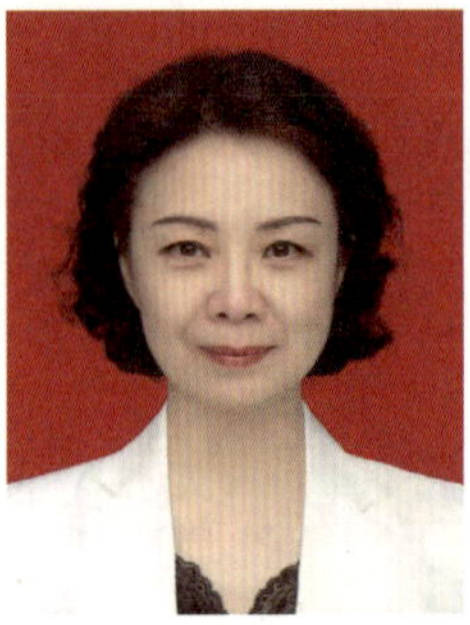

刘　霞 女，汉族，1969年8月出生，新泰市人。大学学历，1989年7月参加工作，1995年12月加入中国共产党。1989年7月至1994年3月，在东平县供销联社工作，任职工教师；1994年3月至2003年8月，任共青团东平县委学校部部长、副主任科员；2003年8月至2008年11月，任东平县总工会党组成员、副主席、女职工委员会主任；2008年11月至2009年12月，任泰安市总工会市直工会副主任科员；2009年12月至2013年3月，任泰安市总工会机关党总支专职副书记；2013年3月至2017年2月，任泰安市总工会市直工会主任；2017年2月至2019年5月，任泰安市总工会女职工委员会主任；2019年5月至今，任泰安市总工会党组成员、女职工委员会主任。

徐广三 男，汉族，1965年2月出生，东平县大羊镇裴洼村人。大学学历，1985年7月参加工作，1993年7月加入中国共产党。1982年9月至1985年7月，在宁阳师范学校学习；1985年7月至1995年6月，任大羊镇尚庄中学教师（其间：1986年9月至1992年7月，在曲阜师范大学中文系汉语言文学专业函授学习）；1995年6月至2007年12月，任东平县工人文化宫干事、党支部书记（其间：借调东平县总工会办公室工作）；2007年12月至2009年6月，任东平县总工会党组成员、纪检组组长；2009年6月起，任东平县总工会党组成员、副主席。荣誉：1996年4月，被县档案局、人事局授予“全县档案系统先进工作者”称号；1997年1月，被市总工会授予“优秀工会积极分子”称号；1997年起多次被县直机关党（工）委评为优秀共产党员、优秀党务工作者；2000年至2008年，连续被市总工会评为全市信息调研和统计工作先进个人；2005年12月，被省总工会评为“四五”普法工作先进个人；2012年起，多次被县委、县政府评为安全生产工作先进个人、信访工作先进个人、党风廉政建设先进个人；2015年4月，被省总工会、省安全生产监督管理局评为山东省“安康杯”竞赛组织工作优秀个人。

王晓晨 女，汉族，1974年3月出生，东平县老湖镇涧流村人。大学学历，1997年8月参加工作，2003年9月加入中国共产党。1994年9月至1997年7月，华北航天工业学院管理工程系会计与审计专业学生；1997年7月至2002年12月，任东平县广播电视局记者、主持人；2002年12月至2003年4月，任东平县委组织部研究室科员、副主任；2003年4月至2009年6月，任东平县委组织部干部科副科长、干部教育科科长（其间：2003年至2005年，就读于省委党校经管专业）；2009年6月至2014年10月，任东平县总工会党组成员、副主席；2014年10月起，任东平县委编办副主任、三级主任科员。2018年，被县委、县政府授予年度创卫先进个人称号。

张吉民 男，汉族，1964年9月出生，东平县老湖镇七里铺村人。大学学历，1980年11月参加工作，1985年12月加入中国共产党。1980年11月，任水河供销社营业员；1982年5月，任东平县委办公室科员；1987年10月，任东平县档案局管理员；1988年11月，任东平县人民法院书记员；1990年11月，任东平县信访局科员；1993年5月，任东平县信访局秘书科科长；1993年8月，任东平县委办公室秘书；1995年11月，任东平县信访局秘书科科长；1996年6月，任东平县信访局副局级信访检查员；1997年5月，任银山镇挂职党委副书记；1999年9月，任东平县信访局副主任科员；2007年9月，任东平县信访局副局长；2009年8月，任东平县信访局副局长、复查办主任；2012年11月，任东平县党组成员、副主席；

2019 年 4 月，任东平县综合行政执法局主任科员；2019 年 6 月，任东平县综合行政执法局二级主任科员；2020 年 12 月，任东平县综合行政执法局二级主办。

黄启真 女，汉族，1977 年 9 月出生，菏泽市成武县苟村镇黄坑村人。大学学历，2003 年 9 月参加工作，2006 年 11 月加入中国共产党。2003 年 9 月至 2005 年 5 月，任共青团东平县委科员；2005 年 5 月至 2009 年 8 月，任共青团东平县委组织部副部长；2009 年 8 月至 2010 年 12 月，任共青团东平县委组织部部长；2010 年 12 月至 2012 年 11 月，任东平县关工委办公室主任；2012 年 11 月至 2018 年 1 月，任东平县妇联党组成员、副主席；2018 年 1 月至 2019 年 4 月，任东平县妇联副主席、党组成员、梯门镇党委副书记（挂职）；2019 年 4 月起，任东平县总工会党组成员、副主席。荣誉：2012 年，被省关工委、省文明办评为全省关心下一代工作先进工作者；2015、2016 年，被评为东平县优秀政协委员；2016 年 2 月，被县委、县政府评为 2015 年度维稳工作先进个人；2016 年 3 月，被授予泰安市三八红旗手称号；2017 年 7 月，被县委评为优秀共产党员；2018 年 2 月，被县委、县政府评为 2017 年度全县脱贫攻坚成绩突出个人（第一书记）；同年，获县直部门成绩突出个人称号；2019 年 2 月，被县委、县政府评为 2018 年度全县脱贫攻坚成绩突出个人（第一书记）；2021 年 4 月，被授予泰安市智慧工会建设标兵个人称号和泰安市“五一”劳动奖章；2021 年 6 月，被县委评为优秀共产党员。

薛　萍 女，汉族，1976 年 2 月出生，东平县戴庙镇桑园村人。研究生学历，1996 年 7 月参加工作，2003 年 6 月加入中国共产党。1996 年 7 月至 1999 年 5 月，任东平县商老庄乡团委副书记；1999 年 5 月至 2003 年 12 月，任东平县建设局团委书记；2003 年 12 月至 2013 年 6 月，任东平县经信局秘书科长、团委书记；2013 年 6 月至 2016 年 5 月，任东平县经信局副主任科员（其间：2013 年 3 月至 2014 年 3 月，任商老庄乡孙庄村第一书记）；2016 年 5 月至 2021 年 9 月，任东平县扶贫开发领导小组办公室副主任、东平县工信局四级主任科员；2021 年 9 月起，任东平县总工会党组成员、三级主任科员；2022 年 2 月任县妇联主席、党组书记。荣誉：1998 年 1 月，被共青团山东省委授予“青春立功”三等功；1999 年 1 月，被共青团泰安市委授予泰安市“新长征突击手”称号；1999 年 3 月，被县委宣传部评为“优秀新闻工作者”；1999年至2011年3月，连续被县人事局、县妇联授予东平县“三八红旗手”称号；2000年3月，被市建委、市建筑业管理处授予“建筑业管理先进个人”称号；2000年10月，获县妇联“建设杯”巾帼建功十年成果演讲比赛优秀奖；2001年、2002年，被共青团东平县委授予“东平县优秀青年工作者”称号；2002年，被共青团东平县委授予“新长征突击手”称号；2004年2月，被市建设局评为建设系统“青年建功立业标兵”；2004年12月，被省委党校评为本科班优秀学员；2007年1月，被团县委授予“新长征突击手”称号；2008年5月，被共青团泰安市委授予“泰安市优秀共青团干部”称号；2009年2月，被团县委、人事局、经贸局、科技局联合授予“东平县青年岗位能手标兵”称号；2011年2月，被市经信委评为“全市电力工作先进个人”；2011年至2013年，被县委宣传部评为优秀企业思想政治工作者；2012年1月，被县人力资源局、县妇联评为东平县“巾帼建功”先进个人；2013年3月，被团市委授予“泰安市优秀青年工作者”称号；2013年11月，在认养帮扶山区贫困儿童活动中，被县妇联授予“爱心使者”称号；2014年2月，被县人力资源和社会保障局、县妇联授予“三八红旗手”称号；2014年3月，被市妇联、市双学双比、巾帼建功竞赛活动领导小组评为“泰安市巾帼建功标兵”；2014年5月，被县委宣传部、团县委、广播电视台、青联联合授予第十一届“东平县十大杰出青年”荣誉称号；2015年2月，被县委、县政府评为“2014年度信访工作先进个人”；2019年3月，被县委宣传部、县妇联等部门联合授予“东平县十大优秀女性”称号；2021年4月，被泰安市委、市政府授予“泰安市脱贫攻坚工作先进个人”称号。

第三节 副科级干部

徐广才 男，汉族，1953年11月出生，东平县新湖镇徐官村人。大专文化，1975年4月加入中国共产党，1977年8月至1981年9月，任东平一中团委书记；1981年9月至1982年10月，任东平六中团委书记；1982年10月至1984年11月，任东平县教育局工会干事；1984年11月至1987年5月，任东平县总工会干事；1987年5月至1989年7月，任东平县总工会宣传部副部长；1989年7月至2002年10月，任东平县总工会宣传部部长；2002年10月至2013年11月，任东平县总工会副主任科员；2013年11月退休。

王广胜 男，汉族，1971年8月出生，

东平县梯门镇西梯门村人。大学学历，1992年7月参加工作。1988年7月至1992年7月，山东省轻工业经济管理学校工业企业管理专业学生。1992年7月至1996年1月，东平县矿泉水有限公司干部（其间：1992年12月至1996年5月就读于山东工业大学工业企业管理专业）；1996年1月至1997年8月，东平县张河桥乡企业办干部；1997年8月至2000年6月，任东平县委精神文明建设委员会办公室科员、副科长；2000年6月至2001年12月，任东平县斑鸠店镇副镇长（其间：2000年9月至2002年12月就读于山东省委党校经济管理专业）；2001年12月至2007年12月，任东平县沙河站镇副镇长；2007年12月至2019年4月任东平县总工会副主任科员。2019年4月起，任东平县工商联副主席、二级主任科员。荣誉：2003年10月，在“非典”防治工作中，被县委、县政府记三等功。

魏　锴　男，汉族，1966年6月出生，东平县戴庙镇中金山村人。大专学历，1990年7月参加工作，1994年9月加入中国共产党。1990年7月至1993年12月，任东平县斑鸠店镇财政所会计；1993年12月至1995年5月，任斑鸠店镇社会事务办公室办事员（其间：1995年3月至1997年12月，就读于省委党校农业经济管理专业）；1995年5月至1997年4月，任斑鸠店镇社会事务办公室办事员、组织干事；1997年4月至2000年4月，任斑鸠店镇党委组织干事、老干办副主任；2000年4月至2005年3月，任斑鸠店镇党委组织委员；2005年3月至2011年11月，任斑鸠店镇党委委员、武装部部长；2011年11月至2017年1月，任东平县总工会副主任科员；2017年起，任东平县总工会二级主任科员。荣誉：2011年12月，被中共泰安市委宣传部、泰安市文化广电新闻出版局评为2011年度全市“百佳”基层文化活动先进个人；2013年2月，被中共东平县委、东平县人民政府评为2012年度平安东平建设先进个人；2014年2月，被中共东平县委、东平县人民政府评为2013年度平安东平建设先进个人；2017年2月，被中共东平县委、东平县人民政府评为2016年度平安东平建设先进个人。

赵　辉　女，汉族，1972年3月出生，新湖镇常口村人。大学学历，1993年8月参加工作，1997年3月，加入中国共产党。1993年8月至1997年3月，任大羊乡农技站会计、团委副书记；1997年3月至2002年1月，任大羊乡团委书记（其间：1995年9月至1998年7月在山东农业大学农学专业学习）；2002年1月至2003年9月，任大羊乡文化站站长、大羊办事处主任；2003年9月至2009年6月，任大羊乡党政办副主任、民政办副主任；2009年6月至2015年11月，任大羊镇民政办主任、老龄委主任、残联理事长；2015年11月至2017年1月，任大羊镇经济发展办公室副主任；2017年1月至2019年4月任大羊镇副镇长；2019年4月起任东平县总工会副主任科员、经审委主任、女职委主任、四级主任科员。荣誉：2010、2011、2012年连续三年被县民政局评为全县优秀民政办主任；2012年6月，被县委授予“东平先锋”共产党员称号；2013年4月，被县老龄办评为2012年度东平县实施“银龄安康工程”先进个人；2013年12月，在2013年度全市实施银铃安康工程工作中，被市老龄办评为先进个人；2014年2月，被县人力资源和社会保障局、县妇联授予“三八”红旗手荣誉称号；2014年2月，在2013年度残疾人工作中成绩突出，被县人力资源和社会保障局、县残联评为先进个人；2014年3月，被市妇联评为泰安市巾帼建功标兵；2014年7月，被市委组织部、市人力资源和社会保障局评为2013年度泰安市优秀公务员，授予“服务基层优秀公务员”称号；2014年12月，被山东省残联授予“山东省助残先进个人”称号；2014、2015年连续两年被县民政局授予全县民政工作先进个人荣誉称号；2015、2016、2017年连续三年被县老龄办评为东平县实施“银龄安康工程”先进个人；2015年6月，被市委组织部、市人力资源和社会保障局授予2014年度泰安市模范公务员称号，给予记三等功奖励；2015年10月，被市人力资源和社会保障局、市老龄办授予全市老龄工作先进个人称号。

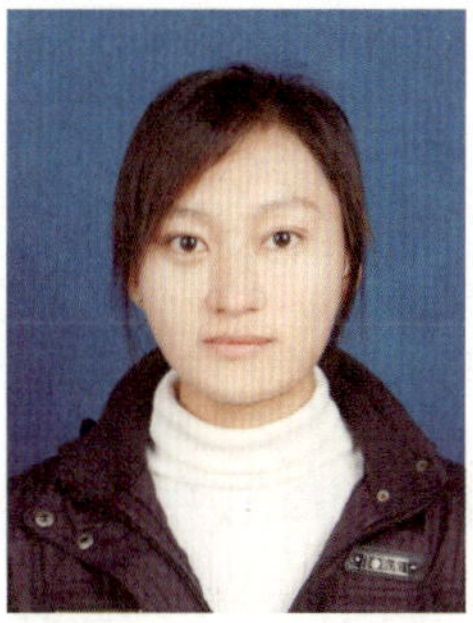

雷　敏　女，汉族，1984年12月出生，肥城市孙伯镇孙东村人。研究生学历，中共党员。2011年8月至2012年3月，在东平县三支一扶接山镇公共服务岗位工作；2012年3月至2014年4月，任东平县东平湖管理委员会科员；2014年4月至2016年8月，任东平湖管理委员会综合科科长（股级）（其间：2014年4月至2015年4月，任县派州城街道刘桃园村第一书记）；2016年8月至2017年4月，任东平湖管理委员会财务科科长；2017年4月至2021年4月，任东平湖管理委员会综合科科长（副科）、财务科科长（其间：2019年5月至2020年3月，挂职老湖镇党委副书记；2019年5月至2021年8月，任县派老湖镇周林村第一书记）；2021年

4月起，任东平县职工服务中心（工人文化宫）主任。荣誉：2013年，被东平县人力资源和社会保障局、东平县妇女联合会授予2012年度“三八红旗手”称号；2015年，被东平县人力资源和社会保障局、东平县妇女联合会授予“巾帼建功先进个人”称号；2016年，被中共东平县委县直机关工作委员会授予东平县2015年度“优秀党务工作者”称号。

第四节 高级职称人员

李守白 男，汉族，1938年出生，东平县东平街道尚庄村人。泰安师范毕业，1955年参加工作，先后在东平县城关完小、东平三中、八中任语文教师；1983年，调入县工人文化宫工作，为副研究馆员。1998年退休。是省书法家协会会员、省书刻艺术家协会理事、县书画家协会常务副主席。喜爱文艺，尤善书法艺术，以行草书最为受人称道。其作品诗书相融，别具妙趣，曾多次在全国、省、市级书展中获奖。其中，行草作品“不逐春光斗紫红，东风过处敛芳容。何须卖笑分高下，独傲秋霜看落枫”，1992年获“山东省首届书刻艺术大奖赛”书法特等奖；行书毛泽东词《咏梅》，1993年获“首届中外咏梅书画联展”三等奖；自作诗书《红太阳颂》获“纪念毛泽东诞辰百年书法展”优秀奖，并被中国艺术研究院收藏；行书对联“西汉文章两司马，南阳经济一卧龙”获“第一届国际绘画书法艺术展”优秀奖；自作诗书《回归颂》获中国教育学会书法专业委员会“庆祝中华人民共和国成立五十周年，迎接澳门回归祖国”有奖征稿三等奖，入选《书法精品集》；行草书杜甫诗《春夜喜雨》获“中华世纪之光书画展”优秀奖，入选《中华世纪之光书法作品集》；2001年，荣获山东省职工自学成才奖；2002年行书对联杜甫诗《归雁》获“山东省首届美术、书法、摄影优秀作品县市交流展”一等奖；另有数十件作品在市级以上报刊发表，为社会各界奉献书法作品甚多，有作品传入美国、日本、韩国、新加坡、荷兰等国；曾3次举办个人书法作品展。作品集主要有《东原颂》《李守白书法作品集》《心画心声》《李守白诗集》等。名字及作品入载《当代山东书法家辞典》《中国当代楹联墨迹集》等辞书。系第八届泰安市政协委员，第一、二、三、四届县政协委员。

李广林 男，汉族，1946年4月出生，东平县新湖镇张坦村人。大学文化，无党派。高级工程师，瑞星集团总公司总工程师。1970年7月，华东理工大学（原华东化工

学院）本科毕业。1970年7月至1981年6月在四机部第798厂工作。1981年7月至2006年4月，在瑞星集团总公司工作，期间1994年8月，当选山东省总工会第十届委员会委员，出席山东省第十届工会代表大会。系东平县政协委员，第二、三、四、五、六届常务委员。在长期技术工作中，勇于创新革新，对促进企业生产发展做出重大贡献，在国内多种专业刊物发表多篇有价值的论文和作品，受到组织多项奖励。退休后被聘为瑞星集团技术顾问。积极参加政协、工会等社会活动。

第五节 全国劳动模范（含部级先进人物）

梁绪珍 男，汉族，1947年10月出生，东平街道于寺村人。大专学历，1962年8月参加工作，中共党员。曾任宿城镇党委副书记。自1984年9月担任党支部书记后，团结带领全村干部群众，艰苦创业，埋头苦干，治理涝洼地1335亩；开发山地建果园1650亩；打井14眼，建排灌站1座，修水渠1.7万米，开挖引水河2350米，建围洼大堤5100米，实现旱能浇、涝能排；搞鱼粮间作400亩，挖鱼池150亩；投资190万元，硬化村内外街道；投资40万元完成农村电网改造。先后被评为泰安市优秀共产党员、泰安市劳动模范、泰安市十大优秀党支部书记、山东省优秀共产党员、山东省劳动模范。2005年4月，被国务院授予“全国劳动模范”称号。2007年12月退休。

高慧娟 女，汉族，1969年11月出生，东平县接山镇下遂城村人。中专学历，中共党员。15岁初中毕业后，承包狼窝山。在生活条件极其艰苦的情况下，她白天开山筑路、背土植树，晚上点起煤油灯，刻苦自学果树栽培、管理技术，先后搬动土石10万立方米，修筑山路4000余米，栽种各类树木5.38万棵，共绿化荒山80余亩、开垦果园30亩。在她的带动影响下，全村种植的果树产出可观效益。先后获得“山东省新长征突击手标兵”“山东省劳动模范”“全国劳动模范”“全国十大杰出青年农民”称号。被授予全国绿色工程奖、国际青少年消除贫困奖。2005年5月1日，出席全国劳模表彰大会，受到国家领导人亲切接见。

刘曰杰 男，汉族，1942年1月出生，

东平县沙河站镇蔡庄店人。1962年梁山师范毕业，在郓城杨庄集参加工作，1966年4月加入中国共产党。1981年调回东平。1984年至1997年，任宿城镇民政助理员。工作中，通过开展劳务输出，扶持自主经营和创办民政经济实体，走出为优扶对象“解三难，奔小康”的新路子，连续多年被评为省市级民政系统先进工作者。1992年，被山东省委、省政府、省军区命名为“山东省双拥模范”。1994年5月16日，中华人民共和国民政部、人事部授予刘曰杰全国民政系统先进工作者称号。

孟广岩　男，1954年5月出生，东平县接山镇郈城村人。大专学历，经济师。1972年1月参加工作，1978年10月加入中国共产党。1972年1月至1988年10月，历任东平县化肥厂工段长、调度员、车间主任、党支部委员、质检科科长；1988年10月至1993年8月，历任东平县化工总厂计量室主任、备件库主任、劳动人事科科长、机关三党支部书记；1993年8月至1997年2月，任山东省瑞星化学工业集团总公司油脂化学厂厂长、党支部书记、生产处处长、机关一党支部书记；1997年2月至2003年10月，任山东省瑞星化学工业集团总公司工会主任、党委委员、机关二党支部书记；2003年10月至2014年5月，任山东瑞星化工有限公司监事会主席、工会主任、党委委员、办公室主任、机关党支部书记。连续从事工会工作18年，2014年5月办理退休手续。1984年，被推选为东平县第十届人民代表大会代表、中国共产党东平县第六次代表大会代表；1998年6月，被推选为泰安市工会第十一次代表大会代表；1979年，被共青团中央授予“全国新长征突击手”称号；1979年、1981年，共青团山东省委授予其“全省新长征突击手”称号。1978年至1986年，连续被评为“东平县模范共产党员”；1993年，被评为“东平县劳动模范”和“东平县先进党务工作者”；1995年，被评为“泰安市节能降耗先进个人”；1996年，被评为东平县优秀党支部书记；1997年至2013年，连年被评为山东省石油化工系统优秀工会工作者；2001年，获“振兴泰安”劳动奖章；2002年，获“全国能源化工系统优秀工会干部”称号；2008年，中华全国总工会授予其“全国优秀工会积极分子”称号。

侯家珍　男，汉族，1933年5月出生，东平街道宿城村人。中师学历，中共党员。从教41年，先后在邹县南宫小学、城关小学、东平县护村小学任教，在东平县实验小学

任校长、党支部书记。1989年，承担创建东平县实验小学的任务，发动社会各界群众集资办学，至1993年，建成一所规范化学校，有20个教学班，附设4个学前班，解决近2000名城镇职工子女就学问题。他重视教师队伍建设，每学期坚持开展教学研究活动，组织教师上研究课、过关课、汇报课，评选“优质课”，培养出一大批优秀教师，形成一支师德高尚、业务精湛的教师队伍。充分发挥班队会、广播站、黑板报、宣传栏等阵地作用，开展《小学生守则》和《小学生日常行为规范》教育；组织各班开展丰富多彩的德育活动，使学生养成良好行为习惯和良好品德。1989年9月，侯家珍被评为“全国教育系统劳动模范”，工作业绩被录入国家教委《中国中小学校长群英集》。

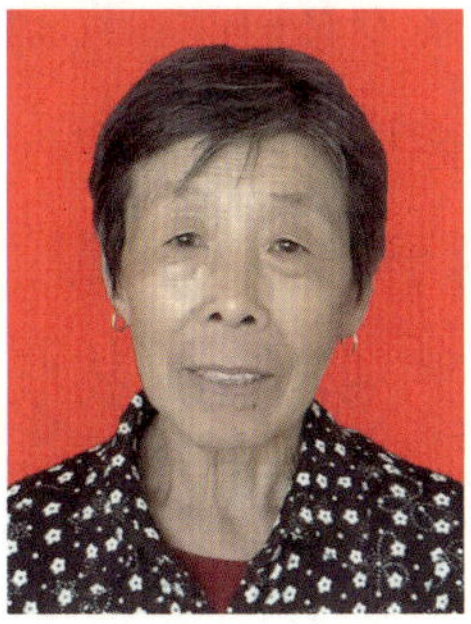

高 霞 女，汉族，1952年2月出生，东平县接山镇纸坊村人。初中文化，中共党员。1984年春，村里决定公开招标承包东大洼。高霞和丈夫徐衍信，带头投标，在为期30年的承包合同书签上自己的名字。231亩荒野，杂草丛生，全部开垦出来不是一件容易的事。为了减轻土壤黏度，高霞从十几里外拉来1000多立方米河沙，改良土壤。投资13万元，先后购置拖拉机、旋耕机、播种机、收割机、脱粒机等，办起养牛场、养猪场、蘑菇大棚、沼气池，成立种植、养殖基地。至1990年向国家交售各种粮食115吨，籽棉17吨，为社会提供大豆良种2.4万公斤，棉花良种0.6万公斤。1991年，村里给她下达3900公斤的小麦定购任务，她除留足口粮和种子外，其余的全部交给国家，共交售小麦1.75万公斤。连续几年，被省、市、县妇联评为“三八红旗手”和“致富能手”；1990年，被山东省人民政府授予“农业劳动模范”称号；1989年，被评为“全国三八红旗手”和“全国双学双比女能手”，受到党和国家领导人的接见。

柴万训 男，汉族，1956年出生，东平县接山镇林马庄村人。大学学历，中共党员。他以严谨的态度，致力于林业的研究和推广应用，先后试验并大面积推广桐粮间作和果粮间作等科技兴林项目。他推行的秋季带叶植桐，获省林业厅科研成果三等奖；在彭集林业站工作期间，加强管理，成效显著。1986年，林业部专门下发文件，向全国通报彭集林业站改革创新开展综合服务的经验，并让他在全国林业厅局长会议上介绍经验。1991年，担任县林业局局长后，坚持以市场为导向、以经济效益为中心，初步建成10万亩核桃、20万亩水果、300万株香椿等经济林生产基地，开发建设腊山森林公园，全县林木覆盖率达到30.3%，提前一年实现省“八五”绿化目标。1986年，被中央绿化委员会授予“全国绿化劳动模范”光荣称号；1996年，被省委、省政府授予山东省林业劳动模范称号。

刘方印 女，汉族，1955年11月出生，东平县州城街道牌坊村人。中师学历，中共党员。曾在州城街道孙岗联中、州城纸坊联中、东平县实验小学任教。工作中，坚持教改教研，曾多次承担市县教改实验课题，并取得良好成绩。其中《以发展语言为中心，促进学生语文能力的全面发展》获省成果一等奖，并在泰安市进行推广；《小学作文教学应立足于作文素质的培养》获市论文一等奖，发表在《山东教育科研》上；《我的作文教学探索》获泰安市教学论文特等奖，发表在《小学语文教学》刊物上；1990年，获泰安市首批小学语文教学能手称号；曾多次获得县优秀教师、县师德标兵、县优秀校长、市教学能手、市教学改革先进个人、泰安市劳动奖章获得者、山东省特级教师称号；1989年，获全国教育系统劳动模范称号和优秀人民教师奖章。

刘振海 男，汉族，1949年10月出生，东平街道后屯村人。大专学历，中共党员，高级经济师。1968年2月参加工作，1976年1月加入中国共产党。1968年2月至1980年3月，先后任东平县石灰厂职工、生产股副股长；1980年3月至1985年7月，任县建筑工程公司供销股副股长、股长；1985年7月至1990年10月，先后任县建筑安装工程公司副经理、代经理、经理；1990年10月至1994年5月，历任县建筑安装工程公司、县建筑安装总公司、县建筑安装集团公司经理。实行承包经营责任制，企业规模不断扩大，经济效益成倍增长。先后组建第一设备安装公司、装饰装潢公司、保温材料厂、涂料厂，工程队伍由原来的3个队发展到11个工程处，职工达到2000余人。1988年被授予“振兴泰安五一劳动奖章”；1993年在泰安体育中心建设中，被中共泰安市委、市政府给予记大功表彰；1994年5月起，任山东东平县建筑安装股份有限公司董事长兼总经理；1999年11月，被国家人事部、建设部授予“全国建设系统劳动模范”称号。

李　勇 男，汉族，1970年6月出生，东平街道尹范村人。研究生学历，中共党员。新东岳集团有限公司党委书记、董事

长。2004年4月，被山东省总工会授予“富民兴鲁”劳动奖章；2006年7月，被评为“泰安市十大优秀创业企业家”；2008年5月，被泰安市人民政府评为“泰安市劳动模范”；2009年3月，被共青团泰安市委评为“十大杰出青年”；2010年2月，被中国产业质量调查评价中心、中国企业信用评价管理中心评为“中国经济贡献百名杰出人物”；2010年7月，被中共山东省委组织部、山东省工商行政管理局评为“山东省践行科学发展观带头人”；2013年8月，被中华全国总工会评为“全国优秀工会积极分子”；被省工商联、省总工会评为“山东省关爱员工优秀民营企业家”；2015年4月，在中国橡胶年会上，被授予“中国橡胶工业行业发展贡献奖”。2018年4月，被省政府授予“山东省劳动模范”称号。2019年7月，被评为“山东省推行全面质量管理40年功勋人物”。

赵方生 男，汉族，1954年12月生，东平县老湖镇人。1974年7月参加工作，老湖镇第二中学附小一级教师。参加工作20年，一直担任五年级毕业班课程，升学率年年在90%以上；他潜心教学研究，探寻教学规律，探索出一整套行之有效的教学方法，受到领导和师生一致好评。1989年，被国家教委、人事部、全国教育工会授予“全国优秀教师”称号，并授予其“优秀教师”奖章。

李淑娟 女，汉族，1942年12月出生，蓬莱县人。中专文化，1984年11月加入中国共产党。1958年参加工作。东平县实验小学校长，小学高级教师、山东省特级教师，从教30多年间，一直在教学第一线工作。能力强，业务精，肯钻研，成绩突出，受到领导和师生的好评。1989年被国家教委、人事部、全国教育工会评为“全国优秀教师”，并授予其“优秀教师”奖章；1990年，山东省人民政府批准她为“小学特级教师”。

肖兴学 男，汉族，1947年8月生，东平县新湖镇肖村人。中专文化，中共党员。1968年8月参加教育工作，新湖二中校长。在长期教学生涯中，创造出“看、议、讲、练”四字教学法，获得教学上较大成功。1989年被全国教育委员会、人事部、全国教育工会授予“全国优秀教师”称号，并获全国“优秀教师”奖章。

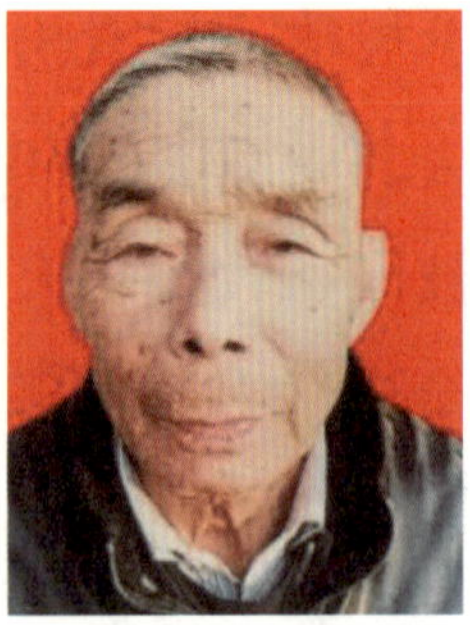

李东升 男，汉族，1949年生，东平县接山镇苍邱一村人。大专文化，1974年任民办教师，1984年入党。1978年考入泰安师专化学系。1980年毕业后，分配东平县职业中专从事教学工作。在职业教育岗位上，李东升辛勤耕耘，默默奉献，培育的学生在各个岗位上成为业务骨干。1989年，国家教委、人事部、全国教育工会授予他“全国优秀教师”称号，并授予其“优秀教师”奖章。

李怀武 男，汉族，1939年10月出生，东平县彭集街道李楼村人。中专文化，1961年7月师范毕业后参加工作。任彭集镇后围中学校长，中学高级教师。从教30余年，勤勤恳恳、兢兢业业，为教育事业贡献半生精力和心血。1989年，被国家教委、人事部、全国教育工会授予“全国优秀教师”称号，并授予其“优秀教师”奖章。

刘振敏 男，汉族，1948年8月出生，东平县老湖镇刘庄村人。1968年8月参加工作，中学一级教师。从教20多年间，立足教育岗位，辛勤耕耘，忘我工作，成绩突出。1989年，获国家教委、人事部、全国教育工会授予的“全国优秀教师”称号和“优秀教师”奖章。

房义祥 男，汉族，1956年12月出生，东平县银山镇前银山村人。1974年参加工作，1986年加入中国共产党。大专文化。曾任银山镇教委主任、银山镇党委组织委员兼管理区党总支书记，彭集镇副镇长，戴庙乡党委副书记。在银山镇教委工作期间，通过扎扎实实的工作，全镇教育业绩由全县第十五位提升至第四位，教学质量获评全县第一名。1989年，被国家教委、人事部、全国教育工会评为全国“优秀教育工作者”。

张成胜 男，汉族，1973年11月出生，东平县彭集街道人。研究生学历，中共党员。在瑞星集团工作20余年中，一直扎根在合成氨、尿素等生产、技术和经营管理一线，先后参与并主导公司由小到大扩建工程，主要有“1526工程”“4060工程”“2640暨百万吨尿素工程”“动力结构调整项目”“1541工程”“一期原料结构调整项目”和“二期60万吨/年粉煤气化项目”，助力企业由一个年产四万吨的尿素小厂发展为国内单厂生产能力较大的尿素生产企业。2003年4月，被共青团东平县委授予“东平县新长征突击手”称号；2005年1月，被泰安市总工会授予“泰安市职工创新能手”称号；2005年1月，被共青团泰安市委、市人事局、市经贸委、市劳动局、市科技局共同授予“2004年度泰安市青年岗位能手”称号；2006年4月，被泰安市人民政府授予“劳动模范”称号。2008年12月，被中华人民共和国人力资源和社会保障部、中国石油和化学工业协会授予“全国石油和化学工业劳动模范”称号。

李 立 男，汉族，1971年1月出生，东平县州城街道桂井子村人。大学学历，中共党员。现任东平县住房和城乡建设局财务科长、清欠办主任。参加工作20多年来，紧紧围绕住建局中心工作，先后修改和完善《住建局财务管理制度》《财务会计岗位工作职责》等内部规章制度。把收支两条线、政府采购有机结合起来，建立统一的会计集中核算制度，增强建设系统资金调控能力。引进先进的财务管理软件与科学化的管理模式，规范各项业务操作，解决财务管理工作中所存在的核算层次过多、资金管理分散等问题，提高资金的使用效率。他创新工作思路，组建8个清欠工作小组，对全县所有工程的农民工工资清欠工作，实行包保责任制，提前介入、定期清查农民工工资拖欠苗头。2011年，被授予“泰安市建筑领域清理拖欠农民工工资工作先进个人”“全市信访工作先进个人”荣誉称号；2012年，被评为“全国住房城乡建设系统先进工作者”。

第六节 省级劳动模范（先进人物）

徐徇栗 男，汉族，1943年出生，五莲县叩官镇老君堂村人。高中文化，中共党员。曾任东平化肥厂技术员、生产科副科长、厂长兼党委书记。自1984年担任厂长后励精图治，四年时间使合成氨产量翻了一番，并开发3个化工系列，年利润由1983年的105万元，增加到1987年的322.47万元，各项经济指标居全国先进水平，主产品碳酸氢铵连续被评为省部双优。1982年，采用无油润滑合成二段新流程、变换炉体外喷水增温降温新工艺，均获泰安地区科技成果二等奖。1987年2月，被泰安市总工会授予“特邀工会积极分子”称号；1989年，被评为“山东省劳动模范”。

王吉河 男，汉族，1932年6月出生，东平县大羊镇南留屯村人。初中文化，中

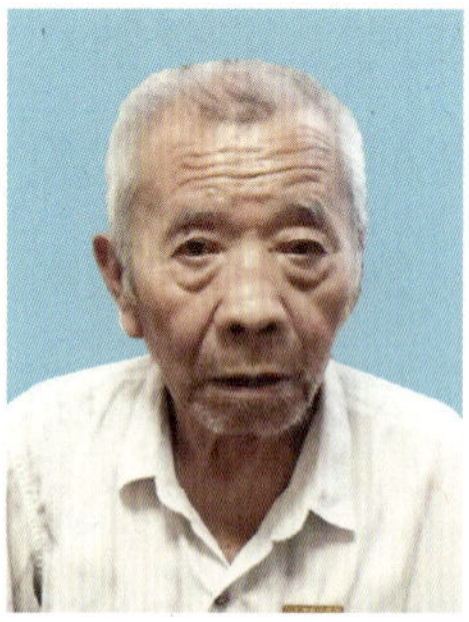

共党员。1953年1月，参加抗美援朝；1958年转业回乡，1962年，任南留屯村党支部书记。带领干部群众封山造林2500余亩，修筑南留屯大坝，修缮村中水沟1000余米，为村民生活带来方便和保障，解决了当地储水和排水问题；打机井10余眼，解决了村民用水难的问题。1990年，被评为“山东省劳动模范”。

蔡绍桂 男，汉族，1950年8月出生，东平县商老庄乡新光村人。初中文化，中共党员。曾任兰州军区守备师班长，东平县大安山渔场技术员、工程师、乡科协主任、副乡长，商老庄乡政协联络室副主任。任大安山渔场场长期间，在实践中总结出“上粮下鱼、鱼粮间作、提高经济效益”经验，并在全省进行推广；1988年5月，联合全乡120户养鱼户成立大安山水产养殖协会，发展会员128人，举办3期养鱼技术培训班，培训学员156人；无偿防治鱼病300多次，义务加工鱼饲料3万多公斤。此外，每年无息支持养鱼困难户7000元以上。1990年，被山东省人民政府授予“农业劳动模范”称号。

于崇福 男，汉族，1941年11月出生，东平县梯门镇双塔村人。初中文化，中共党员。1958年9月，任双塔村党支部书记，带动群众走共同富裕道路。兴建集贸市场，群众可以在家门口买卖农产品，每年户均增收1000余元。整修梯田2000亩，打机井10眼，修水渠1500米，铺路修路2200米，使全村家家通上自来水。积极与广电局联系，筹资3万元，让全村群众看上电视节目。同时，建立健全民调会、治保会、红白理事会、治安巡逻队；开展评选“好婆婆”“好媳妇”“致富能手”等活动。1990年9月，被山东省人民政府授予“农业劳动模范”称号；1992年、1998年，两次被评为泰安市“优秀农村党支部书记”。

陈昭贵 男，汉族，1958年出生，东平县州城街道陈坊村人。初中文化，中共党员。曾任东平县唐龙健美酒车间主任。他认真学习，刻苦钻研，大胆改革，敢于创新，经过几百次的试制及工艺改进，唐龙健美酒研制成功。1987年4月，唐龙健美酒获南斯拉夫萨格勒布第15届国际博览会优秀发明奖；1987年10月，获第36届布鲁塞尔尤里卡博览会世界发明奖；1988 年 10 月，获北京首届国际发明博览会银牌奖；1988 年 12 月，获首届中国食品博览会金奖；本人先后获“富民兴鲁”劳动奖章，“富民兴鲁先进生产管理者”称号；1992 年，被评为“山东省劳动模范”。

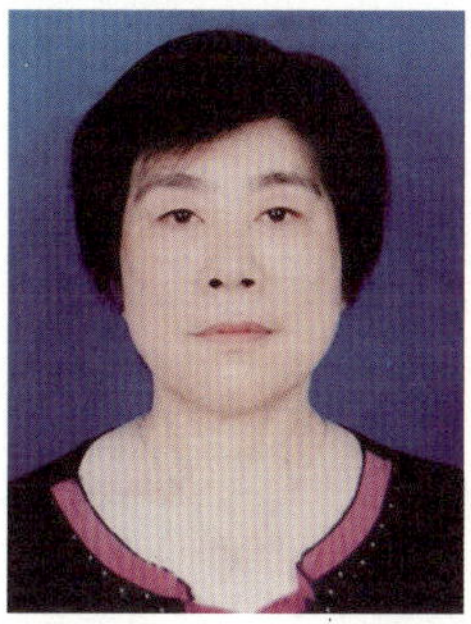

王敬肃 女，汉族，1954 年 2 月出生，东平街道百户庄村人。中专文化，中共党员。1968 年，刚参加工作就拿起焊枪，经过三十几年磨炼，练就一手熟练的焊接本领。1972 年，东平县化肥厂建设会战时，高压管道的焊接技术要求很高，经她焊接的上万个焊口无一差错，并一次性试车成功；1989 年，水河至银山跨湖架设高压线路工程施工时，正值炎热的夏天，有时气温高达 40℃，每天都要工作十几个小时，有时甚至通宵达旦，她连续干了 70 天，没休半天班，直至工程竣工。1996 年，她参加老湖至旧县 35 千伏输电线路的架设，全长 17.2 公里，带领 30 名职工，在 4 个山头上装设铁塔，山体坡度在 45° ~ 60° ，铁塔基础混凝土所用的 624 吨水泥、石子要一袋袋背上山顶，40 吨铁塔配件要一件件扛上山，她和其他人一道克服重重困难，仅用 29 天就完成原计划 70 天的工程量。2000 年，在电厂 2 号楼安装汽轮机组工程中，她创造性地采用挖“猫儿洞”的方法，钻进离地面两三米深、仅容一人的洞穴里焊接管道，她所承接的上百个焊口无一渗漏，创造了又一个奇迹，赢得“女铁人”的称号。她连年被评为局先进工作者，多次被评为县优秀共产党员；1992 年、1993 年获省、市“三八红旗手”称号；1993 年，获“振兴泰安”劳动奖章；1994 年，被评为泰安市劳动模范；1995 年，获“山东省劳动模范称号”。

张 政 男，汉族，1947 年 2 月出生，东平县接山镇林马庄村人。大学学历，中共党员。曾任东平县委党校副校长、高级讲师。1963 年 8 月至 1971 年 3 月，在部队服役期间，先后荣立三等功 4 次，二等功 1 次。1968 年 6 月，在越南义路省获总理范文同签发的越南功勋奖章。1971 年 4 月至 1982 年 3 月，在原三机部 135 厂、五机部 214 研究所工作期间，先后 6 次获得“军工系统先进工作者”等荣誉称号。1982 年 4 月，调回家乡工作后，一心一意扑在党的干部教育事业上，苦心钻研，辛勤耕耘。1989 年 8 月，他被确诊为晚期食管癌，先后经受大手术 2 次、中小手术 34 次。他以“求生勇登手术台，无影灯下任刀宰”的超人毅力和勇气，始终与病魔、命运拼搏抗争。荣获全国抗癌明星等荣誉称号。1997年12月，他被评为全国党校系统先进工作者，在北京参加表彰大会期间，曾受到党和国家领导人的亲切接见。中共中央组织部原部长张全景亲笔为他作了“生命不息 奋斗不止”的题词。1998年4月28日，被评为“山东省先进工作者”。

张成福 男，汉族，1949年12月出生，东平街道史楼村人。中专学历，中共党员。自参加工作以来，坚持立党为公、执政为民、廉洁自律，无论在哪个工作岗位上，都能够做到尽职尽责、任劳任怨，创造性地开展工作；1990年，调任县计生委主任，下基层、摸实情，积极向县委、县政府领导汇报，提出多项措施并付诸实施。通过开展大量行之有效的工作，使东平的人口和计划生育工作取得突破性进展。1991年，东平摘掉省计生工作重点管理的帽子；1992年，获全市计生工作三等奖；1993、1994年，连续两年获泰安市二等奖；1995年，荣获省委、省政府计划生育“三为主先进单位”称号；1995年至1998年，连续4年荣获全市一等奖。由于工作业绩突出，1991年至1998年，连续3次获县政府记功、4次记大功，1998年4月，被山东省人民政府授予“先进工作者”称号。

刘兆奇 男，汉族，1954年2月出生，东平街道刘范村人。大专学历，中共党员。在担任刘范村党支部书记期间，他带领村党支部一班人和全体群众坚持不懈地以经济建设为中心，大力发展村办企业和个体私营经济，先后创办起黄麻制品厂等7家村办企业，开发商业街2条，安置个体工商户150多家，全体村民家家有致富项目、户户有经济收入。在抓好经济建设的同时，先后投资建设高标准的村敬老院、幼儿园、村办小学、村卫生室等，改善群众生产、生活条件，全村社会稳定、村民安居乐业。在担任城区管区书记期间，因城中村改造，各种矛盾和挑战接踵而至。他不厌其烦地深入基层，给各村出主意、想办法，到拆迁户家中做耐心细致的思想工作，连续一个多月在拆迁指挥部白天做工作、晚上开协调会，为城中村改造工程的顺利推进做了大量工作。1993年至1999年，连年被县委评为“优秀党支部书记”；1994年，在创“双百”活动中被市委评为“优秀党支部书记”；1995年，被市政府授予“劳动模范”称号；1996年，被市委授予“优秀农村党支部书记”称号；1998年，被省政府授予“山东省劳动模范”称号。

孟广银 男，汉族，1965年9月出生，

东平县沙河站镇韩圈村人。大学学历，中共党员。瑞星集团股份有限公司董事长、总裁、党委书记。先后实施“2640”“4060”、航天粉煤气化等项目，率先建成全国特大型的肥料生产基地，为广大农民生产、农业发展提供优质高效肥料产品。在生物化工领域，积极实施100万吨/年淀粉扩产改造工程、20万吨/年药用级葡萄糖、12万吨/年药用葡萄糖项目，建成全国知名的药用级葡萄糖生产企业，从产品单一、结构单一、年销售收入4亿元，年上缴税金1000万元，发展到年销售收入150亿元，上缴税金2亿元。公司每年招收60名应届高中毕业生进行委托培养并安排就业，让上千名农民子弟成长为公司的业务骨干。同时，公司利用社会力量组建的物流车队，吸纳社会车辆400多辆，原料、产品年运输量达到1000万吨。积极支持地方发展化工配套产业、宾馆、饭店等行业，在周边形成以瑞星为核心的化工产业经济带，成为带动周边发展的“火车头”。2003年，被省政府授予“山东省劳动模范”荣誉称号。

任尚泽 男，汉族，1952年12月出生，东平县旧县乡北吉城村人。高中文化，中共党员。1993年7月，任村支部书记后，带领群众动用土石5万余立方米，在东

平湖易涝区筑起一条长1572米的大坝，将610亩涝洼地改造成为上粮下渔的经济田，全村人均增加耕地0.5亩，解决了群众吃饭难的问题。他筹借资金20万元，调整土地40亩，建畜牧养殖小区3个，饲养小尾寒羊、波尔山羊、四川黄羊等，全村存栏量达到4500只，仅此一项人均增加收入800余元。依托北吉城村区位优势，投资200万元，开发建设北吉城生态湿地乐园，建设有江北石林、荷花园、钓鱼台、木桥、长廊等景点；投资2000多万元，建成水浒“石碣村”景点。拍新版《水浒》《剑侠情缘》《楚留香传奇》《卜案》等多部电视剧，使北吉城村一个临湖的穷山村成为著名的影视基地和渔家风情体验区。全村群众安居乐业，幸福指数提高。1996年7月，被东平县委授予“优秀党支部书记”称号；1997年7月，被东平县委授予“优秀共产党员”称号；1997年，东平湖开发建设被省荣记三等功；1998年7月，被泰安市委授予“优秀党支部书记”称号；2000年4月，被泰安市政府授予“劳动模范”称号；2003年4月，被省政府授予“山东省劳动模范”称号。

解庆常 男，汉族，1963年12月出生，东平县州城街道关庙村人。大学学历，中共党员。在县市政公用事业局任局长期间，

以创建“省级园林城市、打造具有地方特色的生态宜居城市”为抓手，积极筹措资金，大力实施城市环境卫生、园林绿化、路灯亮化和城市美化工程，兴建平湖广场、荷花广场、光大公园；实施县城17片生态景观林建设，县城区绿化覆盖率达到39%、绿地率达到34%；投资1300万元，新安装各式路灯3000余盏，县城亮化率达到80%以上，城市面貌发生重大变化，实现“让市民喝上干净的水、走上平坦的路、用上安全的气、生活在舒适优美的环境里”的工作目标，成功创建省级园林县城；同时，采取市场化运作、社会融资等方式筹资2亿元，建设东平县污水处理厂、垃圾处理厂等一批重点基础设施项目，为确保南水北调东线工程山东段控制单元治污方案的实施和山东省“两湖一河”碧水行动计划的完成做出贡献。2000年1月，被评为山东省建设系统“企业先进工作者”；2001年4月，被省总工会授予“富民兴鲁”劳动奖章；2004年4月，被泰安市政府授予“泰安市劳动模范”称号；2006年6月，被泰安市委授予“优秀共产党员”称号；2008年4月，被省政府授予“山东省先进工作者”称号。

郑金元 男，汉族，1948年8月出生，东平县彭集镇前郑海村人。中专文化，中

共党员。任党支部书记期间，依据本村优势，大力兴办花生种植、购销、加工产业。全村330户，有232户村民经营花生加工、购销、精选等项目，仅此一项，全村人均增收2000元以上；积极领办创办村工业园区，吸引四家企业入驻园区，总投资达1亿元以上，安置500余人就业，月工资均在1000元以上；村集体每年实现纯收入40万元；先后投资400多万元，改造村内外电网，新建标准化小学，安装自来水，全村大街小巷全部进行硬化、绿化、美化、亮化。投资100多万元，建设一个集办公、学习教育、科技培训于一体的文化大院和农民健身休闲广场；生态厕所普及率达到70%以上，建立完善新型农村合作医疗制度，农民参合率达到100%；2008年，被评为“山东省劳动模范”。

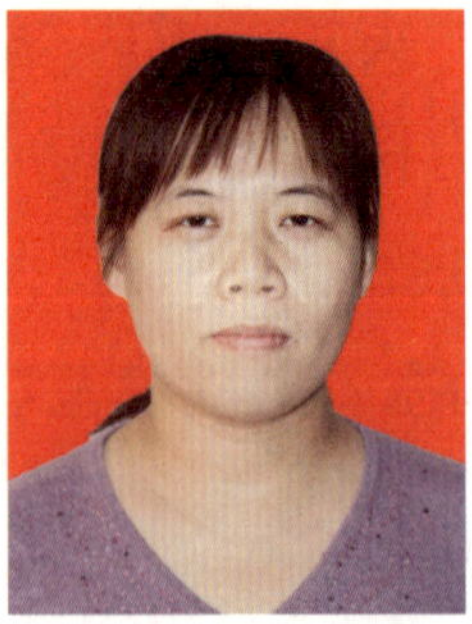

吴文慧 女，汉族，1975年1月出生，山东省东平县人。大学文化，中共党员。获该项荣誉时系东平县瑞星集团技术科科长、高级工程师，现任瑞星集团有限公司党委副书记、纪委书记、部门经理。

在负责省2009年重点建设项目“合成

氨原料煤气化节能改造项目”中，提出了16项关键技术创新点，被设计单位北京航天煤化工公司采纳，成为全国示范工程。在市重点项目“4060”（年产40万吨合成氨、60万吨尿素）建设中，研发的“合成氨原料气变压吸附脱碳新工艺”获市科技进步三等奖，并通过中氮协会向全国氮肥企业推广。研发的“气相法年产3万吨乌洛托品新工艺”，获省科技进步奖。该工艺改变了国内首先用甲醇制得甲醛溶液，然后再与氨反应制得乌洛托品的工艺过程，缩短了工艺流程，减少了投资，降低了能耗，处于国内领先水平。被授予“山东省女职工建功立业标兵”，荣获“振兴泰安”劳动奖章，当选东平县第六、七届政协委员。2010年4月获山东省“富民兴鲁”劳动奖章。

崔建军 男，汉族，1962年4月生，山东省栖霞市人。大专学历，1982年7月济宁医专医疗系毕业分配到东平县沙河站卫生院工作，1985年1月加入中国共产党。1985年12月调东平县第二人民医院内科工作。1994年6月先后任内一科、内三科副主任;1997年7月至2001年3月任内三科(脑血管专业)主任;2001年3月至2008年3月任内二科(心、脑血管专业)主任;2008年3月任神经内科主任。1991年在山东大学齐鲁医院进修1年，1993年8月晋升为主治医师，1998年12月晋升为副主任医师。2007年被泰山医学院聘为兼职副教授，系中华医学会泰安神经内科专业委员会委员。擅长诊疗脑出血、蛛网膜下腔出血、脑梗死等各种脑血管病，以及各种痴呆、脑萎缩、癫痫、各种脑炎、脊髓病变、神经炎等神经系统疾病的诊疗。在《临床医学》《临床荟萃》《山东医药》等省部级以上专业杂志发表论文10余篇，获东平县科技进步二等奖，项、3等奖1项，获泰安市青年科技奖1项。1996年被团省委、省卫生厅评为山东省青年文明医务人员，2001年被省人事厅、省卫生厅评为全省行业作风建设标兵，2006年被评为东平名医，2010年获山东省“富民兴鲁”劳动奖章。

李 飞 男，汉族，1965年8月出生，江苏省沛县敬安镇各口村人。研究生学历，高级工程师。1987年7月参加工作，1991年11月加入中国共产党，东平县供电公司经理。2012年，以“兴企强企”为主要工作职责和工作目标，带领干部职工严格落实电力“四个服务”要求，积极推进“三集五大”体系建设，确保供电事业安全发展、科学发展、和谐发展；全年完成售电量23.76亿千瓦时，同比增长 18.57%，增幅和总量均居全省第十位；线损率 2.87%，同比降低 0.1 个百分点，居全省第七位；电费回收率、上缴率均实现 100%；至 2012 年 12 月 31 日，公司实现连续安全生产 6992 天；公司先后被授予山东省依靠职工办企事业先进单位、山东省理论大众化示范点、山东省管理创新优秀企业、省集团公司科技进步示范单位、“泰山先锋”基层党委、泰安市十佳管理创新企业、泰安市廉政文化示范点、泰安市节能管理先进单位、泰安供电公司先进基层党委等荣誉称号，连续九年保持全县政风行风评议公共服务类第一名。2013 年 4 月，李飞被省政府授予“山东省劳动模范”称号。

刘隆树　男，汉族，1953 年 1 月出生，东平县接山镇刘所村人。中专学历，中共党员，党支部书记。20 多年来，坚持做到办事公正、处事公平、要事公开，实行村务、财务、党务“三公开”制度，让群众有充分的知情权、发言权，增加工作透明度，赢得群众的理解和支持。向上级争取资金，完成村两委办公大楼、文化广场、村卫生室建设，建立健全治保会、红白理事会、治安巡逻队，设立村组卫生保洁员。2013 年被评为“山东省劳动模范”。

耿进平　男，汉族，1951 年 8 月 1 日出生，东平县银山镇耿山口村人。1969 年 3 月应征入伍，1971 年 7 月加入中国共产党，1974 年 4 月退役回村。1986 年 4 月，任村党支部书记。20 世纪 80 年代，带头建起银河浮桥、加油站、汽修厂、石灰厂、水泥厂等 65 家村户企业，全村人均收入实现翻番，达到 5000 元；90 年代，成立银河实业总公司，担任董事长，公司资产达到 8600 万元，年创利税 1500 万元以上；中共十八大后，抢抓机遇，多方争取，将耿山口村争取为国家黄河滩区居民迁建试点单位。在新社区建设急需资金的关键阶段，带头捐款 1000 万元，推进迁建工程加快进度，成为全国黄河滩区迁建样板工程。坚持安居与就业并举，实施两区共建，引进世界 500 强、全国最大军需轻工企业，发展欧雷航空运动器材、温佳建材科技、长宏制衣、隆达建材、腊山索道站等新兴产业，安置就业 1200 余人；2021 年全村居民人均收入 3.2 万元，比 1978 年增长 227 倍。耿山口村先后被评为“齐鲁乡村之星”“省级文明单位”“山东省城镇棚户区改造重点工程立功竞赛优胜单位”“泰山先锋红旗党支部”。耿进平被授予“山东省优秀共产党员”“担当作为好书记”“脱贫攻坚先进个人”“优秀兵支书”等荣誉称号；2018年4月，被省政府授予“山东省劳动模范”称号。

焦恩岭 女，汉族，1963年9月出生，高中文化，东平县市容环境卫生管理处环卫工人。21年来，她始终坚持“宁愿一人脏，换来万人洁”的高尚品质，无论是春夏秋冬，严寒酷暑，她都一如既往地坚守在自己的工作岗位上，用勤劳的双手、辛勤的汗水打扮着这座城市，服务着县城区的百姓。把脏和累留给自己；把干净和优美献给他人；脸上时常挂满灰尘，在平凡的岗位，做出不平凡的成绩。2017年10月，被山东省建设系统工会评为“齐鲁最美环卫职工”，获“泰安市第三届最美环卫工人提名奖”。2018年4月，被省政府授予“山东省劳动模范”称号。

武 辉 男，汉族，1972年4月出生，东平县大羊镇辛庄村人。中专学历，中共党员。现任中国邮政集团公司东平县分公司投递员。参加工作二十多年来，行程30万公里，投递报刊邮件72万份无一差错。2011年4月，被山东省邮政公司、省邮政速递物流公司和省邮政工会评为“邮政系统先进个人”；2013年4月，被泰安市总工会授予“振兴泰安”劳动奖章；2014年4月，被山东省总工会授予“富民兴鲁”劳动奖章；2014年9月，被山东省邮政公司和邮政工会授予“爱心邮路绿色使者”称号；2015年1月，被泰安市文明办命名“泰安好人”；2015年12月，被泰安市委宣传部、市文明办、市总工会、共青团泰安市委、市妇联授予“第四届全市道德模范提名奖”；2016年3月，被山东省邮政公司、省邮政工会授予“四星级投递员”称号；2018年4月，被省政府授予“山东省劳动模范”称号。

李宝友 男，汉族，1964年9月出生，滕州市人。大学学历，1987年7月参加工作，1987年3月加入中国共产党。1987年7月至1988年7月，在鲁南水泥厂计划处工作；1988年7月至1993年7月，任鲁南水泥厂团委干事、团委书记；1993年7月至2000年7月，任鲁南水泥厂销售处副处长（其间：1994年9月至1996年12月，就读于济南党校经营管理专业）；2000年7月至2002年11月，任鲁南中联水泥有限公司物资管理部部长；2002年11月至2007年11月，任里能集团水泥供销公司总经理；2007年11月至2010年3月，任德州中联大坝水泥有限公司副总经理；2010年3月至2013年11月，任山东运营管理区采购中心总经理；2013年11月至2018年8月，任淮海中联水泥有限公司党委书记、总经理；2018年8月至2019年5月，任中国联合水泥淮海运营管理区采购中心总经理；2019年5月起，任东平中联水泥有限公司党委书记、总经理。2021年，被山东省总工会授予“五一”劳动奖章。

展长顺 （见东平县总工会主席类目）

解淑华 女，汉族，1963年2月出生，东平县彭集街道马代村人。大专学历，中共党员。先后任东平县中医院医务科主任、工会主任、院长助理、院党总支委员；系山东省中医药学会会员、泰安市中医药学会理事。她从事中医工作36年，把传统医学与现代医学科技有机结合起来，得心应手地处理内科、妇科的一些疑难杂症及部分急、危、重病人，尤其是在治疗中风病、脾胃病、情志病、外感热病、支气管炎、哮喘、慢性萎缩性胃炎、溃疡性结肠炎、月经不调等疾病方面，积累了丰富的临床经验，创出一流的工作业绩，得到社会和患者的充分肯定。2001年6月，被泰安市卫生局授予“全市卫生系统创建文明行业先进个人”称号；2002年4月，被团县委授予“第五届东平“十大杰出青年”称号；2004年3月，被泰安市卫生局评为“全市医疗质量管理效益年活动先进个人”；2010年4月，被泰安市人民政府授予“先进工作者”称号；2011年，被山东省总工会授予“山东省女职工建功立业标兵”称号；2013年，被山东省人民政府授予“先进工作者”称号。

第七节　山东省优秀工会干部、优秀工会积极分子

孟宪民 男，汉族，1953年7月生，东平县州城镇文庙街人。大学本科文化，1987年11月加入中国共产党。1970年1月参加工作。1970年1月至1994年6月，在县造纸总厂历任班长、车间副主任、主任、生产科科长、厂办主任、副厂长；1994年6月至1995年1月，任县造纸总厂党委副书记，其间1991年至1996年，参加省委党校经济管理专业函授学习，取得大学本科学历。1995年1月，任县造纸总厂党委书记；1999年11月，任山东东平华闻纸业有限责任公司党委书记；2001年6月，任华闻纸业有限责任公司董事长、总经理、党委书记；2001年8月至2003年5月，任华闻纸业有限公司顾问；1995年1月至2001年8月，

兼任厂武装部第一部长；2003年5月，调县经贸局工作。1987年，被国务院授予第二次全国工业普查先进工作者称号。系中共东平县第八届、九届、十届党代会代表。1997年，泰安市人民政府授予其尊老养老先进个人称号；1998、1999年，被评为全省一轻系统优秀党委书记；1998年，泰安市总工会、山东省总工会分别授予其优秀工会积极分子称号，1996年至1998年，连续三年被泰安市政研会授予思想政治工作研究会优秀干部的称号。

刘少国 男，汉族，1962年3月生，东平县大羊镇西三旺村人。大专文化，1985年7月，菏泽粮食学校财会专业毕业，分配县政府办公室工作。1987年9月至1989年7月，在曲阜师范大学政治专业学习，中共党员。1991年3月，任东平县粮食局工会主任，1992年至1995年，连续四年被东平县总工会表彰为全县优秀工会工作者；1994年，被泰安市委宣传部授予全市优秀企业思想政治工作者称号。刘少国在工作中认真贯彻落实《中华人民共和国劳动法》《中华人民共和国工会法》等法律法规，组织企业开展“一星三手”（科技明星、技术能手、革新能手、销售能手）劳动竞赛，按期召开职工代表大会，积极参与劳动争议协调，工作成绩突出，1996年12月，被省总工会表彰为优秀工会干部。

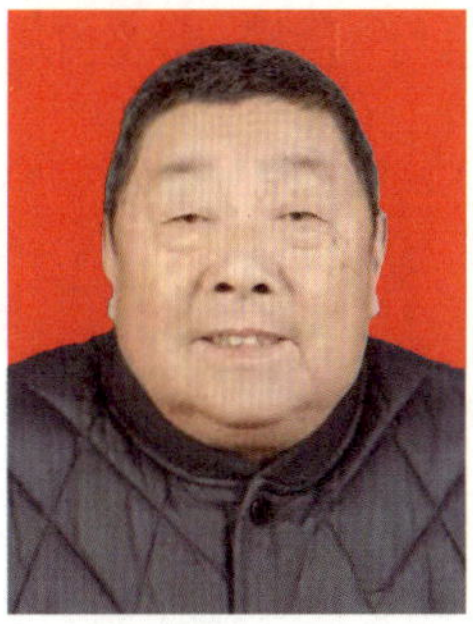

李传亭 男，汉族，1949年生，东平县州城街道西门村人。初中文化，1966年11月，在县五金厂参加工作。1972年至1980年，任五金厂钳工车间副主任、主任；1981年至1984年，任东平县工具厂工会副主任兼车间主任；1985年至1996年，任东平县工具厂工会主任兼车间主任；1997年，任东平县工具厂副厂长兼工会主任。1993年，被评为政工师。1983年3月，被县委组织部表彰为全县优秀共产党员，多次被评为工业系统先进工作者。1996年12月，被省总工会表彰为优秀工会积极分子。

曾宪汉 男，汉族，1951年10月生，东平县新湖镇李楼村人。中专文化，1969年3月参加中国人民解放军 。1987年转业东平县花键轴总厂工作，1990年被评为政工师。1991年1月起任厂工会主席兼厂办公室主任。曾宪汉认真贯彻落实《中华人民共和国劳动法》《中华人民共和国工会法》等法律法规，落实上级工会各项工作部署，组织企业职工开展劳动竞赛，按期召开职工代表大会，做好集体合同签订工作，积极参与劳动争议协调，维护职工合法权益，工作成绩突出，1996 年 12 月，被省总工会表彰为优秀工会积极分子。

第八节　泰安市劳动模范

张作光　男，汉族，1948 年 10 月出生，梁山县袁口乡张楼村人。大专文化，1967 年 6 月入党。1965 年 12 月至 1978 年 9 月在解放军某部队历任战士、班长、排长，曾获师嘉奖一次。1978 年 9 月至 1989 年 10 月，历任东平县经委（经贸委）人秘科副科长、政工科长；1989 年 11 月至 1998 年 7 月，任县经贸委工会主任、东平县总工会经费审查委员会主任。其间，1989 年被市委、市政府授予泰安市劳动模范称号。多次获全县优秀共产党员、先进工会工作者等荣誉称号。退休后，坚持为各类报刊供稿。先后在《人民日报》《工人日报》《农民日报》《中国老年报》《中国劳动保障报》等报刊发表各类文章 1000 余篇，其中有 36 篇获征文奖。2012 年 1 月 31 日在《人民日报》发表的《堂弟让公款吃喝给毁了》的报道引起社会关注。

谭文凯　男，汉族，1937 年 11 月出生，山东省文登区人。高中文化，中共党员。曾任部队战士、班长，东平县人民武装部参谋，县织布厂（针织品厂）副厂长、副书记，县帆布厂厂长、党支部书记，县交通局工会副主任。1989 年，被评为“泰安市劳动模范”。

杜金桓　男，汉族，1937 年 9 月出生，东平人，中共党员。曾任县文教局（电影队）会计，农电局财供股长，供电局工会主任。在职期间，多次获得公司先进个人荣誉。1989 年，被评为“泰安市劳动模范”。

宫庆祥　男，汉族，1943 年 9 月出生，东平县彭集街道后围村人。小学文化，中共党员。曾任原东平县粮食局科员、科长，食品工业公司经理。宫庆祥始终保持共产党员先进性，不断提高自身修养，践行全心全意为人民服务的宗旨，勤奋工作，任劳任怨，廉洁勤政，谦虚谨慎，树立了共产党员良好的形象。因工作业绩突出，1989 年，被评为“泰安市劳动模范”。

李兴诚　男，汉族，1944 年 5 月出生，

东平街道半倒井村人。初中文化，中共党员。历任东平县人民银行会计，县招待所会计，县知青办主任，县水泥厂副厂长、厂长、党支部书记（期间：上挂县建委、县经贸委党委副书记），县人大常委会副主任、党组成员。1989年，被评为“泰安市劳动模范”。2001年，在东平湖抗洪抢险工作中，被泰安市委、市政府记二等功。

王启昆 男，汉族，1936年6月出生，东平县梯门镇前山西屯村人。中专学历，中共党员。曾任省卫生厅医政处办事员，黄河微山局卫生处办事员，梁山县卫生局科员、梁山县人民医院放射科主任、梁山县韩岗公社卫生院副院长，彭集卫生院副院长，东平县第二人民医院放射科主任、党支部（总支）委员、工会主任、调研员、主治医师、副主任医师。1989年，被泰安市人民政府授予“劳动模范”称号。

彭英厚 男，汉族，1945年12月出生，东平县银山镇西汪村人。中专学历，中共党员。曾在梁山八中、东平四中任教。在30余年的教育生涯中，始终牢记党的教导，忠诚党的教育事业，关心爱护学生，

真心实意地为学生服务。1989年10月，被泰安市人民政府授予“劳动模范”称号；1991年1月，被东平县教育局评为“高中教学能手”；2007年9月，被泰安市教育局授予“为泰安教育做出突出贡献”荣誉称号。

高兆凤 女，汉族，1957年出生，章丘市明水镇人。初中文化，中共党员。曾在东平县麻纺厂工作，后调东平县商业综合公司工作，任门市部柜组组长、商业大楼柜组组长。1978年，被评为县、局先进工作者，三八红旗手。1987年，被县政府评为先进工作者。1990年，完成销售额23.7万元，比1989年上升10.7%，实现利润2.4万元，比1989年同期上升33.3%，各项经济指标均列全县同行首位。1991年，被评为“泰安市劳动模范”。

井立涛 男，汉族，1955年出生，东平县接山镇荣花树村人。高中文化，中共党员。曾任东平县化肥厂车间主任、生产科长，东平化工总厂副厂长、党委书记、厂长。带领工程技术人员

上北京、下江南，与化工部北京化工研究院，石油化工科学院等十多个科研单位和大专院校建立技术协作关系，先后开发硬脂酸、吗啉、甲醇等项目，增强企业发展后劲和活力。1988年，被评为泰安市企业管理先进工作者；1989年，被评为山东省石化系统优秀管理工作者；1991年7月，被泰安市委、市政府授予“劳动模范”称号。

侯庆俊 男，汉族，1943年12月出生，济南市平阴县孝直村人。中专学历，中共党员。历任须城区石马乡乡长、大羊乡党委书记、县林业局党委书记、环保局局长。1987年至1992年，在大羊乡工作期间，积极开发山区资源，以南留屯村为基地带动全乡大力发展核桃生产。积极引进推广“绿枝嫁接”新技术，使老品种核桃的质量、产量大大提高，果农的经济收入增加。1991年7月，泰安市委、市政府授予“劳动模范”称号。

徐传军 男，汉族，1951年11月出生，东平街道驻驾村人。大学学历，中共党员。曾任东平县造纸厂副厂长、厂长兼党总支书记。1988年，主持开发利用红麻浆造纸新技术取得成功，为企业创利税60多万元。参与开发的“香椿”牌卫生纸在1988年获省优良产品称号；企业规模不断扩大，产值达到2000万元以上，并由小型企业晋升为中型企业；积极争取泰安市10万吨集中制浆“首位子工程”项目立项计划，总投资4.8亿元，年新增利税5000万元，产值3.2亿元。1990年，被东平县委组织部评为优秀共产党员；1990年12月，被县科协授予“优秀科技工作者”称号；1992年，被东平县政府评为“优秀厂长”；1993年，被泰安市政府授予“劳动模范”称号。东平县第十三届人大常委会委员，1993年东平造纸总厂跃入中国500强造纸和纸制品企业。

张惠善 男，汉族，1938年出生，蓬莱市潮水镇潮水山村人。大学学历，中共党员。曾任东平县人民医院内科副主任医师。工作中把学到的书本知识和外地的经验反复实验后应用于临床，相继开展十二指肠引流术、心包积液诊断治疗的穿刺术、肝脾穿刺三腔管临床应用等，取得良好治疗效果，成为县医院检查治疗首创项目。先后将硝酸甘油、链激酶、尿激酶、蝮蛇抗酸酶等应用先进疗法引入临床，有机磷中毒抢救治疗成功率达95%以上。1965年3月，被东平县委授予“白求恩式好医生”称号；1985年，被评为东平县模范共产党员；1988年、1989年被评为县卫生系统先进工作者；1993年，被泰安市委、市政府授予“劳动模范”称号。

杨吉成 男，汉族，1952年3月出生，东平街道大井村人。中专学历，中共党员。曾任东平县工具厂党总支书记，县橡胶厂厂长。他大胆改革，锐意进取，精简机构，压缩非生产人员120多名，坚持从严治厂，强化内部管理，制定完善经济责任制，严格考核，奖罚分明，充分调动职工积极性，日产值突破20万元，各项经济指标创造历史最高水平。1994年，被评为泰安市优秀科技工作者，因经济工作中表现突出，被县政府记大功一次。1995年，被泰安市委、市政府授予“劳动模范”称号。

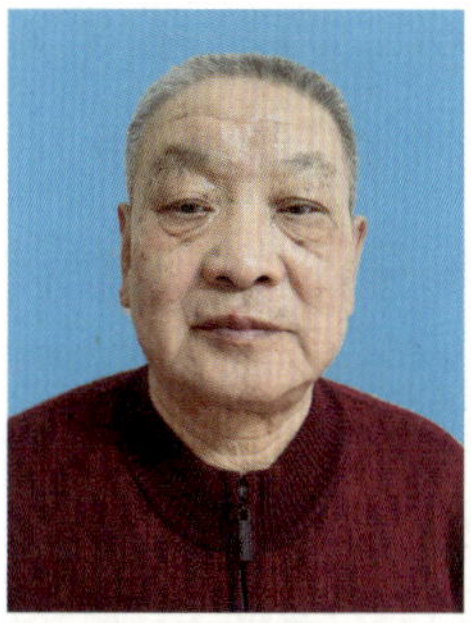

吴绪连 男，汉族，1950年4月出生，东平街道刘庄村人。大专学历，中共党员。历任济南军区农药厂干部，东平化肥厂氨水站站长、政工科科长、党办主任、工会主任，东平县新技术开发区有机化工厂厂长，瑞星化学工业集团总公司总经理兼党委书记，东平县经贸委副主任、县新技术开发区主任。担任瑞星学化工业集团总经理期间，从提高企业经济效益，增强企业活力入手，进行三项制度改革，狠抓技术改造，经济效益大幅度提高。1994年，完成产值8100万元，利税512万元，分别比上年增长16%和100%。企业晋升为国家大型二企业。1990年获泰安市“双增双节”劳动竞赛优秀组织奖，1992年获东平县总工会“先进个人”称号。1995年，被泰安市委、市政府授予“劳动模范”称号。

侯庆道 男，汉族，1965年12月出生，东平县银山镇东茂王村人。高中文化，中共党员。任东平县腊山林场团支部书记。其间，组织青年突击队，修复腊山森林公园12个景点，铺设3000米上山路，新铺山间盘路500余级，建设集吃、住、行、乐于一体的服务设施，为林场节约资金30多万元。1994年，为林场筹措资金50万元，创办建筑装饰地板砖厂、地毯厂等五个多种经营项目，一年创收120万元。腊山森林公园被列为省级先进森林旅游单位。1993年，被评为东平县精神文明工作者、山东省青春立功活动一等功、山东省新长征突击手。1994年，东平县总工会、共青团东平县委联合发出“全县职工团员青年向侯庆道同志学习的决定”。1994年，被评为全国林业行业思想政治工作优秀工作者。1995年，被泰安市委、市政府授予“劳动模范”称号。

王家合 男，汉族，1956年8月出生，东平县银山镇后银山村人。高中学历，中共党员。曾任银山镇后银山村党支部书记。坚持把发展作为第一要务，以思想工作作风过硬、驾驭农村全局能力过硬的“双过硬”为目标，抓机遇、扩规模，引外资、上项目，抓管理、增效益，拓市场、找销路，带领全村群众勇拓致富路，自己率先实现致富后带领本村经济和农民收入持续增长。2005年，全村创工农业总产值4000万元，人均纯收入3700元。村党支部先后被评为市县级“先进党支部”，本人被授予市级“乡镇企业家”、市县级“优秀党支部书记”“优秀共产党员”等荣誉称号。1995年被泰安市委、市政府授予“劳动模范”称号。

肖兴云 女，汉族，1958年1月出生，东平县商老庄乡新村人。中师学历，中共党员。任东平县大安山乡渔民小学教师时，划着小船，挨家挨户动员渔民子女上学，1979年学校发展到一至五年级5个班级，在校学生180多人，适龄儿童入学率达98%。重建学校时，为节约资金，早起晚睡为工程备料，用地排车到十几里以外的砖窑拉砖，腿跑肿了，肩膀也勒出道道鲜红的血印，不说一声苦，不叫一声累。作为一名民办教师，每月只领70多元工资，先后救助因各种情况将要失学的渔家子女90多名，被渔民称为“渔家的好老师”。1989年3月，被团省委、省教育厅授予“优秀辅导员”；同年5月，被县教育局授予“小学教学能手”；1990年3月，被评为市级“三八红旗手”；1994年9月，荣获全国“希望工程园丁奖”；1995年，被泰安市委、市政府授予“劳动模范”称号。

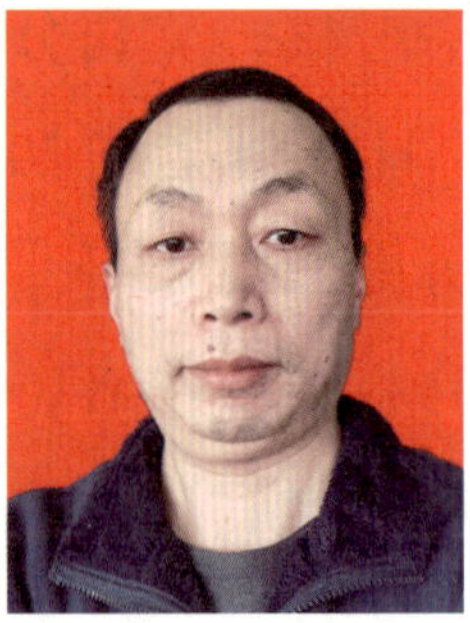

李玉国 男，汉族，1964年8月出生，东平县新湖镇窦府营村人。大学学历，中共党员。东平花键轴总厂工程师。配合科研部门试验成功中频感应加热炉对花键轴淬火，使产品质检合格率由66%提高到80%，月产量由6万支提高到8万支，年节电7.8万度，此项新技术填补行业空白，获东平县科委颁发的科技进步三等奖；先后将4台废旧花键磨床改造成高速花键铣床；在确保精度的基础上，提高工效一倍；使用性能可靠的电器改造仿形车床，减少设备故障、停机率、降低维修成本；采用热喷涂新工艺，修复CA6150车床一台，提高设备完好率，增加企业经济效益；先后被泰安市经委系统表彰为设备管理先进工作者、县“技术能手”“职工标兵”。1997年，被泰安市委、市政府授予“劳动模范”称号。

孙传亮 男，汉族，1951年12月出生，东平街道焦园村人。大专学历，中共党员。东平工具总厂厂长兼党委书记。带领全厂干部职工求真务实抓管理，快速高效促发展。率先在县属企业中通过ISO9002质量体系认证，产品一级品率由1994年的85%提高到97%，仅此每年增加质量效益100万元以上。“泰安牌”双头呆扳手被评为山东省名牌产品。在全国各地先后建立13个销售分公司，并与国内外十几家大型汽车、摩托车制造集团建立牢固的配套关系；1999年，实现工业总产值4326万元，销售收入3018万元，利润519.2万元，税金322万元；此外，资本保值率常年保持在140%以上，在全国五金制品行业中名列前茅；1996年1月，被省二轻局授予优秀厂长；1996年3月，被市技术监督局授予“八五”技术改造先进工作者；1998年，获泰安市“振兴泰安”奖章；1999年2月，被县委、县政府授予“功勋厂长”；2000年，被泰安市委、市政府授予“劳动模范”称号。

李元涛 男，汉族，1952年12月出生，东平街道李范村人。高中文化，中共党员。曾任山东瑞星化学工业集团总公司化肥厂

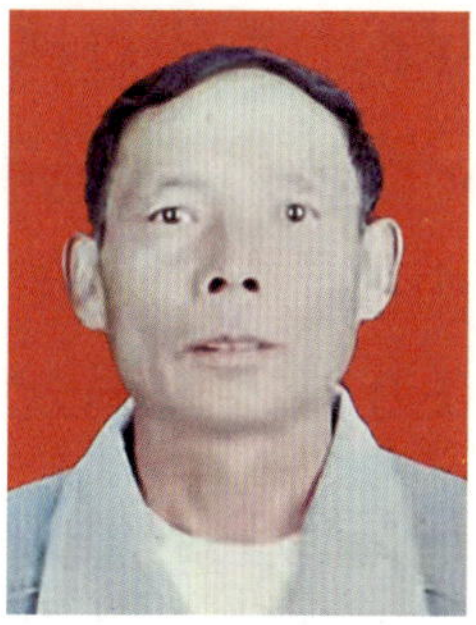

维修班长。在安装4台DEW-4-SM循环机时，率先垂范，一次开车成功。在组织安装合成氨装置Φ6M32氮氢气压缩机和Φ1200合成循环机时，不怕劳累和天气炎热，解决安装中的许多难题，做到顺利开车。平时检修，把不能使用的高低压阀门、杠杆与阀头、轴子环等，主动拆开进行修理。30年间，为总公司节约资金50万元。1987年3月，被评为东平县先进工作者；1998年2月，被中共东平县委授予“优秀共产党员”称号；1999年，荣获“振兴泰安”劳动奖章。2000年，被泰安市委、市政府授予“劳动模范”称号。

李广元 男，汉族，1949年6月出生，东平街道石马村人。大专学历，中共党员。1984年任村党支部书记后，组织带领全村干部群众艰苦创业，先后投资300多万元，投工250多万个，整平土地500亩，填沟造地250亩，修环山路10多公里，建石渠6000多米，发展果园1100亩，建扬水站2座，打机井12眼，埋暗管800米；治理改造涝洼地1400亩，形成高标准台田700亩，建鱼池213个，水面700亩，改善农业生产条件。1998年，围绕促进农民增收和

农村经济发展，投资120万元，新建占地60亩的畜禽规模饲养小区，当年出栏生猪2000头、羊5000只、鸡30万只，实现销售收入285万元。投资600万元，规划建设集生产经营、旅游服务于一体的“白佛娱乐中心”，项目建成后年实现利税100万元以上。1999年，全村经济总收入达到782.85万元，集体经济收入120万元，人均纯收入3450元，比1984年翻了三番多。被县委、县政府命名为首批小康村。李广元先后被评为优秀共产党员、优秀党支部书记。2000年，被泰安市委、市政府授予“劳动模范”称号。

孟昭喜 男，汉族，1951年1月出生，东平街道后屯村人。大专学历，中共党员。曾任大安山乡科技副乡长。组织实施多项科研攻关课题，先后获得6项成果奖，其中省奖2项，市奖2项、县奖2项。根据所在乡实际，抓好富民开发工程建设，完成《池塘养蟹高产技术研究》课题，池塘养蟹亩产达到151.25公斤，开创东平县池塘养蟹先例，该成果获泰安市科技进步三等奖。《大口鲶北方池塘养殖试验》项目，与其他科技人员一起考察论证，由四川引进南方大门舱养殖，经两年试养，每亩获纯利4000元以上，是常规鱼的4至5倍，促进名优水产品发展，该成果获县科技进步三等奖。《万亩涝洼地综合开发》项目，在涝洼区域治理改造的同时，组织以上粮（菜）下渔、昔特混养等生态模式研究，创建5000亩科技示范园，使亩增效益近千元，被市、县树立为东平湖开发样板，该成果获县科技进步三等奖。先后引进推广先进适用技术50余项，完成池塘养蟹（给）、稻田养蟹、大湖网围养蟹试验研究及一麦一稻种植模式研究与推广，使效益增加800元。实现农民增利、社会增效、财政增收目标。1998年起，承担实施省委下达的涝洼地高产高效模式研究攻关课题，取得明显的经济效益。2000年下半年邀请省里专家对其进行测产验收，从省、市争取科技经费10余万元。1986年至1996年，被评为县优秀共产党员；1987年至1990年罗氏沼虾养殖技术研究，获市科技二等奖、省科技三等奖；1990年，被评为县级专业技术拔尖人才；1995年，万亩涝洼地开发，获县科技三等奖；1996年，被评为县第二批拔尖人才；1996年至1998年，被评为市科普工作先进个人；1997年，池扩养殖技术研究获市科技奖励三等奖；1999年，大口鲶北方养殖获县科技三等奖。2000年，被泰安市委、市政府授予“劳动模范”称号。

陈可军 男，汉族，1956年7月出生，东平县州城街道人。大专学历，中共党员。曾任山东东平唐龙酒业有限公司党委书记、董事长、总经理。二十多年如一日，带领公

司一班人坚持改革，励精图治，企业得到长足发展，2001 年实现利税 568 万元，连续几年以 6% 的幅度递增，唐龙系列酒畅销河北、天津、安徽、江苏等十几个省市，销售收入和市场占有率以每年 4% 和 8% 的幅度提高，唐龙系列酒先后被评为“泰安市名牌产品”“山东省优质产品”“中国公认名牌产品”“中国国际农业博览会优质产品”。企业被评为“山东省酿酒企业综合实力百强企业”“全国酒行业明星企业”。陈可军被评为“全国酒行业 500 强人奖”“振兴泰安”劳动奖章；2002 年，被泰安市委、市政府授予“劳动模范”称号。

郑允海 男，汉族，1947 年 3 月出生，东平县州城街道郑庄村人。大学学历，中共党员。曾任东平县新华书店经理。带领一班人，艰苦创业，开拓创新，超额完成上级下达的任务指标，经济效益逐年提高。经常深入学校、机关、企业、农村调查了解情况，摸清交不起书费不能入学的孩子，并采取先让学生领书上学，后交学费或自己为特困生垫付书费的办法解决。被誉为“不在讲台上”的精神文明传播者。在农村图书发行工作中，探索积累的丰富经验在行业内进行推广，多次被评为省、市、县先进工作者；2002 年，被泰安市委、市政府授予“劳动模范”称号。

焦德成 男，汉族，1949 年 5 月出生，东平街道焦村人。中专学历，中共党员。曾任东平县供电局用电股副股长、股长，局工会主任。每年按期召开职工代表大会，使职工积极参与管理，为企业的发展出主意，想办法，献计献策，很多合理化建议被采纳，为企业增加经济效益。积极提建议并配合行政，增建宿舍楼 10 幢，满足职工住房需求，还创造条件，专车接送职工子女上学入托，为他们解决实际困难。按照《中华人民共和国工会法》和《中华人民共和国劳动法》规定，组织职工学习业务，学习技术，提高广大职工的业务素质。组织开展多种文体活动，活跃职工文化生活，读书会、演讲比赛、歌咏比赛、体育比赛等，陶冶情操、激发职工的工作热情。积极参与企业管理，切实抓好职工劳动保护、劳动保险，足额发放劳保用品，每年为全体职工免费查体一次，足额缴纳养老保险金。不断增强职工的安全意识，有效防止各类安全事故。1986、1987 年，被评为泰安电力系统先进标兵；1989、1990 年，被评为省电力系统先进个人；2002 年，被泰安市委、市政府授予“劳动模范”称号。

王吉章 男，汉族，1961 年 6 月出生，

东平县大羊镇南留屯村人。中专学历，中共党员。自担任党支部书记后，带领群众大力发展以优质核桃生产为主的林果业，先后引进“香铃”“元丰”等优质核桃品种10余个，推广“硬插皮接”“绿枝嫁接”等实用技术3项。全村发展优质核桃12万株，3000余亩，年总产达5万公斤，年外调核桃良种接穗20万条。仅此一项，增加收入100多万元，人均增收700元，走出富民强村特色之路。1992年后，南留屯村的核桃在省优质农副产品展览会上获三项奖；1998年，在国家工商局注册“鲁东”牌商标。2002年，王吉章被泰安市委、市政府授予“劳动模范”称号。

侯宪平 男，汉族，1959年11月出生，东平县沙河站镇沙北村人。大学学历，中共党员。曾任沙站镇沙北小学民办教师，新湖乡粮所、县粮食局防化员、办事员，县直属机关党委副书记、县交通局党总支书记、局长、县政协副主席。在交通局任职期间，他带领职工先后完成220国道东平段、314国道库河段、250和331省道东平段、蒙馆路、泰明路、泰曲路、泰化路、丁接路、庄麻路、东平湖滞洪区移民撤退道路等十余项民心工程，总投资达4亿元；依法开展路政巡查28.52万公里。查处各类路政事案2187起，清除非公路标志标牌3876块。路政管理居全市第一。2003年，对上争取项目6个，争取资金5.3亿元，完成招商引资107万元；东平县公路局获集体三等功，全市公路行业评比，两次夺得金杯；侯宪平被省委、省政府记个人三等功，2004年，被泰安市委、市政府授予“劳动模范”称号。

孙庆平 男，汉族，1948年6月出生，东平县沙河站镇前河涯村人。高中文化，中共党员。1997年担任村党支部书记后，带领群众勤劳致富。种植瓜菜1400亩，发展塑料大棚518个，粮经比例达2：8，亩均产值7800元，人均收入4800元。建立无公害西瓜生产基地，获国家级无公害认证，亩棚效益成倍增长。2003年，仅西瓜大棚一项全村增加收入500多万元，人均增收3000元。利用本村紧靠255省道和济荷高速公路优势，在省道两侧规划经济开发区，搞起饮食、建材、木器加工等产业，推动全村经济发展，群众银行储蓄余额达1200万元，在全县率先跨入“小康村”。1999年，孙庆平被县委组织部授予“优秀共产党员”称号；2000年，被县委授予“优秀党支部书记”称号；

2002年，被评为“人大代表致富百千万工程”优秀带头人；2003年，被授予山东省农村优秀人才荣誉称号；2004年，被泰安市委、市政府授予“劳动模范”称号。

王延国 男，汉族，1964年11月出生，东平县新湖镇铲辘吊村人。大学学历，中共党员。曾任东平高级中学物理学科组组长、级部主任、教学业务副校长、副书记、校长。现任东平县教体局副局长、东平县教科研中心主任。自参加工作起，爱岗敬业，勤奋工作，锐意改革，课堂教学水平提升快，所教学科成绩和班级成绩常年位于全县前列。先后被授予市、县教学能手，学科带头人，泰安市优秀班主任、优秀教师、优秀共产党员，县级师德标兵等荣誉称号；1997年，被评为山东省“骨干教师”；2001年9月，被评为“全国优秀教师”；2006年5月，被评为泰安市“劳动模范”。

李德玲 女，汉族，1972年8月出生，东平县州城街道人。大学学历，中共党员。东平县自来水公司勘测设计室副主任、工程师。1993年，从山东城市建设职业学院毕业后，分配到东平县自来水公司工作，先后参与完成《东平县州城给水工程设计方案》，绘制《东平县城区给水工程平面图》，设计《县城平湖路给水工程》《县建材园区给水工程》《民营工业园区给水工程》《明湖中学给水工程》《大清河沿岸村庄村村通自来水工程》。在村村通自来水工程施工中，承担起东平镇9个村3600多户、大羊镇12个村2716户的供水管网勘测设计任务。从工程的勘测设计、用料统计到绘图，每个村庄都要跑上三遍五遍。两年间，未休过星期天和节假日。丈夫患病住院期间，她顾不上照护，坚守在工程第一线，出色完成任务。2004年3月，被泰安市总工会评为“先进女职工”；2005年3月，被东平县人事局、东平县妇联评为“三八红旗手”，被泰安市妇女联合会评为“三八红旗手”，被泰安市妇女“双学双比”“巾帼建功”竞赛活动领导小组评为“巾帼建功十大标兵”。2006年，被泰安市人民政府授予“劳动模范”称号。

于宪彬 男，汉族，1966年8月出生，东平县州城街道葛针园村人。中共党员，高级工程师。1988年12月，分配到东平县公路站工作，历任技术员、技术负责人、项目经理、处长、工会主任、副局长、党组副书记。1995年至2003年，先后参加莱麻路、蒙馆路、

G220国道、S331道路改扩建工程项目建设，在泰东路水泥混凝土路面施工中，引进排式振捣器、三辊轴摊平机等先进工艺；在混凝土配料机前置安装筛沙设备，去除沙料中泥土颗粒，有效解决泥土引起的坑洞危害问题。2004年至2006年，担任新疆G314库米什至和硕段改建工程项目经理，该路段全长36.5公里，一级公路，总投资1.98亿元。按期竣工交付使用。2006年，被泰安市人民政府授予“劳动模范”称号。

陈其林 男，汉族，1972年2月出生，东平街道陈庄村人。中专学历，中共党员。现任东平县湖管委主任兼老湖镇党委书记。

他坚持“生态优先，绿色发展”两大理念，主动担当作为，在做好疫情防控同时，全力以赴推进移民避险解困和易地扶贫搬迁工程，七大社区全部建成，全镇45个村、4.2万人圆满完成搬迁入住社区任务。带头履职尽责，带领全镇干群扎实而细致的工作，推动乡村振兴齐鲁样板滨湖示范区顺利通过省级验收，779户、1765人贫困群众全面脱贫，9.8公里沿东平湖生态防护林基本建成，人居环境大大提升。惠民产业蓬勃发展，凤凰服装、电子加工产业园区、黄金岸线文化旅游园区、水浒影视特色小镇，以及电商产业发展，带动村级经济发展及移民群众增收致富。自觉把党建工作牢牢抓在手中，创新提出了“1+N”的社区服务模式，社区服务水平和治理能力显著提升，群众的满意度和幸福指数不断提高。2008年被评为泰安市劳动模范。

李渊新 男，汉族，1969年5月出生，东平县沙河站镇大刘庄村人。研究生学历，中共党员。彭集街道中学教师。自工作以来，26年始终奋战在教学一线，担任班主任，多年承担毕业年级教研、教学任务。工作中坚决执行党的教育方针，按照上级部门和学校各项部署，竭尽所能促进学校教育事业全面提升，出色完成各项工作任务，在学科教学和班级管理方面均取得优异成绩。所带的学生参加泰安市英语口语大赛荣获一等奖。2000年4月，被泰安市政府授予“教育先进工作者”称号；2008年，被泰安市委、市政府授予“劳动模范”称号。

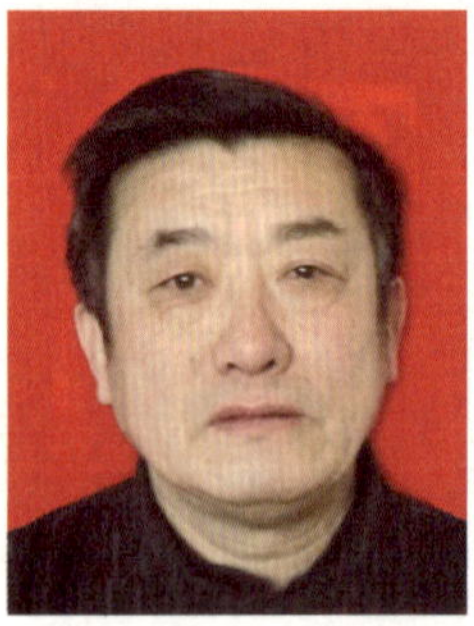

李玉春 男，汉族，1956年12月出生，东平县接山镇接山村人。高中文化，中共党员。1976年任村党支部副书记，1984年4月任村党支部书记。2002年2月，任村委会主任。先后带领班子成员赴上海、沈阳、泗水、天津、济南等地考察项目，先后办起面粉厂、蜂窝煤厂、水泥预制件厂、采石场、加油站、粮油购销服务部，村集体年收入达到26万元。投资500万元，引进泰和花卉苗木园艺、华鑫管业、隆鑫制砖、康健木业、盛隆彩色苗木等项目。成批安置劳动力就业。发展小麦制种2880亩，订单收购，每年全村增收150万元以上。2008年，李玉春被泰安市委、市政府授予“劳动模范”称号。

马启金 男，汉族，1962年9月出生，东平县新湖镇辘轳吊村人。大学学历，中共党员。曾任东平县财政局副局长、国库收付中心主任。2008年，牵头编制《东平县民生改善计划（2009—2013）》，以高度的责任心和事业心扑在工作上，高质量完成编制任务。直接分管的县乡机关事业人员工资调整工作，认真测算、细心核实、精益求精，确保每次调资工作的准确无误，及时把全县经济发展的成果惠及干部职工。2010年，全县112个预算单位预算内外资金全部实行国库集中支付改革，直接支付比例为75.6%。完成提报评审额9519万元。当年会议经费支出比上年同期减少98万元，同比率低26%。2010年全县八大民生改善工程，累计完成投资29.4亿元，比2009年增长47%，为全县经济社会的快速发展作出积极的贡献。分管局机关党建工作，2010年被泰安市委评为“泰山先锋”基层党组织。2008年，被泰安市委、市政府评为“泰安市先进工作者”。

孟广金 男，汉族，1965年10月出生，东平县沙河站镇韩圈村。现任瑞星集团有限公司董事长、总经理。在实践中摸索出一套调整预案和优化办法，使设备完好率达到98.5%以上，静密封点泄漏率保持在0.3‰以下，动密封点泄漏率保持在1‰以下。针对W型泵电机功率大、效率低、维修费用高的问题，提出使用液环式真空泵的建议，年节电23.7万千瓦时，提高系统真空度和抽气能力，年增效益10余万元。在实施百万吨尿素工程建设中，先后参与ϕ6600脱硫、ϕ5500变换、ϕ2000合成、ϕ1800醇烃化、溴化锂机组、Ⅲ期尿素的改造、110千伏母线改造、6千伏开关站建设等新岗位的安装及检修等工作，解决施工中遇到的瓶颈问题，为“120万吨/年尿素工程竣工投产暨粉煤气化项目开工”做出突出贡献。孟广金多次被公司评为“劳动模范”“优秀共产党员”；2009年，荣获“振兴泰安”劳动奖章；2010年，被泰安市委、市政府授予“劳动模范”称号。

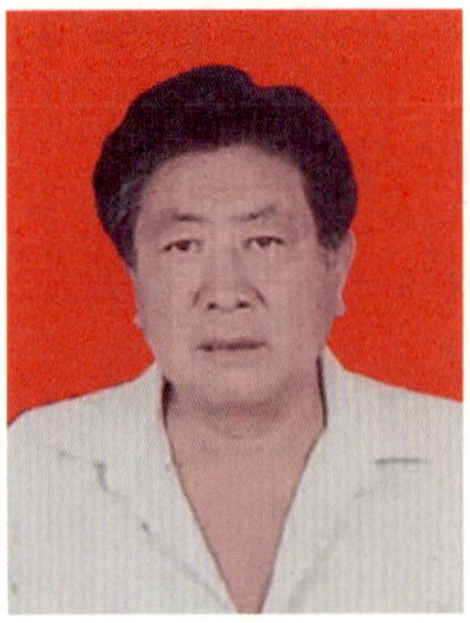

周长安 男，汉族，1953年3月出生，东平县银山镇狗山村人。坚持以教学质量为中心，脚踏实地，爱岗敬业。他身患绝症，凭着对教育事业的满腔热忱，兢兢业业工作，呕心沥血育人，先后被评为“全市教学工作先进个人”“全市新道德教育实验与研究先进个人”“县课堂教学改革先进个人”“县级模范教师”“县级教学能手”等荣誉称号。2010年，被泰安市委、市政府授予“劳动模范”荣誉称号。

陈宗勇 男，汉族，1963年9月出生，东平县州城街道陈坊村人。大学学历，中共党员。自2004年起先后担任县人民医院副院长、院长，以身作则，率先垂范，引导全院业务人员提高服务意识，改善服务质量，每年业务收入大幅增长。独立完成骨科手术2000余例，处理复杂骨外伤800余例，均获成功。县人民医院先后被授予全省惠民医疗先进单位、泰安市卫生系统创建文明平安卫生行业先进集体、泰安市文明单位、泰安市医疗急救技能竞赛一等奖、泰安市“三八红旗集体”等荣誉称号。2010年，陈宗勇被泰安市委、市政府授予“劳动模范”称号。

王　丽 女，汉族，1975年3月出生，东平县斑鸠店镇斑鸠店村人。大学学历，中共党员。任供电公司电费结算班班长。主动承担山东电力集团公司“SG186”电力营销应用系统数据转接重任，先后完成系统环境准备、数据割接、业务接口割接及业务试运行工作，保障系统平稳割接上线。电费结算班先后荣获“山东省青年文明号”“山东电力集团公司优秀班组”“泰安市巾帼文明岗”“泰安市供电公司精细化管理班组”等荣誉称号。带头参加社会及公司组织的各项公益慈善捐助活动，创新实施“彩虹工程”，提升供电服务品质，成立“亮丽”彩虹工作室，展示出公司突破发展的优秀业绩。王丽先后荣获“山东电力集团公司优秀班组长”“泰安供电公司先进生产工作者”“东平县青年岗位能手”“东平县第二届十佳创业女明星”东平县“五一”劳动奖章等荣誉称号。2011年12月，被推选为中共东平县第十三次代表大会代表。2012年，被泰安市委、市政府授予“劳动模范”荣誉称号。

孙太山 男，汉族，1959年3月出生，东平县老湖镇庄科村人。高中文化，中共党员。山东瑞星集团有限公司驾驶员。常年在外出车，“以路为伴，以车为家”。

把自己的事当小事，把工作当成大事，用他自己的话说：“行车有终点，服务无止境”，创下安全行车百万公里的良好业绩。先后被瑞星集团公司评为优秀驾驶员、优秀共产党员、劳动模范，泰安市优秀红旗车驾驶员。2012年，被泰安市委、市政府授予“劳动模范”称号。

李曙光 男，汉族，1974年9月出生，东平县老湖镇涧流村人。大学学历，中共党员。东平县高级中学教科室副主任。1998年7月，在东平高级中学参加工作，从教14年间，连续9年教高三，担任班主任和4个班的生物课。2009年4月，医院查出他患上了食管癌。术后不久，不顾医生和家人劝阻，毅然返校工作。他说：“教学是老师的本分，课堂是老师的岗位，只要还能站在讲台上，只要还能在学生们中间，什么样的困难我都能克服。”他倾情教育，用爱心开启学生的心灵。2007年4月，被授予泰安市教学能手称号；2008年9月，被泰安市教育局授予泰安市教坛英才称号；2010年，荣获全省教育先进工作者称号；2011年6月，被省委授予山东省优秀共产党员称号；2012年12月，被中共泰安市委宣传部、市文明办、市总工会授予全市敬业奉献模范称号；同年，被泰安市委、市政府授予“劳动模范”称号。

李　强 男，汉族，1970年5月出生，东平县大羊镇前海子村人。大专学历，中共党员。东平县公路局工会主任、高级政工师。他时刻把职工群众的冷暖挂在心上，想职工群众之所想，急职工群众之所急，办职工群众之所盼。建军节、老人节期间，组织复转军人和离退休老干部代表，观光旅游景点和重点工程项目建设；组织人员参加登山比赛、歌咏比赛、消夏演出；认真组织庆“元旦”“三八”妇女节等联欢会，开展象棋、乒乓球、羽毛球比赛等文体活动；在女职工中开展巾帼立功赛、创文明家庭活动，充分调动广大女职工的积极性；为困难职工发放救济金，组织为困难职工子女上学等捐款、参加“慈善一日捐”、爱心献春蕾等活动。先后被评为“全市优秀工会工作者”、全县“优秀共产党员”、全县“十大文明诚信标兵”。2012年，被泰安市委、市政府授予“劳动模范”称号。

田汝会 男，汉族，1970年6月出生，东平县大羊镇西王村人。大学学历，中共党员。任山东省农村信用联合社泰安审计

中心信访科科长、党委书记，高级经济师。工作中，他从管理入手，在全行范围狠抓内控管理、人员管理、支农服务、风险防范，健全完善各项规章制度；坚持以人为本，实行员工能进能出和干部能上能下的竞争机制；全辖区开展农村信用工程建设，全面推行贷款证和贷款上柜台，有效畅通信贷服务渠道，促进农业增产、农民增收，提高同业竞争力。曾被评为“省级先进工作者”“五好党员”；2012年，田汝会被泰安市委、市政府授予“劳动模范”称号。

陈立栋 男，汉族，1986年2月出生，东平街道大陈庄人。大学学历，中共党员。2006年9月至2008年6月就读于加拿大圣玛丽大学；2008年6月任山东洁昕纸业股份有限公司总裁；2010年1月起，任山东东顺集团有限公司总经理。企业固定资产比2000年增长100倍，利税增长100倍。2011年为东平工业园纳税冠军。“顺清柔”牌系列产品荣获“中国著名品牌”。先后出资800多万元，为大陈庄及周围几个村庄父老乡亲修筑水泥路50公里，农田铺设引水管道7.5公里，扩大灌溉面积600亩。企业先后获得“山东省优秀民营科技企业”“山东省造纸行业先进企业”“山东省生活用纸生产基地”等荣誉称号。陈立栋被授予东平十大杰出青年；2012年，被泰安市委、市政府授予“劳动模范”称号；2017年4月，当选黑龙江省第十二届人民代表大会代表。

武树东 男，汉族，1970年11月出生，东平街道前路口村人。大学学历，中共党员。任东平县税务局三级主办，经济师。自从事税收工作以来，刻苦学习税收业务，钻研税收法律法规，参与东平县车船税代收代缴动态监控平台、东平县税源监控平台等软件的开发工作。2012年，参与省局编写的《税收管理》丛书，成为全省地税人员从事税收工作业务样板书。2013年后，参与全省地税系统政策法规科维护建设工作，主导地税法规信息库建设，涵盖税收法律、法规、地方性规章、规范性文件在内、涉及5300多个文件、字数达100万字，为全省地税人员查阅使用提供便利。熟悉税收法律法规和相关业务专业知识，在省、市县局组织的多次业务考试中取得优异成绩。2008年至2013年，执法考核连续六年无过错、无责任追究、无渎职失职。2011年入选省局100名“山东地税执法先进工作者”；2014年，被泰安市委、市政府授予“劳动模范”荣誉称号。

贺延礼 男，汉族，1964年5月出生，东平县商老庄乡新光村人。大专学历，1981年1月参加工作，2012年11月加入中国共产党。1981年1月至2013年12月，任东平水浒旅游开发有限责任公司检票维护员，每天重复着验票、检票、维护检票口秩序等一系列简单动作，工作兢兢业业，十几个春节在湖心岛上度过。一次湖面突然刮起大风，一艘游船无法靠岸。他与其他同事一起，奋不顾身用力拉住缆绳，由于用力过猛，导致左腿严重骨折，伤势还未痊愈，就重返岗位履职。在工作中，针对逃票、漏票现象，敢于坚持原则，不徇私情，认真管好每一张船票，有效杜绝逃票、漏票现象发生。聚义岛景区门票收入连创新高，年增收20余万元。由于工作成绩突出，2014年，被东平县景区管委会任命为东平湖聚义岛景区经理；2019年，被任命为东平湖六工山景区经理；2020年，被任命为东平县文旅集团工会副主席；2012年至2019年，连续八年被评为全县精神文明先进工作者；2013年，被评为安全生产先进工作者；2014年，被泰安市委、市政府授予“劳动模范”荣誉称号；2019年被县委、县政府授予第二届“东平英才”（文化旅游类）荣誉称号。

巩建栋 男，汉族，1980年2月出生，东平县州城街道夹河村人。中专学历，中共党员。任新东岳集团有限公司生产部经理。他对各车间指标进行细化分解，并与车间主任层层签订目标责任书，使所有车间管理人员围着目标转，看着目标干，提升管理人员干事创业的热情；圆满完成公司下达的各项年度指标。2013年，企业产值与上年度同比增长30%，利税同比增长10%。巩建栋被评为东平县新长征突击手；2014年，被泰安市委、市政府授予“劳动模范”荣誉称号。

张东晟 男，汉族，1964年3月出生，济宁市汶上县人。大学学历，中共党员。东平县人民医院副院长、主任医师。他专注于急救医学学科建设，建立并完善具有东平特色的医疗急救服务体系，使人民医院急诊科发展成为泰安市特色专科、重点学科；多次组织参加疑难危重病人的抢救和群体性事件的抢救工作，主持开展“急诊冠状动脉成形术”等20多项新技术，推动全县心内科学科的全面发展；在科研方面，先后参加中英合作项目“CCS—2”研究、中美脑卒中合作研究、卫生部消化道肿瘤早诊早治筛查等国家级以上科研项目3项，其中上消化道肿瘤早诊早治项目获全国优秀项目示范点。先后获县科技进步奖11项；主编著作5部，发表论文40余篇。张东晟兼任山东省医师协会急诊医师分会委员、泰安急诊专业委员会副主任委员，是东平县第六届、第七届政协委员，第八届县政协常委。2012年，被泰山医学院聘为兼职教授、硕士生导师，带教研究生2名，为全县培养医疗业务骨干16名。曾获泰山医学家、泰安市优秀科技工作者（记三等功）；2014年，被泰安市委、市政府授予“劳动模范”荣誉称号。

刘景倩　男，汉族，1967年3月出生，东平县大羊镇西三旺村人。研究生学历，中共党员。东平县国土资源局党委书记、局长，带领全局干部职工，全力保护土地资源、努力保障经济和各项社会事业发展，各项工作成绩显著。2013年，全局实现各类收入10亿元，争取建设用地指标1715.24亩，确保全县重点项目用地需求。对上争取项目资金1.3亿元。完成6万亩高标准基本农田建设项目。顺利通过土地矿产卫片执法检查，实现“零约谈、零问责”目标。全面完成全县城镇土地级别与基准地价更新调整工作。彭集铁矿价款评估，为东平县赢得财政收入2.76亿元。成功获得东平湖省级地质公园建设资格。东平荣获“第二届全国国土资源节约集约模范县”；县国土资源局被评为“全省土地市场动态监测监管系统先进单位”“全省国土资源系统先进集体”“山东省国土资源卫士”。2014年，刘景倩被泰安市委、市政府授予“劳动模范”荣誉称号。

杨周勇　男，汉族，1966年9月出生，东平县沙河站镇东杨楼村人。大学学历，中共党员。东平县水利建筑安装公司经理。2009年，他在施工过程中研发“新型防漫堤泄洪装置项目”，获泰安市总工会、泰安市科技局、泰安市劳动和社会保障局颁发的“泰安市职工优秀技术创新成果奖”；2010年，研发“泄洪导流管”“长方形防盗井盖”“厕所卫生防护装置”项目，均获国家专利，并推广使用；承担5个乡镇82个行政村“饮水安全”工程，圆满完成施工任务。戴村坝引汶大型灌区北总干渠引水枢纽、穿汇河枢纽、引水渠、分水闸、渡槽和交通桥等项目，竣工验收被评为优良工程。杨周勇先后被评为“东平县技术拔尖人才”“山东省水利施工企业优秀项目经理”，获“振兴泰安”劳动奖章；2014年，被泰安市委、市政府授予“劳动模范”荣誉称号。

孙庆元 男，汉族，1959年8月出生，东平县彭集街道安村人。部队转业后一直经商，成为致富能人。2012年10月，任安村党支部书记兼村委会主任后，引进山东麦锐可公司种植中药材。流转土地648亩，采取股份合作模式，每亩1000元，推进土地流转，实行公司化经营，村民人均月工资收入2400元以上，同时参与基地效益分红，村民人均年收入3万元。按照“群众自愿，村级引导”的原则，成立粉皮加工合作社。实行统一注册商标，统一配料、统一管理、统一销售、统一QS认证的“五统一”模式经营，实现传统产业的规模化生产，每户每年实现利润30多万元，村集体收入287万元。2013年6月，把自家价值1128万元的养猪场，无偿捐献给村集体。村集体每年租金收入280万元。2014年，被泰安市委、市政府授予“劳动模范”荣誉称号。

史正亮 男，汉族，1971年4月出生，东平县旧县乡屯村铺村人。高中文化，中共党员。屯村铺村党支部书记。2013年，投资6万元，为家家户户接通自来水。投资60万元，修建4个蓄水池、铺设引水上山管道6000米。投资3万元，完成全村有线电视的安装任务。本人出资安装高标准路灯66盏，硬化进山道路2000米，规划沿路绿化带。清理粪堆、柴堆和垃圾等5000余方，方便群众生产生活。筹资80多万元，完善旅游基础设施。吸引淄博雪邦集团投资4亿元，实施洪顶山全面开发。吸引济南董老大集团投资2.1亿元，开发东平湖大溶洞。热心于各项社会公益事业，1998年抗洪期间，史正亮向灾区群众捐款4000余元；2008年，汶川大地震后第一时间捐款上万元。2014年，被泰安市委、市政府授予“劳动模范”荣誉称号。

董绪友 男，汉族，1964年12月出生，东平县沙河站镇曾庙村人。大学学历，中共党员。老湖镇水泊社区指导员。2014年12月，抽调到移民避险解困工程凤凰家园社区工作。为解决拆迁难，他先从村两委干部入手，给他们反复讲解相关政策，干部思想工作做通后，又做党员、群众的思想工作。完成5个村搬迁协议签订，共签订1250户，签订率95%。先后征地350亩，为社区建设顺利实施奠定良好基础。2016年，被泰安市委、市政府授予“劳动模范”荣誉称号。

张　伟 男，汉族，1984年6月出生，东平街道护驾村人。大专学历，中共党员。

东顺集团东方洁昕卫生用品公司工程师。他从一名普通操作工做起，先后当过机长、班长。他工作过的团队，连年超额完成公司下达的目标任务，先后获得集团“科技创新班组”“青年安全示范岗”称号。作为一名一线生产技术管理人员，以精细严谨的巡检作风，练就“听、闻、看、摸”硬功夫，多次发现、排除事故隐患，被誉为“安全卫士”，获得多项技术创新成果。采用“国产纸机白水回收二次利用装置”技术，每天可为公司节水100立方，每年为企业节约水费40万元；“尿裤防侧漏技术”“查片机研发技术”等技术的使用，每年为企业节约开支60万元。创造“和谐班组建设五步法”工作模式，2014年被《中国工运》刊物作为经验在全国推广。东顺集团先后被评为“山东省优秀民营科技企业”“山东省科技创新企业”。2016年，张伟被泰安市委、市政府授予“劳动模范”荣誉称号。

轩召民 男，汉族，1974年6月出生，东平县银山镇轩堂村人。大学学历，中共党员。1995年12月参加工作，新东岳集团有限公司工程师。20多年来，他立足企业发展，以高度事业心和责任感，发挥知识专长，坚持创新担当，围绕提高产品质量和工艺水平，大搞技术革新，取得多项有企业自主知识产权的专利科研成果。2011年，研究的废旧轮胎胶自控电加热螺旋式还原新工艺，获得东平县科技成果一等奖；摩托车外胎三复合胎面项目，获县科技进步二等奖，被授予东平县首届“东平英才”。2012年，研究的摩托车外胎胶囊充氮气自动定型硫化锌工艺项目，获得东平县科技进步一等奖。自行车防刺轮胎、内胎自动按嘴联动压出线新工艺项目，获得东平县科技进步二等奖。2013年，研究的内胎三叶螺旋干粉泵联动压出新工艺、力车外胎胎面复合工艺项目，获得东平县科技进步三等奖。摩托车胎应用黏合剂新工艺配方应用技术、彩色外胎胎面复合压出新工艺项目，获得东平县科技进步二等奖。2014年，研究的内胎压出隔离外液应用新工艺获得东平县科技进步奖三等奖。2011年至2015年，主持研究的科研项目共获得国家专利16项。2013年发表论文《在内胎配方中并用20#复合胶代替3L标胶讨论与分析》，获“2013年力车胎行业技术工作会议论文集”二等奖，被聘请为中国橡胶工业协会力车胎技术经济专家组成员。2015年，研究的新工艺复合胎内胎生产技术，获东平县科技进步一等奖；丁基胶内胎气动式机内蒸汽加热模具硫化工艺，获东平县科技进步二等奖；论文《等效硫化效应法试验测定摩托车外胎正硫化时间》，获“2015 年力车胎行业技术工作会议论文集”二等奖。2016 年，研究的等效硫化效应法试验测定摩托车外胎正硫化时间工艺项目，获东平县科技进步一等奖。2013 年，被聘请为中国橡胶工业协会力车胎专家委员会委员；2015 年 5 月，被东平县人民政府授予第三届“劳动模范”；2016 年，被泰安市委、市政府授予“劳动模范”荣誉称号。

魏述玲 女，汉族，1974 年 7 月出生，新泰市羊流镇人。大学学历，中共党员。东平明湖中学一级教师。1996 年参加工作。从教 20 多年来，她始终忠诚人民的教育事业，数年如一日，兢兢业业战斗在教育教学第一线，爱岗敬业、乐于奉献；为人师表、锐意创新；关心集体、团结协作；潜心钻研教学，注重学生积极情感的形成、意志品质的强化、优秀性格的培养、良好习惯的养成，挖掘出每一个学生的潜力，使其在各个方面获得最大限度的提高。在省级以上报刊发表多篇论文。参加市、县两级优质课评比活动并获得一等奖。先后被评为全县“优秀教师”“泰山教学新星”“教学能手”；2016 年，被泰安市委、市政府授予“劳动模范”荣誉称号。

纪茂香 女，汉族，1970 年 6 月出生，东平县戴庙镇司里村人。大学学历，中共党员，高级政工师。1987 年 10 月参加工作，东平迎宾馆总经理。30 多年来，她凭着对迎宾馆的热爱忠诚，对职工的责任关心，以不甘平庸的闯劲、埋头苦干的拼劲，百折不回的韧劲，狠抓内部管理，创新业务范围，提高服务水平，不到两年，使濒临倒闭的迎宾馆扭亏为盈。工作中不断总结，开拓创新，推出“传统经典方案”“一站式方案”“管家服务方案”等服务措施，使迎宾馆逐步走向规范化发展轨道。创建阳光物业、馒头房、放心佳肴店、传统早餐等特色部门，创收的同时最大化利用人力资源，做到单位无闲人、人人有岗位、人人创效益。返聘退休师傅和引进国内知名技术学校毕业的优秀人才，做到传统口味最正宗、最新菜品跟形势，形成迎宾馆的独特品牌。强化节能降耗，能源物料、采购库管等，以最小消耗获得最大效益。建立总经理信箱，及时与职工沟通工作、生活情况；不断改善职工伙食和住宿条件，使每一位职工感受到大家庭的温暖。纪茂香先后被评为泰安市巾帼建功标兵、东平县第三届劳动模范、巾帼建功先进个人、优秀党务工作者、“三八”红旗手。2016 年，被泰安市委、市政府授予“劳动模范”荣誉称号。

赵同厂 男，汉族，1949年9月出生，东平县接山镇后口头村人。初中文化，中共党员。2007年10月，任接山镇后口头村党支部书记后，忠实履行共产党员和基层干部的职责，心系群众，敢于担当，立足村情实际，挖掘潜在资源，探索创新以“边角经济”股份合作为主的集体经济发展路子。成立泰安市第一家土地股份合作社—东平炬祥土地股份合作社，建设集旅游、观光、垂钓、采摘、苗木种植、餐饮为一体的休闲农庄，完成经济薄弱村的转化，走上民富村强可持续发展路子。先后投资150多万元修建办公楼和文化广场，安装路灯、建起垃圾池，大街小巷全部实现硬化、绿化、亮化，形成村容整洁、环境优美、村居和谐、风正气顺的好局面。2020年，后口头村被评为“全国文明村”。2013年，他被评为东平县劳动模范。2016年，被泰安市委、市政府授予“劳动模范”荣誉称号。

付兆刚 男，汉族，1969年4月出生，青岛市市南区人。初中文化。新东岳集团有限公司设备动力部电力工程师。1984年分配公司电气维修工作岗位，一干就是37年，成为公司的技术骨干。2011年腊月的一个晚上，压延中心的先进设备四辊压延机出现故障，他接到电话后第一时间赶到现场，及时排除故障。2017年5月，密炼中心密炼机出现故障，经过反复琢磨、查阅资料，连续在现场工作30多个小时，最终把故障排除，恢复生产。2017年7月，孩子生病需住院手术，他本该请假在医院照顾，却因担心当时公司电器设备不稳定，坚持在公司上班。2006年，获技师资格证书；2008年3月，被东平县劳动和社会保障局、县经济贸易局、县财政局、县总工会授予“技术能手”称号；2008年12月，在东平县“职专”杯职业技能大赛职工组维修电工比赛中，被东平县人才工作领导小组评为三等奖；2010年8月，被东平县人民政府授予“东平县首席技师”荣誉称号；2010年10月，在泰安市技能人才职业技能大赛中，被泰安市人力资源和社会保障局评为维修电工竞赛组三等奖；2017年4月，被东平县委、县政府授予东平县第四届“建设新东平”劳动奖章；2021年4月，被市委、市政府授予泰安市“劳动模范”称号。

侯　刚 男，汉族，1978年1月出生，东平县大羊西南村人。中专学历，中共党员。瑞星集团股份有限公司车间副主任。2016年，将磨煤机的磨辊密封风管路更换

成金属软管全密封送风，解决关节轴承送风存在着风量损失大、磨辊密封压差低的现象，节省资金近300万元。2017年，经过对油压缸上升进油口增加控制阀，提高设备的工作效率；并对渣水框架2、3楼的真空带式过滤机进行改造，增强支撑强度，稳定真空过滤机的运行。带领维修团队连续奋战3天2夜，完成D磨推力瓦的检修工作，为公司节省资金80万元。2015年12月，侯刚被东平县人民政府授予“东平县首席技师”；2018年12月，被泰安市人力资源和社会保障局授予“泰安市有突出贡献技师”荣誉称号；2021年4月被市委、市政府授予泰安市“劳动模范”称号。

胡正峰 男，汉族，1977年4月出生，东平县大羊镇后杨村人。中专学历，中共党员。山东润声印务有限公司印刷车间主任、党支部书记。在印刷岗位奋战28个春秋，累积丰富的印刷理论知识和实际工作经验，破解一系列诸如“套印不准”“纸张起皱”“墨色不匀”“内页上脏”“彩色印刷底色干燥”等一系列技术难题，推进产品质量上台阶，公司技术标准成为行业技术标准。凭借所掌握的技术优势，土法上马，制造出打捆机2台、模切机1台、勒口机1台，革新折页机续纸部件，提高功效20%，改造骑马订机传递部件，提高功效30%。关注企业持续发展，手把手培养出印刷机长、机长助理、中高级技工等生产技术骨干300余人。2016年12月，山东润声印务有限公司授予他“特殊贡献奖”；2018年7月，中共东平县委授予“优秀共产党员”称号；2018年11月，在东平县重大选题突击生产工作中被中宣部学习出版社授予“优秀个人”称号；2021年4月，被市委、市政府授予泰安市“劳动模范”称号。

李艳艳 女，汉族，1980年9月出生，东平县彭集街道前海村人。大学学历，中共党员。2006年8月，她慕名到东顺集团工作。主动担负起开发市场销售的重任。用所学专业知识和良好的素质修养，开创现款直营合作模式，被集团公司广泛推广，并命名为“李艳艳销售模式”。2010年，被集团提升为鲁西南区域经理。至2020年，相继在聊城、泰安、济宁、枣庄、临沂、菏泽等30多个县城的大型超市建立稳固的合作关系，新开发经销商110多家。鲁西南区域销售额由2010年的3000万元猛增到1.2亿元，增长3.5倍，所带领团队被集团称为“金牌销售团队”。连续十年被集团公司评为“优秀员工”“优秀业务经理”“销售标兵”，先后荣获“公司年度伯乐奖”“年度贡献奖”，东平县“巾帼建功先进个人”“泰安市女职工建功立业标兵”“振兴泰安”劳动奖章等荣誉称号。2021年4月被市委、市政府授予泰安市“劳动模范”称号。

梁吉强 男，汉族，1967年12月出生，东平县州城街道大梁庄村人。高中文化，中共党员。2001年任州城街道大梁庄村主任，2009年任党支部书记。他立足本村土地资源，探索产业兴、环境美、百姓富的生态发展路子。通过招商引资，引进天昊电子元件公司，安置近百名村民进厂务工，实现村民在家门口就业。在村内道路两侧栽种冬青、海棠、红叶梨等绿化苗木2万多株，让苗木花卉成为绿色银行，探索出“集体受益、群众分红、生态提升”新模式。组织成立季丰粮食种植专业合作社，流转周边11个村的土地2100亩，变传统农业为高效农业，实现机械普及化、科技广泛化、产品优质化，大幅度提高土地效益。2019年，被中共东平县委组织部授予全县优秀共产党员称号。2021年4月，被市委、市政府授予泰安市“劳动模范”称号。

刘广格 男，汉族，1965年9月出生，东平县彭集街道后亭村人。中专学历，中共党员。后亭村党支部书记。2017年2月，

后亭村确定实施易地扶贫搬迁，整个工程占地188亩，总建筑面积12.8万平方米，总投资4.2亿元，当年4月开工建设。施工前期，数次召开党员会，村民小组会，群众代表会，村两委干部数次入户征求老百姓意见，规划建设一处集养老公寓，医疗中心，社区服务中心，幼儿园，购物超市，健身广场，农机大院，商业商贸于一体的高标准、高起点的农村新型社区。2018年11月完成搬迁入住。被东平县政法委、宣传部授予2011年至2015年全县普法依法治理工作先进个人；当选泰安市人大代表，东平县2016年度村级工作擂台赛“十佳擂主”“优秀共产党员”；2019年，县委、县政府授予“劳动模范”荣誉称号。2021年4月，被市委、市政府授予泰安市“劳动模范”称号。

彭倩倩 女，汉族，1984年9月出生，东平县彭集街道彭集村人。大学学历，中共党员。历任东平百货大楼有限公司财务副总经理、总经理、法人、董事长。截至2020年12月，公司分店数量达到40家，公司员工达到1800余人，实现各乡镇分店全面覆盖，在泰安市区开设六家分店，实现走出东平辐射周

边县、区的公司奋斗目标。2020年，公司实现销售收入2.4亿元。2017年12月，响应党和政府精准扶贫号召。拿出10万元，用于50户贫困家庭虚拟岗位补贴。安排公司采购人员与本地贫困村对接，帮助接山辛庄等贫困村蔬菜种植户销售蔬菜。2017年4月，投资200多万元，筹建专门救助贫困家庭的“爱心慈善超市”，通过扶贫超市共救助贫困家庭10000多户，涉及金额130多万元。2020年，出资20万元，为800多户异地搬迁建档立卡贫困户送去爱心物资。儒原公司先后安排各类下岗职工1280余人，吸收大学毕业生300多人。公司连续组织第九至第十五届资助贫困大学新生“希望工程圆梦行动”，先后救助贫困生人数300多人，资助总金额100多万元。2015年，彭倩倩被市总工会评为泰安市工友创业优秀个人；2017年，被东平县委宣传部、团县委评为东平县“十大杰出青年”；2017年，被泰安市妇女联合会评为“泰安市十大杰出女企业家”；2018年3月，被泰安市妇女“双学双比”“巾帼建功”竞赛领导小组命名为“泰安市巾帼建功标兵”；2020年11月，被山东省妇联授予“三八红旗手”称号。2021年4月，被市委、市政府授予泰安市“劳动模范”称号。

宋朝元　男，汉族，1954年12月出生，东平县老湖镇前埠子村人。高中文化，中

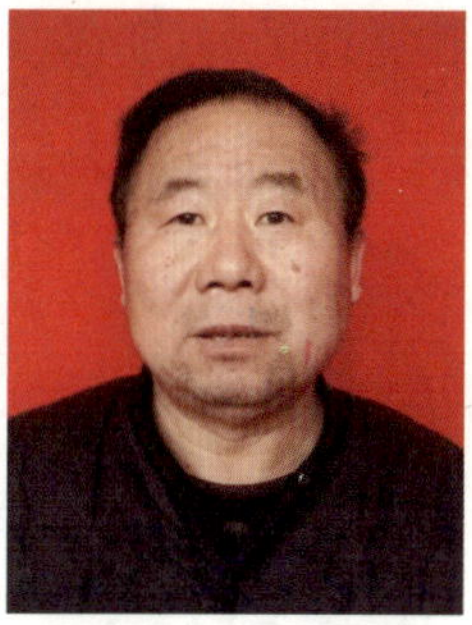

共党员。1978年，大队集体貂场连年亏损，集体经济受到影响。宋朝元任貂场场长后，组织10名团员青年当饲养员，当年转亏为盈，为大队创经济收入1万余元。1984年，当选为村委会主任。按照中央文件精神，将土地承包到户，集体财产分配到户，大队貂场划片卖给6户社员喂养。1988年10月，当选为村党支部书记。上任后，依托东平湖自然优势，发展麻鸭养殖。1990年，养殖规模达到8万只，全村养鸭一项，每年人均收入2000元。2011年，集体买船15只，用于发展旅游，带动就业人员15人，年集体收入5万元。2012年，投入30余万元，建设村民广场。2017年，前埠子村整体搬迁入住滨湖社区，居民住上楼房。村委会在涧流村租地14亩，争取到南水北调资金402万元，建设湖产品加工厂一处，每年承包收入15万元。在九女泉村租地32亩，投资140余万元建采摘园一处，每年承包收入7万元。利用扶贫资金，建设牡丹园、富硒园，加上游船等项目，安置就业100余人，村集体年收入30万元。1992年至2006年，宋朝元被选为泰安市第十二届、十三届、十四届人大代表；先后荣获“县精神文明标兵”“县精神文明先进工作者”“县优秀共产党员”“县双百模范党支部书记”“县双强优秀党支部书

记”“县村级工作优秀擂主”“县劳动模范”称号；2021 年 4 月，被市委、市政府授予泰安市“劳动模范”称号。

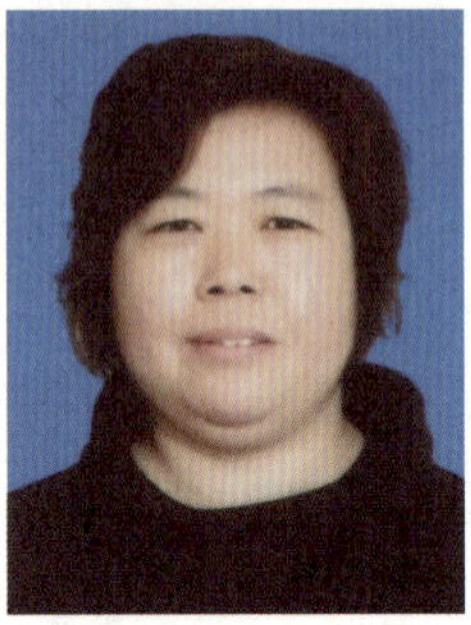

孙凤英 女，汉族，1971 年 1 月出生，东平县州城街道王桃园村人。中专学历。中国邮政集团公司山东省东平县分公司投递员。参加工作三十多年来，先后投送过 3 个段线。累计出班 2880 多次，行程 6 万多公里，投递报刊 32 万余份，信件 13 万余封。投递准确率 100%。每年报刊收订期间，加班加点进学校、进社区、走访沿街商户，积极进行上门宣传。在搞好公费订阅的同时，积极发展私费订阅，把散户分成几个层次，分类发动，做到有的放矢。对国家公职人员、私营企业老板，因人而宜，分类推广，通过积极的宣传收订，每年私费订阅报刊都有效增加。义务为客户服务，代领包裹等。2011 年，被市邮政公司评为“泰安邮政优秀员工”；2012 年，被市邮政公司评为“泰安邮政岗位标兵”；2013 年，被市邮政公司评为“泰安邮政优秀员工”；2014 年，被市邮政工会评为“全市邮政女职工建功立业标兵”；2021 年 4 月，被市委、市政府授予泰安市“劳动模范”称号。

王兴宝 男，汉族，1964 年 3 月出生，东平县梯门镇东瓦庄村人。大专学历，中共党员。2014 年 11 月担任东瓦庄村党支部书记、村民委员会主任，先后向上争取、筹集资金 200 多万元，新打深井 21 眼，铺设自来水管网 6000 余米，新上净水设备 3 处，村民用上自来水，喝上纯净水。投资 300 余万元，集中整治人居环境。砌垒路沿石 6500 米，安装小栅栏 7800 米，铺设沥青路 2500 米、1.75 万平方米。投资 90 余万元，统一栽种石楠球、冬青球等绿化苗木 20 万株。村里先后流转土地 1300 亩，建成生态农业示范园 1 处，园区内有大棚 246 个，主要种植哈密瓜、羊角蜜、绿宝、土豆、葡萄、梨等优质蔬菜林果。每个大棚平均收益 3 万元，村集体增收 50 万元，带动周边 150 户群众发展特色种植。成立东平县果蔬康农业开发公司，下设 2 个专业合作社。投资 80 万元，新建水泥道路 4 条；投资 120 余万元，安装水肥一体化排灌设施一套；投资 130 万元，建造高标准恒温库一座。利用扶贫厂房引进手工艺品加工、纺织等企业，成立宏杰机械公司、柳编厂等企业，有 800 人实现家门口就业。2020 年 12 月，王兴宝被山东省委组织部授予“担当作为好书记”称号；2020 年 6 月，被泰安市委授予新时代泰山“挑山工”标兵；2019 年 4 月，被东平县委授予“第五届劳动模范”；2019 年 2 月，被东平县委授予2018年度村级擂台赛“十佳擂主”；2021年4月，被市委、市政府授予泰安市“劳动模范”称号。

王修常 男，汉族，1973年11月出生，济宁市汶上县苑庄镇人。大专学历，中共党员。东平中联水泥有限公司财务负责人。2019年，增加招商银行、北京银行贷款额度，办理浙商银行供应链融资、涌金司库融资及票据池融资等业务，运用浙商票据池开具电子承兑，共计3700万元，规避资金占用，节约财务费用160万元。每月组织收集原、燃材料采购、生产消耗、销售发货等各方面资料信息，科学制定月度经营指标，实现资源最优化配置。并通过月度运营分析会，对公司每月KPI指标完成情况进行系统的梳理分析，横向、纵向对比找差距，从财务角度出发，为公司生产经营管理提供翔实有效的数据支撑。2005年10月，王修常被山东省财政厅、省总工会授予“先进会计工作者”称号；2018年6月，被北京中国联合水泥集团有限公司委员会授予“优秀共产党员”称号；2020年1月，被北京中国联合水泥集团有限公司委员会、中国联合水泥集团授予“劳动模范”称号；2020年6月，被中共泰安市委授予新时代泰山“挑山工”先进个人称号。2021年4月，被市委、市政府授予泰安市“劳动模范”称号。

杨周伟 男，汉族，1971年6月出生，东平县沙河站镇东杨楼村人。大学学历，中共党员。东平县水利建筑安装公司副经理、总工程师。2011年至2021年，任项目经理和技术负责人，承担主要工程12项，总投资2.56亿元。包括土地综合整治、河道治理、农田水利、千亿斤粮食、“饮水安全”、引黄灌区农业节水工程、黄河滩区脱贫、水肥一体化滴灌技术推广等。亲自编制农田水利、国土、移民、开发等行业投标文件350余套。建设项目涉及耕地14.5万亩，年均增收粮食580万公斤；亩次平均灌水量由过去的180立方米减少为120立方米；亩均灌溉水费27.6元，比原来减少15.6元，人均减少24.4元。泰安市大河水库除险加固工程被山东省水利厅、发改委、财政厅授予“山东省大中型病险水库除险加固十大经典工程”；小型农田水利重点县建设项目荣获“2013年至2014年度山东省水利建设工程文明工地称号”；2014年，东平县汇河治理被评为“山东省鲁水杯优质水利工程”。2014年12月，杨周伟被泰安市人力资源和社会保障局、泰安市财政局、泰安市水利和渔业局授予“第八届泰安市优秀乡镇水利和渔业技术人员”；2017年2月被中共东平县委县直机关工作委员会授予“优秀共产党员”荣誉称号；2017年4月，被中共东平县委、东平县人民政府授予“东平县第四届劳动模范”称号；2018年3月，获泰安市总工会“泰山工匠”提名奖；2019年2月，被中共东平县委、东平县人民政府授予第二届“东平英才”称号；2019年12月，被山东省水利厅评为“第十届山东省优秀基层水利技术人员”；2021年4月，被市委、市政府授予泰安市“劳动模范”称号。

赵　峰　男，汉族，1974年1月出生，东平县州城街道大西门村人。大学学历，中共党员。中国农业银行股份有限公司东平县支行党委书记、行长。坚持以支持经济发展为己任，着力推进金融赋能，助力经济持续高质量发展。2020年，新增贷款6.9亿元，增幅18.6%。相继推出小企业简式贷、纳税e贷、抵押e贷、微捷贷等一系列小微金融产品，满足广大小微企业客户融资需求。当年投放小微企业贷款1.1亿元，有效支持小微企业发展。探索“农行＋企业＋贫困户”三维一体金融扶贫模式，通过为企业提供低息贷款，促使企业与贫困户签订帮扶协议，带动贫困户脱贫致富。2019年以来，累计投放精准扶贫贷款8219万元，其中富民生产贷2000万元，帮扶建档立卡贫困户479户、贫困人口580人。加大产品创新力度，接连运用金穗农担贷、强村贷、惠农e贷等优质产品，解决农村金融难题，累计投放惠农e贷1.58亿元，投放金穗农担贷7000余万元，为乡村振兴注入金融活水。2019年2月，赵峰被东平县委、县政府授予“东平英才”称号；2019年4月，被泰安市总工会授予“振兴泰安劳动奖章”；2020年1月，被中国农业银行山东省分行授予“2019年度中国农业银行山东省分行先进个人”；2021年4月，被市委、市政府授予“劳动模范”荣誉称号。

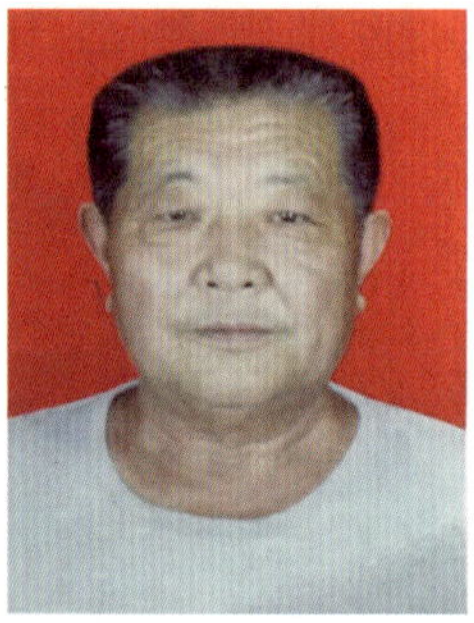

周脉华　男，汉族，1951年12月出生，东平县新湖镇侯河村人。高中文化，中共党员。曾任新湖镇侯河村党支部书记。2019年，整合第一书记省级扶贫资金60万元，投入泰安天授生物科技公司孵化厂房项目，实现收益分红4.2万元。2020年，整合省派第一书记产业扶贫资金40万元，建设新湖镇雪豪制衣厂，运行投产。利用中央转移支付的农村公益性事业资金30万元，完成“智慧党建，智慧社区综合服务平台”工程建设，全村粉刷墙面1万平方米，安装太阳能路灯38盏，铺设砂石生产路518米。利用省派第一书记农村公益性事业资金25万元，修建文化广场一处。争取移民资金200万元，用于

"美丽移民乡村"建设。全村新建沥青罩面道路 19 条，2934 米，罩面面积 11363 平方米；新建排水管道 112 米，排水沟 270 米，排水井 5 眼，移民服务中心 168.54 平方米，房屋前广场 232 平方米。整修小农水设备 11 台，设置工厂级净水机 1 台，监控设备一套 16 路，种植绿化树木 350 余棵，修建凉亭一座，10 米长廊，修葺石桥两座。周脉华先后 3 次被新湖镇党委评为优秀党支部书记。2021 年 4 月，被市委、市政府授予泰安市"劳动模范"称号。

陈士民 男，汉族，1976 年 11 月出生，老湖镇后水河村人。大学学历，中共党员。现任东平高级中学教师。所教班级成绩优异，其中三人被清华大学录取，辅导的学生在物理竞赛、物理创新大赛和学科能力大赛中均取得较好成绩。积极参加教育教学改革实践，因成绩突出，2020 年度被评为泰安市学科优秀教师。积极开拓教学思路，在专业教研中和同事交流，提升专业素养，与青年教师结对子，做好传帮带，全组教师的成绩在各层次班级中均居前列。成立虚拟班，利用课余时间，开设讲座，突出尖子生培养，为考取清华、北大奠定基础。组织开展科技小组，带领学生分析戴村坝中的物理学原理，制作戴村坝模型，真正使物理走向生活。参编《五年高考三年模拟》一书，以"楞次定律"教学为例谈基于自主生成的物理课堂建构一文在《中学物理教学参考》发表，并在当代中学生报发表《浅析感应电流的产生条件》的文章。参加曹炳友工作室（齐鲁名师领航室），成立曹炳友工作室东平站，带领年轻教师开展省级课题《多元思维建模教学的理论建构与实践探索》，主持的县级课题《高中物理教学中培养学生自主学习能力研究》被评为优秀课题，促进了年轻教师的成长。2016 年 9 月被东平县委、县政府授予"高中教育教学特殊贡献奖"；2017 年 8 月被山东省教育厅评为"山东省中小学优秀班主任"；2017 年 9 月被泰安市人民政府评为"泰山名师"；2019 年 9 月被东平县委、县政府授予"高中教育教学特殊贡献奖"；2019 年 9 月被山东省教育厅评为"山东省优秀教师"；2020 年 1 月被评为"泰安市第十四批专业技术拔尖人才"；2021 年 2 月被山东省教育厅评为"山东省特级教师"；2021 年 4 月，被市委、市政府授予泰安市"劳动模范"称号。

侯绪东 男，汉族，1976 年 1 月出生，沙河站镇侯圈村人。大学学历，中共党员。现任东平县乡村振兴局副局长。2016 年，主动请缨投身脱贫攻坚一线，5 年来，他扎根扶贫、埋头苦干，以实际行动践行“三牛”精神，成为单位最强骨干，连续三年获年度考核优秀等次。编印《精准扶贫十大案例》，为全县干部群众打开了“如何干好扶贫”的大门，引领工作稳步前行。在全省率先提出建立防止返贫动态监测机制，探索建立“1+5”稳定脱贫工作体系，泰安市政府分管扶贫工作的副市长作出专门批示，并得到权威扶贫专家汪三贵教授的肯定，为国家制定政策趟出了路子。在深入探寻东平扶贫亮点特色的基础上，他撰写的《党建统领抓扶贫、成方连片拔穷根》被省市选中，在中共中央政策研究室《学习与研究》上刊登，成为全县工作的亮点和佳话，也为各级了解东平扶贫工作打开了一扇窗口。引起中央电视台、人民日报、新华社、山东卫视、大众日报等中央和省市各级主流媒体争相刊登报道东平扶贫工作 2000 余篇次。他深入挖掘、培树典型 30 余个，引起省市关注，中央电视台专题栏目组前来拍摄，《东平故事·搬离黄河滩》登上央视舞台，播出后在全市引起较大反响。市委书记崔洪刚专门作出批示，作为“不忘初心、牢记使命”主题教育学习内容，要求全市党员干部观看学习。2018 年 10 月被泰安市扶贫开发领导小组授予“全市脱贫攻坚先进个人”称号；2019 年 2 月被东平县委、县政府授予“全县脱贫攻坚先进个人”称号；2019 年 6 月在被东平县委授予“全县优秀共产党员”称号；2021 年 1 月被泰安市人力资源和社会保障局、泰安市扶贫开发领导小组办公室给予记功奖励；2021 年 2 月被山东省扶贫开发领导小组办公室授予“全省扶贫系统宣传工作先进个人”称号；2021 年 4 月被市委、市政府授予“泰安市先进工作者”称号；2021 年 6 月被省委、省政府授予“山东省脱贫攻坚先进个人”称号。

刘富刚 男，汉族，1975 年 9 月出生，东平街道东山路 18 号人。大学学历，中共党员。现任东平县人民医院内镜中心、呼吸、消化内科主任。刘富刚刻苦钻研业务知识，熟练掌握消化道癌的早诊及早治技术，因科室各项考核指标均位列全国各项目单位前列，近年来被评为先进科室，连年获得“山东省癌症早诊早治项目先进集体”“国家上消化道癌早诊早治项目优秀项目单位”等称号；2018 年被推选为 11 家“国家上消化道癌早诊早治项目示范基地”之一；刘富刚被授予国家上消化道癌早诊早治项目“先进工作者”，优秀科主任、先进个人、青年英才等荣誉称号。作为泰山医学院附属东平医院带教老师，刘富刚承担了消化内科专业教学任务，每年均能完美完成讲课及带教任务。积极带领团队进行科学实验：与国家卫计委癌症早诊早治项目专家组组长王贵齐教授合作，现正在承担国家重点研发计划“重大慢性非传染性疾病防控研究”重点专项“消化道恶性肿瘤高危人群识别及高危人群预防研究”。刘富刚作为第一完成人，多项科研成果获东平县科技进步一等奖1项，二等奖1项，三等奖3项，在省级以上学术刊物上发表学术论文10余篇，主编医学专著2部，副主编1部。2014年5月被泰安市卫生局授予“全市医疗服务管理工作先进个人”称号；2016年12月被中共泰安市委宣传部、泰安市卫生和计划生育委员会、泰安市广播电视台授予“泰安最美医生”称号；2018年8月被山东省卫生和计划生育委员会、山东省中医药管理局授予“山东省优秀医师”称号；2019年11月被中国癌症基金会、国家卫生健康委员会农村癌症早诊早治项目专家委员会授予“先进工作者”称号；2021年4月被市委、市政府授予“先进工作者”称号。

王凤茂 男，汉族，1978年5月出生，临沂市郯城县庙山镇人。大学学历，中共党员。现任东平县移民服务中心人秘科科长。自承担移民领域脱贫攻坚工作任务以来，王凤茂深入库区搞调研、摸实情、强服务，攻坚克难抓协调、严督导、促落实，牵头制定出台了《关于坚决打赢扶贫脱贫攻坚战的实施意见》，组织编制完成东平县大中型水库移民后期扶持“十三五”“十四五”规划，确定了全县库区脱贫攻坚工作的目标、方向和路径，综合易地搬迁、就业培训、保障兜底等各方面扶贫措施，发展产业脱贫11800人，转移就业脱贫3200人，2020年与全县人民同步实现全面脱贫目标。创新兜底扶贫机制，利用移民资金形成的资产收益在老湖镇移民避险解困社区启动“移民爱心助餐帮洗”试点工程，为39户、48人特困群众提供一日三餐，并送餐到家、帮洗衣物，解决特困移民群众基本生活问题。2018年12月10日，全国水库移民工作会议成功在东平召开，东平县移民避险解困试点成为会议上的一枝独秀。2015年2月被中共东平县委县直机关工作委员会评为2014年度优秀共产党员；2017年4月被中共东平县委、东平县人民政府授予东平县第四届“建设新东平”劳动奖章荣誉称号；2019年2月被中共东平县委、东平县人民政府授予第二届“东平英才荣誉称号”；2019年2月被中共东平县委、东平县人民政府授予2018年度全县“三大工程”贡献突出个人。2021年4月被市委、市政府授予“先进工作者”称号。

张志臣 男，汉族，1984年9月出生，东平县州城街道南张圈村人。大学学历，中共党员。现任旧县乡吉城办事处党总支

书记。2015年8月获全军优秀士官人才奖。张志臣于2002年入伍参军，2019年退役后安置到旧县乡人民政府工作。在新的工作岗位上，发扬军人奉献牺牲精神、令行禁止的严谨态度和扎实果敢的工作作风，得到乡党委政府的认可，2020年被提拔为办事处党总支书记。此后他团结带领管区10个村级党组织，恪尽职守，艰苦奋斗，大胆开拓，勇于创新，围绕乡党委中心任务，以高度的责任感和事业心，扎扎实实做好各项工作。管理区工作事急量大，他经常奔波往返于各村的路上。为节省时间，提高工作效率，他将临时办公场所设在村里，临时办公室非常简陋，冬天冷如冰窖，夏天热如蒸笼，他以工作为重，把办公室当成自己的家，遇到紧急任务，他靠在办公室，饿了随便吃点，困了趴在办公桌睡一会儿；有时累的精疲力竭，晚上还要加班加点，眼睛熬红了，第二天坚持继续上班。在夜以继日的艰苦工作中，他受到锻炼，工作能力得到提升，工作业绩受到干部群众认可。2021年4月被市政府授予泰安市“五一劳动奖章”。

王弥坚 男，汉族，1971年1月出生，东平县接山镇夏谢四村人。大专学历，中共党员。现任县林业发展中心、东平湖管理委员会、县自然资源和规划局地质环境科副科长。2005年7月他进入原东平县国土资源局基层所工作，由于工作扎实认真，2008年、2012年两次获得全县国土资源系统先进工作者荣誉称号。2013年11月进入地质环境科工作，凭着多年积累的矿政管理工作经验，取得显著工作业绩。2017年6月，参与泰山区域山水林田湖草生态保护修复工程国家级工程项目申报，按照局党委要求，精心挑选项目，协同技术支撑单位深入项目一线勘察现场，和项目区所在地政府交流申报意见，争取支持。同时认真整理项目业务资料和宣传资料，数次参与迎接省、市、县各级领导和专家的检查、督导。2017年底项目申报圆满成功。2018年，他参与为期三年的泰山区域山水林田湖草生态保护修复工程项目的实施，在任务重、疫情影响严重的不利情况下，与大家齐心协力，奋力拼搏，精心研究项目设计，深入一线督导项目施工，项目于2020年底竣工，完成矿山生态修复治理568公顷，为泰安市践行绿色发展理念，为国家北方地区实施山水林田湖草生态保护修复提供“泰山经验”做出贡献。2021年4月被市政府授予泰安市“五一劳动奖章”。

李长伟 男，汉族，1973年1月出生，东平县梯门镇花篮店村人。高中学历，中

共党员。现任瑞星集团气体二公司技师。李长伟立足本职岗位，刻苦钻研技术，在实践中勇于创新，取得突出成果。先后有“便携式吊车用消防水枪”“圆形空气滤芯自动清理装置”等十几项专利获得授权并在同行业内广泛推广使用，被授予“东平县青年岗位能手”“东平县青年岗位能手标兵”“东平县首席技师”“泰山工匠提名奖”等荣誉称号。他关注设备运行质量，推行失效模式与影响分析（FMEA），将六西格玛管理工具引入设备维护、维修过程，制订设备控制和维保流程、标准，研究设备维修的最佳解决办法，提高了设备性能和生产效率。善于把“绝活”提炼成规范的操作技巧，带出十几名技术过硬的徒弟，成为企业技术骨干，多人多次被评为企业标兵和县市级先进、模范。2021年4月，李长伟被市政府授予泰安市“第四届泰山工匠”荣誉称号。

彭广会 男，汉族，1964年8月出生，东平县彭集街道彭集村人。大专学历，中共党员。1984年在济宁医学院学习，1987年7月毕业，8月分配东平县人民医院工作。

1996年晋级主治医师，1999年5月任县人民医院急诊科副主任。2001年在上海仁济医院学习风湿免疫专业半年，2002年8月回院组建风湿免疫科，兼内一科副主任，2004年12月晋升为副主任医师，2005年3月任重症医学科主任。至2021年受聘副主任医师15年。2003年SARS疫情期间，他在内一科任副主任、呼吸科主任，作为县抗击SARS主要专家做出突出贡献，荣立县抗击疫情先进个人、记三等功。2005年至今在重症医学科工作，抢救数千名危重症患者。2020年2月13日，武汉疫情紧急防控期间，自愿报名，随山东省第十批医疗队驰援湖北，被上级任命为黄冈市蕲春医疗队队长，2020年2月21日被山东省前方指挥部任命为蕲春医疗队党支部副书记。在蕲春县工作38天，74名患者全部痊愈出院，医务人员零感染、零伤害。2020年4月5日圆满完成任务回到山东。被省委组织部授予山东省抗击新冠肺炎疫情先进个人，被泰安市委授予新时代泰山挑山工及金卡人才。2021年4月被市委市政府授予泰安市“最美职工”，系东平县唯一获此荣誉者。

附　录

一、文件辑存

中共东平县委办公室转发县总工会《关于认真贯彻党的全心全意依靠工人阶级方针推进国有企业改革的意见》的通知

东办发〔1996〕32号

各乡镇党委，县委各部委，县政府各部门和县直局级企事业单位党组、党委，各人民团体党组，县人武部党委：

县总工会《关于认真贯彻党的全心全意依靠工人阶级方针推进国有企业改革的意见》已经县委同意，现转发给你们，望结合实际，认真抓好落实。

中共东平县委办公室

1996年8月9日

东平县总工会关于认真贯彻党的全心全意依靠工人阶级方针推进国有企业改革的意见

最近，省委办公厅、市委办公室分别转发了省、市总工会《关于认真贯彻党的全心全意依靠工人阶级方针推进国有企业改革的意见》（以下简称《意见》）的通知。根据文件精神，结合我县实际提出如下贯彻落实意见。

一、认真学习贯彻文件精神，提高思想认识

省委办公厅、市委办公室转发的省、市总工会《意见》深刻阐明了新时期全心全意依靠工人阶级方针的有效途径和形式，以及加强和改善党对工会工作的领导等问题，对于进一步落实党的全心全意依靠工人阶级方针，搞好国有企业改革具有重要的指导作用。各级党委、政府和工会组织都要把学习贯彻好这个文件精神作为一件大事，采取多种形式，组织传达学习。同时，要组织各级干部认真学习江泽民同志在上海、长春召开的企业座谈会上的重要讲话，深刻领会精神实质。通过学习，使广大干部、职工特别是领导干部充分认识到党所领导的改革和社会主义现代化建设的全部活动和整个过程，都必须全心全意地依靠工人阶级。随着市场经济的深入发展，工人阶级的主人翁地位只能提高、不能削弱，这是搞好国有企业的根本出路。

二、明确任务，突出重点，把建立“三项机制”落到实处

各级工会组织要按照《意见》中提出的全心全意依靠工人阶级办企业的“六个必须”和具体要求，进一步修订工作计划，采取有效措施，把文件精神落到实处。工作中要把建立职工民主管理机制，平等协商、签订集体合同机制和职工利益保障机制，作为工会工作的重点。所有企业特别是股份制企业必须依法坚持和完善以职工代表大会为基本形式的职工民主管理和民主监督制度，实现职工群众对企业的民主管理和对企业领导干部的有效监督，形成民主管理的强烈气氛；要依法建立平等协商、签订集体合同制度，将广大职工应享有的各项权益纳入法制化管理，关心和解决好职工劳动安全、保护、卫生、医疗、生活等各方面的问题，依法保护职工权益，任何侵犯职工权益的行为，都要认真追究和查处；要建立职工送温暖基金、特困职工档案、职工消费合作社等，妥善安置富余人员和下岗职工，切实保证工人阶级主人翁地位的落实，维护职工群众的合法权益。各级工会要认真对照和检查本单位的工作，针对个别单位工会组织制度不健全，工作开展力度不够，不能充分发挥“三项机制”作用的，要及时完善和提高，切实做到有计划、有目标、有措施，责任到人，把上述“三项机制”建立起来，把上级《意见》精神落到实处。

三、要进一步加强和改善党对工会工作的领导

各级党委、政府要高度重视工会工作，切实加强和改善对工会工作的领导，支持工会独立自主地开展工作。要重视和加强工会的干部队伍建设，按照“四化”标准配备好各级工会领导干部。在企业改革中，要依法保证工会组织的健全和稳定，不准随意撤销合并工会组织。要认真落实《山东省实施（工会法）办法》中“国有资产控

股的股份制企业工会负责人代表职工依法参加本企业董事会”的规定，切实发挥工会参政议政作用。各级工会组织在学习贯彻《意见》中，要自觉接受党的领导，及时向党组织请示、汇报工作，认真贯彻《劳动法》《工会法》，履行好维护、建设、教育、参与等社会职能，不断加强自身建设，努力把工会建设成为职工群众信赖的“职工之家”，充分发挥党联系职工群众的桥梁和纽带作用。

《意见》的贯彻落实情况，由县总工会及时进行通报。

中共东平县委办公室转发县总工会《关于加强乡镇工会工作的意见》的通知

东办发〔1997〕19号

各乡镇党委：

县委同意县总工会《关于加强乡镇工会工作的意见》，现转发给你们，望结合实际，认真贯彻执行。

中共东平县委办公室

1997年4月9日

东平县总工会关于加强乡镇工会工作的意见

按照上级有关规定和要求，经县委研究于1994年底，全县17个乡镇(当时旧县乡未划入东平县)同时建立了工会工作委员会、由县委行文，各乡镇党委分工副书记兼任工委主任，设立了专职工会副主任。全县乡镇所属240个机关、企事业单位全部组建了工会委员会，配备了基层工会专职干部280余人，职工入会会员16000余人，入会率达90%以上。同时各工会都建立健全了各项工会工作制度。

几年来，在乡镇党委领导下，在县总工会的指导下，乡镇工委工会独立自主地开展工作。在职工教育、促进乡镇劳动关系协调、职工队伍稳定、乡镇经济发展等方面发挥了积极作用。但是，由于乡镇工会组建的时间较短，工作基础薄弱，加之乡镇工会工作委员会领导班子变动频繁，造成了乡镇工会工作和改革开放的形势不相适应。为进一步加强乡镇工会工作，特提出如下意见：

一、在党委领导下，建立健全乡镇工会组织。根据《中华人民共和国工会法》《中国工会章程》的有关规定，必须健全和完善乡镇工会组织。各乡镇工会工作委员会的人员组成应按1994年县委批复，主任由分工党群的党委副书记兼任，配专兼职副主任。各乡镇要拿出意见报县总工会和县委组织部，此项工作务必尽快完成。各乡镇工会工作委员会建立完善后应立即完善乡镇教育、卫生院、供销社、经贸委及企业基层工会，配齐工会干部，设专职工会主席，享受同级党政副职的政治经济待遇。基层委员会需充实调整的工会干部要通过职代会民主选举产生，报乡镇工会工作委员会审批。要保持工会班子的稳定，今后，对工会干部的调整使用，原则上必须根据工会章程规定，按照有关程序办理。

二、乡镇直单位工会组建完善后必须召开一次职工代表大会。由单位行政领导报告工作，建立完善几个工作委员会，通过各项工作制度，以此建立起以职代会为基本形式的民主管理、民主监督机制。凡属应职代会讨论通过的决议、重大事情都必须经职代会讨论通过。

三、积极推行平等协商和签订集体合同制度。工会代表职工与用人单位进行平等协商、签订集体合同，是《中华人民共和国劳动法》赋予工会的一项重要权利。工会贯彻实施《中华人民共和国劳动法》，要以建立平等协商和集体合同制度为重点。根据上级工会要求，县总工会要求1997年全县各类企业都必须签订集体合同，各乡镇工会组织健全后，首先抓好此项工作。平等协商、签订集体合同已列为中华全总1997年重点工作，县总工会把这项工作纳入了年度目标管理，各乡镇工会务必抓到手上，落到实处。

四、切实关心职工生活，为职工办实事、办好事。工会要重视关心困难企业职工的生活，千方百计帮助他们排忧解难。大力实施“送温暖”工程，有条件的可以从集体和职工中筹集部分资金，建立扶贫帮困基金，推动“送温暖”工程向经常化、制度化、社会化方向发展。各企业工会要在党政领导下建立特困职工档案，落实帮扶责任制形成正常的扶贫帮困机制。

五、发挥职工的主人翁作用，动员组织职工为经济发展建功立业。围绕经济建设这个中心，动员和组织职工开展以“一星三手”“双增双节”为主要内容的劳动竞案活动，并切实抓出成效。活动的重点放在基层，以提高企业经济效益和竞争能力为目标，以推动技术进步和提高职工素质为重点，活动的领域要向企业管理、生产经营、销售、科技等方面延伸。活动的内容和形式要立足于企业植根于班组，围绕企业的难点、重点，抓住质量、品种成本、安全、效益，采用职工喜闻乐见的丰富多样、生动活泼的竞赛形式，充分发挥先进人物、先进企业和先进班组的榜样、示范和带动作用，形成比、学、赶、帮、超热潮。

六、严格按照《中华人民共和国工会法》拨缴工会经费。依法拨缴工会经费是各级行政、工会的义务。要认真学习《中华人民共和国工会法》及省人大关于拨交工会经费的有关规定，足额拨交，不准拖欠。

各乡镇广大工会干部要振作精神，扎实工作，健全工会组织，建立和完善各项工作制度，落实各项活动，努力开创乡镇工会工作的新局面，为“两个文明”建设做出更大贡献。

东平县总工会

1997年3月25日

1989—2021年东平县委、县政府等部门推进工会工作文件统计表

表39

题名	文号	印发时间	责任者
关于公布东平县总工会首届女职工委员会选举结果的通知	东普发〔1989〕28号	1989.10.14	中共东平县委
关于批转县总工会党组《关于在党政机关组建工会的请示报告》的通知	东发〔1990〕34号	1990.07.30	中共东平县委
批转县总工会《关于在全县企事业单位开展职工民主管理达标活动的意见》的通知	东发〔1991〕4号	1991.01.22	中共东平县委
关于转发《动员全县职工广泛开展“我为质量、品种、效益年作贡献”活动的意见》的通知	东办发〔1991〕7号	1991.03.04	县委办、县政府办
关于深入开展劳动竞赛合理化建议和技术改造活动的意见	东竞字〔1991〕第1号	1991.06.10	县劳动竞赛委员会
关于转发县总工会《关于加强民主管理完善激励机制的意见》的通知	东办发〔1992〕11号	1992.03.19	中共东平县委
关于东平总工会成立东平县第三建筑安装公司的请示的批复	东政函〔1993〕96号	1993.12.28	东平县人民政府
“两办”关于转发东平总工会《贯彻中国工会十二大精神的实施意见》的通知	东办发〔1994〕32号	1994.05.04	中共东平县委

续表 39

题名	文号	印发时间	责任者
关于公布签订集体合同试点领导小组名单的通知	东委发〔1995〕19 号	1995.08.23	中国共产党 东平县委员会
“两办”关于做好全县“十大职工劳模”评选推荐工作的通知	室函〔1996〕7 号	1996.04.19	县委办、县政府办
转发县总工会《关于认真贯彻党的全心全意依靠工人阶级方针推进国有企业改革的意见》的通知	东办发〔1996〕32 号	1996.08.09	中共东平县委
转发《关于加强乡镇工会工作的意见》的通知	东办发〔1997〕19 号	1997.04.09	中共东平县委
关于进一步加强企业平等协商签订集体合同制度工作的意见	东集组字〔1997〕1	1997.05.01	东集小组
关于职工代表大会民主评议企业领导干部的意见	东会字〔1997〕7 号	1997.05.05	中共东平县委组织部
“两办”关于设立东平县送温暖工程基金的通知	东办发〔1997〕54 号	1997.12.10	县委办、县政府办
中共东平县委关于公布东平县总工会第三届女职工委员会名单的通知	东委〔1998〕2 号	1998.03.13	中共东平县委
转发东平总工会党组《关于召开东平县总工会第七次代表大会的报告》的通知	东发〔1998〕14 号	1998.04.05	中共东平县委
关于公布东平县总工会第七届委员会选举结果的通知	东任发〔1998〕32 号	1998.04.27	中共东平县委
关于转发市纪委等四部门《关于国有集体企业推行厂务公开民主监督制度的意见》的通知	东会字〔1999〕4 号	1999.03.25	中共东平县纪委等
关于全县国有企业推行厂务公开民主监督制度的意见	东纪发〔1999〕5 号	1999.06.10	中共东平县纪委等
转发泰安市厂务公开协调小组办公室《关于开展全市厂务公开工作检查考核的通知》	东厂开领〔2000〕1 号	2000.02.21	县厂务公开领导小组
中共东平县委办公室转发县总工会《关于进一步加强工会工作推进企业改革和发展的意见》的通知	东办发〔2000〕15 号	2000.07.03	中共东平县委
关于王建等同志任免职的通知	东委〔2001〕181 号	2001.12.18	中共东平县委
关于孙培冉等同志任免职的通知	东委 〔2001〕93 号	2001.06.07	中共东平县委
东平县人民政府关于印发东平县城镇职工基本医疗保险暂行规定的通知	东政发〔2002〕78 号	2002.12.16	东平县人民政府

续表 39

题名	文号	印发时间	责任者
东平县人民政府关于印发东平县县直机关事业单位职工基本医疗保险暂行办法的通知	东政发〔2002〕79 号	2002.12.16	东平县人民政府
中共东平县委　东平县人民政府关于表彰计划生育先进工作者的决定	东委　〔2003〕76 号	2003.05.26	中共东平县委
中共东平县委办公室关于印发县总工会《关于加强基层工会组织建设的意见》的通知	东委〔2007〕12 号	2007.05.11	中共东平县委
中共东平县委办公室转发《东平县总工会关于进一步深化“劳动关系和谐企业”创建活动的意见》的通知	东委〔2007〕21 号	2007.07.17	中共东平县委
关于王广胜同志任职的通知	东委〔2007〕163 号	2007.12.14	中共东平县委
关于刘继顺同志退休的通知	东组干字〔2007〕48 号	2007.12.21	中共东平县委组织部
关于徐广三同志任职的通知	东委〔2007〕201 号	2007.12.14	中共东平县委
关于徐广三同志任职的通知	东委〔2008〕9 号	2008.04.21	中共东平县委
关于许志泉同志退休的通知	东组干字〔2008〕37 号	2008.11.22	中共东平县委
关于张斌等同志任免职的通知	东委〔2008〕91 号	2008.12.26	中共东平县委
关于王成华同志退休的通知	东组干字〔2009〕29 号	2009.10.22	中共东平县委
关于林恩铎同志退休的通知	东组干字〔2009〕30 号	2009.10.22	中共东平县委
关于提名展长顺等同志任免职的通知	东委〔2010〕50 号	2010.03.19	中共东平县委
关于部分乡镇、街道、县直单位党组织设置和仲光亮等同志任免职的通知	东委〔2011〕115 号	2011.11.23	中共东平县委
关于提名陈培典同志免职的通知	东委〔2012〕43 号	2012.04.20	中共东平县委
关于县直部分单位党组织调整和武军等同志任免职通知	东委〔2012〕83 号	2012.11.15	中共东平县委
关于提名张吉民同志任职的通知	东委〔2012〕88 号	2012.11.15	中共东平县委
中共东平县委办公室　东平县人民政府办公室关于开展东平县第二届劳动模范、“建设新东平”劳动奖章评选活动的通知	东办字〔2013〕8 号	2013.03.20	中共东平县委
关于开展“查身边隐患、保职工安全、促企业发展”群众性安全生产活动的实施意见	东政发〔2013〕21 号	2013.12.27	东平县人民政府
东平县人民政府关于表彰东平县第二届劳动模范和“建设新东平”劳动奖章获得者的决定	东政发〔2013〕22 号	2013.04.26	东平县人民政府

续表 39

题名	文号	印发时间	责任者
关于徐广才同志退休的通知	东组干字〔2013〕36 号	2013.11.15	中共东平县委组织部
关于周庆明同志退休的通知	东组干字〔2013〕43 号	2013.12.15	中共东平县委组织部
关于提名王晓晨同志免职的通知	东委〔2014〕188 号	2014.10.20	中共东平县委
关于尚家宁同志退休的通知	东组干字〔2014〕27 号	2014.09.15	中共东平县委组织部
东平县人民政府关于表彰东平县第三届劳动模范和“建设新东平”劳动奖章获得者的决定	东政发〔2015〕25 号	2015.04.29	东平县人民政府
关于周长智同志退休的通知	东组干字〔2016〕24 号	2016.07.15	中共东平县委组织部
中共东平县委关于在全县开展“重效率、勇担当、作表率”主题活动的实施方案	东发〔2017〕8 号	2017.04.25	中共东平县委
关于张庆亭同志退休的通知	东组干字〔2017〕12 号	2017.03.15	中共东平县委组织部
中共东平县委关于建设过硬党支部的意见	东发〔2017〕13 号	2017.05.19	中共东平县委
中共东平县委、东平县人民政府关于表彰东平县第四届劳动模范和“建设新东平”劳动奖章获得者的决定	东委〔2017〕35 号	2013.04.28	中国共产党东平县委员会
关于李广义等同志任免职的通知	东委〔2018〕110 号	2018.12.12	中共东平县委
关于提名王成明等同志任免职的通知	东委〔2018〕114 号	2018.12.12	中共东平县委
中共东平县委关于王成生等同志任免职的通知	东委〔2019〕21 号	2019.04.26	中共东平县委
中共东平县委关于提名黄启真等同志任免职的通知	东委〔2019〕26 号	2019.04.26	中共东平县委
关于陈培典同志退休的通知	东组干字〔2020〕3 号	2020.01.15	中共东平县委组织部

1989—2021 年东平县总工会制发文件统计表

表 40

题名	文号	印发时间
关于工会经费“超收回拨”奖励的办法	东工会字〔1989〕1 号	1989.07.01
关于进行财务大检查的通知	东工会字〔1989〕4 号	1989.09.30
关于在全县职工中广泛开展“学雷锋、学铁人、做主人、做贡献”演讲活动的通知	东会字〔1990〕1 号	1990.01.1
贯彻《关于设立培育“四有”职工队伍先进集体“学习雷锋积极分子”荣誉称号的决定》的通知	东会字〔1990〕5 号	1990.03.02
关于继续深入开展建设职工之家升级活动的意见	东会字〔1990〕9 号	1990.10.10

续表 40

题名	文号	印发时间
关于表彰工会先进单位和个人的决定	东会字〔1991〕4 号	1991.03
关于举办全县职工想十年、讲十年、干十年知识竞赛活动的通知	东会字〔1991〕6 号	1991.04.25
转发《关于在全市职工中开展技术学习、技术练兵、技术比武活动的意见》的通知	东会字〔1991〕7 号	1991.05.20
关于转发市总工会《关于在全市女职工中开展八赛、八比、巾帼奉献活动意见》的通知	东会字〔1991〕9 号	1991.09.01
关于《一九九二年女职工工作目标管理竞赛条件》的通知	东会字〔1992〕3 号	1992.01.02
关于表彰工会先进单位和个人的决定	东会字〔1992〕2 号	1992.03
关于学习宣传贯彻《工会法》的通知	东会字〔1992〕5 号	1992.04.10
关于成立东平总工会第三产业联合会的决定	东会字〔1992〕7 号	1992.07.06
关于在东山路文化宫建房的报告	东会字〔1993〕3 号	1993.01.20
关于转发市总工会、市财政局《关于新〈工会法〉中有关工会经费问题的具体规定》的通知	东会字〔1993〕4 号	1993.01.10
东平县总工会一九九三年女职工工作要点	东会字〔1993〕5 号	1993
关于转发《在全市职工中开展争当“一星三手”劳动竞赛活动的意见》的通知	东会字〔1993〕6 号	1993.07.06
关于在全县女职工中开展“伸出一双手，奉献一片爱心”活动的通知	东会字〔1994〕3 号	1994.05.24
关于在各乡镇和街道组建工会的报告	东会字〔1994〕4 号	1994.06.14
发挥特色 维护稳定 促进全县经济和社会各项事业更大发展	东会字〔1994〕6 号	1994.08.23
关于向侯庆道同志学习的决定	东会字〔1994〕8 号	1994.11.07
关于启用乡镇工会工作委员会专用章的通知	东会字〔1994〕9 号	1994.11.14
关于在全县女职工中开展闯新三关演讲比赛的通知	东会字〔1995〕2 号	1995.01.16
关于建立贯彻落实《中华人民共和国劳动法》领导小组及情况汇报制度的通知	东会字〔1995〕3 号	1995.03.09
关于进一步加强工会经费管理的意见	东会字〔1995〕4 号	1995.03.20
关于开展工会财务大检查的通知	东会字〔1995〕8 号	1995.05.15
关于围绕“管理效益年”活动开展劳动竞赛的意见	东会字〔1995〕9 号	1995.06.13
关于在全县开展美好家庭活动的通知	东会字〔1995〕10 号	1995.08.08
关于转发《关于充分发挥职工民主监督作用，促进企业廉洁经营的意见》的通知	东会字〔1995〕12 号	1995.08.23
关于表彰美好家庭的决定	东会字〔1995〕13 号	1995.08
关于进行集体协商签订集体合同试点工作意见	东会字〔1995〕14 号	1995.08.29

续表 40

题名	文号	印发时间
关于落实《中共东平县委关于向张政同志学习的决定》的意见	东会字〔1995〕15 号	1995.12.02
关于表彰 1995 年度工会工作先进单位、女职工工作先进单位、先进个人的决定	东会字〔1996〕3 号	1996.03.27
关于评选 1995 年度职工“一星三手”的通知	东会字〔1996〕4 号	1996.04.05
关于表彰职工“一星三手”的决定	东会字〔1996〕7 号	1996.05
关于在全县职工中开展庆“七一”爱岗敬业讲奉献演讲比赛活动的通知	东会字〔1996〕8 号	1996.06.18
关于 1996 年深入开展社会主义劳动竞赛意见	东会字〔1996〕9 号	1996.06
关于印发 1996 年工作目标管理考核细则的通知	东会字〔1996〕10 号	1996.06
关于开展工会财务大检查的通知	东会字〔1996〕11 号	1996.07.18
关于进一步做好劳动保护工作的通知	东会字〔1996〕12 号	1996.08
关于在全县中开展职工技术比武活动的通知	东会字〔1996〕13 号	1996.10.08
关于全市工会工作先进单位和先进个人评选结果的报告	东会字〔1996〕14 号	1996.12.17
关于建立送温暖工程基金会的意见	东会字〔1996〕16 号	1996.12.25
《关于认真执行实施〈工会法〉办法》和《外商投资企业工会条例》中有关工会经费和财产问题的意见	东会字〔1997〕2 号	1997.03.10
关于请求解决文化宫建设资金的报告	东会字〔1997〕3 号	1997.03.05
关于 1997 年开展职工劳动竞赛活动的通知	东会字〔1997〕8 号	1997.05.26
转发《关于认真贯彻落实国有企业业务招待费使用情况向职代会报告制度的意见》的通知	东会字〔1997〕10 号	1997.07.05
关于召开东平县总工会第七次代表大会的通知	东会字〔1998〕2 号	1998.04.07
关于表彰工会工作、女职工工作先进单位、工会工作和女职工工作先进个人的决定	东会字〔1998〕4 号	1998.04.21
关于表彰“一星三手”的决定	东会字〔1998〕5 号	1998.05.01
关于东平总工会第七次代表大会选举结果的报告	东会字〔1998〕6 号	1998.05.04
转发《1999 年全市劳动竞赛意见》的通知	东会字〔1999〕6 号	1999.04.10
关于认真贯彻《中共中央国务院关于加强人口与计划生育工作稳定低生育水平的决定》的实施意见	东会〔2000〕7 号	2000.10.17
关于印发《东平县总工会 2000 年工作要点》的通知	东会字〔2000〕1 号	2000.03.20
关于表彰 1999 年度工会工作、女职工工作先进单位、工会工作、女职工工作先进个人的决定	东会字〔2000〕2 号	2000.04.04
全县工会建会工作实施意见	东会字〔2000〕4 号	2000.08.04
关于转发《2000 年全市劳动竞赛意见》的通知	东会字〔2000〕3 号	2000.03.22

续表 40

题名	文号	印发时间
关于转发《关于履行第一责任人职责做好帮扶特困职工工作的意见》的通知	东会字〔2000〕5 号	2000.08.04
关于李灿荣等同志任免职的通知	东会任字〔2001〕1 号	2001.08.28
关于印发《东平县总工会 2001 年工作要点》的通知	东会字〔2001〕1 号	2001.04.10
关于表彰 2000 年度工会工作先进单位、女职工工作先进单位、工会工作先进个人和女职工工作先进个人的决定	东会字〔2001〕2 号	2001.04.10
关于参与计划生育综合改革履行计划生育工作职责的通知	东会字〔2001〕3 号	2001.09.27
关于注销东平县东山路城市信用合作社及两个分支机构的决定	东会字〔2001〕4 号	2001.08.22
关于开展工会财务大检查及工会经费上解管理的通知及检查工会经费人员分组表	东会字〔2001〕5 号	2001.11.20
关于在全县工会干部和职工中开展法制宣传教育第四个五年规划的实施意见	东会字〔2001〕8 号	2001.09.10
关于表彰 2001 年度工会工作先进单位、女职工工作先进单位、工会工作先进个人和女职工工作先进个人的决定	东会字〔2002〕1 号	2002.02
关于印发《东平县总工会 2002 年工作要点》的通知	东会字〔2002〕2 号	2002.02
关于进一步加强工会经费收缴管理工作的意见	东会字〔2002〕3 号	2002.04.02
关于对计划生育户实行优先、优惠、优待的规定	东会字〔2002〕5 号	2002.03
关于进一步重申做好工会经费收缴上解及管理工作的通知	东会字〔2002〕6 号	2002.11.29
关于表彰 2002 年度工会工作先进单位和先进个人的决定	东会字〔2002〕7 号	2002.12
关于印发《东平县总工会 2003 年工作要点》通知	东会字〔2002〕8 号	2002.12
关于表彰 2003 年度工会工作先进单位和先进个人的决定	东会字〔2003〕10 号	2003.12
关于印发《东平县总工会 2004 年工作要点》的通知	东会字〔2003〕11 号	2003.12
关于落实计划生育工作职责的意见	东会字〔2004〕2 号	2004.04.12
关于命名第二批职工代表大会合格星的通知	东会发〔2004〕6 号	2004.11.30
关于陈培典等同志任免职的通知	东会任字〔2005〕1 号	2005.07.15
关于落实计划生育工作职责的意见	东会字〔2005〕2 号	2005.03
关于对县政协六届三次会议第 101 号提案的答复及关于东平一中工会主席张辉同志所提议案的答复等	东会字〔2005〕4 号	2005.06.10
东平县总工会关于鼓励青年职工实行晚婚晚育的意见	东会字〔2005〕5 号	2005.04
东平县总工会关于请示解决困难补助费的报告	东会字〔2005〕6 号	2005.12.14
关于印发《东平县总工会 2007 年工会工作要点》的通知	东会字〔2007〕2 号	2007.03
关于印发《全县工会“基层组织建设推进年”活动实施意见》的通知	东会字〔2007〕3 号	2007.04

续表 40

题名	文号	印发时间
关于解决工人文化宫维修费的申请报告	东会字〔2007〕4 号	2007.05
关于申请解决困难补助费的报告	东会字〔2007〕6 号	2007.09.20
2008 年度工会工作考核奖惩办法	东会字〔2007〕7 号	2007.12
关于不再增加 2008 年度工会经费的申请	东会字〔2007〕13 号	2007.12
关于同意召开东平网通第二届三次职工会员代表大会的批复	东会字〔2008〕2 号	2008.01.21
关于印发《东平县总工会 2008 年工作思路》的通知	东会字〔2008〕3 号	2008.02
关于“继续解放思想推进科学发展”学习教育活动的实施意见	东会字〔2008〕5 号	2008.04.06
关于成立“继续解放思想推进科学发展”学习教育活动领导小组的通知	东会字〔2008〕6 号	2008.04.07
关于成立全县工会组织建设领导小组的通知	东会字〔2008〕7 号	2008.04.11
关于参与预防青少年违法犯罪工作实施方案	东会字〔2008〕12 号	2008.05.21
关于参与 2008 年度刑释解教人员安置帮教工作实施方案	东会字〔2008〕13 号	2008.05.21
关于印发《东平县总工会 2011 年工作思路》的通知	东会字〔2011〕2 号	2011.02.10
东平县工会工作考核办法	东会字〔2011〕3 号	2011.02
关于下发《东平县总工会 2011—2015 年“当好主力军，建功‘十二五’”劳动竞赛规划》的通知	东会字〔2011〕4 号	2011.03.09
关于下发《“建设新东平 建功十二五”劳动竞赛考核办法》的通知	东会字〔2011〕5 号	2011.03.09
关于下发《开展“当好主力军、建功‘十二五’”创先争优劳动竞赛的活动方案》的通知	东会字〔2011〕6 号	2011.04.17
关于深入开展“创建工人先锋号”劳动竞赛活动的通知	东会字〔2011〕7 号	2011.03.09
关于成立东平县企业工资集体协商工作领导小组的通知	东会字〔2011〕7 号	2011.03
关于建立健全企业工资集体协商工作台账制度的通知	东会字〔2011〕9 号	2011.03
东平县总工会关于表彰东平县首届“建设新东平”劳动奖章获得者的决定	东会字〔2011〕10 号	2011.04
2012 年度工会工作考核奖惩办法	东会字〔2011〕12 号	2011.12
关于申请解决困难补助费的报告	东会字〔2011〕13 号	2011.10.12
关于征订 2012 年度工会报刊的通知	东会字〔2011〕14 号	2011.10.13
关于表彰 2011 年度工会工作先进乡镇（街道、园区）、先进单位和先进个人的决定	东会字〔2012〕1 号	2012.01
关于印发《东平县总工会 2012 年工作思路》的通知	东会字〔2012〕2 号	2012.01
工会工作考核办法	东会字〔2012〕3 号	2012.01
关于争创“模范职工之家”活动的通知	东会字〔2012〕4 号	2012.04.12

续表 40

题名	文号	印发时间
关于“继续解放思想、推进全面崛起”大讨论活动的实施方案	东会字〔2012〕4号	2012.02.21
关于“继续解放思想、推进全面崛起”大讨论活动领导小组成员名单	东会字〔2012〕5号	2012.02.21
关于“继续解放思想 推进全面崛起”大讨论的活动安排	东会字〔2012〕6号	2012.02.21
关于2012年度开展全县“安康杯”竞赛活动的实施方案	东会字〔2012〕6号	2012.04.20
关于开展“进企业、访职工”活动的实施方案	东会字〔2012〕8号	2012.02
关于在全县广大职工中深入开展“弘扬时代新风 争做文明职工”活动的实施方案	东会字〔2012〕9号	2012.03
关于广泛开展劳动竞赛争创“工人先锋号”活动的通知	东会字〔2012〕9号	2012.04.15
关于开展“汇聚职工力量 建设幸福东平”活动的实施方案	东会字〔2012〕11号	2012.05.22
关于开展2012年度“百日建会集中行动”的实施方案	东会字〔2012〕12号	2012.08.27
关于深入开展“工会组织亮牌子、工会主席亮身份”活动的方案	东会字〔2012〕13号	2012.08.27
关于征订2013年度工会报刊的通知	东会字〔2012〕18号	2012.10.16
关于表彰2012年度工会工作先进乡镇（街道、园区）、先进单位和先进个人的决定	东会字〔2013〕1号	2013.02
东平县总工会2013年工作要点	东会字〔2013〕2号	2013.02
关于继续开展全县企业工资集体协商“集中要约行动月”活动的通知	东会字〔2013〕3号	2013.03
关于广泛开展劳动竞赛争创“工人先锋号”活动的通知	东会字〔2013〕4号	2013.03.15
2013年度工会工作志愿者百分考核办法	东会字〔2013〕5号	2013.03.31
2013年社会管理综合治理暨平安东平建设的实施意见	东会字〔2013〕5号	2013.03
关于深入开展争创“模范职工之家”活动的通知	东会字〔2013〕8号	2013.04.24
关于印发《东平县总工会参与“平安行·你我他”行动实施方案》的通知	东会字〔2013〕10号	2013.05
关于全县“民间设奖奖百姓”活动“三源爱岗敬业奖”评选工作通知	东会字〔2013〕16号	2013.11.06
关于印发《东平县总工会领导班子成员及工作人员督导和联系“查隐患、保安全、促发展”活动工作方案》	东会字〔2013〕22号	2013.12.27
关于表彰2013年度工会工作先进单位和先进个人的决定	东会字〔2014〕1号	2014.02
东平县总工会2014年工作要点	东会字〔2014〕2号	2014.02
2014年全县工会系统“安康杯”竞赛活动实施方案	东会字〔2014〕5号	2014.03
关于举办庆祝国际“五一”劳动节“劳动成就梦想”主题演讲比赛的通知	东会字〔2014〕15号	2014.03.20

续表 40

题名	文号	印发时间
关于在基层工会组织和工会干部中广泛开展“双亮、双争、双述、双评”活动的意见	东会字〔2014〕17 号	2014.08.08
关于建立完善群众性安全隐患排查治理长效机制的实施方案	东会字〔2014〕23 号	2014.06.22
关于征订 2015 年度工会报刊的通知	东会字〔2014〕28 号	2014.10.20
东平县总工会 2014 年创建市级文明单位自查报告	东会字〔2014〕30 号	2014.11.20
东平县总工会 2015 年工作要点	东会字〔2015〕1 号	2015.02.01
关于表彰 2014 年度工会工作先进单位和先进个人的决定	东会字〔2015〕2 号	2015.02
关于农民工权益保障行动计划实施方案	东会字〔2015〕5 号	2015.01
关于申请解决市级以上劳模荣誉津贴的报告	东会字〔2015〕15 号	2015.03.16
关于成立爱国卫生工作领导小组的通知	东会字〔2015〕16 号	2015.03.18
关于印发《东平县职工技术创新竞赛活动实施方案》的通知	东会字〔2015〕16 号	2015.03.20
关于成立病媒生物防制工作领导小组的通知	东会字〔2015〕17 号	2015.03.21
关于成立健康教育领导小组的通知	东会字〔2015〕18 号	2015.03.22
关于成立控烟领导小组的通知	东会字〔2015〕20 号	2015.04.28
关于印发《东平县总工会 2015 年度“查身边隐患、保职工安全、促企业发展”活动实施方案》的通知	东会字〔2015〕22 号	2015.05.13
关于印发《东平县总工会困难职工专项帮扶资金使用管理实施细则》的通知	东会字〔2015〕24 号	2015.10.15
关于印发《东平县职工大病医疗补助实施细则》的通知	东会字〔2015〕28 号	2015.05.18
关于落实县委乡村旅游“十条意见”的实施方案	东会字〔2015〕30 号	2015.09
关于印发《东平县总工会系统“查身边隐患、保职工安全、促企业发展”活动 2016 年行动方案》的通知	东会字〔2015〕40 号	2015.12.30
东平县总工会 2016 年工作要点	东会字〔2016〕1 号	2016.03
关于表彰 2015 年度工会工作先进单位和先进个人的决定	东会字〔2016〕2 号	2016.02
关于 2016 年度“五化五星”服务型党组织创建工作的实施方案	东会字〔2016〕8 号	2016.04.16
关于在全体党员中开展“学党章党规、学系列讲话，做合格党员”学习教育实施方案	东会字〔2016〕10 号	2016.04.29
关于开展困难职工解困脱困工作的意见	东会字〔2016〕11 号	2016.06.28
关于困难职工解困脱困工作部室职责及分工	东会字〔2016〕13 号	2016.03.11
关于困难职工解困脱困工作任务分解计划	东会字〔2016〕15 号	2016.07.10
关于展长顺同志晋升职级的请示	东会字〔2016〕16 号	2016.09.22
关于成立爱国卫生工作领导小组的通知	东会字〔2016〕17 号	2016.03.08
关于成立病媒生物防制工作领导小组的通知	东会字〔2016〕18 号	2016.03.20

续表 40

题名	文号	印发时间
2016 年度职工权益保障工作考核细则	东会字〔2016〕18 号	2016.10.20
关于成立健康教育领导小组的通知	东会字〔2016〕20 号	2016.03.22
关于学习十八届六中全会精神的意见	东会字〔2016〕21 号	2016.11.01
2016 年全县工会系统“安康杯”竞赛活动实施方案	东会字〔2016〕22 号	2016.03
关于成立控烟领导小组的通知	东会字〔2016〕23 号	2016.04.12
关于表彰 2016 年度工会工作先进单位和先进个人的决定	东会字〔2017〕1 号	2017.02
关于召开专题组织生活会和开展民主评议党员的工作方案	东会字〔2017〕8 号	2017.02.17
关于印发《东平县职工大病医疗补助实施细则》的通知	东会字〔2017〕14 号	2017.03.20
关于成立爱国卫生工作领导小组的通知	东会字〔2017〕16 号	2017.03.20
东平县总工会 2017 年工作要点	东会字〔2017〕16 号	2017.04.12
关于开展“重效率、勇担当、作表率”主题活动的实施方案	东会字〔2017〕17 号	2017.04.28
关于成立病媒生物防制工作领导小组的通知	东会字〔2017〕18 号	2017.03.23
关于建设过硬党支部的实施方案	东会字〔2017〕18 号	2017.05.22
关于推进“两学一做”学习教育常态化制度化的实施方案	东会字〔2017〕19 号	2017.05.22
关于成立健康教育领导小组的通知	东会字〔2017〕20 号	2017.03.28
党员素质提升工程实施方案	东会字〔2017〕22 号	2017.06.09
关于成立控烟领导小组的通知	东会字〔2017〕23 号	2017.04.28
关于成立党员志愿者服务队的通知	东会字〔2017〕23 号	2017.06.28
关于魏锴同志晋升职级的请示	东会字〔2017〕25 号	2017.08.07
东平县总工会关于进一步落实全面从严治党主体责任专项整改工作实施方案	东会字〔2017〕27 号	2017.08.05
关于印发《东平县总工会困难职工精准识别与退出管理办法（暂行）》的通知	东会字〔2017〕38 号	2017.10.26
关于开展深化“提标增能 提质增效”实践教育的实施方案	东会发〔2018〕1 号	2018.02.25
关于开展“大学习、大调研、大改进”的实施方案	东会发〔2018〕4 号	2018.03.26
关于成立困难职工帮扶资金管理使用情况专项检查领导小组通知	东会字〔2018〕6 号	2018.02.20
关于展长顺同志赴台湾执行公务的请示	东会字〔2018〕7 号	2018.03.31
关于建立东平县人力资源和社会保障局工会委员会的批复	东会字〔2018〕8 号	2018.05.14
关于印发《东平县总工会困难职工专项帮扶资金使用管理实施细则》的通知	东会发〔2018〕12 号	2018.05.10
关于印发《东平县总工会困难职工档案管理制度》的通知	东会字〔2018〕13 号	2018.05.10
关于解除李加学政纪处分的决定	东会字〔2018〕14 号	2018.07.06
关于印发《东平县职工大病医疗补助实施细则》的通知	东会字〔2018〕15 号	2018.07.10

续表 40

题名	文号	印发时间
关于转发《泰安市总工会办公室关于转发〈山东省基层工会经费收支管理实施细则〉（试行）的通知》的通知	东会字〔2018〕16 号	2018.07.18
2018 年度职工权益保障工作考核细则	东会字〔2018〕17 号	2018.08.16
关于机构编制评估工作的自查报告	东会字〔2018〕18 号	2018.08.28
关于更改《国家税务总局东平县税务局》工会名称的批复	东会字〔2018〕19 号	2018.10.24
东平县困难职工稳定脱贫三年行动方案	东会字〔2018〕21 号	2018.11.08
关于印发《东平县总工会对困难职工精准施策进行帮扶救助的实施意见》的通知	东会字〔2018〕41 号	2018.10.12
关于王广胜同志任免职的请示	东会字〔2019〕7 号	2019.04.25
东平县总工会关于扎实开展“埋头苦干、争创一流，勇做新时代泰山‘挑山工’”主题实践活动的实施方案	东会字〔2019〕1 号	2019.02.20
关于申请东平县第五届劳动模范、“建设新东平”劳动奖章获得者颁奖所需资金的报告	东会字〔2019〕2 号	2019.04.02
关于开展“强化岗位练兵、苦练业务本领”活动的实施方案	东会字〔2019〕3 号	2019.04.03
关于开展 2019 年度“争创职工信赖的模范职工之家、争做职工信赖的娘家人”评选活动工作方案	东会字〔2019〕4 号	2019.04.08
关于王广胜同志晋升职级的请示	东会字〔2019〕5 号	2019.04.24
关于印发《东平县职工大病医疗补助实施细则》的通知	东会字〔2019〕8 号	2019.05.13
关于县委第四巡察组反馈问题的情况汇报	东会字〔2019〕10 号	2019.06.03
关于东平县国有资产运营中心申请建立工会组织的批复	东会字〔2019〕11 号	2019.06.13
关于出具赵辉同志党风廉政材料的函	东会字〔2019〕15 号	2019.06.20
关于印发《东平县总工会送温暖资金使用管理办法（试行）》的通知	东会字〔2019〕26 号	2019.06.09
关于印发《东平县总工会困难职工档案管理暂行办法》的通知	东会字〔2019〕49 号	2019.08.20
关于开展“不忘初心、牢记使命”主题教育的实施方案	东会字〔2019〕62 号	2019.09.16
中共东平县总工会党组关于印发《关于落实县委第四巡察组反馈问题整改工作方案》的通知	东会字〔2019〕70 号	2019.10.13
中共东平县总工会党组关于县委巡察组反馈意见整改落实情况的报告	东会字〔2019〕98 号	2019.11.18
关于建立户外劳动者服务站（点）的意见	东会字〔2019〕99 号	2019.11.19
关于修订《东平总工会困难职工档案管理暂行办法》的通知	东会字〔2019〕102 号	2019.11.20
关于命名“东平县工友创业园”的决定	东会字〔2019〕109 号	2019.12.20
东平县总工会 2020 年工作要点	东会字〔2020〕2 号	2020.03.04
东平县总工会职工法律援助中心工作程序	东会字〔2020〕6 号	2020.03.12

续表 40

题名	文号	印发时间
东平县总工会职工法律援助中心绩效考评办法	东会字〔2020〕8 号	2020.03.13
关于开展 2020 年集体协商集中要约活动的通知	东会字〔2020〕9 号	2020.03.19
关于推荐“工友创业园”“农民工之星”和“工友创业”优秀个人等典型的通知	东会字〔2020〕10 号	2020.03.20
关于成立县职工服务工作领导小组的通知	东会字〔2020〕24 号	2020.05.16
关于助力乡村振兴工友创业园培育提升的方案	东会字〔2020〕29 号	2020.04.20
关于成立东平县职工服务工作协调小组的通知	东会字〔2020〕31 号	2020.06.10
关于命名“东平县工友创业园”“工友创业先进个人”“农民工之星”的决定	东会字〔2020〕34 号	2020.05.20
关于建立工友创业园长效帮扶机制的意见	东会字〔2020〕38 号	2020.06.11
东平县深化产业工人队伍建设改革试点工作方案	东会字〔2020〕46 号	2020.07.17
关于修订《东平县总工会困难职工档案管理暂行办法》的通知	东会字〔2020〕55 号	2020.08.03
关于开展 2020 年金秋助学活动的通知	东会字〔2020〕56 号	2020.08.03
关于给予县级“工友创业园、工友创业先进个人、农民工之星、农民工培训基地”资金扶持的通知	东会字〔2020〕63 号	2020.10.16
关于李灿荣同志免职的通知	东会字〔2020〕73 号	2020.12.07
关于开展 2021 年集体协商集中要约活动的方案	东会字〔2021〕15 号	2021.03.22
关于召开东平总工会第九次代表大会的报告	东会字〔2021〕18 号	2021.03.28
关于授予王柏涛等 19 名同志建设新东平劳动奖章的通报	东会字〔2021〕27 号	2021.04.29
关于召开东平县总工会第九次代表大会的通知	东会字〔2021〕29 号	2021.04.29
关于乡镇（街道）职工服务中心建设的意见	东会字〔2021〕33 号	2021.05.13
关于推荐“工友创业园”“农民工之星”和“工友创业”优秀个人等典型的通知	东会字〔2021〕34 号	2021.05.13
关于印发《东平县职工大病医疗补助实施细则》的通知	东会字〔2021〕38 号	2021.05.31
东平县新就业形态劳动者“大走访”活动方案	东会字〔2021〕195 号	2021.11.28

1989—2021年东平县总工会与相关部门联合下发文件统计表

表41

题名	文号	印发时间	责任者
转发《关于工资总额组成的规定》通知	东会字〔1990〕11号	1990	东平县总工会、东平县统计局
关于深入开展以“双增双节”为主要内容的社会主义劳动竞赛的意见	东会字〔1990〕6号	1990.05.20	东平县总工会、东平县经委
关于转发《关于企业提取劳动竞赛奖及落实（合理化建议和技术改进奖励条例）的通知》的通知	东会字〔1990〕7号	1990.06.20	东平县总工会、东平县财政局
关于贯彻全总办公厅《关于印发〈开展对工会经费计拨情况审查的意见〉的通知》的意见	东会字〔1991〕8号	1991.08.10	东平县总工会、东平县财政局
关于加强廉政文化建设的意见	东纪法〔2005〕9号	2005.12.12	中共东平县纪律检查委员会、东平县总工会等
关于表彰2006年度工会工作先进单位和先进个人的决定	东会字〔2007〕1号	2007.03	东平县总工会、东平县人事局
关于表彰第二届“东平县有突出贡献的技师”的通报	东劳社发〔2007〕9号	2007.04.06	东平县劳动和社会保障局、东平县经济贸易局、东平县财政局、东平县总工会
关于转发市劳动和社会保障局、财政局、总工会《转发省劳动保障厅、财政厅、总工会〈关于调整企业职工因病或非因工死亡后供养直系亲属生活困难补助标准的通知〉的通知》的通知	东劳社发〔2007〕15号	2007.04.10	东平县劳动和社会保障局、东平县财政局、东平县总工会
关于开展职业病危害专项整治工作的通知	东卫发〔2007〕18号	2007.04.02	东平县卫生局、东平县总工会、东平县安全生产监督管理局、东平县劳动和社会保障局、东平县经济贸易局
关于表彰2007年度工会组建工作先进乡镇、工会先进单位和个人的决定	东会字〔2008〕1号	2008.02	东平县总工会、东平县人事局
关于转发《关于印发总工会、市审计局关于〈工会经费计拨专项审计暂行办法〉的通知》的通知	东会字〔2008〕14号	2008.09.08	东平县总工会、东平县审计局

续表 41

题名	文号	印发时间	责任者
关于表彰 2010 年度工会工作先进乡镇（街道、园区）、先进单位和先进个人的决定	东会字〔2011〕1 号	2011.02.10	东平县总工会、东平县人力资源和社会保障局
关于开展企业工资集体协商“集中要约行动月”活动的实施方案	东会字〔2011〕6 号	2011.02.22	东平县总工会、东平县人力资源和社会保障局
关于进一步加大企业工资集体协商 工作推进力度的通知	东会字〔2012〕7 号	2012.03	东平县总工会、东平县人力资源和社会保障局
关于表彰 2012 年度工会工作先进乡镇（街道、园区）、先进单位和先进个人的决定	东会字〔2013〕1 号	2013.02	东平县总工会、东平县人力资源和社会保障局
关于深入开展农民工工资支付情况专项检查行动的通知	东人社发〔2013〕74 号	2013.12.19	东平县人力资源和社会保障局、东平县公安局、东平县住房和城乡建设局、东平县交通运输局、东平县水利局、东平县国有资产管理局、东平县工商行政管理局、东平县总工会
关于继续深入开展企业工资集体协商“集中要约行动月”活动的通知	东会字〔2014〕4 号	2014.02.28	东平县总工会、东平县人力资源和社会保障局
关于举办“颂劳动美 筑中国梦”企业合唱比赛的通知	东宣发〔2014〕11 号	2014.04.01	中共东平县委宣传部、东平县总工会
关于举办“庆五一”全县职工篮球赛的通知	东会字〔2014〕15 号	2014.04.09	中共东平县委宣传部、东平县总工会、东平县团县委、东平县妇联、东平县工商联、东平县教育局、东平县卫生局、东平县体育局、东平经济开发区管委会
转发《〈关于印发山东省实施集体合同制度攻坚计划工作方案的通知〉的通知》的通知	东人社发〔2014〕78 号	2014.12.29	东平县人力资源和社会保障局、东平县总工会、东平县工商业联合会
关于组织开展全县职工技术创新竞赛活动的意见	东会字〔2015〕14 号	2015.03.20	东平县总工会、东平县经济和信息化局、东平县科学技术局、东平县财政局、东平县人力资源和社会保障局、东平县国有资产管理局、东平县知识产权局、东平县工商业联合会
关于评选东平县“十大返乡农民工创业之星”的活动方案	东人社发〔2018〕43 号	2018.10.22	东平县总工会、东平县人力资源和社会保障局

续表 41

题名	文号	印发时间	责任者
关于印发《东平县健康山东·全民健康生活方式—“一评二控三减四健”专项行动方案》的通知	东卫计发〔2018〕48 号	2018.04.27	东平县卫生和计划生育局、东平县教育局、东平县体育局、东平县食品药品监督管理局、东平县总工会、共青团东平县委、东平县妇女联合会、东平县爱国卫生运动委员会办公室
关于开展 2018 年健康中国行—科学健身主题宣传活动方案	东卫计发〔2018〕103 号	2018.07.17	东平县卫生和计划生育局、东平县体育局、东平县教育局、东平县总工会、共青团东平县委、东平县妇女联合会
关于开展工资集体协商集中要约行动月活动的通知	东会字〔2019〕3 号	2019.02.22	东平县总工会、东平县人力资源和社会保障局、东平县工商业联合会、东平县企业(企业家)联合会
关于转发《泰安市总工会等 4 部门〈关于做好 2020 年集体协商集中要约活动的通知〉》的通知	东会字〔2020〕6 号	2020.03.16	东平县总工会、东平县人力资源和社会保障局、东平县企业家协会、东平县工商业联合会
关于印发《关于开展劳动争议诉调对接工作的实施意见》的通知	东会字〔2020〕38 号	2020.06.12	东平县总工会、东平县人民法院
关于开展 2020—2021 年度全县“安康杯”竞赛活动的通知	东会字〔2020〕40 号	2020.06.17	东平县总工会、东平县应急管理局、东平县卫生健康局
关于加强职工法律援助工作的通知	东会字〔2020〕69 号	2020.10.23	东平县总工会、东平县司法局、东平县人力资源和社会保障局
关于开展 2020 年“尊法守法·携手筑梦”服务农民工公益法律服务行动的通知	东会字〔2020〕78 号	2020.12.21	东平县总工会、东平县司法局、东平县律师协会
关于转发《泰安市总工会等 4 部门〈关于做好 2021 年全市集体协商集中要约活动的通知〉》的通知	东会字〔2021〕17 号	2021.03.25	东平县总工会、东平县人力资源和社会保障局、东平县工商业联合会
关于规范工会经费代收工作的意见	东会字〔2021〕28 号	2021.04.21	东平县总工会、国家税务总局东平县税务局

二、职代会讲话、报告

（一）第七次职代会讲话报告

在东平县工会第七次代表大会上的讲话

泰安市总工会　赵范旺

（1998年4月24日）

各位代表、同志们：

在全世界工人阶级和劳动人民的光辉节日“五一”国际劳动节来临之际，东平县工会第七次代表大会今天在这里隆重开幕。这是东平县工人阶级政治生活中的一件大事，也是一次承前启后、开创工会工作新局面的盛会。大会将认真总结东平县工会第六次代表大会以来工会工作的情况和经验，研究部署今后五年工会工作的指导思想和任务，并选举产生新一届工会领导班子。开好这次大会，对于进一步做好工会工作，更好地发挥工人阶级的主力军作用，促进东平的改革、发展和稳定具有十分重要的意义。为此，我代表泰安市总工会向大会表示热烈的祝贺！向与会代表，并通过你们向辛勤战斗在全县各条战线上的广大职工和工会干部，致以亲切的问候和崇高的敬意！

东平县工会第六次代表大会以来，特别是近几年，全县各级工会组织，在东平县委的正确领导下，自觉服从、服务于党的工作大局，紧紧围绕经济建设这个中心，组织动员广大职工积极投身改革开放和经济建设，为“八五”计划的全面完成和“九五”计划的顺利开展尽心出力；坚持党的路线方针，认真贯彻落实全总工会工作的总体思路，突出维护基本职责，积极建立和完善民主管理监督、平等协商签订集体合同和职工利益自我保障“三项机制”，深入开展以职业道德教育为重点的群众性精神文明创建活动，不断加强工会自身建设，工会工作整体水平上了一个新台阶，为推动全市工会工作的开展做出了积极贡献。这些成绩的取得，是广大工会干部辛勤努力的结果，也是与东平县委、县政府和社会各界的一贯重视、关心与支持分不开的。在此，我代表泰安市总工会，向东平县各级党政领导和社会各界表示衷心的感谢！

认真学习贯彻党的十五大精神，是当前和今后一个时期的重要任务。前不久，全总十二届五次执委会和省总十届五次全委会都对学习贯彻十五大精神提出了明确要求。县委王笃成副书记在这次会上作了重要部署。东平县各级工会组织一定要按照上级工会的要求和县委的统一部署，精心组织广大职工和工会干部深入学习和领会好十五大精神，高举邓小平理论伟大旗帜，紧紧围绕经济建设这个中心，组织动员广大职工积极投身改革建设，努力完成十五大确定的各项任务，为东平的振兴和发展建功立业！

各级工会组织要把学习贯彻十五大精神与落实全国总工会工作总体思路有机结合起来，积极探索新形势下工会工作新路子。要注重研究新形势下贯彻全心全意依靠工人阶级方针遇到的新情况、新问题，按照江泽民总书记关于“政治上保证，制度上落实，素质上提高，权益上维护”的要求，积极探索依靠职工办好企业的途径和方法，进一步强化职工民主管理、民主评议、民主监督，确保职工的主人翁地位；继续抓好平等协商、签订集体合同工作，充分发挥其在维护职工合法权益、协调劳动关系方面的作用；注重关心职工的生活，大力实施“送温暖工程”，采取政策优惠、财力物力支持和机关帮扶等多种措施，不断提高职工扶贫解困的能力；积极协助政府搞好下岗失业职工“再就业工程”，充分利用工会的阵地和组织优势，在职业培训、职业介绍、拓展就业门路等方面，为下岗、失业职工再就业创造条件。要推进群众性精神文明创建活动的开展，帮助职工提高思想道德和科学文化技术素质，努力建设“四有”职工队伍，并使这些措施制度化、规范化，真正把党的依靠方针落到实处。

工会能否适应发展社会主义市场经济的要求，承担起新形势赋予工会的任务，还取决于工会的自身改革和建设。当前，应特别注意工会的组织建设、思想建设和作风建设，努力实现工会组织的民主化、群众化、法制化，不断增强工会组织的凝聚力和吸引力。

同志们，在迈向新世纪的征途上，工会肩负的任务艰巨而又光荣。我相信，通过东平县工会第七次代表大会的召开，全县各级工会组织，一定能在县委的正确领导下，以新的思想、新的姿态、新的干劲，更加努力地做好工作，团结带领广大职工为促进东平县“两个文明”建设，做出新的更大的贡献。

团结动员广大职工 为实现我县跨世纪的宏伟目标而奋斗

—在东平县工会第七次代表大会上的致辞

中共东平县委副书记 王笃成

（1998 年 4 月 24 日）

同志们：

东平县工会第七次代表大会，是一个跨世纪的大会，是一个承前启后，继往开来的大会。这次大会，对于进一步动员和团结全县职工，深入贯彻执行党的十五大精神，加快改革开放和社会主义现代化建设步伐，开创东平工人运动和工会工作新局面，必将起到重要的推动作用。我代表中共东平县委向大会表示热烈祝贺！向参加大会的全体代表，向我县各条战线上的职工模范、先进生产者，向全县工会工作者和广大职工，表示亲切的慰问和崇高的敬意！

东平县工会六大以来，全县各级工会团结带领广大职工，以邓小平建设有中国特色社会主义理论为指导，坚定不移地贯彻执行党的“一个中心、两个基本点”的基本路线，为推进东平“两个文明”建设，维护社会稳定，发展东平工人运动，做出了积极的贡献。实践证明，我县工人阶级不愧是先进生产力的代表，不愧是社会主义现代化建设的主力军，不愧是维护社会安定团结的中坚力量。全县各级工会组织充分发挥了应有的职能作用，县委对东平县总工会及各级工会的工作是满意的。

20世纪即将过去，新世纪的曙光已经到来。现在，我县的改革开放和“两个文明”建设已进入了新的发展阶段。年初，根据党的十五大和省市指示精神，结合东平实际，县十四届人大和县政协一次会议讨论制定了今后一个时期全县经济和社会发展的宏伟目标。明确提出，今后五年，经济增长速度高于全市平均水平，综合经济实力明显增强；人民生活实现小康，逐步走向富裕。中国工人阶级的历史命运是与改革开放和现代化建设的历史进程紧密联系在一起的，在新的历史时期，推进改革开放，加快社会主义现代化建设步伐，坚持和发挥伟大的创业精神，既是工人阶级的前途所在，也是时代赋予工人阶级的新的历史使命。我们相信，我县的工人阶级一定能够在改革开放和现代建设中充分发挥主力军作用，为我县经济发展战略目标的实现做出新的贡献。

我们的国家是工人阶级领导的以工农联盟为基础的人民民主专政的社会主义国家。全心全意依靠工人阶级是我们党和国家的一贯方针。在改革开放和现代化建设的过程中，各级党政必须更加自觉地坚持和贯彻这一方针，使其在政治、经济和社会生活中得到充分体现。要做到这一点，首要的是努力提高广大职工的整体素质，建设一支有理想、有道德、有文化、有纪律的“四有”职工队伍。每一个职工都要认真学习邓小平建设有中国特色社会主义理论，深刻理解社会主义市场经济理论，增强坚持党的基本路线的自觉性和坚定性；要刻苦学习钻研现代化建设和发展社会主义市场经济所需要的科学技术、企业管理和文化知识，努力使自己成为本职工作的内行和业务能手；要以主人翁的姿态积极支持和参与改革开放，推动社会主义市场经济体制的建立与完善，正确看待改革带来的利益关系调整，自觉顾全大局，做到个人利益服从整体利益，眼前利益服从长远利益；要发扬艰苦创业精神，以高涨的劳动热情投身生产和工作，立足本职，勤勉敬业，埋头苦干，不断提高生产效率和工作质量，并大力倡俭崇实，积极奉献，坚决反对和抵制拜金主义、享乐主义与极端个人主义；适应发展市场经济的需要，带头学好法律知识，模范地遵守国家各项法规和企业内部的规章制度，遵守职业道德和职业纪律，善于运用法律武器维护自己的合法权益。同时，要注意加强工人阶级内部的团结，调动全体职工的积极性和创造性，发挥整体智慧和才能，促进生产力的发展。

工会是工人阶级的群众组织，工会的各项社会职能，实质上是党的全心全意依靠工人阶级方针对工会工作的内在要求和具体体现。各级工会要紧紧围绕经济建设这个中心开展工作，积极为广大职工参与经济建设创造条件、提供服务，引导他们在发展社会主义市场经济的实践中努力学习，转变观念，增长才干。工会要积极支持企业改革，妥善协调处理企业内部的劳动关系和其他利益关系。各级工会对涉及职工利益的重大问题要积极参政议政，使政府出台的各项改革政策和措施更加符合实际。工会要强化保护职能，积极维护职工的合法权益，当前，特别是要帮助职工转变就业观念、拓宽就业路子。各级工会组织特别是工会领导干部，要进一步转变工作作风，经常深入基层，深入企业、车间、班组和职工群众，倾听职工群众的呼声，及时准确地反映他们的意见和要求，帮助企业和职工解决实际问题和困难。要积极探索新形势下做好工会工作的新路子，认真总结基层在实践中创造的先进经验和做法，以更好地发挥工会组织的桥梁、纽带和社会支柱作用，使工会工作再上新的台阶。各级党组织要充分认识工会的地位和作用，切实加强党对工会工作的领导，认真落实中央和省市关于工会工作的指示精神，按照《工会法》的规定和要求，加强工会组织建设。支持工会依照法律和自己的章程，独立自主，创造性地开展工作和活动，充分发挥工会在改革开放和现代化建设中的积极作用。

同志们，工人阶级是我国的领导阶级，在改革开放和现代化建设中担负着重要的历史责任。我们相信，东平的工人阶级一定能够肩负起跨世纪的重任，为建设文明富裕的新东平做出新的更大贡献。

围绕中心，开拓进取 团结带领全县职工在促进“两个文明”建设中做出新贡献

—在东平县工会第七次代表大会上的工作报告

东平县总工会主席 刘继顺

（1998 年 4 月 24 日）

各位代表，同志们：

我受东平县总工会第六届委员会的委托，向大会报告工作，请审议。

一、六次代表大会以来工会工作的回顾

东平县工会六次代表大会于 1988 年 3 月召开，距今已 10 年了。10 年来，我县的改革开放取得了重大胜利。现代化建设蓬勃发展，综合经济实力明显增强。各项社

会事业全面发展，人民生活水平进一步提高，人民的精神面貌发生了深刻的变化。全县广大职工在党的领导下以高度的主人翁责任感，积极投身现代化建设，为我县“两个文明”建设的腾飞发展立下了不朽的功勋。特别是1994年中华全总十二届二次执委会以来，全县各级工会组织在县委和上级工会领导下，以全总制定的工会工作总体思路为指导，带领全县职工以建立三项机制为工作重点，扎实工作，大胆探索，参政议政，有声有色地推动了我县改革和发展，较好地完成了六次代表大会确定的工作任务。

（一）突出维护职能，逐步建立起了三项机制

全国总工会十二届二次执委会提出了新时期工会工作的总体思路，即：以贯彻实施《中华人民共和国劳动法》（以下简称《劳动法》）为契机和突破口，带动工会各项工作，推动自身改革和建设。努力把工会工作提高到一个新水平，在改革、发展、稳定中更好地发挥作用。为了贯彻这个总体思路，我们按照省、市总工会要求，狠抓了三项机制建设，经过近几年的努力，工作取得了很大进展。

1. 职工民主管理、民主监督机制日益完善，职工民主管理水平得到明显提高。为了加强企业民主管理，提高民主管理水平，在建立健全职工代表大会制度的同时，狠抓了职代会五项职权的落实，使我县以职代会为基本形式的民主管理、民主监督工作逐步规范化。截止到1997年年底，全县已建职代会189个，建立各种专门委员会792个。各职代会基本做到了每两年换届一次，每年召开两次会议，每季召开一次专门委员会议。为了提高职代会参政议政的能力，重视和加强了对职工代表的培训。参照外地经验，系统地抓了职代会行使职权的规范化工作。各单位都联系实际制定了职代会工作实施细则，职代会五项职权基本得到了落实。《关于认真贯彻落实国有企业业务招待费使用情况向职代会报告制度的意见》下发后，各级党政领导高度重视，按照文件要求，定期实事求是地将企业招待费使用情况向职代会进行报告。这一制度的落实，为企业、为国家节约了不必要的资金开支，同时也体现了职工的主人翁地位，调动了广大职工的工作积极性。

民主评议领导干部是民主管理和民主监督工作的重要内容。近几年来，全县共有92家企业较好地落实了职代会评议领导班子制度，民主评议干部达1750人次，职代会的评议公正客观，既肯定成绩又指出不足，提出建议，使被评议的干部心悦诚服，很受触动。组织人事部门依据职代会评议结果调整使用企业干部，体现了党全心全意依靠工人阶级办企业的宗旨，又体现了职工的主人翁地位，有力调动了广大职工

的积极性，密切了干群关系，促进了干部作风的转变。几年来，围绕建立完善民主管理机制，全县各级工会共举办民主管理工作骨干分子学习班23期，召开民主管理工作经验交流会4次，购买《民主管理》教材1000余册。我县职工民主管理工作受到了市总的肯定，先后有10人被评为民主管理工作先进个人，2个单位在市总召开的民主管理经验交流会上作了典型发言。

2. 在绝大多数企业中完成了平等协商，签订集体合同工作。

《劳动法》是1995年1月1日颁布实施的。它是我国第一部和唯一一部维护劳动者利益的法律。工会代表职工签订劳动集体合同，是《劳动法》赋予工会组织的一项重要任务。为了推进平等协商、签订好集体合同，我们从三个方面入手：一是采取多种形式，广泛宣传《劳动法》。《劳动法》颁布以后，我们利用黑板报、宣传栏、广播电视、标语口号、会议培训班、知识竞赛等多种形式，向全县干部职工进行了广泛宣传。在东平县总工会举办的《劳动法》知识大奖赛活动中，全县有万余名职工直接参与了这项活动。有两万名职工接受了知识，受到了教育。二是积极稳妥地搞好平等协商、签订集体合同的试点工作。平等协商、签订集体合同是依法维护职工具体利益的重要环节，是实施《劳动法》的重要步骤。全总《关于建立集体协商和集体合同制度中做好工会工作的意见》下发后，特别是在市总召开《劳动法》理论研讨会暨签订集体合同经验交流会以后，东平县总工会立即将会议精神向县委、县政府写出了汇报。县委、县政府立即作了研究，以东普发〔1995〕19号文件公布了县委分工书记为组长、县政府副县长为副组长的县签订集体合同试点领导小组。东平县总工会与劳动局联合下发了《关于开展平等协商、签订集体合同试点工作的意见》，确定了试点工作的原则和范围，明确了具体的工作步骤。在试点单位的支持下，于1995年年底前5个试点单位圆满完成集体合同的签订。三是分期分批，全面推行平等协商、签订集体合同工作。我们多次召开全县不同层次人员参加的会议，进行部署、培训、再动员，区分类别，靠上做工作。到目前为止，我县已有103家企业签订了集体合同。全县集体合同签订率达到98%。通过集体合同的签订，建立起协调稳定的企业劳动关系，维护劳动关系双方的合法权益，规范双方的行为，增进双方的合作，极大地调动了职工和企业管理者双方的积极性，推动了企业改革和经济建设的发展。

3. 逐步建立起职工自我保障机制。关心困难职工生活，组织实施送温暖工程，推动送温暖活动经常化、制度化、社会化，是各级工会加大维护力度的重要工作内容。

为了掌握全县特困职工的情况，我们每年都对特困企业及其困难职工进行调查统计，建档立卷。全县共建立特困职工档案408卷。坚持每年开展“送温暖”活动。几年来，共发放扶困资金30余万元，救济困难职工2200多人次。根据上级的要求，1997年我们向县委写出了《关于设立东平县“送温暖工程基金”的报告》，县委及时下发文件，成立专门机构，对此项工作进行部署。在社会各界的关心支持下，共募集送温暖工程基金5万余元。创办职工消费合作社是工会为职工办的一件实事。东平总工会与县工商局等十部门联合转发了市总等十部门《关于印发泰安市职工消费合作社实施意见的通知》，并组织县经贸委等11个部门20余人到宁阳参观，在学习外地做法的基础上，东平二中、自来水公司等十多个单位先后建起职工消费合作社。职工反映：在职工消费合作社买东西放心、省钱。每月的生活用品至少省两级工资，等于工会给提了两级工资。企业体制改革使一部分职工下岗已成为社会正常现象，给下岗职工带来生活困难，影响了社会稳定。各级工会自觉地把下岗职工再就业工作当成义不容辞的职责，为政府分忧，为职工解难。一是举办下岗职工转岗、再就业培训班，共培训1200余人。通过培训，提高下岗职工的素质，增强了竞争的能力。二是发挥组织优势，动员职工为企业发展献计献策，兴办厂中厂。全县新增加就业岗位600多个。工会第三产业和职工消费合作社的创办也吸纳了一部分下岗职工，一定程度上减轻了企业的压力。三是积极协助政府和企业行政妥善安排下岗职工的基本生活，加强了对国家有关保障下岗职工基本生活政策落实情况的监督。

（二）开展以“管理效益年”和“双增双节”为主要内容的社会主义劳动竞赛，激发广大职工的劳动热情，促进了企业发展

几年来，各级工会始终把社会主义劳动竞赛作为每年的重要工作内容之一，认真进行部署、组织和发动。以技术学习、技术练兵、技术比武为主要内容的“三技”竞赛活动，不仅大大提高了职工的技术水平，还从中发现、培养了大批优秀人才。活动中，举办职工短期培训班120期，培训职工2144人，涌现出厂级技术能手2394人、县级技术拔尖人员228人、市级技术拔尖人才74人。在“八赛、八比、创八杯”劳动竞赛中，共有39个单位夺得了奖杯。在1991年开展的“品种、质量、效益年”活动中，各级工会把推进企业技术进步和提高职工素质摆在突出位置，鼓励能工巧匠献实招，结对子。激励广大职工刻苦钻研文化技术知识，努力提高自身素质，有力地促进了企业效益的提高。1995年初，根据县委、县政府的要求，东平县总工会

向全县工会组织下发了《关于围绕“管理效益年”活动开展劳动竞赛的意见》。各系统和各基层工会从实际出发制定实施细则，确定竞赛内容，围绕企业扭亏增盈、提高经济效益，开展形式多样的劳动竞赛活动，取得良好效果。瑞星集团工会制定了“增产增效”实施办法，组织职工连续开展“十个一”活动，“瑞星杯”质量竞赛活动，争做“红旗手”活动，“夏季百日安全赛”活动；县工商银行工会组织职工开展“四讲一服务”“双百”活动。县邮电局工会组织开展“三赛、三评”活动。围绕管理效益年活动，东平总工会女工委在开展“巾帼奉献”劳动竞赛的同时，组织全县女职工开展了“闯新三关”活动。

社会主义劳动竞赛的开展，增强了广大职工的主人翁责任，纷纷为振兴东平经济出主意、想办法。几年来，全县坚持开展提合理化建议的单位98个，提合理化建议近万条，创经济效益424万元，“双增双节”创价值600万元。

社会主义劳动竞赛的开展，促进了我县“两个文明”建设，先进个人和先进集体不断涌现。自六次代表大会以来，我县共评出先进班组426个，先进生产者12400人次，有1名同志获，1名同志获全国“先进女职工”称号，有5名同志被评为省劳动模范，6名同志获“富民兴鲁”劳动奖章，24名同志被评为市劳动模范，17名同志获“振兴泰安”劳动奖章。在创建“文明岗位”“文明职工”和“女职工双文明建功立业”活动中涌现出“文明岗位”77个、“文明职工”321名。

（三）大力加强职工思想政治工作，全力维护社会稳定

近几年来，随着社会主义市场经济的逐步建立和企业改革力度的不断加大，一些新的矛盾不断出现，这些都影响社会的安定、改革的深入。各级工会以高度的政治敏锐性和政治责任感，配合党和政府，在稳定职工队伍方面，做了大量扎实有效的工作。首先，坚持不懈地对广大职工开展思想政治工作，提高职工队伍的整体素质。通过“忆十年，话改革，做主人，比贡献”形势教育，“四讲、四算、四看”教育，引导职工增强市场意识、竞争意识和效益意识，正确对待企业改革和发展中的困难和问题，以主人翁的姿态，积极支持企业改革措施实施。教育广大职工以长远利益、全局利益为本，自觉顾全大局。其次，重视职工来信来访，正确处理职工反映的“热点”“难点”问题。对职工反映的问题不推不诿，做到件件有回音，事事有着落。一方面向上访群众宣传党的政策，做深入细致的思想疏导和耐心说服工作，一方面向有关部门积极反映职工的要求，寻求解决问题的办法。经过大量工作，上访职工所反映的问题都得到了解决，凡到东平总

工会上访的无一例越级上访。几年来，东平总工会共接访案件28件（起），接访职工120余人，处结率达100%。三是要求各级工会干部适应市场经济形势的要求，转变作风，深入基层，变上访为下访，对问题较多、矛盾较大、职工反映强烈的企业，发现问题，超前介入，力争把问题解决在萌芽状态。各级工会时刻把稳定作为压倒一切的任务，把艰苦细致的思想工作与为职工多办实事结合起来，有力地维护了职工队伍和社会的稳定。

（四）工会自身建设得到明显加强

在思想建设方面，坚持用邓小平理论武装工会干部的头脑，坚持讲学习、讲正气、讲政治、讲大局，深入基层，眼睛向下，始终把群众的冷暖放在心上。

在组织建设方面，目前全县已建立181个基层工会委员会，有1734个工会小组。全县工会干部队伍的年龄结构和文化状况有了很大改观。县直工会工委重新建立，并配备了一名专职工会干部，全县十八个乡镇建立乡镇工会组织，配备人员，建立健全工作制度。为了加强新时期的乡镇工会工作，县委办公室及时转发了东平县总工会《关于加强乡镇工会工作的意见》。

工会财务工作成绩显著。几年来，我县各级工会认真贯彻执行《工会法》和工会财务工作方针，严格财经纪律，建立健全财务工作制度，坚持每年两次财务大检查制度。各级对《工会法》的认识水平逐年提高，工会费收缴稳中有升。东平县总工会财务工作连年受到市总工会表彰。

为增强工人文化宫服务功能，适应社会主义市场经济的需求，东平县总工会在经费十分紧张的情况下，压缩经费开支，在省、市总工会帮助下投资近60万元，在工人文化宫沿街建设职工活动中心楼一栋。已交付使用，收到较好的社会效益和经济效益。另外，争取价值30万元游乐器材一套，投资10万余元，在文化宫建起职工游乐园，使文化宫内部设施建设在短短几年内迈出较大步伐。

同志们，六次代表大会以来，我们工作中所取得的成绩，是县委和上级工会正确领导的结果，是各级党政、社会各界关心支持的结果，是各级工会干部和广大职工努力工作的结果。在此，我代表东平县总工会向全县广大职工和各级工会工作者、工会积极分子表示亲切的慰问！向热情关心、支持工会工作的各级党政领导，兄弟团体及社会各界，驻东平人民解放军全体官兵表示衷心的感谢和崇高的敬意。

在肯定成绩的同时，也必须清醒地看到我们工作中的问题和不足，主要是：东平县总工会一班人思想解放程度不够，不适应形势的飞速发展，特别是新形势下工会工作如何做，如何适应当地实际，缺乏开拓的认识，有力的措施；全县工会工作发展不够平衡；不少工会干部对新时期工会工作存有畏难发愁情绪。这些都要在今后的工作中，尽力加以解决和克服。

二、今后五年工会工作的主要任务

根据党的十五大精神和上级工会提出的要求，今后一个时期，东平县总工会工作的指导思想是：高举邓小平理论的伟大旗帜，深入贯彻党的十五大精神，进一步落实全心全意依靠工人阶级的方针，紧紧围绕经济建设这个中心，突出维护职能，完善三项机制，团结带领全县职工同心同德，艰苦奋斗，为实现我县跨世纪宏伟目标做出新的贡献。

（一）联系实际，深入学习贯彻党的十五大精神

党的十五大是我党历史上一次承前启后、继往开来的重要会议。党的十五大报告是指导我国深化改革和进行社会主义现代化建设的纲领性文献。学习十五大报告必须联系实际，深刻领会其实质。党的十五大对我国经济体制改革的部署是全党的重要任务。工会如何在改革中发挥作用，必须通过深刻学习十五大精神，进一步解放思想，转变观念，冲破姓“资”姓“社”的束缚，以“三个有利于”为看问题的出发点，以服从服务于党的中心任务为天职。积极探索公有制实现形式的多样化，把积极支持改革和忠实维护职工合法权益结合起来。企业深化改革，结构调整不可避免地会给职工带来一些新困难、新问题。作为工会一方面要积极引导教育职工投身于改革、理解改革、支持改革；另一方面要发挥工会职能，忠实地维护职工的合法利益。公有制实现形式可以多样化，党全心全意依靠工人阶级的方针不能变化，职工在企业的主人翁地位不能变化。工会要协助企业下大力做好下岗职工的再就业工作，送温暖工作，生产自救、生活互助工作，消除抵阻情绪，增强改革热情。

（二）逐步完善三项机制建设，进一步突出和发挥维护职能

中华全总十二次执委会把落实《劳动法》、突出工会的维护职能作为我国一个历史时期工会工作的总体思路。山东省总工会把民主监督、民主管理、签订集体合同、自我保障三项机制作为落实全总工会工作总体思路的载体，是工会发挥维护职能操作性很强的形式，也是非常适合我省、我县改革开放新形势的。

1. 职工代表大会制度是职工行使民主管理的基本形式，必须得到加强改善。职工代表大会制度是推动党全心全意依靠工人阶级方针贯彻落实的具体措施，企业实施民主监督和民主管理是工人当家作主、主人翁地位的具体体现。职代会制度的建立，关键在于全面落实职代会职能，真正发挥职代会作用。各基层都必须规范完善职工代表大会制度，落实五项职权。目前我县职代会

制度都已建立，但有些职代会是企业的装饰，没有落实职权，工会应积极向企业要回职代会应有的权力。企业法赋予职代会对企业经营方针、基本建设、技术改造、资金分配使用方案、工资调整、奖惩办法等的审议权、建议权，任何企业都要真正还给职代会。当前特别要落实企业招待费汇报制度和职代会民主评议企业领导班子制度，每年一次，各委局和各企业应配合好东平县总工会对县属企业领导班子的评议。委局应精心组织好县属以下企业领导班子的评议。这项工作我们已有了良好的开端，去年县委、县政府已依据职代会对企业领导班子评议结果调整了该调整的企业领导班子。县委、县政府领导多次谈到：采不采纳职代会对企业领导班子评议的结果，是真依靠和假依靠职工办企业的问题。我们务必要切实抓好这项工作。同时，也要教育职工，积极参与，加强学习，不断提高理论、政策水平，增强参政议政的能力。要参在点子上、参到关键处。

2. 签订集体合同是《劳动法》的重要内容，签订集体合同是落实《劳动法》的具体体现。就是把所有涉及职工合法利益的内容由工会和企业双方平等协商后用合同的形式固定下来。鉴于我县县属企业已都签订，工会工作的重点一是放在新经济组织成立后即靠上建会订合同；二是放在重组后的乡镇企业；三是做好已签合同履行情况的跟踪调查和到期合同的续签工作。

3. 建立自我保障机制是实施市场经济条件下工会组织的一项新工作，在企业深化改革的新形势下，这项工作涉及社会的稳定，更显得迫不及待。职工下岗，企业困难，职工领不到工资，已经司空见惯，党和政府一时也难以解决，如何协助党和政府发挥自身优势，让职工生活得到基本保障，东平县总工会应组织做好这样几个方面工作：一是突出抓好“再就业工程”。各级工会应当敏感地把下岗职工再就业工作当作自己工作的重中之重，积极参与政府的下岗再就业工作。宣传企业体制改革，“就业—下岗—再就业”将成为正常的社会现象。转变就业观念，消除心理障碍。加强调查研究，掌握下岗职工的情况，给他们牵线搭桥，使他们的一技之长找到用武之地。各级工会应不断发现典型，推广他们的经验。二是搞好送温暖工程，为特困职工办实事。全县送温暖工程基金是拾遗补缺的解困基金，要逐年扩大。各级工会要积极工作，支持壮大全县送温暖工程基金。此外，各企业应抓好自己的互助基金会、福利会等，做到一方有难、八方支援，让职工感到社会主义大家庭依然温暖。职工消费合作社是工会组织为职工办的一件实事。即由上级工会从厂家进货直销给单位职工日常生活用品，保证商品无假冒伪劣，保证无加价牟利现象，这是政府职能部门支持、广大职工欢迎的一件实事，国务院几位副总理都对此给予赞扬，希望各级工会一定要抓实抓好。

（三）发扬优良传统，在两个文明建设中发挥工人阶级的主力军作用

工人阶级是中国革命和社会主义建设的领导阶级；改革开放并没有改变工人阶级的性质和地位。在新的形势下更应该保持和发扬工人阶级的优良传统和品质，坚定信念，树立正确的世界观、人生观和价值观。围绕经济建设这个中心，围绕本部门的工作任务开展学理论、学文化、学科学、学技术、学管理、学法律为主要内容的学习活动。组织职工开展形式多样有实际意义的合理化建议、岗位练兵、技术比武、技术协作、劳动竞赛活动。

抓好职工职业道德建设，促进行业良好风尚的形成。加强职业道德建设是各级工会抓精神文明建设的重点，反映精神文明建设工作的标志。积极参与全县“文明服务明星”“文明服务窗口单位”“文明行业”创建活动。积极争创全市“十佳职业道德先进集体”“十佳职业道德标兵”，树立“爱岗敬业、诚实守信、办事公道、服务群众、奉献社会”的良好风尚。

根据职工群众日益增长的精神文化需求，组织开展好形式新颖、内容健康、职工欢迎和乐于参加的群众性业余文化体育活动。东平县总工会每年增加职工文化宫的投入，扩大职工学习、娱乐、健身场地和设施，把社会效益放在第一位，丰富广大职工的文化生活，陶冶职工情操。

培养选树职工在“两个文明”建设中的先进典型。评选好每年的“一星三手”和各级劳动模范。落实好劳模待遇，充分调动职工积极性，形成争当先进的浓厚气氛。

（四）加强工会自身改革和建设

1. 提高干部素质，加强班子建设。首先，加强理论素质建设，提高政策水平。组织工会干部认真学习、全面理解十五大精神，学习研究工会工作理论知识，真正做到明理论、懂政策。其次，抓好思想道德素质的提高。要使所有工会干部明确，工会的存在是以为职工群众服务为前提的，工会如果不代表工人说话，不维护职工群众的合法权益，工会组织也就失去了存在的意义。我们必须加强学习，自觉接受群众监督，做到热爱工会工作，敢于坚持原则，乐于为职工服务，密切联系群众，做职工群众的知心朋友。其三，抓好业务素质的提高。工会工作涉及面广，政策性强，要做好工会工作，工会干部必须具备较强的业务素质。所有工会干部都要认真钻研业务，懂得工会工作干什么、怎么干。今后五年，要继续抓好工会干部的培训工作，2~3 年内对在职工会干部、基层工会主席和工会积极分子普遍轮训。女职工是“两个文明”建设的重要力量，女工工作是工会的一项重要工作，要认真进行研究，切实

加强领导，充分发挥女职工在现代化建设中的作用。

2. 转变工作作风，把工作重点放在基层。为适应社会主义市场经济的需要，各级工会组织要转变活动方式，转变工作作风，把工作重点放在基层。工会的性质决定了工会组织活力的源泉和立足点在职工群众中。为了赢得群众的信任，要大力宣传工会工作，使广大职工群众了解工会，参与工会活动。各级工会干部要深入基层，深入职工之中，了解职工，倾听群众的呼声，为职工排忧解难，做职工之友，把工会真正建设成为职工拥护和信任的组织。

3. 帮助各类经济组织建立工会并配备好工会领导班子，继续抓好在乡镇企业、外商投资企业组建工会的工作。具备建会条件的乡镇企业，应尽快建立工会组织。要重视搞好女工委员会的组织建设，使其更好地开展工作、发挥作用。根据上级要求，建立工会干部联系困难职工制度，各级要制订细则，保证落到实处。

4. 切实抓好工会财务工作。工会财务工作是整个工会工作的重要组成部分，是开展各项工会工作的重要保证。过去的几年，在广大工会干部、财务工作者的积极努力和党政领导的支持下，我县的工会财务工作取得了很大成绩。在今后的工作中，我们要再接再厉，保证工会经费的拨交上解。要坚持财务工作检查制度，坚持经费收缴一票否决制度，保证经费上解任务的完成，保证工运各项事业的发展。

各位代表、同志们，当前我们正处在改革开放、社会主义现代化建设新的历史时期。赋予工会工作的使命和任务艰巨而繁重，广大工会干部要在党的十五大精神的指引下，在县委和上级工会的领导下，进一步解放思想，更新观念，开拓进取，团结带领职工群众，为全县改革、发展、稳定的大局做出更大的贡献。

在东平县工会第七次代表大会上的祝词

东平县人民武装部

（1998 年 4 月 24 日）

代表们、同志们：

在全县人民深入学习贯彻党的十五大精神，加快东平经济发展，认真落实县委提出的“三增”目标的大好形势下，东平县工会第七次代表大会于今天召开了。这是全县广大职工政治生活中的一件大事，也是全县人民政治生活中的一件大事。这对于充分发挥广大职工主力军作用，推进改革和经济建设，落实上级工会提出的各项任务，全面开创东平县总工会工作新局面，必将起到重要的作用。在此，我代表驻东平部队机关和全体指战员向大会致以热烈地祝贺！向出席会议的各位代表表示崇高的敬意！

回顾过去的十年，我县改革和建设事业

成就辉煌，“两个文明”建设硕果累累，人民群众得到较大实惠，这一切都凝结着广大职工的辛勤劳动和汗水。回顾过去的十年，各级工会在县委的领导下，团结带领全县职工，发扬工人阶级团结协作、无私奉献、艰苦创业的优良作风，在推动改革和促进各项事业发展中，充分发挥了主力军作用。你们表现出的忘我的劳动热情和扎实的工作态度，高尚的思想觉悟和感人的优秀品格，创造性的工作业绩和辉煌的建设成就，极大地鼓舞和激励着广大官兵，有力地推动了军队建设。我们驻东平部队全体指战员一定要学习你们的崇高品质和忘我精神，按照江泽民总书记提出的“政治合格，军事过硬，作风优良，纪律严明，保障有力”的五句话总要求，努力把人民军队建设成为保卫祖国安全和维护社会稳定的钢铁长城。

同志们，高举邓小平理论伟大旗帜，深入贯彻党的十五大精神，逐步把我国建设成为富强文明的社会主义现代化国家，是包括工人阶级在内的全国人民的崇高目标，在实现这一目标的过程中，工人阶级肩负着伟大的历史使命。我们深信，全县广大职工一定能够在县委的领导下，不负众望，不辱使命。让我们团结起来，携手并肩，同心同德，在实现振兴东平经济的宏伟事业中做出新的更大的贡献。

在东平县工会第七次代表大会上的祝词

共青团东平县委书记　王 龙

（1998 年 4 月 24 日）

各位代表、同志们：

在全党全军全国各族人民深入贯彻落实党的十五大精神，全国政治稳定、社会安定、经济发展，建设有中国特色社会主义的事业蒸蒸日上的大好形势下，东平县总工会第七次代表大会隆重开幕了！这是全县广大职工和各级工会组织政治生活中的一件大事。这次会议的召开，对于更好地动员全县广大职工认真学习邓小平理论和党的十五大精神，对于团结和带领全县广大职工在“两个文明”建设中发挥主力军作用，对于推进工会自身建设和改革，都具有十分重要的意义。我代表东平县群团组织向大会致以热烈的祝贺！向光荣出席这次大会的代表，向战斗在全县各条战线上的劳动模范、工会工作者和全体职工同志们，表示亲切的问候和崇高的敬意！

自 1988 年 3 月东平县工会第六次代表大会召开，10 多年来，东平县工人阶级在县委和泰安市总工会的正确领导下，继承和发扬中国工人阶级光荣传统与优良品质，始终站在时代潮流的前列，自觉肩负起改革开放、加快发展的历史重任，认真贯彻执行党的路线、方针、政策，坚持四项基本原则，坚定不移地走有中国特色的社会主义道路，解放思想，更新观念，振奋精神，勇于进取，顾全大局，艰苦创业，用自己的聪明才智和辛勤劳动，为贯彻落实党的基本路线，加强社会主义物质文明和精神文明建设，推动东平的改革开放和经济发展做出了更大贡献，创立了不朽的功绩，涌现出了一大批具有时代精神的模范人物和先进集体，赢得了党和人民的高度赞誉。各级工会组织认真贯彻中发〔1989〕12号文件精神和《中华人民共和国工会法》《中华人民共和国劳动法》，紧紧围绕经济建设这个中心，全面履行工会社会职能，在动员和组织广大职工积极支持、参与改革，推进改革开放；深入开展群众生产技术活动，促进生产力的发展；维护社会稳定，巩固和发展良好的社会政治环境；加强职工教育和培训，提高职工队伍素质；维护职工合法权益、关心职工切身利益，积极参政议政，以及加强工会自身建设等方面，都做了大量的、卓有成效的工作，充分发挥了党联系职工群众的桥梁和纽带作用，开创了工会工作的新局面。作为群团组织，我们为东平工人阶级取得的成就感到骄傲，并从中受到了极大的鼓舞。

工会和其他群团组织一样，是中国共产党领导下的重要社会团体，回顾10年来的战斗历程，全县各级工会组织对我们在工作、学习、生活等各个方面都给予了极大的支持和帮助，对此，我们表示衷心地感谢！

当前，全县的经济改革任务非常艰巨，面对新的形势和任务，工人阶级的责任更加重大，任务更加繁忙，我们坚信，东平县各级工会组织在同级党委和上级工会的领导下，一定能够肩负起光荣的历史使命，团结带领广大职工与全县人民一道，同心同德，奋发进取，大胆探索、扎实工作，愿我们并肩夺取改革开放和现代化建设的更大胜利！

东平县总工会第六届经费审查委员会工作报告

县总工会经费审查委员会主任 张作光

（1998年4月24日）

各位代表、同志们：

我受东平县总工会第六届经费审查委员会的委托，向大会作经费审查工作报告，请予审议。

一、对财务工作报告的审查意见及今后工作的建议

在本次代表大会召开之前，我们认真审议了李灿荣同志代表东平县总工会六届委员会向第七次代表大会所做的书面财务工作报告，认为报告所列举的东平县总工会1991—1997年工会经费收支情况是符合实际的。几年来，东平县总工会财务工作较好地贯彻执行了东平总工会六次代表大会确定的工作方针，出色地完成了任务，为促进我县工运事业的发展做出了重要贡献。

工会经费收入逐年稳步增长，经费收缴

率逐年提高。各级工会加强了对工会财务工作的领导，坚持财务改革，开展了对工会经费计拨情况的审查和财务工作竞赛，调动了广大工会干部和财务、经审积极分子的积极性，克服了种种困难，做了大量的、深入细致的工作，工会财力有了较大增长，1997 年县总经费收入比 1991 年增长 51.7%，经费收缴率提高到 85%。

工会经费的使用，坚持为工运事业服务。近年来，对全县职工唯一的活动场所—工人文化宫建设进行了较大投入，为今后全县职工培训、学习、娱乐创造了良好的外部环境。经费使用基本上符合工会经费开支方向，并做到收支平衡，略有节余。

工会财务工作改革成效显著。通过分管主席包委局、委局主任包企业、层层包、层层帮、层层负责的办法，改变了经费收缴多少都一样的大锅饭状况，使工会收缴率大幅度提高，采用与财政、审计、监察等部门横向联系的制度，开展了一年一次对工会经费收管用情况进行大检查工作，理清底子、算清欠账，签订协议、督促补交，收到良好效果。层层开展财务工作竞赛活动，使各级工会学有榜样、赶有典型，有效地调动了各级工会组织和广大专兼职工会财务人员的积极性，确保了工会经费收入的稳步增长。

全县工会财务工作存在问题：一是工会经费收缴工作发展不平衡，有的系统和企业经费收缴率偏低，有的甚至呈下降趋势。二是不少单位工会经费未有独立管理，工会主席不管工会经费，工会资金由单位领导一支笔管理。有的企业欠本企业工会经费达几万元，甚至几十万元，因而影响会员正常活动和工会工作的开展。三是有的单位财务管理不严，存在铺张浪费现象，对于这些问题，要认真总结经验教训，切实加以改进。

东平县工会第六次代表大会以来，全县工会系统工会经费的收、管、用，取得了一定成绩，报告中提出今后一个时期工作的指导思想和奋斗目标是明确的、可行的，符合东平县的实际情况，同意李灿荣同志所作的工会财务工作报告，建议大会审议通过后，责成下届委员会具体落实，使全县工会财务工作再上新台阶，再创新水平。

根据东平县总工会七次代表大会确定的主要任务和要求，就今后五年如何更好地做好工会财务工作，提出如下建议：

1. 各级工会要高度重视财务工作。随着社会主义市场经济体制的建立，经济关系和劳动关系发生了很大变化，工会工作领域进一步拓宽，作用越来越重要。工会财力的增长直接关系到整个工运事业的发展，各级工会应切实加强对财务工作的领导，重视财务组织建设和业务建设，以保证工运事业的健康发展。

2. 强化工会经费收缴工作。依照《中华

人民共和国工会法》和山东省实施《中华人民共和国工会法》办法的规定收好经费，是各级工会义不容辞的责任，是工会突出维护职能，更好地代表和维护职工合法权益的重要方面。随着多种经济成分、多种经营方式和多种分配形式的出现，使工会经费收缴工作遇到新的情况和问题，工作更加艰巨，必须加大力度，深入调查研究，研究新情况，解决新问题，充分调动方方面面的积极性，严格按照《中华人民共和国工会法》和国家有关规定，把应收的工会经费按时收足收好。

3. 上级工会要努力为下级工会说话办事。体制改革和企业改制，给工会经费收缴工作带来更大的难度，为收好上解工会经费，有的企业工会还与行政发生了矛盾。因此，上级工会要经常深入委局、深入企业，协调工会与行政之间的关系，尽力帮助基层工会干部说话办事，指导、帮助基层工会收好工会经费，必要时可以运用法律、行政等手段，收足工会经费。

4. 严格财务制度，严肃财经纪律。坚持“统一领导、分级管理”的工会经费管理体制，实行财务归口管理和集体领导下一支笔审批，杜绝政出多门、多头领导。要进一步强调国家法定拨给工会的经费，任何单位和个人都无权批准减免，无权扣交、截留。

5. 东平县总工会要定期加强对企业工会专兼职工会会计的培训和业务指导，使他们尽快提高业务素质，适应新时期的工会财务工作。

二、几年来经审工作的基本情况

几年来，全县各级经审组织和广大经审干部在各级工会的领导和支持下，开拓进取、努力工作，使经费审查工作取得显著成绩。

1. 全县各级工会，特别是企业工会，都建立健全了同级经审组织，配备了专兼职人员。

2. 各级工会经审组织，能较好地配合全县工会经费大检查，主动自查自纠，找出同级工会在经费收、管、用上存在的问题和薄弱环节，使问题得到及时纠正，杜绝了违反《中华人民共和国工会法》和财经纪律现象的发生。

工会经审工作还存有不少问题和困难。主要是：各基层工会经审工作发展不平衡；有的领导对在发展社会主义市场经济中加强经审工作的重要性认识不足，重视不够，经审组织形同虚设，经审工作组织体制没有完全理顺；经审会的民主监督作用发挥不够；经审人员业务不熟等。以上问题需要在今后工作中认真加以解决，使经审工作在新形势下发挥应有的作用。

三、今后五年经审工作的意见

1.进一步提高对经审工作重要性的认识。工会经审工作能否加强，关键在于各级工会领导干部的重视和认识程度。“民主是工会的灵魂。”工会经审会是由会员代表大会选举产生代表会员群众对工会经济财务进行监督的组织。经审工作是工会群众民主化建设的重要组成部分，是会员群众当家作主的重要体现。因此，必须切实做好经审工作，依法监督审查，帮助收好、管好、用好工会经费，办好工会企事业，维护职工和工会的合法权益，更好地为职工群众服务，为工运事业的健康发展保驾护航。在发展社会主义市场经济的情况下，党中央特别强调要“强化审计和经济监督”“坚持两手抓、两手都要硬”“建立健全党内和党外，自上而下和自下而上相结合的监督制度”，以保证改革开放和社会主义现代化建设的顺利进行。加强工会经审工作正是落实这些要求的具体措施，也是健全工会自我监督机制的重要方面。因此，各级工会领导干部都要进一步增强民主监督意识，把经审工作列入重要议事日程，真正做到思想上重视，组织上保证，工作上支持，权力上尊重。广大经审人员也要增强做好经审工作的责任感和自觉性，上下共同努力，使经审工作再上一个新台阶。

2. 切实加强经审会的组织建设和制度建设。建立健全经审组织，是做好经审工作的组织保证。《中华人民共和国工会法》明确规定：“工会应当根据经费独立原则，建立预算、决算和经费审查制度。各级工会建立经费审查委员会。”建立健全工会经审组织，是贯彻落实《中华人民共和国工会法》的一个重要方面，是知法守法的严肃问题。因此，各级工会组织和工会领导干部，要积极创造条件，抓好经审组织建设。凡是管经费的一级工会组织，都要建立经费审查委员会。工会委员会和经费审查委员会要同时选举、同时报批。要选配得力的领导干部担任经审会负责人，并要建立适应正常工作需要的精干有力的办事机构，经审会负责人应列席同级工会常委会。经审委员会委员列席同级工会委员会。县一级工会要有人负责日常工作。基层工会经审会也要按照《基层工会经费审查委员会条例》的要求，作相应的调整。各级经审会要注意不断充实会审计懂财务的专业人员，并充分发挥他们的作用，群策群力做好经审工作。同时，各级经审组织要根据规范化、制度化的要求，制定议事规则和对工会经费审查监督的有关规定，明确审查监督的范围、事项、职权和程序，并在实践中不断加以完善，使经审工作逐步走上经常化、制度化的轨道。

3. 解放思想，真抓实干，加强实务审查。各级经审会要按照《中华人民共和国工会法》规定的职权，加强对本级工会及直属企事业单位经费收支和财产管理情况的审查监督。经审会每年要定期召开全体会议，审查本级经费收支年度预算、决算方案。听取工会企事业经营情况、资金管理使用情况的汇报，在认真审议以后经审会全会表决通过。在经审会闭会期间，遇有预算重大调整和追加，对财务、财产作出重要规定，工会有关领导要事先同经审会负责人协商，并在下次经审会全会上作出说明。经审会要对本级工会各项预算、规定的执行情况，进行定期和不定期的检查。对本级财务和企事业经营情况，可根据不同需要进行定期审计、重点审计或离任审计，并及时向经审会、工会委员会负责人报告。同时要配合财务部门搞好财务大检查。

各级经审会要进一步把经审、审计工作统一起来。充实必要的专业人员，切实把同级工会经费、财产审计监督工作担当起来。各级经审会要紧紧抓住实务审查不放，依靠工会财务及有关方面的支持和合作，按照《中华人民共和国工会法》和国家有关规定，继续开展对行政拨交工会经费的审查，对资金管理和财产管理情况的审查，对工会基建工程项目的决算审计，充分发挥工会经审会的监督、帮助和促进作用。

各位代表、同志们，东平县工会七次代表大会提出了今后五年全县工会工作的主要任务和要求，目标明确，标准很高，各级工会经审组织和广大经审干部要解放思想，更新观念，勇于开拓，真抓实干，不断探索工会经审工作的新路子，提高经审工作水平，为完成东平县工会七次代表大会提出的各项任务而努力奋斗！

东平县总工会第六届委员会财务工作报告

东平县总工会副主席　李灿荣

（1998 年 4 月 24 日）

各位代表、同志们：

我受东平县总工会第六届委员会的委托，向大会作财务工作报告，请予审议。

一、东平县总工会本级经费收支的基本情况

1991—1997 年，东平县总工会本级经费总收入 271.52 万元。其中：委局、企业工会上解东平县总工会 40% 的经费收入 192 万元；上级补助收入 15.02 万元；其他收入 22.6 万元；政府补助 17.4 万元；离退人员补助 24.5 万元。

1991—1997 年，东平县总工会本级经费总支出 261 万元。其中：用于事业活动支出 33 万元（文化宫一切费用），占总支出的 12.6%；会议费支出 5.8 万元，占总支出的 2.2%；用于工会行政费支出 77.1 万元（1991 至 1993 年离退人员的一切费用由工会行政支付），占总支出的 29.5%；用于离退休人员费用 29.4 万元，占总支出的 11.3%；用于补助下级工会 15.2 万元，占总支出的 5.8%；用于其他支出 45.1 万元，占总支出的 17.3%。收支相抵共结余 22.8 万元。

另外，用于工人文化宫综合活动楼建设 1280 平方米，预计支出 58 万元。从上级部门争取资金 31.47 万元（其中全国总工会

7.47万元、省总8万元、市总8万元、省财厅5万元、县财政3万元）。

二、近年来全县工会财务工作

东平县工会第六次代表大会以来，特别是近两年来，全县工会广大财务干部在各级工会的正确领导和有关方面的关心支持下，恪尽职守，勤奋工作，克服困难，开拓进取，认真抓好工会经费的收缴、管理和使用，取得了显著成绩，为全县工会工作和工运事业的发展，提供了可靠的物质保证。

（一）狠抓拨交经费收入，增强了工会财力。几年来，特别是近两年来，各级工会始终把收好工会经费、努力提高收缴率作为一项重要任务来抓。东平县总工会按照全总和省、市总工会的指示精神，一是争取党政领导对工会经费收缴工作的重视和支持；二是把是否及时、足额拨交工会经费作为委局（局级公司）和企业工会评选先进单位和先进个人的先决条件，实行一票否决制；三是与财政、审计、监察等部门建立横向联系制度，开展了一年一次对工会经费收管用情况进行大检查工作，对查出的问题，与企业签订补交协议，督促企业尽快补交。同时层层开展财务工作竞赛活动，使各级工会学有榜样、赶有典型，有效调动各级工会组织和广大专兼职工会财务人员的积极性，确保工会经费收入稳步增长。东平县总工会经费收入，由1991年的19.2万元上升到1997年的39.8万元，增长了107.3%，平均每年增长17.9%，基本上保持了与工资总额同步增长。1997年底全县工会经费收缴率已达到85%。

（二）深化财务改革，加强财务管理。在收好工会经费方面，通过分管工会主席包委局，委局工会主任包企业，层层包、层层帮、层层负责的办法，改变经费收解多少都一样的“大锅饭”状况。在经费使用方面，以保工资、保老干部药费、保工运事业发展急需为主。本着该花的省着花、不该花的坚决不花，一支笔审批制度，较大的开支，经集体研究，报市总批准后执行。

（三）扩建文化宫，为职工创造活动场所。为了彻底改变文化宫“文化空”的现象，1997年县总工会把近几年积蓄的财力，再加上向上积极争取，共投入58万元，建成1280平方米的3层楼一幢，目前这幢集出租、办公、学习培训、娱乐为一体的场所已开始启用。同时积极争取、利用有限资金，修缮了原有文化宫的房屋，安装维修多种器材，工人文化宫重新发挥应有作用。

（四）重视抓好工会财务自身建设，促进工会财务整体水平提高。按照《中华人民共和国工会法》和全总《关于加强工会财务工作的通知》要求，建立健全工会财务工作机构，充实工会财会人员。各委局（局级公司）和企业工会，均配备专兼职工会会计，使工会财会工作逐步走向规范化、制度化。

全县工会财务工作，存在问题。主要是:

有的领导干部同志对工会财务工作重视支持不够；《中华人民共和国工会法》中有关工会经费的条款没有完全落实；工会经费收缴率不平衡，工会经费收缴困难问题突出；工会财产管理薄弱，财务人员偏少、素质较低，不能适应工作需要；事业单位财务管理比较薄弱；个别单位财务纪律松弛，挪用、截留、上解经费和铺张浪费现象仍有发生。以上问题，应引起重视，采取有力措施，切实加以解决。

三、今后五年工会财务工作意见

在改革开放新形势下，全县工会财务工作总的要求是：坚持党的基本路线，按照《中华人民共和国工会法》有关工会财务工作的要求，认真贯彻上级工会和东平工会代表大会确定的方针任务，进一步解放思想，深化财务改革，面向基层，加强指导，严肃财经纪律，收好、管好、用好工会经费，搞好资产管理，更好地为职工群众服务，为发展工运事业服务。

（一）各级工会领导要重视抓好工会财务工作。工会财务工作为工会开展各项工作、活动提供物质保证，是工会密切联系群众的重要方面，是工会工作的一个重要组成部分。特别是随着社会主义市场经济体制的逐步建立和工会改革的不断深入，工会工作领域将进一步拓宽，财务工作作为经济管理的手段，它的地位和作用越来越重要。财务人员不仅要抓好基本的财务管理活动，还要在制定政策和计划中为领导当好参谋。市场经济条件下的工会财务工作只能加强，不能削弱。对工会经费独立管理的原则、工会经费和财产的法律地位、工会的经济权力等，《中华人民共和国工会法》都有明确规定，使工会财务工作具有法律保证。财务工作搞好了，工会才能有稳固的财力基础。各级工会干部要充分认识工会财务工作的地位和作用，加强财务工作领导，定期研究财务工作，发挥工会财会人员作用，全力支持工会财会人员执行党和国家的财经方针政策以及工会的各项财务管理制度，切实解决工会财务工作中存在的实际问题。

（二）进一步强化工会经费收缴工作。过去由于各级工会的重视，工会经费收入有较大幅度的增长，但系统之间、企业之间发展很不平衡，收缴率差距较大，这说明工会经费收缴的潜力还很大。依法计拨工会经费是企事业单位应尽的法律义务，工会所开展的工作和活动，说到底是为提高经济效益，办好各项事业服务的，也是工会维护职工利益的具体体现，二者相互联系、互相促进。只要企事业行政向职工发放工资、奖金、津贴，形成了工资总额，就应当依法拨交工会经费。当前在经费收缴方面有利条件和不利条件同在。《中华人民共和国工会法》的颁布实施和山东省实施《中华人民共和国工会法》办法及最高人民法院关于《产业工会、基层工会、社团法人资格和工会经费有关问题批复》的通知，中华全国总工会关于《工会企业财务管理办法》的通知的印发，企业、事业单位工资的增加等，都为做好工会经费的收缴工作提供了机遇。但随着经济体制的改变、企业经营机制的转换、多种经营方式和分配形式的出现，使工会经费收缴面临许多新情况、新问题。对此，各级工会领导要有清醒的认识，充分利用有利条件，主动与行政有关部门联系，积极做好企事业行政领导和财务部门的工作。同时，抓好典型，总结推广新经验，切实把工会经费收好，努力提高经费收缴率。

（三）切实抓好《工会法》和山东省实施《中华人民共和国工会法》办法的贯彻落实。各级工会要结合自己的实际情况积极做好耐心、细致的宣传工作，让党委、政府和企事业行政领导了解这些法规和政策，并在实际工作中切实贯彻落实。

（四）进一步加强工会财务管理。对有关财务体制和全局性财务管理制度方面的问题，各级工会要根据“统一领导，分级管理”的原则，顾全大局，严格按照上级工会制定的制度办事，各单位要加强财务工作的集体领导，按照《工会财务工作归口管理的规定》办事；安排和执行预算支出时，按照本单位的实际情况，坚持“量入为出”和一支笔审批的原则，严格控制行政费和基本建设费支出。县总工会和委局工会，要重视和加强基层工会的财务管理工作；在调查研究的基础上，根据新形势要求，进一步修订完善基层工会的各项财务管理制度，使之更有利于工会工作，坚持把财务工作和是否足额、及时拨交、上解工会经费作为评选先进单位和先进个人的首要条件。要继续抓好基层工会的财务改革，更好地为职工群众服务。要加强对本级事业单位的财务管理，建立必要的财务管理制度和监督检查制度，促进工会企事业健康发展。各级工会要结合企业实际，发展工会企事业，想方设法安置下岗职工，为工会积累资金、开辟新财源。同时，下大气力办好职工消费合作社，多为职工群众办好事、办实事。

（五）加强监督检查，严肃财务纪律。要以党的十五大精神为指导，以《中华人民共和国工会法》为依据，统一思想和行动，增强法制观念、全局观念、纪律观念和效益观念，切实加强工会财务工作管理。第一，在经费管理上顾全大局，在收好工会经费的同时，及时、足额上解工会经费，任何单位不得擅自决定对工会经费实行自管、自用，更不得随意拖欠、挪用和截留上解的经费。第二，发扬艰苦创业精神，少花钱、多办事，勤俭节约，精打细算，反对讲排场、摆阔气，大手大脚，胡乱花钱，杜绝用工会经费请客送礼、公费旅游等铺张浪费现象。第三，工会在兴办经济事业中，要坚持“三服务”宗旨，做到“积极稳妥，量力而行；

因地制宜，因陋就简；加强管理，讲究效益；合法经营，遵章守纪”。第四，各级工会事业单位的经费收支，必须接受同级经审会的审查和监督。经审和财务部门要密切配合，分工协作，搞好财务大检查，查处违反财经纪律的单位和个人。各级工会领导同志要支持检查人员的工作，认真对待他们的意见和建议，严格执行财经纪律。

（六）切实加强工会财务人员自身建设。按照全总要求，凡是独立管理经费的大、中型企业基层工会都必须建立财务机构，配备专、兼职财会人员，保证他们依法行使职权。各级工会要有计划地抓好工会财会人员的业务培训，努力提高他们的业务素质。工会财务人员要努力钻研业务，熟悉《中华人民共和国工会法》和工会财会知识，爱岗敬业，为工会财会工作做出更大贡献。

东平县工会第七次代表大会代表资格审查情况的报告

（1988年4月23日东平总工会第七次代表大会主席团一次会议通过）

同志们：

东平县工会第七次代表大会代表资格审查委员会，听取了组织组选举情况的汇报，对出席东平县总工会第七次代表大会的代表资格进行了审查。现将审查结果报告如下：

根据《中国工会章程》和市总工会关于“县市级总工会届满的必须于今年四月底前换届”的要求，东平县总工会报请县委、市总工会同意后，向各乡镇、委局、（局级）公司工委和基层工会下发了选举东平总工会七大代表的通知。全县各选举单位根据东平县总工会的部署和要求，严格执行有关规定，认真组织进行了代表选举工作，于1998年4月15日前完成。

东平县总工会确定出席第七次代表大会的代表157名。按照各单位的会员人数，统筹兼顾，全面安排，既注意代表的先进性，又注意代表的广泛性，代表的名额按工会会员分布情况分配，适当照顾会员少的单位，确保代表结构合理。各单位上报后，县总工会根据全县代表候选人预备人选情况做了个别调整，经选举产生东平县总工会七大代表157人。

全县工会第七次代表大会代表的选举工作，做到了广泛发扬民主，认真听取工会组织和会员群众的意见，选举过程中，始终坚持了民主程序和民主集中制的原则，尊重选举人的意志和民主权利。各选举单位分别召开了会员大会或会员代表会，采取无记名投票选举产生，选出的代表具有广泛的代表性和先进性。代表中工会工作者105名，占66%；先进模范职工31名，占20%；科技管理人员8名，占5%；妇女代表45名，占28%；非党代表30名，占20%；知识分子代表58名，占37%；少数民族代表3名，占2%；中青年干部代表86名，占55%；代表平均年龄45岁。只有大专以上文化学历以上代表58名，占37%；高中（中专）文化的96名。具有各种专业技术职称的112名，占71%。其中高、中级职称的48名。

这次选出的代表，是各部门、各单位的中坚力量，他们认真坚持党的基本路线，贯彻党的各项方针政策，关心热爱工会工作，能密切联系群众，为广大职工信任拥护，敢于和善于维护职工利益和合法权益，识大体顾大局，有参政议政能力，是非分明，在关键时刻和重大原则问题上能站在党的立场上，在群众中有威信。

代表资格审查委员会认为，这次选出的157名代表，符合工会章程和东平县总工会关于召开工会七大的有关规定，代表资格全部有效。

（二）第八次职代会讲话报告

开拓创新 与时俱进
团结带领全县职工为振兴东平经济而努力奋斗

—在东平县工会第八次代表大会上的工作报告

东平县总工会主席 周庆明

（2003年4月26日）

各位代表、同志们：

现在，我受东平县总工会第七届委员会的委托，向大会报告工作，请予审议。

一、七次代表大会以来工会工作的回顾

东平县工会第七次代表大会是1998年4月召开的，距今已经5年了。五年来，全县的改革开放取得了重大成就，各项社会事业全面发展，综合经济实力明显增强，人民生活水平进一步提高，职工群众的精神面貌发生了深刻变化。在县委和上级工会的正确领导下，全县各级工会组织团结带领广大职工解放思想，更新观念，锐意进取，埋头苦干，有力地促进了全县“两个文明”建设，较好地完成了七次代表大会确定的各项工作任务。

（一）突出维护职能，逐步建立起了三项机制

新修改的《中华人民共和国工会法》（以下简称《工会法》）明确指出，维护是工会组织的基本职责。几年来，县总工会按照上级工会的要求，强化工会组织维护职能，狠抓了职工民主监督、签订集体合同和职工自我保障三项机制建设，经过不懈努力，工作取得较大进展。

1. 职工民主管理、民主监督机制日益完善，职工民主管理水平得到明显提高。至2002年年底，全县已建立职代会113个，建立各种专门委员会583个，各单位的职代会基本做到了每两年换届一次，每年至少召开一次职工代表大会。各单位制定职代会制度和实施细则，使职代会各项权利

得到较好落实。企业集体合同草案，业务招待费使用情况、职工下岗分流和企业改制方案等涉及职工切身利益的重大问题，都严格按照程序提交职代会审议通过。职代会逐步成为企业民主管理的重要形式。各级工会配合党政部门积极开展职代会民主评议企业领导干部工作，几年来，全县共有32家企业较好地落实这一制度，民主评议干部213人次，促进了干部作风转变。

实行厂务公开是职工民主管理、民主监督的有效途径和形式。这项工作推行三年来，县总工会按照“一抓认识、二抓规范、三抓典型，四抓平衡、五抓宣传、六抓检查”的总体工作思路，各级党、政高度重视、强化对该项工作的领导，有关部门和企业统一思想，精心组织，密切配合，齐抓共管，做了大量艰苦细致的工作，县厂务公开领导小组多次深入企业、进行调查研究，检查指导工作，使全县厂务公开由点到面，层层推进，公开范围逐步扩大，公开内容不断充实，公开形式不断创新，规章制度日趋完善，在企业改革发展、社会稳定中发挥着越来越重要的作用。2002年，上级工会组织检查验收，瑞星集团总公司、县人民医院两个单位厂务公开工作得到充分肯定。几年来，全县先后有14个单位分别被省、市总工会评为厂务公开和民主管理工作先进单位。

2. 建立健全平等协商、签订集体合同机制，提高集体合同签订率、履约率。

平等协商、签订集体合同是《中华人民共和国劳动法》（以下简称《劳动法》）赋予工会组织的一项重要职责，是工会维护职工合法权益的重要载体和手段。几年来，我们按照抓建立、抓规范、抓完善、抓质量的总体要求，在各类企业中认真推行这一制度，取得较好成绩。截至2002年，全县国有、集体及其控股企业的签订率达到100%，外商投资企业签订率达到90%以上。为了解决合同履行中出现的困难和问题，县总工会成立了集体合同监督检查小组，每年都对这项工作进行一次专项检查，对行政方面出现的一些违规现象及时进行纠正。近年来，对到期合同进行调整、补充和完善，及时进行续签。抓住私营企业组建工会契机，在部分规模较大的私营企业中进行平等协商和签订集体合同试点。以建会带动集体合同签订工作开展。

3. 逐步建立职工自我保障机制。关心困难职工群众生活，积极为困难职工排忧解难，是各级工会组织不断加大维护力度的重要工作内容，也是义不容辞的责任。几年来，全县各级工会组织和广大工会干部以高度的政治责任感和满腔热情，深入特困职工家中走访慰问，及时了解和掌握他们的真实情况，为他们办实事，办好事。为了及时掌握特困职工的困难状况，各级工会做好困难职工的统计、调查和摸底，几年来，县总工会共建立特困职工档案1300人，并实现了动态式管理，微机化管理。1998年，开通特困职工救助热线。开展机关领导干部联系帮扶特困职工户活动，有近百名机关干部与困难职工结成帮扶对子。为他们解决实际问题232件。积极组织元旦、春节期间送温暖活动。全县工会系统累计筹集发放资金40万元，救济困难职工3200人次，其中，县总工会筹集31万元，救助困难职工1600人。开展对困难职工子女上大学资助活动，发放资金2万元，救助困难学生32名。与县民政部门联合开展“福利彩票”救助特困职工活动。发放救助款近10万元，救助困难职工400人。把送温暖工程与社会保障体系相结合，协助民政部门深入调查，将全县400户低于保障线的特困职工家庭纳入城市最低保障范围，扩大了对困难职工的救助覆盖面。

（二）私营企业组建工会工作取得新突破，工会工作的基础更加牢固。加强工会基层组织建设是维护职工合法权益，建立稳定协调劳动关系机制的前提。几年来，县总工会始终把私营企业建会工作放在重中之重，强化领导，严格责任，狠抓落实。坚持边组建、边巩固、边规范、边发挥作用，先搭台后唱戏，凡投产开业的企业，不论规模大小，职工多少，都要依法建立工会组织，认真组织力量，坚持工作标准，全县私营企业建会工作实现突破。全县建立私营企业工会360家，入会会员近2万人，建立工会女工委87个。

（三）全县广大职工积极投身“两个文明”建设，为振兴东平经济做出贡献。

全县各级工会组织以党的十五届四中、五中全会和党的十六大精神为指导，动员和引导广大职工积极投身“两个文明”建设，围绕全县经济建设中心，各级工会组织开展劳动竞赛，合理化建议、技术革新、技术协作和发明创造各项活动。几年来，共提合理化建议7231条，被采用4189条，创经济效益200万元。实施经济技术创新工程，制定具体实施方案，加强指导。深入开展以管理创新、技术创新、服务创新为内容的形式多样的创新活动，取得显著成果。几年来，有4人被评为省劳动模范，12人被评为泰安市劳动模范，1人被评为“十杰”领导干部，3人荣获“富民兴鲁”劳动奖章称号，15人获得“振兴泰安”劳动奖章称号。各级工会重视和加强劳动保护工作，开展“安康杯”竞赛活动。先后有3家企业被省、市工会评为先进单位。东平总工会与安监局等部门处理17起职工伤亡事故，较好地维护职工利益。

东平总工会女工委连续开展“女职工双文明建功立业”竞赛活动和“女职工素质自我达标活动”，女职工队伍整体素质明显提高。几年来，有3人被评为全省“先进女职工”，18人被评为全市“先进女职工”，

11人被评为全市“先进女工工作者”。

（四）工会自身建设得到加强。县总工会领导班子注重整体形象和自身建设。健全各项工作制度，用制度管人，用制度约束人，严肃工作纪律，各方面的工作都有大变化和新起色。县总工会每年都被市总工会评为“工会工作先进单位”。

贯彻落实新修改的《工会法》，认真贯彻财务工作方针，严肃财经纪律，不断加大依法收缴工会经费的力度。县总工会坚持每年两次财务大检查制度和一票否决制度，经过基层工会努力，每年都能较好完成经费上缴任务。

开展《工会法》宣传活动。新修改的《工会法》颁布实施后，县总工会在县城开展集中宣传活动。设立宣传点61个、展板12块、标语72幅，散发各类宣传材料5000余份。邀请山东工会干部管理学院的教授作辅导讲课，进一步扩大了工会组织的社会影响。

工作中存在的问题和不足。全县工会工作发展不够平衡，有些工作缺乏有力的措施，缺乏开拓创新的观念，有不少工会干部不适应形势发展要求，精神面貌状态差，工作缺少主动性，主要精力没有用在工会工作上，工作中畏难发愁。这些问题要在今后工作中采取措施认真加以解决。

二、今后一个时期工会工作的主要任务

根据市总工会的工作安排和东平县实际，今后一个时期全县工会工作的指导思想是：以党的十六大精神和“三个代表”重要思想为指导，以《工会法》为抓手，紧紧围绕经济建设这个中心，全面履行工会各项职责，进一步突出维护职能，努力提高工会工作的整体水平，团结带领全县职工同心同德，艰苦奋斗，为加快东平经济发展做出积极贡献。根据新的形势和任务，今后要重点抓好以下几个方面的工作：

（一）深入学习、宣传、贯彻《工会法》，努力把工会工作纳入法制化轨道

经过修改后的《工会法》，适应社会主义市场经济发展的要求，适应全国经济关系、劳动关系和利益关系的变化，明确了维护职工合法权益是工会的基本职责，拓展工会组织建设的新途径，强化工会维权职能，加大保护工会干部的力度，明确工会经费的收缴范围并对拖欠和拒缴工会经费的行为规定了强制措施，明确违反《工会法》的法律责任。经过多达44处修改的《工会法》，特别是通过增加“法律责任”，大大增强了这部法律的威慑力，充分体现工会法律的权威性、严肃性，深入贯彻实施这部法律，必将进一步优化工会工作的社会环境，为做好新形势下的工会工作提供了大好机遇，因此，在今后一个时期里，各级工会一定要以《工会法》统揽工会工作全局。通过学习、宣传和贯彻《工会法》，推动工会工作有一个新的更大的提高。首

先，要学习好《工会法》。各级工会干部特别是领导干部要结合自身实际，带头认真学习《工会法》，全面理解《工会法》的精神实质，准确把握《工会法》的基本内容，今后各基层工会都要举办以《工会法》为基本内容的学习培训班，让广大干部职工知道《工会法》、了解《工会法》。其次，要宣传好《工会法》。各级工会可通过举办培训班、开展知识竞赛等形式，在各级党政领导、工会干部和广大职工中广泛深入地宣传《工会法》。通过宣传，使工会干部和广大职工增强法律意识，提高依法维权的自觉性；使社会各界进一步了解工会、支持工会，为工会工作的开展创造良好的社会环境。第三，要贯彻落实好《工会法》。各级工会组织和广大工会干部，要按照《工会法》规定，依法行使法律赋予自己的权利，依法履行法律规定的义务，肩负起维护职工合法权益的基本职责，更好地代表和维护职工的合法权益。通过各级的共同努力，逐步把工会工作纳入法制化轨道，实现上级工会提出的“依法治会”的目标要求。

（二）全面履行工会各项职责，努力提高工会整体工作水平

1. 以新建企业工会组建工作为抓手，加大工会组织建设力度。加强工会组织建设，是维护职工合法权益、稳定劳动关系的前提，是在新形势下工会发挥桥梁纽带作用的基础。要继续把新建企业工会组建工作摆在重中之重的位置来抓。经过近两年的不懈努力，这项工作有了良好的开端，今后要增强紧迫感、责任感、压力感，采取措施，扎实推进。已建立工会组织的新建企业，要以宣传贯彻《工会法》为契机，向职工大力宣传工会的性质、职能和作用，争取把绝大多数职工吸引到工会中来。要坚持“一手抓组建，一手抓规范”的方针，加快建会进度，高度重视已建工会组织的巩固和完善发展，防止走形式、走过场。要采取切实措施，进一步抓好国有、集体改制企业工会组织的整顿、重建和巩固工作，坚决防止和纠正在企业改制过程中随意撤并工会组织的现象。

2. 抓好职代会和平等协商、签订集体合同工作，切实维护好职工的民主权利和经济利益。新修改的《工会法》第一次以法律的形式，对职工代表大会作为工会组织职工参加民主管理的基本形式和维护职工合法权益的重要手段，做出明确的规定。国有、集体及其控股企业要进一步健全完善职工代表大会制度，落实职代会的各项职权，充分发挥职代会的作用。厂务公开是加强企事业单位民主管理、民主监督的一项重要制度，要持之以恒地坚持下去，不断扩大公开范围，改进公开方式，提高公开质量，拓宽公开领域。

工会代表职工与企业平等协商、签订集

体合同，是《工会法》《劳动法》赋予工会的权利，是市场经济条件下处理劳动关系矛盾最有效的手段。各级工会要从建立协调稳定的劳动关系，促进企业健康发展的高度充分认识这项工作的重要性。一是坚持所有企业都要推行平等协商和签订集体合同制度。越是生产经营困难的企业，遇到的劳动关系矛盾越尖锐，越需要通过推行这一制度来化解矛盾、凝聚人心。要把新建企业作为突破口，将新建企业组建工会与签订集体合同紧密结合、同步推进。二是坚持把职工关心的热点、难点问题作为平等协商、签订集体合同的重点，在集体合同中尽量量化，让职工看得见、摸得着，既便于操作和履行，也便于监督和考核，使企业和职工都能感到平等协商和集体合同是有用的、必要的，也是具体的、实在的。三是要保证合同内容的兑现。签订集体合同的目的在于执行合同。只有如实兑现合同，签订工作才有意义。这是个薄弱环节，今后，各级工会都要切实抓好合同兑现工作。

3. 组织实施好“送温暖”工程，为困难职工排忧解难。各级工会要深入基层、调查研究，进一步建立健全困难职工群体档案，建立健全劳动关系矛盾的预防、预警机制，努力做到对困难职工群众的问题及时知情、及时报告、及时协调，努力把矛盾化解在基层和萌芽状态，把群体性事件减少到最低限度；要继续开展机关部门联系帮扶特困职工、资助特困职工子女上大学和走访慰问特困职工制度活动，协调落实好对特困职工的优惠政策。同时，积极参与社会保障制度改革，做好下岗职工基本生活保障向失业保障并轨工作，协助与推动民政部门完善城市居民最低生活保障制度，使所有符合条件的特困职工家庭全部纳入最低生活保障范围，做到应保尽保，为维护职工队伍和社会稳定做出积极贡献。

4. 协助行政抓好安全生产工作，保障职工的生命健康安全。各级工会一定要把劳动保护作为一项重要工作来抓，工会在检查中发现企业违章指挥、强令工人冒险作业，或者生产过程中发现明显重大事故隐患和职业危害，要及时提出解决的建议，并协助消除事故隐患。要积极参加职工伤亡事故的调查处理，维护好职工的切身利益。继续深入开展“安康杯”竞赛活动，协助企业行政加强安全教育，努力增强职工的安全意识和自我保护能力。

深入实施经济技术创新工程，推动全县经济快速发展。各级工会要把实施经济技术创新工程作为工会服务大局的一项重要工作，切实抓紧、抓好、抓出实效。实施创新工程，要与解决企业生产经营中的难点和重点问题相结合，突出创新、创先、创优，不断提高企业的管理水平，增强企业的市场竞争能力。要以职工欢迎、企业需要、效果明显为标准，从本企业实际出发，开展形式多样、富有时代气息的经济技术活动。各级工会女工委员会在搞好女职工特殊利益保护的同时，要继续搞好“双文明建功立业”和“女职工素质自我达标”活动，充分发挥广大女职工在经济建设中的积极作用。

实施创新工程，要注重发挥职工先进模范人物的示范带动作用。各级工会要进一步加大对各级各类先模人物的宣传表彰力度，大力弘扬劳模爱岗敬业、无私奉献、艰苦奋斗、勇于创新的优秀品质和时代精神，在全社会进一步形成关心劳模、爱护劳模、尊重劳模、学习劳模、争当劳模的良好风气。每年“五一”节前夕，按照市总工会的要求，严格条件和标准，真正把全县那些实实在在工作在第一线的先进模范人物评选推荐上来，予以表彰，弘扬正气。

（三）以保持共产党员先进性教育活动为契机，大力加强工会自身改革和建设，带动工会整体工作上水平。

目前，在全县开展的保持共产党员先进性教育活动，是党的十六大作出的重大战略部署，是新时期加强党的建设的重大举措。各级工会会员中的中共党员，要全身心投入到这次教育活动中去，以此为契机，加强工会自身改革和建设。首先加强工会机关的作风建设。各级工会组织和工会干部要认真贯彻党的十六大精神，以“三个代表”重要思想为指导，认真改进和加强思想作风、工作作风、领导作风、生活作风。其次，要加强工会干部队伍建设。各级工会干部要面对新的形势、任务，认真学习政治理论、工会业务、政策法规、经济知识、科技知识及其他相关知识，增强全局意识、维护意识、团结意识，不断提高理论政策素养和组织领导能力，为做好工会工作奠定良好的基础。第三，要依法推进工会财务工作，修改后的《工会法》为工会经费收缴、管理、使用创造了非常好的法律环境。今后将继续坚持工会经费“一票否决”制度。继续开展工会财务大检查活动，对无正当理由拖欠、拒不拨缴工会经费的个别单位，东平县总工会将协同有关执法单位依法进行强制执行。

各位代表，做好今后一个时期的工会工作，任务繁重，责任重大。让我们在县委和上级工会的正确领导下，深入学习马克思列宁主义、毛泽东思想、邓小平理论和“三个代表”重要思想，认清形势，坚定信心，与时俱进，开拓创新，努力开展全县工会工作新局面。

（三）第九次职代会讲话报告

关于召开东平县工会第九次代表大会有关情况的汇报

根据《中华人民共和国工会法》和《中国工会章程》关于各级地方工会换届的有关规定，拟定于“五一”前后召开东平县工会第九次代表大会，现将有关事项汇报如下：

一、会议的筹备情况

（一）成立会议工作机构，设立组织组、会务组、材料组、宣传组、疫情防控及保卫等6个工作组，具体负责大会的筹备工作。

（二）会议各项报告的起草。东平县总工会第八届委员会工作报告、东平县总工会第八届财务工作报告、东平县总工会第八届经费审查委员会工作报告、东平县总工会第五届女职工委员会工作报告均已完成起草工作。

（三）代表名额的分配及构成。按照《中国工会章程》《关于地方工会召开代表大会及组成工会委员会、经费审查委员会的若干规定》（总工发〔2015〕6号，以下简称《若干规定》）要求，确定本次代表大会正式代表261人。其中，工会工作者占63%，工会积极分子占11%，先进模范人物占12%，科技管理人员占10%，其他占4%。代表中，35岁以下的代表占15.7%，女性代表占43.7%，非党员代表占18.4%，少数民族代表占1.5%。

按照“推荐提名、组织考察、确定代表候选人初步人选、确定代表候选人预备人选、会议选举”等5个步骤进行，261名代表已全部产生，10名特邀代表全部确认。

（四）关于代表团的组成。出席会议的代表，共划分为党群政法、农业综合、工建信、宣教卫、财贸、乡镇（街道）等6个代表团。各代表团团长、副团长由东平县总工会党组提名。

（五）大会参会人员。正式代表、特约代表、县委、县人大、县政府、县政协领导出席开幕式；邀请曾担任过东平县总工会主要职务的老同志，县委组织部、团县委、县妇联等有关部门的负责人，以及部分乡镇（街道）、县直部门单位分管工会工作的负责人参加开幕式。

（六）会场、会务的安排。大会会场设在县委东楼101会议室，与会人员在东平迎宾馆食宿。所有参会人员均须于大会开幕前两天集中进行口咽拭子核酸检测。

二、大会主要任务和议程

（一）听取县委领导讲话；

（二）审议并通过东平县总工会第八届委员会工作报告、东平县总工会第八届财务工作报告、东平县总工会第八届经费审查委员会工作报告、东平县总工会第五届女职工委员会工作报告；

（三）选举产生东平县总工会第九届委员会、经费审查委员会和第六届女职工委员会；东平县总工会第九届一次全委会选举产生新一届常委会主席、常务副主席、副主席；东平县总工会经费审查委员会第九届一次全委会选举产生主任；东平县总工会女职工委员会第六届一次全委会选举产生主任。

三、大会会期 2 天

四、东平县总工会第九届委员会、常务委员会、经费审查委员会及东平县总工会第六届女职工委员会的组成

东平县总工会第九届委员会的组成，按照《若干规定》要求，拟定委员 35 人。委员中，工会工作者不少于委员总数的 60%，基层和一线职工不少于委员总数的 40%，并有一定数量的先进模范人物、妇女委员。

东平县总工会第九届委员会常务委员会拟由 10 人组成：主席 1 人，常务副主席 1 人，专职副主席 2 人，兼职副主席 1 人，挂职副主席 1 人，常委 4 人。其中，基层和一线人员在常委会委员中的比例不低于 20%。

东平县总工会第九届经费审查委员会的组成，按照《若干规定》要求，拟定委员 7 人，设主任 1 人。

东平县总工会第六届女职工委员会的组成，按照《若干规定》要求，拟定委员 9 人，设主任 1 人。

五、大会选举办法

（一）东平县总工会第九届委员会，先以代表团为单位进行差额预选，再提交大会等额选举产生，差额率不低于 10%；东平县总工会第九届经费审查委员会和第六届女职工委员会均采取等额选举产生。

（二）东平县总工会第九届委员会主席、常务副主席、副主席、常委和东平县总工会第九届经费审查委员会主任、东平县总工会第六届女职工委员会主任均采取等额选举产生。

以上选举，采取无记名投票方式。

六、关于大会的组织领导

本次会议在县委领导下进行。由主席团主持会议。主席团设常务主席，主持每次全体会议；主席团设临时党委，各代表团设临时党支部。

（一）大会主席团，建议由代表中的下列人员组成，东平县总工会主席、常务副主席、专职副主席、兼挂职副主席、东平县总工会机关科室负责人和各代表团团长。

（二）大会临时党委，建议由主席团中的县人大常委会副主任、东平县总工会主席任书记，东平县总工会党组书记、常务副主席任副书记。各代表团临时党支部书记、副书记一般由团长、副团长担任。

（三）大会秘书长，建议由一名主席团常务主席担任。

七、大会所需费用

本次大会，住宿费 21440 元，餐饮费 34920 元，其他费用（会议材料、代表证、文件包、笔、本、防疫物资等有关物品）需 13550 元，预计总花费 69990 元。

在东平县工会第九次代表大会上的讲话

中共东平县委副书记　李培国

（2021 年 4 月 30 日）

各位代表、同志们：

在全县上下深入开展党史学习教育、喜迎建党 100 周年的大好形势下，东平县工会第九次代表大会今天隆重开幕了。这是全县广大职工政治生活中的一件大事。开好这次大会，对于全面贯彻落实中央和省市县委工作部署，进一步团结动员全县广大职工，振奋精神，汇聚力量，推动经济社会高质量发展，具有十分重要的意义。在此，我代表县委，向大会的召开表示热烈的祝贺！向出席会议的全体代表，并通过你们，向辛勤工作在全县各条战线上的广大职工和工会工作者致以诚挚的问候！

近年来，县委、县政府深入贯彻习近平新时代中国特色社会主义思想，在市委、市政府的坚强领导下，全县上下紧紧围绕中央决策部署和省委、市委有关工作要求，统筹推进疫情防控和经济社会发展，全面做好“六稳”工作，落实“六保”任务，全县经济社会发展取得新成效。2020 年，全县主要经济指标增幅均居全市前列，顺利完成了各项目标任务，为“十三五”画上了圆满句号。成绩的取得，离不开县委、县政府的坚强领导，更是全县上下担当作为、辛勤付出的结果，其中凝结着全县广大职工和各级工会工作者的心血和智慧。一个时期以来，全县各级工会组织坚持以习近平新时代中国特色社会主义思想为指导，在加强职工思想政治引领、组织职工建功立业、维护职工合法权益等方面做了大量富有成效的工作，工会在全县工作大局中的作用进一步彰显。全县广大职工以高度的使命感和责任感踊跃投身发展，在各自岗位拼搏奉献，在各个领域施展才华，在各条战线建功立业，为全县各项事业发展作出了突出贡献，充分彰显了新时代工人阶级的担当作为和主力军风采。可以说，东平这些年的发展变化，每一个进步、每一项成就，都凝聚着广大职工的辛勤与汗水，凝聚着各级工会组织的奋斗与拼搏。对全县的工会工作，县委是满意的。

当前，全县新一轮高质量发展的大幕已经拉开，既有许多有利条件，更面临不少困难挑战，正处在滚石上山、爬坡过坎的关键时期，迫切需要全县干部群众全面落实习近平总书记重要指示，同心同德干事业、一心一意谋发展，奋力谱写东平改革发展的新篇章。面对这个大局、大势，广大职工使命光荣，工会组织更是责无旁贷。

在此，我代表县委，对全县广大职工、各级工会组织提几点希望和要求。

第一，广大职工要坚定理想信念，矢志不渝听党话、跟党走。要自觉以习近平新时代中国特色社会主义思想武装头脑、指导实践、推动工作，树牢“四个意识”，坚定“四个自信”，做到“两个维护”，始终在政治立场、政治方向、政治原则、政治道路上同以习近平同志为核心的党中央保持高度一致，坚定不移听党话、矢志不渝跟党走，始终成为党执政的坚实依靠力量、强大支持力量、深厚社会基础。要坚定中国特色社会主义理想信念，自觉把个人前途命运同国家和民族前途命运紧紧联系在一起，把个人梦同中国梦紧密联系在一起，把实现党和国家确立的发展目标变成个人的自觉行动，充分汇聚起奋进新时代、追梦新征程的磅礴力量。

第二，广大职工要勇于担当作为，做推动全县高质量发展的主力军。工人阶级是全面建成小康社会、坚持和发展新时代中国特色社会主义的主力军。实现中国梦，根本上要靠包括工人阶级在内的全体人民的劳动、创造和奉献。今年是“十四五”规划开局之年，是中国共产党成立100周年，也是全县抢抓机遇、发挥优势、加快发展的关键时期。广大职工和劳动群众要紧紧围绕县委、县政府“生态立县、产业兴县、绿色发展”战略，抢抓黄河流域生态保护和高质量发展重大国家战略机遇，结合东平湖生态环境综合整治、巩固拓展脱贫攻坚成果、实施乡村振兴战略、促进产业转型升级等重点任务，切实担当起时代赋予的光荣使命，以主人翁姿态投身全县经济社会发展主战场，立足岗位，扎实工作，努力在各自工作岗位上建功立业。要坚定践行新发展理念，焕发劳动热情，积极干事创业，充分释放工人阶级强大的奋进力量，共同谱写岗位建功的人生华章。

第三，广大职工要增强学习意识，做适应新时代发展需要的高素质劳动者。劳动者素质对一个国家、一个民族、一个地区的发展至关重要。高技能人才队伍不足是制约全县实现高质量发展的一个重要短板。全县广大职工要争当知识型人才，坚持与时俱进，勤学、善思、笃行，实现学以增智、学以广才、学以强能，努力成为新时代东平高质量发展需要的栋梁之材；要争当技能型人才，培育执着专注、精益求精、一丝不苟、追求卓越的职业素养，练就一身真本领，掌握一手好技术，努力成为各行各业的行家里手和技术骨干；要争当创新型人才，崇尚创新精神、培养创新思维，瞄准科技前沿和新兴高端产业等广阔领域，大胆创新、放手创造，把关键核心技术牢牢掌握在自己手中，为实施创新驱动发展战略提供强有力的人才支撑和智力保障。

工会是党联系职工群众的桥梁和纽带。全县各级工会要深入学习贯彻习近平总书记关于工人阶级和工会工作的重要论述，以及在全国劳动模范和先进工作者表彰大会上的讲话精神，结合东平县工会实际，在巩固已有改革成果的基础上，以更大力度、更实举措把工会改革推向深入，努力把全县工会组织建设得更加充满活力、更加坚强有力。要适应新形势新任务，认真履行政治职责，充分发挥联系职工群众的桥梁和纽带作用。要全力加强基层工会建设，把包括八大领域、八大群体在内的各行各业职工群众吸引到工会中来，团结在党的周围。各级工会干部要进一步转变作风，深入基层一线，加强调查研究，竭诚服务职工，让职工群众真正感受到工会是职工之家，工会干部是最可信赖的娘家人、贴心人。要深入开展好党史学习教育，真正做到学史明理、学史增信、学史崇德、学史力行。

全县各级党组织要坚持全心全意依靠工人阶级的方针，切实保证工人阶级的主人翁地位。要加强和改进党对工会工作的领导，认真落实以习近平同志为核心的党中央关于加强和改进党的群团工作的部署要求，重视、关心、支持工会组织，依法依章开展工作，认真研究解决工作中存在的实际困难，为工会履职尽责创造更好的环境和条件。要加强工会领导班子和干部队伍建设，关心工会干部的学习和成长，充分调动广大工会干部的积极性、主动性和创造性，推动建设一支高素质、专业化的工会干部队伍。

各位代表、同志们，新时代是奋斗者的时代，实现中华民族伟大复兴的中国梦，工人阶级使命光荣，工会组织责任重大。让我们更加紧密地团结在以习近平同志为核心的党中央周围，以饱满的工作热情、昂扬的奋斗姿态、务实的工作作风，抢抓机遇，发挥优势，加快发展，为打造黄河流域生态保护和高质量发展示范区而努力奋斗，以优异成绩庆祝建党100周年！

在东平县总工会第九届委员会第一次全体会议上的讲话

（2021年4月30日）

东平县人大常委会副主任、总工会主席

王成明

各位委员、同志们：

经过县总工会九届一次全委会会议选举，产生了新一届委员会常委会和主席、副主席以及经费审查委员会主任、第六届女职工委员会主任，组成了县总工会新一届领导班子。我谨代表新当选的县总工会全体常委、新一届领导班子成员，衷心感谢大家对我们的高度信任和大力支持。同志们选举我担任县总工会主席，这是对我的鼓励、信任和鞭策，在此，表示诚挚的谢意！

在县委、市总工会的坚强领导下，在全体与会代表的共同努力下，东平县工会第九次代表大会胜利闭幕了。在大会开幕式上，李培国副书记代表县委作了重要讲话，我们要认真学习、深刻领会、全面贯彻、抓好落实。过去五年县总工会的出色工作和不凡业绩，为做好新时代工会工作打下了坚实基础；党的十九大、全国工会十七大和省市工会十五大，为做好新时代党的工会工作指明了前进方向；东平县工会第九次代表大会明确了未来五年的工作思路，确立了“全市争一流、全省有影响”的目标定位，号角已经吹响，蓝图已经绘就，新一届工会委员会就要担当起带领全县各级工会和广大职工为实现这个目标而不懈奋斗的神圣使命。

面对新的任务和使命，新一届工会领导集体展示什么样的形象，树立什么样的作风，做出什么样的实绩，县委寄予厚望，职工充满期待，社会高度关注。县总工会每一位同志，一定要倍加珍惜组织提供的机会和舞台，倍加珍惜职工寄予的期望与重托，倍加珍惜时代赋予的机遇和环境，以人一我十的努力、只争朝夕的精神和务实创新的作风，励精图治、勇于作为，努力创造无愧于时代要求、无愧于职工愿望、无愧于岗位职责的新业绩，努力向县委和全县职工交一份满意的答卷。为此，要努力做到以下几点。

第一，提高政治站位，做到立场坚定、头脑清醒。习近平总书记指出：“旗帜鲜明讲政治是我们党作为马克思主义政党的根本要求”。工运事业是党的事业的重要组成部分，政治性是工会工作的根本属性。提高政治站位，就是要自觉坚持党的领导，不断增强政治鉴别力和政治敏锐性，把党的意志和主张落实到广大职工中去，引领职工坚定不移听党话、跟党走，任何时候都不能含糊，这是工会干部安身立命的根本。提高政治站位，就是要牢固树立“四个意识”，不断增强“四个自信”，切实做到“两个维护”，坚决维护习近平总书记在党中央和全党的核心地位，坚决维护党中央权威和集中统一领导，始终不渝在思想上政治上行动上同以习近平同志为核心的党中央保持高度一致。要围绕省市总工会和县委、县政府对工会工作提出的新使命新要求，找准贯彻落实的切入点和落脚点，推动新时代东平工会工作展现新作为、再上新台阶。

第二，提高责任意识，做到顾全大局、敢于担当。责任在担当，关键在落实。要把“围绕中心、服务大局”作为工作主线，始终坚持县委中心工作推进到哪里、工会工作就跟进到哪里，找准工会服务中心大局的结合点、着力点和落脚点，切实提升工会服务大局的贡献率。要紧扣县委、县政府确定的打造黄河流域生态保护和高质量发展示范区和实施乡村振兴战略等重点工作部署，团结动员广大职工积极投身经济建设主战场，争做新时代奋斗者，在推动东平高质量发展中彰显工人阶级时代风采。要教育引导广大职工和劳动群众，立足岗位、扎实工作，努力在各自工作岗位上创先争优，建功立业。要大力弘扬劳模精神、劳动精神，着力营造劳动光荣的社会风尚和精益求精的敬业风气，引导激励广大职工善于学习，勇于实践，造就一支有理想守信念、懂技术会创新、敢担当讲奉献的高素质东平产业工人队伍。

第三，提高服务本领，做到心系职工，甘当公仆。工会是“职工之家”，工会干部是职工“娘家人”。要以习近平总书记深厚的为民情怀为“标尺”，不忘初心、牢记使命，牢固树立“一切为了职工”的工作理念，始终把职工满意度、认可度作为衡量工会工作的标准，使工会工作获得最广泛的职工群众支持。要密切联系职工群众，职工群众在哪里，工会组织就要建到哪里，着力把工会工作延伸到职工群众最需要的地方去，真诚倾听职工呼声，真实反映职工愿望，把职工安危冷暖挂在心上。要着眼于满足职工日益增长的美好生活需要，着眼于让职工共享经济社会发展成果，着力把服务职工体系建得更全面、更科学、更贴心，着力把维护服务职工工作做得更具体、更扎实、更温暖，推动职工实现体面劳动、舒心工作、全面发展，把工会组织建设成为职工心坎上的“职工之家”，切实增强职工群众获得感、幸福感和安全感。

第四，提高学习效果，做到内强素质、外树形象。习近平总书记指出，“中国共产党人依靠学习走到今天，也必然要依靠学习走向未来”。要把学习作为一种政治责任、精神追求和生活习惯，做到坐得住、沉得下、学得进。要突出加强理论武装，扎实开展好党史学习教育，深入学习习近平新时代中国特色社会主义思想，全面系统学、深入思考学、联系实际学，学深悟透、融会贯通，提高运用党的创新理论指导实践、推动工作的能力。要适应新时代对工会干部综合素质的新要求，深入学习劳动法律法规，重视学习经济、文化、科技、哲学、历史等方面的知识，强化工会理论、工会业务学习，进一步提高做好职工群众工作的本领。要坚持学以致用，善于把学习收获转化为工作能力，用以解决实际问题，推动工作创新。要深入调查研究，从基层、从群众、从实践中汲取智慧和力量，使决策更科学、任务更明确、措施更有力、成效更显著。

第五，提高纪律意识，做到心有敬畏、廉洁自律。习近平总书记强调：“要加强纪律建设，把守纪律讲规矩摆在更加重要的位置”。纪律是成功的保证，团结是力量的源泉。我们要始终坚持民主集中制，团结协作，相互配合，营造风清气正、团结和谐、争先创优的政治生态。要保持为民务实清廉的政治本色，严格执行廉洁从政各项规定，持之以恒正风肃纪，坚决预防和反对腐败，清清白白为官、干干净净做事、老老实实做人，充分展示东平工会组织、工会干部的良好形象。

以上几点，是我们新一届县总工会委员会加强自身建设的基本要求，也是向全县各级工会组织、广大职工作出的庄严承诺。作为县总工会主席，我深感责任重大、使命光荣，我一定在县委和市总工会的坚强领导下，和各位常委、委员一道，紧紧依靠全县广大职工群众的支持，一心向党、全心为民，不断开创全县工运事业发展新局面。诚恳期望同志们对我的工作给予全力支持，同时对我思想、工作各方面进行严格监督。

各位委员、同志们，新起点开启新征程，新目标赋予新使命。让我们更加紧密地团结在以习近平同志为核心的党中央周围，全面贯彻习近平新时代中国特色社会主义思想，同心同德干事业，为打造黄河流域生态保护和高质量发展示范区而努力奋斗，以优异成绩庆祝建党100周年！

践行新思想 建功新时代 展现新作为 团结动员全县职工为谱写东平改革发展新篇章而奋斗

—在东平县工会第九次代表大会上的工作报告

东平县总工会党组书记、常务副主席 范思安

（2021年4月30日）

各位代表、同志们：

现在，我代表东平县总工会第八届委员会向大会报告工作，请予审议。

一、过去五年工作回顾

五年来，在县委和泰安市总工会的坚强领导下，全县各级工会紧紧围绕党和政府的中心工作，忠诚履职尽责，锐意改革创新，各项工作取得了突破和提升。

（一）五年来，县总工会坚定正确政治方向，进一步加强了职工思想政治引领。认真学习贯彻习近平新时代中国特色社会主义思想和党的十九大，十九届二中、三中、四中、五中全会精神，扎实开展“不忘初心、牢记使命”主题教育，举办“七赛七比”勇做新时代泰山“挑山工”形象展示比赛、职工摄影展、职工演讲比赛、知识竞赛等活动，把党的主张变成工会的号召和职工的行动，把广大职工凝聚在党的周围。大力弘扬劳模精神、劳动精神、工匠精神，推选省劳模5人、泰安市劳模26人、东平县劳模40人、全国工人先锋号1个、山东

省工人先锋号2个、泰安市工人先锋号5个、山东省“富民兴鲁”劳动奖状1个、山东省“富民兴鲁”劳动奖章3人、泰安市五一劳动奖状4个、泰安市五一劳动奖章30人。

（二）五年来，全县各级工会有效维护职工权益，进一步促进了劳动关系和谐稳定。加强法律援助，出台《关于进一步加强职工法律援助工作的意见》，设立职工法律服务中心，同县人民法院、司法局、人社局等部门建立法律援助协同机制。共办理职工来信来访136件次，为226名职工答疑解惑，为140名职工开展了案件调解和法律援助，职工满意率达98%。强化源头参与，推动贯彻执行《中华人民共和国劳动合同法》等劳动法律法规，积极参与涉及职工权益的各项活动。扎实开展“农民工援助行动”，与县直有关部门联合开展治理企业拖欠农民工工资行动。加强企业工资集体协商，全县建会企业签订工资专项集体合同500余份，覆盖职工3万余人。推进厂务公开、民主管理和“推行协商民主、强化社会责任”品牌创建工作，推动建立企业工会与行政沟通协商机制。

（三）五年来，县总工会努力提升服务实效，进一步保障了职工共享发展成果。实施职工医疗补助政策，为88名患病在职职工提供医疗补助金93万元；“冬送温暖”慰问困难职工325户，发放资金36万元，救助困难职工2202人次，发放救助金212万元，帮助795户困难职工解困脱困；“夏送清凉”发放资金40余万元，慰问职工20000余人次；“金秋助学”发放助学金12万元，资助困难职工子女上大学40人；实施“女职工心灵关爱”工程，投入4万元，建设“妈妈小屋”20家；以促进农民工就业为抓手，培育市、县级“工友创业园”15家，发放扶持资金20万元；与相关企业联合建设了10个“工会户外劳动者服务站点”，方便了环卫工人、城管执法人员、园林绿化工、交警、快递员、送餐员等户外劳动者，为他们解决了“吃饭难、喝水难、休息难、如厕难”等现实问题，工会关爱职工工作得到延伸。

（四）五年来，扎实推进基层组织建设工作，进一步提升了工会组织吸引力、凝聚力。开展基层工会建设“落实年”“提升年”活动，推动基层工会规范化建设，实施八大群体建会、农民工入会集中行动等，全县基层工会组织达330个、会员总数达3.76万人，其中农民工会员1.23万人，招聘社会化工会工作者20人。女工工作扎实推进，荣获山东省女职工建功立业标兵岗称号2个、泰安市女职工建功立业标兵岗称号28个、泰安市女职工建功立业先锋号称号1个、建功立业标兵称号6个，充分展示了新时代东平女职工的巾帼风采。

认真履行党组主体责任，切实加强党风廉政建设和反腐败工作。牢固树立抓好党建是最大政绩的理念，党建工作制度更加健全，各项规定执行更加有力，党建工作成效更加明显。积极配合县委巡视组工作，扎实搞好问题整改。工会财务工作保障有序，经费审查工作更加规范。工会理论政策研究、信息宣传、工会信访、职工热线、后勤保障等工作取得新进展。全县工会资产实现保值增值。

自2018年底开始，对县工人文化宫进行清理整治提升，经过两年多的努力，投资1260万元，把工人文化宫打造成新时代职工共享美好生活的温馨家园。县职工服务中心被省总工会命名为模范职工服务中心。今年1月7日，省总工会党组副书记、副主席魏丽亲临现场检查指导，给予了充分肯定和高度评价。2019年，“齐鲁工惠”App上线后，东平县总工会围绕职工“食、娱、购”等日常生活，主动对接特产加工企业、工友创业园、餐饮业、电影院、超市等商家，采取“商家让利、县总补贴”相结合的方式，利用节假日，举办送优惠券、加油券、免费观影、线上线下相亲会等活动92场次，受益会员1.6万人次。因为工作业绩突出，东平县总工会被评选为泰安市智慧工会建设标兵单位，同时被授予泰安市五一劳动奖状。

这些成绩的取得，得益于县委和市总工会的坚强领导，得益于县人大、政府、政协和社会各界的关心支持，也凝聚着全县各级工会干部和广大职工的辛勤汗水。在此，我代表东平县总工会第八届委员会，向长期以来重视、关心和支持工会工作的各级领导、工会老领导老同志和社会各界表示衷心的感谢！向全县广大职工、工会干部致以崇高的敬意！

五年的砥砺奋进、笃实力行，我们深切地体会到：始终坚持党的领导是工会坚持正确发展道路的“定海神针”，始终坚持服务大局是工会发挥作用彰显作为的“重要法宝”，始终坚持维权服务是工会体现价值赢得信赖的“生命之源”，始终坚持改革创新是工运事业健康发展的“强劲引擎”。归结起来就是要始终坚持做到“忠诚党的事业，竭诚服务职工”。这是全县工会五年共同实践取得的宝贵经验，必须倍加珍惜和大力发扬。

同时，大家清醒地认识到，工作中仍存在一些问题和短板：工会工作与发展大局贴合不够紧密，工人主力军作用发挥不充分；维权服务工作方式手段载体不够丰富，普惠服务、精准服务不能满足职工多样化需求；基层基础比较薄弱，新领域、新业态、新组织有效覆盖的问题亟待破解；工会工作体制机制与职工需求不适应，运用“互联网+”开展工作步子不够大；少数工会干部履职本领不高、担当意识不强、工作作风不扎实，与新时代泰山“挑山工”精神要求还有差距，作风建设、素质建设任务还比较重。对此，必须保持正视问题的清醒和解决问题的自觉，下大气力认真解决。

二、今后五年全县工会工作的总体要求和目标

今后五年，全县工会工作的总体要求和奋斗目标是：高举习近平新时代中国特色社会主义思想伟大旗帜，深入学习党的十九大和十九届二中、三中、四中、五中全会精神和习近平总书记关于工人阶级和工会工作的重要论述，全面贯彻落实中国工会十七大、省市工会十五大精神和县委工作部署，坚定不移走中国特色社会主义工会发展道路，牢牢把握我国工人运动的时代主题，忠诚党的事业，竭诚服务职工，强化担当意识，团结带领全县广大职工为全面建设新时代现代化强县不懈奋斗！

按照这一总体要求，在全县工会系统吹响“同心同德干事业，攻坚克难抓落实”的号角，继续弘扬新时代泰山“挑山工”精神，勠力同心、尽责担当、开拓创新、埋头苦干，着力在以下五个方面狠抓落实。

（一）加强职工思想引领，在打造听党话、跟党走的职工队伍上狠抓落实。

政治性是工会组织的灵魂。工会工作要始终忠诚党的事业，切实承担起引导职工听党话、跟党走的政治责任，把职工紧密团结在以习近平同志为核心的党中央周围。

强化理论武装。坚持把学习宣传贯彻习近平新时代中国特色社会主义思想作为全县各级工会首要政治任务和贯穿工会工作全过程的主线，全面落实习近平总书记关于工人阶级和工会工作的重要论述，树牢“四个意识”，坚定“四个自信”，坚决做到“两个维护”。牢牢把握工会工作的正确方向，自觉用学习成果指导实践，在工作中倾力担负起工会的政治责任，在活动中鲜明彰显出党的政治主张。

强化思想引领。在广大职工中全方位、深层次、多维度开展习近平新时代中国特色社会主义思想的学习和宣传，促进入脑、入心、入行。充分利用祖国改革发展的伟大成就、重大历史事件纪念活动、爱国主义教育基地，加强爱国主义、集体主义教育。加强企业职工文化建设，广泛开展“阅读经典好书、争当工匠人才”主题读书交流活动，管好用好职工书屋等公共文化设施。加强和改进工会意识形态工作，开展“网聚职工正能量 争做中国好网民”主题活动，凝聚共同奋斗的思想基础。利用重要节点和重大节日，适时举办“中国梦·劳动美”为主题的知识竞赛、演讲比赛等系列活动，以实际行动自觉践行和大力弘扬社会主义核心价值观。

强化政治保障。积极争取党委、政府的重视和支持，推动完善党建带工建、党工共建工作机制。健全和完善政府与工会联席会议制度，扎实推动产业工人队伍建设与改革试点工作，落实相关规定。推动提高一线职

工在各级“两代表一委员”中的比例，更加有力彰显工人阶级政治地位，更加有力保障职工民主权利和劳动经济权益。

（二）强化职工权益维护，在构建共建共治共享的社会治理格局上狠抓落实。

职工利益无小事。工会要高举维护职工合法权益大旗，围绕职工最关心最直接最现实的利益问题开展工作，促进劳动关系和谐发展、社会大局持续稳定。

加大源头参与工作力度。加强《中华人民共和国劳动法》《中华人民共和国劳动合同法》的贯彻实施和监督检查，力争国有及国有控股企业劳动合同制度全覆盖，民营企业和“两新”组织明显提升。推动完善政府、工会、企业共同参与的劳动关系三方协商协调机制。拓展职工维权的广度深度，保障和不断发展广大职工依法、有序、广泛参与涉及职工利益的政策制定和实施。积极做好“八五”普法学习宣传等活动，引导职工学法、懂法、尊法、守法，依法理性有序表达利益诉求。加大对“互联网+”业态下劳动关系争议调处、法律服务及群体性劳资纠纷化解等工作力度。

加大依法维权工作力度。采取多种形式，大力开展《中华人民共和国工会法》《中国工会章程》等业务知识学习培训，推动工会组建和规范化建设，力争有更多的职工参与到工会组织中来。认真落实加强工会维权工作十条意见，聚力开展工会法律援助服务行动，探索开展跨区域农民工法律服务活动，每年完成法律援助案件不少于50件，增强工会法律援助影响力。适时制定出台工会劳动法律监督制度规定，实现“两书”制度全覆盖。完善工会劳动保护监督机制，加大职业危害防治力度，广泛组织开展“安康杯”竞赛活动，深化开展“查保促”活动。

加大劳动关系协调力度。聚力开展工资集体协商深化提升行动，开展集体协商、集中要约行动等，做好“1+3”集体合同集中签订工作，推动开展工资集体协商实效评价，建立工资集体协商台账制度，保持已建会企业工资集体协商签订率在90%以上。做好劳动关系矛盾预防、预警、调处和应急处置工作，以职工队伍稳定促进社会和谐稳定。

（三）坚持竭诚服务职工，在满足职工日益增长的美好生活需求上狠抓落实。

服务是工会干部刻在骨子里的不变信念。要始终坚持竭诚服务职工，努力满足职工日益增长的美好生活需求。

在开展会员普惠服务上谋求新成效。大力推进职工活动阵地建设，突出抓好工人文化宫规范提升，学习借鉴外地先进经验，加强规范化运营管理，创新工作方式方法，精心打造工人文化宫各功能室，为广大职工和群众提供一个温馨、舒适的健身活动场所。突出抓好职工服务中心规范提升，以“一次办好、贴心代办”改革为突破口，推动职工服务中心延伸服务链条，建设一站式、全天候工会服务网络，让职工群众获得更多看得见、摸得着的利益和实惠。以“齐鲁工惠”App平台为抓手，多举办会员喜欢的免费观影、送优惠券等惠工活动，推进“互联网+”工会开放共享的普惠性服务；建好用好东平总工会微信公众号，构建面向职工的新媒体矩阵。强化网上工作力量，建好网上职工之家，健全“网上诉求、线下办理”工作机制，推进工会工作网上网下深度融合，更加高效便捷地服务职工。

在打造工会服务品牌上取得新突破。坚持需求导向，树立品牌意识，在做精做优“四季服务”等传统服务品牌的基础上，积极培育职工欢迎、富有成效的新品牌。完善“职工大病医疗补助”制度，让好政策更有“含金量”、更加“低门槛”，为更多职工构筑抵御因病致贫的坚实防线；推进“户外劳动者驿站”建设，在职工服务中心、各企事业单位服务窗口设立户外劳动者驿站服务专区，鼓励有条件的乡镇（街道、园区）建立户外劳动者服务站点，推进“共筑服务桥，情连职工心”职工流动服务站建设；聚力开展女职工心灵关爱行动，持续开展“妈妈小屋”建设，开展“送爱心、送健康”普惠系列活动，规范女职工专项集体合同签订工作，定期开展女职工维权行动月活动，广泛开展“书香三八”读书活动；实施职工心理健康行动，在县职工服务中心设立职工心理健康服务中心，每年开展心理健康服务沙龙20场次以上、公益巡讲15场次以上。

（四）深化工会改革创新，在增强新时代工会工作的动力活力上狠抓落实。

改革创新是工会事业发展的根本动力。工会要以更大的力度、更实的举措推进工会改革创新，不断增强新时代工会工作的动力活力。

持续深化工会改革创新。认真贯彻落实全总《深化工会改革创新实施方案》，压紧压实改革责任，进一步改革和改进管理模式、运行机制，创新工会工作方式方法，努力构建联系广泛、服务职工的工会工作体系。牢固树立“一盘棋”思想，加强工会改革系统集成的统筹谋划，强化对乡镇工会改革的指导和推动，压茬拓展工会改革的广度和深度。适应全县机构改革情况和重点产业发展，加强产业工会建设。完善工会工作任务项目形成机制和工会改革效果评价机制，加强职工满意度测评，增强职工群众的改革获得感。

努力夯实工会基层基础。坚持落实为基层、落实到基层、落实靠基层，着力破解基层基础薄弱难题。加强基层工会组织建设，以八大领域和八大群体为重点，大力实施“新领域、新业态、新组织建会入会集中行动”。加大乡镇（街道）、工业园区（开发区）、村（社区）、“两新”组织建会力度，健全完善小三级工会组织体系，全县各类法人单位建会率、职工入会率保持在80%以上。推进基层工会组织和工会会员实名制管理，实现工会组织工作覆盖精准化。聚力开展新时代职工之家建设行动，全面落实新时代职工之家建设十条意见，在职工集中地普遍建立“职工之家”活动阵地，积极参与市总工会开展的“争创十佳职工信赖的职工之家、争做十佳职工信赖的娘家人”活动，建立职工之家动态管理机制，递进培养、不断推出基层工会规范化标准化建设标杆单位。

（五）加强工会自身建设，在展示新时代东平工会良好形象上狠抓落实。

新时代的工会组织要有新时代的样子，新时代的工会干部也要有新时代的形象。要以党的政治建设为统领，全面加强工会自身建设，着力提升整体素质和履职本领，为做好新时代工会工作提供坚强保证。

在加强政治建设上持续用力。扎实开展党史学习教育，切实做到学史明理、学史增信、学史崇德、学史力行。推进“不忘初心、牢记使命”学习教育常态化、制度化，引领和带动广大工会干部坚定政治信仰，提高政治本领。认真履行全面从严治党主体责任，坚持民主集中制，严格执行“三会一课”、民主生活会等制度，营造团结奋进、风清气正的工会文化和政治生态。

在加强能力建设上持续用力。优化工会干部队伍结构，实行专职为主、兼职挂职相结合，充实基层工会工作力量。广泛开展“岗位练兵、业务比武”活动，加强工会干部特别是新任工会干部培训，力争五年内全部轮训一遍。倡树崇尚实干之风，激励广大工会干部继续践行新时代泰山“挑山工”精神，建设忠诚、干净、担当的高素质工会干部队伍。

在加强纪律建设上持续用力。坚持把纪律和规矩挺在前面，严格执行中央八项规定及实施细则精神，强化日常管理监督，推动全面从严治党要求落实到工会党风廉政建设和反腐败工作全过程。树牢过“紧日子”思想，突出抓好财务审计规范提升，严格落实足额收取会员会费和依法使用工会经费，深化全面预算管理，工会全部收支纳入预算管理，实行经费支出项目化管理，将更多工会经费用于直接服务职工的普惠化服务项目上。加强工会资产监管，提升工会资产公益性服务性水平。

同时，我们要坚决完成县委、县政府部署的各项任务，统筹做好工会报刊、调查研究、信息上报、挂职包村、后勤保障、老干部等各项工作，全面提升工会工作整体水平。

各位代表、同志们，新思想指引前进方向，新使命呼唤责任担当。让我们更加紧密地团结在以习近平同志为核心的党中央周围，坚持以习近平新时代中国特色社会主义思想为指导，在县委和市总工会坚强领导下，以永不懈怠的精神状态和一往无前的奋斗姿态，团结带领全县职工同心同德干事业，攻坚克难抓落实，为打造黄河流域生态保护和高质量发展示范区而努力奋斗，以优异成绩庆祝建党100周年！

东平县总工会第八届委员会财务工作报告

县总工会二级主任科员　魏　锴

（2021年4月30日）

各位代表、同志们：

我受东平县总工会第八届委员会的委托，向大会作财务工作报告，请予审议。

一、东平县总工会本级经费收支基本情况

2016—2020年，东平县总工会本级总收入2193.63万元，其中：拨缴经费收入742.52万元，占总收入的33.85%；上级补助收入1006.46万元，占总收入的45.88%；事业收入27.96万元，占总收入1.27%；政府补助收入315.40万元，占总收入的14.38%；行政补助收入34.05万元，占总收入的1.55%；其他收入67.24万元，占总收入的3.07%。

2016—2020年，东平县总工会本级总支出1867.13万元。其中：职工活动支出86.83万元，占总支出的4.65%，主要用于职工素质提升、文体宣传活动、职工疗休养等；维权支出501.41万元，占总支出的26.86%，主要用于困难职工帮扶、困难劳动模范救助、职工大病医疗补助、法律援助等；补助下级支出129.82万元，占总支出的6.95%，主要用于对基层工会经费补助等；业务支出86.83万元，占总支出的4.65%，主要用于全县职工培训、会议等；事业支出182.07万元，占总支出的9.75%，主要用于东平县总工会招聘人员工资、办公经费等；行政及资本性支出812.96万元，占总支出43.54%，主要用于机关行政费、工人文化宫维修改造等；其他支出67.21万元，占总支出的3.60%。

2016—2020年收支相抵，东平县总工会经费滚动结余345.15万元。

2016—2020年，东平县总工会本级经费收支情况和资金使用情况均接受了市总工会和本级工会经费审查委员会审查审计监督。期间，还接受了县审计局的审计监督、县委第四巡查组的巡查。审计结果表明，东平县总工会本级积极落实中央、省、县有关规定和上级工会相关要求，工会财务管理、经费收支执行《工会预算管理办法》《工会会计制度》情况较好。

二、五年工会财务工作回顾

东平县工会第八次代表大会以来，全县各级工会深入学习贯彻习近平新时代中国特色社会主义思想和党的十八大、十九大精神，学习贯彻习近平总书记关于工人阶级和工会工作的重要论述，围绕中心，服务职工、服务大局，工会财务工作取得明显成效，为全县工会事业发展提供了强有力的资金和物质保障。

一是工会经费征收逐年增长。工会经费征收是工会的一项重要工作，也是干好工会事业的根本保证。东平县总工会积极主动，坚持依法审查企业经费缴纳情况，敦促企业足额缴纳工会经费；同时，加强与县税务局的协调联系，强化税务代征措施，工会经费税务代收工作开展顺利。工会经费征收（留成）从2016年的86.73万元，增长到2020年的152.01万元，增幅达75.27%。

二是维护职工权益成效突出。始终坚持“服务基层、服务职工”理念，把更多的工会经费向维护职工权益、竭诚为职工群众服务等重点工作倾斜，努力推动重心下移、力量下沉。东平县总工会持续实施“惠员工程”“四季服务”行动，组织开展的职工大病医疗救助、女职工心灵关爱、困难职工救助、“妈妈小屋”建设、职工劳模疗休养等实事，受到职工欢迎、企业赞同、社会认可，已成为工会工作的金字招牌。五年来，实施职工医疗补助政策，为88名患病在职职工提供医疗补助金93万元；“冬送温暖”慰问困难职工325户，发放资金36万元，救助困难职工2202人次，发放救助金212万元，帮助795户困难职工解困脱困；“夏送清凉”发放资金40余万元，慰问职工20000余人次；“金秋助学”发放助学金12万元，资助困难职工上大学子女40人；实施“女职工心灵关爱”工程，投入4万元，建设“妈妈小屋”20家；以促进农民工就业为抓手，培育市、县级“工友创业园”15家，发放扶持资金20万元；开展工人文化宫改造提升工程，投入1260万元，对工人文化宫进行装修装饰，为全县广大职工提供了休息娱乐、健身强体活动场所。认真落实《中华全国总工会办公厅关于实施小微企业工会经费支持政策的通知》文件精神，应对新冠疫情对企业发展带来的不利影响，返还小微企业工会经费30.31万元。

三是坚持厉行节约勤俭办会。严格遵守中央八项规定及财务制度规定，建立健全预算管理、经费审批等制度，逐步形成了“以制度管人、用制度管事”的管理模式。制定、修订了《东平县总工会机关财务管理规定》等制度，严把支出关口，严控经费开支，提高了经费使用效率。大力压缩“三公”经费和一般性支出，2020年东平县总工会本级“三公”经费支出比2016年降低59.27%。

五年来，东平县总工会财务工作紧紧围绕主责主业，围绕县委县政府工作大局及工会工作全局，找准工会财务工作的结合点和着力点，依法聚财、科学理财、有效用财，有效保障了工会服务职工、服务大局工作的开展，增强了工会影响力、凝聚力、战斗力。

在肯定成绩的同时，也必须清醒地认识工作中存在一些不足：如工会经费收缴难度依然较大；个别基层工会财务管理工作基础薄弱，财务人员业务不够熟练，经费使用还存在不规范现象；工会资产管理体系有待进一步完善。这些问题，需要高度重视，切实采取强有力措施认真研究解决。

三、今后五年全县工会财务工作的主要任务

今后五年全县工会财务工作的总体要求是：坚持以习近平新时代中国特色社会主义思想为指导，深入学习贯彻落实党的十九大、中国工会十七大、省工会十五大和市工会十一大会议精神，牢牢把握工会财务工作正确方向，持续稳定增收、创新管理手段、提升服务效能、加强队伍建设，全面提升工会财务工作水平，为全县工会工作创新发展奠定坚实的物质基础和经费保障。

一是保持稳定增收，努力夯实工会服务保障能力的物质基础。加强与县税务局联系，充分沟通，加强协调，进一步摸清全县工会经费收缴底数，深入分析经济形势发展变化趋势，扩大经费收缴覆盖面，努力实现应收尽收，保障工会经费税务代收工作稳步前进。积极争取政府资金支持，争取财政部门依法拨缴工会经费，加大对困难职工帮扶、工人文化宫事业建设等方面的经费补助力度，确保工人文化宫公益性阵地建设扎实推进。加强会员会费管理。工会会员定期向所在工会组织缴纳会费，是《中华人民共和国工会法》赋予工会会员的法定义务。基层工会要进一步加强会员会费管理，按照经费独立原则，实现独立开户、独立核算，让会员会费更加直接用于职工群众的服务和福利支出，团结动员广大会员听党话、跟党走，进一步增强工会组织的吸引力、凝聚力。

二是加强制度建设，不断提升工会财务工作的管理水平。牢固树立全面预算意识，全部收支纳入预算管理，量化预算定额标准，细化预算编制依据，强化预算执行力度，严禁无预算、超预算支出，不断强化预算约束力。根据形势发展要求及财政相关规定，继续完善财务规章制度，并强化制度落实，推动制度落地生根。各基层工会要根据相关政策规定，积极开展预决算编制工作，认真编写填报《全国工会预决算编报汇总平台》，科学编制年度工会经费收支预决算，并报东平县总工会备案。强化规范化建设。认真落实《工会财务会计管理规范化实施办法》，落实工会财务机构设置、人员配备、制度建设、会计核算，健全完善财务会计内控管理体系。提高基层工会财务人员业务水平和管理水平。推进《山东工会财务规范化管理系统》建设，全面分析工会财务管理业务需求与操作流程，整合会计核算、预算管理系统，统一工作规范与业务规范，实现财务数据实时监管，提高基层工会依法独立核算、依法管理经费的能力。

三是坚持服务宗旨，不断提高工会经费使用绩效。紧紧围绕省市总工会的工作部署谋划工会财务工作，统筹安排、保证重点，增强管控、注重绩效，保证产业工人队伍建设、职工素质培训提升、工会法律援助服务、困难职工救助、女职工心灵关爱、工友创业创新、新时代职工之家建设、工人文化宫公益性建设、职工服务中心建设等重点工作落到实处，不断提升工会财务围绕中心、服务大局的能力和水平。

坚持工会经费主要用于为职工服务和开展工会活动正确使用方向，加强职工需求调研，统筹资金安排，优化支出结构，将更多的工会经费用于直接服务职工群众的普惠化服务项目。根据全国总工会、省总工会规定落实好职工会员集体福利，指导基层工会按照支出范围和标准合法合规使用经费。严格落实中央八项规定的有关要求，勤俭节约，精打细算，从严控制、大力压缩“三公”经费和会议费支出，有效控制机关行政经费支出，坚决制止奢侈浪费，确保工会经费更多地用于服务职工。

各位代表，新时代赋予新使命，新征程担负新作为。让我们以习近平新时代中国特色社会主义思想为指导，在县委和市总工会的坚强领导下，开拓创新，扎实工作，砥砺前行，团结奋斗，不断谱写全县工会财务工作新局面，为完成东平县工会第九次代表大会提出的目标任务做出更大贡献！

东平县总工会第八届经费审查委员会报告

东平县总工会四级主任科员　赵　辉

（2021 年 4 月 30 日）

各位代表、同志们：

我受东平县总工会第八届经费审查委员会的委托，向大会报告工作，请予审议。

一、过去五年工作回顾

县第八次工代会以来，东平县总工会第八届经费审查委员会（以下简称东平县总工会经审会）认真贯彻落实党的十八大、十九大精神，严格按照市总工会、东平县总工会工作要求，认真履行审查审计监督职责，为保障工会经费资产安全、促进工会经济活动规范运行、推进工会系统党风廉政建设做出了积极贡献。

（一）履职尽责，服务保障作用发挥显著。东平县总工会经审会每年都对县总工会本级预决算（草案）和上半年预算执行情况进行审查。审查结果表明，东平县总工会高度重视财务工作，积极协调财政、税务部门，稳步推进工会经费财政划拨、税务代收，严格管理各基层工会经费收缴工作，工会经费拨缴收入持续增长；切实加强内部控制，健全监督约束机制，工会经审规范化建设更加规范；不断加强预算管理，严格控制经费支出，经费支出结构更加合理，工会经费使用更加有效；本级预算执行情况较好，财务管理规范，经费收入和财政补助收入持续增长。对下级工会经费补助力度逐年加大，服务保障作用进一步加强，充分体现了服务职工、服务基层的要求。近五年来，东平县总工会本级经费总收入2193.63万元。其中，拨缴经费收入742.52万元，占总收入的33.85%；政府补助收入315.41万元，占总收入的14.38%。东平县总工会本级经费总支出1867.13万元。其中，补助下级支出129.82万元，占总支出的6.95%。5年来，东平县总工会本级经费收支相抵后结余345.15万元。

（二）依法依规，审计监督工作成效明显。按照全国总工会、省、市、县总工会相关文件规定，审计监督工作取得明显成效。东平县总工会经审会认真履行“监督本级”和“下审一级”的职责，集中力量对涉及全局、经费多、风险大的项目和热点难点问题开展专项审计，强化对审计意见的整改落实情况跟踪督查，加强审计回访，促进整改到位，不断提高审查审计的质效和水平。本着对东平县总工会本级、直属单位实施一年一审，对各基层工会坚持做到“两年一审、一审两年”的工作原则，东平县总工会经审会按照要求每年组织开展了对直属单位工人文化宫财务收支情况审计。审计结果表明，直属单位的财务收支基本合规，核算管理水平逐步提高。工会经审会坚持全面服务工会重点工作，审计中重点关注专项资金管理使用情况，同时参与劳模专项资金、困难职工帮扶资金及疫情防控期间专项资金使用的检查，保障专项资金专款专用，规范使用。开展申报荣誉称号单位计拨经费审查，促进工会经费拨缴管理，关注工会会费缴纳审计，推动会员履职尽责。认真贯彻落实中央八项规定精神，持续关注“三公”经费、会议费、培训费、重大资金等的管理使用情况，在促进工会系统党风廉政建设方面发挥了积极作用。强化对审计意见的整改落实情况跟踪督查，加强审计回访，促进整改到位，不断提高审查审计的质效和水平，审计监督工作成效明显。对纳入东平县总工会经审会年度审计计划范围的部分基层工会进行审计。审计结果表明，基层工会预算意识不断增强，预算管理不断规范，执行情况总体较好。工会财会基础工作日趋规范，内控制度逐步完善，经费支出结构不断优化，能够基本遵守基层工会经费收支管理办法，围绕单位中心工作和对职工重点关切问题合理安排经费支出。本着届期内全覆盖审计的原则，共开展基层工会经费使用情况审计38项，审计出财务管理各类问题86项，提出审计意见建议110条。审计结果表明，财务管理逐年规范。

（三）健全机制，经审工作开展有序规范。全县各级工会经审组织立足实际，聚焦问题，补足短板，强化弱项，以经审规范化建设标准为抓手，工作中真抓实干，成效明显。在经审制度建设方面，按照《中华人民共和国工会法》《中国工会章程》《中国工会审计条例》等要求，不断建立健全经审会议制度、审计结果运用办法、审计整改督查回访办法，规范化建设考核办法等一系列审查监督制度，做到了审计程序严格规范，审计过程认真细致，查找问题事实准确，定性分析依法恰当，审计文书规范严谨，审计意见客观可行，审计整改落实到位，审计档案标准完整，有序推进经审工作规范化建设。在对下工作指导方面，普遍加强了对各基层工会经审工作的监督指导，全县经审工作的整体水平明显提高。

（四）夯实基础，经审组织建设不断加强。全县各级工会认真贯彻落实《中国工会章程》《中国工会审计条例》等有关规定，按照与工会组织组建“三同时”的原则建立健全经审组织，进一步加强内审人才培养和干部队伍建设，经审组织建设得到不断加强。截至2021年，全县工会组织共有专兼职经审干部415人，其中具有从业资格的305人。全县各基层工会共成立经审组织268个。

回顾五年来的工作实践，深切体会到：必须始终自觉坚持党对工会工作的领导，积极争取各级党组织和工会领导班子对经审工作的重视、支持和指导，把加强经审监督作为工会系统落实全面从严治党要求和加强党风廉政建设的重要内容，不断优化经审工作环境；必须围绕中心、服务大局，自觉把经审工作放到工会工作全局中去认识和把握；必须依法履行经审监督职责，努力实现对工会经费收支、资产管理及各项经济活动的审查审计监督全覆盖；必须抓好工会经审工作规范化建设，不断提升经审工作制度化、规范化、科学化水平；必须切实转变工作作风，加强调查研究和理论研究工作，努力破解经审工作重点难点问题，以理论创新、制度创新、实践创新推动经审工作全面发展。

工作中存在问题和不足：一是审查审计情况，有的单位预算编制不够科学，个别项目预算执行率偏低，还存在无预算、超预算支出的情况；有的基层工会还存在经费未独立核算，报销手续不全等问题；有的单位经费支出把关不严，存在超范围列支工会经费的问题。二是基层经审组织规范化建设和干部配备仍需加强；三是经审干部队伍的专业素质和能力还需提高；四是审计整改不及时、不到位现象仍然存在，审计成果运用有待进一步加强。对此，要高度重视，采取有力措施，切实加以解决。

二、今后五年全县工会经审工作建议

今后五年全县工会经审工作的总体要求是：以习近平新时代中国特色社会主义思想为指导，深入学习贯彻党的十九大精神和习近平总书记关于工人阶级和工会工作的重要论述，紧紧围绕县第九次工代会确定的目标任务，依法全面履行经审监督职责，着力抓好“服务工会工作全局、健全经审常态化监督体系、加强经审工作规范化建设、提升经审干部业务能力”四项重点工作，更好地发挥经审工作在工会监督体系中的重要作用。

（一）坚持政治引领，发挥经审工作服务大局作用。各基层工会经审组织要始终坚持党的领导，自觉在思想上、政治上、行动上与以习近平同志为核心的党中央保持高度一致，科学谋划和开展经审工作，更好发挥经审工作的监督职能和服务保障作用。围绕推进工会重点工作落实，组织开展经费预算审查审计、重点项目资金审计、大额资金支出审计，关注相关制度制定、执行，推动审查监督重点不断向重点工作和政策拓展，保障重点工作规范开展，提高资金的使用效益；围绕履行维权服务职责，重点检查困难职工帮扶资金、劳动模范专项资金、“送温暖”资金等管理使用情况，确保专项资金规范使用；围绕推进工会系统党风廉政建设，重点审计中央八项规定精神落实情况，以及“三公”经费、会议费、培训费等管理使用情况，促进经费支出从严控制、规范管理；围绕深化工会改革创新，持续关注工会财务管理和内部控制制度情况，从制度机制层面提出意见建议，推动改进和完善；围绕服务基层，加大对下级工会经审工作的指导，积极开展人员培训、经验交流、调查研究、理论研讨等工作，推动下级工会经审组织健康发展。

（二）坚持改革创新，健全完善经审监督体系。各基层工会经审组织要积极推动经审监督体制改革，构建国家审计、工会审计、社会审计、职工会员监督相结合的常态化经审监督体系。要主动融入国家审计体系大格局，依法接受国家审计机关的业务指导和监督，促进工会内审与国家审计有机衔接、密切配合、协调发展；要充分发挥工会内部审计主体作用，始终坚持工会内部审计基础地位，不断推进工会内部审计上水平；要积极引入社会审计，弥补工会审计力量的不足，进一步健全竞争择优机制、质量评价机制和动态调整机制，加强业务指导和审核检查，督促其提高审计质量；要切实加大职工会员民主监督力度，充分发挥职工会员的知情权、监督权，推动经费审查审计结果向职工会员公开，增强审计监督合力，逐步形成全方位、宽领域、多维度、常态化的工会经审监督体系新格局。

（三）坚持立足本职，提高经审监督质效和水平。监督是工会经审工作的基本职能，依法履行监督职责，是工会经审工作服务大局的着力点，是工会经审组织的立身之本。加强制度建设，制定完善审计质量控制、审计结果运用等相关制度，及时传达并认真贯彻落实上级文件和规章制度，逐步形成系统完善、科学规范的经审工作制度机制；立足提质增效，创新审计组织管理模式，以工会资金运行和重大政策落实情况为主线，把预算执行审计、经济责任审计和预决算草案审查、专项资金审计等有机结合起来，加大对重点领域、重点项目、重点资金审计力度，提高审计监督效能。坚持科技强审，做好省总工会“智慧经审”系统平台的学习、推广、使用工作，逐步实现审计计划编制、资源配置、作业实施、考核考评、档案管理等的数字化、网络化，不断提高运用信息化技术查核问题、评价判断、宏观分析的能力，提高工会审计工作质效。

（四）坚持内强素质，建设新时代高素质经审干部队伍。各基层工会要着力加强经审干部队伍建设，坚持“以审计精神立身，以创新规范立业，以自身建设立信”，夯实经审事业发展根基。要坚持按照《中国工会章程》《中国工会审计条例》有关规定，实现“两个委员会”组建“三同时”，健全完善经审组织机构，配全配强经审干部队伍，进一步加强工会经审队伍专业力量。要强化能力建设，以工作需求为导向开展精准培训，科学制定培训计划，采取集中培训、以审代训、业务交流等方式分层分类开展教育培训，不断提高经审干部审计能力和水平。同时，扩大经审工作规范化建设考核和优秀审计项目评选覆盖面，鼓励基层工会参与评选；要强化廉政建设，加强廉政教育和职业道德教育，以严明的纪律确保廉洁从审，让清正廉洁成为经审干部队伍最硬的底牌和最亮的名片。

各位代表、同志们，新时代要有新作为。大家坚信，在东平县总工会的坚强领导和市总工会经审会的指导支持下，新一届东平县总工会经费审查委员会一定能够开拓进取、主动作为，进一步开创新时代东平工会经审工作新局面，为推动新时代东平工会工作创新发展作出新的更大贡献！

东平县总工会第五届女职工委员会工作报告

东平县总工会四级主任科员 赵 辉

（2021年4月30日）

各位代表、同志们：

我受东平县总工会第五届女职工委员会

的委托，向女职工代表作工作报告，请予以审议。

一、过去五年工作回顾

东平县总工会第五届女职工委员会召开以来，在县委和市总工会的坚强领导下，东平总工会女职工组织以习近平新时代中国特色社会主义思想为指导，紧紧围绕全县改革发展稳定大局，大力实施女职工“素质提升、岗位建功、权益维护、爱心帮扶、心灵关爱”工程，不断完善女职工工作机制和维权机制，充分发挥工会女职工组织在构建和谐社会、和谐企业中的重要作用，各项工作取得新突破，圆满完成了第五届女职工委员会确定的工作任务。

（一）创新引领，服务经济发展作用更加明显。

1. 深化劳动竞赛，激发创造活力。换届以来，全县各级工会女职工组织围绕促进技术进步，提高经济效益，深入开展创建“工人先锋号”“我为节能减排做贡献”等劳动竞赛活动，为女职工搭建展示自我的平台，激发和调动了女职工立足本职争创一流的积极性、主动性和创造性。共举办岗位练兵、技术比赛各类活动 30 余次，提合理化建议 120 条，被采纳 98 条，为保增长、促发展做出贡献。

2. 坚持创先争优，提升能力素质。以提高学习能力、创新能力、竞争能力和就业能力为重点，积极开展女职工素质主题教育、素质达标等活动，进一步增强社会影响力。开展母婴护理、家政服务、心理关爱、疾病预防等方面培训 80 余期，培训女职工 1800 余人次；“书香三八”读书征文、“家风家训”演讲比赛等女职工喜闻乐见的文体活动争相开展，女工素质全面提升。荣获山东省女职工建功立业标兵岗称号 2 个，泰安市女职工建功立业标兵岗称号 28 个，泰安市女职工建功立业先锋号称号 1 个、6 人获建功立业标兵称号。充分展示了新时代东平女职工的巾帼风采。

（二）强化维权，女职工权益维护能力不断提升。

1. 源头参与切实加强。加大宣传力度，开展《中华人民共和国工会法》《中华人民共和国妇女权益保障法》《女职工劳动保护特别规定》等法律法规进社区、进企业、进车间、进班组“四进”活动，发放宣传手册 2 万余份，发放宣传单 3 万余张，并发放了心理健康手册 1 万余份。联合县人社局、应急管理局、卫健局、妇联、法院等有关部门举行《女职工保护特别规定》宣传月启动仪式，强化女职工“四期”保护措施，关注女职工工作环境。有效提高了女职工依法维权意识和自我保护能力，营造了全县促进性别平等、维护女职工合法权益和特殊利益的良好社会氛围。

2. 专项合同有序推进。整合社会各方面力量，通过联合发文、共同推进、联合督查等形式全面推进，女职工特殊权益专项集体合同的签订工作已基本形成常态化、规范化、制度化，从合同内容、签订程序到履约情况报告等各个环节逐步实现规范。截至 2021 年，全县有 85 家企业签订女职工专项集体合同，女职工权益保护专项集体合同签订率 100%。提高了女职工专项合同履约率和满意度，进一步营造了全县企业劳动关系的和谐稳定环境。

（三）办实事好事，爱心帮扶工作扎实有效。

1. 开展金秋助学活动。全县各级工会女职工组织以困难职工帮扶中心为载体，进一步建立健全金秋助学长效机制，让更多困难女职工子女上得起学。据统计，全县各级工会女职工组织通过争取上级补助、自筹资金、社会募捐等方式筹集资金 9.6 万元，累计资助困难女职工子女 78 人。

2. 大力开展帮扶慰问活动。开展困难女职工入户调查，建立健全困难女职工档案及特困女职工档案，实行动态管理，梯次救助；深化“十、百、千”困难女职工帮扶活动，进一步扩大救助覆盖面，贴心为广大女职工服务。累计救助困难女职工 120 人次，结对帮扶单亲困难女职工 54 人，发放帮扶资金 10 万元。

3. 关爱女职工身心健康。建立女职工心理咨询与疏导网络，实现县、乡镇（街道）、村（社区）三级女职工心理服务全覆盖；依托东平县总工会法律援助中心，建立心灵关爱工作室，并配备心理咨询师，为女职工提供心理咨询与疏导、情绪宣泄、心理健康检查等服务，打造女职工“温馨之家”“幸福之家”。在基层工会积极推进“心灵驿站”“妈妈小屋”等服务场所建设，全县共建立爱心“妈妈小屋”20 个。努力扩大女职工关爱范围，为女职工提供交流平台；利用热线、微信、举办专题培训班等平台第一时间为女职工解答心理困惑，及时帮助女职工解决工作和生活中出现的各种心理困惑。

4. 开展系列女职工关爱活动。举办“进企业、进车间、进班组”心理健康知识公益讲座 52 场，以“品质女人、品质生活”为主题开展女职工系列沙龙活动 7 期，开展心理咨询活动 50 次，定期开展女职工劳动保护检查。通过一系列的女职工关爱活动，切实维护女职工特殊权益。

（四）夯实基础，女职工组织干部队伍坚实有力。

坚持女职工组织与工会组织“三同步”组建原则，不断推进工会女职工组织的建立健全。全县女职工组织 275 个，专兼职女职工干部 625 人。加强女职工干部队伍建设，组织女职工干部积极参与“两学一做”“不忘初心、牢记使命”“党史学习”等主题教育，提升了工会干部的整体形象，增强了女职工组织的凝聚力和感召力。

全县各级工会女职工组织围绕县委工作重点，开拓进取、求真务实，广大女职工保持和发扬工人阶级优秀品质和光荣传统，艰苦奋斗、爱岗敬业，推动了全县工会女职工工作的持续开展。这些成绩的取得，是各级党政、工会领导高度重视，相关部门关心指导，社会各界大力支持的结果，也是各级工会女职工组织、女职工工作者和广大女职工共同努力的结果。在此，我谨代表东平县总工会女职工委员会，向所有关心、支持女职工工作的各级领导、社会各界和为此付出辛勤劳动的女职工工作者，表示衷心的感谢！

在肯定成绩的同时，大家也要清醒地看到女职工工作存在的问题和不足：部分企业工会女职工组织组建不够规范；女职工委员会在工作创新，扩大影响上还需下大力气；女职工权益维护力度还不够深入；基层女职工干部的整体素质还有待进一步提高等等。针对这些问题，各级工会必须高度重视，下大气力，认真解决。

二、今后五年工作思路和主要任务

今后五年全县工会女职工工作的总体思路是：以习近平中国特色新时代社会主义思想为指导，深入贯彻落实党的十九大精神，中央和省市县委党的群团工作会议精神，紧紧围绕县委中心工作，按照省、市总工会女职委要求，牢固树立“双为”理念，切实增强“三性”，更加注重依法维权、增强实效，更加注重精准服务、提高水平，更加注重固本强基、活跃基层，自觉运用改革创新精神谋划和推进工会女职工工作，团结动员广大女职工为全面建设新时代现代化强县不懈奋斗。

（一）以推进“两个工程”为抓手，努力打造学习型、技能型、创新型女职工队伍。

1. 推进女职工建功立业工程。主动服从、服务和融入到县委、县政府和企业工作大局，紧紧围绕企业培植、转型升级、供给侧结构性改革等工作，团结和引领广大女职工按照学习型、技能型、创新型、复合型人才培养目标，在女职工集中的行业、企业中开展各具特色的岗位练兵、技术比武、发明创造、合理化建议以及节能减排等职工经济技术创新活动，鼓励女职工争当技术能手、生产标兵，争当经济发展排头兵、主力军。

2. 推进女职工素质提升工程。把培养和提高女职工队伍的学习能力、创新能力、竞争能力作为重要任务来抓，大力开展素质教育，强化产业工人队伍建设，并把这一活动与“创建学习型组织、争做知识型职工”活动相结合。创新工作方式方法，学会利用微博、微信群等新媒体平台，综合运用法律、政策、经济等手段，增强工作的针对性和实效性，激发女职工干部干事创业的热情和能量，确保各项工作取得实效。继续实施“幸福种子”培训计划，提高工会女职工干部的专业知识水平。继续举办“进企业、进车间、进班组”心理健康知识公益讲座，提高女职工整体素质。

（二）以强化女职工“维权机制”为重点，全力维护女职工合法权益和特殊权益。

1. 进一步加强源头参与。完善源头参与机制，进一步巩固女职工权益保护专项集体合同的成效，力争女职工权益保护的“关口”前移，形成企业和女职工利益共建共享机制，推动女职工共享改革发展成果。积极参与涉及女职工权益政策文件的讨论和修改，从源头上加强监督和落实。

2. 推进专项集体合同工作。把和谐企业创建作为维护女职工合法权益的一个有效载体，指导帮助女职工依法签订和履行劳动合同；进一步深化女职工权益保护专项集体合同工作，坚持女职工权益保护专项集体合同与集体合同“三同步”工作原则。加强女职工民主管理，保证相应比例的女职工代表参加以职代会为基本形式的民主管理。

3. 切实加强女职工劳动保护。针对女职工劳动保护工作中存在的薄弱环节，督促企业改善安全卫生条件，指导督促企业特别是非公企业落实“四期保护”制度，保障女职工的身体健康。在企业中推广建立“心灵驿站”“妈妈小屋”等心理疏导载体，健全心理咨询网络，加强女职工人文关怀和心理疏导，加强心理健康教育和保健，塑造自尊、自信、理性、平和、积极向上的社会心态。

（三）以“扶贫济困”为目的，继续做实困难女职工帮扶工作。

1. 积极构建“三位一体”健康实事工程。开创健康互助计划早安心、公益讲座早预防、妇科筛查早发现的“三位一体”全方位保护，为女职工的健康保驾护航；开展困难企业女职工、特困女职工“两癌”普查活动，为更多女职工构筑抵御疾病风险的坚实防线。

2. 关注女职工多层次需求。加强对青年女职工、女科技人员、女知识分子等职工群体的服务，为她们提供更多高水平的精神性、发展性服务；积极探索帮扶困难女职工的新方式和新渠道，引导困难职工家庭培育积极向上的精神追求。

3. 弘扬传统文化构筑幸福家庭。认真贯彻习近平总书记关于家庭建设“三个注重”的要求，在全县女职工中开展“做幸福女工建和谐家庭”评选活动。继续开展“5·15”国际家庭日“一封家书”活动，定期召开传统文化宣传讲座，营造注重家庭、注重家教、注重家风的社会氛围。

（四）以加强自身建设为着力点，不断提升女职工的能力和水平。

继续落实女职工组织建设“三同时”组建原则，确保工会女职工组织工作更加规范、机制更加完善、运行更加有效、成效更加突出；继续加强对各级工会女职工干部的培训，提高做好新形势下工会女职工工作的能力和水平。

各位代表、同志们，工会女职工工作是党的群众工作和工会工作的重要组成部分，做好女职工工作责任重大，使命光荣。让我们在县委和上级工会的正确领导下，团结带领广大女职工，同心同向、开拓进取、锐意创新，为实现同奔小康共圆梦想，开创东平建设新局面做出新的更大贡献！

东平县总工会第九次代表大会关于第八届委员会工作报告的决议

东平县工会第九次代表大会批准范思安同志代表东平县总工会第八届委员会所作的题为《践行新思想 建功新时代 展现新作为 团结动员全县职工为谱写东平改革发展新篇章而奋斗》的工作报告。

大会认为，报告以习近平新时代中国特色社会主义思想为指导，主题鲜明、目标明确、措施具体，是指导全县各级工会组织和广大工会工作者深入贯彻落实党的十九大和中国工会十七大，省、市工会十五大精神，不断开创全县工会工作新局面的行动纲领，是工会组织团结带领全县广大职工解放思想、开拓进取、扎实工作，不断谱写东平高质量发展新篇章的行动指南。

大会高度评价东平县工会第八届委员会的工作，指出县工会第八次代表大会以来，团结带领全县各级工会，忠诚履职尽责，锐意改革创新，圆满完成东平县总工会八大确定的目标任务，工会工作的影响力进一步提升，彰显工会的地位和作用，增强了工会组织的凝聚力、向心力，进一步提高了职工群众的获得感、幸福感、安全感，得到广大职工和社会各界认可。

大会指出，做好新时代的工会工作，必须始终坚持党的领导，坚持服务大局，坚持维权服务，坚持改革创新；做到“忠诚党的事业，竭诚服务职工”。这是全县工会八大以来共同实践取得的宝贵经验，值得倍加珍惜和发扬。

大会同意报告提出的今后五年全县工会工作的指导思想和主要任务。大会指出，今后五年，全县工会工作要以习近平新时代中国特色社会主义思想为指导，坚定不移走中国特色社会主义工会发展道路，在加强职工思想引领、团结职工建功立业、强化职工权益维护、打造服务职工品牌、深化工会改革创新、加强工会自身建设等六个方面狠抓落实，聚焦目标，争先进位，不断开创东平工运事业发展的新局面！

大会号召，全县各级工会组织和工会干部要更加紧密地团结在以习近平同志为核心的党中央周围，坚持以习近平新时代中国特色社会主义思想为指导，在县委和市总工会坚强领导下，不忘初心，牢记使命，以永不懈怠的精神状态和一往无前的奋斗姿态，同心同德干事业，攻坚克难抓落实，为打造黄河流域生态保护和高质量发展示范区而努力奋斗，以优异成绩庆祝建党100周年！

三、典型经验选介

深入开展法制宣传教育
提高职工维权能力和水平

东平县总工会

2008年10月9日

自2006年开展“五五”普法工作以来，东平县总工会按照市总工会普法工作领导小组的部署和安排，坚持以邓小平理论、“三个代表”重要思想和科学发展观为指导，认真贯彻落实中共十七大精神，围绕中心，服务大局，深入组织开展法制宣传教育活动，全面加强《中华人民共和国工会法》《中华人民共和国劳动合同法》《中华人民共和国就业促进法》《中华人民共和国劳动争议调解仲裁法》《山东省集体合同条例》《山东省企业职工代表大会条例》等法律法规知识的宣传普及，不断提高广大职工依法表达和维护自身合法权益的能力和水平，为全县社会稳定做出积极贡献。

一、加强领导，健全组织，把普法工作列入重要议程

东平县总工会党组通过认真学习中央和各级党委政府及市总工会“五五”普法规划，一致认为，全面增强职工群众的法律素质，对于依法维权，构建和谐稳定、互利共赢的劳动关系，具有十分重要的意义，也是工会的职责所在。基于以上认识，狠抓以下几个方面的工作。一是成立以分工主席为组长，有关科室为成员的“五五”普法领导小组，要求各委局公司也成立相应的组织，在全县形成一级抓一级、一级促一

级，层层抓落实的工作局面。二是根据市总工会普法工作领导小组要求，制定全县工会系统“五五”普法规划。规划有目标、有内容、有步骤、有措施、有要求，针对不同阶段确定不同的重点，形成齐抓共管、条块结合的良好工作机制。三是东平县总工会党组平时做到对普法工作常抓常议，及时研究解决工作中出现的新情况、新问题。四是县总工会经常组织全体干部职工认真学习和研读《中华人民共和国劳动合同法》等法律法规，不断增强做好普法工作的自觉性和主动性。五是建立严格的督导检查制度。分工负责人经常到基层单位检查督导，督促各单位对普法工作不减压、不松劲。

二、结合实际，突出重点，扎实推动普法工作深入开展

（一）突出“五五”普法重点内容。根据市总工会部署和当前实际情况，东平县总工会将《中华人民共和国劳动合同法》《中华人民共和国就业促进法》《中华人民共和国劳动争议调解仲裁法》作为重点内容，着力加强宣传普及工作。年初，组织开展全县职工《中华人民共和国劳动合同法》知识大奖赛。12个企业近10000名职工参与。其中21名职工分获一、二、三等奖。瑞星集团、新东岳集团分别获得优秀组织奖。选送3名队员参加市总工会组织的全市职工劳动合同法电视知识竞赛，取得较好成绩。2100名职工参加省工人报知识竞赛。

（二）突出“五五”普法重点对象。针对一线职工和农民工法律知识淡薄，法律素质较低，维权能力较差，合法权益易受侵害的现实，东平县总工会将其确定为“五五”普法重点对象，通过印发宣传资料，组织阅读法律书籍等形式，加强法律宣传普及工作，使他们熟悉有关法律规定，提高依法维护自身权益的能力。

（三）突出对民营企业“老板”的普法宣传。鉴于造成职工利益屡受侵害的原因之一，是企业老板不懂法、不知法、不守法。为此，东平县总工会把“老板”们集中起来，专门请专家为他们上课，进行讲解培训，提高他们的知法守法意识和水平，更好地从源头上维护职工利益。在积极参加全市民主管理和工资集体协商培训班、工会保障干部培训班、女职工干部普法培训班的基础上，组织好县总工会干部和广大职工的普法培训。“五五”普法期间，举办工会干部普法培训班6期，培训680人次；职工法律培训班11期，培训5500人次。

三、利用各种形式，拓展普法工作深度和广度

东平县总工会利用电视台、《今日东平》

报和《东平论坛》杂志，以及每年的法制宣传月、宣传周等形式，大张旗鼓地开展宣传活动。几年来，共制作法律宣传图板36块、条幅56幅，印发宣传材料10000余份，刊登文字材料11篇。通过一系列扎实工作，全县广大工会干部及全体职工的法律意识明显增强，职工违法案件明显减少，职工队伍更加稳定，社会更加和谐。

东平工会普法工作取得一定成绩，但相比改革开放和经济发展形势的需要，还存在不少问题和差距。一是有的单位领导对普法工作的重要性认识不足，责任心不强，存在“说起来重要，做起来次要”“检查时重视，平时忽视”的现象；二是企业经济效益差，工会经费收缴困难制约，普法经费得不到保障，部分活动难以开展；三是职工群众对学法、懂法、知法缺乏紧迫感，认为学习法律知识“可多可少”“可有可无”，普法宣传工作有待强力推进。

打造东平特色“泰会帮”职工法律服务品牌——2020年东平县职工法律援助工作综述

东平县总工会

2021年2月7日

2020年，东平县职工法律援助工作按照“一二三四”工作思路，认真贯彻市总工会的部署要求，以职工法律援助中心建设为抓手，以全面提升法律服务职工能力水平为目标，担当作为，主动求变，开拓进取，迎难而上，职工法律援助工作取得了优异成绩，实现了重大突破。

“一二三四”工作思路即：一个目标（全力打造“泰会帮”职工法律服务工作品牌）、两项重点（法律调解、法律援助）、“三一”模式（“一站式”受理、“一条龙”服务、一次性办妥）、“四心”服务（热心接待、耐心倾听、暖心调解、贴心援助）。主要做法：

一是依照“六有”要求，高标准打造东平职工法律援助机构。阵地是条件，载体是抓手。2020年7月，县总工会在人员活动密集，地理位置优越，交通条件便利的文化宫顺街二楼如期建成了东平县总工会职工法律援助中心。中心成立后，设立了接待室、法律援助工作室、诉调对接室、调解室、仲裁室、档案室等功能科室。聘请山东法雅律师事务所王鲁平等5名专业律师，与他们签订了合作合同。除此以外，还充分利用工会工作者、工会公职律师、法律顾问等专业人才的力量，在援助中心值班服务。先后制定东平县总工会法律援助中心规章制度18项，在醒目位置悬挂相关规章制度11项。研究制定了工作人员绩效考核办法，建立健全调解台账、援助台账、法律宣传台账、法律服务工作情况和工会法律服务人员台账，为做好职工法律援助工作奠定基础。

二是牢记使命，搞好“四心”服务。做好做优法律援助工作，大家深深体会到：接待具备“热心”，才能燃起职工希望；倾听有“耐心”，才能拉近与到访者的距离；调解做到“暖心”，就会坚定职工奉法信念；援助体现“贴心”，才能更好契合娘家人的身份。工作人员用实际行动诠释“四心”服务，以殷殷深情牢记工会人的初心使命。按照市总工会的部署要求，认真践行“忠诚党的事业，竭诚服务职工”崇高理念，以打造“泰会帮”和“东原情·工会法律服务在您身边”服务品牌为根本宗旨，以让职工共享公平正义为最终目标，充分利用“齐鲁工惠”App、东平县总工会微信公众号等新兴媒体，在全县大力宣传普及职工维权知识，宣传法律援助工作的意义，积极开展“法律援助志愿服务”“送法进企业”等活动。通过走上街头、走进机关、走进社区、走进企业等现场宣讲咨询活动，为广大职工群众提供了近距离的法律服务，最大限度实现“有求必应”“应援尽援”。截至2020年年底，共接收职工法律咨询6800人次，调处案件140件，其中，法律援助109件，案件调解31件。集中开展《中华人民共和国宪法》《中华人民共和国民法典》宣传、宣讲活动7次。“四心”服务和“三一”工作模式，赢得广大职工群众的拥护、认可和赞扬。

三是借势借力，推动法律援助服务工作不断向纵深发展。县总工会与县人民法院联合制定下发了《关于建立诉调对接工作室的意见》，在其立案庭设立诉调对接室一处，并将县人民法院法律援助站的尹新宇、何静臣、井立太3人聘请为县总工会的兼职法律调解员。与县司法局联合制定了《关于加强法律援助工作的意见》，4次与县法律援助中心对接工作，在东平第一法律事务所建立职工法律服务站点。与司法局、律师协会共同组织开展了“遵法守法、携手筑梦”服务农民工公益法律服务行动，举办法律宣讲12场次，发放宣传资料3200余份，为860名农民工提供法律服务和法律咨询，解答疑难问题67件次。与县人社局联合转发“工会劳动法律监督和政府劳动保障监察协作的意见”，制作“两书”26份，促进了劳动法律法规的有效贯彻和执行。

2020年，省市总工会魏丽、郭青等领导莅临东平检查指导，对东平县总工会职工法律宣传、法律援助工作给予充分肯定。

四、集体合同样本

山东瑞星化工有限公司集体合同

第一章　总则

第一条　山东瑞星化工有限公司（下称企业）和山东瑞星化工有限公司工会（下称工会）双方为保护职工的合法权益，协调企业的劳动关系，合作共事，共谋企业发展，依据《中华人民共和国劳动法》《中华人民共和国工会法》《山东省企业集体合同条例》及有关法律法规，签订本集体合同。

第二条　本合同适用于企业及与企业建立劳动关系的全体职工。

第三条　企业遵守国家法律、法规，认真履行本合同和劳动合同规定的各项义务，尊重并支持工会的各项工作，保障职工的合法权益，积极发挥职工参与企业民主管理、监督企业行政、维护职工合法权益等方面的工作，创造有利于职工发挥积极性和创造性的企业环境。

第四条　工会依法指导职工与企业签订劳动合同，组织职工参与企业民主管理、民主监督，教育职工遵守劳动纪律和职业道德并努力完成生产和工作任务，协调劳动关系。

第二章　企业用工、劳动关系的确立

第五条　企业用工必须以书面劳动合同形式与职工建立劳动关系。

第六条　企业招收录用职工，订立、变更和解除劳动合同，应当遵循法律法规和本合同的有关规定。企业负责制作和提供劳动合同文本，企业制定和修改劳动合同时，应听取工会意见。

第七条　工会主席，工会委员会委员任职期未满，本人劳动合同到期，其劳动合同应延续到任职期满。担任职工一方的协商代表，本人劳动合同期内，除个人严重过失或达到法定的退休年龄外，企业不得与其解除劳动合同。

第三章　劳动报酬

第八条　企业遵守按劳分配，男女同工同酬的原则。

第九条　企业根据公司的薪资制度，于每月 10 日或 20 日以货币形式支付员工的工资报酬。

第十条　对于计件工资报酬，企业根据

工作物等级、劳动定额等因素，合理确定计件单价和分配方法，并定期予以修改和公布。

第十一条　企业执行省政府颁布的本地区年度最低工资制度，即职工在法定工作时间内提供了正常劳动，企业支付职工的工资不低于省政府颁布本地区的年度最低工资制度标准。

第十二条　在提高全员劳动生产率和经济效益的前提下，力争使职工年收入在扣除物价上涨等因素后实际较上年有所增长。企业提取职工福利和奖励基金、工资管理及工资支付等事宜，应当依据法律、法规和有关规章制度执行。

第四章　工作时间、休息休假

第十三条　职工要严格遵守企业的各项规章制度，按企业关于职工所在岗位生产（工作）任务和责任的要求，完成规定的数量、质量指标或工作任务。对于违反企业规章制度的职工，企业将按照制度的要求进行处理，直至依法解除劳动合同，并追究赔偿责任。

第十四条　企业应遵守国家工时制度，依法实行每日工作8小时，平均每周不超过40小时的工作制度。因行业特点，企业实行轮休和综合计算工时工作制度，各部门自行安排好职工的休息。确因生产需要经征得工会和职工协商同意后，可延长工作时间，但不得违反国家规定。

第十五条　工会教育、引导职工树立主人翁思想，提倡义务劳动和无私奉献。企业在休息日安排职工工作又不能安排补休的，及法定节假日安排劳动者工作的，应按有关规定支付加班工资。

第五章　保险福利

第十六条　企业和职工依法参加社会保险。企业按法律法规的规定，按时为全体职工办理社会保险的必要手续，并支付应由企业承担的保险费用。

第十七条　企业应创造条件，为职工提供集体福利，并建立相应的制度予以落实。

第十八条　企业加强政治文明、物质文明和精神文明建设，为改善职工福利创造条件，根据实际情况，逐步改善并发展职工福利和文化活动设施。

第六章　劳动安全保护与卫生

第十九条　企业依照国家和政府的有关规定，建立健全劳动安全卫生管理组织和安全生产责任制，制定劳动安全卫生操作规程。职工在劳动过程中，必须严格执行企业劳动安全卫生操作规程。

第二十条　企业根据季节变化，采取具体措施，做好防暑降温、防寒保暖工作。

第二十一条　企业按工种和岗位的需要，定期提供符合国家规定标准的劳动防护用品。

第二十二条　企业应定期对全体员工进行身体检查。对特殊工种的职工加强保健措施，发放保健费。

第二十三条　企业和工会密切配合，对职工进行政治思想、职业道德、业务技术、安全生产、遵纪守法和本单位规章制度的教育和培训，保障劳动者享有劳动权利和履行劳动义务。加强职工的安全教育，提高员工的安全意识和素质。对特种作业人员必须进行专门培训，取得特种作业资格，做到持证上岗。

第二十四条　企业要贯彻执行《女职工劳动保护规定》，依法加强女职工的“四期”保护。

第二十五条　职工发生因工伤亡事故，企业应及时通知工会协助处理，并在24小时内报有关部门和上级工会。

第二十六条　工会依法支持企业强化劳动安全管理，配合企业行政部门进行安全检查和防暑降温、防寒保暖检查，加强企业安全工作的群众监督。

第七章　合同责任和保证

第二十七条　工会与企业双方为加强合作与联系，保障本合同的履行，建立以下制度：

1. 每季召开一次联席会议，双方主要负责人就当季的企业重大事项和职工权益的有关问题，进行通报协商，必要时可随时进行协商。

2. 企业召开行政办公会，应有工会主席或其委托的代表列席，并听取工会方面的意见。

3. 工会委员会召开会议或组织活动，工会应与行政协商妥善安排，每月占用工作时间不超过2个工作日，企业应提供方便条件。

4. 企业依法按时并足额拨交工会经费。

第二十八条　集体合同自生效之日起，双方应严格按约定的条款履行各自的义务。如发生违约，由违约方承担相应的责任。企业行政不履行集体合同规定的义务，有关人员应负责任，侵犯员工利益时，企业行政负有经济赔偿和相应的法律责任。职工一方不履行集体合同规定的义务，工会应及时予以纠正并对职工进行教育，情节严重者，企业将给予解除劳动合同并追究赔偿责任。

第八章　劳动争议的协调处理

第二十九条　企业依法建立劳动争议调解委员会，工会主席担任调解委员会主任的职责，并接受上级工会的指导。

第三十条　因履行本合同发生争议，工会与企业双方应协商解决，协商不成，可按有关法律法规申请劳动争议仲裁或提起诉讼。

第三十一条　企业和职工之间发生的劳动争议，企业劳动争议调解委员会应先行进行调解，经调解无效的，当事人双方可以按劳动争议处理条例，申请仲裁或提起诉讼。

第九章 合同的履行和监督检查

第三十二条 本合同一经签订，双方均应严格遵守，认真履行。非因法定事由或双方协商同意，不得修改和变更。

第三十三条 对于本合同未予明文规定的事项，依法律法规的规定办理。无明文规定的，需由工会与企业双方协商解决。

第三十四条 本合同正式签订后，若订立本合同所依据的有关法律、法规发生变化，企业和工会双方应依新颁布法律、法规，经协商一致，对有关条款做相应的修订，并依照法律程序报劳动行政管理机关批准。

第三十五条 本合同正式生效后15日内，工会与企业双方应成立监督检查小组，负责对本合同进行定期或不定期检查。

第十章 附则

第三十六条 本合同履行期四年，即2005年2月3日至2009年2月3日。

第三十七条 本合同正本一式五份。企业和工会各执一份，一份存留备案，一份报劳动行政管理部门，一份报上级工会。

企业法定代表人（委托人）：

企业工会主席（委托人）：

2005年2月3日

东平企业老照片

1989年，东平县有全民、集体工商企业和企业化管理的事业单位60余家，乡镇工业企业30多家。在东平县总工会和企事业主管部门工会组织领导下，上述单位均建立了工会组织，部分企业如东平造纸厂等多家企业还在大门挂有“东平县造纸厂工会委员会”等牌子。企业工会与企业党政组织密切配合，加强企业民主管理，维护职工权益，推进企业发展。20世纪90年代中期以后，伴随着社会主义市场经济体制的建立与企业改革改制不断深化，全县工商企业经营机制发生了重大变化，现代企业呈现的是气派豪华、车间宽敞、设备先进、楼房座座的景象。但当年老旧企业的影象，承载着几代职工艰苦奋斗、爱岗敬业洒下的汗水，成为人们挥之不去的历史记忆，辑录部分企业老照片，旨在激励人们不忘初心，将艰苦创业、爱厂如家的光荣传统传承下去。

东平县部分企业老照片，分为县属全民所有制工业企业、集体工业企业、县属商贸企业、县供销物资企业、乡镇工业企业5个部分。

全民所有制工业企业

1989年，隶属县经贸委管理的全民所有制企业有东平化工总厂、东平县造纸厂、东平县酒厂、东平花键轴总厂（东平农机厂）、东平橡胶厂、东平大麻纺织总厂、东平水泥厂、东平县印刷厂等。

东平化工总厂（始建于1970年10月）

东平县造纸厂（始建于1968年12月）

东平县酒厂（始建于1962年6月，图为酒精塔）

东平县花键轴总厂
（前身为东平农机厂，始建于1952年）

东平橡胶厂（始建于1970年）

东平县水泥厂（始建于1971年3月）

东平大麻纺织厂（始建于1977年）

东平县印刷厂（始建于1958年12月）

东平县建筑安装公司（始建于 1966 年）

东平热电厂（始建于 1996 年）

县属集体所有制工业企业

1989 年，隶属于县经贸委管理的县属集体企业有东平县工具厂、东平县沙庄煤矿、东平县汽车大修厂、东平县轻工机械厂、东平县服装厂、东平县工艺美术公司、东平县工艺美术厂等。

东平县工具厂（始建于 1962 年，时称东平县五金厂）

东平县汽车大修厂（通用机械厂）
（前身为向民铁业社，始建于 1952 年）

东平县装饰总公司
（前身为东平县木器厂，始建于 1968 年）

东平县服装厂
（前身为东平县被服社，始建于 1954 年）

东平县工艺美术公司
（始建于 1980 年）

东平县沙庄煤矿（始建于 1976 年）

东平县砖瓦厂（始建于 1958 年）

商业、粮食、外贸企业

1989年，东平县商业企业有商业大楼、人民商场、湖滨商场、县副食品加工厂、县食品公司、县五金公司等；粮食企业有县面粉厂、县淀粉厂、县粮食饲料厂等；县外贸企业有县外贸冷藏厂、外贸颗粒饲料厂、外贸土畜产公司等。

东平商业大楼（始建于1980年）

东平县副食品加工厂（始建于1955年）

东平县食品公司（始建于1956年）

东平县湖滨商场（始建于1980年）

东平县淀粉厂（始建于1991年）

东平县粮食饲料加工厂（始建于1984年）

东平县外贸冷藏厂（始建于 1976 年）

外贸土畜产公司（始建于 1991 年）

供销 物资企业

东平县供销系统企业有县棉麻公司，第一、二、三棉厂，土产公司，贸易公司，果品盐业公司等；物资系统企业有燃料公司、木材公司、金属公司、化轻公司、金属回收公司等。企业均设立工会组织和专职工会主任。

东平县棉麻公司、第一棉花加工厂
（始建于 1954 年，时称东平棉花加工厂）

东平县第二棉花加工厂（始建于 1982 年）

东平县土产杂品公司（始建于 1952 年）

东平县供销社贸易公司（始建于 1984 年）

东平县供销社果品盐业公司（始建于 1992 年）

东平县燃料公司（始建于 1976 年）

东平县木材建材公司（始建于 1980 年）

事业单位企业化管理单位

东平县自来水公司（始建于 1979 年）

东平县农业机械公司（始建于 1978 年）

东平县水产供销公司（始建于 1956 年）

东平县砂石开发集团公司（始建于 1985 年）

乡镇工业企业

1989 年，东平县乡镇工业企业有东平县建筑建材公司、东平镇水泥厂、州城造纸厂、水河松花蛋厂、地毯厂、彭集木螺钉厂、彭集编织袋厂、赛金河花生油加工厂、新湖农机厂、银山灰砂砖厂、戴庙钢模板厂、斑鸠店刺绣厂、沙河站建筑机械厂、建筑涂料厂、大羊砖厂、接山毛巾厂等。企业均设立工会组织，由副厂长兼任工会主任。

东平县建筑建材公司（始建于 1980 年）

东平松花蛋厂（始建于 1979 年）

东平兴州纸业有限责任公司（始建于 1986 年）

东平县木螺钉厂（始建于 1978 年）

附件：

1988 年版《东平县工运志》

前 言

遵照中共东平县委指示，东平县总工会在人少事繁的条件下，1982 年 8 月，责成郑于民，聘请阎永平、李玉湘、赵奉廷等离退休干部承担编纂《东平县工人运动史略》。在广泛采集资料、反复核实的基础上，由阎永平起草形成初稿。1983 年 5 月，经县史志办公室和东平县总工会审查定稿。当时，因经济困难未安排印刷出版。

1987 年 5 月，东平县总工会根据省、市总工会关于县级工会编志的指示，再次聘请郑于民承担这一任务。在进一步核实 1983 年史略中大量史料的基础上，采集补充了 1983—1988 年东平县工会工作的资料。1989 年 5 月，《东平县工运志》编纂成书。经县、市两级工会审查，认为是较好的工会志书。该志书上限起于清同治元年（1862 年），下限止于 1988 年，列职工队伍、工会组织、工会工作、先进模范、人物传记、大事记六编。概括了东平县 126 年的工人运动和工会工作，重点记叙了新中国建立后社会主义革命和建设时期的工会工作。

新中国成立后，东平县各级工会，在中共东平县委和上级工会领导下，坚持以生产为中心，生产、生活、教育三位一体的工运方针，全面做好各项职工群众工作，在社会主义革命和社会主义建设中，团结带领广大职工发挥了工人阶级生产建设柱石、保护工人利益的堡垒和共产主义学校等作用。1982 年始，随着城市经济体制、政治体制改革的不断深入，各级工会坚持以经济建设为中心，为职工说话、办事，维护职工的合法权益，加强对职工的思想政治教育和文化技术教育，努力建设一支有理想、有道德、有文化、有纪律的职工队伍，在社会主义物质文明和精神文明建设中发挥了主力军作用。

《东平县工运志》的成书，是全县新老工会干部、工会积极分子、广大职工共同努力的重要成果。为此，编者向提供资料的老干部、老职工表示衷心感谢。本书虽经多次核实和修改，因很多当事人、知情者年事已高，事过境迁，有的已去世多年；又加档案资料不全，尤其是文化水平的限制，在叙事上遗漏和不当之处难免。请各级领导、广大工会干部、工会积极分子和职工群众批评指正。

东平县总工会主席 徐延申

1989 年 5 月

序

东平县的职工队伍形成于 20 世纪初叶。自 20 世纪 30 年代起，在中国共产党领导下，经历了抗日战争、解放战争、社会主义革命和建设等革命里程。东平县总工会编写的《东平县工运志》，对全县工人阶级半个世纪的革命历程和 40 年的工会工作做了客观、真实的记述。这是继东平县志、中共东平县组织史后，又一本颇具查阅价值的重要志书。

半个多世纪以来，东平县工人阶级经历了由小到大、由弱到强、由分散到集中、由自在阶级到自为阶级的发展过程。这支队伍从产生之日起，就受到帝国主义、封建主义、官僚资本主义的残酷统治。因此，在新中国成立前很多进步职工积极投入到中国共产党领导的抗日战争和解放战争中，在武装斗争和生产支前等方面都做出很大贡献。

东平县的工人运动和工会工作始终是在中国共产党领导下开展起来的。中国共产党的正确领导，是工人运动胜利和发展的根本保证。毛泽东同志曾经指出“革命的组织形式应该服从于革命斗争的需要”。1950年2月，在中共东平县委直接领导和关怀下，成立了东平县工会，使全县的职工队伍有了统一的领导机构。以后，在恢复和发展国民经济，完成国家对农业、手工业、资本主义工商业的社会主义改造中，东平县工会组织广大职工、团结农民和其他群众，在改造个体工商业的同时，坚持以生产为中心，生产、生活、教育三位一体的工运方针，全面开展各项职工群众工作。20世纪50年代恢复战争创伤、实现国民经济大发展，60年代初战胜严重的经济困难，党的十一届三中全会以来以生产建设为中心促进经济建设的不断发展，都离不开工人阶级的主力军作用。东平县工会组织积极发挥了党联系职工群众的桥梁和纽带作用，以及国家政权柱石、保护工人利益和共产主义学校等作用。

中华人民共和国成立已40年了。在新民主主义阶段，工人运动的主要目标是摧毁腐朽反动的旧制度、旧秩序；在社会主义革命和建设阶段，工人运动的主要目标则是大力发展生产力，建设和完善新制度、新秩序。无论是在新民主主义革命时期，还是在社会主义革命和建设时期，中国共产党全心全意依靠工人阶级的宗旨没有变，工人阶级肩负的历史使命没有变。工人阶级以天下为己任，不屈不挠、前仆后继的革命精神，今后仍应继续发扬光大。

撰写工运志，研究工人运动的发展规律，是社会科学领域的一项重要工作。《东平县工运志》是东平县工人运动和工会工作的重要资料文献。这本《东平县工运志》凝结着全县工会干部、工会积极分子、工运史工作者的辛勤劳动，寄托着老一代工会工作者的期望，是一本生动的、富有乡土气息的革命传统教材。全县的工会干部、工会积极分子和职工群众都应认真地读一读，从中了解东平工人队伍在中国共产党领导下反帝、反封建的英勇斗争事迹，学习继承革命前辈，以天下为己任，无私无畏、艰苦奋斗的优良传统和为实现共产主义伟大理想而斗争的革命精神。在当前全面深化改革和推进现代化建设中，胸怀大局、勤奋工作、刻苦学习、遵守纪律，充分发挥工人阶级的主力军作用，为大力发展全县各项建设事业作出新贡献。

中共东平县委书记 刘静海

1989年10月

第一编 职工队伍

1840年，中英鸦片战争后，清朝“闭关锁国”的政策破产。欧洲、美洲的资本主义国家和亚洲的日本，利用武力攫取的特权，大量输出资本，在中国修铁路、开矿山、办工厂，奴役工人，掠夺资源。清王朝中洋务派鼓吹兴办民族工业，因此，中国民族工商业接踵而起。伴随着中外资本主义企业的产生与发展，中国工人阶级应运而生。

东平县地处偏僻，交通不便，信息不灵，散处城乡的制作业长期保持手工作坊形式。民国年间，东平县近代工商业有所发展，职工人数亦有所增加。中华人民共和国建立后，随着社会主义建设不断发展，东平县工人阶级队伍亦不断发展壮大，逐步成为建设社会主义的一支主力军。

第一章 新中国成立前东平县职工队伍概况

第一节 职工分布

清同治元年（1862年），宿城设“东顺成”大炉，搞生铁铸造，从业工人10多名。此为东平县有工人之始。

民国元年（1912年）至民国26年（1937年），全县10座厂、作坊共雇工142人；城乡192家商店，有店员、工人1414人；散处城乡的建筑工1300多人。民国政府办学校，招聘教工300多名。散处城乡之脚行、船帮无固定人数。据民国26年统计，全县共有职工2000余人。

民国26年12月，日本侵略军侵占东平后，城乡工商业萧条，部分商店关闭，学校停课，大批工人失业。民国36年（1947年），国民党反动派进犯东平，东平的工商业遭到毁灭性破坏。一部分进步店员、雇工先后投身抗日救国和解放战争。

第二节 东平各业工人生活状况

新中国成立前，东平县工人因家境贫穷、居住分散，在剥削制度下，劳动量大、劳动条件差、没有社会地位，工资收入仅能维持最低生活。店员和学徒工受苦最重。他们多系14、15岁的童工，经与资方有关系之人介绍进店工作。从劳动时间上看，他们黎明即起，内外洒扫。一早晨要担水20余担。上午，他们除坚持营业或制作产品外，还要侍候东家、掌柜和客人。熄灯前，要给东家铺床叠被。起在前、睡在后，吃剩饭，一天劳动 13 个至 14 个小时。平时站、蹲、坐都得遵守“规矩”，错一点就挨东家、掌柜巴掌打、烟袋抽。每隔三五天晚上要受一次训，进行“吃不得苦，成不得人”“打不还手，骂不还口”“学徒工的肚子是泔水缸”等奴化教育。店员、学徒工没有床铺，夜晚睡条凳或柜台。平时无假日，小病要忍受，大病则会被东家赶回家去。入店 3 年只管饭吃，3 年后出师才有工资。出师后年工资一般 12 元。民国 25 年（1936 年），仅县城内此类廉价童工就有 50 多人。陕商“保元堂”的店员、工人是陕西人，每到年终，资方发给每人 4 元钱津贴。资方认为老实可靠者，给一件衣服、一双鞋、一顶帽碗，以示奖励。其他商号无此类照顾。

作坊的雇工，有技术者制作产品，杂工干粗活、重活。民国 25 年，仅县城的酱园、果品店、药房、菜馆四类商店便有 43 家，有职工 129 人。技术工年工资高者 36 元、低者 28 元。杂工劳动量大，受累最重，还常受东家、掌柜训斥。他们对资方深怀不满，虽不敢明抗，常以消极怠工、毁坏原料、多出次品以示反抗。

散处县城外的各类工匠，常按行业自由结合，自找活路，工作不固定，工资无定数，“活多累个死，无活饿肚皮”。因此，他们生活无保证，常年贫苦。清王朝时，木、石、泥、铁、油漆、裁缝等工匠，有“听官差”之例，他们给官方干活、出料均无报酬。民国初期还沿旧例，19 世纪 30 年代始取消。各类工匠被人轻视，其中理发、裁缝、油漆等工匠被诬蔑为“下九流”，一般人不与其通婚。

据调查，民国 25 年，教师队伍有 2 个等级。地主出身的教师，一般都学历较高，多任高小教师或职员，有的当校长或教导主任，月工资 18 元至 27 元。农民家庭出身的教师没条件上高校，多是乡村师范毕业，一般都在农村小学任教。他们月工资高者 8 元，低者 6 元。此类小学教师生活苦、无地位，学期终了常忧心被解雇。为求得工作有保证，他们不得不从几元工资中抽出一部分，买成礼品送与上司，礼品轻了上司不理，重了又难顾自家的生活。新学期开始时常有教师被辞退。

第二章 新中国建立前各业职工的革命斗争

第一节 抵制日货

第一次世界大战后，日本侵略者进驻中国，日货充满市场，排挤民族工业，激起全国人民的愤慨。民国 17 年（1928 年）5 月 3 日，日本侵略军制造了震惊全国的济南“五三”惨案，山东人民无比愤怒，很快形成全省性抗日高潮。东平县一批进步教师首先奋起声援济南各界人民的抗日示威和抵制日货的爱国行动。进步教师于林甫、侯馨斋等带头罢课，带领学生上街游行示威，进行宣传和抵制日货。店员、雇工积极响应，进行罢市，清查和交出日货。运动扩展到全县，彭集、宿城、二十里铺、大羊等八大集镇纷纷集会，声讨日军的侵华罪行，检查和没收日货。二十里铺的店员将查出的日货在集市上以火焚之。

第二节 县中学的进步学潮

民国 24 年（1935 年），县立中学训育处主任刘德炎、国文教员邓影舟，经常对学生进行反帝爱国教育，传播恩格斯著《私有制、家庭和国家的起源》。进步学生展庆坤、侯允贤、刘国华、赵玉昂、杨海岩、李晓村、孙哲、蒋复思等，在学生中积极宣传抗日救国的道理，带领学生罢课游行，开展勤工俭学，帮助贫苦学生。

民国 26 年（1937 年）7 月 7 日，卢沟桥事变后，县立中学和小学的部分师生纷纷捐资和上街募捐，支援前方抗日将士。

第三节 中共东平县工委、县委建立

1937 年 10 月，经中共山东省委批准，中共东平县工作委员会在万里家中（老县城州城桂井子街）正式成立，召开了第一次会议。成员分工：万里任书记，于林甫任组织委员，孟子明任宣传委员。1938 年 12 月，万里调泰西特委工作。经中共泰西特委批准，中共东平县工委改为县委，刘仲羽任书记。全县的工人运动有了坚强的领导核心。

1937 年 10 月 25 日，日本军机轰炸东平县城。民国政府县长孙永汉携搜刮民众的巨款南逃。东平境内土匪四起，百姓恐慌，商店关闭，学校停课。知识分子两极分化。右派头面人物崔百鹏、徐鲁山、尹鼎祚、张之甫等，投靠土匪头子秦启荣当了汉奸。而先进爱国的知识分子于林甫、侯馨斋、崔慕冬（女）、

田子珍、强仁普等，坚决拥护中国共产党抗日救国的主张，跟随万里走上革命道路。在中国共产党领导下，他们积极发动群众，组织“抗日救亡协会”“中华民族解放先锋队”，领导全县人民进行抗日斗争。

1937年初冬，东平国民党县政府教育科借口“水灾严重，不能开学”，停发教员工资。中共东平县工委得知后，通过“救亡协会”向国民党县政府进行交涉，提出抗议，迫使国民政府教育科发给每个教师二分之一的工资。这次斗争，体现了党同教工的密切联系，显示了共产党领导的群众组织的力量。

第四节 东平工人的抗日斗争

1937年6月，民国政府教育科举办全县小学教师训练班。共产党员万里、于林甫、刘仲羽、田怀轩、侯馨斋、赵瑞甫等20余人，以政训员的合法身份，在训练班上揭露国民党五届三中全会的反动实质，动员教师参加抗日救国活动。训练班结束后，很多进步教师参加了抗日“动委会”，走上抗日救国道路。为了同民国政府教育科争夺图书销售权，全体教师积极响应中共东平县工委的号召，集资1000元，在县城南栅门里开设了文化书店。县工委派共产党员强仁普任书店董事长，刘伯羽任经理，孙剀臣、崔慕冬（女）当店员。1937年8月开张经营，除了供应中小学课本、文具外，还销售进步书刊。该店前门卖书，后院是县工委办公地点。在地下党组织教育下，一部分店员、雇工逐渐觉悟，积极参加抗日救国斗争。

1938年8月17日，日本侵略军常泊中队100余人侵占东平，汶上县大地主曹之亮随日军到东平任伪县长，至此，东平全部沦陷。日伪军到处烧、杀、抢、掠，激起东平人民无比愤慨。中共东平县委领导广大职工同全县人民一起投入了抗日斗争。

四区徐坦村李继连，1936年始，作为中共地下交通员，为抗日救国做了许多传递情报的工作。1940年年初，他带着东平抗日政府的文件，送往满村地下交通站。途中经过张河桥时，遇上日军和汉奸队。在危险的时刻，他很机警地顺着东堤，走到一片坟地里，假装上坟烧纸，蒙蔽了敌人，保住了党的机密。

1940年，梯门村手工业工人赵瑞成、赵树仁、王汉卿，经常为县基干大队和游击队修理破旧枪支。1941年，他们被日伪军捕进县城，逼他们修理枪械。地下党组织派中共党员、驻村乡长王元江，进城教育他们支持抗日。通过伪区长焦元绅的勤务员宋希荣（地下中共党员），把游击队的破损枪支送去检修，修好后转交抗日游击队。

情报组长谌公德，1940年起，在县城设立诊所，以看病卖药为掩护，收集日伪军重要情报后，转递给中共地下党组织和抗日县大队。1942年，他被县城日伪军怀疑而被捕，敌人严刑逼供，他受尽酷刑，严守党的机密。后经党组织营救获释。出狱后，继续在县城做情报工作。1945年3月，东平战役发起前夕，县委责成他绘制县城日伪军布防图。他冒着危险，走街串巷，精心查访，通过一个多月调查，将日伪军在县城布防的所有营垒碉堡、防守工事和敌人装备情况全部绘在图上。5月，这张日伪军事布防图在冀鲁豫军区八分区七团攻克东平城的战役中发挥了重要作用。

三区无盐村修鞋工陈本善，是东平县委地下交通员，在抗日战争时期以修鞋为掩护，克服重重困难，保证了县委与地委的联系。1942年冬，他把泰西地委交办的毛泽东同志起草的《第二次世界大战的转折点》文件带到东平，交给了县委书记强子正。在白色恐怖时期，他还把不少抗日干部家属安全带到东平湖西抗日根据地，使他们免遭杀害。

三区古台寺村小学教师李余积，1938年加入中国共产党，任村党支部书记和抗日救亡自卫队队长。他以小学教师身份作掩护，担任情报站站长，为党组织搜集传递情报，掩护革命干部。曾经三次被捕入狱。在监狱中历经敌人刑讯逼供和各种刑具折磨，坚贞不屈。后中共党组织通过多种关系将他营救出狱。新中国成立后，为党忘我工作，深受群众爱戴。1982年病逝。

第五节 部分抗日革命烈士

1940—1943年，东平的抗日斗争处于最艰难的岁月。由于日伪军的疯狂扫荡摧残，革命力量遭受很大损失。期间，许多爱国革命志士为了抗日救国，不惜抛头颅、洒热血，他们的事迹，在东平大地广为流传。

侯馨斋，东平县梯门镇大侯庄人。1937年毕业于山东省立第一师范。就读期间积极参加学校进步组织发动的抗日活动，加入了中华民族解放先锋队，1938年春加入中国共产党。1939年，先后担任二区区委书记、区抗日支委会主任、抗日区区长。推行减租减息运动，发动群众拥军支前等。1941年冬，东平全境日伪军活动猖獗，他与赵玉昂、李晓村等坚持二区抗日工作。1942年年初，他在到东平湖西参加抗日活动时，不幸被敌人抓捕。在县城被关押期间，敌人对他利诱劝降，许他高官厚禄，他严词拒绝，理直气壮地说："抗日必胜，当汉奸卖国可耻！"敌人对他施用种种酷刑，但他宁死不屈，视死如归。同年冬，被敌人杀害于县城北门外。

牛树昌，店员出身，东平县抗日四区区长，在肥城崮源战斗中，被日军包围，宁死不屈，最后光荣牺牲。

李斐卿，东平五区苇子河村"元昌号"杂货铺店员，原是苇子河村大地主赵厚印的雇工。1926年春，他到元昌号杂货铺当店员。1934年，兼任群众集股的信用合作社主任。他苦大仇深，思想进步。1937年，东平县工委把苇子河村作为党的工作秘密基点。万里、强仁普到苇子河村指导工作，"元昌号"是接头的地方。1938年1月，李斐卿加入中国共产党。以店员身份作掩护，发动贫、佃农加入农会和"抗日民族解放先锋队"。村党支部成立后，他任书记，带领贫雇农对地主进行斗争。1938年麦收后，他到四区张套村找八路军六支队联系工作，在龙王沟被土匪董汉卿杀害。六支队闻信后，立即将董汉卿逮捕处决。在追悼李斐卿大会上，六支队政治部主任倪冠英号召全体指战员向李斐卿学习，踏着先烈的血迹，将抗日斗争进行到底。

第六节　蒋匪军还乡团残杀革命职工

1945年8月15日，日本侵略军宣布无条件投降，中国抗日战争取得胜利。国民党反动派要抢取抗战胜利成果，挑起内战。东平工人队伍在中国共产党领导下，又投身于解放战争。

1947年春，蒋介石军队重点进攻山东，7月进占东平。原国民政府东平教育科科长耿静庵任东平县县长。他将东平的逃亡地主、汉奸、特务组成残杀人民的还乡团，建立起反动政权，在全县大肆搜捕、屠杀革命干部和革命群众。当年农历七月初六黎明前，三区区长徐传道引还乡团1000多人，包围了焦家村，将小学教员郑岱源和7名村干部捕押进县城，吊在梁上拷打了一夜，第二天活埋在东平城内。郑岱源，三区焦村人，1938年10月加入中国共产党。他入党后任村党支部书记、农会会长。他以教书为掩护，长期保护县、区抗日干部。他带领贫苦农民同地主恶霸作斗争，始终很坚决。被捕后，还乡团用铁丝穿住他的锁骨，将他折磨的死去活来，而郑岱源毫不屈服，最后光荣捐躯。

郑效敏，三区宿城小学女教师，抗日战争时期，以教学为掩护，开展地下革命活动，发动贫苦农民加入农会、妇救会，同地主阶级作斗争。1947年7月，她被还乡团抓捕后，敌人对其施以酷刑。因她不供，于官屯村就义。

第七节　各业工人支援解放战争

1947年，蒋介石军队和还乡团返回东平期间，横征暴敛，残害百姓。全县职工同仇敌忾，拿起武器，踊跃参加军民联防，以游击战为主，同蒋介石军队和还乡团展开斗争。随着革命队伍的壮大，迫使敌人龟缩在县城之中。县城内学校不能开课，一部分教师便参加了解放军七分区指挥部组织的食宿站，随军转战于东平、济宁、梁山等地，救护伤员。留在后方的人民教师，动员青年参军，组织儿童团监视地主、特务动向，维持地方治安。修械所的工人随分区部队活动在济宁、汶上一带，为部队修理破损枪支。交通站的工人冲破敌人重重封锁，将重要文件、战士家书送往部队机关和战士家属手中。民丰商店工人侯延明，带领22人担架队奔赴前线救护伤员。各业工人为支援解放战争，推翻蒋家王朝做出贡献。

第三章　新中国建立后全县职工队伍的发展壮大

1949年10月1日，中华人民共和国成立。之后，随着社会主义革命和建设事业的发展，东平县职工队伍不断发展壮大，成为社会主义建设的一支主力军。1949年，全县有职工45人。1952年，达到2900人。1956年，完成资本主义工商业社会主义改造，职工增至4030人。1958年，贯彻落实"鼓足干劲，力争上游，多快好省地建设社会主义"总路线，大办工业，职工队伍迅速扩大。至1959年，达到13000人。1962年，贯彻党中央"调整、巩固、充实、提高"的方针，大量精简职工，全县保留职工 4217 人。20 世纪 70 年代，响应党中央、国务院关于大办地方“五小工业”（小钢铁、小机械、小化肥、小煤窑、小水泥工业）的号召，东平县先后建起化肥厂、水泥厂、农机厂、麻纺厂、造纸厂、煤矿等企业，各企业均建立了工会组织。1979 年，全县职工达到 12585 人，其中女职工 3068 人。1988 年，全县职工增至 18585 人，其中女工 3950 人。

工会干部队伍状况。1988 年，全县基层工会共设专职工会正、副主席（主任）89 人（女性 16 人）。其中享受同级党政副职级 39 人。工会积极分子 2194 人（女性 366 人）。89 名基层工会专职干部中，30 岁以下的 4 人；31 岁至 35 岁的 5 人；36 至 40 岁的 12 人；41 岁至 50 岁的 42 人；51 岁至 55 岁的 22 人；55 岁以上的 4 人。文化结构方面：大专毕业的 3 人；中专（高中）毕业的 34 人；高小或初小程度的 52 人。

1949—1987 年东平县职工人数统计表

附表 1

年份	职工人数（人）		工会会员数（人）	
	总人数	女职工	总人数	女会员
1949	45	—	45	—
1950	45	—	45	—
1951	1870	—	1370	—
1952	2900	—	2150	—
1953	3300	—	2500	—
1954	3820	—	3820	—
1955	3820	—	3430	—
1956	4030	—	3001	—
1957	5300	—	4080	—
1958	5320	—	4080	—
1959	13000	—	8200	—
1962	4217	—	2852	—
1973	5511	—	3882	—
1981	12585	3068	9799	2353
1982	11698	3104	9478	2364
1983	11756	3240	9691	2672
1984	13200	3391	10327	2816
1985	13577	3753	11449	3045
1986	13320	4264	12435	3331
1987	18735	5003	15317	4005

第二编 工会组织

第一章 民国年间的工会组织

民国25年（1936年），设立东平县教育工会，为联系教员的群众团体组织。同年，县内木工人员组成木业工会。因常年无经费，极少开展活动。之后，又成立酒业工会。酝酿成立人力车工会（未建成）。此种工会设会长、师爷各1人，勤杂工若干人，财东任会长。其任务是掌管从各厂摊敛之钱款，供官方、财东开会应酬之用。这类工会组织，在日军侵占东平时自行解散。

民国31年（1942年），在中共东平县委领导下，三区龙山屯村石匠李传笃、柴广学等7人组成石匠工会，参加抗日救国宣传活动，后参加农民协会。1949年4月，成立东平县邮政工会，会员40人。

第二章 新中国建立后的工会组织

新中国建立后，随着东平县工商企业的不断增加和职工队伍的壮大，工会组织逐步建立健全。按照《中华人民共和国工会法》等规定，各级工会组织履职尽责，维护职工权益，做好职工福利、文化娱乐和生活保障工作。

第一节 东平县总工会

东平县总工会原称东平县工会、东平县工会联合会。1950年3月，东平县工会成立，孟绍仪任主任。工会机关设在县城署前街路西。1953年4月，县工会改为东平县工会联合会筹备委员会，设干部5人，孟绍仪任主任。1955年1月，东平县工会联合会筹备委员会改为东平县工会联合会。孟绍仪任主任。不久孟绍仪退休，由秘书张志轩主持工作。1956年2月，中共东平县委派梁仁立任东平县工会联合会主任，设干部4人。工会机关搬进县委大院。1958年10月，平阴县并入东平县，工会联合会干部增至7人。1958年2月，东平县职工俱乐部在县城小隅首路西建成。是年，东平划归聊城专区。1959年10月，撤销东平县建制，工会联合会迁往平阴，为平阴县工会。1962年元旦，恢复东平县，设东平县工会，配干部3人，梁仁立任主任。属泰安专区。同时收回东平县职工俱乐部，设干部1人。

1964年1月，东平县工会改称东平县总工会，设干部4人，梁仁立任主席。1964年8月，成立东平县职工业余学校，配专职教师8人，聘兼职教师26人。丁连印为职工业校负责人。1966年12月，“文化大革命”开始后，东平县总工会、职工俱乐部、职工业余学校停止工作。1967年3月，东平县总工会机关并入东平县革命委员会政治部群众工作部。1967年7月，东平县总工会又被山东革命工人造反总指挥部泰安地区东平指挥部接管。1969年1月，工人指挥部撤销，东平县总工会机关又并入县革委会政治部群工组。7月，群工组将职工俱乐部交宣传组，安排给县豫剧团。

1973年2月，中共东平县委成立东平县工会第三次代表大会筹备小组。县委副书记孙远迎任组长。县委常委陈士驰、政治部负责人孙国安任副组长。5月27日，东平县工会第三次代表大会选举产生东平县总工会第三届执行委员会。王世江任主席，阴法训任副主席，王桂秋兼副主席。设干部5人。1975年10月，王世江离休，阴法训调出。县委派王炳珂任东平县总工会副主席。县总工会设干部5人。1978年4月，县委派朱子青任东平县总工会主席。王炳珂任副主席。县总工会设干部6人。1979年10月，朱子青调出。县委派李传典任东平县总工会副主席，设干部6人，由副主席王炳珂主持工作。1980年12月，李传典离休。县委派邹和亭任东平县总工会主席，王炳珂、王允光任副主席。县总工会设干部6人。1981年9月，县委组织部任命高兴海为县总工会秘书。12月，王炳珂离休。1983年9月，东平县工人文化宫第二批基建工程竣工。县委组织部任命高令训为文化宫副主任，设干部3人。12月，邹和亭离休，由副主席王允光主持东平县总工会工作。

1984年7月，县委、县政府机关机构改革。县委派张淑棠任县总工会主席。王允光、高兴海为副主席。同时成立东平县总工会党组。县委任命张淑棠为书记，王允光、高兴海为党组成员。县总工会设干部7人。9月，县委组织部派张忠昂任工人文化宫主任，高令训、陈培龙任副主任，文化宫设干部4人。1986年7月，张淑棠调出，县委派李建章任东平县总工会副主席、党组成员。由副主席王允光主持工作。1987年2月23日，县委派徐延申任东平县总工会主席、党组书记，王允光、高兴海、李建章任副主席和党组成员。县总工会设干部9人。

1987年5月28日，东平县总工会设一室四部，即办公室、组织部、宣传部、生产劳动保护部、财务部。县委组织部任命林恩铎为东平县总工会办公室主任；徐玉春（女）任东平县总工会组织部部长；徐广才任东平县总工会宣传部副部长；尹燕华任东平县总工会生产、劳动保护部副部长。同年8月，纪学祯任县总工会财务部副部长。1988年3月，县委调整王允光为东平县总工会“巡视员”。

1950—1988年东平县总工会机构设置沿革表

附表2

机构名称	负责人姓名	性别	文化程度	职别	任职起止（月）	委员数
东平县工会	孟绍仪	男	高小	主任	1950.03—1953.04	无
东平县工会联合会筹备委员会	孟绍仪	男	高小	主任	1953.04—1955.01	11
					1955.01—1955.12	17
东平县工会联合会	梁仁立	男	高小	主任	1956.02—1959.10	17
1959年10月—1961年12月东平县建制撤销，东平县工会联合会并入平阴县工会联合会						
东平县工会	梁仁立	男	高小	主席	1962.01—1963.12	19
东平县总工会					1964.01—1966.12	
1966年12月—1973年2月，因文化大革命，东平县总工会被取消						
东平县总工会	王世江	男	高小	主席	1973.05—1975.10	31
	阴洪训	男	初中	副主席	1973.05—1975.10	
	王桂秋	男	高中	兼副主席	1973.05—1975.10	31
	王炳珂	男	高小	副主席	1975.10—1980.12	
	朱子青	男	初中	主席	1978.04—1979.10	
	邹和亭	男	初中	主席	1980.12—1983.12	35
	王炳珂	男	高小	副主席	1980.12—1981.12	
	李传典	男	高小	副主席	1979.10—1980.12	
	王允光	男	高小	副主席	1980.12—1984.07	
	张淑棠	男	初中	主席	1984.07—1986.05	21
	王允光	男	高小	副主席	1984.07—1988（1988年改任巡视员）	
	高兴海	男	高中	副主席	1984.07—1988.03	
	李建章	男	大专	副主席	1986.09—1988.03	
	徐延申	男	高中	主席	1987.02—1988.12	21
	高兴海	男	高中	副主席	1988.03—1988.12	
	李建章	男	大专	副主席	1988.03—1988.12	
东平县总工会内设机构	林恩铎	男	大专	办公室主任	1987.05—1988.12	
	徐玉春	女	高小	组织部部长	1987.05—1988.12	
	徐广才	男	中专	宣传副部长	1987.05—1988.12	
	尹燕华	男	大专	生产副部长	1987.05—1988.12	
	纪学祯	男	中专	财务副部长	1988.08—1988.12	

1984—1988年中共东平县总工会党组成员一览表

附表3

界次	姓名	性别	党组职务	行政职务	任职起止年月	备注
1	张淑棠	男	书记	主席	1984.07—1986.05	—
	王允光	男	成员	副主席	1984.07—1987.02	—
	高兴海	男	成员	副主席	1984.07—1987.02	—
	李建章	男	成员	副主席	1986.09—1987.02	—
2	徐延申	男	书记	主席	1987.02—1988.12	—
	王允光	男	成员	副主席	1987.02—1988.08	1988.03王允光改任巡视员
	高兴海	男	成员	副主席	1987.02—1988.12	—
	李建章	男	成员	副主席	1987.02—1988.12	—

1957—1988年东平县总工会历届常委统计表

附表4

届次	当选时间	姓名	性别	分工	工作单位与职务
1	1957.02.14	梁仁立	男	主席	县工会联合会
		张志轩	男	秘书	县工会联合会
		陈子明	男	常委	县教育工会主席
		李茂尚	男	常委	县委组织部干事
		杨晓初	男	常委	县供销社副主任
		高学雨	男	常委	县粮食局副局长
		王怀柱	男	常委	县油厂厂长
2	1963.11.05	梁仁立	男	主席	东平县总工会
		解培森	男	常委	东平县总工会干事
		赵秀亭	男	常委	县供销社主任
		马俊昌	男	常委	县工业办公室主任
		颜士琪	男	常委	县商业局局长
3	1973.05.27	王世江	男	主席	东平县总工会
		阴法训	男	副主席	东平县总工会
		郑于民	男	常委	东平县总工会
		徐玉春	女	常委	东平县总工会
		吴绪勉	男	常委	县工业局工会主任
		王炳珂	男	常委	县商业局工会主任
3	1973.05.27	胡庆常	男	常委	县交通局工会主任
		王桂秋	男	副主席	县造纸厂工人
		曹鸿湘	男	常委	县农机厂工人
		林志敏	女	常委	县邮电局工人
		梁仁立	男	常委	县面粉厂厂长

续附表 4

届次	当选时间	姓名	性别	分工	工作单位与职务
4	1980.03.26	王炳珂	男	副主席	东平县总工会
		李传典	男	副主席	东平县总工会
		徐玉春	女	常委	东平县总工会
		郑于民	男	常委	县粮食局工会主任
		霍庆瑞	男	常委	县建委工会主任
		李焕友	男	常委	县商业局工会主任
		徐福生	男	常委	县教育局工会主任
		韩延鑫	男	常委	县交通局工会主任
		张尚盘	男	常委	县工业局工会副主任
5	1984.09.27	张淑棠	男	主席	东平县总工会
		王允光	男	副主席	东平县总工会
		高兴海	男	副主席	东平县总工会
		林恩铎	男	常委	东平县总工会
		陈培龙	男	常委	县工人文化宫副主任
		张作光	男	常委	县经委工会副主任
		王臣邦	男	常委	县教育局工会副主任
6	1988.03.31	徐延申	男	主席	东平县总工会
		高兴海	男	副主席	东平县总工会
		李建章	男	副主席	东平县总工会
		林恩铎	男	常委	东平县总工会
		徐玉春	女	常委	东平县总工会
		徐广才	男	常委	东平县总工会
		尹燕华	男	常委	东平县总工会
		纪学祯	男	常委	东平县总工会
		陈培龙	男	常委	县工人文化宫副主任

1950—1988 年东平县总工会机关干部配置一览表

附表 5

起止年月	干部姓名	变动情况
1950—1951	孟绍仪	—
1952	孟绍仪 张志轩 陈子明 王心学 李明五	—
1953—1957	孟绍仪 梁仁立 张志轩 陈子明 郭永法 李明五 刘绍秋 高令训	1953 年，郭永法调入，王心学调出。1955 年，孟绍仪退休，李明五调出。1956 年，梁仁立调入。1957 年，刘绍秋调出，高令训调入

续附表5

起止年月	干部姓名	变动情况
1958—1959	梁仁立 张志轩 陈子明 郭永法 高令训 桑德舟 张俊英（女） 李加三 孙玉琢	1958年，平阴县并入东平县，陈子明、张志轩调出，桑德舟调入；原平阴县李加三、张俊英、孙玉琢并入
1962—1963	梁仁立 郭永法 解培森 高令训 郑于民	1962年，解培森调入。1963年，郭永法调出，郑于民调入
1964—1966	梁仁立 解培森 郑于民 高令训 董景华 潘学山	1964年，董景华调入。1966年解培森、董景华调出，潘学山调入
1973—1975	王世江 阴法训 郑于民 高令训 王炳珂 徐玉春（女）	1973年，由县革命委员会群工组转入郑于民、徐玉春、高令训，调入王世江、阴训法。1975年，王世江离休，阴法训调出，王炳珂调入
1976—1977	王炳珂 郑于民 徐玉春（女） 高令训 王忠俭	1976年，王忠俭调入，1977年病故。1977年，郑于民调出
1978—1980	朱子青 王炳珂 李传典 徐玉春（女） 高令训 李子文 王笃和 邹和亭 王允光	1978年，朱子青调入，1979年调出。1979年1月，李子文、王笃和调入；10月，李传曲调入。1980年12月李传曲离休，同时调入邹和亭、王允光
1981—1983	邹和亭 王炳珂 王允光 徐玉春（女） 李子文 王笃和 高令训 林恩铎 高兴海	1981年4月，李子文调出；8月，高兴海调入；12月，王炳珂离休。1982年8月，林恩铎调入；1983年12月，邹和亭离休。1983年9月，高令训任县工人文化宫副主任。1980年12月至1983年9月，借调郑于民帮助工作
1984—1986	张淑棠 王允光 高兴海 林恩铎 王笃和 徐玉春（女） 徐广才 尹燕华 李建章	1984年7月，张淑棠调入；12月，徐广才调入。1985年7月，尹燕华调入。1986年5月，张淑棠调出；9月，李建章调入
1987—1988	徐延申 王允光 高兴海 李建章 林恩铎 徐玉春（女） 尹燕华 徐广才 纪学祯 王笃和	1987年2月，徐延申调入；3月，纪学祯由文化宫转入；4月，王笃和调出

第二节 委、局（产业）工会

1949年，县邮电局工会选举副局长孔祥田兼工会主席。1950年，县人民银行成立金融工会，会员27人。选举副行长卜庆生兼主席。1952年1月至7月，东平县工会利用开展“三反”（反贪污、反浪费、反官僚主义）、“五反”（反行贿、反偷税漏税、反盗骗国家财产、反偷工减料、反盗窃国家经济情报）运动，各单位利用召开职工会议多的便利，推进工会组织建设。县工会主任孟绍仪、干部陈子明帮助供销系统建起县供销社工会，由秘书科长陈昭秀兼工会主席。10月，县工会利用全县小学教师秋假到县城集训的机会，召开会员大会，选举产生东平县教育工会首届执行委员会，陈子明当选主席。城关完小校长阎永平，大羊完小校长侯永章当选副主席。1953年，成立县粮食局工会。1957年，成立东平县商业局工会，由副局长田庆琢兼工会主席。

1964年，党中央批转全国总工会党组的报告，赋予工会强化民主管理、组织职工监督干部的职能。1965年，鉴于县教育、供销两系统工会组织因区划调整变动受到影响，经中共东平县委批准，恢复教育、供销两个产业工会，作为东平县总工会的派出机构。杨华柱任东平县总工会教育工作委员会主席。王炳珂任东平县总工会供销工作委员会主席。1966年，“文化大革命”开始后，教育、供销两个产业工会停止工作。

1973年4月，东平县总工会根据党中央部署，学习贯彻《人民日报》发表的《进一步发挥工人阶级主力军作用》的社论，推进工会组织建设，新建工业、交通、商业三个局工会工作委员会。1975年，恢复县供销工会工作委员会。1979年2月，恢复县教育局工会工作委员会，成立县供电局工会、县基建局（后改建委）工会工作委员会；当年10月，成立县粮食局工会工作委员会。1980年3月，成立县卫生局工会工作委员会。1981年5月，成立县物资局工会工作委员会；当年12月，成立县水利局工会工作委员会。1982年3月，成立县农牧局、林业局工会工作委员会。1984年3月，设立县邮电局工会，乔希诰为主席；当年4月，成立乡镇企业局工会工作委员会和县水产局工会工作委员会；7月，成立农机公司（即农机局）工会；8月，成立外贸公司（即外贸局）工会；9月，成立县农业银行工会。1985年8月，又成立县工商银行工会。1987年年底统计，全县共有局（委）工会20个，设正副主任（主席）24人，其中享受同级党政副职级工会干部11人。

1952—1987年东平县委、局（产业）工会设置情况表

附表6

年月	机构名称	干部姓名	性别	职务	任职起止年月
1952	东平县供销社工会	陈昭秀	男	兼主席	1952.03—1958
	中国教育工会东平县委员会	陈子明	男	主席	1952.03—1958
	中国海员工会东平县委员会	牛振和	男	主席	1952.12—1958
1957	东平县商业局工会	田庆琢	男	兼主席	1957—1958
1958	（委、局）产业工会撤销				
1965	东平县总工会教育工作委员会	杨华柱	男	主席	1965.08—1966.12
	东平县总工会供销工作委员会	王炳珂	男	主席	1965.08—1966.12
1966.12	1966年12月至1973年3月，因开展文化大革命运动，工会组织撤销				
1973	东平县经委（1984年前为工业局）工会工作委员会	吴绪勉	男	主任	1973.04—1975.10
		常广山	男	副主任	1973.06—1975.10
				主任	1975.10—1979.06
		牛焕义	男	主任	1980.11—1984.09
		张尚盘	男	副主任	1980.04—1983.05
		王广仁	男	副主任	1983.05—1988.12
		张作光	男	副主任	1984.09—1988.07
				主任	1988.07—1988.12
	东平县交通局工会工作委员会	胡庆常	男	主任	1973.04—1975.10
		刘树仁	男	主任	1975.12—1978.12
		韩延鑫	男	主任	1979.03—1984.09
		赵延菊	女	副主任	1981.03—1988.12
		赵月芳	女	副主任	1985.04—1988.12
	东平县商业局工会工作委员会	王炳珂	男	主任	1973.04—1975.07
		李焕友	男	主任	1979.03—1980.12
		高泽让	男	副主任	1981.03—1983.12
1973	东平县商业局工会工作委员会	王瑞录	男	副主任	1980.12—1984.08
		郭荣水	男	副主任	1984.08—1986
		孟昭坤	男	主任	1987.04—1988.12
		陈庆福	男	副主任	1987.03—1988.12
1975	东平县供销社工会工作委员会	王炳珂	男	主任	1975.07—1975.10
		何传才	男	办事员	1974—1981
		侯现岐	男	主任	1975.10—1980.12

续附表 6

年月	机构名称	干部姓名	性别	职务	任职起止年月
1975	东平县供销社工会工作委员会	于　汉	男	副主任	1981.01—1983.12
		姜寿华	男	主任	1981.12—1984.8
		徐翠萍	女	副主任	1984.09—1987.09
		孟昭元	男	办事员	1984.05—1988.12
		徐志盈	男	主任	1988.07—1988.12
1979	东平县供电局工会	张忠池	男	主席	1979.02—1980.12
		乔一民	女	主席	1980.12—1984.07
		杜金环	男	副主席	1984.11—1988.12
		沈坤江	男	副主席	1984.07—1988.12
		孙　明	男	副主席	1988—
	东平县建委（1984 年前为基建局）工会工作委员会	霍庆瑞	男	主任	1979.03—1986.12
		戴玉刚	男	副主任	1985.04—1988.12
		陈允香	女	主任	1987.03—1988.12
	中国教育工会东平县委员会（原教育局工会工作委员会）	徐福生	男	主任	1979.03—1981.01
		王相恕	男	副主任	1979.09—1980.12
		王渊宏	男	主任	1981.02—1983.07
		杨华柱	男	主任	1983.07—1984.09
		王臣邦	男	副主任	1984.09—1988.12
		段桂荣	女	副主任	1984.06—1988.12
		徐广才	男	办事员	1984.09—1984.12
		郑耀东	男	主任	1987.04—1988.12
	东平县粮食局工会工作委员会	董志超	男	主席	1973.04—1975
		梁仁立	男	主席	1975—1978.07
		郑于民	男	主任	1979.10—1980.12
		张昭琴	女	主任	1980.12—1984.07
		亓学法	男	副主任	1981.01—1984.07
		马化鳞	男	副主任	1984.07—1988.12
		张琴香	女	副主任	1987.11—1988.12
1980	东平县卫生局工会工作委员会	王瑞振	男	副主任	1980.03—1988.12
1981	东平县物资局工会工作委员会	王福伦	男	主任	1981.02—1984.07
		陈士卫	男	副主任	1984.07—1988.12
		田树青	男	副主任	1985.08—1988.12
	东平县水利局工会工作委员会	靳士范	男	主任	1981.12—1988.12
1982	东平县农牧局工会工作委员会	孙培刚	男	副主任	1982.03—1983.12
		张俊山	男	主任	1984.07—1988.12

续附表 6

年月	机构名称	干部姓名	性别	职务	任职起止年月
1982	东平县林业局工会工作委员会	展宝敬	男	副主任	1982.03—1984.07
		李梦湖	男	副主任	1984.08—1988.12
1983	东平县乡镇企业局工会工作委员会	潘庆彬	男	主任	1983.08—1988.12
		滕仲卿	女	副主任	1984.09—1986.12
		戴宗章	男	主任	1987.05—1988.12
		张伦峨	男	办事员	1984.09—1988.12
	东平县水产局工会工作委员会	苏厚达	男	主任	1983.04—1988.12
1984	东平县外贸公司工会	李传海	男	主席	1984.08—1986.12
		井庆营	男	副主席	1984.08—1988.12
		王心慈	男	主席	1986.10—1988.12
	东平县邮电局工会	乔希诰	男	主席	1984.03—1987.01
		谢德仁	男	主席	1987.01—1988.12
	东平县农机公司工会	张昭连	男	主席	1984.07—1988.12
	东平县农业银行工会	崔畅智	男	主席	1986.07—1988.12
		芦平川	男	副主席	1984.09—1988.12
		林恩全	男	办事员	1987.04—1987.12
		孟现芝	男	办事员	1984.09—1988.12
		张美君	女	办事员	1987—1988.12
		尚元民	男	办事员	1987—1988.12
1985	东平县工商银行工会	任尚坤	男	副主席	1985—1986
		展庆元	男	办事员	1985—1986
		王光迎	男	主席	1986.08—1988.12
		桑胜元	男	办事员	1987.02—1988.12

第三节　县属企事业单位工会

1951 年，东平公路站成立工会，为泰安公路段工会垂直领导。1952 年，各区成立教育工会，县人民医院、防保站相继建立工会。当年 12 月，东平县总工会干部孟绍仪、陈子明帮助大清河、东平湖几个渡口的船工成立工会，选举牛振和为主席。1953 年，县供销系统所属区供销社成立工会。是年，全县共建起基层工会 31 个，工会积极分子 854 人。1956 年，基层工会增至 71 个，1958 年达 79 个。1962 年，经济调整，基层工会保留 55 个。1980 年后，工会基层组织发展较快，1981 年达到 119 个。1987 年 160 个。

企业车间工会。1973 年后，由于县属工业企业规模不断扩大，东平化肥厂、造纸厂、酒厂、农机厂、水泥厂等企业，建立起车间工会 17 个。1987 年车间工会增至 49 个。

1985 年年底，山东省政府为加强东平湖统一管理，将东平湖西部原属于梁山县的银山、斑鸠店、戴庙、商老庄、大安山等乡镇划归东平县。随之，湖西乡镇的 22 个基层工会划入东平县。1988 年 1 月，市属企业东平橡胶厂划归县属，东平橡胶厂工会由市总工会转交东平县总工会。至此，全县共有基层工会 161 个。

1952—1987 年东平县县属企事业单位工会组织统计表

附表 7

年份	基层工会数(个)	车间工会数(个)	工会小组数(个)	女工委员会数（个）	工会积极分子数（个）	职工之家数（个）
1952	31	—	—	—	—	—
1953	40	—	—	—	584	—
1956	71	—	—	—	868	—
1958	79	—	—	—	924	—
1962	55	—	—	—	654	—
1965	60	—	—	—	662	—
1973	59	17	—	—	863	—
1981	119	19	718	—	1298	—
1986	152	37	1121	70	1944	127
1987	160	49	1323	86	2194	142
1988	161	53	1335	87	2214	143

1951—1988 年东平县企事业单位专职工会干部任职情况表

附表 8

单位名称	建立工会时间（年）	姓名	性别	职务	任职起止年月
县公交站	1951	王玉兰	女	副主席	1981—1988.12
县建筑公司	1952	杨平安	男	主席	1962
		解培森	男	主席	1974—1977
		梁广和	男	主席	1977—1984.08
		蒋树清	女	干事	1977—1988
		李本山	男	主席	1984.08—1988.12
县运输公司	1952	梁广和	男	主席	1975—1977
		瞿桂常	男	主席	1977—1980
		展庆功	男	主席	1981—1983
		王广顺	男	主席	1983—1988.12
		时常荣	女	副主席	1984—1988.12
县第一人民医院	1952	马立和	男	主席	1981—1988.12
县防疫站	1952	刘志钦	男	主席	1984—1988.12
州城教育工会	1952	王金芳	女	主席	1981—1988.12
大羊教育工会	1952	张玉新	男	主席	1984—1988.12
梯门教育工会	1952	王成路	男	主席	1984—1985
		王金义	男	主席	1985—1988.12
接山教育工会	1952	赵明山	男	主席	1986—1988.12
水河教育工会	1952	王笃顺	男	主席	1984—1987
		朱正平	男	主席	1988—1989
彭集教育工会	1952	吕树锦	男	主席	1984—1988.12
沙站教育工会	1952	周茂印	男	主席	1984—1988.12

续附表 8

单位名称	建立工会时间（年）	姓名	性别	职务	任职起止年月
彭集供销社工会	1953	王善成	男	主席	1982—1984
		焦庆河	男	主席	1984—1987.06
		于传玉	男	主席	1987.06—1988.12
沙站供销社工会	1953	宫延新	男	主席	1983—1984
		张庆玺	男	主席	1984—1988.12
水河供销社工会	1953	何多品	男	主席	1981—1988.12
梯门供销社工会	1953	王金朋	男	主席	1982—1983
		李成训	男	主席	1983—1984
		陈之成	男	主席	1984—1988.12
州城供销社工会	1953	白宗孝	男	主席	1982—1983
		宫延新	男	主席	1984—1988.12
大羊供销社工会	1953	焦立新	男	主席	1983—1985
		李新广	男	主席	1985—1988.12
接山供销社工会	1953	李秉水	男	主席	1982—1985
		郑沂金	男	主席	1985—1988.12
县面粉厂工会	1953	王玉绅	男	主席	1983—1984
		刘曰茹	女	副主席	1984—1988.12
宿城供销社工会	1954	王玉绅	男	主席	1981—1983
		张金良	男	主席	1983—1984
		刘庆春	女	主席	1985—1988.12
东平三中工会	1954	彭才诗	男	主席	1984—1988.12
宿城教育工会	1954	卜祥勇	男	主席	1984—1985
		马立清	男	主席	1985—1987.07
		冯金玉	女	主席	1987.07—1988.12
县副食品加工厂工会	1955	曹庆礼	男	主席	1982—1986
		林传燕	男	主席	1987.07—1988.12
县百货公司工会	1955	段桂荣	女	主席	1981—1984.06
		张延冷	男	主席	1984.07—1988.12
县服装厂工会	1956	姜吉联	男	主席	1979—1985
		尹祚芬	女	主席	1985—1986
		司建强	男	主席	1987—1988.12
县食品公司工会	1956	刘崇恒	男	主席	1982—1988.12
县棉麻公司工会	1956（1984年前为棉厂）	王吉东	男	副主席	1981—1983
		王尚儒	男	主席	1984—1988.12
县航运公司工会	1957	田树桐	男	副主席	1973—1974
		孙太贞	男	主席	1975—1980
		王笃水	男	会计	1980—1982
		崔元德	男	副主席	1982—1987
		孟现安	男	副主席	1987—1988.12
县印刷厂工会	1957	苏保航	男	主席	1981—1982
		刘绍兰	男	主席	1985—1988.12

续附表8

单位名称	建立工会时间（年）	姓名	性别	职务	任职起止年月
县农机厂（原农具厂）工会	1958	郑金岱	男	主席	1960—1961
		孙广和	男	副主席	1960—1961
		李吉安	男	主席	1963.04—1975.10
		孙业河	男	主席	1987—1979
		魏庆彬	男	主席	1982—1988.12
		史岱山	男	副主席	1983—1986
		孟昭舟	男	副主席	1986.05—1987
		侯圣阁	男	副主席	1988.05—1988.12
		刘秉洪	男	副主席	1988.05—1988.12
县石灰厂工会	1958（1987年并入建筑公司）	刘全舟	男	主席	1981—1984
		井维平	男	主席	1984—1987
戴庙教育工会	1959	戚　健	男	主席	1986—1987
		商存来	男	主席	1988
大安山教育工会	1959	徐永章	男	主席	1986—1988.12
商老庄教育工会	1959	周长寅	男	主席	1986—1987
		吴绪芝	男	主席	1988
斑鸠店教育工会	1959	万吉涛	男	主席	1986—1988.12
银山教育工会	1959	亓振俊	男	主席	1986—1987
		薛吉良	男	主席	1988
县工具厂（原五金厂）工会	1962	杨庆兰	女	主席	1973.04—1979
		侯延文	男	主席	1979—1984
		于瑞柱	男	主席	1984—1987.12
		刘曰亮	男	副主席	1987—1988.12
		李传亭	男	主席	1987.12—1988.12
县副食品公司工会	1962	张友常	男	主席	1981—1987.01
		赵庆兰	男	主席	1987—1987.07
		张绪志	男	主席	1987.07—1988.12
县酒厂工会	1963	陈京珍	女	主席	1978—1988.12
		程俊龄	男	主席	1981—1984
		郭文斌	男	会计	1983.05—1988.12
县生资公司工会	1964	张连芬	女	副主席	1982—1988.12
县土产杂品公司工会	1964	袁庆柱	男	主席	1983—1984
		王元之	男	主席	1984—1988.12
新湖供销社工会	1964	聂传桂	男	主席	1982—1985
		于传玉	男	主席	1985—1987.06
新湖教育工会	1964	宫惠林	男	主席	1984—1988.12
县水产供销公司工会	1964	贾承泗	男	副主席	1987—1988.12
县砖瓦厂工会	1965	尚志泉	男	主席	1982—1984.08
		刘振兰	男	主席	1984.09—1988.12

续附表 8

单位名称	建立工会时间（年）	姓名	性别	职务	任职起止年月
县化肥厂工会	1973	牛焕义	男	主席	1973—1978
		赵化娟	女	负责人	1978—1979
		张桂芝	男	主席	1979—1980
		芦惠民	男	副主席	1979—1981
		耿进亮	男	主席	1981.06—1988.12
		赵海坤	男	办事员	1982—1986
		侯延文	男	主席	1985.10—1988.12
		郑淑云	女	办事员	1984—1988.12
		段广山	男	办事员	1987.07—1988.12
		公　民	男	办事员	1986—1988.12
县造纸厂工会	1973	牛兰芬	女	主席	1973.04—1984.08
		莫学文	男	副主席	1981—1984.08
		侯延文	男	主席	1984.08—1985.10
		解培英	女	主席	1986—1988.12
		何振泉	男	办事员	1987.11—1988.12
县水泥厂工会	1973	武树森	男	主席	1984—1986
县汽车大修厂工会	1973	李传振	男	主席	1981—1988.12
县第二农机厂工会	1973	宫传恩	男	主席	1986—1988.12
县打井队工会	1973	王敬东	男	主席	1986—1988.12
县鱼种场工会	1973	李全芬	男	主席	1986—1988
县五金交电公司工会	1977	魏绪华	男	主席	1986.04—1988.12
石油支公司工会	1977	李玉圃	男	主席	1980—1988.12
县帆布厂工会	1978	周长富	男	主席	1981—1985
		孟昭辉	男	主席	1986—1988.12
		吕修绵	女	办事员	1987—1988.12
东平橡胶厂工会	1978	吴兴忠	男	主席	1978—1988.12
		陈士苓	男	宣传干事	1982—1988.12
		李桂芝	女	会计女工干部	1986—1988.12
县第二人民医院工会	1979	李广炳	男	副主席	1981—1983
		王启坤	男	主席	1983—1988.12
沙站公社卫生院工会	1979	孙西洪	男	主席	1985—1988.12
张河桥教育工会	1979	颜廷运	男	主席	1984—1986
		李敬森	男	主席	1986—1987
		赵桂玺	男	副主席	1987—1988.12
引湖电灌站工会	1980	林怀胜	男	主席	1987—1988.12
无盐电灌站工会	1980	栗心良	男	主席	1987—1988.12
县皮鞋厂工会	1980	侯延阁	男	主席	1984—1988.5
县麻纺厂工会	1980	陈宗惠	女	主席	1981
		刘延春	男	主席	1981—1982
		尹祚芬	女	主席	1982—1985
		姜吉联	男	主席	1985—1987
		刘桂荣	女	副主席	1987.06—1988.12

续附表 8

单位名称	建立工会时间(年)	姓名	性别	职务	任职起止年月
县煤矿工会	1980 (1988 年关停)	毛德修	男	主席	1980—1981
		史元存	男	主席	1982—1987.06
		李长义	男	副主席	1987.06—1988
县棉织厂	1981	张桂芝	男	主席	1980—1982
		蒋延忠	男	主席	1983—1988.12
县商业综合公司	1981	张凤迎	男	主席	1981—1984.08
		林传燕	男	主席	1984—1987.07
		彭兴永	男	主席	1986—1987.02
		张友常	男	主席	1987.02—1988.12
县良种场	1983	李广运	男	主席	1983—1988.12
县工艺美术公司	1984	周长福	男	主席	1988.07—1988.12
老湖镇供销社	1984	刘瑞科	男	主席	1984—1988.12
老湖镇教育工会	1984	陈吉顺	男	主席	1986—1988.12
东平镇教育工会	1984	阎殿臣	男	主席	1985—1988.12
县贸易公司	1984	董广英	女	副主席	1984—1987.10
县农机公司	1984	张秀珍	女	副主席	1986—1988.12
县第二农技中学	1986	彭兴岳	男	主席	1986—1988.12
县自来水公司工会	1987	赵延成	男	主席	1988.06—1988.12
县商业第二综合公司	1987	彭兴永	男	主席	1987.02—1988.12
县商业大楼	1987	张延礼	男	主席	1987.01—1987.07
		戴玉兰	女	副主席	1987.07—1988.12
县美术厂	1988	王学之	男	主席	1987.12—1988.12

1987 年东平县企事业单位工会组织统计表

附表 9

产业系统	所属基层单位名称	车间工会(个)	工会小组(个)	工会积极分子(人)		职工数(人)		工会会员(人)	
				总数	其中女性	总数	其中女性	总数	其中女性
经委	化肥厂、农机厂、造纸厂、煤矿、酒厂、工具厂、印刷厂、服装厂、皮鞋厂、麻纺厂、汽修厂、木器厂、二农机厂、棉织厂、轻工机械厂、帆布厂、美术厂、供销公司、工艺美术公司	49	330	643	80	5930	2078	3915	1253
建委	建筑公司、水泥厂、砖瓦厂、自来水公司	—	48	48	7	1146	74	606	82
交通	运输公司、航运公司、公路站	—	18	30	7	579	75	549	75
邮电	邮电局	—	27	48	7	207	54	194	54
供电	供电局、电器制修厂	—	22	60	4	326	68	225	51
乡镇企业	农贸公司、供销公司、建材公司	—	15	20	2	93	21	83	8
物资	燃料公司、金属公司、木材公司、机电公司	—	28	14	4	254	52	156	52
外贸	外贸公司、冷藏厂	—	19	29	5	156	52	156	52

续附表 9

产业系统	所属基层单位名称	车间工会（个）	工会小组（个）	工会积极分子（人）		职工数（人）		工会会员（人）	
				总数	其中女性	总数	其中女性	总数	其中女性
农机	县拖拉机站、农机公司	—	9	9	1	81	20	81	20
商业	百货公司、五金公司、副食品公司、食品公司、综合公司、第二综合公司、商业大楼、服务公司、石油支公司、副食品加工厂	—	76	108	19	907	439	907	439
粮食	粮食供应站、面粉厂、州城粮所、宿城粮所、银山粮所、商老庄粮所、彭集粮所、斑鸠店粮所、戴庙粮所、接山粮所、大羊粮所、水河粮所、新湖粮所、沙站粮所、梯门粮所、张桥粮所、老湖粮所、粮局机关	—	43	68	5	533	136	458	107
供销	生资公司、土产公司、棉麻公司、贸易公司、宿城供销社、州城供销社、沙站供销社、彭集供销社、接山供销社、大羊供销社、梯门供销社、张桥供销社、新湖供销社、老湖供销社、水河供销社、斑店供销社、银山供销社、戴庙供销社、大安山供销社、商老庄供销社	—	210	385	48	2085	599	1696	523
金融	县工商银行、县农业银行、县建设银行	—	38	49	7	500	98	485	91
农牧	良种场、畜牧公司、农科所	—	9	12		102	19	102	19
林业	一苗圃、二苗圃、腊山林场	—	10	11	2	48	10	45	10
教育	一中、二中、三中、四中、教师进修学校、第一农技中学、第二农技中学、彭集中学、沙站中学、接山中学、大羊中学、梯门中学、新湖中学、实验小学、东平镇教育工会、州城教育工会、沙站教育工会、彭集教育工会、接山教育工会、大羊教育工会、宿城教育工会、水河教育工会、老湖教育工会、新湖教育工会、梯门教育工会、张桥教育工会、大安山教育工会、商老庄教育工会、戴庙教育工会、银山教育工会、斑店教育工会、教育局机关工会	—	319	456	126	3984	498	3984	498
水利	县打井队、引湖电灌站、无盐电灌站	—	14	33	2	113	15	92	15
水产	水产公司、鱼种场、水产局机关	—	20	38	4	133	31	120	25
文化	电影公司、文化馆、图书馆	—	3	10	3	85	23	85	23
卫生	县一院、县二院、药检所、皮防所、防疫站、保健站、州城卫生院、水河卫生院、宿城卫生院、沙站卫生院、彭集卫生院、接山卫生院、大羊卫生院、梯门卫生院、大安山卫生院、银山卫生院、戴庙卫生院、斑店卫生院、商老庄卫生院、新湖卫生院	—	101	112	31	1308	561	1217	547
其他	县广播电视局、新华书店、药材公司	—	11	11	2	165	62	161	61
合计	基层工会 160 个	49	1381	2205	368	18900	5065	15478	4066

第四节 乡镇企业工会

20 世纪 80 年代，东平县贯彻落实上级关于大力发展乡镇企业的部署，乡镇企业发展较快。1987 年年底，全县乡镇企业达到 147 家，职工 10941 人。其中，200 人以上的企业 26 家，100 人至 200 人的企业 18 家，25 人至 100 人的企业 70 家。固定资产总值达到 7056 万元，年销售收入 8385 万元，上缴税金 628 万元。乡镇企业成为全县国民经济的重要组成部分，乡镇企业职工队伍，成为经济建设的一支重要力量。根据全国总工会部署，经中共东平县委批准，乡镇企业逐步建立起工会组织。

1988 年 5 月 29 日，中共东平县委批转东平县总工会党组《关于在乡镇企业建立工会组织的请示报告》，明确规定乡镇企业建立工会和职工加入工会的条件及乡镇企业工会组织的任务。7 月上旬，县委成立乡镇企业筹建工会领导小组，县委副书记张玉峰任组长。从东平县总工会、乡镇企业局抽调 4 名干部组成组建工会试点工作组，由东平县总工会副主席高兴海、乡镇企业局党委副书记董先桐带领，于 7 月 18 日至 29 日，在大羊乡铸造厂开展筹建工会试点。通过试点，发展工会会员 88 名，占职工总数 73.3%，1 名副厂长兼任工会主席。试点完成后，县委副书记张玉峰在乡、镇党委书记会议上介绍大羊乡铸造厂建立工会的试点经验，要求各乡镇党委加强领导。1988 年 11 月 25 日，县委办公室批转东平县总工会党组《关于大羊乡农机铸造厂建立工会组织的试点报告》，强调乡镇企业建立工会组织，是加强企业民主管理，促进企业发展的一项重要措施。要求凡具备建立工会组织条件的乡镇企业，都要尽快建立健全工会组织。是年年底，有 45 家乡镇企业建立健全了工会组织。

第三章 东平县历次工会代表大会

1957 年 2 月 11—14 日，东平县工会第一次代表大会在县城关帝庙召开，到会代表 62 名。县委书记崔俊峰向大会致辞。县长刘玉锡讲话。县工会联合会主席梁仁立作了《县工会建立四年来的工作报告》和工会财务工作报告。选举产生工会联合会首届执行委员会委员 17 人，经费审查委员会委员 5 人。首届执行委员会设常委 7 人。梁仁立当选为工会联合会主席和出席省工会五大代表。

1963 年 11 月 22—25 日，东平县工会第二次工会代表会在县供销社礼堂召开。到会代表 124 人。县委常委柴广进向大会致辞，县工会主席梁仁立作工作报告和财务工作报告。杜恒彬作经费审查报告。选举产生东平县总工会第二届执行委员会委员 19 人，经费审查委员会委员 5 人。第二届执行委员会设常委 5 人。梁仁立当选为东平县总工会主席。梁仁立、郑伟杰当选为省出席工会六大代表。

1973 年 5 月 23—27 日，东平县第三次工会代表会在县城电影院召开，到会代表 214 人。县委书记、县武装部政委王群成向大会致辞，县委副书记孙远迎作《沿着毛主席革命路线前进》的工作报告。选举产生东平县总工会第三届执行委员会委员 31 人。设常委 11 人。王世江当选为东平县总工会主席，阴法训、王桂秋当选为副主席。同时选举产生出席泰安地区首届工会代表会代表 34 人。

1980 年 3 月 25—26 日，东平县第四次工会代表会在县大礼堂召开，到会代表 278 人。县委副书记陈铭玺向大会致辞，东平县总工会副主席王炳珂作工作报告。东平县总工会副主席李传典作工会财务工作报告。选举产生东平县总工会第四届执行委员会委员 35 人，经费审查委员会委员 5 人。第四届执行委员会设常委 9 人。王炳珂、李传典当选为东平县总工会副主席。王炳珂、李焕友、李建章、王金芳（女）当选为出席省工会七大代表。

1984 年 9 月 25—27 日，东平县第五次工会代表会在县委餐厅举行，到会代表 205 人。县委书记刘静海向大会致辞，东平县总工会主席张淑棠作《发扬工人阶级主人翁精神，为加快两个文明建设而奋斗》的工作报告。东平县总工会副主席王允光作工会财务工作报告。霍庆瑞作经费审查报告。选举产生东平县总工会第五届执行委员会委员 21 人，经费审查委员会委员 5 人。第五届执行委员会设常委 7 人，张淑棠当选为东平县总工会主席，王允光、高兴海当选为副主席。

1988 年 3 月 29—31 日，东平县第六次工会代表会在职工影剧院召开。到会代表 250 人。县委副书记张玉峰向大会致辞。东平县总工会主席徐延申作工作报告。东平县总工会副主席李建章作工会财务工作报告。王瑞振作经费审查工作报告。选举产生东平县总工会第六届执行委员会委员21人，候补委员6人，经费审查委员会委员9人。执委会设常委9人。徐延申当选为主席，高兴海、李建章当选为副主席。会上对先进、模范职工之家、工会工作先进单位、工会工作先进集体、优秀工会干部、优秀工会积极分子颁发奖状、荣誉证书和光荣册。

附表10

1957—1988年东平县出席山东省工会历届代表会代表名单

届次	姓名	性别	工作单位	职务	出席年月
五	梁仁立	男	县工会联合会	主席	1957
六	梁仁立	男	东平县总工会	主席	因“文化大革命”代表会未开
	郑伟杰	男	县拖拉机站	书记	
	王世江	男	东平县总工会	主席	1973年7月出席省工会六大
	徐福才	男	县石灰厂	股长	
	程厚昌	男	县面粉厂	工人	
	解培春	女	县建筑公司	工人	
七	王炳珂	男	东平县总工会	副主席	1980年7月出席省工会七大
	李焕友	男	县商业局工会	主任	
	李建章	男	县化肥厂	厂长	
	王金芳	女	州城教育工会	主席	
八	王允光	男	东平县总工会	副主席	1983年7月出席省工会八大
	牛焕义	男	县工业局工会	主任	
	黄兰贞	女	县实验小学	教导主任	
	王淑云	女	县副食品公司	营业员	
九	徐延申	男	东平县总工会	主席	1988年12月出席省工会九大
	张作光	男	县经委工会	主任	

1973—1987年东平县出席泰安地区（市）工会历届代表会代表名单

附表11

届次	姓名	性别	工作单位与职务	出席年月
首届	王世江	男	东平县总工会主席	1973.06
	阴法训	男	东平县总工会副主席	
	王桂秋	男	县造纸厂工人兼东平县总工会副主席	
	吴绪勉	男	县工业局工会主任	
	王炳珂	男	县商业局工会主任	
	胡庆常	男	县交通局工会主任	
	牛焕义	男	县化肥厂工会主席	
	牛兰芬	女	县造纸厂工会主席	
	李吉安	男	县农机厂工会主席	
	杨庆兰	女	县五金厂工会主席	
	王明英	女	大羊农机厂工人	
	徐正民	女	县被服厂工人	
	杨新峰	男	县印刷厂工人	
	张维欢	男	县供电所生产股长	

续附表 11

届次	姓名	性别	工作单位与职务	出席年月
首届	徐福才	男	县石灰厂生产股长	1973.06
	解培春	女	县建筑公司文书	
	栾培九	男	县水泥厂工人	
	刘庆梅	女	县副食品公司营业员	
	董德连	男	县煤建公司业务股长	
	尹佐珍	女	县服务公司理发员	
	穆灵奎	女	县副食品加工厂副厂长	
	刘书东	男	县运输公司工人	
	田树桐	男	县航运公司工会副主席	
	杨继明	男	县公路站干部	
	郑庆明	男	大羊供销社副主任	
	王瑞冉	男	宿城供销社会统股长	
	李梦江	男	城关供销社副主任	
	董志超	男	县粮食局工会主席	
	梁仁立	男	县面粉厂革委会副主任	
	程广运	男	县棉花加工厂工人	
	程厚昌	男	县面粉厂工人	
	井庆旺	男	县邮电局工人	
	孙养庚	男	县拖拉机站工人	
	赵庆怀	男	县打井队工人	
	李圣荣	女	农业劳模为特邀代表	
九届市工会（九大）延用泰安地区（市）届次	张淑棠	男	东平县总工会主席	1987.12
	张金良	男	县服务公司工会主席	
	徐翠萍	女	县供销社工会副主任	
	段桂荣	女	县教育工会副主任	
	魏庆彬	男	县农机厂工会主席	
	史元存	男	县煤矿工会主席	
	王瑞振	男	县卫生局工会副主任	
	吕修连	男	县化肥厂值班长	
	解　峰	女	彭集粮所副所长	
	展长明	男	县农贸公司工人	
	赵宝生	男	东平三中教师（科技代表）	
	王文忠	男	彭集供销社干部	
	刘树平	男	县水泥厂工人	
	刘书民	男	县运输公司工人	
	孟庆志	男	小学教师	
	马玉兰	女	县棉织厂技术员	
	张汉杰	男	市总工会生产生活部部长（就选代表）	
	张守明	男	市总工会生产生活部副部长（就选代表）	
	邹和亭	男	东平县总工会离休主席（特邀代表）	

第三编 工会工作

新中国建立后，东平县工会组织围绕县委中心工作，坚持以生产为中心，认真抓好职工的生产、生活和思想政治教育。1978 年后，贯彻落实中共十一届三中全会和中共十二大精神，在推进企事业改革改制中，坚持职工代表大会制度，加强民主管理，代表和维护职工合法权益，努力搞好队伍建设，为东平经济和各项社会事业发展做出贡献。

第一章 群众生产

第一节 劳动竞赛

社会主义革命和建设时期的劳动竞赛。1953 年，县工会重点抓了县裕民油厂、建筑工会、搬运工会的劳动竞赛。国营商办裕民油厂，有职工 29 人。县工会派干部帮助油厂领导制定生产计划和劳动定额，开展技术革新和合理化建议活动，使每百斤大豆多出油六两至一斤。建筑业工会、搬运业工会，是县工会将散处城乡的建筑工、油漆工和装卸工、运输工组织起来成立的。建筑工会有工人 30 多人。宿城、城关、北桥 3 个搬运工会，有工人 80 多人。当时，工会既是职工群众组织，又是企业行政管理机构。企业的生产管理、经营管理、经济核算和财物管理，安全生产、劳动保护、上缴税收、工人文化技术教育、劳动报酬分配，都由工会负责。经过 3 年多劳动竞赛，促进了企业经济效益提高。1956 年，县工会将建筑工会和 3 个搬运工会移交东平县手工业联社。

县教育工会组织的劳动竞赛。1953 年，县教育工会以城关区关庙街小学为基点，成立教学研究组，派干部李树忠在该校驻点，具体帮助教师钻研教材，改进语文课教法。采用印发典型教案、教课纪实、组织观摩教学、举办教学经验交流会等方法，以点带面，推动全县教学改革。1954 年，关庙街小学的升学率达到 80%。1962 年，柿子园小学升学率达到 90%。

财贸战线的劳动竞赛。1956—1958 年，县工会将组织劳动竞赛的工作重点转向财贸战线，配合县粮食局、县供销社、县商业局、县人民银行、县税务局等单位，以支援农业为中心，广泛开展劳动竞赛。粮食系统的干部职工，在做好粮食统购统销的同时，针对湖洼地潮保粮难问题，围绕管理好粮食，人人献计献策，出力流汗。创建并保持了全县“四无粮食”仓储合格率 90% 的安全好成绩，被评为全国保粮先进典型。原苇子河粮库主任高学雨，创建全县第一个“四无粮库”，总结出的保管粮食经验，被山东人民出版社编印成书发行全国。

1962—1966 年，县工会总结推广了宿城供销社工会、县农具厂工会、县拖拉机站工会围绕支援农业组织比、学、赶、帮、超的经验，推动了各行各业的劳动竞赛。1962 年，泰安专区召开群英会，东平县有 6 个单位获地委、专署授予的“先进单位”奖。有 7 名职工获“先进生产（工作）者”奖。其中县粮食局、宿城供销社、柿子园小学和服务公司女服务员李仰美光荣出席全省群英会，荣获省委、省人委颁发的“先进”奖励。

1964 年 4 月，县委、县人委批转县工业办公室、东平县总工会《关于开展“五好”企业、“五好”职工运动的报告》后，各行各业的劳动竞赛，发展到以大庆油田为榜样，争创“五好”企业，争做“五好”职工（财贸为六好职工）的群众运动。出现了同行业、同工种、同产品的对口赛和职工之间的比学赶帮超。1965 年年终大总结、大检查、大评比，工、基、交、农、林、水方面评选出“五好”职工 38 名，财贸方面评选出“六好”职工 42 名，皆由县委审查合格报中共泰安地委、专署批准命名。1966 年 6 月，在全省“五好”企业、“五好”职工代表大会上，县拖拉机站九号机车、沙站供销社生产资料门市部、城关公社孙岗信用社获中共山东省委、省人民委员会“五好”集体奖励。县农具厂老工人彭兴才获省级“五好”职工奖励。

“文化大革命”期间，县航运公司、运输公司、农具厂、五金厂、被服厂、棉花加工厂、印刷厂、副食品加工厂、宿城农机厂的干部职工，排除“左”的干扰，克服资金、设备、原材料缺乏和技术力量薄弱的困难，奋发图强、自力更生，制造出多种机器设备，把手工操作改成机械化、半机械化。航运公司造出了百吨、二百吨机动舶船并下水投用成功。农具厂造出了抽水 4 立方米 / 秒的水泵，支援稻屯洼水利工程建设。

1973 年 3 月，东平县总工会与县直政工组在县造纸厂组织劳动竞赛试点。派出郑于民、高令训，配合造纸厂干部职工，在各个岗位开展劳动竞赛，大干一年，实现扭亏增盈11000元。县里通过召开现场会，推广造纸厂经验，推进工基交、农林水、财贸等行业以“高产、优质、多品种、低消耗”为目标，深入开展劳动竞赛。县酒厂全员劳动生产率比上年增加3923元。县印刷厂全年人均产值比上年提高2572元。1973年7月，泰安地区轻工局在东平酒厂召开现场会，将酒厂劳动竞赛的经验推广全区。1978年，泰安地委、行署召开劳动模范代表会，东平县有2名企业领导干部、3名工人被地委、行署授予“劳动模范”荣誉称号。

1979年，东平县总工会带领全县工会干部深入贯彻中共十一届三中全会精神，围绕提高经济效益、社会效益继续开展劳动竞赛。以经济建设为中心，突出抓好“两个文明”建设，商业、粮食、供销、基建等系统工会，协助行政多次组织青工业务培训、技术练兵、技术表演，每年培训1000多人。工基交系统广泛开展小指标百分赛，计分计奖。每半年一次评选先进，层层召开表彰会，推动比、学、赶、超、活动深入开展。

改革开放初期的劳动竞赛。1981年，根据县委、县政府统一部署，各级工会密切配合行政从建立健全多种形式的经济责任制开始，对阻碍经济发展的管理体制和各种制度进行改革。国家对企业实行利改税，所有企业都自负盈亏。实行厂长负责制，确立厂长的中心地位。企业领导成员实行任期目标责任制，扩大企业自主权，进而实行经济承包，把基层党组织条例、厂长工作条例，职工代表大会制条例全面落到实处。厂、车间、班组层层承包。交通、服务等行业实行浮动工资制。经济体制改革的深入，把企业生产经营的优劣同每个干部、职工的经济责任、经济效益、经济利益捆在一起，调动了管理人员、科技人员、职工群众的生产积极性。

伴随着企业改革，东平县的劳动竞赛也进行了相应的改革。在生产经营方面，由看产值、看生产效率转向看经济效益；树立标兵由“老黄牛”式向开拓型、智力型转化；把学习科学技术发明创造作为劳动竞赛的一个重要方面。1982—1988年，东平县树立的7名省级劳动模范，除老模范杨兴义和七里铺小学教导主任刘彬齐属“老黄牛”型外，其余5人都是开拓型、智力型的先进典型。1987年5月，全县树立的13名市级劳动模范，有“老黄牛”型6人，属于改革型、开拓型、智力型的7人。从而引导着广大干部职工认真研究管理艺术，学习科学技术，认真开展技术革新和新产品试制，把劳动竞赛推向新阶段。

1987年，东平县有14家企业开展了升级竞赛。经检查验收，169个班组中有122个达到合格标准，获信得过称号班组26个、先进班组98个。

第二节 劳动竞赛成果

劳动竞赛，赛出了经济效益和社会效益，赛出了科技成果和先进标兵。东平麻纺厂厂长张道臣，毕业于天津大学。1978年，调任东平麻纺厂技术员。1980年，晋升助理工程师，他刚进厂时，产品滞销、经济亏损，职工要求调离。他经过分析全国纺织业的发展形势和大麻资源，立志探索大麻化学脱胶新工艺。在资金、原料、设备都很困难的条件下，组成专门研制攻关小组，走访纺织专家20多名，阅读有关资料40余万字，开展大麻脱胶实验2000多次，写出实验记录30多万字。终于将大麻化学脱胶工艺研制成功。1986年10月21日，在武汉举行的第二届全国发明展览授奖会上获金牌奖。1987年4月16—30日，在南斯拉夫萨格勒布第十五届国际博览会发明展览会上赢得金牌。

东平酒厂厂长姜守智，是一名自学成才的科技人员。1956年，因发明“简捷计算法”，获省供销社“先进工作者”奖励。1981年晋升锅炉技师。1983年1月调任酒厂厂长。到任后，他从改革企业管理入手，健全7种不同形式的经济责任制，健全规章制度，加强劳动纪律，改革用人制度，用能者管理生产、经营。增加集体福利设施，解除职工后顾之忧。调动起全厂职工积极性。主导产品白酒达到高产、优质、多品种、低消耗，畅销全国。1983年，他通过调查研究，发现东平湖盛产的莲子、芡实、湖菱等天然植物，含有大量的钾、钙、锶等化学元素和氨基酸成分，具有滋阴壮阳、强肾、健脑、助听、减肥健美等作用，是酿酒的天然原料。决定发挥当地资源优势，研制一种适应国内外最新需求的减肥健美酒。当年6月，他走访了著名医学专家、北京中医药学院教授翁维健。翁教授根据医药学、食疗学和养生学原理，参考清朝宫廷秘方，设计出“唐龙轻身酒”

配方。回厂后，组织科技人员和部分年轻技术工人，在十几位专家指导下，运用传统工艺和现代科学工艺，经1年研制成功。1984年11月，“唐龙轻身酒”在北京通过轻工业部鉴定。认定该产品具有减肥健美的功效。1984年，获省科技进步奖和省新产品奖；1985年，获轻工部新产品奖；1987年4月，在南斯拉夫萨格勒布第15届国际博览会上获优秀发明奖；同年9月，在国际36届布鲁塞尔“尤里卡”进步发明博览会上获铜牌奖。该产品销往日本、美国、苏联、马来西亚、加拿大、新加坡、马耳他等国家。

东平县化肥厂职工业余学校教师徐延才，在企业劳动竞赛中，坚持把教学、科研、生产相结合。1982年，他针对本厂铝制管道除水锈难度大的问题，在厂领导支持下，经过300多次试验、分析，设计出“铝金属除垢剂”。1986年12月25日，经市科委组织鉴定，认为该配方是铝金属化学除垢的新工艺，居国内领先地位。1987年9月16日，省科委在泰安召开现场会，将“铝金属除垢剂”推广至全省化肥生产行业使用。

东平县副食品加工厂青年技术员白林忠，1984年开始研制“天然酱油”，经300多天实验分析，试制成功。1985年3月，由县科委通过技术鉴定。认为该项科技成果，质量符合设计标准，居省内先进水平。1987年实现批量生产。并获泰安市科委授予的科技进步奖。

东平县粮食局储运公司经理方绍江，1981年研制成功塑料薄膜保粮技术，1983年获县科技成果三等奖。1984年，方绍江又和科技人员尹承海、蒋士清共同研制成功粮食密闭技术“四防”货台，1986年4月22日，泰安市科委对其进行技术鉴定，认为该项成果造价低、见效快，防鼠、防虫、防潮、防霉性能好，被授予泰安市科技进步成果三等奖，山东省粮油购销储运公司将该项成果推广全省。

第三节 职工技术协作组织

1986年12月，全国职工技协副主任周瑞禄，带领十几名干部到东平县帮助建立职工技协组织。经中共东平县委批准，1986年12月25日，成立“东平县职工技术协作委员会”（简称“技协”），设委员25人。副县长王志德兼技协主任。东平县总工会副主席高兴海、县科委副主任单昭奎、县科协副主任孟广俭、县经委副主任刘希和、团县委副书记陈广金兼副主任。东平县总工会生产、劳动保护部是职工技协的工作机关。此后厂矿企业先后建立起技协小组。1987年统计，有25家企业建立起技协组织，发展会员388人。成立技术交流队10个，队员90个；攻破技术关键8个，创造经济效益36000元；组织技术培训136次，培训工人4064人；组织技术表演50次，参加1846人次；推广新技术18项次，创造经济效益26000元；技术有偿服务5项，收入40000元。纯收入22000元；税款600元。1987年，获省、市技协奖励的科技成果6项：即县副食品加工厂研制的“天然酱油”；水河乡松花蛋厂研制的“无铅松花蛋”；东平酒厂研制的“唐龙轻身酒”；东平麻纺厂的大麻化学脱胶工艺；东平化肥厂研制的“油脂加氢”；东平造纸厂的锅炉改造（煤耗下降20%）。东平县总工会生产保护部副部长尹燕华被吸收为泰安市首届职工技协委员。

第四节 劳动保护工作

东平县总工会高度重视职工劳动保护工作。1953年，东平裕民油厂擅自解雇工人。县工会得知后，多次与厂方交涉，促使厂方召回被辞工人。1953—1955年，县工会重点抓了建筑工会、搬运工会的安全生产。1962—1966年，由于各级党政和工会都重视安全生产和劳动保护，东平县五年未出重大事故。“文化大革命”期间，帮派体系把安全生产和劳动保护组织说成“重叠机构”，把规章制度和操作规程说成“管、卡、压”，造成有些单位指挥生产不讲科学；有些新建单位没有安全设施，对易燃、易爆和有毒物质，没有安全防护措施；有些青工不按规程操作。棉花加工厂发生皮带绞死人事故。1975年，造纸厂发生火灾，造成经济损失。

1978年，党中央、国务院关于搞好安全生产的指示下达后，各级党政对安全生产引起重视。1979年，县工业办公室、劳动局、东平县总工会共同组织安全月（5月）活动，规定每年5月份为安全月，认真进行检查评比，发现隐患限期处理，促使各企业加强劳动保护工作。对粉尘浓度较大和毒性浸染的企业，加强防护措施，每月给在岗职工进行体检。对患职业病的职工安排疗养或调换工种。

1980年，通过深入贯彻全国总工会制定的两个条例，在推进企业民主管理的同时，有6个厂建立起劳动保护委员会，33个基层工会增设95名劳动保护委员，101个工会小组专设劳动保护检查员。有12个厂培训工会劳动保护积极分子620人。1981年，东平县总工会组织80名专（兼）职工会主席学习全国总工会有关安全生产和劳动保护的规定、条例，企业工会劳动保护组织进一步健全，尤其是实行企业民主管理后，职代会督促企业加强劳动保护，为实现安全生产奠定基础。1987年，全县企业中，建立劳动保护委员会的企业39家，配备劳动保护专职人员15人、劳动保护检查员509人。此外，还有80个车间建立健全劳动保护委员会。基层工会办起安全知识培训班22期，培训劳动保护积极分子1000余人，组织技术交流19次。

1981—1987年东平县企业工会劳动保护组织发展概况表

附表12　　　　单位：人

年份	劳动保护委员会	劳动保护委员	劳动保护专职人员	劳动保护检查员
1981	6	95	—	101
1983	37	—	6	105
1984	37	—	6	290
1985	37	—	9	363
1986	71	—	15	480
1987	39	—	15	509

第五节　女职工工作

1953年，东平县基层工会设女职工委员。女职工委员根据女职工的生理特点及特殊需要，及时向单位领导提出合理化建议，关心照顾好女职工生活和工作。1981年起，鉴于东平化肥厂、造纸厂、橡胶厂、农机厂等企业规模扩大，女职工人数增多，东平县总工会要求企业建立起女职工委员会。1984年，东平县总工会设立女职工委员会，由一名副主席兼任女职工委员会主任。是年，有8家企业工会建立起女职工委员会，企业工会的女职工委员兼任女职工委员会主任。1987年，全县基层工会组织建立女职工委员会86个。女职工委员会根据《中华人民共和国工会法》等法律法规，切实发挥女职工在企业生产经营、企业管理中的作用，维护女职工合法权益，为企业发展做出贡献。

第二章　宣传教育工作

东平县总工会把宣传教育工作作为工会工作的重要内容，结合工会工作实际，通过组织参加政治活动、办好职工俱乐部、开展文化体育活动、开设职工业余教育和读书活动等多种形式，在职工中开展思想政治工作。在培养爱党爱国和“四有”职工队伍方面做了大量工作，全县职工成为有理想、有道德、有文化、有纪律的生产建设和各项社会事业的生力军。

第一节　思想政治教育

新中国成立后，东平县各级工会在县委领导下，围绕党的中心工作开展多项教育活动。20世纪50年代，全面、系统地进行社会主义革命总路线（即一化、三改）教育，使广大职工认清走社会主义道路的重要性，保证生产资料所有制改造任务的胜利完成。开展“鼓足干劲，力争上游，多快好省地建设社会主义”总路线和正确处理人民内部矛盾教育，各条战线出现经济建设大发展、大跃进新局面。60年代初，经济困难时期，大力开展以农业为基础的教育。因此，广大职工在自力更生、战胜困难的同时，千方百计支援农业生产，密切了工农关系。中共八届十中全会后，围绕“四清”运动开展阶级教育。70年代，落实上级部署，开展党内路线斗争、安定团结及工作重点转移方面的教育。80年代，各级工会围绕社会主义现代化建设，用参观展览会，看电视录像、学法律条文等形式，大力开展法制教育、纪律教育、文明礼貌和职业道德教育。围绕推行职工代表大会制度，广泛深入地进行当家做主，增强职工主人翁责任感教育，对推进社会主义的物质文明和精神文明建设都发挥着重要作用。

第二节　职工俱乐部

1957年，山东省工会联合会向东平县工会联合会拨款8900元，用于建设东平县职工俱乐部。县工会联合会责成工会干部高令训负责俱乐部基建和管理。当年10月，由汶上县建筑队包工兴建，于1958年2月竣工，并交付使用。

县职工俱乐部坐落在老县城州城小隅首街路西，占地12亩。建有北屋瓦房7间，东屋瓦房4间。北屋设图书室1间，藏书10000余册；阅览室2间，订有30多种报刊；游艺室3间，设有乒乓球桌2套，有康乐棋、象棋、军棋等游戏器具。1966年春，又建起讲座室4间，设连椅20张，兼作职工业校初中班教室。东屋设乐器室2间，备有风琴、军乐、管弦乐器各1套；办公室兼宿舍2间。院内有广场，场中设篮球场2个，单杠、双杠各1件。广场西端建露天舞台，供职工文艺演出用。成立9人的俱乐部管理委员会，有各项活动积极分子40人。1979年，东平县总工会机关并入县革委会政治部群工组后，群工组将职工俱乐部全部资产移交给宣传组，安排给县文艺工作队（即县剧团）。

县职工俱乐部投入使用后，开展了4个方面工作：①经常性业余活动。职工可以到俱乐部读书看报、下棋、玩扑克、打乒乓球，经常去活动的职工70~80人。发出借书证400多份。②定期组织职工篮球比赛。每年“五一”国际劳动节、国庆节、元旦，东平县总工会、县教育局都组织职工篮球比赛，对比赛成绩进入前3名的代表队予以奖励。俱乐部备有男、女球衣、球鞋各30套，供县代表队用。东平县职工男篮代表队，曾在泰安专区男篮乙组比赛中，名列第一。③不定期地组织职工文艺代表队训练，迎接专区比赛。1966年，泰安专区职工业余文艺创作会演，东平县代表队演出的编织舞受到表扬。④承办展览会。1958年2月，县委工业部、县工会举办了技术革新展览会，在俱乐部展出革新模型、新产品30件，观众2000多人。1958年春，县委宣传部、县工会在俱乐部举办刘介梅忘本回头展览会，开展生动形象的社会主义教育，展出图画200多幅，历时2个月，工农兵和学生观众10万多人。1964年春，东平县总工会、县教育局在俱乐部办职工书画展，展出作品100多件，观众3000多人。1964年10月，东平县总工会在俱乐部举办我国第一颗原子弹爆炸成功展览，展出照片200多幅，工农观众2万多人。1965年夏，东平县总工会办职工书画展，展出作品200余幅。其中有8幅选送泰安专区展。1979年春，县革委宣传部、县人民武装部联合举办战备教育图片展览，展出挂片200多幅，观众3000多人。

1973年5月，东平县总工会恢复后，根据职工普遍要求，东平县总工会主席王世江、副主席王炳珂多次向县委、县革委会提出收回职工俱乐部的建议，一直未能解决。1981年，在县人民代表大会上，东平县总工会正式提出收回职工俱乐部的提案。会后，县人民政府作出答复。鉴于县城逐步迁至后屯，拨给东平县总工会15000元补偿，批准东平县总工会在后屯新建工人文化宫。原职工俱乐部归县剧团所有。

第三节　基层工会文体活动

1959年前，东平县职工的体育活动，由业余爱好者自愿结合开展。银行、粮食、商业、邮电等单位成立职工业余篮球队。1962年后，工业系统、县直单位工会，相继成立职工篮球队。1966年春，第一次全县职工业余文艺会演，宿城供销社，彭集、城关两处小学工会，自编自演的文艺节目，获得县委领导和广大群众赞赏，并选送到专区会演。1973年，贯彻全国总工会、国家体委联合制定的《职工体育工作条例》，基层工会的文体组织逐步发展。1974年，第二次全县职工文艺会演，县建筑公司、被服厂、航运公司、五金厂等单位的代表队获得奖励。航运公司、五金厂自编自演的7个文艺节目，在参加地区文艺会演中获得好评。1986年，全县建起职工俱乐部10个、职工篮球队94支，参加活动的职工934人；办起职工图书室79个，藏书3.2万册。成立业余文艺宣传队23个，参加职工169人。1987年，全县基层工会组织有篮球队75个，篮球场48个，篮球体育人数227人，其他体育活动人数3018人；有图书室87个，藏书29864册，俱乐部10个，文艺演出队30个，电影放映队2个，文艺创作组2个。

1962—1987年东平县职工文化体育活动情况表

附表13

年份	体育				文艺					
	篮排球队数（支）	球场数（个）	医疗体育人数（人）	其他体育活动人数（人）	图书室数（册）	藏书册数（册）	俱乐部数（个）	文艺演出队数（个）	电影放映队（支）	文艺创作组（个）
1962	29	23	—	—	—	—	—	25	—	—
1973	31	31	—	—	—	—	—	7	—	—
1981	37	37	—	—	30	10324	—	—	—	—
1982	58	55	—	—	43	16089	—	—	—	—
1983	34	25	199	—	45	18224	10	—	—	—
1984	59	61	—	—	65	42408	10	2	—	—
1985	72	61	135	1364	—	—	10	—	—	—
1986	94	61	393	503	79	31935	10	20	—	—
1987	75	48	227	3018	87	29864	10	30	2	2

第四节　职工业余教育

1952年，县工会办职工业校1处。校址在老县城州城署前街路西。开设高小、初小班，招收学员60人。1954年春，60名学员结业。当年秋，业校转归县直机关党委领导，改为“机关学校”。1955年，各基层供销社办起职工业校，开设初小、高小课程，干部职工按文化程度编班学习。县工会帮助配备教师12名。1957年，所配职工教师被抽调做其他工作，业校停办。

1964年春，县工会办起全县统一的职工业校，配专职教师7人，聘兼职教师26人。教师由东平县总工会统一管理，经费统筹，教学时间统一安排，教材统一选订，教学研究统一组织，分11个教学点。各教学点成立办学委员会，负责解决校舍校具，保证教学时间和学员人数。课程为语文、数学两科，每半年进行1次检查，年终评奖“先进办学单位”“优秀教师”“优秀学员”。考试成绩平均90分以上者，颁发“优秀学员”奖状。职工教师既管教学又做职工群众工作，利用业余时间管理黑板报、图书借阅、指导业余文体活动。1965年，县农具厂、宿城供销社、商业局、酒厂获“先进办学单位”奖。教师丁连印、陈玉玲，兼职教师李勋臣、孟传礼获“优秀教师”奖。有80名职工获“优秀学员”奖。

1964年夏，东平县总工会响应上级号召，把学习毛泽东著作作为业余教育的重要内容，举办20名炊事员训练班，学习“老三篇”，即毛泽东主席著的《为人民服务》《纪念白求恩》《愚公移山》。1965年3月—1966年3月，东平县总工会分4期举办工基交系统班组长、工会组长培训班，学习大庆油田工会小组长工作经验，对加强班组建设和工会小组工作发挥了重要作用。为帮助职工学习毛泽东著作，1966年9月，东平县总工会向全县职工发放《毛主席语录》5000册。10月，又向手工业系统职工发放《毛主席语录》3000册，全县职工达到人手1册。

1966年12月，“文化大革命”开始，职工业校停办，后被撤销。1973年，恢复工会组织后，县五金厂（工具厂）办起工人技术业余学校，由本厂技术员和老工人当教师，教学内容为本厂需要的生产常识和操作规程。分2批培训青工285人。

1976年春，东平县总工会、县教育局共同督促各厂大办“七二一”工人大学。县委书记朱信谟多次在办学工作会议上讲话，提出明确要求。当年，全县200人以上的单位（包括临时工）都办起“七二一”工人大学。各单位成立办学委员会，党组织负责人兼办学委员会主任，工会主席任副主任，人事股长当教务长。没有教师，聘请技术员和老工人登台讲课；没有校舍，用餐厅或礼堂当教室；没有教材，就从生产实际出发，现场备课，急用先学。

这种学校对提高青年工人岗位技能及理论素养起到促进作用。

1977年春，东平县总工会副主席王炳珂与工会干部高令训，到县化肥厂进行职工教育试点，在厂党组织重视支持下，聘请离休教师刘以善和徐延才到厂讲课，开高、初中数学、化学课，有学员120余名，促进了职工文化和技术素质的提高。此后，县农机厂、造纸厂、酒厂、供电局、运输公司、航运公司、麻纺厂、水泥厂、电器制修厂借鉴化肥厂办学经验，先后办起职工业余学校，开设初中数学、语文、理化、科技等学科，效果较好。1979年，县商业局、供销联社、粮食局等工会办起职工短期离职轮训班，当年轮训500多人。

1981年，党中央、国务院下发《关于加强职工教育的决定》，县人民政府设职工教育办公室，专管职工教育工作。各级工会由主管职工教育转为认真维护职工学习权利，开展青工补课，取得较好成绩。1984年9月，县经济委员会办起山东广播电视大学大专班，课程为机械制造工艺，由县经委工会副主任王玉苹担任班主任。借用县供电局办公楼一楼东首办公室作为教室，从县化工总厂、酒厂、麻纺厂、印刷厂、编织厂、水泥厂、工具厂、沙庄煤矿等企业招收学生17人。1987年8月，有15名学生获毕业证书。1985年9月，县经济委员会在办公楼三楼开办山东广播电视大学泰安分校中专班，学制2年，课程为企业管理。从县建设、粮食、交通、供电和经委所属工业企业招收学员20人。教学期间开课16门，聘请县师范等单位教师兼职主讲教师和辅导教师12人。由县经委工会副主任王玉苹、技术科干部邹永和负责教学管理。1987年9月，经过2年的学习，有19人取得毕业证书，成为本单位企业管理的业务骨干。

1977—1979年东平县职工业校各学点开班情况表

附表14　　单位：个

类别＼单位	职工俱乐部	商业局	酒厂	农具厂	航运公司	石灰厂	棉厂	县瓷砖厂	宿城供销社	彭集供销社	接山供销社	沙河站供销社
初中	60	30	—	30	30	—	30	—	30	30	30	30
高小	—	30	20	30	30	30	40	20	40	40	40	40
扫盲	—	—	30	30	—	30	—	30	—	—	—	—
合计	60	60	50	90	60	60	70	50	70	70	70	70

第五节　职工之家与职工读书活动

1984年，遵照全国总工会逐步将基层工会建成职工之家的部署和省总工会规定的“建家”标准，8月始，东平县总工会指导161个基层工会，分批整顿建设职工之家。1985年5月，对建设职工之家活动情况进行检查验收，有24个单位达到合格标准。是年底，再次进行检查验收，有76个单位的职工之家验收合格。至1987年年底，全县共建成“职工之家”143个。经省、市总工会检查验收，东平化肥厂工会被命名为山东省和泰安市“模范职工之家”。东平县酒厂工会获泰安市“模范职工之家”称号。有24个单位获东平县人民政府授予的“先进职工之家”称号。1988年，在广泛开展“职工之家”创建活动基础上，全县工会干部和职工群众深入开展“怎样使工会成为职工群众自己的组织”大讨论，学习工会章程、工运方针，明确工会的性质、任务和作用。广大工会积极分子和职工群众把办好工会、做好工会各项工作当成分内的事。为职工说话、办事，维护职工的合法权益，加强职工思想政治教育和文化技术教育，为建设一支有理想、有道德、有文化、有纪律的职工队伍，推进东平经济、科技、教育、文化振兴做了大量工作。

1984年7月，中共东平县委转发县委宣传部、县总工会、团县委、县科协《关于开展职工读书活动的报告》。各级工会、共青团组织密切配合，采取多种措施，组织广大职工投入读书活动。1985年，全县有职工读书小组285个，参加职工3181人。1987年统计，读书小组370个，参加职工5283人。其中，工人3461人，科技、管理人员1314人，领导干部508人。有10个单位成立读书指导委员会，表扬自学成才职工 19 人。从学习内容看，学习社会科学的 1317 人；学习自然科学的 502 人；学习文化技术的 3014 人。

第六节 工人文化宫

东平县工人文化宫位于县城东山路中段，占地 57 亩。于 1979 年 9 月动工兴建，1983 年建成投入使用。总投资 112 万元，其中，省、市两级总工会拨款 76.24 万元，县财政局拨款 24 万元，东平县总工会自筹 15.76 万元。

工人文化宫基建工程分 4 批进行。第一批工程，1979—1980 年，由东平县总工会副主席王炳珂和文化宫负责人高令训负责。县建筑公司第一施工队承包。建起了图书室、阅览室、乒乓球室、讲座室，钢骨水泥平顶单层，建筑面积 400 平方米，同时建起砖石砌围墙 410 米。安装电镀铁大门，建起单层平顶警卫室，被评为泰安地区全优工程。第二批工程，1981 年起，由文化宫副主任高令训负责，城关公社陈杰英建筑队包工，建起 2 层教学楼，共 26 间，建筑面积 700 平方米，1983 年 9 月竣工。内设职工教室 6 间，木质课桌凳 2 套；老干部活动室 3 间，备有报纸 8 种、刊物 6 种；老干部娱乐器械多种，有钢制篮球架 2 对、单双杆各 2 套、木马 2 个。第三批工程，建设职工影剧院，1984 年 9 月开工，1985 年 11 月主体工程竣工。该项目当时属于县城大型建设工程，县委常委专门讨论 3 次。前任县委书记郑建栋，副书记陈铭玺亲自赴省工会汇报影剧院基建筹备情况，请求支持。时任县委书记刘静海、县长韩振明高度重视，成立了影剧院基建领导小组，县委副书记姜吉卬兼组长，副县长靳士杰兼任副组长。县政府行政办公室、县财政局、建委、计委、物资局、建设银行和东平县总工会等部门的负责人为组员，下设办公室，东平县总工会副主席王允光兼办公室主任。请淄博设计院设计师冯桂彩设计工程式样和图纸，由东平县建筑公司承包施工。建筑面积 2308 平方米。内有大型舞台、帘幕、化妆间、乐器间、演员宿舍、吊灯、吊扇、防火设施和扩音设置。设排座 1220 个。1986 年，购置电视录像放映设备 1 套。1987 年年底验收合格，并交付使用。第四批工程，建造宿舍。由东平县总工会副主席李建章，文化宫副主任高令训、陈培龙负责，大羊乡建筑安装公司承包施工。1987 年年底，建起单层平顶房居 11 套，共 26 间，建筑面积 520 平方米。

工人文化宫管理使用。1983 年 9 月，县委组织部为工人文化宫配干部 3 名，设副主任 1 名。东平县总工会又聘退休干部 2 名。当年，文化宫举办专题书画展，展出职工作品 82 件。县委书记郑建栋、副书记傅茂森、人大办公室主任孙庆国等领导干部为展览题词。省、市著名书法家魏启厚、张正、王明九书赠贺词。李守白的行书获地区首届职工书画展览二等奖。1984 年，李守白、吴绪伦、孙庆国、张博的书法作品获地区第二届职工书画展览纪念奖。1985 年，李守白、孙庆国、吴绪伦、张博、王笃孝的书法作品，卫生局韩福贞的绘画获地区第三届职工书画展览纪念奖。同年，李守白、梁万里、吴澄航、孙庆国、张博、杨化一 6 人的书法作品在泰安市书法协会展出，李守白获二等奖，梁万里获三等奖。1986 年春，李守白、赵华岩的书画作品选送省和首都展出，后在泰安和南宁展出。1987 年 7 月，东平县有 6 件职工书画作品，在泰安市第四届职工书画展览获奖。张博、吴澄航、李守白、吴绪伦、孙庆国的书法作品和韩福贞的绘画，先后被《泰安日报》选登。1987 年 4 月，张博的草书“山色”被《中国青年报》选登。1986 年，青年书法爱好者张博、梁万里、梅建华、韩福贞、李传友第一批加入泰山书画协会，张博当选理事。1987 年，张博、梁万里被泰安市书法协会吸收为会员。1983—1988 年，文化宫购置图书 3700 册，订制报刊 120 种。发出借书证 100 个，每年参加图书阅览职工累计 15000 人次。

1983—1988 年东平县工人文化宫展览项目情况表

附表 15

年份	书画展览		菊花展览		元宵灯会	
	次数（次）	交流次数（次）	品种数（钟）	盆数（盆）	参展单位数（个）	展出灯数（个）
1983	1	—	—	—	—	—

续附表 15

年份	书画展览		菊花展览		元宵灯会	
	次数（次）	交流次数(次)	品种数（钟）	盆数（盆）	参展单位数（个）	展出灯数（个）
1984	3	—	57	163	120	160
1985	3	2	—	—	44	221
1986	4	—	102	250	130	230
1987	3	—	—	—	—	—

东平县城市信用社

1988 年 7 月，东平县总工会在工人文化宫门口创办东平县城市信用社。聘用编外人员 5 人，实行独立核算、自主经营、自负盈亏、民主管理。业务上接受县人民银行直接领导，是与其他县级专业银行平等的金融组织。至 1988 年年底，该信用社取得明显的经济效益和社会效益。省总工会将东平创办经济实体城市信用社的经验推广全省，市总工会授予东平县城市信用社"先进经济实体"称号，奖励石英钟奖牌一块。全总办公厅出版的《工会工作通讯》〔1988〕第 32 期，刊文宣传推广东平县总工会创办经济实体的做法和经验。

第三章 职工生活

第一节 劳动保险

1951 年 2 月 26 日，中华人民共和国政务院颁布《中华人民共和国劳动保险条例》。1953 年 1 月 26 日，劳动部制定出台《劳动保险条例实施细则》。1951 年，东平县邮政局 43 名职工执行劳动保险条例。1957 年 9 月，县工会批准粮食局、农业局、林业局、水利局、药材公司、油脂公司执行劳动保险条例，使 284 名职工享受劳动保险待遇。1958 年，享受劳动保险待遇的职工 662 名。1959 年，东平县建制撤销，劳动保险工作中止。1962 年 1 月恢复。县邮电局、粮食局、商业局、药材公司恢复劳动保险待遇（商业局拖至 1964 年 6 月）。为搞好劳动保险整顿，1964 年 6 月，东平县总工会组织 11 个执行劳动保险条例单位的人事干部，重新学习《劳动保险条例实施细则》实施细则，重点讨论"怎样划清哪些人是供养直系亲属？"什么是"本企业工龄"和"一般工龄"？"哪些人不能享受劳动保险待遇"？怎样填写"劳动保险卡片"？要求他们实事求是地确定每个职工供养直系亲属的人数，准确确定每个职工的"本企业工龄"和"一般工龄"。通过整顿，对享受劳动保险待遇的 818 名职工及其供养直系亲属 1801 人，张榜公布，然后填写劳动保险卡片。

1964 年，县粮食局负责人自行决定部分患慢性病的职工退休。这些职工因不到退休年龄，不符合退休条件，向县工会提出维护权益的要求。东平县总工会查清后，决定对不符合退休条件的职工，不承认其为退休职工，不准在劳动保险基金项下列支其退休费用。责成县粮食局恢复他们的工作。需要养病的按病假处理。

1965 年 2 月，县供销社申请供销系统的职工执行劳动保险条例。专区工会办事处认为东平供销系统不属恢复劳动保险的单位，暂不允许执行劳动保险条例，东平县总工会亦未核准。

1977 年，劳动保险工作归县劳动局管理，劳动保险单位扩大到工基交、财贸、农林水等方面的全部国营企业和集体企业共 40 家。享受劳动保险待遇的职工达到 3541 人。供养直系亲属 8187 人。

遵照全国总工会、省总工会指示，东平县总工会承担移地支付劳动保险工作。1962 年接受 30 名。1964 年增至 59 名。1966 年达到 91 名。东平县总工会每年支出劳动保险调剂金 15000 元至 20000 元。1967 年支付 37000 元。1967 年夏，东平县工人指挥部接管工会财务后，移地支付劳动保险费用由工人指挥部列支。1969 年 2 月，县工人指挥部撤销，县革命委员会决定，该项工作移交县劳动部门。根据省革命委员会的规定，1979 年 2 月 25 日，将剩余的 3513.64 元劳动保险调剂金上解山东革命工人造反总指挥部。

1951—1968 年东平县工会主管阶段劳动保险收支情况表

附表 16

年份	劳保单位数(个)	职工数(人)	劳动保险总基金收入(元)	劳动保险基金支出(元)	企业直接支付(元)
1951	1	25	166	23	46
1952	1	25	305	21	68
1953	1	27	411	45	96
1954	1	23	434	61	63
1955	1	26	392	64	120
1956	1	43	561	93	108
1957	7	284	2875	1182	3646
1958	4	662	2789	561	3670
1962	2	126	837.88	1955.05	因报表丢失无数据
1963	3	295	920.81	3069.40	
1964	4	586	1967.12	3420.75	
1965	11	562	4196.08	4196.08	
1966	11	574	9576.00	14214.05	
1967	11	584	13302.60	4039.00	
1968	11	584	7180.00	9421.35	

第二节 互助储金会

1952 年，东平县工会倡导成立职工互助储金会。储金方式有 2 种，一是参加互助储金会的职工每人每月按工资 1% 交纳。二是每人每月交 1 元至 10 元。年终退还储金 50%。职工借钱需经互助储金会主任批准，一般不准超过本人月工资二分之一，从下月起还款。1952 年成立互助储金会 9 个，参加职工 752 人，储金总额 3750 元。1962 年有互助储金会 24 个，参加职工 3171 人，储金总额 10410 元。“文化大革命”开始后，各单位的互助储金会转由人民银行管理。1973 年，东平县总工会组织恢复后，该项工作仍由工会主管。

1952—1987 年东平县基层互助储金会情况统计表

附表 17

年份	互助储金会个数(个)	参加职工数(人)	储金总额(元)
1952	9	752	3750
1953	12	873	5320
1954	16	1040	6380
1955	16	1041	6380
1956	21	2142	8230
1957	25	3210	10300
1958	25	3210	10300
1962	24	3171	10420
1981	81	5035	14499
1982	85	6620	151998
1983	84	6279	160943
1984	83	6306	228602
1985	151	8741	288684

续附表 17

年份	互助储金会个数（个）	参加职工数（人）	储金总额（元）
1986	148	8544	342705
1987	163	12626	363608

第三节 职工食堂管理

东平县工会把抓好食堂管理作为职工生活管理的重要方面。该项工作经历了四个阶段。1955—1958年为第一阶段。1955年9月，县工会举办培训班，培训炊事员40名。1958年春又培训40名。1956年，职工食堂检查评比，有2人获一等先进工作者奖，3人获二等先进工作者奖，2人获三等奖。1958年年底，开展食堂工作检查评比，有16名炊事员获先进工作者奖。1962—1964年，为第二阶段。为战胜经济困难，县工会全力以赴抓好职工食堂竞赛。1962年3月，下达职工食堂竞赛意见，规定先进食堂、先进炊管人员标准，将全县57个职工食堂划分成3个赛区，每半年组织一次检查评比。为补充职工口粮不足，很多企事业单位开辟生产基地。有的单位更换技术能力差、服务水平低的炊事员和司务长，加强成本核算，增加花色饭菜，降低生活费用，达到吃粗吃饱。1962年检查，县农具厂人均生活费由每月17.6元下降到12元。多数单位都下降3元左右。1963年4月，县工会召开先进食堂、先进炊管人员代表会，县供销社、航运公司、面粉厂、县医院、修防段、花篮店供销社、东平三中，东平四中（接山）8个单位获先进食堂称号，10名炊事员获先进个人。1965—1966年为第三阶段，该阶段为食堂工作五好竞赛阶段。1964年7月，东平县总工会下达开展“五好食堂”“五好炊事员”竞赛的意见，然后分3个片区培训炊事员50名，学习大庆油田模范炊事员张洪池的事迹。县直20个职工食堂饭菜质量和服务工作显著改善。县人民银行李兴成被誉为孙乐义（解放军的模范司务长）式的司务长。五金厂炊事员陈庆华，被中共泰安地委和专署命名为“五好职工”。1976年至改革开放初期为第四阶段，随着国民经济的恢复和发展，职工的粮油和副食品供应逐年好转，东平县总工会配合企事业行政主管继续抓好职工食堂工作。1981年，县卫生局工会、县教育局工会专门举办系统内所属单位炊事员训练班，使各中学、各医院的食堂服务明显改善。

第四节 困难职工救助

1954年后，东平县各级工会每年都要筹集资金，补助生活困难职工。1962—1964年，国民经济三年困难时期，东平县总工会3次拨出救济款31815元，并拨出救济棉票4000余斤，救济布票600米，蚊帐108架，针织品票证400米，基层工会每年自筹20000多元，帮助1000多名职工克服了困难。1965年后，经济逐年好转，东平县总工会从职工福利费中抓好少数生活困难职工的救助工作。

20世纪50年代，东平县工会办有职工招待室和教工招待室，各设床位10余张，专门安置病老职工住宿，每天收费5角，1958年停办。1962年1月，县委、县人委明确规定：凡患肺结核、胃病、心脏病和其他慢性病的职工，经县工会介绍，商业、粮食部门每月供应鸡蛋1斤、猪肉5斤、食糖1斤、大豆5斤、食油加半斤、细粮80%（正常人30%）。1962—1963年，有300多名病老职工得到照顾。1957—1966年，县工会帮助100多名患皮肤病、心脏病、胃溃疡和关节炎的干部职工，分别到青岛、威海工人疗养院疗养。实行劳动保险条例单位的职工，基层工会在劳动保险基金项下，每月付给疗养职工标准生活费50%的补助。

1962—1987 年东平县职工生活困难补助情况表

附表 18

年份	补助人数	辅助金额（元）	其中县工会拨款（元）
1962	1000	23000	3000
1963	1200	33500	13500
1964	1100	34685	14685
1981	1074	35372	—
1982	1308	46051	
1983	1163	43390	
1984	821	29915	
1985	806	40569	
1986	568	33492	
1987	709	34057	

解决职工生活急需。1973 年始，随着职工人数，特别是女工人数逐年剧增，扩建职工住房成为急务。东平县总工会与企事业单位工会组织向各单位负责人提出扩大建设职工住房的建议，较好解决职工住房拥挤困难。1980 年后，各级工会成立离退休职工管理组织 63 个，每年年终配合行政对全县离退休职工进行走访慰问。1981 年，全县有职工 12585 人，其中女工 3068 人。1983 年，处理职代会提案，有 12 家企业扩建职工住房 420 间；有 17 家企业办起职工浴池；有 22 家企业办起医疗室，配备医务人员 58 名。1985 年，东平县总工会先后帮助 14 名省、市级职工劳动模范的家属和子女办理农转非。1987 年，有 5 个基层工会成立“红娘组织”，帮助 16 名大龄青年职工完成婚事。

第五节 托幼工作

1953 年，县人民政府在老城侯家祠堂办机关幼儿园 1 所，吸收职工子女参加。1973 年，县五金厂、造纸厂、农机厂、被服厂先后办起幼儿园。因单位条件时有变化、幼儿园时办时停。1981 年，在职代会促使下，各企业幼儿园得到整顿、巩固和发展。配备专职保教人员，入托幼儿逐年增多。县商业局幼儿园获地、市级“幼儿工作先进单位”荣誉称号。

1981—1987 年东平县基层托幼组织情况表

附表 19

年份	个数（个）	工作人员（人）		受托幼儿（人）	女工冲洗室数(个）
		总数	其中保教人员		
1981	5	11	6	74	3
1982	5	15	7	135	3
1983	7	15	7	346	3
1984	23	22	7	185	8
1985	11	29	18	348	8
1986	38	69	55	1076	12
1987	15	44	33	413	12

第四章 民主管理

东平县总工会按照党中央和全国总工会的部署和要求，把推行职工代表大会制度作为实行民主管理、办好社会主义企业的一项根本制度。自1980年起，通过举办培训班、深入企业抓点带面，总结经验，全面铺开。1982年年底，全县102个单位普遍实行职工代表大会制度，通过职代会行使对生产、经营重大事项的审议权，对职工切身利益的决定权，对企业领导干部的监督权，促进企业经济效益和社会效益不断提高。东平县推行职代会的经验，受到省委和市委充分肯定，分别在全省和全市企业民主管理工作会上介绍经验。至1988年，全县企业民主管理工作深入、持续开展。

第一节 推行职工代表大会制

1980年12月，县邮电局召开首届职工代表会，审议局长和工会主席的工作报告，评议干部，改选局工会委员会。邮电局的职代会虽不够完善，但在怎样实行企业民主管理上闯出了路子。1981年2月，新到职的东平县总工会主席邹和亭，参加省总工会七届二次执委（扩大）会议。回县后，经研究决定，把推行职工代表大会制作为1981年工会工作的一个硬仗。向县委汇报后得到支持。4月10日至5月10日，东平县总工会举办80名专（兼）职工会主席训练班，系统学习省总工会拟定的《职工代表大会制试行条例》和外地推行职工代表大会制的经验，学习工会生产、生活、劳动保护等方面的基本知识，为推行职工代表大会制奠定基础。6月10日至8月22日，在县委、县政府支持下，由东平县总工会主席邹和亭、副主席王允光和常委郑于民3人组成工作组，在县化肥厂进行筹备职工代表大会试点。按照党中央、国务院颁发的《国营工业企业职工代表大会制暂行条例》，帮助化肥厂领导发动群众，开展宣传，贯彻职代会条例，商定议题，征集提案，选举代表。化肥厂首届职代会共选出代表58名（男52名，女6名）。其中，工人代表42名，占71%；干部科技人员代表17人，占29%；青工代表36人。大会议题：审议厂长工作报告；讨论本厂两年建设规划；讨论制定全厂性的五项规章制度；民主选举大会主席团、秘书长和职代会5个专门委员会。

1981年8月23—25日，县委、县政府在县化肥厂召开推行职工代表大会制现场会。县委、县政府各部、委、办、局负责人、县直企业党政领导干部、工会干部，各公社文教助理员，共120人参加会议。县委常委、副县长孟宪章主持现场会，与会人员列席了化肥厂首届职代会全过程。在工作会议上，县委副书记陈铭玺传达《国营工业企业职工代表大会制暂行条例》和县委、县政府推行职工代表大会制的规划和部署。要求全党动手，年底前完成推行职工代表大会制的任务。现场会后，各委局、各企事业单位，层层开会，统一思想认识，建立推行职代会专门班子，抽调干部，按照化肥厂筹建职代会的路子，推进职代会工作扎实开展。

东平县推行职工代表大会制，注重同健全经济责任制相结合。1981年9月26日，县委、县政府召开县直企业全体党员干部大会，副县长孟宪章强调，把健全经济责任制作为职代会的一项重要议题，工会要在推行职代会、健全经济责任制工作中，发挥筹备处、秘书处、办事处的作用。

1981年10月12日，县委副书记陈铭玺召集各委主任、各局局长会议，听取各单位推行职代会情况汇报。要求保证质量，加快进度，年底全面完成建立职代会工作。10月底，卫生系统15个院所、建委系统4家企业、商业系统8个公司都召开了职代会。11月底，工业系统18个工厂、供销系统12家企业都召开职工代表会。12月中旬，教育系统22个单位召开职代会。1981年年底统计，全县应建职代会102个单位，除航运公司是翌年1月召开职代会外，均建立健全职代会。

1982年2月，省总工会干校举办县、市工会主席民主管理培训班，聘请东平县总工会主席邹和亭和常委郑于民到校介绍推行职代会的经验。7月，中共泰安地委发文件将东平县委推行职代会的经验转发全区。2月中旬，省总工会七届三次执委（扩大）会议印发东平县推行职代会的经验。1982年5月，为筹备全省企业民主管理经验交流会，省总工会副主席马龙溪到东平，调研、总结推行职代会的经验。8月中旬，中共山东省委召开全省企业民主管理经验交流会，县委副书记陈铭玺在会上介绍推行职代会的经验。8月下旬，中共泰安地委召开全区企业民主管理经验交流会，县委常委、副县长孟宪章在会上介绍东平县推行职代会的经验。

第二节 民主选举评议企业干部

1983 年 6 月，县委抽调县委组织部副部长石兴平，东平县总工会副主席王允光、秘书高兴海，工业局副局长陈允贤，局工会副主任张尚盘等，组成试点工作组，到化肥厂进行民主选举厂长试点。经过广泛宣传《厂长工作条例》，民主评议干部，协商厂长人选，做好原任厂长的思想工作。在职工代表大会上，李建章当选厂长，单昭奎、张敬峰、董敬华当选副厂长。9 月份，又召开工会会员代表会，耿进亮当选工会主席。选举了车间主任和班组长。这次试点，民主选出干部，增强了职工当家做主的责任感，推动了企业生产发展。1982 年，在燃料、动力提价的条件下，该厂仍盈利 100 万元。

1983 年，在东平化肥厂选举试点工作经验的带动下，各单位的职代会换届选举全面推开。1984 年，酒厂、造纸厂、工具厂、第二农机厂、自行车零件厂、工艺美术公司、石灰厂、建筑公司、砖瓦厂都进行了民主选举厂长。县石灰厂，由于充分发扬民主，原任正副厂长落选，3 名工人当选正副厂长。新厂长上任后，当年扭亏增盈。据 1987 年统计，民主选举企事业行政领导成员的单位达到 53 个。民主评议干部的单位 87 个，被评议干部 415 人。其中，受奖的 76 人；被免职的 5 人，有 55 家企业健全民主管理网，实行厂、车间、班组三级民主管理。

第五章 工会财务工作

东平县工会财务工作起始于 1952 年，至 1988 年的 36 年间，在财务队伍建设、经费收支、账务管理制度等方面不断得到增强和完善。进入 20 世纪 80 年代后，东平县总工会成立经费审查委员会，强化工会经费审查监督，坚持每年向上级报告经费使用和监督工作情况，促进了工会各项工作开展，在为职工群众搞好服务方面发挥了重要作用。

第一节 工会财务队伍建设

1952 年 4 月，东平县建立工会财务体制。工会大量财务工作依靠积极分子去做，是工会财务工作的特点。随着工会财务工作不断发展，工会财务工作积极分子，由 1953 年的 40 人，增至 1987 年的 311 人。县工会对工会财务队伍建设一向重视。1957 年 9 月，针对部分兼职工会财务干部业务生疏的情况，组织 55 名新选出的工会财务积极分子集中培训 5 天，学会怎样计算工资总额，怎样建账，怎样编制收支预决算，怎样实行民主理财。1962 年后，县工会召开的工会经验交流会，每次都有做好工会财务工作的经验介绍。1979 年，恢复工会财务体制后，工业、基建、交通、商业、供销、粮食、教育、卫生等部门工会，都组织所属基层的工会财务工作积极分子学习全国总工会颁发的《工会会计科目》、经费收入支出规定和工会财务纪律。在检查评比的基础上，1980 年，东平县总工会召开第一次工会财务工作积极分子代表会，表彰奖励 30 个工会财务工作先进单位、72 名工会财务工作积极分子。1982 年 2 月，召开第二次工会财务工作积极分子代表会，表彰财务工作先进单位 33 个、财务工作积极分子 84 名。

第二节 基层工会的财务工作

东平县总工会对基层工会财务工作的管理，重点抓好两个方面。一是定期组织查账和财务会审。收入、支出、管理全面检查，把收入和支出作为重点，解决少数单位对工会经费漏拨欠解、开支不当等问题，严格工会财务制度。二是严格收支预决算制度。1953—1963 年，基层工会的收支预决算由县工会直接审核。1964—1966 年，东平县总工会每半年组织一次财务会审，分组查账。然后审核预决算，对查出的问题，凡符合工会支出范围的核准报销，对欠拨欠解的工会经费，限期拨缴上解，对乱摊派支出，不准在工会报销。1973—1978 年，工会不管财务，所需费用由行政方面列支。1979 年 1 月，恢复工会财务体制后，工会财务定期组织检查评比，由各局工会组织进行。基层工会的预决算经局工会初审后，再由东平县总工会审核。1980 年统计，全县 119 个基层工会，按期编报预决算的 73 个，占 61%。支出方面，扩大文体活动支出，（新增工会建设支出，控制会员困难补助支出，紧缩工会行政费支出。1981 年，基层工会经费总收）入 14.25 万元，除上解部分外，用于工会建设支出 5988 元，占 6.6%；文体事业支出 28198 元，占 6.4%；会员困难补助支出 5739 元，占 4%；职工教育费支出 2641.73 元，占 1.8%。1987 年，东平县总工会经费收入 118.85 万元，其中，基层工会拨缴工会经费 11.02 万元。

第三节 县工会机关财务工作

1952 年 4 月，县工会开始建账，配财务干部 1 人。财务干部既负责工会自身经费收支，又负责指导督促基层工会财务工作。1957 年后，东平县工会成立经费审查委员会，民主理财工作，主要靠经费审查委员会定期审查监督。至 1988 年，东平县总工会经费审查委员会换届 5 次。37 年间，县总工会的财务工作大体经历了三个阶段。1953—1968 年为第一阶段，收入、支出共 16 项，即下级上解工会经费收入；下级上解劳动保险总基金收入；下级上解剩余劳动保险基金收入；下级上解职工业余教育经费收入；省总工会拨入工作费；省总工会补助事业费；省总工会拨入劳动保险调剂金收入；专区工会拨入职工救济款；上解省总工会经费支出；上解省总工会劳动保险总基金支出；上解省总工会劳动保险调剂金支出；工会行政费支出；工会事业费支出；职工业余教育经费支出；劳动保险调剂金支出；专拨救济款支出。1967—1969 年 1 月，东平县总工会的财务工作由东平县工人指挥部接管。1969 年 2 月，县工人指挥部撤销时，将剩余的工会经费、劳动保险总基金、剩余基金，职工业余教育经费，上解山东革命工人造反总指挥部，县工会财务工作中止。

1973—1978 年为财务工作第二阶段，工会不管财务。东平县总工会所需费用由县革命委员会机关列支。1979 年 1 月至 1988 年 12 月，为工会财务工作第三阶段。省总工会不再向东平县总工会拨工作经费，把东平县总工会上解的工会经费数，由 10% 减为 5%。由东平县总工会编制预决算，经省、市工会批准后列支。取消了由工会负责的劳动保险、职工教育等项财务工作。因东平县工会经费收不抵支，1979—1986 年，省工会每年补助东平县总工会 2000 元。

1952—1988 年东平县总工会财务干部任职情况表

附表 20

姓名	性别	任职起止时间	备注
李明五	男	1952.01—1952.04	工作变动
郭永法	男	1952.04—1962.01	工作变动
解培森	男	1962.01—1963.12	工作变动
郑于民	男	1964.01—1965.04	工作变动
董敬华	男	1966.04—1966.04	调出
潘学山	男	1966.04—1969.02	调出
王笃和	男	1979.01—1987.02	调出
纪学祯	男	1987.08—1988.12	在职

1952—1988 年东平县总工会历届经费审查委员会委员情况表

附表 21

届次	姓名	性别	工作单位及职务	任职起止时间
首届	杜先楷	男	县财政局局长（主任委员）	1957.08—1963.11
	殷志福	男	县邮电局干部	
	田庆琢	男	县商业局局长	
	任志增	男	新华书店经理	
	杜恒彬	男	县教育局干部	
二届	赵锡山	男	教育局局长（主任委员）	1963.11—1966.12
	王金亭	男	县财政局税收股股长	
	梁英儒	男	县人行副行长	
	王允宝	男	县航运公司队长	
	宫开玉	男	县宿城供销社物价股股长	

续附表 21

届次	姓名	性别	工作单位及职务	任职起止时间
三届	1967.01—1980.03 东平县总工会财务由县革委会管理，总工会未设经费审查委员会			
四届	霍庆瑞	男	县建委工会主任（主任委员）	1980.08—1984.09
	赵灿华	男	县农业银行副行长	
	王瑞振	男	卫生局工会副主任	
	何传才	男	县供销社工会干部	
	孙养庚	男	县拖拉机站工人	
	杜恒彬	男	东平一中副校长	
	牛兰芬	女	县造纸厂工会主席	
五届	霍庆瑞	男	县委工会主任（主任委员）	1984.09—1988.03
	王瑞振	男	县卫生局工会副主任	
	徐翠翠	女	县卫生局工会副主任	
	沈坤江	男	县供电公司工会副主席	
	张福振	男	县工商银行会计科科长	
六届	张作光	男	县经委工会主任（主任委员）	1988.03—
	王瑞振	男	县卫生局工会副主任	
	沈坤江	男	县供电局工会副主席	
	苏厚达	男	县水产局工会主任	
	王光迎	男	县工商银行工会副主席	
	张峻山	男	县农牧局工会主任	
	赵延菊	女	县交通局工会副主任	
	崔畅智	男	县农业银行工会主席	
	张昭连	男	县农机公司工会主席	

1953—1987 年东平县总工会历年经费收支一览表

附表 22　　　　单位：元

年份	收入	支出	年份	收入	支出
1953	15151.55	8191.56	1967	82847.75	70752.27
1954	12379.37	5622.45	1968	146344.30	136957.42
1955	11360.38	2421.47	1969（1—3 月）	17807.87	17807.37
1956	28554.52	21700.79	1969—1978	转由县革委会管理	
1957	45819.04	45415.83	1979	31196.06	13341.67
1958	—	—	1980	111024.46	93458.79
1959	划归平阴县		1981	129846.20	90127.17
1960			1982	152807.99	132499.04
1961			1983	206309.89	148458.39
1962	35035.72	26331.60	1984	481102.11	74772.88
1963	61643.96	45458.83	1985	472686.76	66357.53

续附表 22

年份	收入	支出	年份	收入	支出
1964	69170.08	56726.40	1986	851972.49	808787.56
1965	62408.51	51873.60	1987	1188457.69	1133679.00
1966	79691.80	70896.81	1988 收支结存	54778.69	54778.69

1953—1956 年东平县总工会历年经费收支一览表

附表 23　　单位：元

年份 科目	1953		1954		1955		1956	
	收入	支出	收入	支出	收入	支出	收入	支出
上年经费结余	—	—	6959.99	—	6756.92	—	8938.91	—
下级上介工会经费	11706.83	6772.58	5419.38	5622.45	4603.46	2421.47	14797.66	10289.31
工会行政费	—	—	—	—	—	—	—	3605.30
工会事业费	—	—	—	—	—	—	—	7806.18
省拨工作费	—	—	—	—	—	—	3244.00	—
职工教育费	—	—	—	—	—	—	—	—
劳动保险调剂金	—	—	—	—	—	—	—	—
工会会费	3444.72	1418.98	—	—	—	—	1573.95	—
上级补助收入	—	—	—	—	—	—	—	—
暂收款	—	—	—	—	—	—	—	—
暂付款	—	—	—	—	—	—	—	—
合计	15151.55	8191.56	12379.37	5622.45	11360.38	2421.47	28554.52	21700.79

1957—1960 年东平县总工会历年经费收支一览表

附表 24　　单位：元

年份 科目	1957		1958		1959		1960	
	收入	支出	收入	支出	收入	支出	收入	支出
上年经费结余	6853.73	—	403.21	—	6121.83	—	12800.83	转平阴县工会
工会经费收入	25021.03	23128.19	7038.31	7255.58	23658.43	19880.57	—	—
工会行政费	—	2168.62	3596.79	3274.32	6500.00	6182.40	—	—
工会事业费	—	17682.38	—	—	—	—	—	—
省拨工作费	2571.53	—	1130.36	—	—	—	—	—
职工教育费	—	—	—	—	—	—	—	—
劳动保险总基金	2436.64	2436.64	871.45	871.45	908.68	794.90	—	—
劳动保险调剂金	—	—	4016.31	1354.01	1128.08	—	—	—
工会会费	8936.31	—	1557.08	315.04	890.19	190.15	—	—
上级补助收入	—	—	—	—	—	—	—	—
暂收款	—	—	1409.37	831.15	1329.16	687.52	—	—
合计	45819.04	45415.83	—	—	—	—	—	—

1962—1965年东平县总工会历年经费收支一览表

附表25　　　　单位：元

科目＼年份	1962		1963		1964		1965	
	收入	支出	收入	支出	收入	支出	收入	支出
上年经费结余（平阴分来）	3925.06	—	3704.12	—	6815.51	—	12443.68	—
工会行政费	—	4844.36	—	4094.08	—	366.73	—	5956.91
下级上介工会经费	10902.63	11730.33	12334.16	9654.07	18507.84	13311.62	13948.53	19100.00
工会事业费	—	—	—	4005.80	—	6564.77	24.00	6904.00
省拨工作费	5500.00	—	3600.00	—	4436.09	—	6900.00	—
职工教育经费	—	—	—	—	1742.70	897.10	4760.39	2945.60
劳动保险总基金	837.88	920.55	814.76	590.00	3636.59	2313.46	9034.33	4644.47
劳动保险调剂金	8672.29	8428.71	13152.00	11902.32	15700.00	14177.70	12000.00	19662.19
省拨事业费	1950.00	—	—	—	1800.00	—	—	—
专拨救济款	3000.00	—	13500.00	15950.00	15500.00	14685.00	3000.00	410.00
补助下级收入	—	—	—	—	—	135.22	—	—
其他收入	—	—	—	—	293.39	256.39	—	—
暂收款	247.86	398.66	169.30	208.77	522.06	520.63	255.53	280.86
暂付款	—	—	—	27.90	215.90	188.00	42.00	169.22
合计	35035.72	26331.60	61643.96	45458.83	69170.08	56726.40	62408.51	51873.60

1966—1969年东平县总工会历年经费收支一览表

附表26　　　　单位：元

科目＼年份	1966		1967		1968		1969.01—1969.03	
	收入	支出	收入	支出	收入	支出	收入	支出
上年经费结余	10534.91	—	8794.99	—	12095.47	—	9386.88	—
工会行政费	360.90	5874.17	—	4322.80	4830.84	7781.68	414.07	305.00
下级上介工会经费	15587.96	7190.36	12956.99	14218.36	35462.37	35462.37	721.06	721.06
工会事业费	1011.36	4103.65	40.15	8189.66	11072.74	9782.01	207.17	798.47
省拨工作费	5500.00	—	5500.00	—	940.00	—	—	—
职工教育经费	6094.29	7882.03	4985.90	3745.63	8948.31	5830.65	31.57	4416.55
劳动保险总基金	755.16	3431.42	6310.68	37318.78	7180.53	7180.53	162.19	162.19
劳动保险调剂金	27000.00	31642.98	192.32	—	36298.90	36298.90	6668.75	6668.75
省拨事业费	—	—	38400.00	—	26888.61	30468.37	—	3513.64
专拨救济款	—	—	—	—	—	—	—	—
补助下级收入	—	—	478.20	478.20	—	—	—	—
其他收入	—	—	—	—	500.00	500.00	—	—
暂收款	256.06	147.84	1548.64	270.39	1394.83	1862.22	8.10	1130.12
暂付款	5792.16	7064.36	3639.87	2208.45	733.70	849.69	208.08	92.00
合计	79691.80	70896.81	82847.75	70752.27	146344.30	136957.42	17807.87	17807.37

1979—1982 年东平县总工会历年经费收支一览表

附表 27　　　　单位：元

科目＼年份	1979		1980		1981		1982	
	收入	支出	收入	支出	收入	支出	收入	支出
上年经费结余	—	—	17854.39	—	17565.67	—	35719.03	—
下级上介工会经费	31196.06	—	51170.07	—	523518.38	—	58844.06	—
上级补助收入	—	—	42000.00	—	42000.00	—	47000.00	—
政府补助收入	—	—	—	—	—	—	10000.00	—
其他收入	—	86.99	—	539.45	—	—	11244.90	—
事业活动费	—	—	—	—	17762.15	6795.80	—	6120.18
工会建设费支出	—	—	—	12750.02	—	—	—	3160.51
工会行政费	—	1618.18	—	50856.07	—	13412.65	—	12503.22
基本建设费支出	—	—	—	29313.25	—	47754.00	—	81349.02
上介工会经费	—	11637.50	—	—	—	21174.90	—	29357.11
干部训练费	—	—	—	—	—	989.82	—	—
合计	31196.06	13341.67	111024.46	93458.79	129846.20	90127.17	152807.99	132499.04

1983—1986 年东平县总工会历年经费收支一览表

附表 28　　　　单位：元

科目＼年份	1983		1984		1985		1986	
	收入	支出	收入	支出	收入	支出	收入	支出
上年经费结余	20308.95	—	57851.50	—	406329.23	—	688158.31	—
下级上介工会经费	61169.96	—	60570.00	—	81684.77	—	106323.97	—
上级补助收入	1112000.00	—	26200.00	—	166400.00	—	9100.00	—
政府补助收入	10000.00	—	100000.00	—	100000.00	—	10000.00	—
事业活动收入	—	—	—	—	—	—	3729.40	—
其他收入	2830.98	—	680.61	—	101.91	—	14660.75	—
暂收款	—	—	—	—	—	—	20000.00	—
事业活动费支出	—	20351.63	—	10435.03	—	10087.45	—	17430.10
工会建设费支出	—	4629.98	—	4150.78	—	2439.08	—	8077.57
工会行政费支出	—	15621.75	—	17650.52	—	24626.75	—	49378.42
基本建设费支出	—	78525.66	—	8469.46	—	—	—	—
上介工会经费支出	—	29329.37	—	33767.09	—	28104.25	—	46650.66
补助下级收入	—	—	—	300.00	—	1100.00	—	—
暂付款	—	—	—	—	—	—	—	687250.81
专项业务支出	—	—	—	—	—	—	—	—
会议费支出	—	—	—	—	—	—	—	—
合计	206309.89	148458.39	481102.11	74772.88	472686.76	66357.53	851972.49	808787.56

1987 年东平县总工会经费收支一览表

附表 29　　　　单位：元

科目	收入	支出	科目	收入	支出
经费结余	714435.74	—	会议费	—	2007.50
拨交工会经费收入	110227.43	—	专项业务费	—	1555.28
上级补助收入	37570.00	—	工会行政费	—	41663.27
政府补助收入	30000.00	—	基本建设支出	—	742277.50
事业活动收入	4594.47	—	补助下级支出	—	500.00
其他收入	67469.13	—	拨付基建费	—	1645.86
暂付款	204187.23	—	上介经费	—	34375.88
固定资产总值	19973.60	—	其他支出	—	10304.17
事业活动费支出	—	15302.95	暂收款	—	279313.49
干部培训支出	—	1733.10	合计	1188457.69	1133679.00

1987 年东平县总工会收支结存一览表

附表 30　　　　单位：元

科目	收入	支出	科目	收入	支出
经费结余	54778.69	—	库存有价证券	—	3030.00
银行存款	—	31056.27	固定资产	—	19973.69
库存现金	—	718.73	合计	54778.69	54778.69

第六章　先进单位、先进个人评选表彰

新中国成立后，东平县工会组织在社会主义革命和建设中，注重开展先进单位、先进个人评选和向上级推荐先进单位、先进个人活动，通过开展劳动竞赛和评先树优，推进企业规范化管理，提高经济效益和社会效益，各条战线涌现出一大批先进集体和先进个人，受到国家、省、市、县级表彰。

第一节　先进单位

1956—1988 年，全县受到国务院表彰的先进集体 4 个（次），受到国家部委表彰的先进单位 3 个（次），受到省委、省政府表彰的先进单位 22 个，省厅局（产业主管部门）表彰的单位 23 个。受到泰安地区（市）暨业务主管部门表彰的先进单位 28 个，受到市总工会表彰先进工会 13 个，受到县政府和东平县总工会表彰的先进单位 90 个。

1956—1984 年东平县受国家机关表彰的先进单位统计表

附表 31

获奖单位名称	荣誉称号	授予年份	授予单位
东平县粮食局	全国粮食工作先进单位	1956.04	国务院
东平县粮食局	全国粮食工作先进单位	1958.10	国务院
东平县宿城机械厂	全国技术革新先进单位	1960	国务院
东平县化肥厂合成车间一班	全国工业先进集体	1977	国务院
东平县化肥厂	全国化工企业先进单位	1978	化工部
	全国化工企业红旗单位	1980	化工部
东平县冷藏厂	全国外贸粮油食品工作先进单位	1984	外贸部粮油食品总公司

1956—1988 年东平县受省委、省政府表彰的先进单位统计表

附表 32

获奖单位名称	荣誉称号	授奖年月	授予单位
东平县粮食局	先进单位	1956	中共山东省委 山东省人民政府
		1958	
		1963	
东平县农具厂	先进单位	1963	
东平县宿城供销社	先进单位	1963	
东平县县竹业社	先进单位	1963	
东平县柿子园小学	先进单位	1963	
东平县拖拉机站九号机车	五好机车组	1966	
东平县沙河站供销社生产部	五好门市部	1966	
东平县城关公社孙岗信用社	五好信用社	1966	
东平县化肥厂	先进企业	1977	
	大庆式企业	1979	
	先进单位	1982	
东平县药材公司	大庆式企业	1979	
东平县城关供销社	大庆式企业	1979	
东平县沙河站粮所	大庆式企业	1979	
东平县大羊市管所	大庆式企业	1979	
东平县第一人民医院	计划生育工作先进单位	1979	
		1980	
东平县接山卫生院	计划生育工作先进单位	1981	
东平县妇幼保健站			
东平县第二人民医院			
东平县水河卫生院			
东平县沙河站卫生院			
东平县石油支公司	安全生产先进单位	1986	
东平县棉麻公司			

1955—1987 年东平县受山东省厅、局（产业）部门表彰的先进单位统计表

附表 33

获奖单位	荣誉称号	授予单位	受奖时间
东平县粮食局	先进单位	省粮食厅	1955
	先进单位	省粮食厅	1956
	先进单位	省粮食厅	1957
东平县苇子河粮库	先进集体	省粮食厅	1957
东平县北桥粮库	先进集体	省粮食厅	1957
东平县城关粮库	先进集体	省粮食厅	1957
东平县服装厂服装车间四组	质量信得过班组	省二轻厅	1978
东平县粮食局	“四无”粮仓先进县	省粮食厅	1980
	“四无”粮仓先进县	省粮食厅	1981
东平县面粉厂工会	全省财贸系统工会工作先进单位	省财贸工会	1981

续附表33

获奖单位	荣誉称号	授予单位	受奖时间
东平县粮食局	“四无”粮仓先进县	省粮食厅	1982
	“四无”粮仓先进县	省粮食厅	1983
	“四无”粮仓先进县	省粮食局	1984
东平县公路站	文明公路站	省公路局	1984
东平县橡胶厂材料仓库	模范仓库	省化工厅	1984
东平县粮食局	“四无”粮仓先进县	省粮食局	1985
东平县酒厂财务科	先进科室	省一轻公司	1985
东平县面粉厂	先进单位	省粮食局	1985
东平县航运公司工会	全省先进职工之家	山东省公路运输工会	1985
东平县面粉厂	先进单位	省粮食局	1986
东平县粮食局	“四无”粮仓先进县	省粮食局	1986
东平县公路站	好路站	省公路局	1986
东平县彭集粮所	先进单位	省粮食局	1986
东平县化肥厂工会	全省模范职工之家	省总工会	1987
东平县麻纺厂工会	全省先进基层工会	省麻纺织公司	1987
东平县水泥厂机电维修车间工会	全省先进车间工会	省总工会	1987
东平县化肥厂合成车间一班	先进班组	省石化厅	1987

1981—1987年东平县受泰安地区（市）暨业务主管机关表彰的先进单位统计表

附表34

单位	授奖年月	荣誉称号	授予单位
东平橡胶厂材料仓库	1984	模范仓库	泰安行署
东平县公路站	1984	文明公路站	市公路段
	1985	好路站	市公路段
	1986		
	1987		
东平运输公司汽车三队	1979	先进集体	地区交通局
东平县梯门工班	1980	全优工班	市公路段
	1986	文明工班	
东平县流泽工班	1980	全优工班	
	1981		
	1982		
	1983		
	1986	文明工班	
东平县纸坊工班	1981	全优工班	
	1982		
	1983		
	1984		
	1985		
	1986	文明工班	
东平县彭集工班	1981	全优工班	
东平县宿城工班	1982	全优工班	

续附表 34

单位	授奖年月	荣誉称号	授予单位
东平县井仓工班	1983	全优工班	市公路段
	1984		
	1985		
	1986	文明工班	
东平县水河工班	1984	全优工班	
	1985		
	1986	文明工班	
东平县粮局储运公司	1984	先进单位	地区粮食局
	1986	科技进步三等奖	市科委
东平县农机厂机加工车间	1985	先进车间	市机械电子公司
东平县酒厂销售科	1985	重合同守信用科室	市经委
	1986		
东平县银山工班	1985	全优工班	市公路段
	1986	文明工班	
东平县面粉厂	1985	先进单位	市粮食局
	1986		
	1987		
东平县彭集粮所	1986	先进单位	
	1987		
东平县斑鸠店粮所	1986	先进单位	
东平县酒厂保卫科	1986	先进科室	市公安局
东平县公路站路工股	1986	文明股	市公路段
东平县水河运输站	1986	文明站	市交通局
东平县后屯运输站	1986	先进单位	
	1987	文明运输管理站	
东平县彭集运输站	1986	先进单位	
	1987	文明运输管理站	
东平县沙河站粮所	1987	先进单位	市粮食局
东平县粮油供应站议价门市部	1987	先进集体	
粮局议价公司	1987	先进集体	
东平县粮油供应站平价门市部	1986	优质服务文明店	

1986—1988 年东平县受泰安市总工会表彰的先进单位统计表

附表 35

单位	荣誉称号	授奖时间
东平县化肥厂工会	先进基层工会	1986.05
	模范职工之家	1987.02
	模范职工之家	1987.12
东平县酒厂工会	模范职工之家	1987.12
东平县第一人民医院工会	先进工会事业单位	1987.12
东平县造纸厂工会	先进基层工会	1986.05
东平县公路站工会	工会工作先进单位	1987

续附表35

单位	荣誉称号	授奖时间
东平县航运公司一号泊工会小组	工会工作先进集体	1986.05
东平石油支公司财务股工会小组	工会工作先进集体	1986.05
东平县农机厂二车间工会	先进车间工会	1986.05
东平县建筑公司第一施工队工会	先进车间工会	1986.05
东平县供电局电器制修车间工会	先进车间工会	1987
东平县后屯绵厂生产股工会小组	先进工会小组	1987
东平县副食品工厂天然酱油车间工会小组	先进工会小组	
东平县化肥厂合成车间	振兴泰安劳动奖状	1988

1965—1987年东平县表彰的工会工作先进单位统计表

附表36

单位	荣誉称号	授予单位	授奖时间
东平县宿城供销社工会	优秀工会委员会	东平县总工会	1965.10
东平县拖拉机站工会			
东平县花店公社小学工会			
东平县北桥渡口工会			
东平县新华书店工会			1965.10
东平县农机厂工会	先进职工之家		1988.03
东平县化肥厂工会	先进职工之家	县人民政府	1987.02
	模范职工之家	东平县总工会	1988.03
东平县酒厂工会	先进职工之家	县人民政府	1987.02
	工会工作先进单位		
	模范职工之家	东平县总工会	1988.03
东平县第一人民医院工会	工会工作先进单位	县人民政府	1987.02
	先进职工之家		
	先进职工之家	东平县总工会	1988.03
东平县供电局工会	先进职工之家	县人民政府	1987.02
	工会工作先进单位		
	工会工作先进单位	东平县总工会	1988.03
	先进职工之家		
东平县造纸厂工会	先进职工之家	县人民政府	1987.02
	工会工作先进单位	东平县总工会	1988.03
东平县邮电局工会	先进职工之家	县人民政府	1987.02
	先进职工之家	东平县总工会	1988.03
	工会工作先进单位		
东平县水泥厂工会	先进职工之家	县人民政府	1987.02
东平县沙庄煤矿工会	工会工作先进单位	县人民政府	1987.02
东平县砖瓦厂工会	工会工作先进单位	县人民政府	1987.02
东平县公路站工会	工会工作先进单位	县人民政府	1987.02
		东平县总工会	1988.03
东平县五金交电公司工会	工会工作先进单位	县人民政府	1987.02
		东平县总工会	1988.03

续附表 36

单位	荣誉称号	授予单位	授奖时间
东平县石油支公司工会	工会工作先进单位	县人民政府	1987.02
	先进职工之家	东平县总工会	1988.03
东平彭集供销社工会	工会工作先进单位	县人民政府	1987.02
	先进职工之家	东平县总工会	1988.03
东平县生资公司工会	工会工作先进单位	县人民政府	1987.02
	先进职工之家	东平县总工会	1988.03
东平县彭集粮所工会	工会工作先进单位	县人民政府	1987.02
	先进职工之家	东平县总工会	1988.03
东平县教育局机关工会	工会工作先进单位	县人民政府	1987.02
东平县州城教育工会	工会工作先进单位	县人民政府	1987.02
	先进职工之家	东平县总工会	1988.03
东平二中工会	先进职工之家	东平县总工会	1988.03
东平县第二农技中学工会	工会工作先进单位	县人民政府	1987.02
	工会工作先进单位	东平县总工会	1988.03
	先进职工之家		
东平县工具厂工会	先进职工之家	东平县总工会	1988.03
东平县面粉厂工会	先进职工之家	东平县总工会	1988.03
东平县工商银行工会	先进职工之家	东平县总工会	1988.03
东平县斑鸠店教育工会	先进职工之家	东平县总工会	1988.03
东平县第一农技中学工会	工会工作先进单位	县人民政府	1987.02
东平三中工会	工会工作先进单位	县人民政府	1987.02
东平县梯门卫生院工会	工会工作先进单位	县人民政府	1987.02
东平县州城卫生院工会	工会工作先进单位	县人民政府	1987.02
	工会工作先进单位	东平县总工会	1988.03
东平县冷藏厂工会	工会工作先进单位	县人民政府	1987.02
	工会工作先进单位	东平县总工会	1988.03
东平县乡镇企业供销公司工会	工会工作先进单位	县人民政府	1987.02
		东平县总工会	1988.03
东平县农机公司工会	工会工作先进单位	县人民政府	1987.02
东平县水产公司工会	工会工作先进单位	县人民政府	1987.02
东平县引湖电灌总站工会	工会工作先进单位	县人民政府	1987.02
		东平县总工会	1988.03
东平县燃料公司工会	工会工作先进单位	县人民政府	1987.02
东平县棉织厂工会	工会工作先进单位	东平县总工会	1988.03
东平县水产局机关工会	工会工作先进单位	东平县总工会	1988.03
东平县州城粮所工会	工会工作先进单位	东平县总工会	1988.03
东平县机电化轻公司工会	工会工作先进单位	东平县总工会	1988.03
东平县斑鸠店卫生院工会	工会工作先进单位	东平县总工会	1988.03
东平县棉麻公司工会	工会工作先进单位	县人民政府	1987.02
	先进职工之家	东平县总工会	1988.03
东平县帆布厂工会	工会工作先进单位	东平县总工会	1988.03
东平县印刷厂工会	工会工作先进单位	东平县总工会	1988.03
东平县百货公司工会	工会工作先进单位	东平县总工会	1988.03
东平外贸公司工会	工会工作先进单位	东平县总工会	1988.03

续附表36

单位	荣誉称号	授予单位	授奖时间
东平县第二人民医院工会	工会工作先进单位	东平县总工会	1988.03
东平县斑鸠店供销社工会	工会工作先进单位 先进职工之家	东平县总工会	1988.03
东平县银山教育工会	先进职工之家	东平县总工会	1988.03
东平四中工会	工会工作先进单位 先进职工之家	东平县总工会	1988.03
东平县教师进修学校工会	工会工作先进单位 先进职工之家	东平县总工会	1988.03
东平县建筑公司工会	工会工作先进单位 先进职工之家	东平县总工会	1988.03
东平县彭集供销社饭店工会小组 东平县关庙街小学工会小组	优秀工会小组	东平县总工会	1956.10
东平县化肥厂合成车间工会	工会工作先进集体	县人民政府 东平县总工会	1987.02 1988.03
东平县酒厂特曲班工会小组	工会工作先进集体	县人民政府	1987.02
东平县农机厂机加工车间工会	工会工作先进集体	县人民政府 东平县总工会	1987.02 1988.03
东平县造纸厂动力车间工会	工会工作先进集体	县人民政府	1987.02
东平县鞋厂外加工工会小组	工会工作先进集体	县人民政府	1987.02
东平县汽车大修厂修理车间工会	工会工作先进集体	县人民政府	1987.02
东平县建筑公司一队工会	工会工作先进集体	县人民政府	1987.02
东平县水泥厂炊事班工会小组	工会工作先进集体	县人民政府	1987.02
东平县运输公司驾驶五班工会小组	工会工作先进集体	县人民政府	1987.02
东平县副食品加工厂 天然酱油车间工会小组	工会工作先进集体	县人民政府	1987.02
东平县后屯食品站工会小组	工会工作先进集体	县人民政府	1987.02
东平县斑鸠店供销社采购站工会小组	工会工作先进集体	县人民政府	1987.02
东平县土产公司业务股工会小组	工会工作先进集体	县人民政府	1987.02
东平县后屯棉厂生产股工会小组	工会工作先进集体	县人民政府	1987.02
东平县接山粮站工会小组	工会工作先进集体	县人民政府	1987.02
东平县斑鸠店粮站工会小组	工会工作先进集体	县人民政府 东平县总工会	1987.02 1988.03
东平县面粉厂甲班工会小组	工会工作先进集体	县人民政府	1987.02
东平县大羊中学理化工会小组	工会工作先进集体	县人民政府	1987.02
东平县教育局后勤工会小组	工会工作先进集体	县人民政府	1987.02
东平一中英语工会小组	工会工作先进集体	县人民政府	1987.02
东平二中炊事班工会小组	工会工作先进集体	县人民政府 东平县总工会	1987.02 1988.03
东平四中数学工会小组	工会工作先进集体	县人民政府	1987.02
东平县教师进修学校数理工会小组	工会工作先进集体	县人民政府	1987.02
东平县实小炊事班工会小组	工会工作先进集体	县人民政府	1987.02
东平县水河卫生院财务股工会小组	工会工作先进集体	县人民政府	1987.02
东平县彭集卫生院财务股工会小组	工会工作先进集体	县人民政府	1987.02
东平县第二人民医院财务股工会小组	工会工作先进集体	县人民政府	1987.02
东平县外贸公司土产科工会小组	工会工作先进集体	县人民政府	1987.02

续附表 36

单位	荣誉称号	授予单位	授奖时间
东平县电器制修厂铆焊车间工会小组	工会工作先进集体	县人民政府	1987.02
		东平县总工会	1988.03
东平县乡镇企业局人秘工会小组	工会工作先进集体	县人民政府	1987.02
东平县黄花园水产站工会小组	工会工作先进集体	县人民政府	1987.02
		东平县总工会	1988.03
东平县打井队后勤工会小组	工会工作先进集体	县人民政府	1987.02
东平县腊山林场工会小组	工会工作先进集体	县人民政府	1987.02

第二节 先进个人

东平县工会注重培养工会工作积极分子，并发挥他们在生产建设和开展职工群众工作中的作用。新中国成立后至 1988 年，先后 5 次召开全县工会积极分子代表会，表彰奖励工会工作优秀工会干部和优秀工会积极分子。1956 年 8 月 10—13 日，东平县工会召开第一次工会积极分子代表会，奖励“优秀工会积极分子”51 人。1958 年 5 月 16—18 日，召开第二次工会积极分子代表会，奖励“优秀工会积极分子”80 人。1962 年 10 月 23—27 日，召开第三次工会积极分子代表会，奖励“优秀工会积极分子”104 人。1965 年 10 月 13—16 日，召开第四次工会积极分子代表会，奖励工会工作先进单位 13 个，工会小组 2 个，优秀工会积极分子 161 人。1983 年 1 月 29—30 日，召开第五次工会积极分子代表会，表彰奖励工会干部 21 人，工会积极分子 157 人。

至 1988 年，东平县受到国务院暨国家部委表彰的先进模范职工 14 人，受省委、省人民政府表彰的先进模范职工 21 人（含黑龙江省人民政府表彰 1 人），受山东省厅、局表彰的先进模范职工 93 人，受泰安地委、行署（市委、市政府）表彰的先进模范职工 168 人，受地区（市）业务主管部门表彰的先进职工 26 人，受市总工会表彰的优秀工会干部和工会工作积极分子 24 人。

1956—1988 年东平县受国务院和部、委表彰的先进模范职工统计表

附表 37

姓名	性别	授奖时间（年）	荣誉称号	授予单位
高学雨	男	1956	全国先进工作者	国务院
段桂荣	女	1979	全国三八红旗手	全国妇联
于家富	男	1980	全国节油标兵	交通部
张崇舟	男	1980	全国安全生产标兵	交通部
杨兴义	男	1981	全国优秀投递员	邮电部
魏圣和	男	1982	全国优秀体育教师	教育部、体委
黄兰贞	女	1983	全国三八红旗手	全国妇联
亓兴邦	男	1983	全国优秀工会积极分子	全国总工会
李景春	男	1983	全国少先队优秀辅导员	团中央
刘仲元	女	1984	全国三八红旗手	全国妇联
刘传琴	女	1985	国家珠算普通一级能手	中国人民银行
柴万训	男	1986	全国绿化劳动模范	全国绿化委员会
姜守智	男	1988	全国“五一劳动奖章”	全国总工会
马兴印	男	1986	黄河系统劳动模范	国家黄委会

1956—1988 年东平县受中共山东省委、省政府表彰的先进模范职工统计表

附表 38

姓名	性别	授奖时间（年）	荣誉称号	授予机关
李玉成	男	1956	全省先进工作者	省人民委员会
展广海	男	1956	全省先进工作者	省人民委员会
高学雨	男	1958	全省先进工作者	省委、省人民委员会
李继才	男	1959	全省先进工作者	省人民委员会
汝少隆	男	1959	全省先进工作者	省人民委员会
甲玉林	男	1959	全省先进工作者	省人民委员会
李仰美	女	1963	全省先进工作者	省人民委员会
彭兴才	男	1966	全省六好职工	省人民委员会
宋登桐	男	1976	全省计划生育先进工作者	省委、省革命委员会
		1977		
李维杰	女	1979	全省计划生育先进工作者	省委、省人民政府
		1981		省人民政府
亓秀芝	女	1981	全省计划生育先进工作者	省人民政府
段桂荣	女	1981	全省先进儿童工作者	山东省人民政府
解培英	女	1981	黑龙江省劳动模范	黑龙江省人民政府
杨兴义	男	1982	山东省劳动模范	山东省人民政府
李建章	男	1982	全省劳动模范	省人民政府
屈昌民	男	1982	全省劳动模范	省人民政府
黄兰贞	女	1982	全省劳动模范	山东省人民政府
		1983	全省优秀教师	
陈玲琴	女	1983	全省先进儿童工作者	省人民政府
徐延才	男	1985	全省优秀职工教师	省人民政府
姜守智	男	1985	山东省劳动模范	省人民政府
		1986	全省模范共产党员	中共山东省委
刘斌齐	男	1986	全省劳动模范	省人民政府
张道臣	男	1986	全省模范共产党员	中共山东省委
		1988	全省劳动模范	省人民政府

1949—1988 年东平县受山东省厅、局表彰的先进模范职工统计表

附表 39

姓名	性别	授奖时间（年）	荣誉称号	授予单位
高学雨	男	1949	治理黄河二等功臣	山东黄河防汛指挥部
		1955	全省一等保粮模范	省粮食厅
		1956	全省保粮模范	
翟瑞茗	男	1956	先进工作者	省供销社
王允光	男			
李占奎	男			
陈本敦	男			
邓守甲	男			
张树灿	男			
范明端	男	1956	先进工作者	省人民银行

续附表 39

姓名	性别	授奖时间（年）	荣誉称号	授予单位
阎长富	男	1956	优秀工会积极分子	省工会联合会
牛振和	男	1956	优秀工会积极分子	省工会联合会
李玉成	男	1956	先进工作者	省供销社
		1981	优秀营业员	
		1982	优秀营业员	
黄兰贞	女	1960	全省先进儿童工作者	省教育厅、团省委
		1979	全省特级教师	省教育厅
魏一修	男	1957	先进工作者	省人民银行
史培贵	男	1957	先进工作者	省供销社
陈昭祥	男	1957	先进工作者	省供销社
孟桂芝	女	1959	青年突击手	省交通厅
王心慈	男	1963	五好干警	省公安厅
徐永泗	男	1980	先进工作者	省煤炭局
张良顺	男	1980	金融先进工作者	省工商银行
		1981		
		1982		
		1983		
		1985	优秀出纳员	
杨风成	男	1980	先进工作者	省供销社
		1982		
		1984		
		1985		
夏兆国	男	1981	先进工作者	省供销社
刘淑萍	女	1981	金融红旗手	省农业银行
解培芬	男	1981	金融红旗手	省农业银行
		1982		
		1983		
夏兆国	男	1981	优秀基层干部	省供销社
		1982	先进工作者	
孙志红	女	1982	金融先进工作者	省工商银行
		1983		
		1984		
		1985		
		1986	优秀会计员	
赵德民	男	1982	六好职工	省商业厅
		1983		
		1984		
高存贤	男	1983	优秀教师	省教育厅
姜洪训	男	1983	优秀教师	省教育厅
张圣和	男	1983	六好职工	省供销社
孙树芳	女	1983	优秀教师	省教育厅
魏庆彬	男	1983	先进工作者	省机械工业局

续附表 39

姓名	性别	授奖时间（年）	荣誉称号	授予单位
颜士玉	男	1983	优秀教师	省教育厅
郭凤珠	男	1983	先进儿童工作者	省教育厅
贾吉玉	男	1983	先进儿童工作者	省教育厅
孙长梅	女	1983	模范班主任	省教育厅
毕桂芬	女	1983	先进儿童工作者	省卫生厅
盛　华	男	1983	金融红旗手	省农业银行
		1985		
刘仲元	女	1979	全省先进工作者	省商业厅
		1983	全省优秀工会积极分子	省总工会
白宗孝	男	1980	优秀营业员	省供销社
屈昌民	男	1980	最佳营业员	省供销社
段桂荣	女	1986	全省优秀工会积极分子	省教育厅工会
		1987	全省模范职工之友	省总工会
张崇舟	男	1982	全省安全优质先进个人	省交通厅
亓兴邦	男	1983	全省优秀工会积极分子	省总工会
张方明	男	1983	先进工作者	省供销社
李景春	男	1983	全省优秀教师	省教育厅
		1984	全省优秀园丁	
梁文安	男	1983	全省优秀教师	省教育厅
田开兰	女	1983	全省优秀教师	省教育厅
李德芸	女	1983	六好职工	省粮食厅
段广英	女	1983	先进工作者	省商业厅
		1984	先进工作者	省商业厅
		1985	先进工作者	省商业厅
胡雪林	女	1984	优秀出纳员	省工商银行
		1985	金融先进工作者	
			出纳技术能手	
		1986	金融先进工作者	
王新臣	男	1984	金融红旗手	省农业银行
		1985		
		1986		
张合良	男	1985	金融先进工作者	省工商银行
			优秀出纳员	
		1986	“五讲四美三热爱”积极分子	
			储蓄技术能手	
赵庆德	男	1985	金融先进工作者	省工商银行
刘传琴	女	1985	会计技术能手	省工商银行
张延珍	男	1985	先进工作者	省商业厅
孙艳华	女	1985	优秀出纳员	省农业银行
			储蓄技术能手	
于　波	男	1985	优秀出纳员	省工商银行
			一级优秀储蓄能手	

续附表 39

姓名	性别	授奖时间（年）	荣誉称号	授予单位
杨　华	女	1985	优秀储蓄员	省工商银行
吕树英	女	1985	优秀储蓄员	省工商银行
郑为昌	男	1985	先进工作者	省粮食局
何振友	男	1986	先进工作者	省工商普查办公室
尚昌歧	男	1986	先进卫生工作者	省卫生厅
张立振	男	1986	先进工作者	省供销社
胡兰柱	男	1986	先进卫生工作者	省地方病防止小组
李凤鸣	男	1986	优秀园丁	省教育厅
吕修玉	男	1986	优秀园丁	省教育厅
李玉寅	男	1986	先进工作者	省公路局
张士瑜	男	1986	优秀教师	省教育厅
吴兴义	男	1986	先进工作者	省粮食局
罗元印	男	1986	金融红旗手	省农业银行
池传德	男	1986	优秀职工教师	省供销社
张连友	男	1987	优秀教师	省教育厅
张拥文	男	1987	优秀教师	省教育厅
展延玺	男	1987	优秀教师	省教育厅
展广启	男	1987	优秀教师	省教育厅
李聚华	男	1987	先进个人	省技工技协
魏绪春	男	1987	优秀职工教师	省供销社
陈兆贵	男	1987	富民兴鲁劳动奖章	省总工会
孙庆连	男	1987	生活后勤先进个人	省总工会、省企政部、省经委、省劳动局、省卫生厅
徐绚栗	男	1988	富民兴鲁劳动奖章	省总工会
		1988	一等奖	省化工厅、省化工工会
耿进亮	男	1988	一等奖	省化工厅、省化工工会
亓兴邦	男	1983	优秀工会积极分子	省总工会
陈京珍	女	1986	优秀工会工作者	省总工会
段桂荣	女	1986	模范职工之友	省总工会
马兴印	男	1986	优秀工会工作者	省总工会
耿进亮	男	1986	模范职工之友	省总工会
张尚英	男	1983	优秀工会积极分子	省总工会
刘仲元	女	1983	优秀工会积极分子	省总工会
赵庆平	女	1986	优秀工会积极分子	省总工会
		1987	优秀工会积极分子	省总工会
孙启明	男	1986	优秀工会积极分子	省总工会
李士章	男	1986	优秀工会积极分子	省总工会
崔元德	男	1986	优秀工会工作者	省公路运输工会
段桂荣	女	1987	模范职工之友	省教育工会

1962—1988年东平县受泰安地委、行署（市委、市政府）表彰的先进模范职工统计表

附表40

姓名	性别	授奖年月	荣誉称号	授予单位
于敬英	女	1962	先进生产者	地委、行署
吴存悌	男	1962	先进生产者	地委、行署
侯延固	男	1962	先进生产者	地委、行署
高肇鑫	男	1962	先进生产者	地委、行署
张培成	男	1962	先进生产者	地委、行署
吴凤芳	男	1962	先进生产者	地委、行署
张俊山	男	1962	先进工作者	地委、行署
陈昭坦	男	1962	先进工作者	地委、行署
李仰美	女	1962	先进工作者	地委、行署
		1966	六好职工	
曹学亮	男	1966	五好职工	地委、行署
彭兴才	男	1966	五好职工	地委、行署
程业林	男	1966	五好职工	地委、行署
裴宪河	男	1966	五好职工	地委、行署
张乐鑫	男	1966	五好职工	地委、行署
田锡朋	男	1966	五好职工	地委、行署
陈庆华	男	1966	五好职工	地委、行署
孟昭舟	男	1966	五好职工	地委、行署
蔡传金	男	1966	五好职工	地委、行署
程广润	男	1966	五好职工	地委、行署
郑文奇	男	1966	五好职工	地委、行署
李长智	男	1966	五好职工	地委、行署
彭兴怀	男	1966	五好职工	地委、行署
陈允恕	男	1966	五好职工	地委、行署
彭兴连	男	1966	五好职工	地委、行署
谭典伦	男	1966	五好职工	地委、行署
徐福才	男	1966	五好职工	地委、行署
李文启	男	1966	五好职工	地委、行署
杜恒勋	男	1966	五好职工	地委、行署
王希苓	女	1966	五好职工	地委、行署
霍玉友	男	1966	五好职工	地委、行署
王庆顺	男	1966	五好职工	地委、行署
崔联举	男	1966	五好职工	地委、行署
郎德峰	男	1966	五好职工	地委、行署
陈昭坦	男	1966	六好职工	地委、行署
刘吉贤	男	1966	六好职工	地委、行署
刘秀莲	女	1966	六好职工	地委、行署
卜繁功	男	1966	六好职工	地委、行署
董桂英	女	1966	六好职工	地委、行署

续附表 40

姓名	性别	授奖年月	荣誉称号	授予单位
杨炳海	男	1966	六好职工	地委、行署
张允平	男	1966	六好职工	地委、行署
杨士荣	女	1966	六好职工	地委、行署
郑成才	男	1966	六好职工	地委、行署
李元亭	男	1966	六好职工	地委、行署
宋广明	男	1966	六好职工	地委、行署
张桂莲	女	1966	六好职工	地委、行署
陈克源	男	1966	六好职工	地委、行署
刘连印	男	1966	六好职工	地委、行署
吕树森	男	1966	六好职工	地委、行署
张文福	男	1966	六好职工	地委、行署
郧灿伦	男	1966	六好职工	地委、行署
赵宗润	男	1966	六好职工	地委、行署
丰振矩	男	1966	六好职工	地委、行署
靳文灿	男	1966	六好职工	地委、行署
张长安	男	1966	六好职工	地委、行署
刘兆水	男	1966	六好职工	地委、行署
张绪桐	男	1966	六好职工	地委、行署
白宗孝	男	1966	六好职工	地委、行署
李元顺	男	1966	六好职工	地委、行署
刘现吉	男	1966	六好职工	地委、行署
尚昌哲	男	1966	六好职工	地委、行署
张淑棠	男	1966	六好职工	地委、行署
张守仁	男	1966	六好职工	地委、行署
孙瑞录	男	1966	六好职工	地委、行署
高文兴	女	1966	六好职工	地委、行署
马振琚	男	1966	六好职工	地委、行署
郑乐涛	男	1966	六好职工	地委、行署
李兴成	男	1966	六好职工	地委、行署
徐延申	男	1966	六好职工	地委、行署
陈昭明	男	1966	六好职工	地委、行署
卜繁振	男	1966	六好职工	地委、行署
王延昌	男	1966	五好职工	地委、行署
王成玲	男	1966	先进工作者	地委、行署
		1978	先进工作者	地委、行署
王国贤	男	1978	六好职工	地委 、行署
杨连明	男	1978	五好职工	地委、行署
李建章	男	1978	劳动模范	地委、专署
侯家年	男	1978	五好职工	地委、行署
		1978	劳动模范	
沙连成	男	1978	劳动模范	地委、行署
		1987	劳动模范	市政府

续附表 40

<table>
<tr><th>姓名</th><th>性别</th><th>授奖年月</th><th>荣誉称号</th><th>授予单位</th></tr>
<tr><td>张振松</td><td>男</td><td>1977</td><td>先进工作者</td><td>地革委会</td></tr>
<tr><td>姜月萍</td><td>女</td><td>1977</td><td>先进工作者</td><td>地革委会</td></tr>
<tr><td>刘克信</td><td>男</td><td>1978</td><td>先进工作者</td><td>地委、行署</td></tr>
<tr><td>张树珍</td><td>女</td><td>1979</td><td>妇幼保健先进工作者</td><td>行署</td></tr>
<tr><td>李维杰</td><td>女</td><td>1980</td><td>计划生育先进工作者</td><td>地委、专署</td></tr>
<tr><td>刘斌齐</td><td>男</td><td>1984</td><td rowspan="6">优秀教师</td><td>市政府</td></tr>
<tr><td rowspan="3">梁文安</td><td rowspan="3">女</td><td>1984</td><td>行署</td></tr>
<tr><td>1985</td><td>市政府</td></tr>
<tr><td>1986</td><td>市政府</td></tr>
<tr><td rowspan="2">田开兰</td><td rowspan="2">女</td><td>1984</td><td>行署</td></tr>
<tr><td>1985</td><td>市政府</td></tr>
<tr><td>冯延伦</td><td>男</td><td rowspan="9">1984</td><td rowspan="9">优秀园丁</td><td rowspan="9">行署</td></tr>
<tr><td>李富所</td><td>男</td></tr>
<tr><td>李淑娟</td><td>女</td></tr>
<tr><td>孟昭鑫</td><td>男</td></tr>
<tr><td>赵永功</td><td>男</td></tr>
<tr><td>陈允常</td><td>男</td></tr>
<tr><td>马杯水</td><td>男</td></tr>
<tr><td>张振业</td><td>男</td></tr>
<tr><td>亓效鲁</td><td>男</td></tr>
<tr><td>蒋士霞</td><td>男</td><td rowspan="15">1985</td><td rowspan="15">优秀园丁</td><td rowspan="15">市政府</td></tr>
<tr><td>李朝鑫</td><td>男</td></tr>
<tr><td>井朝惠</td><td>男</td></tr>
<tr><td>侯家珍</td><td>男</td></tr>
<tr><td>何维训</td><td>男</td></tr>
<tr><td>孙元吉</td><td>男</td></tr>
<tr><td>徐宝亭</td><td>男</td></tr>
<tr><td>王建伦</td><td>男</td></tr>
<tr><td>李茂环</td><td>男</td></tr>
<tr><td>张方玉</td><td>男</td></tr>
<tr><td>程向东</td><td>男</td></tr>
<tr><td>赵广礼</td><td>男</td></tr>
<tr><td>王宝纯</td><td>男</td></tr>
<tr><td>蒋庆山</td><td>男</td></tr>
<tr><td>刘志良</td><td>男</td></tr>
<tr><td>段广英</td><td>女</td><td rowspan="4">1986</td><td>优秀共产党员</td><td>市委</td></tr>
<tr><td>张灿华</td><td>男</td><td>优秀教师</td><td rowspan="3">市政府</td></tr>
<tr><td>王世金</td><td>男</td><td>先进工作者</td></tr>
<tr><td>李同贵</td><td>男</td><td>军转干部先进工作者</td></tr>
<tr><td>杨　俊</td><td>女</td><td rowspan="3">1986</td><td rowspan="3">优秀园丁</td><td rowspan="3">市政府</td></tr>
<tr><td>李洪立</td><td>男</td></tr>
<tr><td>李传玉</td><td>男</td></tr>
</table>

续附表 40

姓名	性别	授奖年月	荣誉称号	授予单位
王兆彬	男	1986	优秀园丁	市政府
刘忠民	男			
刘思学	男			
陈敬岩	男			
郑善坤	男			
赵秀芬	女			
张友常	男			
井庆洪	男			
陈敬先	男			
李昌寅	男			
郭中玺	男			
于洪训	男			
范吉祯	男			
李文静	男			
袁绪义	男			
王兆生	男			
陈昭刚	男			
魏绪春	男	1986	先进教师	市政府
池传德	男	1986	优秀教师	市政府
高令训	男	1987	劳动模范	市政府
李云茂	男			
王广礼	男			
张崇振	男			
马立和	男			
尚庆栓	男			
李佳良	男			
李明双	男	1978	劳动模范	行署
		1987		市政府
孙西乐	男	1978	先进生产者	地委、行署
		1987	劳动模范	市政府
李士章	男	1987	劳动模范	市政府
马兴印	男	1987	劳动模范	市政府
陈乃福	男	1987	优秀园丁	市政府
孟昭旺	男	1987	优秀园丁	市政府
孙士柱	男			
李培恕	男			
张传昌	男			
刘宽忠	男			
张宪五	男			
梁兆朋	男			
马洪运	男			
李文瑞	男			

续附表40

姓名	性别	授奖年月	荣誉称号	授予单位
朱成全	男	1987	优秀园丁	市政府
马立堂	男			
王家栾	男			
刘振亭	男			
蒋艾香	女			
惠兴仁	男			
刘万河	男			
杜昭英	女			
吴士岱	男			
刘现华	男	1987	优秀教师	市政府
何传月	男	1987	劳动模范	市政府
陈昭桂	男	1988	劳动模范	市政府
刘振海	男	1978	先进生产者	地委、行署
		1986	先进工作者	市政府
		1988	劳动模范	市政府

1980—1988年东平县受地区（市）业务主管部门表彰的先进职工统计表

附表41

姓名	性别	授奖年月	荣誉称号	授予单位
张方明	男	1980	先进工作者	菏泽地区供销社
夏兆国	男	1981	先进工作者	菏泽地区供销社
刘秀莲	女	1981	优秀基层干部	地区供销社
刘吉贤	男	1982	先进工作者	地区供销社
白宗孝	男	1982	先进工作者	地区供销社
段广英	女	1982	先进工作者	地区商业局
高存贤	男	1982	优秀教师	地区教育局
姜洪训	男	1982	优秀教师	市教育局
张圣和	男	1982	先进工作者	地区供销社
孙树芳	女	1982	优秀教师	地区教育局
高存贤	男	1982	优秀教师	地区教育局
		1983		
颜士玉	男	1983	优秀教师	地区教育局
陈玲琴	女	1983	三八红旗手	地区妇联
盛　华	男	1983	金融红旗手	市农业银行
张延珍	男	1986	先进工作者	市商业局
孙艳华	女	1986	金融先进工作者	市工商银行
于　波	男	1986	金融先进工作者	市工商银行
			储蓄技术能手	
张立振	男	1986	先进思想政治工作者	市供销社
池传德	男	1986	优秀教师	市企政部
		1987		市供销社
郑为昌	男	1987	劳动模范	市粮食局
罗元印	男	1986	金融红旗手	市农业银行

续附表 41

姓名	性别	授奖年月	荣誉称号	授予单位
李传义	男	1987	先进工作者	市粮食局
冯天金	男	1986	先进工作者	市粮食局
王占义	男	1986 1987	先进工作者	市粮食局
吴兴义	男	1986	劳动模范	市粮食局
		1987	先进工作者	
孙传石	男	1987	先进工作者	市粮食局

1956—1988 年东平县获泰安市总工会表彰的优秀工会干部统计表

附表 42

姓名	性别	荣誉称号	授奖年月	授予单位
史元存	男	优秀工会工作者	1985	市总工会
王广仁	男	优秀工会工作者	1986.05	市总工会
王瑞振	男	优秀工会工作者	1986.05	市总工会
吕树锦	男	优秀工会工作者	1986.05	市总工会
耿进亮	男	模范职工之友	1986	市总工会
孟昭元	男	优秀工会积极分子	1986.05	市总工会
宫惠林	男	优秀工会积极分子	1986.05	市总工会
沈坤江	男	模范职工之友	1987	市总工会
谢德仁	男	模范职工之友	1987	市总工会
李玉莆	男	模范职工之友	1987	市总工会
魏庆彬	男	模范职工之友	1987	市总工会
刘曰茹	女	模范职工之友	1987	市总工会
马立和	男	优秀工会积极分子	1987	市总工会
郑淑云	女	先进工会工作者	1987	市总工会
王士金	男	优秀工会积极分子	1986	市总工会
乔炳俊	男	优秀工会积极分子	1986	市总工会
石　磊	男	优秀工会积极分子	1986	市总工会
张立振	男	振兴泰安劳动奖章	1988	市总工会
赵彩霞	女	振兴泰安劳动奖章	1988	市总工会
郑　勇	男	振兴泰安劳动奖章	1988	市总工会
魏庆彬	男	振兴泰安劳动奖章	1988	市总工会
李淑娟	女	振兴泰安劳动奖章	1988	市总工会
井绪亮	男	振兴泰安劳动奖章	1988	市总工会
刘振海	男	振兴泰安劳动奖章	1988	市总工会

第四编　人物传略

一、战争年代功臣传略

侯馨斋　又名侯家兰，梯门镇大侯庄人，汉族。1907 年生于农民家庭。幼年曾在城内马公祠小学读书，18 岁当教师。后考入济南师范，毕业后教学。1938 年参加革命，同年加入中国共产党。先后任二区抗日动委会主任、抗日区区长、区委书记。1942 年被敌杀害，时年 34 岁。

1937 年 9 月，国共两党抗日民族统一战线成立。1938 年，侯馨斋投笔从戎，参加了山东省第一特派区保安团二连当兵。曾在保卫东阿县城战斗中与日军作战。东阿沦陷后，回到东平县参加了抗日救亡协会。1938 年 9 月，东平县城沦陷后，侯馨斋遵照中共东平县工委的指示，回到二区建党、建军、建政。他以西沟流、金山口村为基点，发展党的组织。1939年5月，他创建了中共二区区委，任书记。6月，在六支队帮助下，镇压了国民党二区区长刘长经。在李所村召开的各界人士代表会议上，侯馨斋被选为二区抗日区长。同年，他与李晓村一起，动员开明士绅，献出枪支弹药；动员有志青年参加抗日武装，组成二区抗日区队；动员青年参加县大队，为东平县抗日武装的建立作出贡献。1940年5月，在“红五月”借粮运动中，他深入双塔村，发动贫雇农向地主王汉章借粮。王汉章把粮食藏在李所村教堂里，侯馨斋支持群众据理力争，终于借到了大批粮食。1941年3月1日（农历正月十五日），侯馨斋与二区抗日区长李晓村、二科科长赵玉昂等4人，从二区油篓寨村出发转移到湖西。黎明前，在昆山东唐家庄与敌人遭遇，发生激战。侯馨斋掩护其他战友撤离，自己不幸被捕，在戴庙镇被汉奸认出，将他押送县城。在狱中，敌人企图用重金收买，用高官诱惑，后又用皮鞭、压杠、老虎凳、辣椒水等重刑摧残，侯馨斋始终没有屈服。为了争取他出狱，党组织付出了很大的代价，都无效果。他对到监狱看他的父母和妻子说：“请朋友（指党组织）不要再花钱，家中也别再折变家产。我已不能孝敬二老，请爹娘保重”。并请妻子代他孝敬双亲。铿锵话语，表达了他保持共产党员气节，以身殉国的决心。日本侵略者从侯馨斋身上一无所得，于1942年冬，将侯馨斋杀害于东平城北门外。

李耀珍 汉族，1905年生于农民家庭，大羊镇龙山屯村人，中学文化程度。1935年任小学教员。1937年参加革命工作，1938年加入中国共产党。1940年9月，与刘仲羽等在三区清水坦村被捕后，英勇就义。李耀珍幼年进尚庄小学就读，以优良成绩考入东平中学。1935年毕业后，到东平县后亭村教书，1937年转到本村小学教书。他工作认真，思想进步，乐于为群众分忧，在群众中威信较高。抗日战争爆发后，他愤然罢教投身抗战。1939年，任三区抗日动委会主任、区委书记。同年9月，当选三区抗日区区长。任职期间，建立起7个乡的抗日政权，40多个抗日村政权，在20多个村建立起“青抗先”“儿童团”“妇救会”等抗日群众组织。他积极发展党员，建立党支部，发动群众实行减租减息。在全区多数村庄征收公粮公柴，支援抗日部队。同年，组建50多人的三区抗日区队。李耀珍经常带领区队，昼伏夜出，阻击敌人，袭击伪据点，掩护抗日干部和运送抗日物资过境。还建立了南至宿城，北至大羊，西至金山口，东至范村、后屯的地下交通网，为三区的抗日工作作出贡献。1940年9月，李耀珍到清水坦小学参加党的秘密会议，被三区伪区长焦元绅得知。焦元绅即率伪三区队包围了村庄。李耀珍同刘仲羽、孟升（区联合会主席）、王怀钦（县委秘书）、张树珂（区助理员）不幸被捕。在重刑之下，他坚贞不屈，守口如瓶。敌人软硬兼施，让他和妻子、儿子在狱中相见，引诱其妻劝他投降。他怒斥敌人的伎俩，坚定地表示，宁可抱定一死，决不背叛党和人民。敌人枉费心机，一无所获，下了毒手。李耀珍在东平县城北门外英勇就义，时年35岁。

李斐卿 原名李文诚，1901年出生，彭集街道冯庄人，自幼过着极端贫困的生活。他少年时曾入私塾读书3年，因生活所迫，退学后便到苇子河村地主家里干零活。地主家的两个儿子上学后，他作为“伴读”（即侍候学），常在苇子河村赵氏私立小学旁听自学。先生（老师）徐广仁发现他聪明好学，深为喜爱，就把他作为一般学生对待。这一阶段，他学了不少知识。1918—1923年，他以优秀的成绩考入东平县师范讲习所，在亲戚朋友支持下，学习了2年。毕业后，他到苇子河村“元昌号”杂货铺（该村地主投资开办的商店）当店员。在那军阀混战、风云变幻的年代里，他饱尝人间的疾苦，经受种种灾难的熬煎。“九一八”事变后，李斐卿常到外地，为杂货铺采购货物、探听行情、催要债款。这期间，他接触到一些思想进步的人，受到革命思想影响，了解到一些时局变化的情况，对国内外形势不断加深认识，要求革命的思想逐渐萌发。于是，他就经常约该村及附近村的一些小学教员到“元昌号”杂铺，了解他们对形势的看法。这些人见他忠诚厚道，办事认真，也都乐意接近他。每逢节假日，他们聚在一起，畅所欲言。他给大家讲些外出见闻，和大家共同议论关于“抗日救亡”“不当亡国奴”等问题。1937年冬，中共东平县工委派共产党员强仁普（苇子河村前柳营人）到苇子河一带村庄，开展建党工作，李斐卿是他首先了解和考察人之一，很快被发展为中华民族解放先锋队队员。自此，他走上投身革命、报效祖国的道路。根据上级指示，李斐卿首先在苇子河村及附近十余个村的贫苦农民中秘密串连，进行抗日救亡宣传，发动群众开展“民生”斗争。由于他兢兢业业地工作，很快发展会员200余人，组织建立起农民福利会，为五区抗日运动培养一支有生力量。李斐卿是这一组织的主要负责人。他对工作认真负责，不但积极号召贫苦农民生产自救、互助互济，而且不断组织佃农向地主开展增资斗争。他还主动团结从北平流亡回乡的青年学生赵效三、赵慕三兄弟（地主家庭出身，已加入“民先”组织），以及因日军飞机轰炸东平县城而停教的部分教员，共同为抗战出力。当他提出“不能坐以待毙，要进行抗日救亡宣传，尽快发动群众”的建议后，赵慕三积极响应，立即利用自己的收音机收听广播，了解新闻。李斐卿则及时组织力量整理成文稿，并油印成八开两面小报，每期百余份，随时在五区的大部分村庄秘密散发。这一份小报在当时起到极为重要的宣传、鼓动作用。1938年1月，根据李斐卿的表现和要求，强仁普介绍他加入中国共产党。他入党后，思想境界不断提高，工作更加认真扎实。他时常机智地避开地主武装的监视、跟踪，深夜翻越苇子河村的高大围子墙，冒着生命危险，到周围村活动。他把自己的血肉躯体同党的事业紧紧地联系在一起。为了开辟这一带的抗日救亡工作，县工委书记万里，工委委员于林甫、孟子明，共产党员强仁普、刘星、李冠元等常到这一带来。李斐卿就把自己所在的“元昌号”杂货铺变成了县工委活动的一个重要基点。他常以招揽顾客、洽谈业务为掩护，妥善安排、周密布置这些人的接头场所、开会地点。每次都很安全顺利。李斐卿还积极发展壮大党员队伍，物色培养骨干，引导一些进步知识分子走上革命道路，他先后介绍朱华光等6人入党。1938年5月，苇子河及附近村庄的党员发展了十余名。按照县工委的指示，成立东平县湖东第一个农村党支部——苇子河村党支部。李斐卿任书记。随着革命形势的发展，李斐卿担负的革命工作越来越重。他既要组织安排支部党员和福利会会员的种种活动，又要迎送越来越多地过往“顾客”。5月10日，中共山东省委书记郭洪涛路经东平二区黄花园时，派联络员到苇子河“元昌号”号找到李斐卿。接上关系后，李斐卿热情接待了他，并作了周密安排，设法尽快使其同县工委接上关系，使工委书记万里按时同郭洪涛见了面，接受了省委指示。根据郭洪涛的意见，县工委决定“元昌号”杂货铺为通信联络站，由李斐卿负责。自此，为了加强县工委同泰西特委、鲁西区党委、郓城中心县委的通信联络，及时传送上级文件，他曾无数次徒步在经后亭、王古店、靳口村的三条交通线上，巧妙地躲过敌人的盘查，多次化险为夷，顺利完成通信联络任务。1938年9月，陈伯衡、刘星率十支队东进挺进队，张北华、何光宇率山东西区人民抗战自卫团先后进驻苇子河及附近村庄。李斐卿立即组织党员、抗战积极分子，安排部队战士们的食宿，紧密配合他们的行动。同时他向部队首长介绍了这一带群众工作的开展情况、抗战活动情况；反映了苇子河村反动地主埋藏枪支弹药的问题。针对这一问题，两支部队的首长同他作了研究，决定发动一次群众性的起枪斗争。李斐卿首先召开党员会，进行组织发动，摸准藏枪地点，然后绘制了3幅起枪路线图。他亲自参与指挥。经过紧张战斗，起获了一大批枪支弹药，武装了这两支部队。这次起枪斗争的胜利，打开了这一带抗日斗争的局面，广大人民群众受到教育和鼓舞，抗战情绪空前高涨。李斐卿抓住这一时机，积极开展动参工作，使一批青年农民报名参军。

1938年10月6日，是李斐卿遇难的日子。这一天，汶上一股日伪军窜入东平县境内，在苇子河村一带大肆骚扰，乱杀无辜。在形势严峻的情况下，李斐卿首先组织群众，向大清河以北山区转移，然后携带长枪一支，匆忙离开“元昌号”杂货铺。途中，他同五区人民抗敌自卫团的长枪班长周茂田相遇。二人商量着到四区找部队。路经后屯村时，被潜伏的坏分子董汉卿、李渊吉盯住。临行，董汉卿、李渊吉借口送他们，便一起奔东而行。行至地势险要的龙王沟，董汉卿、李渊吉大出杀手，当即将李斐卿打死，将周茂田打伤，抢走了枪支。李斐卿壮志未酬，被坏人杀害，时年37岁。泰西人民抗敌自卫团闻讯后，立即将凶犯董汉卿、李渊吉逮捕并处决。接着在四区下套村为李斐卿开了追悼会，部队首长何光宇主持，政治部负责人倪冠英致悼词。

谌公德 汉族，戴庙镇人。1911年出生于贫农家庭。1918年到寿张集读书。小学毕业后，在寿张县博士集学医。1935年，在东平县民团大队当医兵。1938年春到抗日医疗卫生所工作。1939年4月7日，加入中国共产党。1940年冬，受一一五师教导第三旅（兼鲁西军区）委派，与爱人赵厚仙和周庆高3人进城建立情报站。谌公德任站长，赵厚仙、周庆高为情报员。任职后，谌公德在城内西集口街路西，开设一个杂货铺，名为“三友社”，经营纸张、食品、小百货。通过经营活动，将收集的情报传送出去。为了更好地开展敌伪工作，情报站确定三条斗争策略：第一，谌公德懂得医学，以行医为名，联系群众，并逐步接触日伪军的上层人物；第二，日本人信仰佛教，谌公德加入佛教组织，以加深情报站的“保护色”；第三，适当扩大经营范围，吸收王自新等12个可靠的人，参加杂货铺的经营活动。按照三条斗争策略，改进情报站工作。谌公德通过行医，结识日本翻译官杨子臣。在打通关系后，从交往上步步加深，最后把杨子臣争取过来，为抗日军队提供不少情报。1942年春，敌人准备把一大批衣服、鞋子用两辆汽车，从济宁运到东阿去，谌公德将情报传出后，部队作了严密部署，成功地组织伏击战，缴获敌人的全部物资。1944年4月2日，谌公德得知敌人计划把一大批壮牛运往济宁，再转运太平洋战区，要途经小杨庄、二十里铺、乔村。谌公德立即将情报送给东平县大队。县大队和昆张支队配合，在二十里铺以南，成功地截击了敌人。俘虏敌人7名，缴获步枪7支，截回壮牛500多头。为了瓦解敌人，谌公德把一批标语、传单带进县城，张贴在大街小巷，投进敌人营房，在敌人内部引起恐慌与猜疑。与此同时，“三友社”杂货铺，因向一伪兵讨债，触怒了那个伪兵。他咬定谌公德是共产党员。由此谌公德被捕，押在日军司令部。日军对谌公德使用了各种酷刑，逼他交代机密。皮肉打烂了，左眼打坏了，但谌公德咬定自己是医生，是佛教徒，与八路军没有任何联系。敌人找不到真凭实据，又用佛家教义拷问。让谌公德解释“四大皆空”和“跳出三里外，不在五行中”的宗教含义；用医学上的难题测验，让他回答《本草纲目》中的问题，如回答不上来，就以共产党论罪。谌公德从容地回答了敌人提出的问题，解除了敌人对他的怀疑，又经组织上营救才获得出狱。

1945年春天，抗日武装准备解放东平县城，组织上要求情报站把敌人的布防情况和火力点设置，在一个月内掌握起来并传送出去。谌公德详细收集，把东平城内的街道、地形、地物，敌人的武力部署等，绘成详图，送给了部队，使主力部队顺利地解放了东平城，歼灭了全部守敌。1945年5月下旬，在城西王楼召开了祝捷大会，谌公德作为有功人员参加大会，受到军区司令员曾思玉等首长的表扬。1945年以后，谌公德先后担任过一区公安员、区长、区委书记，六区区委书记，县卫生局长，县药材公司经理等职。1977年11月，因病去世，终年66岁。

李余积 汉族，东平街道古台寺村人。1897年出生于贫农家庭。1938年加入中国共产党。他幼年跟父亲逃荒到河南省、黄河北等地。14岁当壮丁。在冯玉祥部队里当了2年兵。17岁出继给同家伯父。在宿城小学读完六年级功课。1938年经强子正介绍加入中国共产党。入党不久，在东平城里参加了万里主持召开的抗日救亡会议。同年担任古台寺村党支部书记，抗日救亡自卫队队长。后以小学教师的身份作掩护，担任情报站站长，收集传递情报，掩护革命干部。1939年，他又动员儿子李广汉（即陈乐航）参加革命。1940年春，李余积到四十里以外的山区送情报，返回途中，被伪区长焦元绅捕去。敌人把他扣押3个月，审问20余次，李余积从未暴露党的秘密，后经组织营救出狱。1941年9月，赵效三等6名领导干部隐藏在李余积家里。叛徒孙西中得知后，带领伪军到他家中搜捕。李余积临危不惧，利用各种方法同敌人周旋，争取了时间，使6名领导干部安全撤离。为此，敌人又以私通八路罪，将李余积逮捕入狱，连续拷问了半个多月，受刑20多次，敌人始终没有得到口供，最后只得释放。1942年4月，日伪军集中了500多人，准备分三路围剿三区。李余积接到情报后，深夜翻山越岭，把情报送到三区抗日区公所，使干部群众及时转移。1942年6月，由于原三区组织委员徐家德叛变，李余积第3次被捕入狱。敌人对他刑讯逼供，使他一次又一次昏了过去。但李余积咬紧牙关，没有暴露任何情况。敌人又把李余积装进口袋里，从房顶上掀下来，然后用脚在他身上乱踏乱踢。李余积腿被摔断，头被撞破，肋部、腰部受重伤。但他守口如瓶，没让敌人得到任何情报。解放后，他因年老不能教学退休回家。退休后，他坚持继续革命，曾多次出席县委、县政府召开的荣复转退和烈军属代表会，获得奖励。新中国成立30多年中，尽管他生活上遇到不少困难，但他从不向党伸手要救济，靠艰苦奋斗，渡过难关。李余积于1987年病逝，享年85岁。

二、全国人大代表传略

李胜荣 女，1926年3月23日生，原籍东平县东平街道焦村人，结婚后在婆家梯门镇花篮店村生活。1958年加入中国共产党，历任花篮店村党支部副书记，妇委主任，花篮店公社党委副书记等职务。李胜荣10岁给地主当丫头。新中国成立后，她积极响应党的号召，被选为互助组组长和初级社社长。1954年，初级社修水库，她和最壮的男劳力一样挑土、抬石头，一直坚持了6个月，被评为一等劳动模范。1959年，她任养猪场场长，曾把刚出生没奶吃的小猪仔带回家像对自己的孩子一样喂养。经过她一年多的努力，养猪场由原来存栏49头猪发展到了存栏量370头。李胜荣从1954年开始当积肥员，一干就是20多年，她挑着大粪桶，长年累月，奔波于田间，积肥最多，流汗最多。1959年，她出席了山东省英雄模范代表会议。1975年当选为全国第四届人民代表大会代表，1978年当选为第五届全国人民代表大会代表。1979年9月，被中华全国妇女联合会授予全国“三八红旗手”荣誉称号。她还先后两次(1979年、1983年)被山东省妇女联合会授予“三八红旗手”称号。曾经三次受到毛泽东主席接见。1975年以后，李胜荣先后担任地、县、社、队许多职务。她是中共山东省第一次代表大会代表，山东省第五届(1979年)人民代表大会代表。于2016年病逝，享年90岁。

李胜荣获得的全国“三八红旗手”、省“劳动模范”奖章

姜守智 男，1931年7月生，东平县州城街道文庙街人。高小文化。1945年12月—1948年1月，在济南当工人。1948年2月—1949年1月，在傅作义部队当兵。1949年2月—8月，在家务农，9月参加工作。历任东平县供销社会计，县农机厂技术员，县化肥厂技术员，县工业局生产科科长，县酒厂厂长，县矿泉水有限公司董事长，县经济委员会调研员，高级经济师等职务。1982年12月加入中国共产党。1984年6月至1990年3月，任东平县第十、十一届人大常委会委员。1983年，任东平县酒厂厂长期间，他和北京中医学院翁维健教授合作，利用东平湖的水生植物资源开发研制“唐龙轻身酒”。1984年11月，产品北京通过了专家技术鉴定。随着产品品种的不断增加，产品性能不断扩大和提高，更名为“唐龙健美酒”“唐龙保健酒”。1984年，获山东省科技进步三等奖。1987年1月，获轻工部科技进步奖、博览会优秀发明奖，10月，获第36届布鲁塞尔尤里卡世界发明奖；12月，获山东

省优质产品称号。1988 年获北京首届国际发明博览会银牌奖；12 月，获首届中国食品博览会金奖。姜守智于 1956 年荣获山东省供销系统先进工作者称号；1986 年 5 月，被中共山东省委、山东省人民政府授予“山东省劳动模范”荣誉称号；先后两次被中共山东省委授予“模范共产党员”称号。1988 年 4 月，在东平县经贸局工作期间，被中华全国总工会授予“五一劳动奖章”，被推选为第七届全国人民代表大会代表，1993 年，当选为第八届全国人民代表大会代表。他还是山东省第七、八届人民代表大会代表，泰安市第十届人大代表。1998 年离休。2014 年去世，享年 83 岁。

姜守智获得的全国“五一劳动奖章”、省“劳动模范奖章”等

国际发明博览会银奖

中国食品博览会金奖

第五编　工会工作大事记

1949 年

秋，东平县邮政局工会成立，副局长孔祥田兼主席。

1950 年

春，东平县县人民银行成立金融工会，副行长卜庆生兼主席。

2 月，东平县工会正式成立。中共东平县委派县政府建设科科长孟绍仪任东平县工会主任。

1952 年

1 月，东平县工会建立工会财务体制。李明五任会计。

2 月，东平县供销社召开供销系统工会会员大会，选举产生东平县供销社工会委员会，秘书科长陈昭秀兼任主席。

10 月，东平县教育科、东平县工会召开教育系统第一次工会代表会，到会代表 120 人。选举产生中国教育工会东平县委员会，委员 11 人。陈子明当选主席。大羊小学校长侯永章、城关小学校长阎永平兼任副主席。

冬，中国海员工会东平县委员会成立，选举牛振和任主席。

1953 年

4 月，东平县工会改称为东平县工会联合会筹备委员会，委员 11 人，配干部 5 人。孟绍仪任主任。

1954 年

12 月，东平县工会改称东平县工会联合会，孟绍仪任主任。

1955 年

1 月，东平县工会主任孟绍仪因病退休。

1956 年

2 月，县委派原黄花园区区委书记梁仁立任东平县工会联合会主任。

3 月 29 日，东平县教育工会召开第二次工会代表会，到会代表 50 人，选举产生县教育工会第二届委员会，委员 19 人。常庄完小校长侯永章兼主席，郭永法、程云涛兼副主席。

3 月，省委、省人委召开先进生产（工作）者代表会。东平县粮食局获省委、省人委“先进单位”称号；县邮电局投递员展广海、花店供销社采购员李玉成获“先进工作者”称号。

9 月，东平县粮食局获国务院先进单位奖。

1957 年

2 月 11—14 日，东平县工会召开第一次工会代表会，选举梁仁立为县工会主席。

2 月，省工会联合会拨款 8900 元，支持建立东平县职工俱乐部。县工会自筹 13000 元，年底建成交付使用。

1958 年

春，东平县委宣传部、东平县工会在职工俱

乐部合办“刘介梅忘本回头”大型展览会，展出画片200多幅，观众10万多人。

5月16—18日，县委、县人委召开职工先进生产（工作）者代表会（同第二次工会积极分子代表会合开）。奖励先进生产（工作）者33人、“优秀工会积极分子”80人。

7月，省委、省人委召开社会主义建设先进单位和积极分子代表会。东平县粮食局获“先进单位”称号。县粮食局副局长高学雨获“先进工作者”称号。

1959年

3月，省委、省人委召开社会主义建设积极分子代表会，东平县动力机械厂工人汝少隆、县邮电局机械工人李维才、平阴冶炼厂工人甲玉林获“社会主义建设积极分子”称号。

10月，撤销东平县建制，东平县一部分并入梁山县，一部分并入汶上县，大部分并入平阴县。县工会机关迁平阴县城。

1962年

1月1日　恢复东平县，属泰安地区行署。设东平县工会。配干部4人，梁仁立任主席。同时收回东平县职工俱乐部。

2月，东平县工会拨救济款3000元，发至55个基层工会，救济困难职工

2月，泰安地委、专署召开群英会，东平县粮食局、水河供销社、县农具厂、彭集公社机械厂、柿子园小学、县竹业社获地委、专署“先进单位”称号：县农具厂耿进才车间获“先进集体”称号；县农具厂女工于敬英、公路站工人吴存悌、粮食局职工张峻山、航运公司工人侯延顾、服务公司厨师吴凤芳、县副食品加工厂工人张培成、县邮电局工人高肇鑫、花篮店供销社生产部经理陈昭坦、服务公司优秀女服务员李仰美，获“先进生产（工作）者”称号。

1963年

1月，省委、省人委召开先进单位、先进生产（工作）者代表会，东平县粮食局、宿城供销社、县农具厂、柿子园小学获“先进单位”奖励。优秀服务员李仰美获“先进工作者”称号。

2月17—20日，县委、县人委召开全县工业交通、财贸、文教卫生等方面群英会，对57个先进集体及111名先进生产（工作）者给予称号。

4月，东平县工会召开先进食堂代表会，对8个先进食堂、10名先进炊管人员给予奖励。

6月，县工会拨出棉布600米、蚊帐布5400尺、棉花4000斤，发至55个基层工会，救济困难职工。

11月22—25日，东平县工会召开第二次工会代表会，选举梁仁立连任主席。选举县拖拉机站党支部书记郑为杰和梁仁立为省工会“六大”代表。宫开玉、李仰美为候补代表。

12月，东平县工会拨出救济款15900元、棉布3000米，补助困难职工。

是年，根据县委、县人委规定：在经济困难时期，凡患肺结核、心脏病、胃溃疡和其他慢性病的职工，每人每月售给鸡蛋1斤、猪肉5斤，食糖1斤，食油加半斤、大豆5斤、细粮80%，由县工会出具介绍，有关单位方可供应。当年获此种照顾的病老职工200多人。

1964年

1月，东平县工会改称东平县总工会，配干部4人，梁仁立任主席。

2月，东平县总工会召开执委（扩大）会，基层工会主席参加会议。会上学习大庆石油会战报告和毛泽东主席关于“工业学大庆”的题词。决定把学习大庆“三老、四严、四个一样”作为工会的一件大事。

3月，县委组织部、人事局、民政局、劳动办公室、县总工会共同组织3个小组，对全县退休、退职职工进行家庭走访。依靠公社党政，帮助200多名退休、退职人员解决住房和治病的困难问题。

4月，县委、县人委批转县工办、县总工会《关于开展“五好企业”“五好职工”运动的报告》，各级党政工团一起抓，推进工业学大庆创“五好”群众运动广泛开展。

是月，东平县总工会编印学大庆，创“五好”《工会工作简报》，半月一期，总结推广基层工会、工会小组学大庆、创“五好”的事迹。每期印发100份。

7月15日，东平县总工会召开基层工会主席会，部署结合“四清”整顿工会组织。会后，全

县 59 个基层工会全部开展清查账务工作。商业局工会将 6 名资方人员清除出工会组织；沙河站供销社工会追回赠发每个职工的 1 支金笔款项：接山小学工会追回擅自支出的 15 个收音机的款项。基层工会领导班子全部进行换届选举。

7 月，东平县总工会、东平县卫生局联合部署职工食堂实行卫生“五四”制。接着东平县总工会下达“五好食堂”“五好炊事员”具体标准，把职工食堂列入“五好”运动之中。

8 月，东平县总工会分三个片区举办炊事员训练班，学习大庆模范炊事员张洪池的事迹。共培训炊事员 50 名。

10 月，东平县总工会配备职工教师 6 名，聘兼职教师 26 人，办起职工业余学校，招收学员 630 人，分点开设初中 9 班、高小 10 班、初小 3 班。该业校对提高职工文化素质起到促进作用。

是月，东平县总工会拨出救济款 14685 元，发至 59 个基层工会，救济困难职工。

1965 年

2—4 月，东平县总工会举办工业、基建、交通系统班组长、工会组长训练班 3 期，每期 40 人，学习毛泽东著作《为人民服务》《纪念白求恩》《愚公移山》，大庆油田《工会小组工作经验》，使 120 名学员提高觉悟，学会察言观色看思想情绪，精雕细刻做一人一事的思想工作，加强了工会小组建设。

7 月，东平县总工会组织业余教育检查评比。宿城供销社、县农具厂、商业局、酒厂、棉花加工厂获“先进办学单位”奖，有 160 名职工获“优秀学员”奖；教师丁连印、陈玉玲、兼职教师李勋臣、孟传礼获“优秀教师”奖。

8 月，经中共东平县委批准，恢复县教育工会和供销工会，定名为东平县总工会教育工作委员会，杨华柱任主席；恢复东平县总工会供销工作委员会，王炳珂任主席。

9 月，东平县总工会郑于民同县供销工会王炳珂在宿城供销社搞开展劳动竞赛和学习毛泽东著作试点，总结经验。该社学习毛泽东著作和支援三秋生产形成高潮。

10 月，省财贸工会主任岳欣到东平检查财贸工会工作，将宿城供销社工会《围绕支援三秋生产开展劳动竞赛》的典型经验印发全省。县供销社将其组织职工学习毛泽东著作的典型经验印发全县。

10 月 13—16 日，东平县总工会召开二届二次代表会和第四次工会积极分子代表会。东平县总工会主席梁仁立作《高举毛泽东思想伟大红旗，充分发挥工会组织的战斗作用》的报告。补选王炳珂、杨华柱、刘沛荣 3 人为执委会委员，奖励 11 个工会工作先进单位、2 个工会小组、161 名工会积极分子。

12 月，东平县总工会、财贸办共同组织工交、财贸、农林水方面全年工作大总结、大评比、大检查。经考查三大工作基本合格。评出“五好集体”3 个，“五好职工”38 名，“六好职工”42 名。

1966 年

4 月 17—20 日，县委、县人委召开“五好职工”代表大会。县委副书记、县长王钧昌讲话。县长王钧昌，县委常委、副县长刘玉德受地委、专署委托，向 3 个“五好集体”、80 名“五好”职工授予荣誉称号和奖品。

6 月，省委、省人委召开全省“五好企业”“五好职工”代表大会，东平县拖拉机站九号机车、沙河站供销社生产资料门市部、孙岗信用社获省级“五好集体”称号。县农具厂老工人彭兴才获省级“五好职工”称号。

9 月，东平县总工会召开 60 个基层工会主席参加的县城职工代表大会。县委副书记杨玉卿作《把学习毛泽东思想的群众运动推向新高潮》的讲话。东平县总工会向全县工会会员颁发《毛主席语录》5000 册。

10 月，东平县总工会向全县手工业工人颁发《毛主席语录》3000 册。

12 月，因“文化大革命”，东平县总工会，产业工会、职工业校、基层工会都被迫停止工作。1967 年 3 月，东平县革命委员会成立后，东平县总工会并入县革委会政治部群众工作部。

8 月，经县革命委员会批准，山东革命工人造反总指挥部泰安地区东平指挥部接管东平县总工会。

1969 年

1 月，山东革命工人造反总指挥部泰安地区东平指挥部撤销。

2 月，由工人指挥部会计将东平县总工会结余之劳动保险总基金 162.19 元、劳动保险调剂金 6668.75 元、职工业余教育经费 4416.55 元、俱乐部事业费 3513.64 元，上缴山东革命工人造反总指挥部。

1973 年

2 月，根据党中央〔1973〕17 号文件规定，中共东平县委作出《关于召开工、贫、妇三个代表大会，建立县工会、贫协、妇联的决定》。县革命委员会政治部下达《关于整顿恢复工会基层组织的意见》，规定工基交、财贸、农林水方面恢复工会基层组织。

2 月中旬，中共东平县委公布 12 人组成的东平县工会第三次代表大会筹备小组。县委副书记孙远迎兼任组长，县委常委陈士驰和县革委政治部负责人孙国安兼任副组长。县委副书记张玉鹏兼秘书长。筹备小组成立后，孙远迎亲自召开各局局长、各公社党委分工书记参加的筹备工作会议，提出要以开展好劳动竞赛、推动生产发展，向工会代表大会献礼，落实整建基层工会、选举代表、协商东平县总工会第三届执行委员人选等任务。

4 月初，筹备小组派郑于民、高令训到县造纸厂帮助厂工会开展劳动竞赛，总结出专题经验。4 月 19 日，筹备小组在造纸厂召开现场会，各局分工局长、工会主任和各基层工会主席参加会议。孙国安在讲话中，肯定县造纸厂工会劳动竞赛的新成果、新经验，要求各单位工会组织迅速把劳动竞赛开展起来。代表大会期间，各条战线捷报频传。

5 月 23—27 日，东平县工会第三次代表大会在东平电影院隆重召开。县委书记、副书记、全体常委出席大会开幕和闭幕式。县委书记王群成向大会致辞，县委副书记兼大会秘书长张玉鹏主持大会。县委副书记孙远迎作题为《沿着毛主席革命路线前进》的报告。大会选举产生东平县总工会第三届执行委员会。王世江当选东平县总工会主席，阴法训、王桂秋（工人）当选副主席。还选举产生出席泰安地区首届工会代表大会代表 34 人。

9 月，东平县总工会组织 29 名委员和全体工会主席用 20 天时间，系统学习马克思、恩格斯、列宁、斯大林、毛泽东等论工会的语录，学习省、地两级工会代表大会的文件和县内外工会工作的经验，初步明确了工会做什么和怎么做的问题。

1974 年

2 月，东平县总工会召开全委（扩大）会议，基层工会主席参加。贯彻党中央决定，组织发动职工投入批林批孔运动。

10 月，泰安地区工会组织全区职工文艺调演，东平派代表队参加，由副主席阴法训带队。东平代表队获锦旗 1 面。

1975 年

4 月，东平县总工会召开全委扩大会议，59 个基层工会主席参加，学习开滦煤矿工会的工作经验和华国锋抓纲治国的战略决策，县委常委杨玉卿到会讲话。要求把抓纲治国作为工会的头等大事。

10 月，东平县总工会主席王世江离休，副主席阴法训调往湖区公社。县委派王炳珂任东平县总工会副主席。

1978 年

4 月，县委派原县科委主任朱子青任东平县总工会主席。1 月中旬，东平县总工会在东平一中进行整建工会试点。25、28 日在一中召开各中学、医院党支部书记和各公社文教助理员参加的整建工会现场会。县委常委陈士驰到会讲话，部署文教、卫生系统重建工会组织的任务。到年底，文教、卫生系统 35 个基层单位普遍健全工会组织。

1979 年

1 月，根据全国总工会、财政部和中国人民银行联合通知的规定，东平县总工会配财务干部 1 人，恢复工会财务体制。基层工会恢复向工会拨交经费的制度。

10 月，东平县总工会主席朱子青调县政府当顾问，县委派李传典任东平县总工会副主席，由副主席王炳珂主持工作。

11月，经县政府批准东平县总工会在后屯东山路路东征地20亩，新建东平县工人文化宫。

1980年

3月25—26日，东平县总工会召开第四次工会代表会，选举王炳珂、李传典任东平县总工会副主席。选举李焕友、李建章、杨兴义、王金芳（女）为省工会“七大”代表。

10月，东平县总工会召开第一次工会财务工作积极分子代表会。王炳珂作工会财务工作报告。奖励工会财务工作先进单位30个，优秀工会财务积极分子72人。

12月，东平县总工会副主席李传典离休，县委派邹和亭任东平县总工会主席，王炳珂、王允光任副主席。

1981年

4月20日—5月10日，东平县总工会举办80名专兼职工会主席训练班，系统学习职工代表大会制、劳动保护、工会生产、劳动保险等基本知识，为推行职工代表大会制打下基础。

6月10日—8月20日，经县委批准，东平县总工会组成职代会试点工作组，由主席邹和亭带领到县化肥厂进行职代会试点。经过思想发动、学习文件、选举代表、商定议题、征集提案等，于8月22日完成全部筹备工作。

8月23—25日，县委、县政府在县化肥厂召开职工代表大会现场会。各委主任、各局局长、县直各企事业党支部书记和工会主席120人参加。与会人员列席化肥厂首届职代会。在工作会议上，县委副书记陈铭玺传达东平县推行职代会的规划和部署，强调要全党动手抓推行职工代表大会制。

9月26日，县委召开县直单位全体党员干部大会，动员各行各业建立健全各种形式的经济责任制。县委常委、副县长孟宪章在讲话中强调，要把推行职工代表大会制同健全经济责任制结合起来，推行职代会和健全责任制，工会要发挥筹备处、秘书处和办事处的作用，使各单位的责任制具有广泛的群众基础。

10月12日，县委副书记陈铭玺召集各委主任、各局局长汇报职代会进展情况，县经委此项工作抓得紧受到表扬，县财委因进度慢受到批评，促进了职代会工作开展。至12月中旬，全县有101个单位召开职代会，并建立起多种形式的经济责任制。

12月，东平县总工会副主席王炳珂离休。

1982年

2月，东平县总工会召开第二次工会财务工作积极分子代表会，县委副书记陈铭玺到会讲话。奖励32个工会财务工作先进单位、84名优秀工会财务工作积极分子。

2月中旬，省总工会干校集训全省的县、市工会主席，学习职工代表大会制，请东平县总工会主席邹和亭和常委郑于民到校介绍东平县推行职工代表大会制的经验。

2月下旬，省总工会召开七届三次执委扩大会议，印发东平县总工会推行职代会的典型材料。

4月，青岛市沧口区商业系统的10名工会干部到东平，听取东平县总工会主席邹和亭和县商业局关于推行职工代表大会制的经验介绍。

5月下旬，省总工会副主席马龙溪同地区工会办公室主任刘崇法，帮助中共东平县委总结推行职工代表大会制的典型经验。

7月，中共泰安地委下发文件，将中共东平县委《推行职工代表大会制的报告》转发全区。8月，中共山东省委召开全省企业民主管理经验交流会，印发县委副书记陈铭玺介绍的中共东平县委推行职工代表大会制的典型经验。8月下旬，中共泰安地委召开企业民主管理经验交流会，县委常委、副县长孟宪章介绍县委推行职代会的经验。

6月下旬至9月下旬，县委抽调东平县总工会、县委组织部、经委、工业局共7名干部，组成工作组，由县委组织部副部长石兴平、东平县总工会副主席王允光和工业局副局长陈云贤带领，在县化肥厂进行完善提高企业民主管理试点。经过思想发动，宣传厂长工作条例、考查干部，民主协商厂长人选，召开职代会进行民主选举，李建章当选厂长，单昭奎、张敬峰、董敬华当选副厂长。9月下旬，又召开工会会员代表会，选举耿进亮为工会主席。各车间亦建立起民主管理小组，班组设“几大员”，使民主管理配套成龙。10月，省总工会出版的《山东工运》将东平化肥厂民主选举厂长的试点经验推广全省。

8月中旬，东平县总工会聘请离退休干部阎永平，李玉湘、赵风亭3人，由郑于民负责，成立编纂小组，着手征集史料、查阅档案，编纂《东平县工运史略》。

1983年

1月29—30日，东平县总工会召开第五次工会积极分子代表会，奖励3个局工会、32个基层工会、3个工会小组、21名优秀工会干部、171名工会积极分子，广泛交流经验。

2月，全县企事业单位的职代会进行换届选举，3月底结束。

5月，《东平县工人运动史略》经3次讨论修改定稿。因经费困难未安排印刷。

7—10月，泰安、平阴、宁阳、汶上、泗水、胶南、冠县等县工会派人到东平学习编纂工运史的经验。

7月，县委批转县委宣传部、县总工会、团县委、县科协《关于开展职工读书活动的报告》，各级工会、共青团密切配合，开展职工读书活动。

9月，县工人文化宫第二批基建工程竣工，总投资25.5万元，建起两层教学楼26间，院内建篮球场1个。月底，文化宫配干部3人，县委组织部任命高令训为工人文化宫副主任。聘退休干部2人，国庆节向职工开放。

10月初，东平县供电局会计股长齐兴邦、百货公司业务股长刘伸元（女）、县化肥厂会计股长张尚英获省总工会“优秀工会积极分子”奖。其中，齐兴邦获全国总工会“优秀积极分子”奖。

12月，东平县总工会主席邹和亭离休，由副主席王允光主持工作。

1984年

4—6月，东平县党政机关进行机构改革。

7月，县委派张淑棠任东平县总工会主席，王允光、高兴海任副主席。成立东平县总工会党组，张淑棠任书记，王允光、高兴海为党组成员。

7—9月，各委局、企事业进行机构改革。将年老体弱的工会干部47名，更换成年富力强的干部。至此，全县有工会干部96名。

9月25—27日，东平县总工会召开第五次代表会，张淑棠当选东平县总工会主席，王允光、高兴海当选副主席。

1985年

4月19日，东平县总工会在县供电局召开整顿建设“职工之家”现场会，第一批“建家”的24个单位的工会主席参加。会上，张淑棠部署第一批单位的“建家”任务。

5月，东平县总工会对第一批“建家”的单位组织检查验收，有23个单位合格。

12月，东平县总工会对第二批“建家”单位组织检查验收，有76个单位合格。至此，全县“建家”合格单位达99个。

12月，县职工影剧院主体工程竣工。该影剧院于1984年8月请淄博设计院设计师冯桂彩设计式样和图纸。成立基建领导小组，县委副书记姜吉叩任组长，副县长靳士杰任副组长。下设办公室，王允光兼主任。1984年9月，由东平县建筑工程公司承包施工。总投资83.1万元，建筑面积3208平方米。

1986年

1月，东平酒厂工会主席陈京珍（女）获省总工会“优秀工会工作者”称号；州城卫生院司药赵庆平（女）、石油支公司副经理孙启明、县第二农技中学教师李士章、宿城卫生院干部毕玉珠获省总工会“优秀工会积极分子”称号。

5月，泰安市总工会表彰优秀工会干部。东平县经委工会副主任王广仁、县卫生局工会副主任王瑞振、彭集镇教育工会主席吕树锦、县供销社工会干部孟昭元、新湖乡教育工会主席宫惠林5人获“优秀工会工作者”称号。县煤矿采煤区长王士金、县供电局干部乔丙俊、县邮电局政工干部石磊、县砖瓦厂工人刘元顺、彭集供销社职工王文忠、县百货公司统计员王太平、县粮食局会计股副股长王金香（女）、县工商银行会计侯亚光、县农贸公司副经理展长明、县第二农技中学总务主任李培恕、县打井队地质员刘昭成、县农科所所长梁吉寅12人获“优秀工会积极分子”称号。

6月，东平县总工会主席、党组书记张淑棠调出，由副主席王允光主持工作。

7 月，东平县总工会对第三批“建家”单位组织检查验收，有 27 个单位合格。

9 月，县委任命省劳动模范李建章任县总工副主席、党组成员。

10 月，泰安市总工会组织全区职工文艺调演，共 19 个代表队参加演出。东平县代表队 25 人，县总工会副主席高兴海带队，文化馆副馆长郑辉为业务负责人，共演出自编自演节目 7 个，为团体总分第一名，获市总工会“精神文明先进集体”锦旗 1 面。

12 月下旬，在全国职工技协副主任周瑞禄帮助指导下，东平县职工技协正式成立，设委员 15 人，副县长王志德兼技协主任。县总工会、县科协、县科委、县经委、团县委的负责人兼副主任。至 12 月 30 日，发展会员 219 名。

12 月，彭集镇林业站站长柴万训指导植树造林成绩显著，获全国绿化委员会“绿化劳动模范”称号。

1987 年

2 月 13 日，县委任命徐延申为东平县总工会主席、党组书记。

2 月，县政府印发光荣榜，有 26 个基层工会获“工会工作先进单位”，25 个车间工会和工会小组获“工会工作先进集体”称号；36 名工会干部获“先进工会工作者”称号；82 名兼职工会干部获“优秀工会积极分子”称号。

2 月，县化肥厂工会获泰安市总工会“模范职工之家”锦旗。

4 月，泰安市政府命名劳动模范，东平县工人文化宫副主任高令训、县麻纺厂厂长张道臣、县造纸厂厂长尚庆栓、县供电公司副经理李明双、县供销社秘书科长张崇振、县砖瓦厂副厂长孙西乐、县第一人民医院工会主席马立和、斑鸠店粮所所长王广礼、县食品公司汽车司机李允茂、县第二农技中学教师李士章、县运输公司经理沙连成、县化肥厂副厂长李佳良、东平闸管所工会副主席马兴印 13 人获市人民政府授予的“劳动模范”光荣称号。

4 月 30 日，在南斯拉夫萨格勒布第二十五届国际博览会上，东平麻纺厂厂长，省、市劳动模范张道臣研制的大麻化学脱胶学工艺获得金牌。东平酒厂厂长、省劳动模范姜守智研制的唐龙轻身酒获“优秀发明”奖。

4 月，县职工技协上报的大麻化学脱胶工艺、唐龙健美酒、无铅松花蛋、天然酱油、油脂钾氢和造纸厂锅炉改造获省职工技协奖励。

5 月，县酒厂唐龙健美酒车间获省总工会“富民兴鲁”劳动奖状。该车间主任陈昭桂、县公安局刑警队调研员吕学明获省总工会“富民兴鲁”劳动奖章。

6 月，经县委组织部批准，东平县总工会设四部一室。林恩铎任办公室主任；徐玉春（女）任组织部部长，徐广才任宣传部副部长、尹燕华任生产劳动保护部副部长。8 月，任命纪学祯为财务部副部长。

9 月，县化肥厂工会获省总工会“模范职工之家”锦旗。该厂工会主席耿进亮、县教育工会副主任段桂荣（女）获省总工会“职工之友”荣誉称号。县水泥厂副厂长武树森、县生资公司业务股长张金顺、县第二农技中学教师李士章、宿城卫生院干部毕玉珠获省总工会“优秀工会积极分子”荣誉称号。

12 月，市总工会召开总结评比建设职工之家会议，东平县获“建设职工之家先进县”荣誉称号，奖东平县总工会锦旗 1 面。

1988 年

3 月 29—31 日，东平县总工会召开第六次代表大会，选举徐延申为东平县总工会主席，高兴海、李建章为副主席。

3 月，东平县总工会颁发荣誉证书和奖状，奖励工会工作先进单位 26 个、工会工作先进集体 35 个、优秀工会工作者 37 名、优秀工会积极分子 80 名、模范职工之家 2 个、先进职工之家 22 个。

5 月，东平麻纺厂厂长张道臣获省人民政府授予的“劳动模范”荣誉称号。东平酒厂唐龙健美酒车间主任陈昭桂、公安局刑警队吕学明、县建筑公司经理刘振海 3 人获市人民政府授予的“劳动模范”荣誉称号。东平酒厂厂长姜守智获全国总工会“五一劳动奖章”。县建筑公司经理刘振海、斑鸠店供销社张立振、县妇幼保健站站长赵彩霞

（女）、县公路站站长郑勇，县农机厂工会主席魏庆彬、州城小学教导主任李淑娟（女）、县化肥厂合成车间主任井绪亮 7 人获市总工会授予的“振兴泰安”劳动奖章。县化肥厂合成车间获“振兴泰安”劳动奖状。

5 月 29 日，中共东平县委批转东平县总工会党组《关于在乡镇企业建立工会组织的请示报告》。对乡镇企业建立工会的条件、会员条件，乡镇企业工会组织的任务都作了明确规定。

6 月 30 日，东平县总工会根据省、市工会部署，召开各委局工会主任会，贯彻省总工会关于广泛开展“怎样把工会建成职工群众自己的组织”大讨论的部署和泰安市总工会关于大讨论的实施意见，具体安排开展大讨论的方法步骤。县委加强领导，成立了“大讨论”领导小组。县委副书记张玉峰任组长，东平县总工会主席徐延申任副组长，县委宣传部、广播电视局的负责人员为组员。

7 月 13 日，东平县总工会创办的城市信用社开张营业。该社在业务上接受县人民银行直接领导，为独立核算、自主经营、自负盈亏、民主管理，独立于县级其他银行并与之平等的金融组织。

7 月 18 日，县委成立乡镇企业组建工会试点工作组，由东平县总工会主席徐延申、副主席高兴海和乡镇企业局党委副书记董先桐带领，在大羊乡铸造厂进行试点。经过建立工会筹备委员会，广泛发动群众学习工会章程和基层工会工作“条例”，发展工会会员，召开会员代表会，民主选举厂工会委员会，于 29 日试点结束。共发展工会会员 88 人，为职工人数的 72.3%；副厂长李玉常当选为工会主席（兼）。

11 月 25 日，县委办公室批转东平县总工会党组关于大羊乡铸造厂《建立工会组织的试点报告》。县委在批示中明确指出：“乡镇企业建立工会组织，是改善企业领导，加强民主管理，促进企业发展的一项重要措施。对此，各乡镇党委一定要给予重视，切实加强领导，凡具备建立工会组织条件的乡镇企业，都要尽快建立健全工会组织。”年底，全县乡镇企业建立工会工作全面展开。

《东平县工运志》编纂委员会

主　任：徐延申

副主任：高兴海　李建章

委　员：梁仁立　王世江　王炳珂

朱子青　邹和亭　王允光

张淑棠　徐广才　高令训

郑于民

编后记

《东平县工会志（1989—2021）》启动编修，始于2021年5月。该志是1988年版《东平县工运志》的续修。

东平县总工会与县委党史研究中心协商确定，成立由东平县总工会领导挂帅的《东平县工会志（1989—2021）》编纂委员会，具体编修业务工作由东平县总工会副主席徐广三、县委党史研究中心副主任李姗姗负责，聘请退休干部王胜斌、邢道彦为特邀编辑，东平县总工会刘思宁负责调阅档案、汇集资料。2021年6月，编纂委员会召开会议，研究工会志编修工作方案，初步拟定出志书编修篇目，除概述、大事记、附录外，设17章、69节。章类分别为组织机构、企业发展与职工队伍、工会参与企业改制、工会会员代表大会、工会组织建设、职工教育、职工生产革新、职工民主管理、职工生活保障、维护职工权益、女职工工作、工会财务管理、工人文化宫改造利用、精准扶贫、劳动模范、先进集体与先进个人、人物。7月，开始查阅归拢资料。先后查阅断限内东平县总工会历年工作总结，省、市总工会，县委，东平县总工会下发、制发文件200余份、纸质档案100余卷份、电子档案40余万字。在此基础上，着手编写资料长编。依照志书“横不缺要项，纵不断主线”的基本要求，立足于真实、全面、翔实记述，将东平县总工会1989—2021年各方面工作分门别类进行了记述。至10月底，形成初稿50万字，11月，送方志出版社审阅。根据审阅意见，县总工会召开编委会全体人员会议，就需要增补完善的资料，明确到人，限时完成。2022年1月，将修改稿报送方志出版社进行二次审查。依照出版社指导意见，编委会就志稿存在的问题，加班加点，重新查阅档案、走访当事人，逐一进行了修改、补充、调整。

关于将1988年《东平县工运志》作为附录内容，起初，方志出版社专家认为不符合志书体例。县委党史研究中心和县总工会认为，该志书虽然已经完成编纂，但没有正式出版，置于《东平县工会志》附录中，旨在全面、翔实反映东平工会工作的全貌。根据出版社专家意见，编辑人员对《东平县工运志》部分章节存在的问题认真修改、完善后，得到了专家认可。志稿再次送出版社进行第三次审查后，获批正式出版。

东平县总工会把编纂工会志列入重要议事日程。县人大常委会副主任、县总工会主席王成明，党组书记、常务副主席范思安经常过问修志工作，确保重大问题及时研究解决，在制定方案、设置篇目、审定初稿、经费保障、成书付印等主要问题上亲自把关。分管修志工作的副主席徐广三，定期听取修志工作汇报，多次召开各科室（部门）负责人会议，及时解决修志中遇到的问题。刘思宁工作积极主动，精心查阅档案，一丝不苟，不厌其烦，最大限度确保工会志编修需要。

编修《东平县工会志（1989—2021）》，得到县委、县政府领导的关心与支持，县总工会离退休老同志和各科室（部门）均给予大力协助，县档案馆积极、主动地提供所需要的工会工作档案。在此一并表示感谢！

《东平县工会志（1989—2021）》编修是一项十分浩繁、精细的系统工程，尽管我们在资料征集、核实和文字整理方面做了很大努力，但由于所涉资料时间跨度大、收录范围广、机构设置变化多、档案资料不全等原因，加之编者水平有限，错漏之处在所难免，恳请读者批评指正。

编　者

2022年3月